JOACHIM
SCHULT

DAS IST MOTORBOOT-FAHREN

DELIUS KLASING VERLAG

3. Auflage

ISBN 3-7688-0289-2

Fotos: Goldbach (1), Sam (1), Jurisch (1), British Information Service (2), Dee Vee Photos (5), Joachim Schult (38), Firmenfotos (8), Archiv Schult (17). – Zeichnungen: Airex (3), Cavara (1), Raymond Hunt (3), Peter A. G. Milne (67), E. Molinari (11), Yachting World (8), Peyton (1), Robert Das (1), Wasser- und Schiffahrtsverwaltungen (5), Coronet Boats (12), Jay Lofthouse (3), Joachim Schult (394), Archiv Schult (57).

Druck: Druckerei Auer, Donauwörth

Zum Geleit

Über das Fahren mit Motoryachten gibt es inzwischen eine ganze Reihe von Publikationen. Leider läßt sich nicht sagen, daß alle Versuche dieser Art zu gelungenen Ergebnissen geführt haben. Das gilt nicht für dieses Buch. Sein Verfasser gehört zu den wirklichen Kennern des Motorbootsportes. Hier spricht nicht nur ein didaktisch guter Theoretiker, sondern auch ein erfahrener Praktiker. Hier wird in glücklicher Weise Theorie mit erfahrener Praxis verbunden, wobei das „erfahren" in des Wortes eigenster Bedeutung zu lesen ist. Möge das Buch „Das ist Motorbootfahren" ein Vademecum für alle Fahrensleute unseres Motorbootsportes werden und damit zur Freude an unserem Sport wie auch zur allgemeinen Sicherheit auf dem Wasser beitragen.

Alexander Basting
Präsident des Deutschen Motoryachtverbandes

Inhaltsverzeichnis

ANKERN

SICHERHEIT AUF SEE

WEGERECHT

SIGNALE UND LICHTER

BETONNUNG

WETTERKUNDE

NAVIGATION

LÜFTUNG – HEIZUNG

FEUER

ZOLL UND RECHT

RENNSPORT

So baut man ein Kunststoffboot

Die Serienfertigung aus glasfaserverstärktem Kunststoff

Motorboote werden heute fast ausschließlich aus glasfaserverstärktem Kunststoff gebaut, den man abgekürzt auch GFK nennt. Im Gegensatz zum früheren Holzbootbau, der Boote aus einer Vielzahl von Planken, Leisten und Balken fertigte, die mit Nieten und Schrauben zu einem einheitlichen Ganzen zusammengesetzt werden mußten, besteht der GFK-Bootsrumpf praktisch aus einem Stück. Man kann ihn mit einer gläsernen Flasche vergleichen, in die, wenn sie richtig verkorkt ist, von außen kein Wasser eindringen kann. So bleibt auch ein Kunststoffboot pottendicht, wenn das Unterwasserschiff nicht durchbrochen ist und auch das Überwasserschiff mit dem Deck so wasserdicht verbunden wird, daß weder Regen- noch Seewasser von außen eindringen kann. Der Vorteil eines GFK-Bootes gegenüber einer Flasche: Man kann ihm sowohl in den Bereichen, die mit dem Wasser in Verbindung stehen als auch in bezug auf die Aufbauten, unter denen die Besatzung wohnen und leben will, jede mögliche Form geben.

Abb. A_1: Das Handauflegeverfahren, Qualität durch Handarbeit (Abb. A_2).

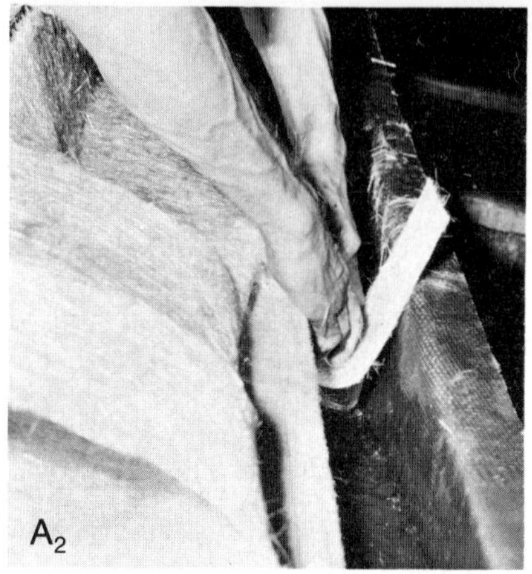

A_2

Es gibt verschiedene Arbeitsverfahren, um ein Kunststoffboot herzustellen. Die beiden hauptsächlichsten sind das Handauflegeverfahren (Abb. A) und das Faser-Harz-Spritzverfahren (Abb. B), die in der modernen Serienfertigung auch beide kombiniert angewandt werden. Bei beiden Verfahren benutzt man Glasfasern als Armierungsmaterial und Polyesterharz als Bindemittel. Beiden Verfahren ist auch die Bauform gemeinsam, eine ebenfalls aus GFK gefertigte Negativform oder Matrize, die zur Herstellung einer Bootsserie, d. h. einer Vielzahl von völlig identischen Bootsrümpfen dient. Der Unterschied besteht nur darin, daß beim Handauflegeverfahren die in Matten gebundenen Glasfasern mit der Hand eingelegt und das Polyesterharz ebenfalls manuell mit Rolle oder Pinsel aufgebracht wird, während die Glasfasern beim Spritzverfahren gehäckselt mit dem Polyesterharz in die Form gespritzt werden. Das Ausrollen ist nur eine zusätzliche Arbeit zur Verbesserung der Schichtqualität.

Das Handauflegeverfahren hat noch einen weiteren Vorteil: Man kann nicht nur die sog. „Standardmatte“ als Armierungsmaterial benutzen,

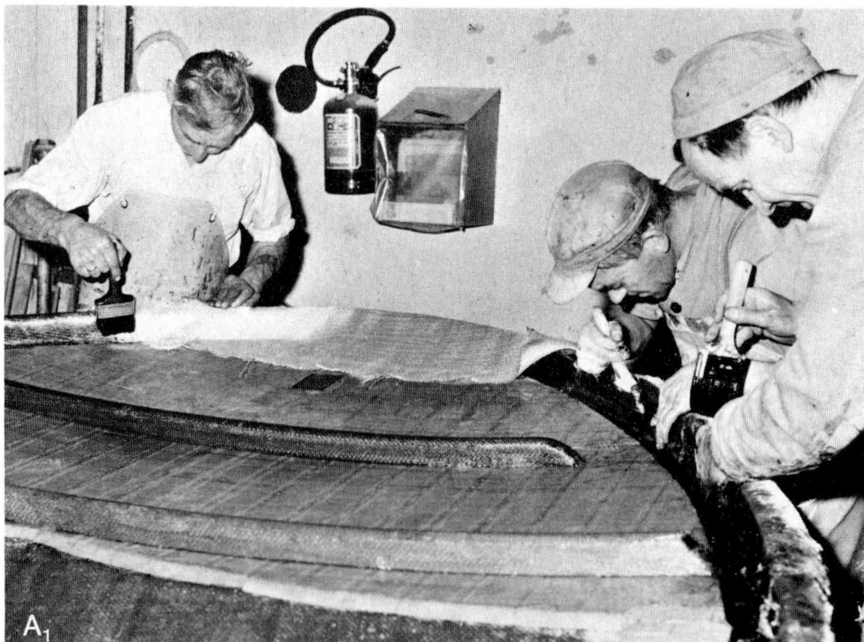

A_1

Abb. B: Maschinenarbeit und Handarbeit kombiniert.

B

die ein Gewicht von ca. 400 bis 450 g/m^2 hat und in der die Glasfasern oder Glasseidenfäden von ca. 50 mm Länge regellos geschichtet sind, sondern auch Glasseidengewebe oder Glasseidenrovings verwenden, bei denen die Glasspinnfäden zu kräftigen Strängen gebündelt sind. Sie haben nicht nur eine größere Festigkeit, sondern halten diese auch in bestimmten Richtungen, ähnlich wie bei Eisenbeton. Das Handauflegeverfahren ist sowohl vom Material wie vom Arbeitsaufwand das teurere Verfahren, doch wird es im Zuge preisgünstiger Serienfertigung meistens mit dem Faser-Harz-Spritzverfahren sinnvoll kombiniert.

Während beim Spritzverfahren Glasfasern und Harz zusammen in dünnen Schichten aufgesprüht werden, legt man beim Handauflegeverfahren die Matten auf eine nasse Unterlage trocken ein und tränkt sie dann mit flüssigem Polyester. Jede dieser Schichten nennt man ein Glasfaserlaminat. Ein Bootsrumpf besteht – je nach der Größe – aus zahlreichen Laminaten, bei denen sich Matten und Rovinggewebe in bestimmter Folge einander abwechseln. Während des Härtungsprozesses geht der flüssige Kunststoff mit der Glasfaser in ein homogenes Material hoher Festigkeit über.

Bevor man in der Negativform mit dem Laminieren beginnt, spritzt man einen Trennlack ein. Auf ihn wird dann die sog. „Feinschicht" oder der „Gelcoat" aufgebracht, der später die Außenschicht des fertigen Bootsrumpfes darstellt. Der Gelcoat kann auch in einer entsprechenden Farbe eingestrichen oder aufgespritzt werden. Beim Ausformen des fertigen Rumpfes drückt man Wasser zwischen Form und Schale. Dies löst den Trennlack auf, so daß das Entformen reibungslos und ohne Schädigung der Bauschale wie des fertigen Bootsrumpfes möglich ist.

Glasfaserverstärkter Kunststoff ist im Vergleich mit Holz ein relativ schwerer Werkstoff. Das spezifische Gewicht eines Laminates aus Glasfasern und Polyesterharz beträgt (je nach dem Glasanteil) 1,3 bis 1,7, wobei man immer einen möglichst hohen Glasanteil anstrebt, wie er z. B. in einem Rovinggewebe mehr gegeben ist als in einer Standardmatte. Zum Vergleich: Das spezifische Gewicht von Holz (im Bootsbau) war 0,5 bis 1,0, das spezifische Gewicht von Aluminium ist 2 bis 3, von Bootsbaustahl 7 bis 8.

Glasfaserverstärkter Kunststoff hat außerdem eine gute Zug- und Bruchfestigkeit, die weit über der von Holz liegt und annähernd so gut wie die

von Aluminium ist. Der Nachteil eines Kunstharzlaminates liegt jedoch in dem Elastizitätsmodul, der nur so groß wie von Holz ist und den von Aluminium auch nicht annähernd erreicht. Das bedeutet: Glasfaserverstärkter Kunststoff hat nur eine mäßige Steifheit, die ausgeglichen werden muß. Das kann auf drei Arten geschehen: Man wählt eine dickere Schicht und damit eine stärkere Wandung des Bootsrumpfes als tatsächlich notwendig ist, um diese Steifheit zu erreichen; man laminiert Profile auf der Innenseite zusätzlich an oder wählt anstatt der glatten eine profilierte Außenhaut, wie sie z. B. beim Holzbootsbau durch die Klinkerform gegeben ist (Abb. C) bzw. man legt zwischen die GFK-Schichten leichtes Versteifungsmaterial aus Hartschaum in kleinen Platten oder Stäben oder anderes leichtes Versteifungsmaterial wie z. B. Balsaholz.

Letztere sogenannte „Sandwichbauweise" mit einer solchen Einlage, die außen und innen durch eine dünne massive GFK-Schicht verklebt und geschützt ist, benutzt man bei Kajütkreuzern für das Deck (damit erhält man gleichzeitig eine gute Isolationswirkung), während größere Boote oder Einzelbauten auch im Rumpf in dieser Bauweise gefertigt sind. Bei kleinen Booten nutzt man oft die Klinkerimitation vorteilhaft aus, während man im Bootsboden bei einem tiefen V mit Stützleisten das Angenehme mit dem Nützlichen verbindet und durch diese Kantleisten im Unterwasserschiff sowohl die Fahreigenschaften als auch die Festigkeit gleichermaßen verbessert. Das Deck eines Kunststoffbootes

Abb. C: Imitierte Klinkerbauweise. – Abb. D: Zweischalenbau. – Abb. E: Verbinden von Rumpf und Deck.

wird im Prinzip in der gleichen Weise wie der Bootsrumpf gefertigt, d. h. in einer Negativform, damit die glatte oder „gute" Seite später nach außen kommt und die „rauhe" Seite im fertigen Bootsrumpf innen liegt und nicht zu sehen ist. Nach der getrennten Fertigung setzt man das Deck auf die Rumpfschale (Abb. D) und laminiert beide Teile miteinander zu einem einheitlichen Bootskörper. Für den nötigen Anpreßdruck beim Verkleben sorgen rund um das ganze Boot in kurzen Abständen angesetzte Schraubzwingen (Abb. E). Die herausragende Doppelkante wird später mit einem Metall- oder Gummiprofil überzogen, der notwendigen Scheuerleiste.

In kleinen Serien bekleidet man die (rauheren) Innenseiten in der Kajüte mit textilen Kunststoffen. In Großserien ist ein Doppelschalenbau sowohl für den Bootsrumpf wie für das Deck üblicher: Hierbei setzt man in die Außenschale, die für die besonderen Bedingungen z. B. des rauhen Wassers mit einlaminierten Stützleisten versehen ist und einen tiefen V-Spant hat, eine Innenschale ein, die entsprechend den gewünschten Erhebungen für Tische und Kojen oder mit den erforderlichen Vertiefungen für die Füße gestaltet ist. Auch spezielle Ganzteile des Bootes wie die „Naßzelle" mit WC und Waschraum oder die „Kochzelle" mit allen Einzelheiten der Bordküche werden getrennt gefertigt und dann in den fertigen Bootsrumpf einlaminiert.

Diese Teile, die keine so hohe Belastung wie Rumpf und Deck aushalten müssen, sind – auch aus Gewichtsgründen – meistens aus thermoplastischen Kunststoffen gefertigt. Dieses Arbeitsverfahren wird jedoch erst in Großserien rentabel und ist dann besonders kostengünstig. Wie man mit Thermoplasten Innenschalen, größere Einbauteile und sogar Kleinboote in Serie herstellt, wird auf der folgenden Seite erklärt.

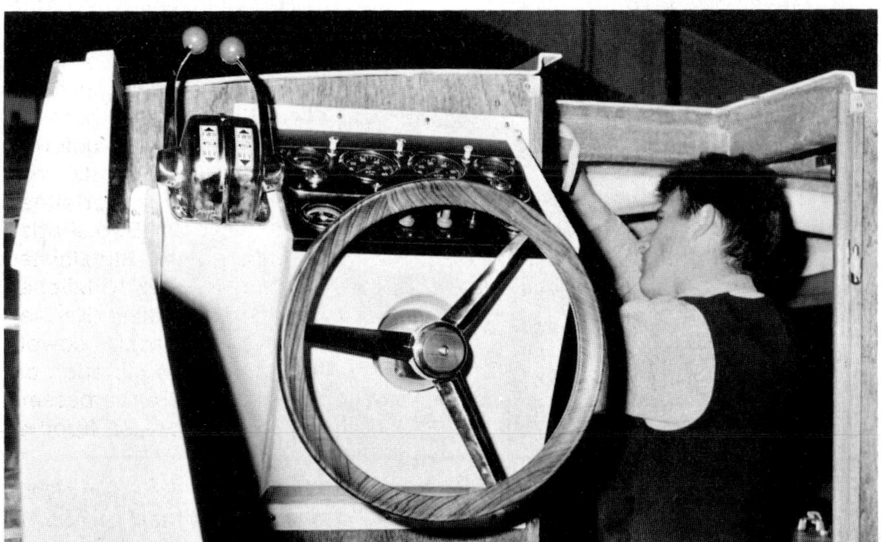

Abb. F: Endmontage der elektrischen Installation.

Verbundbauweise für große Boote

Bootsbau aus GFK für Einzelbauten und spezielle Bedingungen, auch „Sandwich" genannt

Bei der Verbund-Bauweise wird zwischen zwei Deckschichten aus massivem GFK (d. h. mehreren Laminaten aus Glasmatten und Rovinggeweben) leichtes Kernmaterial mit großer Festigkeit aus Hartschaum

A

B

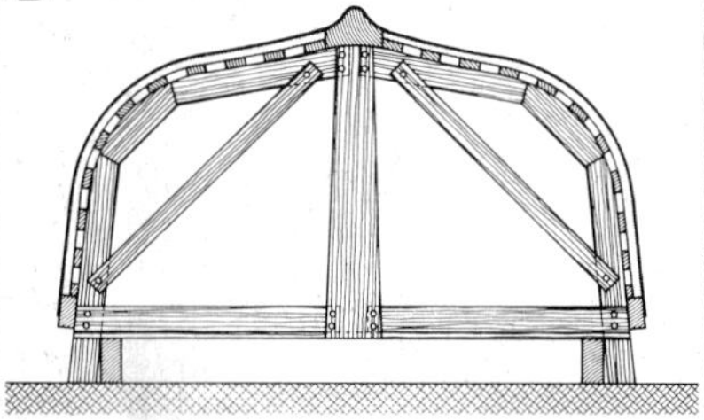

C

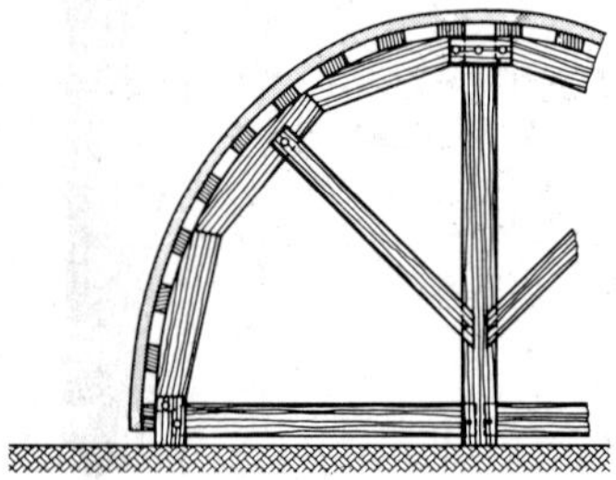

D

einlaminiert. Es sorgt für überall gleichen Abstand der äußeren GFK-Schichten und bewirkt ein günstiges Verhältnis von Steifigkeit des Bootskörpers zu seinem Gewicht. Die Sandwich-Bauweise zeichnet sich außerdem durch gute Isolation und verwindungsfreie Konstruktion ohne Spanten oder Längsversteifungen aus. Abb. A zeigt einen Querschnitt durch eine Bootshaut in Sandwich-Bauweise: Bei einer Gesamtdicke des Bauteils von z. B. 14 mm sind die äußere und innere Schicht aus massivem GFK mit je 2 mm Stärke relativ dünn, der Hartschaumkern ist mit 10 mm Stärke relativ dick.

Bei der Bemessung der Wandstärke in Sandwich-Bauweise rechnet man allgemein mit einem Faktor von 1 : 2,7, das heißt: Wird eine Außenhaut des Bootes in massivem GFK von z. B. 10 mm für erforderlich gehalten, dann ist die Dicke in Sandwich 27 mm. Hiervon entfallen dann 19 mm auf den Hartschaumkern (Faktor 2) und je 4 mm auf die innere und äußere GFK-Schicht (je Faktor 0,35).

Mit dieser Bauweise ist es möglich, auch Einzelbauten herzustellen und auf die Anfertigung einer Negativschale wie für Serienbauten zu verzichten. Dazu stellt man zuerst einen Kern aus Holzlatten oder anderem preisgünstigem Material her, der innen hohl ist (Abb. B). Auch hier ist jede gewünschte Formgebung möglich (Abb. C), doch verbieten die Hartschaumplatten zu starke Biegungen und vor allem in mehreren Dimensionen. Auf diesem Kern des Bootsrumpfes, der meistens über Kopf gebaut wird, werden dann die Hartschaumplatten mit dicht anliegenden Kanten aufgelegt und mit Stiften (die man später wieder herausziehen kann) befestigt. Die Zwischenräume werden mit Spachtelmasse oder anderem Füllmaterial ausgefüllt und die Platten dabei gleichzeitig miteinander verklebt (Abb. E).

Abb. D: Hartschaumplatten auf einem Holzkern. – Abb. E: Vor dem Aufbringen der Laminate aus Glasgewebe und Polyesterharz.

G

Anschließend beginnt die Beschichtung mit Matten und Rovings auf der Außenseite (Abb. F), und wenn die Außenschicht geglättet und mit Gelcoat versehen ist, hebt man die teilfertige Bootsschale vorsichtig vom Lattenkern ab, dreht sie um und setzt sie auf den Kiel. Jetzt folgt das Laminieren der inneren GFK-Schicht, die im allgemeinen die gleiche, etwas rauhere Oberflächenstruktur wie die auch in Negativformen gebauten Serienboote behält. Der Innenausbau schließt sich dann an. In gleicher Weise wird das Deck gefertigt, dem man ebenfalls durch den ohne großen Aufwand zu fertigenden Lattenkern jede Form geben kann.

Als Querverstärkungen dienen einige (wasserdichte) Schotten, als Längsverstärkungen die Motorträger, gegebenenfalls ein Kielschwein (mit Hartschaumkern) und (mehrere) Seitenstringer aus Profilen, die ebenfalls nur als Abstandshalter für die aufgebrachten GFK-Laminate dienen und innen aus leichten Materialien gefertigt sind.

In der Sandwich-Bauweise sind neben großen Motoryachten z. B. Lotsenversetzboote von 23,40 m Länge, 5,50 m Breite und 34 t Wasserverdrängung gebaut worden, die mit 2 × 220 kW- (2 × 300 PS-) Motoren eine Fahrt von 16 kn laufen sowie Polizeiboote und Marinefahrzeuge bis zu 20 m Länge, die als Gleitboote konstruiert und gebaut wurden.

Der moderne Bootsbau aus glasfaserverstärktem Kunststoff bedeutet also nicht, daß man ausschließlich Serientypen kaufen muß, wenn man ein Motorboot erwerben will. Man kann auch nach wie vor einem Konstrukteur den Auftrag geben, ein Boot nach seinen ganz speziellen Wünschen und Vorstellungen zu

Abb. G: Die umgedrehte Bootsschale.

zeichnen, und wenn dieses nur einmal gebaut werden kann oder soll, dann wendet man die Sandwich-Bauweise an. Sie wird auch für den Bau von schnellen Hochsee-Rennbooten benutzt, bei denen neue konstruktive Ideen erstmals in der Praxis erprobt werden sollen, weil es weniger aufwendig und leichter möglich ist, nach den gewonnenen Erfahrungen einen Holzkern entsprechend hier und dort zu verändern als einer fertigen Bauschale an einigen Punkten eine geringfügig andere Form zu geben.

Die Sandwich-Bauweise hat darüber hinaus noch einen anderen, wichtigen Vorteil, durch den sie auch im üblichen GFK-Serienbau teilweise benutzt wird: Das eingearbeitete Kernmaterial ist praktisch ein Auftriebskörper, der das Boot auch bei Beschädigung des Rumpfes oder Wassereintritt durch Spritzwasser schwimmfähig erhalten kann. In der Außenhaut hat der Hartschaum jedoch den Nachteil, daß er sich mit Wasser füllen kann, wenn die äußere GFK-Schicht beschädigt oder gar durchstoßen ist. Dieses Wasser ist nur sehr schwer zu entfernen. Für das Über- und Unterwasserschiff zieht man daher die Massivbauweise vor, und da das Sandwichdeck allein nicht ausreichenden Auftrieb für ein Boot mit Motor gibt, laminiert man alle hierfür geeigneten Innenbauteile in Sandwich. Wenn sie als Motorenträger bzw. als Längs- und Querverbände dienen, belasten sie das Bootsgewicht nicht. In Form von Blöcken oder dicken Platten z. B. zwischen dem Fußboden der Kajüte und dem Bootsboden und in entlegenen, wenig zugänglichen Ecken verhindern sie, durch eine massive GFK-Schicht gut geschützt, daß sich dort Schmutz ablagern oder Wasser sammeln kann. Man verbindet also das Angenehme mit dem Nützlichen, wenn man durch einlaminierte Hartschaumkörper für eine zusätzliche Versteifung sowie bessere Isolation sorgen und gleichzeitig Verschmutzen verhindern kann.

F

H

Abb. F: Die Außenschicht aus massivem GFK ist fertig. Der Bootsrumpf kann abgenommen und umgedreht werden. – Abb. H: Wenn auch die Innenbeschichtung fertig ist, beginnt der Ausbau.

Die Innenverbände eines Motorbootes

Was man bei einem fertigen Boot nicht sieht, aber zur Fahrt mit einem Motorboot wissen muß

Ein Bootsrumpf ist bei seiner Fahrt durch das Wasser einer hohen, an vielen Stellen des Unterwasserschiffes auftretenden Stoßbelastung ausgesetzt. Ein Boot prallt nicht nur im Seegang und im rauhen Wasser gegen die Wellen, der Bootsboden wird auch auf Fluß- und Binnenrevieren stark beansprucht, wenn z. B. beim Überholen die Heck- und Bugsee eines anderen Fahrzeugs zu überwinden ist oder das Boot bei Kurvenfahrten auch über seine eigene Hecksee springen muß. Die Lebenserwartung eines Kunststoffbootes hängt bei der mäßigen Steifheit, die einem weitflächigen Kunststoffbauteil innewohnt, in hohem Maße von der Art und Weise ab, wie es insbesondere in den Unterwasserbereichen, die ständig mit dem Wasser in Berührung stehen, zu einer festen Einheit versteift ist.

Von den drei prinzipiellen Möglichkeiten, die es hierbei gibt, ist bei kleineren Sportbooten und Daycruisern die Waben- oder Gitterbauweise die gebräuchlichste (Abb. A). Man fertigt eine Art Gräting (A1), die aus einem Fachwerk von Profilen besteht, die längsschiffs und querschiffs schachbrettartig ineinander gesetzt sind. Die oberen Kanten dieses Gitterwerks bilden eine einheitliche Ebene, die später als Fußbodenauflage dient, während die unteren Kanten sich genau der Unterwasserform des Bootes anpassen und (gegebenenfalls mit einem geringen Abstand) auf dieser aufliegen. Glasharz in Verbundbauweise, Profile aus Thermoplasten oder auch Hohlversteifungen aus anderen leichten Materialien (Balsaholz) dienen zur Fertigung dieses Gitterwerkes, das nach dem Einkleben in den Bootsboden mit Kunststoffschaum ausgefüllt wird (A2). So entsteht im Bootsboden auch ein großer Auftriebskörper, der weder Wasser aufnehmen noch verrotten kann, dem Unterwasserschiff eine immer gleichbleibende optimale Form gibt und gleichzeitig ein bestmögliches Verhältnis von außerordentlicher Festigkeit zu geringem Gewicht hat. Die ausgehärteten Schaumkörper werden anschließend mit zwei GFK-Laminaten versiegelt und erhalten dann als Auflage den eigentlichen, meistens aus Sperrholz gefertigten Fußboden (A3).

Bei den meisten Serientypen liegt die Decksschale mit dem integrierten Cockpit nicht nur seitlich auf der oberen Rumpfkante auf, sondern auch der Cockpitboden findet sein Widerlager auf der Oberkante dieses

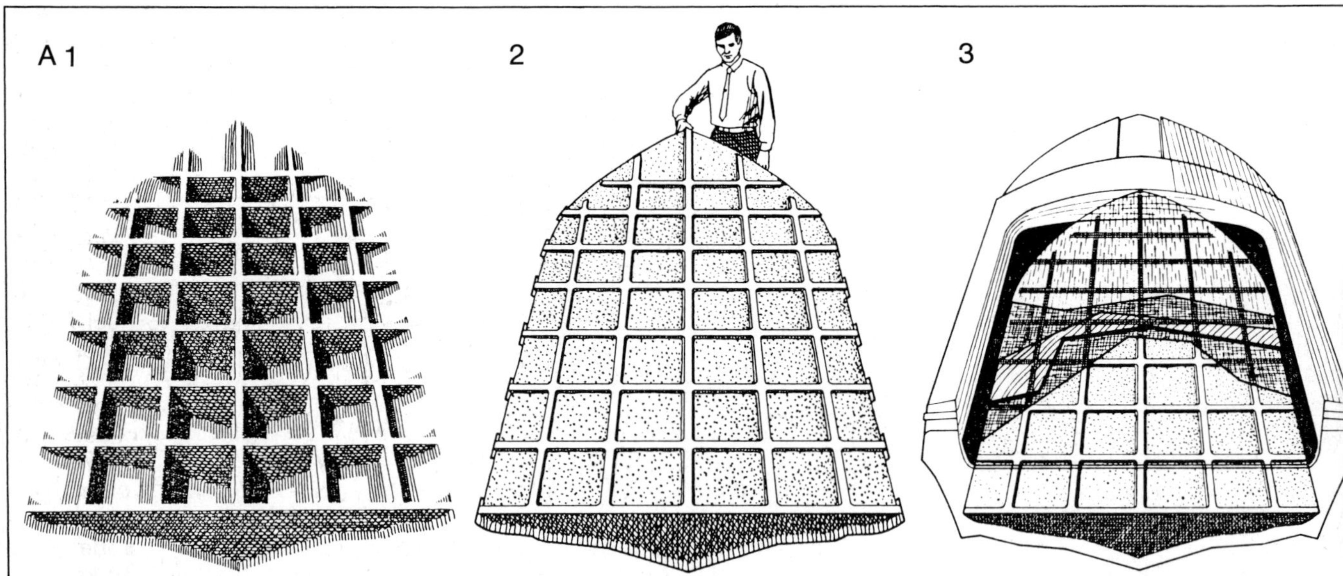

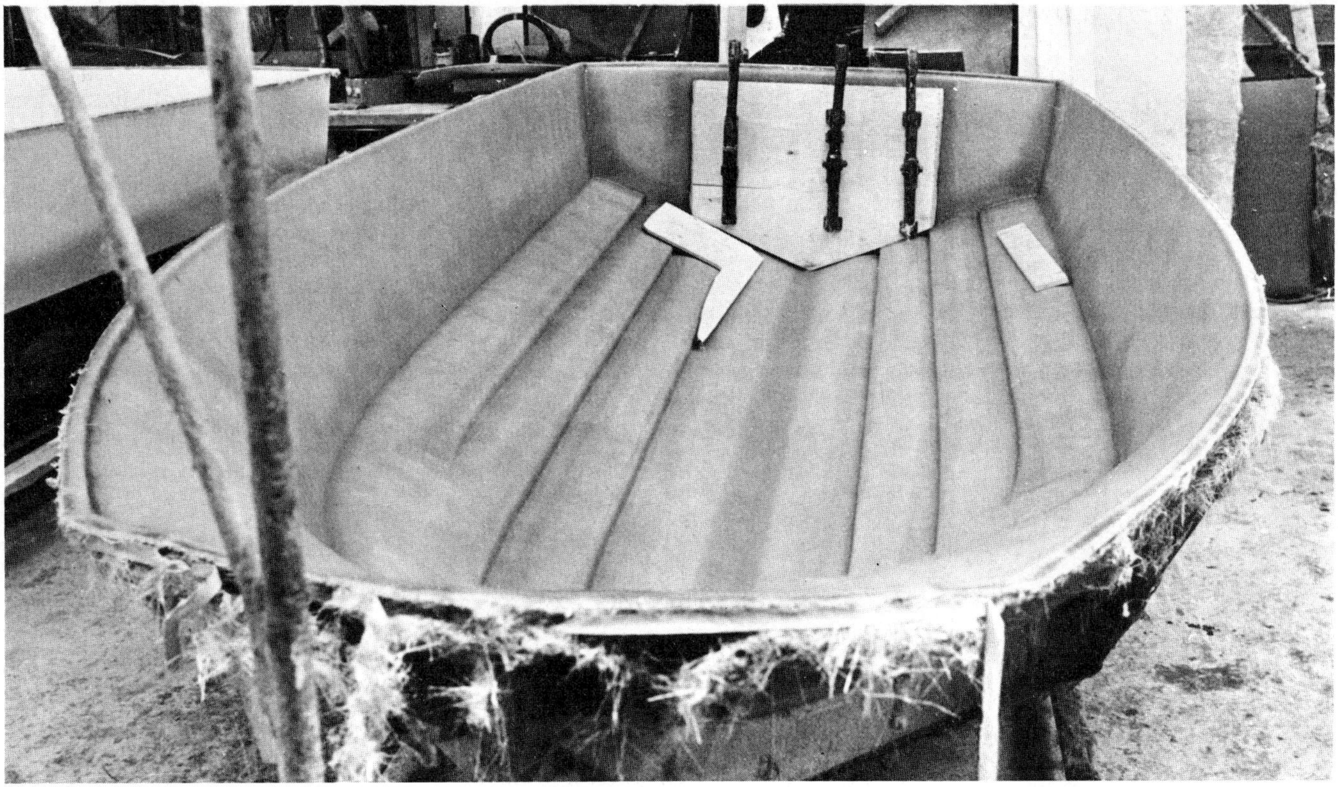

4

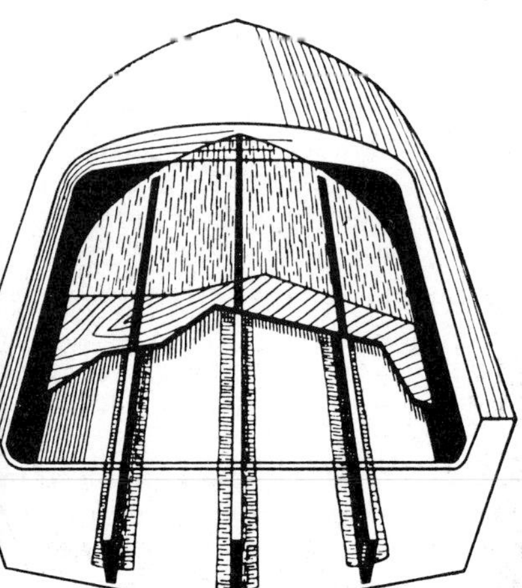

ausgeschäumten Gräting-Systems, so daß ein so gebautes Boot vom Bug bis zum Heck und von Backbord bis Steuerbord rundum und senkrecht wie waagerecht zu einem einzigen homogenen Körper geworden ist.
Einzelne hölzerne Längsversteifungen (A4) ohne entsprechende Querverbände fangen diese vielfältig mögliche Belastung des Unterwasserschiffes längst nicht so günstig auf, auch wenn die Zwischenräume in gleicher Weise ausgeschäumt sind; denn die Oberfläche zwischen diesen Längsstringern wird nicht in gleicher Weise unterstützt, und die Festigkeit der Außenhaut ist damit unterschiedlich.
Bei einem tiefen V-Spant mit Stützleisten (Gleitstringern), die außen erhaben aus dem Unterwasserschiff

Abb. B: Der Bootsrumpf von innen. Die Gleitstringer bzw. Stützleisten, die außen erhaben aus dem Unterwasserschiff herausragen, sind hier entsprechende Falten, die längsschiffs über den gesamten Boden verlaufen.

herausragen, sieht die Bootsschale von innen wie in Abb. B aus: Man erkennt hier die Stützleisten, die in einer Art Treppenform vom Kiel bis zur Kimm wie Falten im Bootsboden von achtern nach vorn verlaufen. Sie geben dem Unterwasserschiff meistens schon insoweit die nötige Festigkeit, daß man auf einen Gitterrost verzichten, aber dennoch nicht ohne Ausschäumen der Bereiche zwischen Bootsboden und Cockpitboden bzw. Kajütfußboden auskommen kann.

Abb. C: Große Bauteile aus Thermoplasten mit ihrer glatten Außenseite verdecken die rauhe Innenfläche des GFK-Rumpfes. Der Zwischenraum kann ausgeschäumt werden.

Bei größeren Motorbooten vom Daycruiser bis zum Motorkreuzer benutzt man in der modernen Serienfertigung Innenschalen, die aus Thermoplasten gefertigt werden und (mit ihrer „guten" Seite nach außen) in den Bootsrumpf eingesetzt und einlaminiert werden (Abb. C). Hier wird dann entweder der gesamte Hohlraum zwischen den beiden Schalen ausgeschäumt oder nur der untere, bereits mit einem Zwischenboden in der Innenschale versehene Teil.

Diese Thermoplast-Bauteile stellt man im Vakuumverfahren entweder aus Polyäthylene oder aus einem anderen thermoplastischen Kunststoff „ABS" her, Abkürzung für „Acrylnitril-Butadien-Styrol". Auch kleine Boote (gegenwärtig bis ca. 8,00 m Länge) können aus diesem Material geformt werden. Voraussetzung ist eine entsprechende Form oder Patrize, die dem gewünschten Werkstoffteil entspricht. Die Arbeitsgeräte sind wesentlich aufwendiger. Daher kommt dieses Verfahren auch nur für zahlenmäßig große Serien in Frage bzw. diese Großserien werden in Spezialfabriken hergestellt, die (im Auftragsverfahren) die entsprechenden Formen der Kunden bereithalten und die Stückzahlen, die eine Bootswerft für eine Jahresproduktion braucht, praktisch in wenigen Tagen liefert.

Zur Verarbeitung spannt man eine ABS-Kunststoffplatte in eine Kammer, klemmt sie fest und erhitzt sie mit einer Vielzahl von sorgfältig gesteuerten Heizgeräten so lange, bis sie überall weich geworden ist. Dann läßt man von innen Druckluft in die Kammer und bläst die weiche Kunststoffplatte auf, bis sie eine große Blase geworden ist und ungefähr die Form des späteren Werkteiles erreicht hat. Anschließend hebt man die Form an und drückt sie mit hoher Kraft von unten gegen die weiche, flexible Kunststoffplatte, bis sie sich überall hautnah über die Patrize gelegt hat. Der über Ecken und Kanten, Ein- und Auswölbungen gezogene und gepreßte Kunststoff erkaltet jetzt und wird, erstarrt und überall hart geworden, aus der Form genommen. Die ganze Prozedur dauert weniger als eine Stunde.

Motorboote werden in der modernen Serienfertigung wie Kraftwagen gebaut: Man fertigt neben Rumpf- und Deckschale aus GFK-Massivbauweise oder GFK-Verbundbauweise, die die äußere, hochbelastete und hochbelastbare Hülle des Bootes darstellen, zahlreiche Innenschalen und Innenzellen aus Thermoplasten, die nur zusammen montiert, gegebenenfalls miteinander verklebt und deren Zwischenräume günstigstenfalls ausgeschäumt werden. Nur die Steuerelemente, die Motorenanlage und andere, wenige spezielle Einzelteile werden von Mechanikern gesondert montiert.

Auf größeren Motorkreuzern oder Motoryachten kann man den Innenraum zwischen Plichtboden und Außenhaut meistens nicht verschenken und daher auch nicht insgesamt ausschäumen. Hier müssen zwischen Boots- und Plichtboden Kraftstoff- und Frischwassertanks eingebaut werden, und der Raum in der Kajüte unter den Kojen muß als Stauraum dienen. Man läßt dazu die (in den Innenhöhlungen der Stützleisten) längsschiffs verlaufenden Stringer

so hoch in den Bootsrumpf hineinreichen, daß sie nicht nur als Auflager für den Fußboden dienen können, sondern auch den Querschotten (D) als Halt zur Befestigung dienen. So entsteht ein Fachwerk aus Bootsbausperrholz (E), das (mit einem fingerdicken Zwischenraum zur Außenhaut) auf diese laminiert wird. Hier sind dann gleichzeitig Schubladen, Backskisten, Schwalbennester und andere, in Tischlerarbeit entstandene Teile der Inneneinrichtung mitgefertigt.
Die Preisunterschiede bei Motorbooten liegen zu einem Teil in der unterschiedlichen Motorisierung begründet, zum anderen Teil sind sie auch durch die Verschiedenartigkeit der Kunststoffbauweise bedingt. Die Lebenserwartung eines GFK-Motorbootes hängt in hohem Maße von der Werkstoff- und Verarbeitungsqualität des Kunststoffrumpfes und mehr oder weniger von dessen Fertigungsverfahren ab. Hierüber sollte ein Motorbootfahrer genug wissen, wenn er Freude an seinem wertvollen Boot haben und gleichzeitig auch über längere Seestrecken immer sicher schippern will.

D

E

Abb. D: Die Gleitstringerfalten geben gleichzeitig den Längsversteifungen Halt, und an ihnen werden die Querverbände, Schotten und Teile der Kajüteinrichtung befestigt.

Abb. E: So sieht es unter den Kojen eines Daycruisers aus glasfaserverstärktem Kunststoff aus. Mit Bootsbausperrholz wird nicht nur der Innenausbau vorgenommen, sondern es werden gleichzeitig Querversteifungen geschaffen.

Bootstypen

Sportboote

Schnell, für binnen und buten, mit unzähligen Möglichkeiten für die Gestaltung des Innenraumes

Offene Motorboote bilden den Hauptteil der Sportbootflotte. Mit ihnen fängt das Motorbootfahren meistens an. Von ihnen steigen die Eigner auf Daycruiser, Motorkreuzer und größere Motoryachten um. Sportboote werden fast ausschließlich aus glasfaserverstärktem Kunststoff hergestellt. Das Material erlaubt jede gewünschte und mögliche Formgebung, auch in kleinen Einzelheiten. In der Gestaltung des Überwasserschiffes und des Innenraums sind Sportboote der Mode unterworfen. In bezug auf den Bootsboden wird immer wieder (noch) experimentiert, und wenn auch nur aus Gründen der Werbung, um einen neuen Typ einzuführen. Neuen Bodenformen gegenüber verhalte man sich skeptisch. Was gut aussieht, muß nicht schnell und sicher sein. Etwas größere Schnelligkeit bedeutet meistens höhere Anschaffungskosten und verteuerten Betrieb.

Offene Boote dienen nicht nur zum Fahren, sondern auch zum Aufenthalt auf dem Wasser. Sie sind daher mit Liegesitzen zum Sonnenbaden und Ausruhen gebaut, haben Platz in

der Plicht zum Ausrüsten eines Tauchers, sind mit Einrichtungen zum Angeln und Fischen ausgestattet, haben häufig ein vorderes Cockpit für die Kinder und ein achteres Cockpit für die Erwachsenen, den Sitz des Fahrers und Beifahrers hinter einer Windschutzscheibe oder den Fahrersitz mitschiffs und ungeschützt. Jedes ausreichend motorisierte Sportboot kann einen Wasserskiläufer oder sogar mehrere Personen auf Wasserskiern schleppen.

Da Sportboote im Yachthafen meistens mit dem Bug zur Brücke oder Pier liegen und über das Vorschiff betreten oder verlassen werden, ist die Windschutzscheibe in der Mittschiffslinie manchmal aufklappbar, damit man besser in die Plicht gelangt. Für Wanderfahrten, Tagestouren und zum längeren Aufenthalt auf dem Wasser sind Sportboote im allgemeinen für vier Personen eingerichtet. Sie können in der Plicht sitzen und liegen, schlafen und essen und ihre Ausrüstung unter den Seitendecks oder im Vorschiff verstauen. Um mehr Personen Mitfahrgelegenheit zu geben, muß das Sportboot entsprechend größer sein.

Sportboote werden handelsüblich mit Bootslängen von 3,50 bis 6,50 m Länge über alles angeboten. Zur Motorisierung bis 150 kW bzw. 200 PS dienen Außenbordmotore, Z-Antriebe, Jet-Triebe und Einbaumotoren mit starren Wellen, auf einigen Binnenseen auch Elektromotoren. Dabei bevorzugt man für die ganz kleinen offenen Boote der Wasserwanderer und Angler Außenborder bis 20 kW bzw. 30 PS, bei den Sportbooten mittlerer Größe mit Windschutzscheibe bis zu einem Antrieb von 60 kW bzw. 80 PS Außenborder mit Fernschaltung, über 60 kW bzw. 80 PS Motorleistung zunehmend Z-Antriebe. Große Sportboote können mit Außenbordern bis zu 2 × 100 kW (135 PS) motorisiert werden, doch herrscht ab 60 kW (80 PS) bis 150 kW (200 PS) der Z-Antrieb vor. Mit starren Wellen und V-Trieb werden fast nur für Wasserskiläufer benutzte Zugboote ausgestattet, während der Jet-Trieb eigentlich nur an Booten für den Katastropheneinsatz zu finden ist.

In die Gruppe der Sportboote gehören auch größere Schlauchboote. Große Sportboote sind trailerbar, sehr kleine Sportboote können auch auf dem Autodach transportiert werden.

Abb. A: Sportboot mit aufklappbarer Windschutzscheibe zum Betreten des Vordecks – für Bootsmanöver wie für das An- und Von-Bord-Gehen gleichermaßen praktisch.

Abb. B: Fahrer- und Beifahrersitz lassen sich häufig zu Sonnenliegen ausziehen. Auch ein aufrollbares Segeltuchverdeck ist – unterwegs und am Liegeplatz – vorteilhaft. ▷

Einige Plichteinrichtungen von Sportbooten: Mittschiffs-Steuerstand mit Sitzbänken vorn und achtern, sowohl für Außenborder (1) als auch für Z-Antrieb (2); mit eingedecktem Vorschiff und Windschutzscheibe sowie Plätzen für sieben Personen (3) und ein Großraumboot für Sportfischer mit großem Sitzraum vor dem Steuerstand für mehrere Personen und geräumiger, freier Arbeitsplicht dahinter (4).

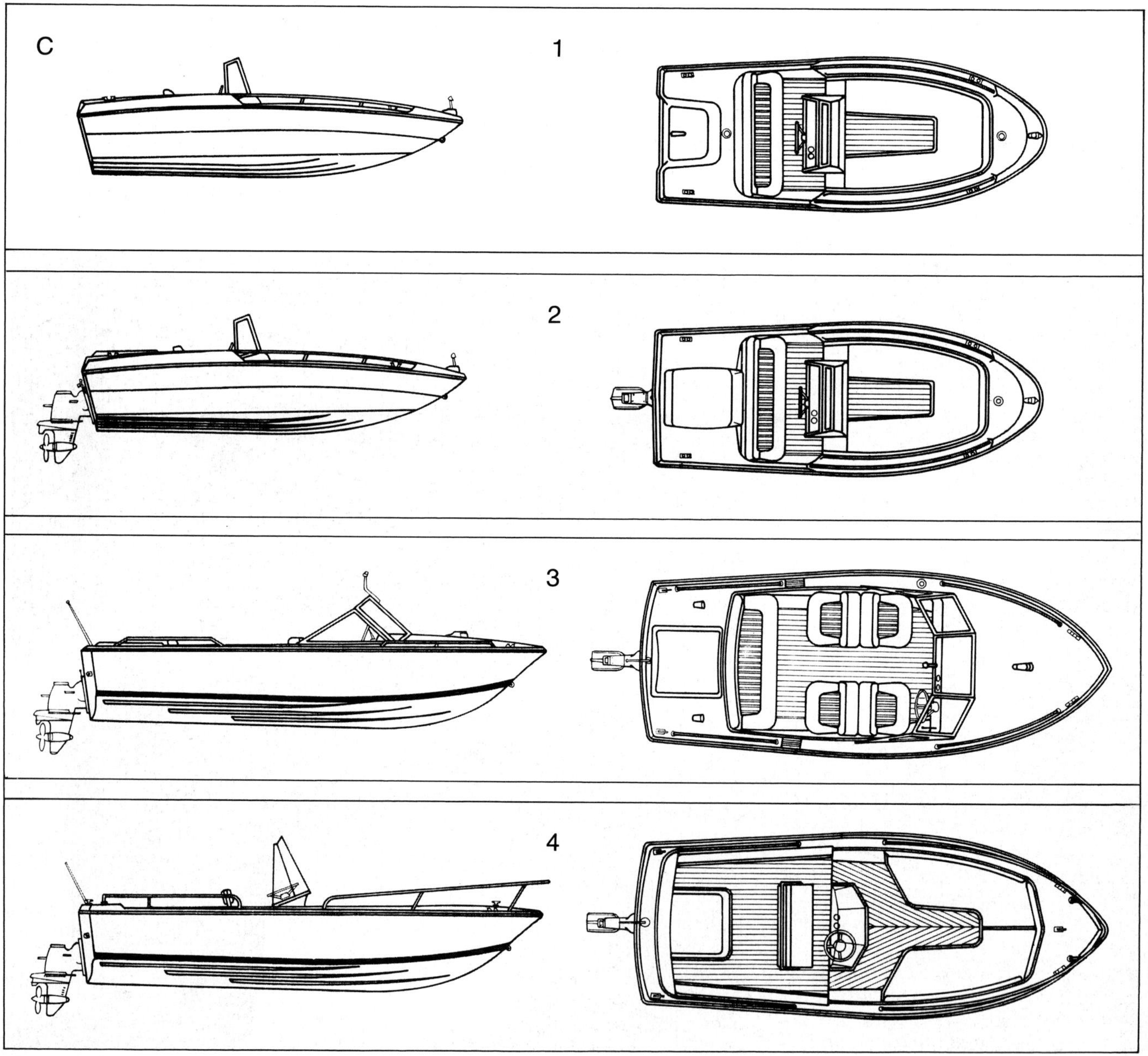

Daycruiser

Praktisch ein größeres, seefähiges Sportboot mit sehr geräumigem Cockpit und kleiner, kaum sichtbarer Vorderkajüte

Ein beliebter Bootstyp, der das Sportboot nicht nur an Seefähigkeit übertrifft, sondern auch einen – zwar auf zwei Personen beschränkten, aber auch für mehrtägige Fahrten ausreichenden – Wohnkomfort in der Vorderkajüte und (meistens) zwei weitere Schlafplätze in der mit einem Klappverdeck überdachten geräumigen Plicht aufweist.
Der hier beschriebene Daycruiser ist 6,76 m lang und 2,44 m breit. Er hat (unbeladen) einen Tiefgang von 0,35 m und ein Leergewicht von ca. 1500 kg, durch das er noch trailerbar ist. Brennstofftank 220 l, Motorisierung mit einem Z-Antrieb von 150 kW bzw. 200 PS oder mit 2 Z-Antrieben von je 100 kW bzw. 140 PS. Ein fester Wassertank ist nicht eingebaut; man kann aber Gummi-Wassertanks ab 50 l installieren.
Daycruiser werden hauptsächlich von denjenigen Motorbootsportlern bevorzugt, die mit geringstem finanziellen Aufwand längere Fahrten in rauhem Wasser machen wollen, das Boot während einer Saison nicht nur auf einem Revier benutzen und es dazu auch hinter einem PKW über

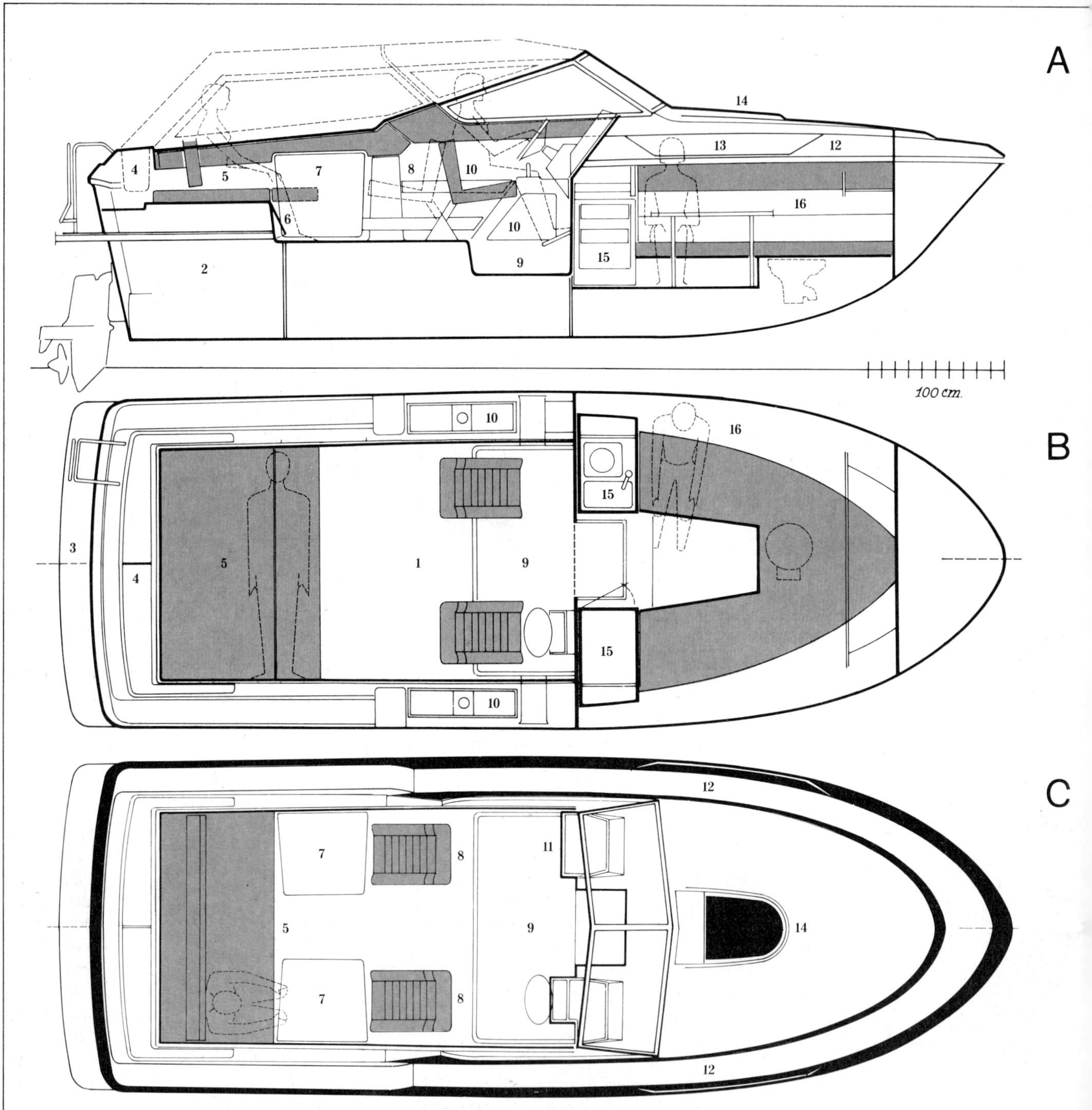
A
14
13
12
4
5
7
8
10
6
10
16
2
9
15
100 cm.
B
10
16
15
3
4
5
1
9
15
10
C
12
7
8
11
5
9
14
7
8
12

Was ein Daycruiser bieten kann: 1. Rutschsicherer Fußboden. – 2. Schallisolierter Motorenraum. – 3. Bordleiter mit Badeplattform. – 4. Klappverdeck über der Plicht. – 5. Rücksitz als Doppelliege. – 6. Leicht zugängliche Bordbatterie. – 7. Beiklappbarer Plichttisch. – 8. Drehbarer Beifahrersitz. – 9. Tieferer Fußboden unter dem Fahrersitz, der ebenfalls drehbar ist. – 10. Getränkehalterung. – 11. Kartenschrank und Kartenpult vor dem Beifahrersitz. – 12. Ablage in der Kajüte. – 13. Ungehinderter Blick durch die Seitenfenster. – 14. Plexiglas-Luk. – 15. Mini-Pantry mit Spüle und Eisbox auf der einen und Stauraum für Kleidung auf der anderen Seite. – 16. Gepolsterte Rückenlehnen. – Ganz vorn Trockenklosett.

Abb. A: Seitenansicht. – Abb. B. Aufsicht Innenraum. – Abb. C: Aufsicht Deck und alternative Plichtgestaltung. – Abb. D: Querschnitt.

D

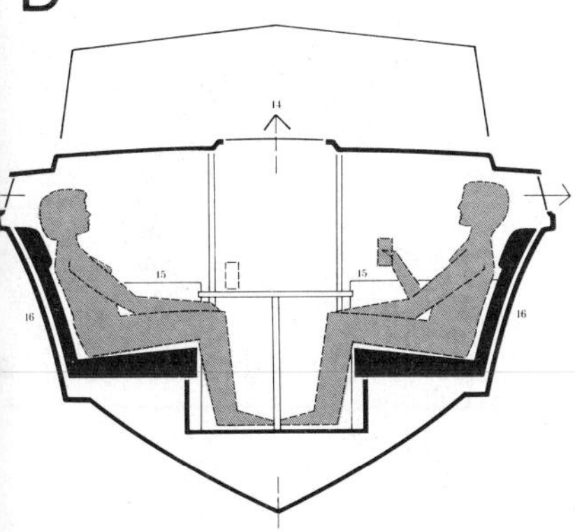

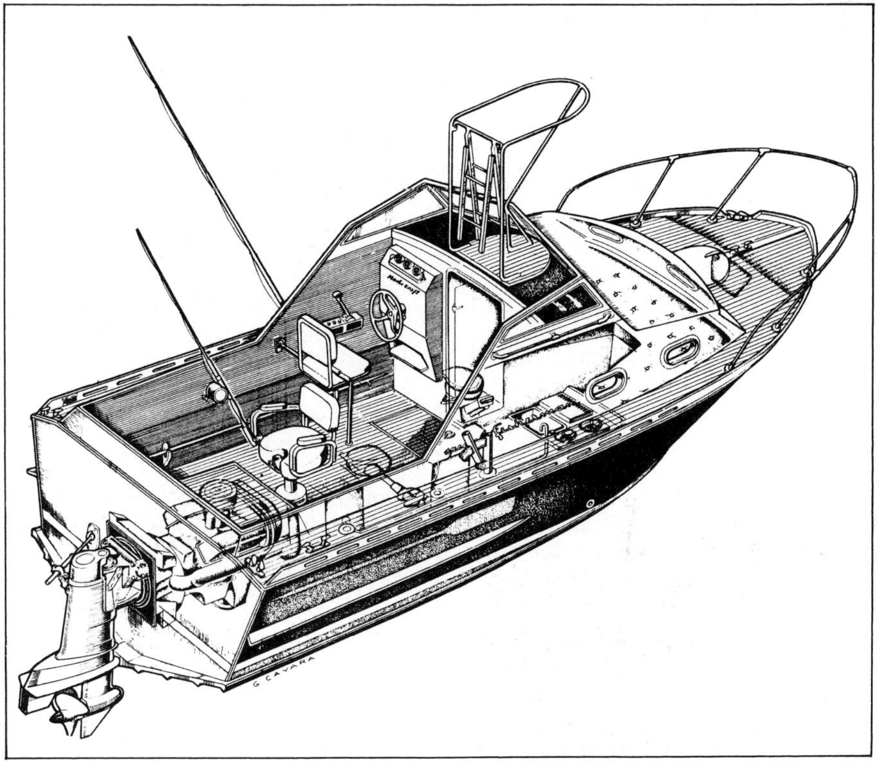

Daycruiser lassen sich auch für bestimmte Zwecke fertigen und ausrüsten, wie hier zum Sportfischen.

Land transportieren wollen. Ein kleinerer Daycruiser läßt sich noch mit der Kraft eines Mannes auf einer Bootsrampe auf- bzw. abslippen. Er kann gegebenenfalls auch noch auf dem Trailer und an Land stehen, so daß man ihn auch von denjenigen Yachthäfen aus benutzen kann, in denen man keinen festen Liegeplatz mehr erhielt. Daycruiser werden handelsüblich von 6,50 bis 8,00 m Bootslänge mit entsprechender Motorisierung für Gleitfahrt unter allen Bedingungen angeboten. Die Trailerbarkeit allerdings hört bei etwa 7,0 m Länge auf.

Daycruiser sind, wie ihr Name sagt, Boote für Tagesfahrten. Sie sind schnell wie ein Sportboot, aber man kann auch in ihnen übernachten und sogar kochen, falls es notwendig ist. Die Kajüte mit Sitzhöhe und zwei Kojen mit voller Länge und Breite ist aber nicht nur Aufenthaltsraum, sondern auch Stauraum. Man kann hier die Utensilien zum Wasserskilauf und zum Tauchen besser verstauen und vor allem diebstahlsicherer verschließen als in einem Sportboot, wenn das Boot zwischen den Wochenenden unbeaufsichtigt auf einem Bootsparkplatz steht oder an seinem Liegeplatz liegt.

Motorkreuzer

Der Inbegriff für schnelles Fahren, sportliches Leben und bequemes Wohnen auf dem Wasser

Da man unter einem Motorkreuzer ganz allgemein ein Boot versteht, das eine Kajüte mit entsprechender Deckshöhe hat, reicht das handelsübliche Angebot von etwa 8,00 m Länge bis zu 10,00 m Länge und mehr. Die kleinere Gruppe, die zwar einen Schlafraum im Mittel- und Vorschiff hat, in dem man sich aber trotz noch so hoher (häßlicher) Aufbauten nicht bis zur Stehhöhe aufrichten kann, bezeichnet man besser als „Kajütboote“, während der Übergang zu den „Motoryachten“ ab etwa 10,00 bis 12,00 m fließend und der Wechsel der Bezeichnung somit Ermessenssache ist.
Kennzeichnen wir einen Motorkreuzer als ein (im Vergleich zum Daycruiser) größeres Motorboot mit einer langen, geräumigen Kajüte, in der man Stehhöhe hat, und einer sehr viel kleineren Plicht. Hinter oder unter dieser kann gegebenenfalls auch eine Achterkajüte liegen. Motorkreuzer dienen nicht nur zum Fahrtenschippern mit der ganzen Familie und mit Gästen, sie können auch für einen ganz bestimmten Zweck gebaut und ausgerüstet sein, z. B. zum Sportfischen.
Die Zeichnung zeigt einige Einzelheiten eines charakteristischen Motorkreuzers.
Motorkreuzer können mit unterschiedlichen Bodenformen gebaut und nicht nur als Gleiter und Halbgleiter, sondern auch als Verdränger konstruiert und gebaut sein. Bei diesem Bootstyp sind Z-Antriebe vorherrschend. Die Motorleistung reicht bis 2 × 200 kW (280 PS). Einbaumotoren mit starren Wellenanlagen bzw. V-Trieben sind hauptsächlich nur in Motorkreuzern üblich, die als Verdränger fahren.

Dieser Serientyp eines Motorkreuzers ist 7,97 m lang und 2,82 m breit. Die empfohlene Standard-Motorinstallation: 2 Z-Antriebe je 100 kW (140 PS) für Gleitfahrt oder 1 × 100 kW (140 PS) Diesel-Z-Antrieb (als Halbgleiter).

Einige charakteristische Einzelheiten eines Motorkreuzers: 1. Sitzplätze in der Plicht. – 2. Tisch dazwischen, anzuheben und in Doppelliege zu verwandeln. – 3. Durchlaufender Plichtboden. – 4. Kartentisch vor Beifahrersitz. – 5. Geräteträger für Topplicht. – 6. Plichtbeleuchtung. – 7. Bordleiter mit Badeplattform. – 8. Schallisolation im Motorenraum. – 9. Getrennte Mittelkajüte. – 10. Zwei Hundekojen. – 11. Toilettenraum. – 12. Bewegungsmöglichkeit in der Kajüte. – 13. Günstige Lage der Toilette. – 14. Stehhöhe. – 15. Guter Ausblick im Sitzen. – 16. Kopffreiheit unter Seitendeck. – 17. Hohe Rückenpolster. – 18. Freier Blick im Stehen. – 19. Plexiglasluk. – 20. Absenkbarer Kajüttisch. – 21. Verkleidetes Kajütdach. – 22. Deck aus einem Bauteil. – 23. Plicht aus einem Bauteil. – 24. Rutschfester Fußboden. – 25. Sonnenbaden auf dem Seitendeck. – 26. Zweiteiliges Klappverdeck.

Abb. A: Seitenansicht. – Abb. B: Aufsicht Innenraum. – Abb. C: Aufsicht Deck und Plicht. – Abb. D: Querschnitt.

D

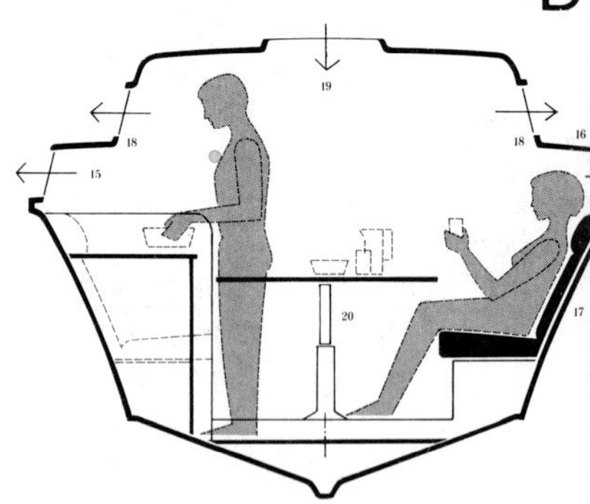

A

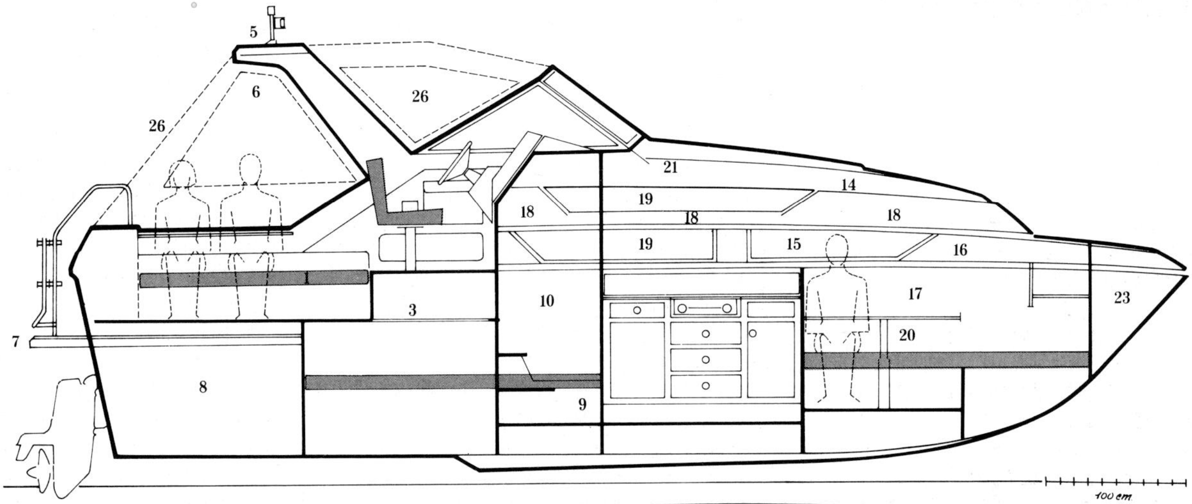
5
26
6
26
21
14
19
18
18
18
19
15
16
3
10
17
23
7
20
8
9
100 cm

B

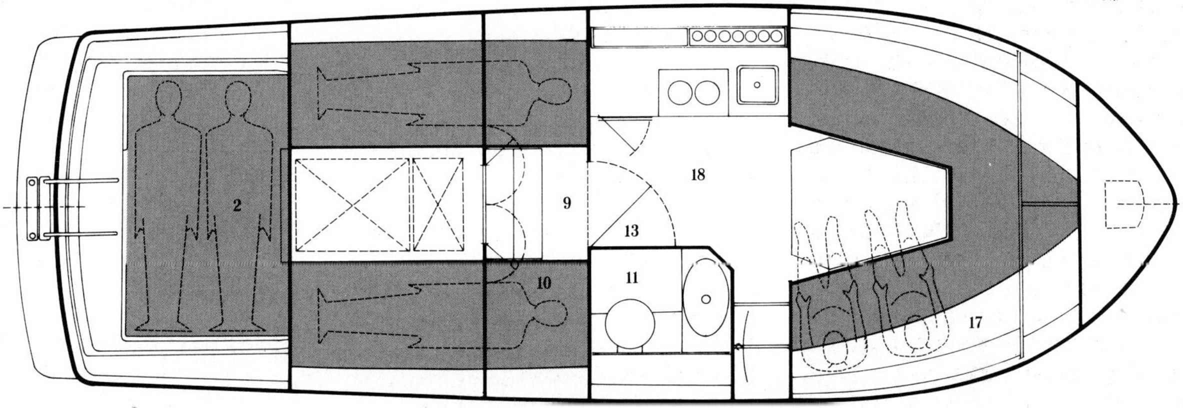
2
9
18
13
11
10
17

C

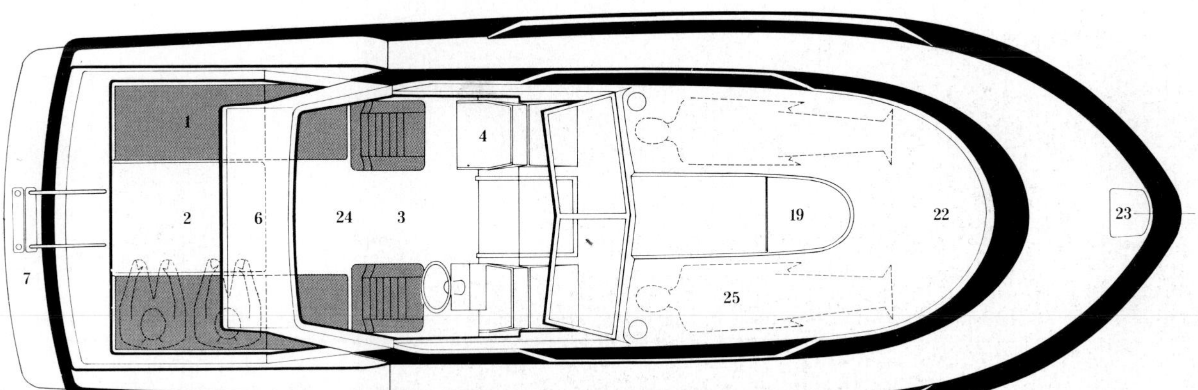
1
4
2
6
24
3
19
22
23
7
25

Motoryachten oder große Motorkreuzer

Wenn Komfort und Repräsentation überwiegen, wird Schnelligkeit zweitrangig

Motoryachten sind große Motorkreuzer ab ungefähr 10,00 m Länge über alles mit mehreren und vom eigentlichen Salon getrennten Schlafräumen, meistens zwei Steuerständen und einem – durch die Größe der Kraftstofftanks bedingten – größeren Fahrbereich. Sie können durch ihr Gewicht von mindestens 5 t keine Gleitfahrt mehr erreichen. Sie werden vorwiegend als Halbgleiter konzipiert und aus Gründen der Sicherheit und zur besseren Kraftstoffversorgung mit Dieselmotoren ausgerüstet.

Bei Motoryachten dieser Größe bevorzugt man Zwillingsmotoren mit voneinander getrennter, unabhängiger Installation, um bei Ausfall eines Aggregats fahrklar zu bleiben, aber auch, um im Hafen, unter seitlicher Windeinwirkung, sicher manövrieren zu können. Bei kleineren Typen sind die Zwillingsanlagen häufiger mit Z-Antrieb kombiniert, bei den Größeren ausschließlich mit starrer Welle.

Dieser Motorkreuzer liegt mit seiner Länge von 9,85 m im Grenzbereich zur Motoryacht. Er verdrängt mit 600 Liter Kraftstoff und 300 Liter Frischwasser ca. 4,5 t. Motorisierung Z-Antrieb, 2 × 200 PS mit Benzinmotoren oder 2 × 140 PS mit Dieselmotoren.

Das bietet ein größerer Motorkreuzer: 1. Bordleiter und Badeplattform. – 2. Schallisolation im Motorenraum. – 3. Große Plicht. – 4. Acht Sitzplätze um den Plichttisch. – 5. Klappverdeck. – 6. Hardtop, auch für Radarmontage. – 7. Schiebetür zwischen Plicht und Salon. – 8. Sechs Sitzplätze im Salon. – 9. Ausblick im Sitzen. – 10. Pantry. – 11. Bar hinter dem Sofa. – 12. Rundumsicht vom Fahrstand. – 13. Gute Lüftung, Fenster zum Öffnen. – 14. Toilette mit Brause und Druckwassersystem. – 15. Doppelliege in der Vorderkajüte. – 16. Durchsichtiges Plexiglas-Luk. – 17. Mit Kunstfaserstoffen bekleideter Innenraum. – 18. Liefermöglichkeit mit Flying Bridge. – 19. Moderne Farbgebung.

Abb. A: Seitenansicht. – Abb. B: Aufsicht Innenraum. – Abb. C: Aufsicht Deck und Plicht. – Abb. D: Flying Bridge, als Zusatzausstattung lieferbar.

D

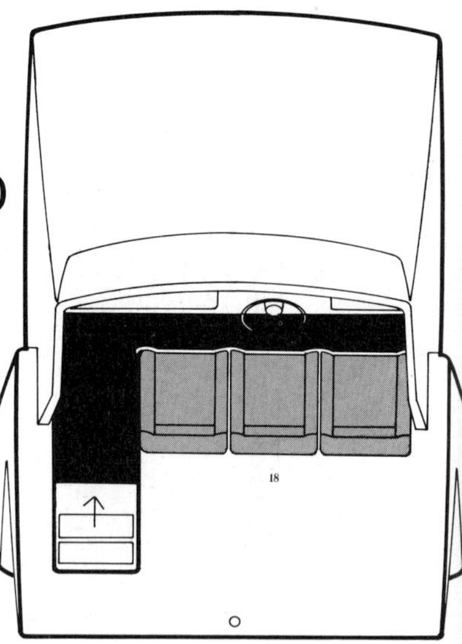

A

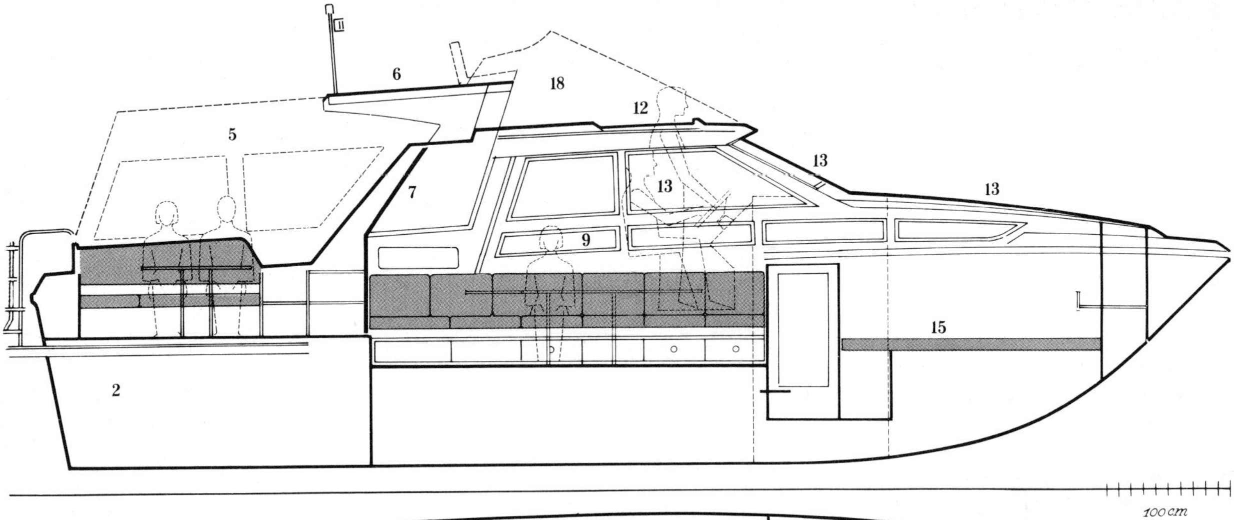

B

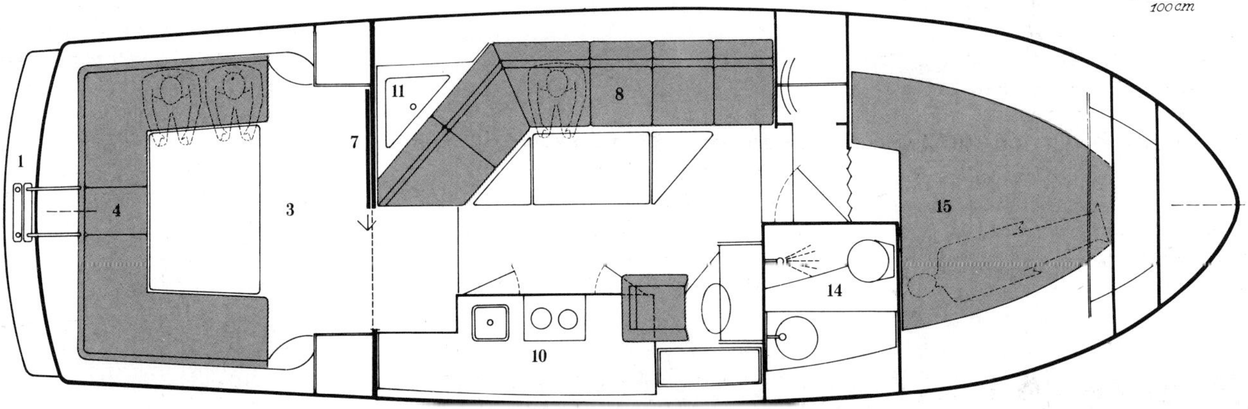

C

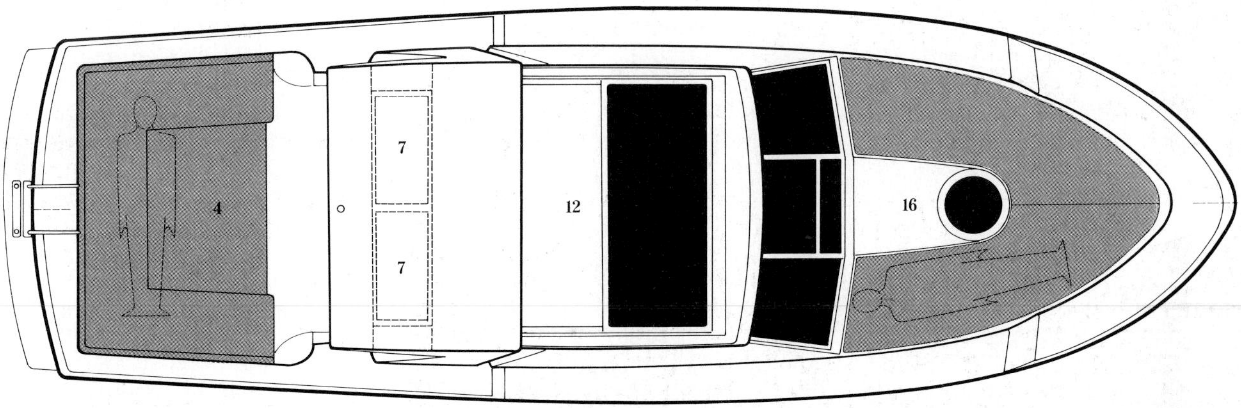

Schnelle und langsame Verdränger

Die Rumpffahrt ist oft die Höchstfahrt, und zur Motorisierung reichen 5 bis 8 kW/t aus

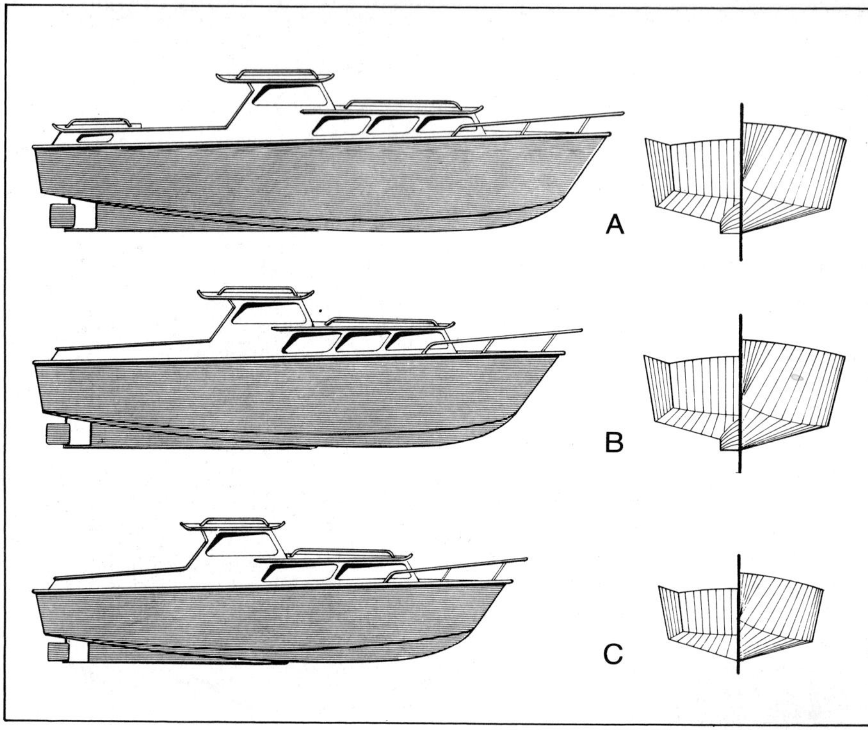

Drei Motorkreuzer aus Stahl in Verdrängerform: Abb. A: Lüa 10,00 m, Büa 3,05 m, Seitenhöhe 2,95 m, Tiefgang 0,60 m. 6 Schlafplätze, Rumpffahrt 15km/h. – Abb. B: Lüa 8,75 m, Büa 2,85 m, Seitenhöhe 2,85 m, Tiefgang 0,55 m, Rumpffahrt ca. 12 km/h. – Abb. C: Lüa 7,00 m, Büa 2,30 m, Tiefgang 0,40 m. Rumpffahrt ca. 11 km/h. Die 3 Motorkreuzer haben 6 bzw. 4 und 2 Schlafplätze. Die wirtschaftlich vertretbare Höchstgeschwindigkeit liegt ca. 10 bis 15% über der Rumpffahrt. Mit höherer Motorleistung läßt sie sich noch einmal um ca. 10% steigern, doch steht der dann gewonnene Geschwindigkeitszuwachs in keinem günstigen Verhältnis zur zusätzlichen Motorleistung und zum Verbrauch.

Früher baute man Verdränger nach dem Prinzip „Länge läuft", nach dem ein Boot von 9,00 m Länge in der Schwimmwasserlinie nicht schneller als ungefähr 13,5 km/h oder 7,3 kn laufen konnte und man ein über 17 m langes Boot bauen mußte, um aus dem Bereich der „einstelligen Knoten" herauszukommen und das Boot auf mehr als 20 km/h Fahrt zu bringen.

Heute baut man Verdränger mit einem breiten, völligen Achterschiff, damit das Heck beim Erreichen der durch die Wasserlinienlänge gegebenen Rumpffahrt nicht in das Wasser einsinken kann, sondern hier mehr Auftrieb erhält, und man wählt einen Tiefgang, der etwa einem Drittel seiner größten Breite entspricht. Das Unterwasserschiff ist im achteren Bereich recht voll gehalten, steigt aber unter dem Heck bis zur Wasseroberfläche an, so daß die Unterkante des Spiegels bei einem möglichst breit gehaltenen Spiegelheck im Ruhezustand gerade die Wasserlinie berührt.

Mit einem solchen Rumpf und einer Motorisierung von minimal 5 und maximal 8 kW/t erreicht man eine etwas höhere Fahrt als die Länge in der Wasserlinie zuläßt, ohne daß das Boot schon zu einem Halbgleiter wird.

Schnelle und normale Verdränger gibt es als große und kleine Boote, vorwiegend aus Stahl und Kunststoff und hauptsächlich in Knickspantform (Abb. A–C).

Abbildung D zeigt einen größeren schnellen Verdränger bei normaler Marschfahrt. Die Wellenentwicklung ist hier schon groß. Sie würde bei Höchstfahrt und in küstennahem Fahrwasser noch größer werden und dann die Uferbefestigung belasten oder andere Boote auf dem Wasser belästigen, so daß man einen schnellen Verdränger eigentlich nur auf See voll ausfahren kann.

Verdränger werden hauptsächlich mit Einbaumotoren, starren Propelleranlagen oder V-Trieben und je nach Größe mit Einzel- oder Zwillingsmotoren ausgestattet. An der deutschen Küste sind als Verdränger gebaute Motoryachten und Motorkreuzer noch relativ wenig vertreten, verglichen mit unseren Nachbarländern Holland und Dänemark, wo sie den Hauptteil der Motoryachtflotte bilden. Grund für die Beliebtheit: Man verbindet das Angenehme mit dem Nützlichen, wenn man bei (verglichen mit einem Gleiter) langsamerer Fahrt mehr Stunden auf See verbringt, um eine entsprechende Distanz zu bewältigen, und spart dabei Motoreninvestitionen und Kraftstoffkosten.

Abb. E zeigt einen modernen schnellen Verdränger aus GFK, 7,70 m lang und wahlweise mit Dieselmotoren von 23–50 PS (ca. 20–35 kW). Es ist ein Familienboot mit 4 festen Kojen in der Kajüte, einem Innensteuerstand, Pantry und großräumiger Plicht.

D

Bootsbodenformen

Harter Gleiter mit flachem Bootsboden unter dem Heck

Schnelle Fahrt mit wenig Motorleistung in ruhigem Wasser, aber gefährliches Verhalten in engen Kurven und ungeeignet für rauhes Wasser

Mit diesem Bootsboden fing alles an. Man bezeichnete die Bootstypen mit flachem Unterwasser-Achterschiff auch als „Wellenbinder", wenn der Kielungswinkel am Heck etwa 170° bzw. die Aufkimmung an jeder Seite 5° betrug und die Aufkimmung am Hauptspant auf etwa 10° und am Ende des ersten Drittels hinter dem Bug auf ungefähr 20° anwuchs.
Motorboote mit solchem weitgehend flachen Bootsboden gleiten auch mit geringer Motorleistung auf glattem Wasser schnell und leicht, aber sie schlagen dafür im Seegang sehr hart. Das ist gefährlich für die Gesundheit der Crew, und der Bootsrumpf kann Schaden nehmen, wenn man diese Gleiter mit flachem Bootsboden unter dem Heck in hartem Wasser zu schnell fährt.

Im Ruhezustand und bei langsamer Verdrängerfahrt schwimmt der „Wellenbinder" vollständig auf dem flachen Bootsboden (A) mit einem Tiefgang je nach Beladungszustand. Beim Gleiten (B) und (C) und einem Anstellwinkel von etwa 10° bis 15° verkleinert sich die benetzte Oberfläche des Unterwasserschiffs beträchtlich, aber nur im vorderen Bereich und nur an den äußeren Seitenbereichen.
In Abb. D ein noch bis vor wenigen Jahren für Binnenreviere, als Wasserski-Zugboot und für repräsentative Zwecke gebauter Serientyp mit flachem Unterwasser-Achterschiff. Mit seinen 2 Einbaumotoren und herkömmlicher Propelleranlage auch Autoboot genannt. Die gleiche Spantform benutzen alle Schlauchboote, bei denen sich aus bautechnischen Gründen kein oder nur ein geringfügig anderer Bootsboden schaffen läßt. Durch den flexiblen Rumpf werden die Nachteile dieser Bodenform für starre Rümpfe abgemildert.
Abb. E zeigt eine typische Spantform eines schnellen Hochsee-Motorbootes aus dem Jahre 1935. Hauptspant, Spiegel und erster Vorschiffsspant sind betont. Mit einer bestimmten Motorleistung wurde eine Geschwindigkeit erreicht, die auch heute noch kaum überboten wird. Es ist der Bootsboden der Vergangenheit, mit einer konkaven Spantform vom Vorschiff bis dicht vor dem Spiegel und einer zunehmenden Abflachung im Bereich des achteren Gleitbodens. Die erreichten Höchstgeschwindig-

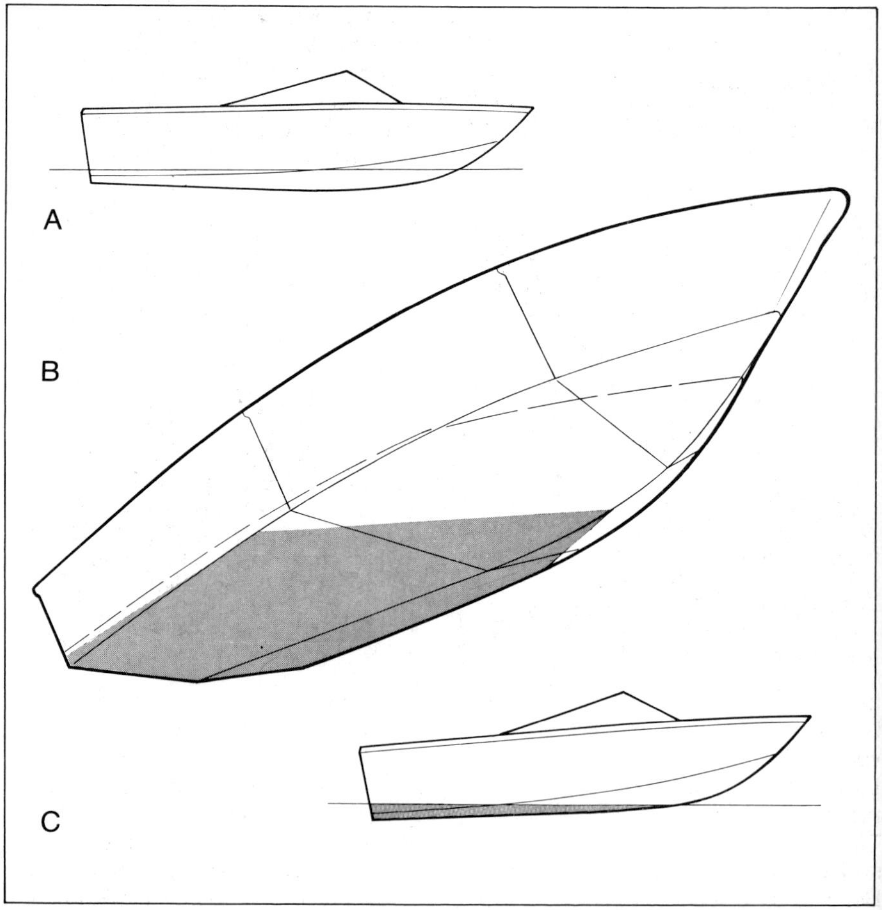

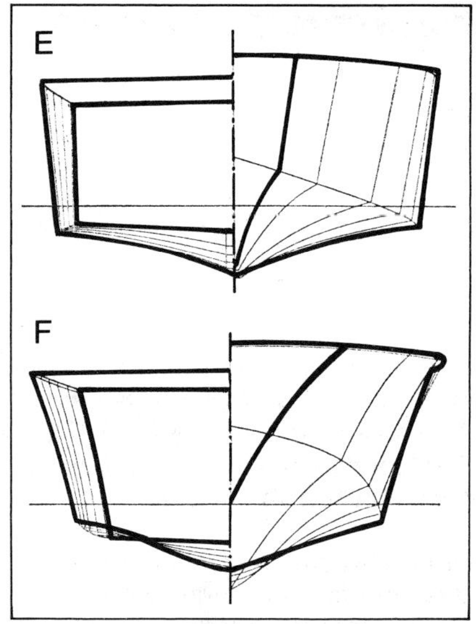

Abb. E: Spantform 1935. – Abb. F: Spantform 1950. (Vgl. S. 35.)

keiten waren aber lebensgefährlich. Das Boot prallte mit seinem konkaven Boden hart auf die See, war in Längsschiffsrichtung unstabil und machte die Bewegungen eines Tümmlers, der aus dem Wasser springt und wieder in die See taucht. Bei der Spantform um das Jahr 1950 (Abb. F) sind diese Fehler beseitigt. Spiegel und Achterschiff sind tiefer gelegt. Das Vorschiff hat einen V-förmigen Vorfuß erhalten, der tiefer als der Hauptspant liegt. Die Spanten haben in Richtung auf das Achterschiff eine größere Aufkimmung erhalten. Sie sind zum Bootsboden hin konvex geworden, an den Seiten jedoch konkav geblieben.

Fassen wir die Merkmale dieses Bootsbodens zusammen:

- Gute Stabilität in Ruhelage.
- Frühzeitiges Erreichen der Gleitgeschwindigkeit.
- Es ist relativ wenig Motorleistung notwendig, um ins Gleiten zu kommen.
- Jede stärkere Motorisierung bringt mehr Fahrt, weil der Reibungswiderstand eines flachen Bodens (im Vergleich mit anderen Spantformen) am geringsten ist.
- Schon bei wenig bewegtem Wasser schlägt der flache Boden gefährlich hart, und das Boot ist nicht mehr zu fahren.
- Gefährlich das seitliche Wegrutschen in engen Kurven, bei dem die Crew herausgeschleudert werden kann.

Die Nachteile waren insgesamt so groß, daß diese Bodenformen seit Jahren nicht mehr gebaut werden.

Spantform tiefes V

Im Hochseerennsport entwickelter Bootsboden für seefähige, schnelle Motorboote in rauhem Wasser

Um die Nachteile eines harten Gleiters mit flachem Bootsboden und kaum sichtbarer Aufkimmung am Heck beim Fahren im Seegang aufzuheben, entwickelte man zuerst für Hochsee-Rennboote um 1963 das „Tiefe V" mit einer Aufkimmung des Bootsbodens am Heck von 20 bis 25° bzw. einem Kielungswinkel von 130°. Boote mit tiefem V tauchen in Verdrängerfahrt tiefer ein, haben dadurch eine größere benetzte Oberfläche und bedingen daher eine etwas stärkere Motorisierung, um ins Gleiten zu kommen.

Der ganze Bootsrumpf erhält praktisch eine Keilform im Unterwasserschiff, sowohl im Spantenriß als auch im Längsriß. Durch diesen Bootsboden mit tiefem V kann das Boot auch im Seegang weich einsetzen. Die Stoßbelastung beim Aufprall auf die Wellen wird abgefedert, und man kann mit starken Motoren schneller und unter Seegangsbedingungen auch sicherer laufen. Bei langsamen Geschwindigkeiten in Verdrängerfahrt (A) hat ein Boot mit tiefem V durch seinen größeren Tiefgang einen besseren Halt im Wasser, so daß es mit weniger Windabdrift und wesentlich kursstabiler laufen kann. Bei Gleitfahrt hingegen (B, C) verringert sich nicht nur die Länge, sondern auch die Breite des eingetauchten Unterwasserschiffes durch diese V-Form des Bootsbodens. Gut motorisierte Boote erhalten dadurch eine kleinere benetzte Oberfläche als vergleichbare gleichgroße Plattbodenboote. Dadurch verringert sich auch der die Fahrt hemmende Reibungswiderstand.

Abb. D zeigt ein kleines seefähiges Rennboot mit tiefem V in voller Fahrt. Der Reibungswiderstand ist auf ein Minimum reduziert. Abb. E macht deutlich, welche Entwicklung der Hochseerennsport durch diese neue Spantform nehmen konnte. Sprünge dieser Art sind zwar nicht unbedingt erwünscht, aber auf der holprigen Chaussee der See auch nicht zu vermeiden. Nur der tiefe V-Spant (in Abb. F zum Vergleich mit den früheren Spantformen schneller Motorboote auf der vorhergehenden Seite) kann den harten Aufprall so weich abfedern, daß die Bootsverbände dabei keinen Schaden nehmen.

Merkmale dieser Spantform:

- Hervorragende Rauhwassereigenschaften; richtige Spantform für seetüchtige Motorboote.

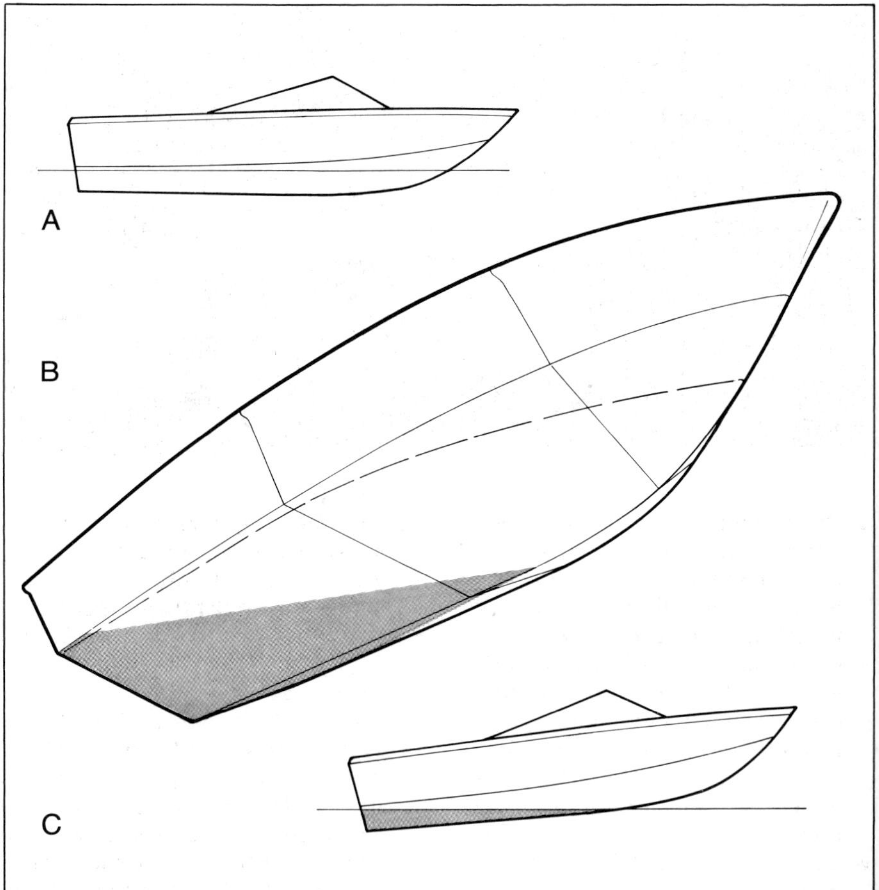

- Die Stoßbelastung wird im Seegang bestmöglich reduziert, und die negativen Auswirkungen beim Schlagen auf die Wellen werden weitgehend ausgeglichen.
- Die benetzte Oberfläche des Unterwasserschiffes wird bei hohen Geschwindigkeiten günstig verkleinert. Damit werden die Wasserwiderstände (im Vergleich zu anderen Spantformen) bei gleicher Geschwindigkeit vermindert.
- Das Boot ist im Ruhezustand etwas rank.
- Man benötigt relativ stärkere Motoren (ca. 20% mehr Leistung) und hat höhere Betriebskosten durch größeren Kraftstoffverbrauch.
- Die Spantform reagiert sehr feinfühlig auf Trimmfehler. Man muß bei einer Bewertung die feinen Unterschiede in der größten Breite und in der Art der Aufkimmung beachten und eine gute Längs- und Querverteilung der Zuladung (Besatzung und Ausrüstung) vornehmen, wenn man ökonomisch, schnell und sicher laufen will.

Abb. F: Spantform tiefes V, entwikkelt um 1963. (Vgl. S. 33.)

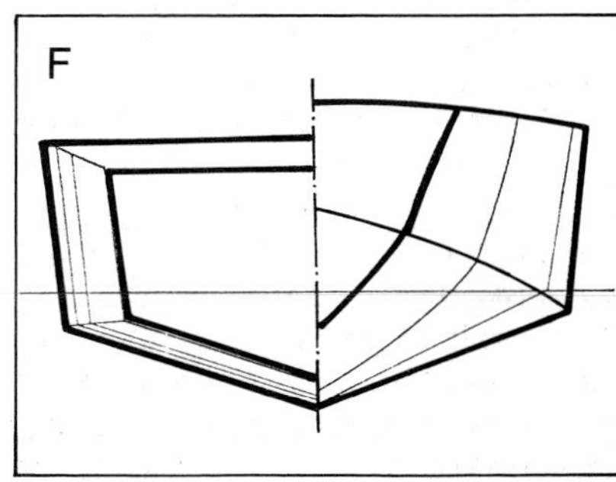

Bootsboden mit gemäßigtem V

Der Kompromißgleiter: Seetüchtiger als ein flaches Unterwasserschiff, geringer motorisiert als ein Boot mit tiefem V

Diese Spantform wurde als Kompromiß zwischen dem Wellenbinder und dem tiefen V entwickelt, um beider Vorteile auszunutzen bzw. beider Nachteile zu vermindern: Die guten See-Eigenschaften, die das tiefe V besitzt, und die bessere Querstabilität des Wellenbinders sowie die kleinere erforderliche Motorleistung des flachen Bodens mit der größeren Tragfähigkeit des V-Spantes.
Der Kompromiß wird nicht nur am Spiegel deutlich, wo der Kimmwinkel ca. 15 bis 18° beträgt, sondern auch an der wachsenden Aufkimmung vom Spiegel zum Vorschiff, wo der Aufkimmwinkel bis auf fast 25° am Ende des ersten Bootsdrittels wächst. Die am Heck meßbare Aufkimmung bleibt über das ganze letzte Drittel des Bootsbodens gleich.
Im Gegensatz zum Plattbodenboot, bei dem Stützleisten (Gleitstringer) sinnlos sind, und dem tiefen V, dessen Bootsboden meistens mit mehreren, bis zum Heck durchlaufenden Stützleisten auf jeder Seite ausgestattet ist, hat ein Gleitboot mit gemäßigtem V im allgemeinen höchstens zwei Stützleisten auf jeder Seite, die nicht unbedingt unter dem Vorschiff beginnen und auch nicht bis zum Heck durchlaufen müssen.
Die Instabilität im Ruhezustand ist nur gering, wenn das Boot nicht auf seiner Konstruktionswasserlinie schwimmt, und die verschiedenen Varianten dieser Bodenform sind letztlich durch den Platz des Motors im Boot, sein Gewicht und andere Überlegungen bedingt. Wie ein Bootsboden mit gemäßigtem V ohne Stringer aussieht, zeigen die Abbildungen A–C. Eine andere Kompromißform für schnelle Tourenboote ist in Abbildung D dargestellt. Sie ist aber für hohe Geschwindigkeiten nicht geeignet. Es ist praktisch eine Synthese zwischen einem (tiefen) V-Spant mit einem Aufkimmungswinkel von ca. 22° im Kielbereich und einem wesentlich flacheren Spant mit einem Aufkimmungswinkel von ca. 10° an den Seiten. Auch die bereits vor dem Heck endenden Strin-

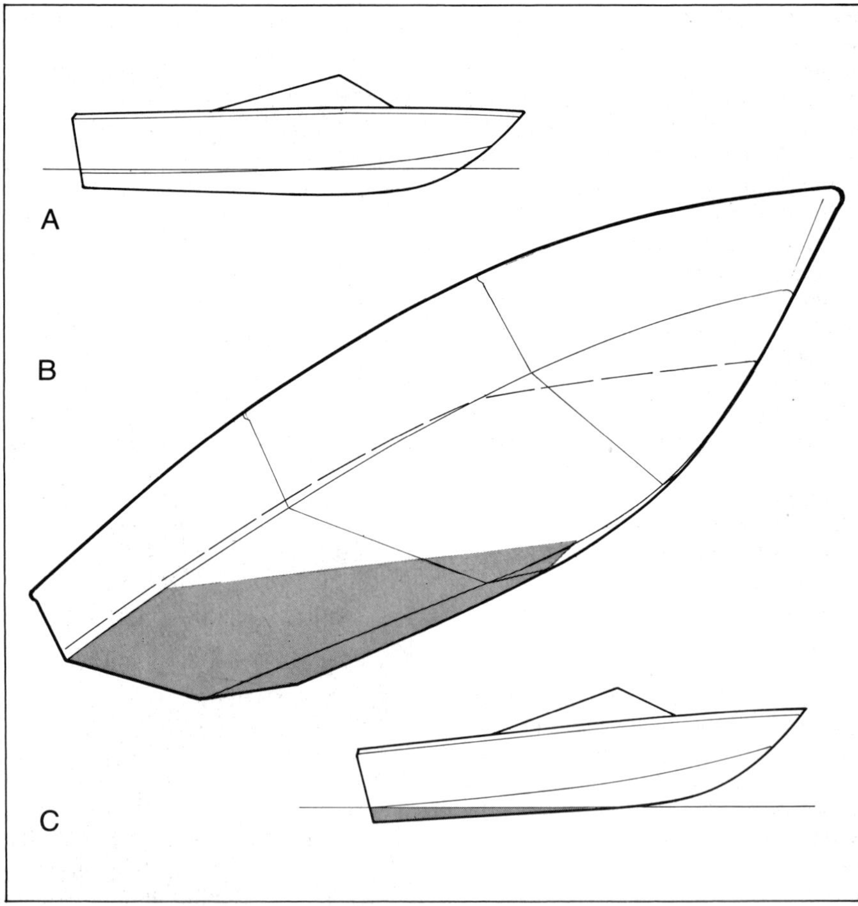

Hier ein Boot mit gemäßigtem V-Spant in Ruhelage bzw. in Verdrängerfahrt (A), mit dem benetzten Bootsboden in Gleitfahrt (B) und dem Anstellwinkel beim Gleiten (C) mit dem hierbei eingetauchten Unterwasserschiff.

gerreihen auf jeder Seite unterstützen die Tendenz, hydrodynamischen Auftrieb relativ schnell und ohne zu große Motorleistung zu erreichen.

Bei Booten mit Z-Antrieben, Außenbordmotoren, Wasserstrahlantrieben usw., bei denen der Motor ganz achtern liegt, hat das Boot seine größte Wasserlinienbreite am Spiegel. Das ist im allgemeinen vorteilhafter, weil Boote dann während der Fahrt nicht so steigen und bessere Allwettereigenschaften haben, selbst wenn Tank und Batterie ebenfalls achtern eingebaut sind.
Gleiter mit gemäßigtem V-Spant haben im allgemeinen eine größere Breite als Wellenbinder. Das Verhältnis Breite : Länge beträgt ca. 0,38 bis 0,42, was bedeutet: Ein 5,00-m-Boot hat eine Breite zwischen 1,90 und 2,10 m. Damit gewinnt man viel Platz in der Plicht und genügend Raum für die Inneneinrichtung.
Merkmale dieser Spantform:

- Auch bei leicht bewegtem Wasser noch weiche Fahrt
- Gute Tragfähigkeit, viel Raum und die Möglichkeit ausreichender Gewichtszuladung.
- Schnelle Reisegeschwindigkeit mit mäßiger Motorleistung und relativ geringem Kraftstoffverbrauch.
- Begrenzte Seefähigkeit im Seegang und im harten Wetter.
- Etwas geringere Stabilität in Ruhelage.

Abb. D: Ein Bootsboden mit gemäßigtem V-Spant und Stützleisten, sogenannten Gleitstringern, in der Praxis. Die Foto-Perspektive zeigt, mit welch weit ausladendem Überwasser-Vorschiffsspant ein herkömmlicher schneller Tourenkreuzer gebaut ist.

Komplizierte Gleitböden

Nicht gerader, sondern gewölbter Bootsboden. Keine Keil-, sondern Pontonform. Nicht ein Mittelkiel, sondern mehrere seitliche Kufen

Man versucht mit diesen Kompromißformen einige Vorteile der vorgenannten Basis-Spantformen zu verbessern, aber man muß dafür auch Nachteile in Kauf nehmen. Die Modifikationen liegen einmal in der Wölbung des sonst glatten Bootsbodens, zum anderen in der Verbreiterung des Vorschiffs in der Art eines Seeschlittens, bei dem die typische Keilform eines Bootskörpers in eine Pontonform übergeht.

Nach diesem Konstruktionsprinzip und einer Spantform, die man „Cathedral-V" oder „Trihedral" nennt, wird hauptsächlich der Versuch gemacht, die Luft bei harter Fahrt im Seegang als Polster unter den Bootsboden zu bringen und über den hydrodynamischen Auftrieb hinaus einen aerodynamischen Auftrieb zu erzeugen. Das Boot soll also mit Hilfe der Luft mehr auf und über das Wasser gehoben und die benetzte Oberfläche beim Gleiten verkleinert werden. Insbesondere können hiermit verbesserte Rauhwassereigenschaften erreicht werden.

Boote mit dieser Spantform sind sichere und bequeme Tender, von denen Sporttaucher allseitig ins Wasser steigen können. Sie sind auch stabile und sichere Transportboote für mehrere Personen oder viel Ladung für Arbeiten auf See und andere besondere Bedingungen. Ihre Stärke liegt in der großen Kurvenstabilität, ihre Schwäche in dem breiten Vorschiff ohne keilförmigen Bug, so daß sich das Boot schon in einer nur mäßig bewegten See bei langsamer Fahrt feststampfen kann, besonders aber dann, wenn es ohnehin wegen der harten Aufprallkräfte in rauherem Wasser nicht mehr Gleitfahrt laufen kann.

Ein Vergleich der Schwimmlage im Ruhezustand bzw. in Verdrängerfahrt (A), der benetzten Oberfläche beim Gleiten (B) und des Anstellwinkels bei Gleitfahrt (C) mit den anderen Spantformen zeigt, daß man mit diesen Bootsböden keine schnelleren Boote (bei vergleichbarer gleicher Motorisierung) schafft.

Abb. D zeigt ein Ponton-Arbeitsboot: Motorisiert mit 2 × 65 PS (50 kW) Außenbordmotoren oder wahlweise mit einem 120 PS (90 kW) Einbaumotor, brachte es dieses mit 20 Personen besetzte Boot auf eine Höchstgeschwindigkeit von 25 kn = 45 km/h. Der nur 20 cm große Tiefgang erlaubt die Benutzung auch in

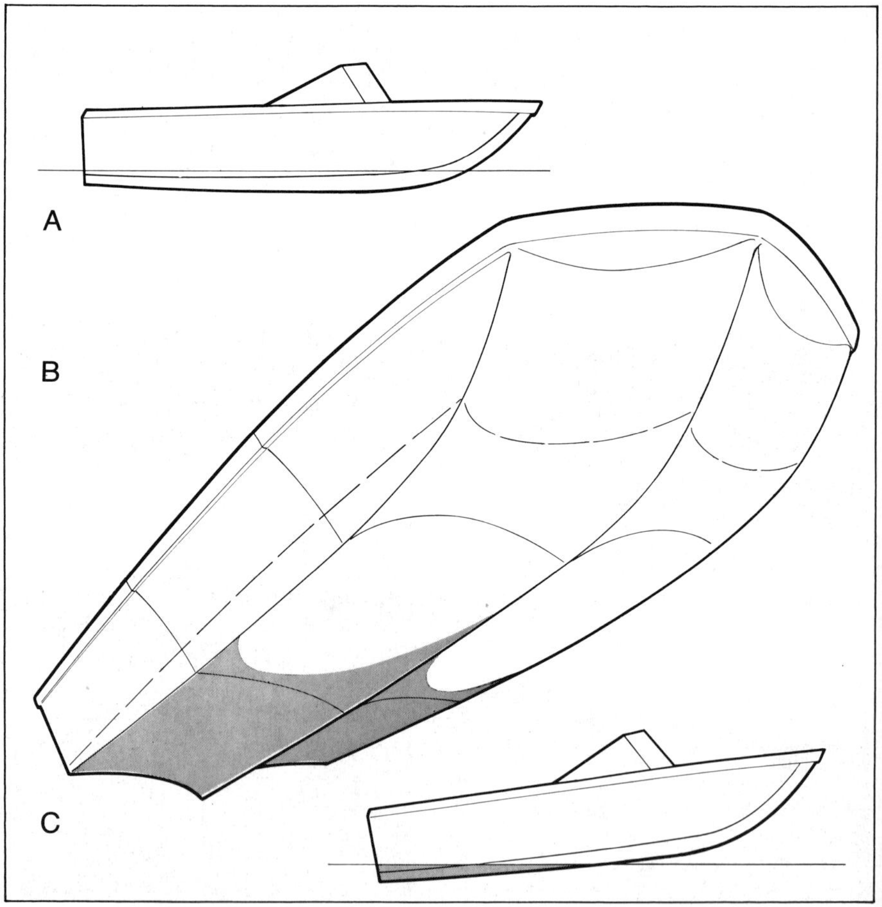

sehr flachem Wasser und das Anlaufen von Sandstränden.
Ein richtig konstruierter Kathedralrumpf (Abb. E) unterscheidet sich in seinen Fahreigenschaften kaum von einem tiefen V. Hier ein Bootstyp mit Vordercockpit.

Merkmale dieser komplizierten Gleitböden:

- Gute Querstabilität im Ruhezustand.
- Großer geräumiger Innenraum und hohe Tragfähigkeit.
- Nicht sehr gut aussehende, plump wirkende Bootsform.

D

E

Die Spantformen in Verdränger- und Gleitfahrt

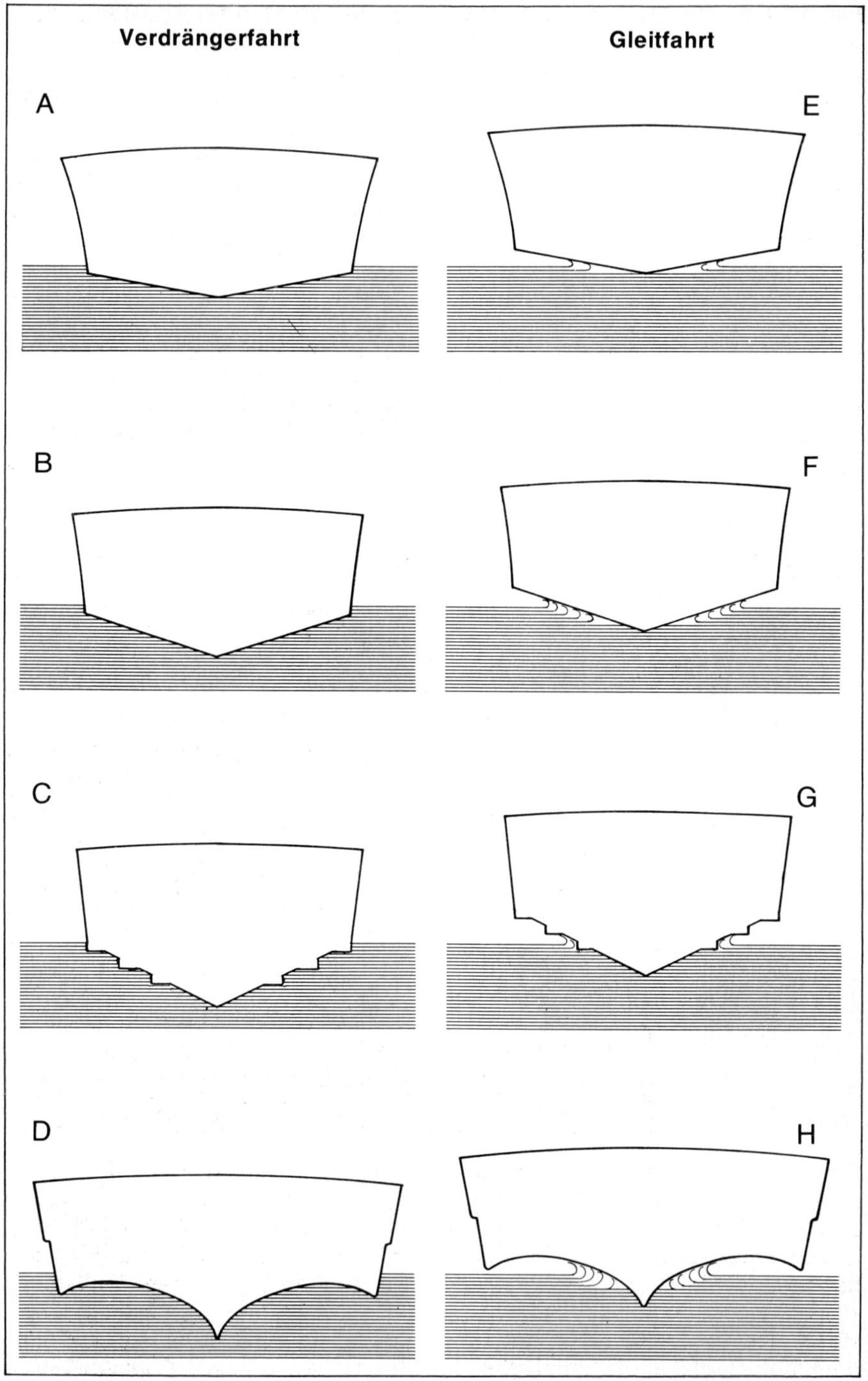

Auf die benetzte Oberfläche in jedem Fahrtzustand und die Dämpfung der Aufschlagskräfte im Seegang kommt es an

Natürlich sieht ein Boot mit tiefem V und Stützleisten (Gleitstringern) sehr sportlich und ein Boot mit einer komplizierten Bodenform sehr modern aus. Da jedoch der Reibungswiderstand von der benetzten Oberfläche des Unterwasserschiffes abhängt und mit dem Quadrat der Geschwindigkeit wächst, wird die Fahrtstunde bei gleicher Bootsgeschwindigkeit zunehmend teurer, je mehr das Boot seinen Bauch bei Verdrängerfahrt ins Wasser drückt und je mehr Bootsboden auch bei Gleitfahrt benetzt bleibt. Stellen wir vier verschiedene Spantformen noch einmal in Verdrängerfahrt (A bis D) und Gleitfahrt (E bis H) deutlich nebeneinander.
Ein Boot mit weitgehend plattem Boden oder nur geringer Aufkimmung (A) hat bei Rumpffahrt die geringste, ein Gleiter mit gemäßigtem V und mittlerer Aufkimmung (B) eine noch vertretbare benetzte Oberfläche. Nicht nur durch den tiefen V-Spant, sondern auch durch die zusätzlichen Stützleisten wird die Widerstandsfläche eines seetüchtigeren Bootes (C) beträchtlich größer, und auch die Trihedral-Rundboden-Form bietet dem Wasser eine übergroße benetzte

Fläche dar (D). Das bedeutet von oben nach unten wachsende Motorisierung, wenn man die gleiche Geschwindigkeit in den unteren Fahrtstufen (in Verdrängerfahrt) erzielen will.
Doch diese Verhältnisse ändern sich grundlegend bei Gleitfahrt (E bis H): Der Wellenbinder kann seine benetzte Oberfläche nur in Kielrichtung, nicht aber in der Breite verkleinern (E). Bei einem Kielungswinkel von etwa 160° bzw. einer Aufkimmung von maximal 10° bleibt im achteren Bereich die gesamte Bootsbreite in Kontakt mit der Wasseroberfläche. wasser nicht höher am Bootsboden hinauflecken kann als notwendig, sondern auf seiner Wanderung abgebremst, abgelenkt und wieder nach unten zurückgeworfen wird. Bei einem tiefen V mit Gleitleisten (G) reduziert sich die benetzte Oberfläche sehr viel weiter. Auch die sowohl stützende als auch ablenkende Wirkung der Stützleisten macht sich bemerkbar. Der Kielungswinkel beträgt etwa 130°.
Selbst die Flügel-Spantform (H) scheint durch das tiefe V des Mittelkiels mit einem Kielungswinkel von etwa 110° eine geringere benetzte chen weniger reduzieren können.
Bei gleicher Motorisierung ist das Boot mit tiefem V-Spant (G) im Gleitbereich das schnellste. Es erreicht Gleitgeschwindigkeit im allgemeinen allerdings später als die anderen Typen. Den besten Kompromiß stellt das gemäßigte V (F) dar.
Bootssprünge im Seegang sind faszinierend für Zuschauer, aber harte Belastungen für Boot und Crew. Bei einem tiefen V-Spant (G) wird der Aufprall durch den mehr keilförmigen Bootsboden nicht nur gemildert. Er wird auch durch die beim V-Spant zunehmende Breite der Aufschlags-

Ein Boot mit gemäßigtem V (F), einem Kielungswinkel von etwa 145° und einer Aufkimmung von 15 bis 20° ist schon besser in der Lage, die benetzte Oberfläche auch querschiffs zu verkleinern. Schon eine Stützleiste in ausreichendem Abstand von der Kimm sorgt dafür, daß das Spritz-

Oberfläche zu bieten. In der Praxis kann man das Boot jedoch so waagerecht, wie hier gezeichnet, nie trimmen. Es wird immer mit einer Seite oder mit beiden Seiten Kontakt zur Wasseroberfläche behalten und dadurch die mit dem Wasser in Berührung befindlichen Bootsbodenflä-

Breiter Bootsboden mit mäßigem V-Spant: Harter Ritt im Seegang.

fläche abgebremst. Diese dämpfende Wirkung ist bei einem gemäßigten V-Spant (F) nicht so wirkungsvoll, aber immer noch besser als bei einem Plattbodenboot.

Der richtige Bootsmotor

Was ist anders als beim Fahrzeugmotor? Auf welche Unterschiede muß man achten?

Nur die größeren, leistungsstarken Bootsmotoren wurden speziell für Schiffe entwickelt. Die überwiegende Mehrzahl der Bootsmotoren und alle kleineren Motoren – Außenborder natürlich ausgenommen – sind bewährte Fahrzeug- und Industriemotoren, die sachkundig „marinisiert", also zu Bootsmotoren umgerüstet und mit gut abgestimmten Zubehörteilen als leistungsfähige Motorenanlagen installiert wurden.

Bei Auswahl und Beurteilung eines Bootsmotors darf man nicht nur das Fabrikat oder den Motorenteil allein sehen. Ein Bootsmotor ist immer nur so gut oder so schlecht wie die gesamte installierte Motorenanlage. Er unterscheidet sich vom Fahrzeugmotor hauptsächlich durch das Kühlsystem und die Auspuffanlage. Dabei bereitet die Installation eines Kühlkreislaufes mit indirekter Wasserkühlung (Kielkühler und Wärmetauscher) keine Schwierigkeiten, jedoch muß bei der direkten Seewasserkühlung das mit dem Seewasser in Berührung kommende Material dafür geeignet sein, und bei der Luftkühlung muß für ausreichende Be- und Entlüftung des Motorenraums und eine gute Luftzirkulation durch ein Gebläse gesorgt sein.

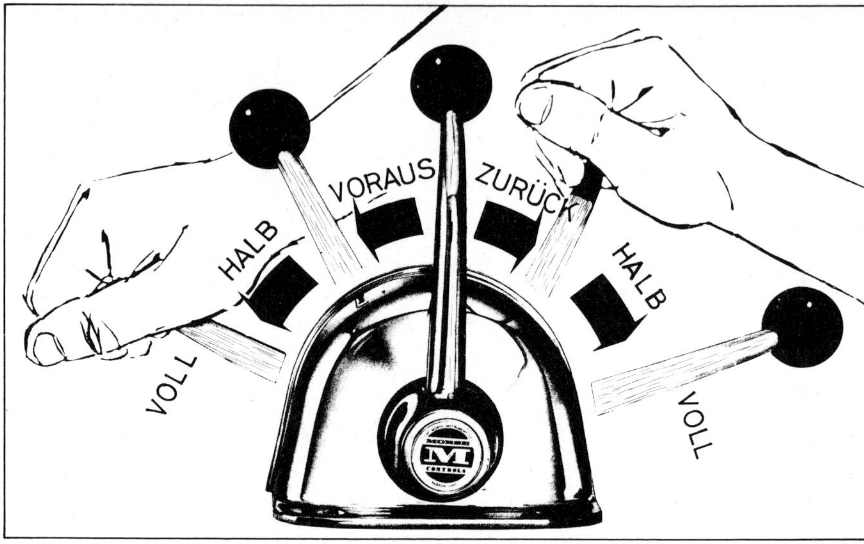

Abb. A: Die Steuerung des Bootsmotors erfolgt mit Einhebelschaltung: Aus der neutralen Leerlaufstellung mit dem ersten Schritt nach vorn auf „voraus" bzw. nach achtern auf „zurück" und dann im zweiten Schritt stufenlos über „langsam" und „halb" bis „voll" in beiden Arbeitsrichtungen.

Im Gegensatz zum Auspuff eines Fahrzeug- oder Industriemotors muß der Auspuff von einem Wassermantel eingeschlossen sein, bis das Kühlwasser selbst in den Auspuff gelenkt und die Abgase dabei auf für Material und Umgebung ungefährliche Temperaturen abgekühlt werden, wobei eine wesentliche Geräuschdämpfung erzielt wird.

Neben diesen beiden Hauptpunkten muß auch die Ölwanne so gestaltet werden, daß der Motor selbst bei Krängung noch genügend geschmiert wird. Außerdem sind Anlasser und Generator wasser- und funkengeschützt zu installieren, die Treibstoffzuleitung entsprechend zu gestalten, ein Ölkühler einzubauen und der Motor auf Schwingmetall zu lagern. Hinsichtlich der Werkstoffe, die ein Motorenhersteller benutzt, darf man davon ausgehen, daß geeignete Materialien verwendet werden; anderenfalls würde der Motorenhersteller seine Erzeugnisse nicht absetzen können.

Der Käufer und künftige Eigner eines Motorbootes kann bei der Auswahl eines Bootsmotors jedoch zwischen einigen Alternativen wählen:

- Benzin- oder Dieselmotor,
- Einzelmotor oder Zwillingsmotoren,
- Außenborder oder Innenborder,
- Einbaumotoren mit Z-Antrieb oder V-Antrieb,
- Luft- oder Wasserkühlung,
- Hand- oder Elektrostarter,
- mechanische oder hydrostatische Kraftübertragung,
- direkter oder V-Antrieb,
- Reihen- oder V-Motoren.

Für Benzin- und Dieselmotoren benutzt man heute die gleichen Gangschaltungen, die als Einhebel- oder Zweihebelschaltungen geliefert und

mit Seiten- oder Pultmontage installiert werden können. Der erste Schaltvorgang sorgt für die entsprechende Arbeitsrichtung des Motors „voraus" bzw. „zurück", die sich daran anschließende Hebelbewegung in gleicher Richtung sorgt für die entsprechende Brennstoffzufuhr und damit für die Steigerung der Motordrehzahl und die Motorkraft.
Dabei wird bekanntlich bei einem Benzinmotor die Drosselklappe des Vergasers betätigt, die für die entsprechende Menge des Kraftstoff-Luftgemisches sorgt, wenn man den „Gashebel" betätigt, während man beim Dieselmotor eine Zahnstange in der Einspritzpumpe bewegt, die den Förderkolben für den Kraftstoff einstellt. Während man den Benzinmotor durch Abstellen der Zündung stoppt, muß man bei einem Dieselmotor (der ja nicht mit elektrischer

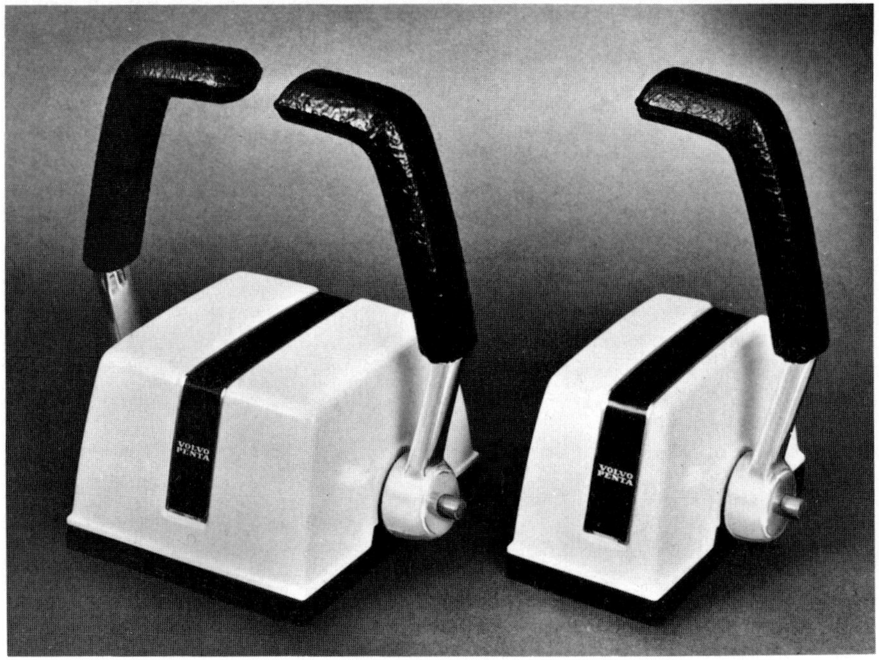

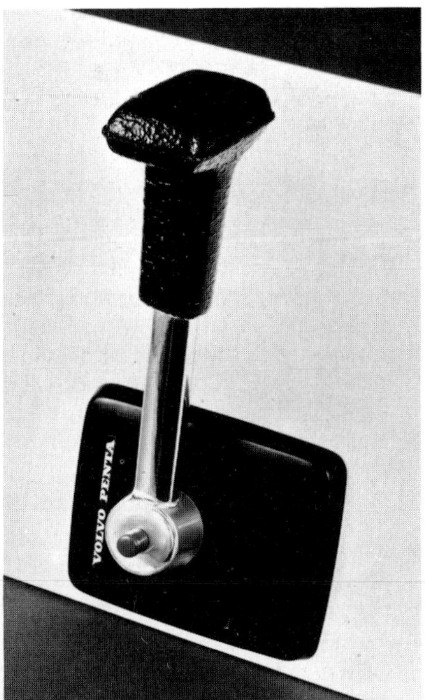

Abb. B: Moderne Einhebelschaltung für Zwillingsmotoren (links) und Einmotoren-Anlagen, Pultmontage.

Abb. C: Einhebelschaltung für Sei-tenmontage.

Zündung arbeitet) einen Stoppknopf drücken, über den man die Brennstoffzufuhr unterbricht oder ein Dekompressionsventil öffnet.
Alle Einbau-Diesel- und -Benzinmotoren arbeiten nach dem Viertaktverfahren: 1. Takt ansaugen – 2. Takt verdichten – 3. Takt Arbeitstakt und 4. Takt ausschieben. Das Zweitaktverfahren wird nur noch bei Außenbord-Benzinmotoren benutzt.
Ein Bootsmotor soll natürlich möglichst „klein" bauen, d. h. an Bord wenig Platz wegnehmen und sich mit seinen Abmessungen für einen vorgesehenen Raum (unter dem Brükkendeck, unter der Plicht, am Heck) am besten eignen. Außerdem muß die Motoreninstallation mit einem bestimmten Neigungswinkel möglich sein. Im Gegensatz zu einem Fahrzeug- oder Industriemotor, der weitgehend waagerecht steht, muß ein Bootsmotor als Einbaumotor in einer bestimmten Schräglage eingebaut werden können, die sich durch den (meist höheren) Platz des Motors, den (meist tieferen) Platz des Propellers und die mögliche Wellenanordnung und Stevendurchbrechung ergibt. Je größer der erlaubte Neigungswinkel ist, desto besser läßt sich ein Bootsmotor unterbringen.
Die Einbaumaße oder das sogenannte „Kistenmaß" aus dem Produkt von Länge, Breite und Höhe des Bootsmotors sollten nicht nur nach den Möglichkeiten des Einbaus, sondern auch des möglichen Ausbaus beurteilt werden. Noch wesentlich wichtiger ist, jederzeit allseitig an alle Teile des Bootsmotors heranzukommen, um die nötigen Wartungsarbeiten und gegebenenfalls auch Reparatu-

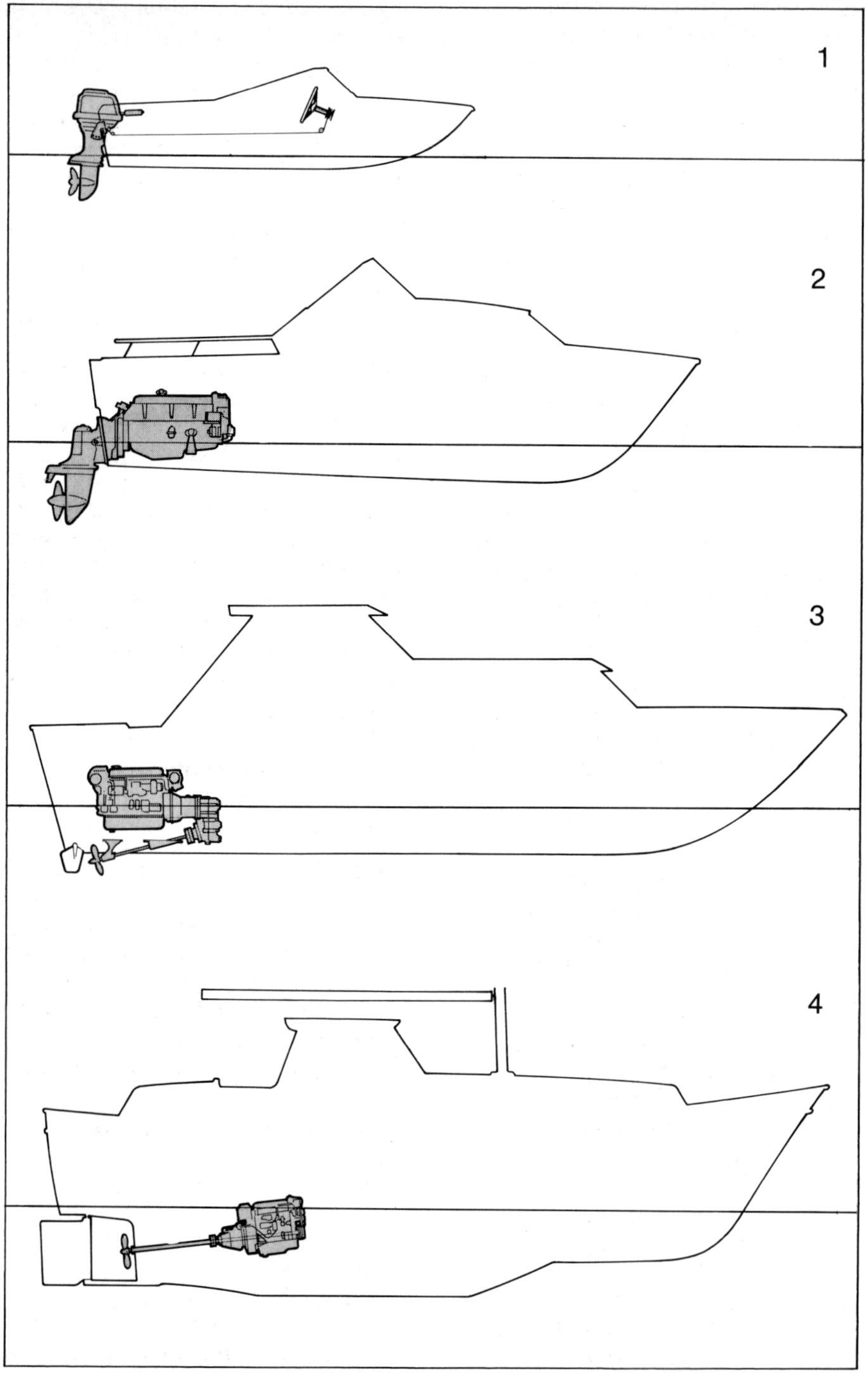

ren auszuführen oder zumindest bei der Suche nach den Ursachen eines Versagers alle Teile des Motors erreichen zu können.

Die Leistungsangaben für Bootsmotoren werden in Deutschland nach DIN 70020 bzw. DIN 6270 gemacht, die heute von den ausländischen Leistungsangaben nach SAE (Society of Automotive Engineers), CUNA (Commissione Unificazione Normalizione Autoveicoli) und CIMAC (Conseil International des Machines a Conbustion) nicht mehr nennenswert abweichen. Den CIMAC-Empfehlungen haben sich die wichtigsten Industriestaaten der Welt wie Belgien, Dänemark, Frankreich, Großbritannien, Italien, Japan, die Niederlande, Österreich, Schweden, die Schweiz, Spanien und die USA angeschlossen, und auch die deutschen DIN-Normen entsprechen diesem internationalen Standard. Hierzu merke man sich folgende Begriffe mit ihren englischen Entsprechungen, falls man einen fremdsprachigen Prospekt richtig verstehen will oder ein ausländisches Angebot lesen muß:

Dauerleistung A nach DIN 6270 (Overloadable Continuous Rating A bzw. Continuous Brake Power):

Diese am Schwungrad gemessene Nutzleistung kann der Motor dauernd abgeben, ohne daß die Gefahr besteht , daß er dabei thermische oder mechanische Schäden erleidet. Er kann diese Leistung sogar bis zur ,,Überleistung" überschreiten.

Abb. D: Verschiedene Arten von Bootsmotoren: Außenborder (1), Einbaumotor mit Z-Antrieb (2), Einbaumotor mit V-Antrieb (3) und konventionelle Anlage mit direkter Welle vom Motor zum Propeller (4).

Überleistung nach DIN 6270 (Overload Rating, Overload Power):
Diese über die Dauerleistung A hinausgehende Belastbarkeit des Bootsmotors von 10% darf innerhalb von 12 Stunden eine Stunde lang ununterbrochen abgegeben werden, ohne daß der Motor Schaden nehmen wird.

Leistung B nach DIN 6270 (Rating B bzw. Full Stop Brake Power):
Diese größte Nutzleistung liegt etwas über der Dauerleistung A und stellt die Leistungsgrenze des Motors dar. Man kann davon ausgehen, daß während eines sechsstündigen Betriebs mit unterschiedlicher Belastung eine Stunde lang die Leistung B ununterbrochen erreicht werden kann. Nur wenn von „Dauerleistung B" die Rede ist, kann man den Motor ununterbrochen mit dieser Belastung fahren.

Höchstleistung nach DIN 6270 (Maximum Output)
Der Motor kann diese größte Nutzleistung ohne thermische und mechanische Überbeanspruchung nur 15 min lang abgeben. Alle Leistungsangaben beziehen sich auf einen Luftdruck von 981 mb, eine Lufttemperatur am Einlaß in den Motor von 20° C und eine relative Luftfeuchtigkeit von 60%. Man beachte dabei, daß schon bei geringfügig veränderten atmosphärischen Bedingungen (am Lufteinlaß des Motors, d. h. im heißen Motorenraum) der Leistungsabfall beträchtlich sein kann. So beträgt er bei 30° C = 5%, bei 40° C = 10% und bei 50° C = 15%.

Nennleistung (Nominal Power, Rated Output)
Die Leistung, mit der ein Motor arbeiten soll. Sie ist gleichzeitig die Vollastleistung und entspricht der Leistung B nach DIN 6270.

Nutzleistung (Effective Output)
Das sogenannte „effektive Drittel", das von der Kraftstoffenergie (100%) übrigbleibt, wenn die Verluste durch Kühlung (30%), Abgase (30%) sowie die Hilfsaggregate (10%) abgezogen werden. Die Leistung also, die tatsächlich aus dem Motor heraus und auf die Welle kommt.

Zum Leistungsvergleich von Bootsmotoren dient auch das „Leistungsgewicht": Es sagt aus, wie viele bzw. wie wenige Kilogramm Motorgewicht erforderlich sind, um eine Leistung von 1 kW zu erbringen. Natürlich strebt jeder Boots- und Motorenhersteller ein geringes Leistungsgewicht des Motors an, so daß man schon die möglichen Änderungen des Leistungsgewichtes sowohl nach Ausrüstungsumfang des Motors als auch nach den oben genannten Leistungsbegriffen genau betrachten muß:
Das geringste und damit günstigste Leistungsgewicht kg/kW erhält man, wenn man nur den trockenen Motor ohne Anlasser, Lichtmaschine und so weiter berücksichtigt. Das Leistungsgewicht verdoppelt sich jedoch, wenn man den einbaufertigen Motor mit Getriebe, Wellenanlage und allen Anschlüssen, mit Kühlsystem und Tankanlage bewertet.
Ebenso geht es, wenn man das Leistungsgewicht auf die unterschiedliche Leistung bezieht, die der gleiche Motor mit unterschiedlicher Drehzahl bei „Dauerleistung A", „Leistung B" oder – falls er ohne Umrüstung auch als Fahrzeugmotor verwendet wird – nach der Fahrzeugleistung DIN 70020 erbringt.
Für den Motorbootfahrer ist letztlich die Tatsache ausschlaggebend, wie lange ein Motor die angegebene Leistung ununterbrochen abgeben kann, ohne zu heiß zu werden und damit seinen thermischen Beharrungszustand zu verlieren. Wenn die Kühlung nicht mehr in der Lage ist, die richtige Betriebstemperatur zu halten, dann muß man die Belastung vermindern, weil sonst Kolben- oder Ventilschäden den Motor vollkommen betriebsunfähig machen können.
Früher war das Leistungsgewicht ein wesentliches Kriterium bei der Frage, ob man sich für einen Benzin- oder Dieselmotor entscheiden sollte. Heute werden die technisch weiter verbesserten Dieselmotoren bereits mit so günstigen Leistungsgewichten geliefert, daß sie mit Benzinmotoren sehr wohl konkurrieren und auch in Gleitbooten unbedenklich eingebaut werden können. Damit vermindert sich der Bereich, in dem der Benzinmotor ausschließlich dominiert, zunehmend weiter. Stellt man die wichtigsten Gründe und damit die Vorteile beider Motorenarten zusammen, dann spricht für den

Benzinmotor:
- sein leichteres Gewicht,
- der geringere Kaufpreis,
- die kleineren Einbaumaße,
- der geringere Betriebslärm.

Gegen den Benzinmotor spricht:
- der Flammpunkt unter 0° C, bei dem bereits gefährliche Dämpfe entstehen, die schwerer als Luft sind und beim Vermischen mit Luft und einem Zündfunken oder einer Flamme explodieren;
- der größere spezifische Kraftstoffverbrauch,
- die höheren Preise für Vergaserkraftstoffe,
- geringere Lebensdauer des Motors,
- schlechterer thermischer Wirkungsgrad,
- schlechtere Ausnutzung des angesaugten bzw. zugeführten Kraftstoffes und daher geringere

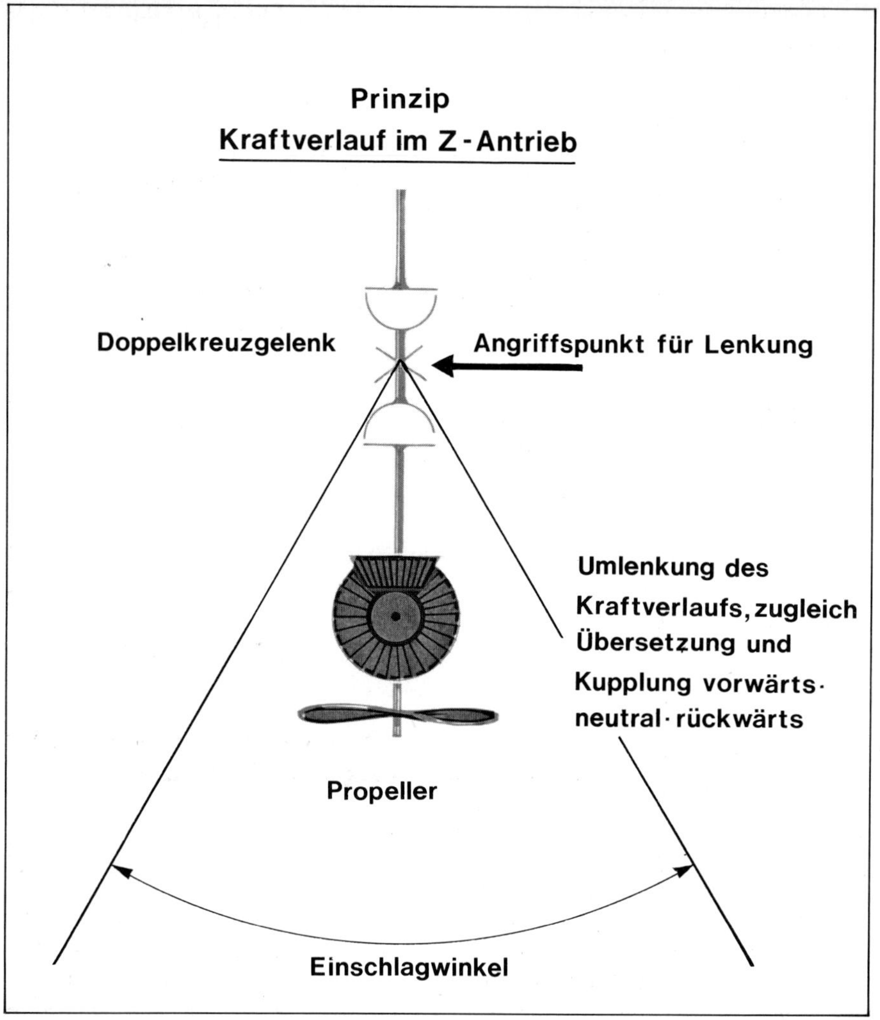

Abb. E: Prinzip des Kraftverlaufs im Z-Antrieb in Aufsicht: Das Ende der Antriebswelle mit dem Angriffspunkt der Lenkung. Der Einschlagwinkel beträgt ca. 50°, je 25° nach Backbord und Steuerbord. Die sich anschließenden Kegelräder lenken nicht nur den Kraftverlauf aus der horizontalen Richtung in die vertikale, mit ihnen wird auch die Arbeitsrichtung wahlweise auf vorwärts, neutral und rückwärts verändert.

nutzbringende Arbeit im Verhältnis zur zugeführten Kraftstoffmenge,
höhere Reparaturkosten.

Demgegenüber spricht für den Dieselmotor:
größere Betriebssicherheit durch den Flammpunkt des Dieselkraftstoffes, der höher als 55° C liegt,
geringerer Kraftstoffpreis,
geringerer spezifischer Kraftstoffverbrauch (g/kWh),
Wegfall aller elektrischen Zündeinrichtungen und damit besondere Eignung im Bordbetrieb, bei dem diese durch Feuchtigkeit am meisten gefährdet sind,
größere Lebensdauer,
geringere Reparaturkosten.

Gegen den Diesel spricht:
das größere Leistungsgewicht, weil die vom Motor angesaugte und im Verbrennungsraum sehr hoch verdichtete und dadurch auf 700 bis 900° C erhitzte Luft sehr viel stärkere Zylinderwandungen und Kurbelwellen erfordert als ein Benzinmotor,
große Schwungmassen und besonders bei Motoren mit weniger als 4 Zylindern starke Vibrationen und kritische Schwingungen in verschiedenen Drehzahlbereichen,
höherer Anschaffungspreis,
geringfügig größerer Motorenölverbrauch (nur bei älteren Modellen).

Ein Benzinmotor wird hauptsächlich als „Kurzhuber" gebaut, d. h. mit einem Hubverhältnis von Hub: Bohrung (in mm) von 0,7 bis 0,9, während die Dieselmotoren ein Hubverhältnis von 0,9 bis 1,1 haben und damit schon als „Langhuber" bezeichnet werden können. Kurzhuber bauen niedriger, weil nicht nur der Weg des Kolbens kürzer ist, sondern auch das Kurbelgehäuse dementsprechend kürzer und kleiner sein kann. Sie haben auch eine größere Lebenserwartung, weil die Kolben bei einer relativ niedrigen Kolbengeschwindigkeit an ihren Laufflächen nicht so starkem Verschleiß ausgesetzt sind. Die großen Ventile bei ebenfalls großem Zylinderdurchmesser erlauben eine gute Gasfüllung und eine schnelle Abgasabführung. Nachteilig ist bei einem Kurzhuber der flache Brenn-

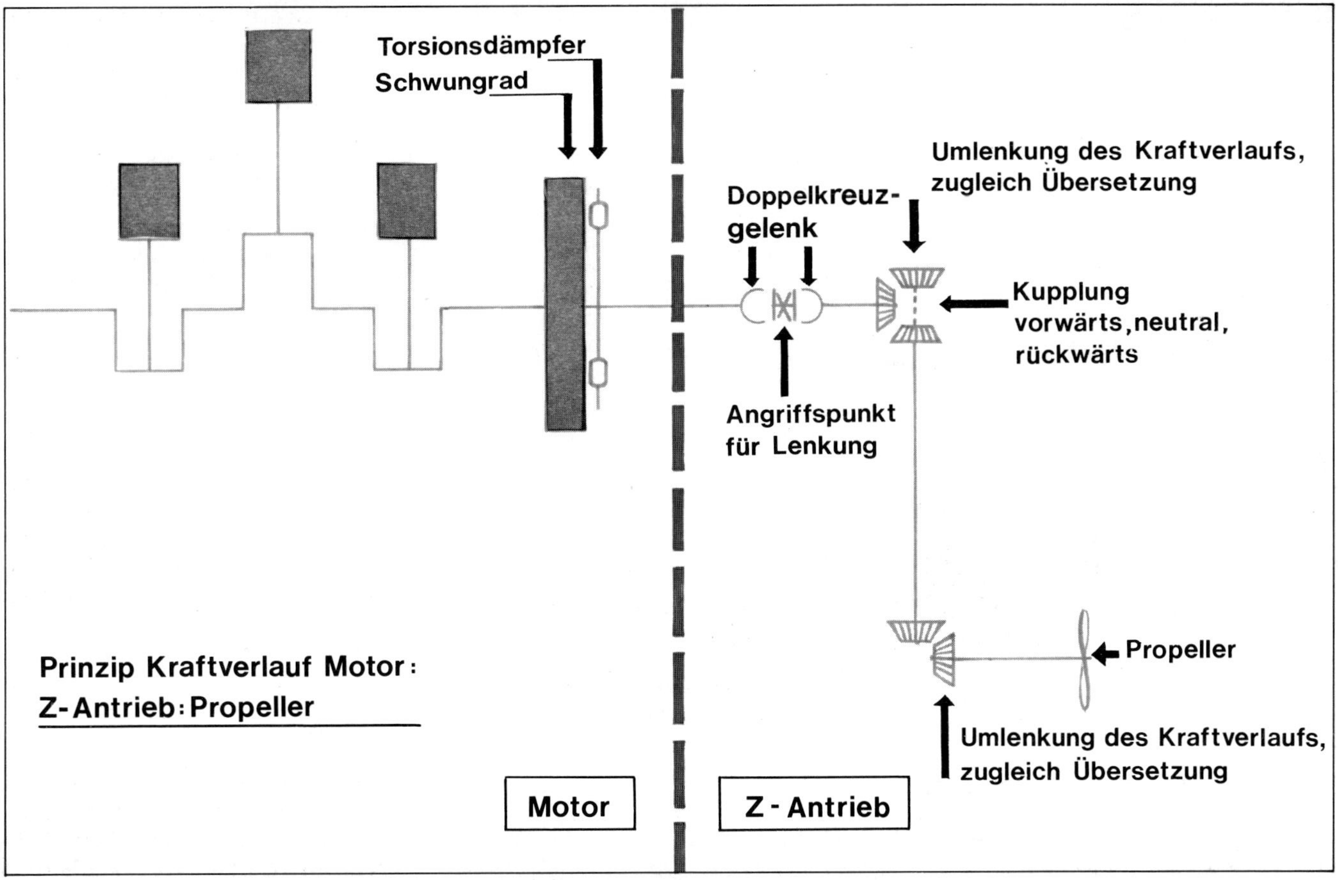

raum, in dem hochverdichtete Kraftstoffe schlecht genutzt werden. Auch der spätere Verbrauch bestimmt die Motorenauswahl. So kann man beispielsweise mit den unten angegebenen Erfahrungswerten rechnen.
Außenborder sind also sehr durstige Motoren, während Dieselmotoren auch auf dem Wasser überaus sparsam sind.

Abb. F: Prinzip des Kraftverlaufs im Z-Antrieb vom Motor zum Propeller: Die im Motor erzeugte Kraft wird vom Schwungrad über einen Torsionsdämpfer auf die dauernd im Eingriff befindliche Doppelkreuzgelenk-Antriebswelle übertragen. Hier liegt gleichzeitig der Drehpunkt für die Lenkung. Der maximale Einschlagwinkel beträgt nach beiden Seiten etwa 25 bis 30°. Die Lenkbetätigung erfolgt über Kabel. Am Ende der Antriebswelle befindet sich ein Kegelrad, das die Motorleistung mit gleichzeitiger Übersetzung im Winkel von 90° über zwei schräg verzahnte Kegelräder auf eine senkrechte Welle überträgt. Beide Kegelräder geben – in Verbindung mit der Konus-Einlauf-Kupplung – die Möglichkeit, den Antrieb vorwärts oder rückwärts arbeiten zu lassen oder den Kraftfluß in neutraler Position zu unterbrechen. Im Fuß des Z-Antriebs wird die Kraft über ein weiteres Kegelradpaar, das hier geradverzahnt ist, auf eine waagerechte Welle umgelenkt, die den Propeller trägt.

Art des Motors	l/PSh	g/PSh	g/kWh
Dieselmotor, Direkteinspritzung	0,20	180	200
Dieselmotor, indirekt einspritzend	0,25	200	250
Benzinmotor, Viertakter	0,30	220	300
Außenborder, Zweitakter	0,40	300	450

Kühlung von Einbaumotoren

Die Wärmemenge, die durch das Kühlsystem abgeführt werden muß, entspricht etwa der nützlichen Arbeit, die der Motor leistet

Von der Kraftstoffenergie, die dem Motor aus dem Brennstofftank zugeführt wird, werden ca. 30% für die Kühlung vergeudet und weitere 30% als Abgase verplempert. Das ist nicht nur ein trauriger Energieverlust, dabei wird auch eine beträchtliche Wärmemenge frei, die beim Betrieb unserer „Wärmekraftmaschine Bootsmotor" zu kühlen ist. Damit der Motor nicht zu heiß wird und sich die Kolben nicht an den Zylinderlaufbahnen festfressen können, muß diese Wärme ständig, schnell und zuverlässig vernichtet werden.

Bootsmotoren sind mit Kühlsystemen ausgestattet, die als Kühlmittel Luft oder Wasser bzw. auch beide Elemente zugleich benutzen. Die Luftkühlung hat den generellen Vorteil, daß man auf einen Wasserkreislauf ganz verzichten kann. Eine luftgekühlte Motorenanlage wird damit um mindestens 10% billiger als ein Motorenaggregat mit direkter Wasserkühlung und um mindestens 15% preisgünstiger als eine indirekte Wasserkühlung. Luftgekühlte Bootsmotoren werden heute in einer weiten Palette von 10 kW bis 200 und mehr kW angeboten.

Der Kühlbedarf (insbesondere leistungsstarker) luftgekühlter Motoren bedingt jedoch großflächige Luftschächte für eine zuverlässige und ausreichende Lufterneuerung sowie ausreichenden Abstand zwischen Motor und den Wänden des Motorraumes zur Zirkulation der Kühlluft. Die Öffnungen der Luftschächte müssen so angelegt sein, daß kein Spritzwasser eintreten kann. Ein Kühlluftventilator bringt die Luft durch die Ansaugöffnung des Luftschachtes, die durch einen Thermostaten verkleinert oder vergrößert werden kann, an die mit Kühlrippen ausgerüsteten Teile des Motors. Nach deren Abkühlung wird sie über den Motorenraum nach außenbords gebracht.

Der Vorteil der Luftkühlung gegenüber der Wasserkühlung: Die Kühlwasserleitungen, die undicht werden können, fallen weg. Das Boot kann über einen defekten Kühlwasserkreislauf nicht vollaufen oder sogar sinken. Man kann auf Kühlwasserpumpen verzichten. In den Kühlwasserräumen des Motors können sich keine Rückstände absetzen. Kühlwasserleitungen können nicht verstopfen.

Luftgekühlte Motoren empfehlen sich daher bei Flachwasserrevieren oder in verschmutzten Gewässern, und man sollte ihnen dort den Vorzug geben, wo der Einbau der Luftschächte keine Schwierigkeiten macht und wo man die Nachteile in Kauf nehmen oder mildern kann.

Nachteile eines Bootsmotors mit Luftkühlung: Er ist vom Prinzip her lauter, das Gebläse kann beträchtlich lärmen und verschluckt ca. 10%

Abb. A: Nicht nur kleine Bootsmotoren werden mit Luft gekühlt. Dies ist ein 6-Zylinder-Motor der Deutz-Motoren-Baureihe, der mit Luftkühlung arbeitet und hier mit der Einbaumöglichkeit in direkter Verbindung vom Motor zum Propeller gezeigt ist.

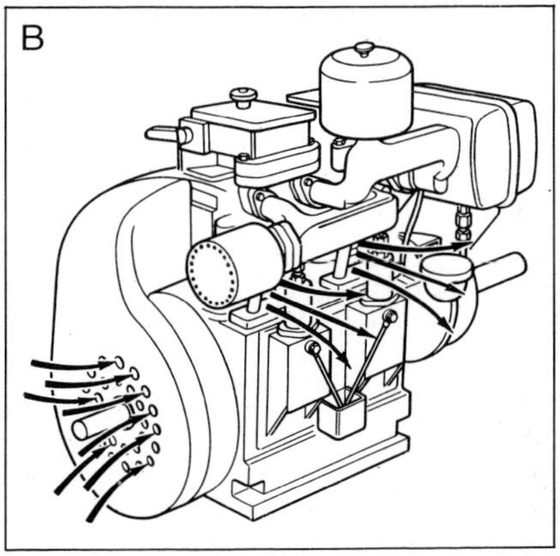

Abb. B: Das Prinzip der Luftkühlung an einem kleinen Dieselmotor. Die Luft wird von einem Ventilator auf der Motorenwelle angesaugt, über innere Luftschächte zu den Kühlrippen gelenkt und dann nach unten über den gesamten Motorblock wieder herausgedrückt. Für die entsprechende Lufterneuerung des Motorenraumes können gegebenenfalls weitere Ventilatoren in den Zu- und Abluftschächten des Motorenraumes sorgen.

der Leistung. Der Stromverbrauch des Kühlluftventilators ist mindestens doppelt so groß wie der einer Kühlwasserpumpe. Da es nicht möglich ist, den Auspuff durch eine Wasserkühlung mit zu dämpfen und zu kühlen, muß man entweder einen Auspuff-Schalldämpfer einbauen und den Auspuff selbst durch Asbest schützen oder eine eigene Kühlwasserpumpe für den Auspuff installieren. Die Räume von luftgekühlten Motoren müssen besser schallgedämpft werden. Der Motorenraum muß großräumiger sein, damit genügend Luft den Motor allseitig umströmen kann.

Die preisgünstigste Wasserkühlung ist die direkte Seewasserkühlung. Bei dieser sehr einfachen und doch wirksamen Kühlung wird das Außenbordwasser durch eine Pumpe angesogen und durch den Kühlwasserkreislauf des Motors gedrückt. Unmittelbar hinter dem Ansaugstutzen am Bootsrumpf ist ein Kühlwasserfilter mit einem Sieb installiert, das noch einmal die kleinen Sinkstoffe herausfiltert, die durch das große Außengitter am Rumpf nicht abgewiesen wurden. Zwischen Ansaugstutzen und Filter liegt ein Seeventil (Schieber), um bei längeren Liegezeiten den Wasserkreislauf abzusperren oder ihn bei Reparaturen am Kreislauf zu schließen.

Der Vorteil dieses Systems liegt in der einfachen Installation und in der Möglichkeit, nicht nur den Motor, sondern auch die Auspuffleitung zu kühlen und das Kühlwasser dabei durch die gleiche Öffnung wie die Abgase wieder aus dem Bootsrumpf hinauszuführen.

Der Nachteil ist, daß die Betriebstemperatur des Motors unter 60° gefahren werden muß, weil sich sonst (bei Fahrten im Seewasser) das Salz des Kühlwassers kristallisiert und den Kühlmantel zunehmend verstopft. Diese Betriebstemperatur von etwa 55° ist nicht verschleißfreundlich, und sie bedingt eine Kühlwasserpumpe mit großer Förderleistung, damit auch bei Fahrten in warmen Gewässern die kritische Temperatur nicht überschritten wird. Eine Betriebstemperatur von weniger als den üblichen 80 bis 90° C vermindert aber nicht nur die Lebenserwartung des Motors, dieser kann auch nicht in seinem wirtschaftlichsten Bereich arbeiten und verbraucht dadurch mehr Kraftstoff. Auch die Schmierung des Motors leidet unter der niedrigen Kühlwassertemperatur. Unbedenklich ist dieses Kühlsystem nur, wenn das Boot hauptsächlich in Süßwasser gefahren wird. Auf solchen Binnenrevieren nennt man das System dann nicht „Seewasserkühlung", sondern „offene Wasserkühlung".

Bei der indirekten Wasserkühlung kommt das Außenwasser nicht mit den Motorteilen in Berührung. Sie funktioniert im Prinzip wie das Kühlsystem eines Autos, nur wird anstelle

Abb. C: Bei einer Seewasserkühlung ist der Filter unmittelbar hinter dem Ansaugstutzen an der Außenhaut ein wichtiges Zubehörteil. Vor ihm liegt jedoch noch ein Seeventil, um den gesamten Wasserkreislauf im Havariefall, bei Motorreparaturen oder für längere Liegezeiten abzusperren.

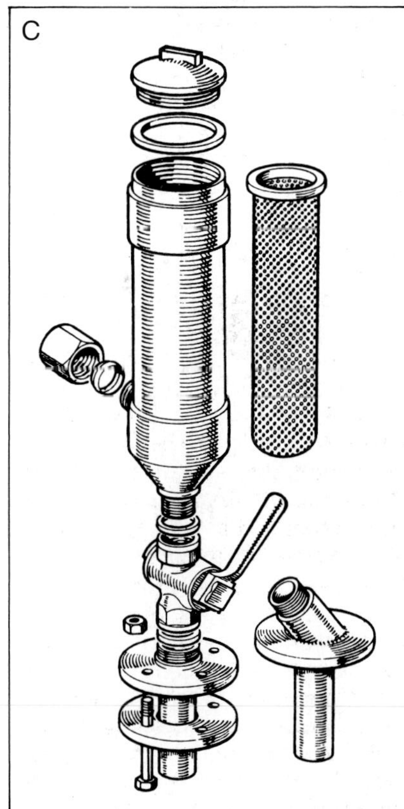

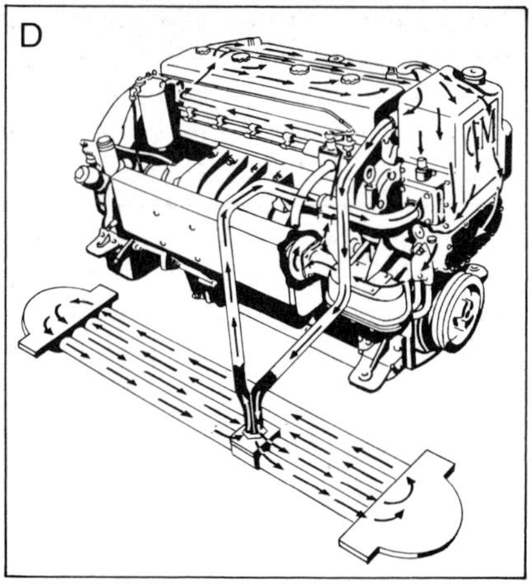

Abb. D: Das Prinzip der Kielkühlung. Der Motor wird mit einem Süßwasserkreislauf gekühlt. Dieser gibt seine Wärme über ein Rohrsystem unter dem Bootsboden ab, das ständig von Seewasser umströmt wird. Die Außenhautkühlung unterscheidet sich prinzipiell nicht. Das Rohrsystem verläuft nur (nahezu über die gesamte Bootslänge) beidseitig an der Außenhaut des Unterwasserschiffes entlang.

Abb. E: Kiel- oder Bodenkühler können auch nachträglich montiert werden. Sie sind strömungsgünstig geformt, bleiben aber verletzlich.

von Luft hier Wasser zur Kühlung des inneren Kühlwasserkreislaufes verwendet. Man kann zwischen zwei unterschiedlichen Kühlsystemen wählen, dem Oberflächenkühler und der Zweikreiskühlung. Das erstgenannte System arbeitet mit nur einer Kühlwasserpumpe, das andere benötigt zwei Pumpen für den Kühlwasserkreislauf.

Der Oberflächenkühler kann entweder als Kielkühler oder als Außenhautkühler installiert sein. In beiden Fällen besteht das Kühlsystem aus einem geschlossenen Süßwasserkreislauf, so daß das Kühlwasser immer das gleiche ist und gar nicht mit Seewasser in Berührung kommt.

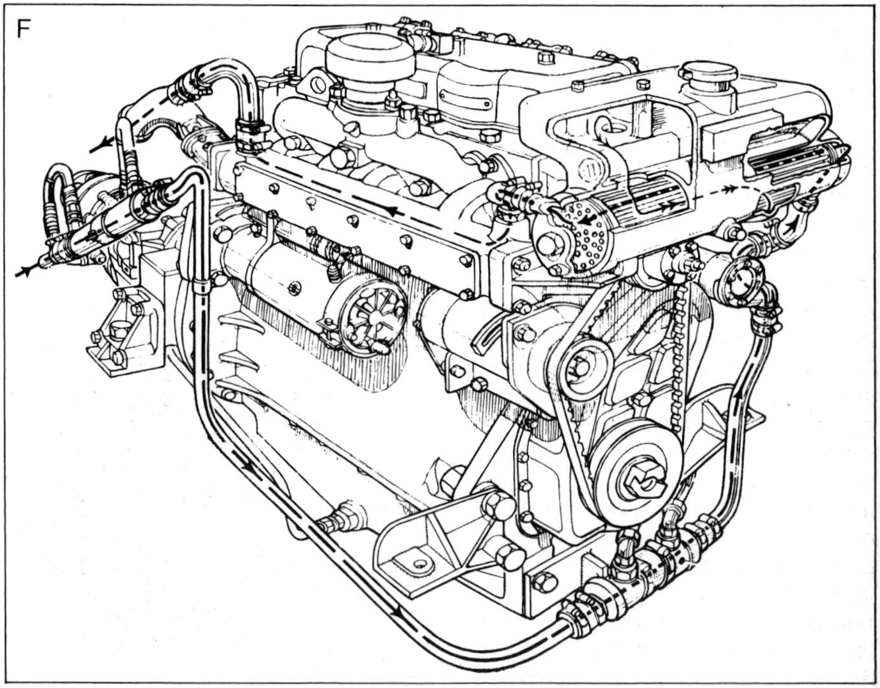

Abb. F: Ein Bootsmotor mit Zweikreiskühlung und Wärmetauscher. 1. Wassereintritt für den äußeren Kühlwasserkreislauf. – 2. Ölkühler für das Wendegetriebe. – 3. Ölkühler für das Motorenöl. – 4. Ansaugzuleitung des Seewassers in die Außenbords-Wasserpumpe. – 5. Wasserpumpe für das Seewasser. – 6. Zuleitung des Seewassers zum Wärmetauscher. – 7. Eintritt des Seewassers in den Wärmetauscher. – 8. Austritt des Seewassers aus dem Wärmetauscher. – 9. Wassergekühlter Auspuffsammler. – 10. Eintritt des Kühlwassers in den Auspuff. – 11. Innerer Frischwasser-Kühlkreis.

Man kann ihm chemische Mittel zusetzen, damit sowohl Korrosion als auch Verstopfung verhindert werden. Eine Kühlwasserpumpe drückt das Frischwasser nach dem Verlassen des Motors durch Kühlschlangen, die bei Booten aus Stahl oder Aluminium an der Außenhaut des Unterwasserschiffes über mindestens die halbe Bootslänge entlang gelegt werden, bei Booten aus Kunststoff oder Holz durch einen Wärmetauscher laufen, der unter dem Kiel befestigt ist. Hierbei kühlt man besser, wenn man das Kühlwasser entgegen der Fahrtrichtung des Bootes durch die Kühlschlangen schickt.

Der Vorteil dieses Systems: Man kann durch den geschlossenen Kühlkreislauf die gewünschte Betriebstemperatur des Motors von 80 bis 90° C einhalten, und es besteht weder die Gefahr der Korrosion noch der Verstopfung in den unsichtbaren Innenteilen des Motors.

Der Nachteil sind die höheren Kosten für den Wärmetauscher, die zusätzliche benetzte Oberfläche und auch größere Wasserwiderstände (beim Kielkühler) im Unterwasserschiff und unter dem Bootsboden.

Um diese Nachteile zu vermeiden, kann man den Wärmetauscher auch ins Bootsinnere verlegen und damit auch die Gefahren abwenden, die ihm außen durch Aufbrummen oder Treibholz drohen können. Bei diesem System sorgt eine Frischwasserpumpe für die Zirkulation des Kühlwassers in Motor und Wärmetauscher, während eine Seewasserpumpe Wasser von außenbords ansaugt, durch Wärmetauscher und Ölkühler drückt und durch den Auspuff wieder in die See zurückführt. Der Wärmetauscher besteht aus rechtwinklig zueinander angeordneten Rohrbündeln in einem entsprechenden, meistens runden Körper. Durch das eine Röhrensystem strömt das Frischwasser des inneren Kreislaufs, durch das andere das Seewasser des äußeren Kreislaufs, und dabei findet ein Wärmetausch statt, so daß das abgekühlte Frischwasser zum neuerlichen Kühlen des Bootsmotors zu diesem zurückläuft.

Der Wärmetauscher ist im allgemeinen an den Motor montiert. Wenn kein eigenes Expansionsgefäß für das Motorkühlwasser vorhanden ist, dann übernimmt der Wärmetauscher diese Aufgabe. Er ist dafür mit einem Überdruckventil und einer Überlaufleitung versehen. Die Wassermenge des Innenkreislaufes zum Kühlen des Bootsmotors hängt von der Motorleistung und von der Temperatur des Außenbordwassers ab. Im allgemeinen geben die Hersteller der Bootsmotoren an, wie groß die Rohrquerschnitte des dazugehörigen Wärmetauschers und die Förderleistung der Pumpe sein müssen, oder sie rüsten die Motoren serienmäßig oder als Extra mit Wärmetauschern aus.

In allen Fällen ist ein Thermostat in das Kühlwassersystem eingebaut. Er sorgt so lange für den inneren Umlauf des Kühlwassers auf kürzerem Weg, bis die gewünschte Betriebstemperatur erreicht ist und gibt dann erst den vollen Kreislauf im Kühlsystem frei.

Abb. G: Der Wärmetauscher: Ein Rundkörper mit zwei voneinander getrennten Röhrensystemen. Durch einen Wasserkreislauf fließt Seewasser von und nach außenbords, durch den anderen zirkuliert das eigentliche Kühlwasser des Motors.

G

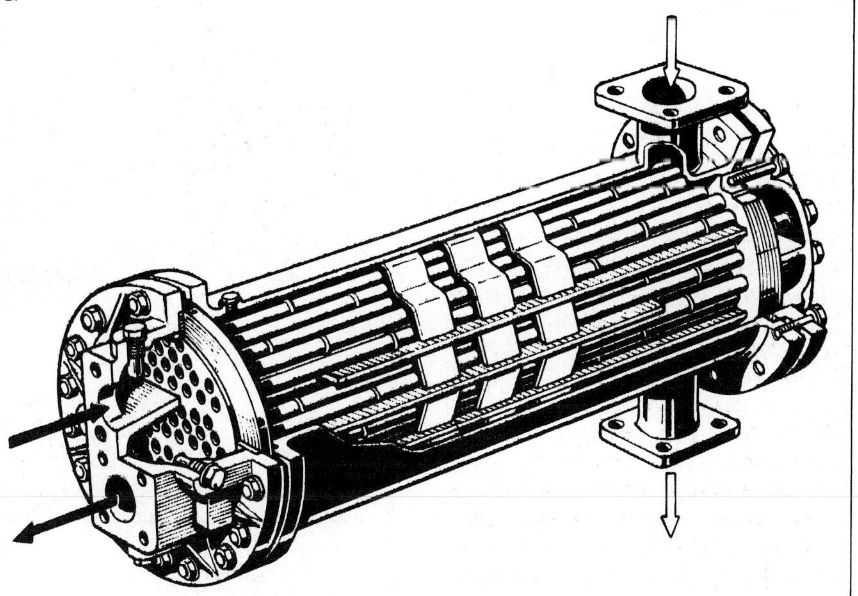

Der Jet-Antrieb oder Wasserstrahlantrieb

Für Spezialfahrzeuge und Serientypen gleichermaßen benutzt, aber dennoch bei Motorbootfahrern wenig beliebt

Beim Wasserstrahl- oder Jet-Antrieb (Abb. A) entfallen Propeller mit Wellenanlage und Ruder und somit alle Teile, die unter den Bootsboden hinaus ins Wasser reichen. Der vom Motor angetriebene Propeller arbeitet dafür in einem Rohr, in dessen vordere, relativ weite Öffnung das Wasser hineinströmt, das der Propeller durch einen achteren, verengten Strömungsquerschnitt wieder hinausdrängt. Die Strömungsgeschwindigkeit im schmalen Ausgangsrohr ist dabei größer als die Wasserströmung beim Eingang in den Rohrkanal, und da in der Physik die kinetische Energie von Wasser in Bewegung im Verhältnis zum Quadrat der Geschwindigkeit steht, besitzt die Wasserströmung beim Austritt wesentlich höhere Energie als der vorn einlaufende Wasserstrom. Die Fahrt des Bootes entsteht durch den Unterschied dieser beiden Energien. Dabei arbeitet der Propeller im Rohrsystem mit höheren Drehzahlen und geringerer Kavitation als ein normaler Bootspropeller. Der Motor treibt den Propeller direkt oder mit einem geringen Untersetzungsgetriebe an. Er hat bei einer relativ kleinen Steigung somit einen guten Wirkungsgrad.

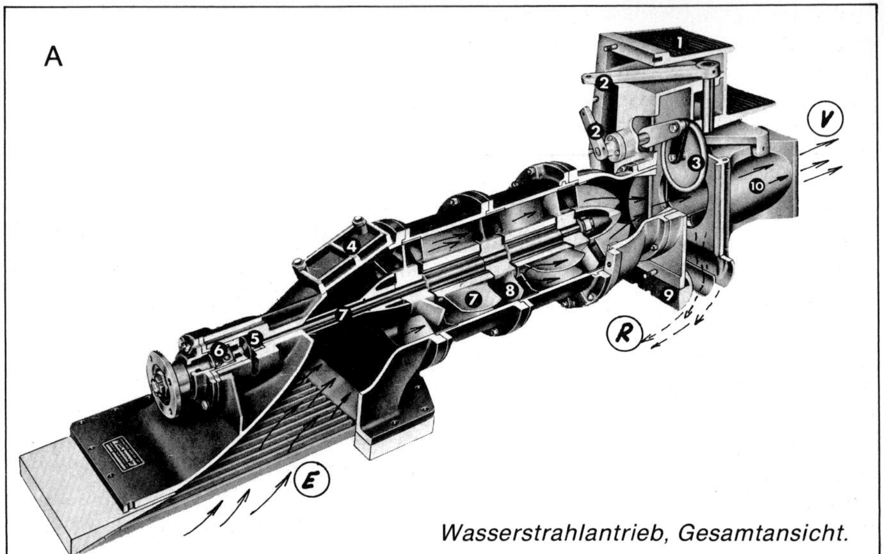

Wasserstrahlantrieb, Gesamtansicht.

Eine Umsteuervorrichtung entfällt. Dafür ist der Jet-Antrieb mit einer Klappe ausgerüstet, dem Deflektor (Abb. B), der bei Fahrt voraus hochgeklappt ist und das Strahlrohr freigibt, für Fahrt achteraus (Abb. C)

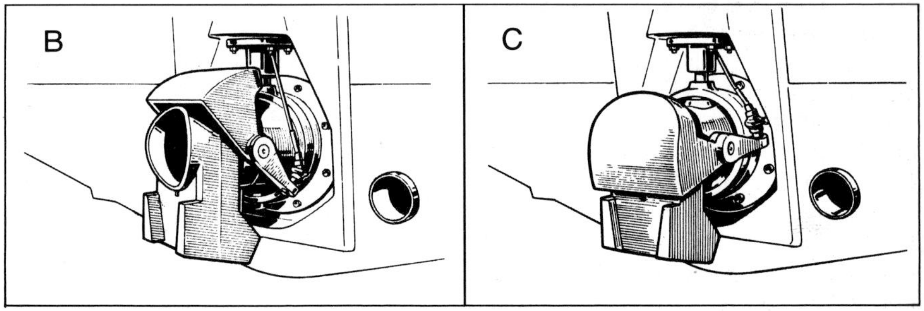

Abb. B und F: Strahlrohr für Fahrt voraus. Deflektor oben. –
Abb. C und G: Strahlrohr für Fahrt achteraus. Deflektor unten.

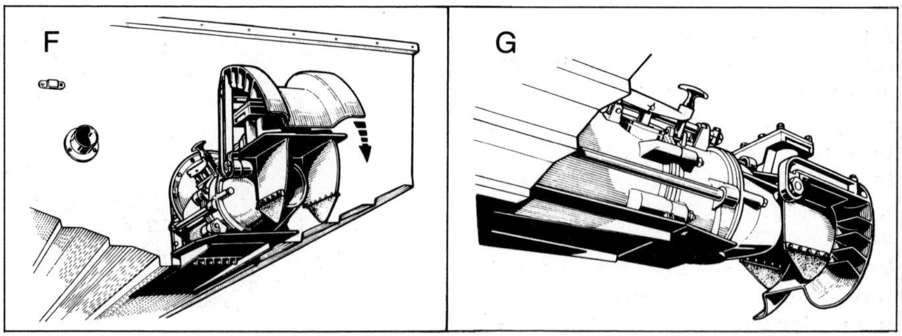

aber über das Strahlrohr gelegt wird, so daß die Strömung umgelenkt und die Richtung der Vortriebskraft entsprechend um 180° verändert wird. Die Öffnung des Strahlrohres läßt sich auch seitlich schwenken, so daß man durch Änderung des Wasserstrahls auch das Heck zur einen oder zur anderen Seite beliebig schnell verschieben und somit das Boot drehen und manövrieren kann.

Wasserstrahlantriebe werden hauptsächlich für Spezialboote benutzt. Abb. D zeigt einen 1978 von Raymond Hunt konstruierten Daycruiser, der mit zwei Jacuzzi-Wasser-Jets ausgestattet ist, die von zwei 5700 cm^3 V-8-Motoren mit dem Untersetzungsverhältnis 1,5:1 betrieben werden. Das 9,75 m lange und 3,02 m breite Boot mit einer Verdrängung von 5,4 t erreicht mit 4 Personen, 950 l Brennstoff und voll ausgerüstet 32,5 kn, mit weniger Zuladung sogar 35 kn. Es ist aus Glasharz in Verbundbauweise gebaut und wird z. B. auch bei Segelregatten als Sicherungsfahrzeug eingesetzt, wo es erfahrungsgemäß manche Schäden durch die Propeller der hilfsbereiten Begleitboote gibt.

Abb. E zeigt ein serienmäßig in England gebautes Strandrettungsboot mit Wasserstrahlantrieb, bei dem ebenfalls das schnelle Ablegen oder Anlaufen am Strand sowie das Operieren in flachem Wasser den Einsatz von normalen Bootspropellern an Z-Antrieben, Außenbordern oder starren Wellen nicht zuläßt. So finden Jet-Boote für Sporttaucher, in flachen Gewässern mit unreinen Gründen, bei Bergungsarbeiten auf Unterwasserhindernissen, aber auch auf Schleppbooten vorwiegend Verwendung, während eine weitere Verbreitung unter den Motorbootfahrern bisher überraschenderweise unterblieb.

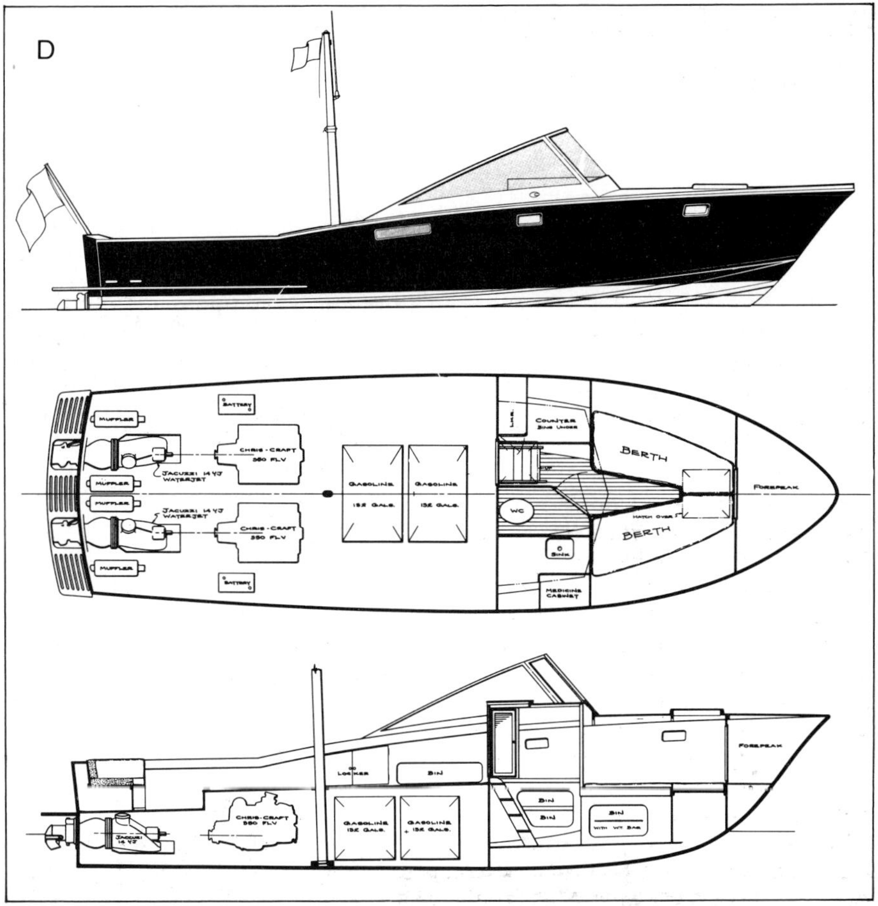

Abb. D: Daycruiser mit Wasserstrahlantrieb von Raymond Hunt.

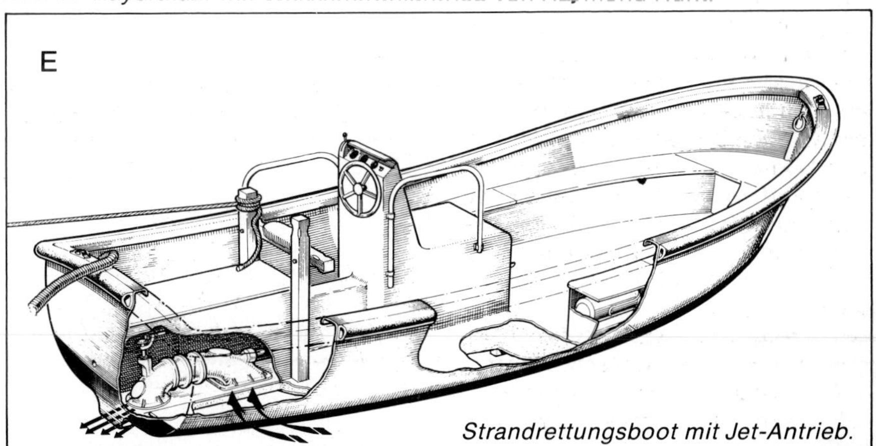

Strandrettungsboot mit Jet-Antrieb.

Der Propeller ist eine Pumpe

Die Auswahl des richtigen Propellers und seine Wirkungsweise

Schon Leonardo da Vinci beschäftigte sich mit dem Problem eines Propellers, und bereits 1768 veröffentlichte der französische Mathematiker P. Paucton eine wissenschaftliche Abhandlung über die „Theorie der archimedischen Schraube", die auf praktischen Versuchen mit Propellern beruhte. Das erste Propeller-Patent erhielt wohl der Engländer J. Bramah 1785 für einen dreiflügeligen Propeller, doch praktisch verwirklicht wurde dieser Antrieb für Boote und Schiffe zuerst vom Amerikaner John S. Stevens. Er unterhielt auf dem Hudson eine kleine Flotte von Dampfschiffen, und an einem von ihnen, der 25 m langen „Little Juliana", erprobte er 1804 anstelle der bis dahin üblichen Schaufelräder zwei vierflügelige Propeller. Sie verliehen dem Fahrzeug eine Geschwindigkeit von 6 bis 7 Knoten. In Schweden baute der Engländer Samuel Owen 1816 die „Witch of Stockholm", die mit einer 8-PS-Dampfmaschine einen vierflügeligen Propeller von 1,5 m Durchmesser antrieb.
Der älteste Bootspropeller im deutschsprachigen Raum wird noch heute in einem Wiener Museum gezeigt. Er wurde vom österreichischen Forstmeister Joseph Ressel gebaut und an der „Civetta" erprobt, die mit einer Dampfmaschine von 6 PS bei Probefahrten in Triest im Jahre 1829 eine Fahrt von 6 Knoten erreichte. 1832 erhielten der Franzose Frédéric Sauvage, am 31. Mai 1836 der Engländer F. B. Smith Propellerpatente in ihren Ländern, und am 10. Oktober 1834 reichte auch der Schwede John Ericsson seinen ersten Patentantrag für einen Schiffspropeller ein. Die Abbildung A zeigt einige dieser frühen, im Prinzip gleichgestalteten, in der Form aber unterschiedlichen Schiffspropeller oder „Schrauben", wie man sie ursprünglich nannte.
In der Tat gingen die Erfinder bei dem Bootspropeller davon aus, ein Schiff durch das Wasser zu schrauben, wie man eine Schraube durch Holz oder Metall treibt. Viele Bezeichnungen gehen noch auf diese ersten Ansichten zurück: Auf einem Schraubengewinde bringt eine kleine Steigung eine Mutter nur wenig voran, während sie bei einer großen Steigung einen sehr viel längeren Weg zurücklegen würde. Vergleichen wir eine Metall- und eine Holzschraube von gleichem Gewindedurchmesser, dann hat die Holzschraube eine große Steigung, mit der sie schnell und tief in den relativ weichen Grund hineingedreht werden kann, während die Metallschraube eine kleine Steigung besitzt und für den gleichen Weg in den Untergrund sehr viel öfter gedreht werden muß.
Der Bootspropeller arbeitet jedoch nicht wie eine Schraube, die den Bootsrumpf durch das Wasser schraubt, sondern wie eine Pumpe, die das Wasser von einer Seite ansaugt, es in einem Strahl rund um

Abb. A: Frühe Formen von Bootspropellern, oft richtigen „Schrauben".

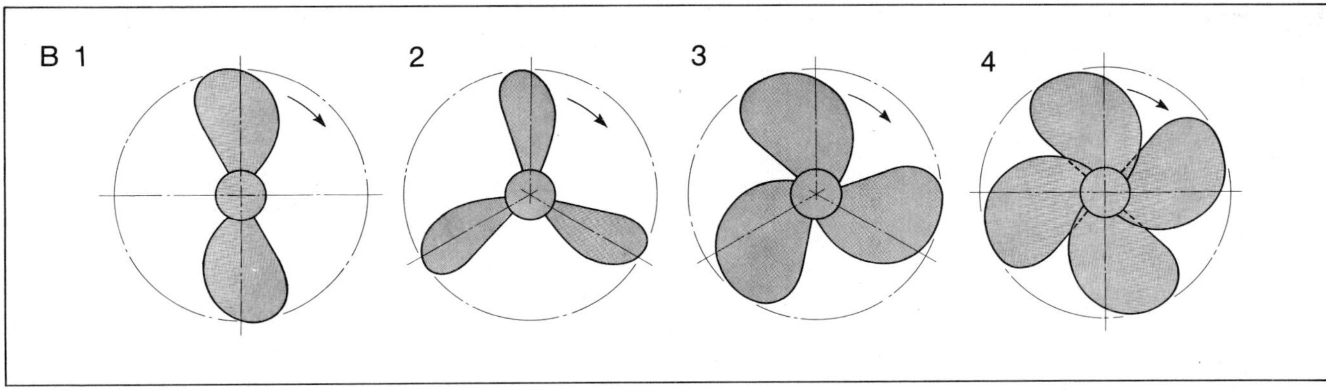

Abb. B: Verschiedene Formen von zwei- und mehrflügeligen Propellern.

den Propeller beschleunigt und mit größerer Geschwindigkeit zur anderen Seite wieder ausstößt. Die Beschleunigung, die der Propeller als Pumpe einer bestimmten Wassermenge geben kann, hängt von der Fortbewegung des Propellers durch das Wasser (der Bootsgeschwindigkeit) und dem Durchmesser des Propellers (dem Durchmesser des Wasserstrahls im Pumpenzylinder) ab.

Betrachtet man den Querschnitt eines Propellerblattes, dann stellt man eine nach außen gewölbte Vorderseite und eine weitgehend glatte Rückseite fest. Gleichzeitig sieht man, daß dem Propellerflügel eine gewisse Verwindung eigen ist, d. h. der Winkel, den die Fläche des Propellerflügels zur Richtung der Propellerwelle hat, ist im Bereich der Propellernabe ganz anders als an den Flügelspitzen. Auch der Durchmesser des Propellerflügels ist an der Propellernuß geringer als an den Flügelspitzen.

Jeder Flügel eines Propellers hat ein ganz bestimmtes hydrodynamisches Profil, bei dem sich an der flachen Rückseite ein größerer und an der nach vorn gewölbten Vorderseite ein geringerer Druck bildet. Die unterschiedliche Verwindung von der Propellernabe zu den Flügelspitzen und der unterschiedliche Durchmesser des Propellerflügels wird durch den zunehmend größeren Bogen erforderlich, den die einzelnen Bereiche des Propellers bei ihrer Arbeit im Wasser zurücklegen müssen. Ein Propeller kann also nur wirksamen Vorschub erzeugen, wenn jeder Propellerflügel als hydrodynamisches Profil im optimalen Anstellwinkel zur Wasserströmung arbeitet und dadurch eine Schubkraft erzeugt.

Auffallendste optische Eindrücke bei der Betrachtung eines Bootspropellers sind die Anzahl seiner Flügel und die Flächen, die diese Flügel einzeln und in ihrer Gesamtheit in dem von der Propellerfläche bestrichenen Drehbereich einnehmen. Abbildung B zeigt vier typische Propellerformen für Motorboote: Einen Zweiflügel-Propeller ① und einen Dreiflügel-Propeller ② mit einem gleichen kleinen Flächenverhältnis von 30%. Beim Zweiflügel-Propeller ist die Druckbelastung auf je 15% der Fläche verteilt, beim Dreiflügel-Propeller beträgt die Flächenbelastung pro Propellerflügel nur je 10%. Beim Dreiflügel-Propeller ③ beträgt das Verhältnis abgewickelte Fläche zu Kreisfläche ca. 60%, während der vierflügelige Propeller ④ ein Flächenverhältnis von 80% hat. Hier unterscheiden sich die Propellerflügel in ihrer Fläche kaum voneinander. Die größere Gesamtfläche ergibt sich vor allem durch den zusätzlich angeordneten vierten Propellerflügel.

Von der Fläche der Propellerflügel hängt auch der Propellerschub ab. So benutzen schnelle Boote schnell drehende Propeller mit geringen Durchmessern und relativ großer Flügelfläche von ca. 80% (Abb. B, ④), weil ihre leistungsstarken Motoren ausreichende Schubkraft über die gesamte große Flügelfläche bringen können. Die Dreiflügler (Abb. B, ② und ③) sind Allzweckpropeller. Sie werden für langsamere Boote benutzt, die dann nicht nur eine relativ kleinere Flügelfläche haben, sondern auch langsamer drehen. Zweiflügelige Propeller mit kleiner Flügelfläche ① nimmt man in der hier abgebildeten Form für die Hilfsmotoren von Segelbooten, damit der Propeller auch unbenutzt kaum störenden Widerstand bietet. Zwei- und Dreiflügler in einer speziellen, sehr viel schlankeren und dünneren Form finden auch bei leichten Booten Verwendung, die für hohe Geschwindigkeiten ausgelegt sind.

Kleine Propellerkunde

Drehsinn, Durchmesser, Steigung, Slip und Wirkungsgrad

Der Drehsinn des Propellers hat einen großen Einfluß auf die Manövrierfähigkeit des Bootes. Ihm gilt daher die erste Betrachtung. Üblich sind rechtsgängige Propeller, bei denen die Propellerflügel wie das Rechtsgewinde eines Bohrers oder eines Korkenziehers, einer Schraube oder eines Gewindebolzens angeordnet sind. Rechtsgängig sind Propeller, die sich (von achtern und in Fahrtrichtung gesehen) bei Vorwärtsfahrt rechts herum oder im Uhrzeigersinn drehen, bei Rückwärtslaufen des Motors jedoch links herum und entgegengesetzt zum Uhrzeigersinn bewegen. Im allgemeinen herrschen rechtsgängige Propeller vor. Linksgängige Propeller, die im entgegengesetzten Drehsinn arbeiten (links herum beim Vorausarbeiten und rechts herum beim Rückwärtsarbeiten des Motors) sind seltener.

Propeller werden im allgemeinen mit zwei Maßangaben bezeichnet, zum Beispiel 9½ x 10 bzw. 240 x 255. Die kleineren Zahlenpaare sind Zollmaße, die größeren Millimeterangaben. Die jeweils erste Zahl gibt den *Propellerdurchmesser,* die zweite die *Steigung* des Propellers an. Dabei wird unter Durchmesser der Kreis verstanden, den die Außenkanten der Propellerflügel bei einer Drehung beschreiben. Die Abbildungen A bis C zeigen dreiflügelige Propeller mit gleichem Durchmesser, aber einem unterschiedlichen Flächenverhältnis von 30% (A), 50% (B) und 70% (C). Dieses sind Propeller für langsame (A), mittelschnelle (B) und schnelle (C) Boote.

Demgegenüber zeigen G bis I dreiflügelige Propeller mit unterschiedlichem Durchmesser, aber gleichem Flächenverhältnis von ca. 50%. Dieses sind Propeller für unterschiedliche Motorleistungen, z. B. eine geringe (G), eine mittlere (H) und eine größere (I) Leistung.

Die zweite Ziffer bezeichnet bei der Propeller-Kennzahl die Steigung des Propellers, d. h. den Weg in axialer Richtung, den der Propeller bei einer Umdrehung theoretisch zurücklegen würde. Von den Propellern gleichen Durchmessers (A bis C) hat der Propeller A die größte Steigung, wie es auch in der Ziffernkombination zum Ausdruck kommen würde, zum Beispiel 255:320, d. h. ein Durchmesser von 255 mm und eine Steigung von 320 mm. Die Propellerkombination B-E mit den Kennziffern 255:260 hat eine mittelgroße Steigung, ungefähr genauso groß wie der Durchmesser, die Kombination C-F 255:200 bedeutet eine kleine Steigung bei gleichem Propellerdurchmesser.

Demgegenüber ersieht man aus J bis L, daß auch Propeller unterschiedlichen Durchmessers die gleiche Steigung haben können, die hier mit 260 mm Weg bei einer Propellerumdrehung in axialer Richtung gezeichnet ist. Alle drei Propeller haben also die gleiche Steigungs-Ziffer 260 in ihren Kennzahlen, und man würde angeben können: G–J 165:260, H–K 255:260, I–L 360:260. Die Abbildungen zeigen, daß der Durchmesser des Propellers und das Flächenverhältnis keinen Einfluß auf das Maß der Steigung haben.

Abbildung 11 zeigt – noch einmal vereinfacht – einen rechtsgängigen Propeller mit zwei Flügeln unterschiedlicher Steigung. Man erhält also auch einen optischen Eindruck von der Steigung, wenn man seitlich auf den Propeller blickt. Hat man dabei die Propellerfläche deutlich vor Augen, dann ist es ein Propeller mit „großer Steigung". Kann man hingegen nur die Kante des Propellerflügels betrachten und bleibt die Fläche weitgehend in der Blickrichtung verborgen, dann ist es ein Propeller mit „kleiner Steigung".

Der Propeller ist praktisch der Gangschaltung des Autos vergleichbar, nur kann man nicht beliebig vom ersten Gang (mit großer Schubkraft beim Anfahren mit geringer Geschwindigkeit) bis zum vierten Gang (einer hohen Geschwindigkeit bei kleiner Schubkraft) hinaufschalten. Man kann sich bei der Propellerwahl immer nur für den einen oder anderen Bereich entscheiden, den Berggang (mit kleiner Steigung und langsamer Fahrt) oder den Schnellgang (mit großer Steigung und hoher Geschwindigkeit). Am besten wählt man einen Mittelweg, der die Nutzleistung des Motors unter allen Bedingungen optimal in Fahrt umsetzt.

Wenn man beim Boots- oder Motorenkauf mit dem Begriff „Standard"-Propeller konfrontiert wird, dann ist dieses der Propeller, der unter den normalen Fahrtbedingungen am besten arbeiten wird. Im allgemeinen handelt es sich hierbei um Propeller, bei denen sich die beiden Kennziffern nur wenig unterscheiden, d. h. Steigung und Durchmesser nahezu die gleichen Werte haben. Solche „Standard"-Propeller sind in unse-

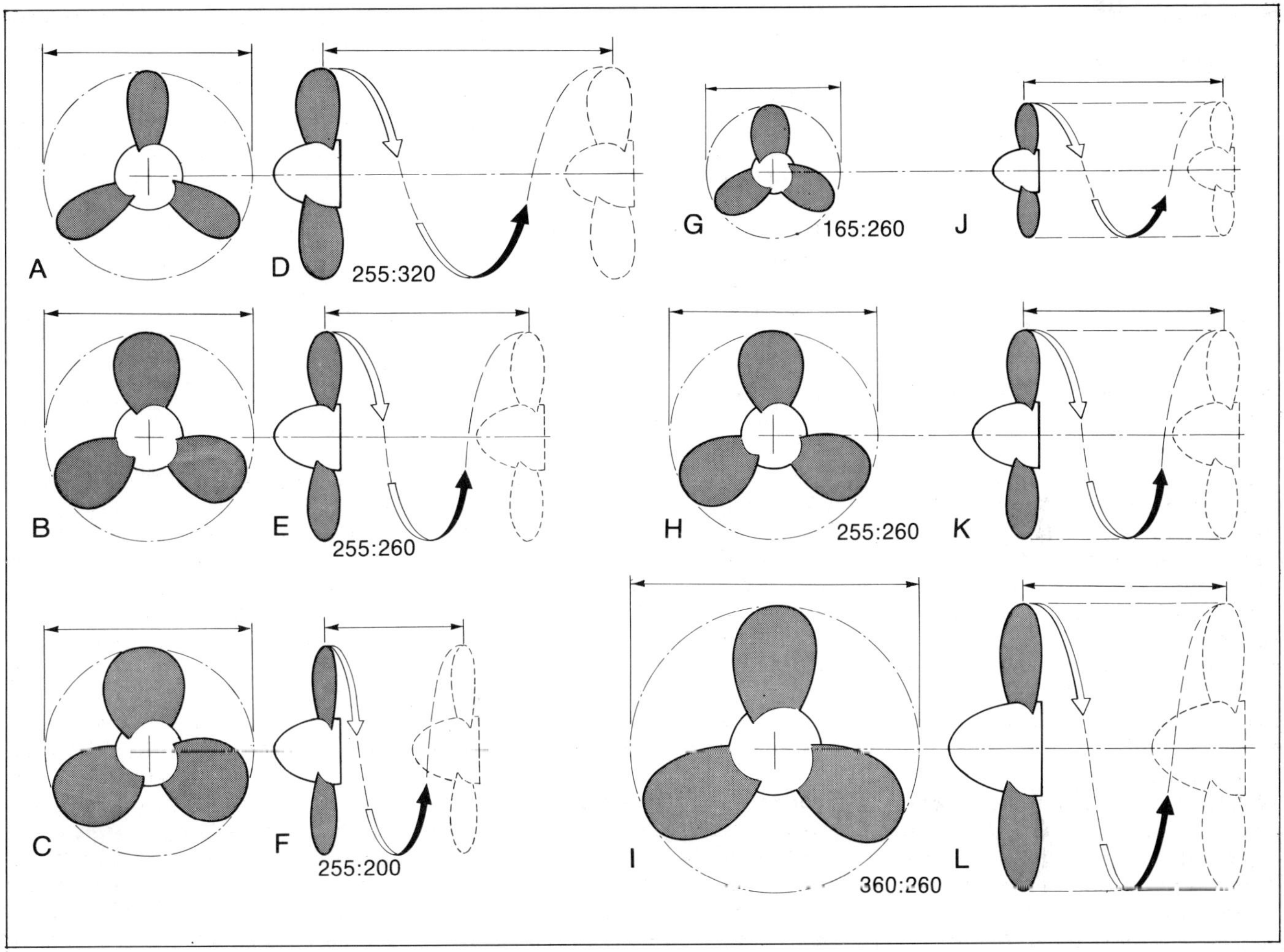

ren Abbildungen zum Beispiel B/E und H/K. Beim Propeller in A/D ist mit den Kennziffern 255:320 die Steigung viel größer als der Durchmesser und die zweite Ziffer dementsprechend höher als die erste. Das ist ein Propeller für leichte Boote und hohe Geschwindigkeiten, praktisch der „Schnellgang". Der Propeller hat relativ wenig Schubkraft, weil er sich mit einer Umdrehung weit durch das Wasser dreht.
Demgegenüber ist beim Propeller in C/F der Durchmesser viel größer als die Steigung (255:200), und da gleichzeitig auch die über die Propellerflügel abgewickelte Fläche größer geworden ist, hat dieser Propeller relativ viel Schubkraft. Es ist der „Berggang", und dieser Propeller ist für schwere Boote geeignet, sowohl mit größerem Eigengewicht als auch mit größerer Zuladung – aber dafür auch nur für langsamere Fahrt.
Bei dem Propeller in G/J ist der Durchmesser kleiner als die Steigung. Es ist ein Propeller für leichte Boote und hohe Geschwindigkeiten mit wenig Schubkraft. Der Propeller ist im Prinzip mit dem Propeller in A/B vergleichbar, was auch die Kennziffern 165:260 aussagen, und nur für kleinere Motoren oder sehr hohe Geschwindigkeiten gedacht.
Beim Propeller in I/L kann man eine sehr große Schubleistung erwarten, sinngemäß ist es der erste Gang eines Lastwagens.

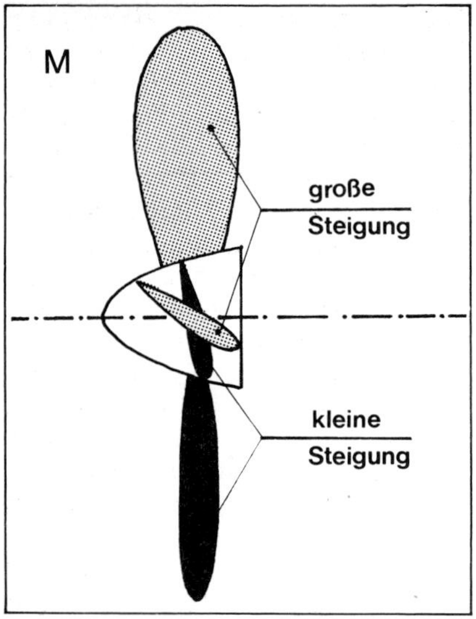

Abb. M: Was heißt Steigung?

Unter Motorbootfahrern spricht man auch von einem „Speed-Propeller" (A/D und G/J), wenn der Durchmesser geringer als die Steigung ist, doch meint man damit nur den Schnellgang. Ist der Durchmesser hingegen wesentlich größer als die Steigung (C/F und I/L), dann spricht man von einem „Schub-Propeller" und bezeichnet damit den Anfahrt- oder Berggang in der Autosprache. Der Propellerflügel kann Auftrieb nur entwickeln, wenn er mit einem bestimmten Anstellwinkel durch das Wasser dreht, so daß auf einer Flügelseite Druck entstehen kann. Sobald der Propeller jedoch Auftrieb und damit Vorschub erzeugt, macht sich auch ein Wegeverlust bemerkbar. Das Boot selbst bewegt sich nicht so weit in Fahrtrichtung, wie sich der Propeller allein und ohne Belastung in die gleiche Richtung vorausschrauben würde. Diese Differenz zwischen der geraden Linie und der tatsächlichen Drehrichtung des Propellers wird Schlupfwinkel oder Slip genannt. Der Propellerslip ist also der Unterschied zwischen der aus Steigung mal Drehzahl zu berechnenden und der tatsächlich zurückgelegten Wegstrecke, weil das Wasser dabei ausweicht.
Ein Propeller ohne Schlupf kann nicht arbeiten. Der Propellerslip ist zum Erzeugen des Propellerschubs erforderlich. Slip oder Schlupf ist also kein Verlust. Auch um den günstigsten Wirkungsgrad zu erhalten, muß der Propellerslip ca. 15 bis 30% des möglichen axialen Weges des Propellers durch das Wasser betragen.

Der Propeller-Wirkungsgrad ist ein Maß für die Kraftumwandlung der Motorleistung in Vorwärtsschub des Bootes. Je größer der Propeller-Wirkungsgrad, desto weniger Verluste entstehen bei dieser Kraftumwandlung. Beträgt beispielsweise die Nutzleistung, die dem Propeller vom Motor zugeführt wird, noch 10 kW und wandelt der Propeller sie in eine Vorschubleistung von 5 effektive Kilowatt um, dann beträgt der Propeller-Wirkungsgrad 50%. Der Propeller-Wirkungsgrad sagt also aus, wieviel Leistung der Propeller tatsächlich zur Fortbewegung des Bootes aufwendet und wieviel Prozent durch Reibung an den Propellerflügeln und innerhalb des Wassers selbst, das der Propeller in Bewegung gesetzt hat, sowie durch andere Arten der Wirbelbildung verlorengehen. Der optimale Propeller-Wirkungsgrad beträgt ca. 75%, d. h. der Propeller verwandelt 75% der Nutzleistung des Motors in Vorschub. Wirkungsgrade von 65% können noch als sehr gut bezeichnet werden. Im allgemeinen ist der Wirkungsgrad um so günstiger, je niedriger die Drehzahl des Propellers ist.

Propeller bestimmen und Propeller wechseln

Die Auswahl des richtigen Propellers bei Probefahrten und beim Bootstest

Ein Eigner kann beim Kauf seines Motorbootes im allgemeinen davon ausgehen, daß die richtigen Propeller für das betreffende Boot und den vorgesehenen Verwendungszweck in Einklang mit der Art des Motors und der entsprechenden Motorleistung ausgewählt und angebracht sind. Das schließt jedoch nicht aus, daß er durch eine Probefahrt prüft, ob Boot und Motor einschließlich Propeller tatsächlich zueinander passen, ob sie richtig ausgewählt und gut aufeinander abgestimmt sind.
Wer einen vorhandenen Motor durch einen anderen ersetzen will, weil er mit den Leistungen von Boot und Motor nicht zufrieden ist, weil der Motor nicht (mehr) auf die in den Betriebsanleitungen angegebenen Drehzahlen kommt, wer Boot und Motor getrennt gekauft hat oder wer einen schwächeren Motor durch einen stärkeren ersetzen will – oder umgekehrt, der wird dabei den Propeller neu bestimmen und einen neuen, richtigen Propeller kaufen müssen. Wie läuft ein solcher Test zur Propellerauswahl ab?
Betrachten wir die Probefahrt beim Neukauf: Man gehe mit einer Perso-

nenzahl an Bord, die auf Sportbooten der Anzahl der Sitzplätze entspricht (4 Personen) und achte darauf, daß auf einem Motorkreuzer ebenfalls 4 bis 6 Personen an Bord sind. Nur dann erhält man einen Eindruck vom künftigen Fahrverhalten des Bootes. Dann schreibe man sich die Propellerwerte Durchmesser x Steigung auf und lasse sich die Nenndrehzahl des Motors geben.

Während der Fahrt achte man darauf, ob das Boot die in der Betriebsanleitung angegebene Nenndrehzahl mit Vollgas auch erreicht. Hierzu muß ein Drehzahlmesser eingebaut sein; man kann (falls dies nicht der Fall ist) auch einen Vibrationsmesser hierzu mitnehmen, wenn es sich um ein kleines Boot handelt. Bleibt das Boot von Anfang an unter den angegebenen Drehzahlen, dann ist es mit einem falschen Propeller ausgestattet. Sinkt die Drehzahl während der Fahrt noch weiter ab, dann sind schlechte Belüftung des Motorenraumes und andere Gründe die Ursachen für diesen Leistungsabfall des Motors während des Betriebes und besonders zu untersuchen.

Nur wenn ein Motor in einem Boot tatsächlich seine angegebene Drehzahl erreicht, kann das Boot gleichzeitig seine höchste Leistung erzielen. *Mehr* Umdrehungen als in der Betriebsanleitung angegeben sind gefährlich, da sie für erhöhte Reibung und stärkere Abnutzung aller inneren Motorenteile sorgen. Das ist dann praktisch so, wie wenn ein Auto im zweiten Gang mit Vollgas bergab fährt und der Motor dabei weit über seine Nenndrehzahl hinaus drehen muß.

Genauso schädlich ist es für den Motor, wenn er bei Vollgas *unter* seiner Nenndrehzahl bleibt. Das ist wie eine Bergauffahrt mit dem Auto im vierten Gang. Dann wird der Brennstoff mangelhaft ausgenutzt, die Zylinder verrußen, es kommt zu Frühzündungen, zu häufigem Versagen der Zündkerzen, zu Schäden an den Zylinderwänden und sogar zu Verbrennungen der Kolben. Der Drehzahlmesser ist daher das wichtigste Kontrollgerät für den Motorbootfahrer; denn mit ihm bestimmt er den richtigen Propeller oder entscheidet, wann und warum er den Propeller wechseln muß.

Damit man sicher ist, daß es bei solchen Drehzahlversuchen tatsächlich am Propeller und nicht am Motor liegt, kann man bei Überschreiten der Nenndrehzahl (110%) auch mehr Ausrüstung oder mehr Personen zuladen, oder die Zuladung vermindern, wenn der Motor mit dem benutzten Propeller unter seiner Nenndrehzahl (90%) bleibt. Mit entsprechender Be- bzw. Entlastung muß das Boot dann auf seine Nenndrehzahl kommen. Ist dies nicht der Fall, dann liegen die Ursachen nicht beim falschen Propeller, sondern bei dem Motor.

In der Praxis wird man nicht so deutliche Unterschiede feststellen, wie sie hier zur besseren Anschaulichkeit gewählt wurden. Wer sein Boot jedoch unter extrem unterschiedlichen Bedingungen fährt, beispielsweise auf Wanderfahrten mit der ganzen Familie und Urlaubsgepäck, bei Ferienfahrten mit gelegentlichem Wasserskiläufer im Schlepp oder längere Zeit mit nur einem Mann allein, der wird mindestens zwei Propeller mit unterschiedlicher Steigung an Bord haben und sie gelegentlich auswechseln müssen. Das ist weder bei einem Außenborder noch bei einem Z-Antrieb schwer: Hierbei wird der Motor bzw. das Unterwasserteil hochgeklappt und der Propeller nach Entfernung des Sicherungssplintes in der profilierten Sicherungsschraube abgezogen. Die meisten Propeller haben einen Scherstift, der praktisch die Sollbruchstelle zwischen Propellerwelle und Propeller darstellt. Er bricht, wenn sich der Propeller festfährt und sorgt dafür, daß sich die Propellerwelle weiterdrehen kann. Getriebe, Antriebswelle und Kolben können sich so – wie im Leerlauf mit ausgekuppeltem Motor – weiterbewegen, ohne daß diese Motorteile beim Festklemmen des Propellers Schaden nehmen werden. Bei Propellern ohne Scherstift dient eine sogenannte Rutschkupplung dem gleichen Zweck.

Der Zwang zum Propellerwechsel kann gegeben sein, wenn das Boot an einem Tage mit einer Person schnell fahren, am anderen mit der ganzen Familie zügig laufen und auch gelegentlich Urlaubsgepäck transportieren oder einen Wasserskiläufer ziehen soll. Dann muß man unterschiedliche Propeller ausprobieren.

Wechseln eines Propellers mit Scherstift (A).

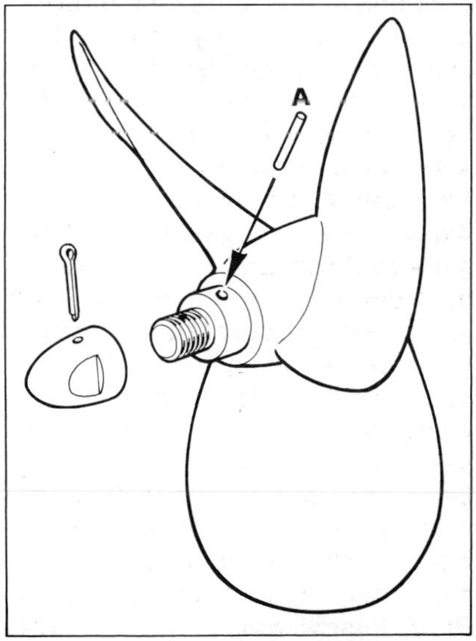

Gleiter und Verdränger

Jeder Gleiter ist auch ein Verdränger, aber ein Verdränger kann niemals zum Gleiter werden

Der Bootsmarkt bietet eine Vielzahl von Typen an, normale und schnelle Verdränger, Halbgleiter und Gleiter, offene und Kajütboote, Kreuzer und Yachten, mit Einbau- und Außenbordmotoren, Propeller- und Wasserstrahlantrieb, als Rund- und Knickspanter, mit tiefem und gemäßigtem V. Der Motorbooteigner hat beim Bootskauf meistens schon gezielt ausgewählt, wenn ihm auch eine alternative Beurteilung bei der Beantwortung immer neuer Fachfragen, denen er sich gegenübersieht, allmählich schwerfällt.

Immerhin geht es ja um hohe Investitionen für unser Hobby, und irgendwo ist für jeden das Budget einmal zu Ende. Wenn dann noch zu beurteilen ist, ob man sich für die stärkere oder schwächere Motorisierung entscheiden muß, ob man mit 30 km/h Höchstgeschwindigkeit zufrieden ist oder doch lieber 40 km/h erreichen möchte und warum denn ein Boot diesen gewünschten Höchstfahrtwert schon mit 75 kW (100 PS), das andere erst mit 110 kW (150 PS) erreicht, dann ist der Grenzbereich des fachlichen Mithaltens schnell erreicht.

Um hier dem Zugzwang, richtig entscheiden zu können, damit man später sicher fahren kann, einmal gewachsen zu sein, müssen wir die physikalischen Kenntnisse des Motorbootfahrens etwas mehr vertiefen. Wenn unser Boot im Kran hängt oder auf dem Hänger liegt, dann hat es ein *Gewicht,* das in Kilogramm (kg), bei großen Booten auch in Tonnen (t) angegeben wird. Dabei kann man auch das Rumpfgewicht, das Gewicht des Motors und das Gewicht der Ausrüstung getrennt ermitteln und alles als „Gesamtgewicht" zusammenfassen. Haben wir das Boot ins Wasser gesetzt und schwimmt es dort, dann verliert es nach dem Archimedischen Prinzip so viel an Gewicht, wie das verdrängte Wasser wiegt, weil das Boot entsprechenden Auftrieb erhält. Bei einem schwimmenden Boot entspricht also sein Gewicht dem Gewicht der Wassermenge, die es (mit seinem Unterwasserschiff bis zur jeweiligen Schwimmwasserlinie) verdrängt.

Durch die unterschiedliche Dichte von Seewasser und Frischwasser taucht dasselbe Boot in verschiedenen Revieren unterschiedlich tief ein. Seine *Verdrängung* ist also in Rhein und Nordsee unterschiedlich, und das Boot hat auch im Mittelmeer nicht die gleiche Schwimmwasserlinie wie in der Nordsee. Man kann diese unterschiedliche Eintauchtiefe, die durch die Seewasserdichte bedingt ist, in den verschiedenen Revieren gut erkennen.

Wenn wir zwischen dem *Gewicht* und der *Verdrängung* des Bootes unterscheiden, dann tun wir es auch aus Gründen der Zuladung; denn unter „Verdrängung" verstehen wir nicht nur das Gewicht des Bootes mit seiner Ausrüstung, sondern auch mit den Personen an Bord und allem, was diese an persönlichen Utensilien mitbringen. Wenn ein kleines Sportboot mit 4 Personen besetzt ist, dann ist diese „Verdrängung" des (schwimmenden) Bootes meistens doppelt so groß wie das „Gewicht" des (auf Land liegenden) Bootes.

Als „Verdränger" oder „Verdrängungsboot" bezeichnen wir ein Schiff, das auch in Fahrt nach dem archimedischen Prinzip schwimmt. Ob in Ruhe oder in Fahrt, es verdrängt stets die gleiche Wassermenge. Es findet seinen Weg *durch* das Wasser hindurch, erzeugt dabei ein (mit zunehmender Fahrt immer ausgeprägteres) Wellensystem und kann dieses Wellensystem, in das es eingebettet ist, nicht verlassen, wie sehr wir die Motorleistung auch immer erhöhen.

Ein „Gleitboot" hingegen hebt sich unter gewissen Voraussetzungen der Spantform und der Motorisierung aus diesem Wellensystem heraus, überwindet es und rutscht über die Wasseroberfläche hinweg. Bei dieser Fahrt *über* das Wasser vermindert sich die Verdrängung immer mehr mit zunehmender Geschwindigkeit, ganz extrem bei Tragflügelbooten. Hierbei helfen die hydrodynamischen Kräfte, die durch den Anstell- oder Trimmwinkel und durch die Bewegung des Bootes am Bootsboden erzeugt werden.

Da ja auch ein Gleitboot im Ruhezustand als Verdränger schwimmt und zuerst einmal als Verdrängungsboot fährt, bevor es als Gleitboot laufen kann und auch ein Gleitboot unter bestimmten Bedingungen der See, etwa in schwerem Wetter, als Verdränger gefahren werden muß, ist dieses kleine physikalische Kurzkolleg auch für Gleitbootfahrer wichtig. Darüber hinaus gibt es ja Bootsbezeichnungen wie „Halbgleiter", „schnelle Verdränger", „abgeschnittene Verdränger", „Expreß-Kreuzer" und andere, die wir unter die Lupe nehmen müssen, denn sie sagen nichts anderes aus als: Hier handelt es sich um Boote im Grenzbereich zwischen Verdränger und Gleiter oder um Boote, die nur den Anfangsbereich des vollen hydrodynamischen Gleitens erreichen – vielleicht auch nur mit bestimmten Auflagen wie hoher Motorisierung, Trimmklappen, Staukeilen oder anderen Nachhilfe-Ausrüstungen.

Als Geschwindigkeit definiert man in der Physik einen Weg, den man in einer bestimmten Zeit zurückgelegt hat (Geschwindigkeit = $\frac{\text{Weg}}{\text{Zeit}}$). Bei Betrachtungen über Geschwindigkeit spielt die Bootsgröße eine große Rolle. Der wichtigste Faktor der Bootsgröße ist die Länge in der Schwimmwasserlinie. Man sagt auch die „Länge in der Konstruktionswasserlinie" (CWL) oder in der Ladewasserlinie, die alle geringfügig variieren können. Weitere wichtige Faktoren der Bootskonstruktion sind die Spantform, die Heckform, die Gestaltung des Bootsbodens, der Tiefgang und natürlich das Gewicht. Geschwindigkeiten von 20 km/h können für ein kleines Boot schon eine große Leistung darstellen, für ein größeres Fahrzeug aber völlig unbefriedigend sein.

Die älteste Form, Leistungen unterschiedlicher Boote zu ermitteln, wurde 1872 vom Engländer Froude geschaffen. Er brachte in dem nach ihm benannten Ausdruck der „Froude'schen Zahl" die Schiffsgeschwindigkeit (v) mit der Wasserlinienlänge des Schiffes (L) in Beziehung und sagte:

$$F = \frac{v}{\sqrt{g \cdot L}}$$

Der Ausdruck wird durch die Fallbeschleunigung oder Schwerkraft (g) dimensionslos und damit vom Maßsystem, in dem gerechnet wird, unabhängig. Wir haben also ein gleiches Geschwindigkeits-Längenverhältnis und ähnliche Widerstandsbedingungen im Wasser, wenn das Verhältnis $\frac{\text{Geschwindigkeit}}{\text{Länge}}$ oder der Quotient $\frac{v}{L}$ konstant bleibt. Dies ist der älteste Begriff für die „Relative Geschwindigkeit" eines Bootes.

A

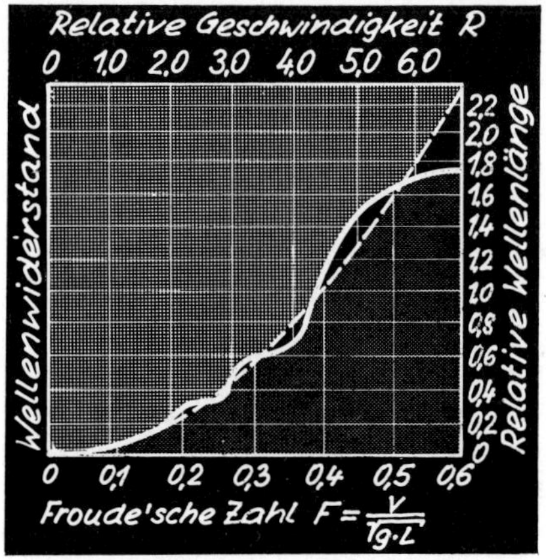

Abb. A: Der Wellenwiderstand in seiner Beziehung zur Froude'schen Zahl und zur Relativen Geschwindigkeit.

Nach diesem Ähnlichkeitsgesetz von Froude sind die Verhältnisse gleich, ob nun ein Wellensystem vom Wind oder vom Bootsrumpf erzeugt wird, und man kann aus der Wellenlänge, die ein Boot durch seine Wasserlinienlänge erzeugen kann, die Höchstgeschwindigkeit errechnen, die es (als Verdränger) zu laufen in der Lage ist. Wenn das Boot bei einer bestimmten hohen Fahrt ein so ausgeprägtes Wellensystem erzeugt, daß die Wellenlänge genau der Wasserlinienlänge vom Bug zum Heck entspricht, dann kann dessen Fahrt kaum größer werden als die natürliche Wellengeschwindigkeit.

Setzt man in die Formel von Froude die Geschwindigkeit in einem bestimmten Maß und auch die Länge in einem entsprechenden Maß ein, dann erhält man als einen möglichen Vergleichswert die „Relative Geschwindigkeit", auch als „Geschwindigkeitsgrad" bezeichnet und mit R in folgender Formel ausgedrückt

$$R = \frac{v}{\sqrt{L}}$$

Da sich Boote im gleichen Medium Wasser bewegen, kann „g" hier wegfallen.

Dieser Geschwindigkeitsgrad gibt uns zum Beispiel die durch die Wasserlinienlänge bedingte höchstmögliche „Rumpffahrt" eines Bootes an. Die Rumpfgeschwindigkeit ist

$$v_R = R \cdot \sqrt{L}.$$

Der Wert „R" ist dabei unterschiedlich, je nach den Maßen, mit denen man arbeitet:

bei v in km/h,	L in m:	R = 4,5
bei v in kn,	L in m:	R = 2,42
bei v in m/s,	L in m:	R = 1,25
bei v in kn,	L in Fuß:	R = 1,34

Ein Kriterium für Verdränger ist, wann und mit welcher Motorisierung sie diese Rumpffahrt = R 4,5 erreichen, wenn man die Geschwindigkeit in km/h mißt. Ein Kriterium für Gleiter ist, wie schnell sie diese Rumpffahrt erreichen, wie zügig sie sie überwinden und welche relative Geschwindigkeit sie bei der Höchstfahrt gewinnen.

Bei der Beurteilung von Motorbooten geht man meistens vom metrischen Kennwert (Geschwindigkeit in km/h und Länge der Wasserlinie in m) aus, das heißt, einer maximalen Rumpffahrt von R = 4,5. Er entspricht einer Froude'schen Zahl von F = ca. 0,4. Wie sich relative Geschwindigkeit, Froude'sche Zahl und die relative Wellenlänge zueinander verhalten, zeigt Abbildung A.

Jedes Boot, das als Verdränger *durch* oder als Gleiter *über* das Wasser fährt bzw. sich im Grenzbereich zwischen beiden Fahrtzuständen be-

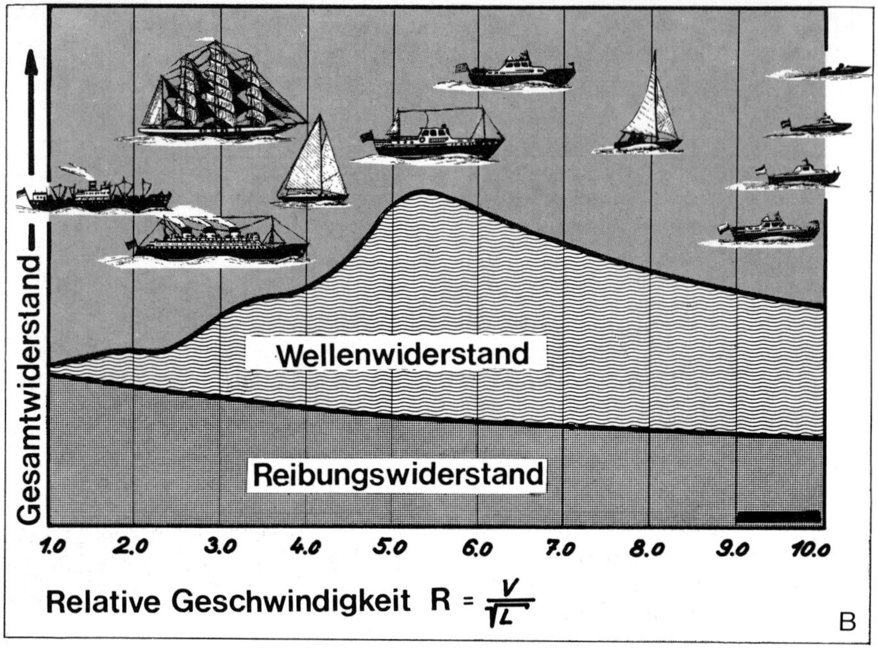

Abb. B: Wellen- und Reibungswiderstand eines Bootskörpers in seiner Abhängigkeit von der Relativen Geschwindigkeit.

findet, muß Wellenwiderstand und Reibungswiderstand überwinden. Dabei stellt der Wellenwiderstand nicht nur den sichtbaren, sondern auch den in verschiedenen Geschwindigkeitsbereichen fühlbarsten größten Teil des Wasserwiderstandes dar, der sich der Vorwärtsbewegung eines Bootes entgegenstellt. Sein Anteil am Gesamtwiderstand zeigt Abbildung B. Der Reibungswiderstand ist von der Größe der benetzten Oberfläche und seiner Glätte abhängig.

Ein Boot mit tiefem V-Spant muß also mehr Reibungswiderstand überwinden, da seine eingetauchte Oberfläche größer ist als bei einem Boot mit flachem Spant. Ein Boot mit unreinem Bootsboden (durch Bewuchs) hat größeren Reibungswiderstand zu überwinden als ein Boot mit glattem (mit Antifouling sauber gehaltenem) Boden. Abb. B zeigt, daß der Reibungswiderstand bei langsamer Fahrt den größten Anteil am Gesamtwiderstand hat und mit größerer Fahrt immer mehr abnimmt. Diese Abnahme bei Gleitfahrt ist auf die dann auch geringere Fläche des eingetauchten Unterwasserschiffs zurückzuführen.

Der Wellenwiderstand ist zuerst unbedeutend. Aber je schneller ein Boot läuft, desto mehr nimmt er zu. Wer ein Boot beobachtet, sieht dieses deutlich. Ein treibendes Boot erzeugt kein Wellensystem und damit auch keinen Wellenwiderstand. Bei einer relativen Geschwindigkeit von R = 3,5 sind Wellen- und Reibungswiderstand annähernd gleich. Da der Widerstand eines Bootes fast exakt mit dem Quadrat der Geschwindigkeit wächst, ist der Verlauf der Wellenwiderstandskurve einer quadratischen Parabel vergleichbar.

Sowohl in der anschaulichen Widerstandskurve (Abb. B) als auch in der Kurve der Abb. A sieht man deutlich drei „Berge", in denen der Wellenwiderstand um mehr als mit dem Quadrat der Geschwindigkeit zunimmt. Vor dem eigentlichen Gipfel liegen zwei „Täler", in denen er um etwas weniger als dem Quadrat der Geschwindigkeit wächst. Die Berufsschiffahrt baut nun ihre Fahrzeuge genau in diese „Täler" hinein. Sie läßt sie den vorangehenden „Berg" mit unökonomischen Bedingungen überschreiten, aber versucht nicht, die entsprechenden Schiffe den nächsten steilen Hang hinaufzubringen.

Dieses erste günstige Tal mit einem Geschwindigkeitsgrad von R = 2,25 und einer Froude'schen Zahl von ca. 0,2 ist der Bereich der Frachter. Sie laufen hierbei auf drei Wellen, d. h. einer relativen Wellenlänge von 0,33 (siehe Abb. B). Natürlich ist dieses auch ein Bereich der ökonomischen Fahrt von Yachten, doch ist diese Fahrt im allgemeinen uninteressant (Abb. C, ①).

Schnelle Containerschiffe und die schnellen Passagierschiffe, die früher über den Atlantik verkehrten, nutzen das nächste Tal in der Widerstandskurve aus. Wo Zeit Geld ist, lohnt sich schon eine größere Motorisierung, selbst wenn dafür die Passagen entsprechend teurer werden. So erreicht beispielsweise ein schnelles Containerschiff eine Höchstgeschwindigkeit von 30 kn. Dies entspricht bei einer Länge von 100 m einer relativen Geschwindigkeit von R = 3,0. Die relative Wellenlänge beträgt hierbei 0,5, d. h. das Schiff läuft auf zwei Wellen von halber Wasserlinienlänge. Dies ist auch der Bereich sparsamer Verdrängerfahrt für ein Motorboot (Abb. C, ②).

Schnelle Kriegsschiffe, bei denen es zuallererst auf Geschwindigkeit ankommt und ökonomische Gesichtspunkte keine Rolle spielen, große Motoryachten und alle Seekreuzer, mögen sie nun unter Segeln oder unter Motor laufen, hängen am dritten Berg der Kurve. Ihre relative Wellenlänge beträgt dabei 1,0, d. h. sie laufen auf einer vollen Wasserlinie (Abb. C, ③). Höher den Berg des Wellenwiderstandes hinaufzuklettern gelingt ihnen nicht, selbst wenn man ihre Motorleistung erhöhte, denn man muß gleichzeitig auch bootsbauliche Voraussetzungen treffen, damit sie nicht mit ihrem Heck achtern einsinken können und muß ihnen ein breites, bis zum Heck reichendes Achterschiff bei einem möglichst glatten Bootsboden schaffen.

Ein Blick auf die Abb. B zeigt, daß es absolut unsinnig und unrentabel ist, Motorboote für einen Höchstfahrbereich von R = 5 bis R = 7 auszulegen, weil dieser Bereich mit der Zone des größten Wellenwiderstandes zusammenfällt. Große Motorboote müssen diesen dritten und höchsten Berg der Widerstandskurve, der auch optisch beim Fahren durch den großen Anstellwinkel des Bootes hinter seiner Bugwelle sichtbar ist, möglichst schnell überwinden. Ihre richtige Motorisierung erkennt man nicht nur daran, bei welcher Geschwindigkeit der Gleitbeginn liegt und wie groß dann der Drehzahlbereich ist, in dem sie sich noch in Gleitfahrt bewegen können. Auch die Höhe des Anstellwinkels und damit die Art, wie sie auf ihre Bugwelle und über diese hinüberklettern, ist ein Kriterium für ihren Wert und ihre Leistung.

Bei einem Geschwindigkeitsgrad von R = 4,5 endet die Verdrängerfahrt, doch gibt es einige bootsbauliche Tricks, um dieses Ende bis R = 5,0 oder sogar R = 5,5 hinauszuzögern: Man macht das Achterschiff extrem breit, damit es sich auch dann noch halten kann, wenn die tragende Heckwelle weiter nach achtern wandert, und „amputiert“ das Heck praktisch.

Der Ritt auf der Wellenspitze (von R = 5,0 bis R = 7,0) erfolgt mit einer Wellenlänge, die doppelt so lang wie die Wasserlinienlänge ist (Abb. C, ⑤), und einem extrem großen Anstell- oder Trimmwinkel (Abb. C, ④). Erst ab R = 8,0 erhält das Boot bei beträchtlich reduziertem Wellenwiderstand größeren nützlichen dynamischen Auftrieb (Abb. C, ⑥), das heißt, bei einer Wellenlänge von dreifacher Bootslänge oder einer Hecksee, die etwa 2 Bootslängen hinter dem Heck des Bootes liegt. Bis zu einer relativen Geschwindigkeit von R = 12,0 reicht ungefähr der Bereich der „Halbgleiter“ (Abb. C, ⑦), während man über diesen Kennwert hinaus vom (reinen) Gleiten sprechen kann.

Auf die Praxis bezogen heißt dieses: Wenn ein Motorboot von 6,0 m Wasserlinienlänge eine Höchstfahrt von 15 km/h läuft, dann ist seine relative Geschwindigkeit R = 6,0, d. h. das Boot befindet sich auf dem Gipfel des Widerstandsberges und läuft damit in höchstem Grade unwirtschaftlich. Entweder es reduziert seine Geschwindigkeit auf 11 km/h und bleibt dabei mit R = 4,5 in den Grenzen seiner Rumpffahrt, oder es erhöht die Motorleistung, bis es in der Lage ist, eine Höchstfahrt von 20 km/h und damit im vertretbaren Bereich der Halbgleiter mit R = 8,0 zu laufen. Noch besser wäre, die Motorleistung so kräftig zu erhöhen, daß bei einer Höchstfahrt von 25 km/h der Halbgleiter-Bereich mit R = 10,0 schon fast wieder verlassen werden kann.

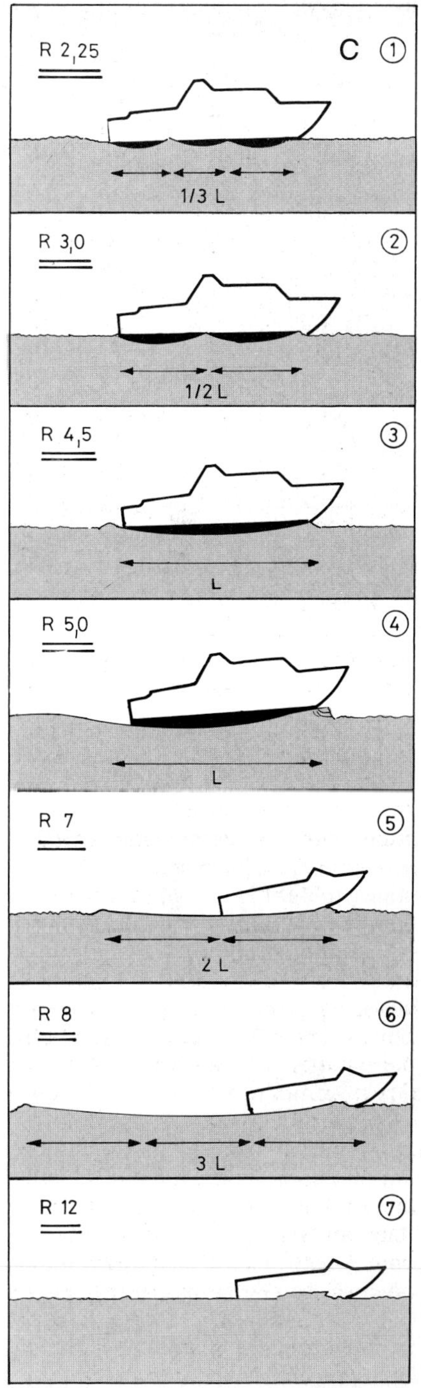

Abb. C: Von „ökonomischer Verdrängerfahrt“ (1) bis zur „Gleitfahrt“ (7).

Richtiges Fahren selbst testen

Der Motorbootfahrer hat viele Möglichkeiten, ökonomischer und sicherer zu fahren, weniger Kraftstoff zu verbrauchen, den Aktionsradius zu vergrößern und mit geringerem Aufwand eine größere Leistung von Boot und Motor zu erzielen. Zuerst gehört dazu eine tiefere und gründlichere Einsicht in das Fahrverhalten des Bootes, die Widerstände bei den verschiedenen (relativen) Geschwindigkeiten und die Kenntnis der Widerstandskurve mit der Lage des Widerstandsberges in bezug auf das eigene Boot.

Vieles ist dabei charakteristisch für die großen Gruppen der Verdränger, Halbgleiter und Gleiter, für leichte und schwere, kleine und große Boote, wenn man den Trimmwinkel oder Anstellwinkel (Abb. A), die Geschwindigkeit (Abb. B) und den Verbrauch (Abb. C) sowie den Fahrbereich (Abb. D) betrachtet, der sich aus den erstgenannten drei Kriterien ergibt.

Ein Motorbootfahrer kann nicht nur, er sollte sogar die entsprechenden Kurven für sein eigenes Boot ermitteln und dabei sehen, wie weit es die typischen Kennzeichen hat und damit in der Norm liegt bzw. richtig konstruiert und motorisiert ist, oder ob es von diesen Werten abweicht und damit außerhalb der Norm liegt. Ist dies der Fall, dann kann durch Vergrößerung oder Verminderung der Motorisierung, durch die Benutzung von Trimmklappen und den Austausch des Propellers viel verbessert werden. Alle diese Prüfungen beziehen sich auf die Motordrehzahl, und wenn man die Diagramme übereinander stellt und bei einer bestimmten Drehzahl Trimmwinkel, Geschwindigkeit und Verbrauch betrachtet, dann erkennt man die charakteristischen Leistungen seines Bootes auf einen Blick.

Das erste wichtige Indiz ist der Trimmwinkel oder Anstellwinkel des Bootes (Abb. A), d. h. der zwischen der Ruhe-Wasserlinie des Bootes und dem Wasserspiegel gebildete Wert bei den verschiedenen Geschwindigkeiten des Bootes. Wo der Wasserpaß durch einen Farbkontrast markiert ist, erkennt man ihn auch von außen sehr gut, und es zahlt sich schon aus, wenn man diesen Fahrtzustand fotografiert und anschließend mit den gewonnenen Daten auswertet. Hierbei prüft man das Boot am besten in fünf markanten Positionen, die auf den vorhergehenden Seiten erläutert sind:

1. Der Marschfahrt als Verdränger mit einem Geschwindigkeitsgrad von R = 3,0.
2. Der Höchstfahrt als Verdränger, der sogenannten „Rumpffahrt“, mit einem Geschwindigkeitsgrad von R = 4,5.
3. Die Fahrt im Bereich des größten Wellenwiderstandes (beim größten Trimm- oder Anstellwinkel), den man so schnell wie möglich durchlaufen muß, mit einem Geschwindigkeitsgrad von R = 7,0.
4. Dem Beginn des hydrodynamischen Gleitens, erkennbar an dem deutlich verminderten Anstellwinkel und einem Geschwindigkeitsgrad von R = 12,0.
5. Dem Fahrtzustand bei Höchstgeschwindigkeit und voller Drehzahl, bei dem das Boot einen Geschwindigkeitsgrad von R = 18,0 bis 30,0, je nach Bauart, Gewicht und Motorisierung erreichen kann.

Die Geschwindigkeitsgrade unseres Bootes und somit die mit R-Werten angegebenen Stufen finden wir, wenn wir mit der Wasserlinienlänge in die Abb. E (untere Spalte) eingehen und dann die entsprechende Kurve des R-Wertes nach oben aufsuchen. An der linken Spalte kann man dann die zugehörige Geschwindigkeit ablesen. Hat unser Motorkreuzer eine Länge über alles von 8,00 m und eine Länge in der Wasserlinie von 7,00 m, dann suchen wir die entsprechende Wasserlinienlänge von 7,00 m am unteren Rand auf, gehen auf der entsprechenden Linie nach oben und halten auf der fetten Linie R = 3,0 an. Gehen wir auf dieser Höhe bis zum linken Rand, dann lesen wir dort die Geschwindigkeit von 8 km/h ab. Der entsprechende Fahrtzustand ergibt sich, wenn wir jetzt mit Speedometer oder nach Drehzahl-Erfahrungswerten mit dieser Geschwindigkeit laufen.

Auf der gleichen 7-m-Linie erreichen wir weiter nach oben die Kurve R = 4,5, von der aus wir die Rumpffahrt (am linken Rand) mit 12 km/h ermitteln. Zwischen R = 4,5 und R = 7,0 (18 km/h) liegt der unwirtschaftliche Bereich mit den größten Widerständen. Bei R = 12,0 (32 km/h) erhält das Boot vollen dynamischen Auftrieb, und wenn die Höchstgeschwindigkeit bei 50 km/h liegt, dann ist dies ein Geschwindigkeitsgrad von R = 20.

Die Geschwindigkeit zu plotten be-

Abb. A: Der Trimmwinkel oder Anstellwinkel des Bootes ist der Winkel, den die Längsachse bei den unterschiedlichen Fahrtzuständen zur Waagerechten (die Wasserlinie) bildet. Er ist äußerlich auch durch den Winkel zwischen Wasserpaß und Wasserspiegel ohne Berücksichtigung der Bugwelle zu erkennen. Verdränger (V), Halbgleiter (H) und Gleiter (G) zeigen unterschiedliche Trimmwinkel in Verdränger- bzw. auf dem Wege von Verdränger- zur Gleitfahrt. Aus der Art der Trimmwinkelkurve und dem Verhältnis Trimmwinkel : Drehzahl lassen sich wertvolle Rückschlüsse auf Rumpfqualität und richtige Motorisierung ziehen.

Abb. B: Die unterschiedlichen Geschwindigkeitskurven eines Verdrängers (V), Halbgleiters (H) und Gleitbootes (G), auf den Drehzahlbereich bezogen. Diese und die anderen Angaben dieser Reihe beziehen sich auf konstruktiv vergleichbare Boote.

Abb. C: Brennstoff-Verbrauchskurven für Verdränger (V), Halbgleiter (H) und Gleiter (G) im Vergleich. Man erkennt, daß die hohe Geschwindigkeit eines Halbgleiters am meisten Geld kostet und daß ein Gleiter in demjenigen Drehzahlbereich am meisten Brennstoff verbraucht, indem er als Verdränger fährt. Die Literstrecke ist nicht eingetragen.

Abb. D: Die wichtige Darstellung des Fahrbereiches, d. h. die Distanz (in km), die man mit einer Tankfüllung bei den unterschiedlichen Drehzahlen erreicht. Muß man in einem Gefahrenfalle noch eine bestimmte, unerwartet vergrößerte Distanz bewältigen, dann gibt dieses Diagramm Auskunft, mit welchen Drehzahlen das Ziel zu erreichen sein kann. V: typischer ökonomischer Fahrbereich eines Verdrängers. G: typischer ökonomischerBereicheinesGleiters.

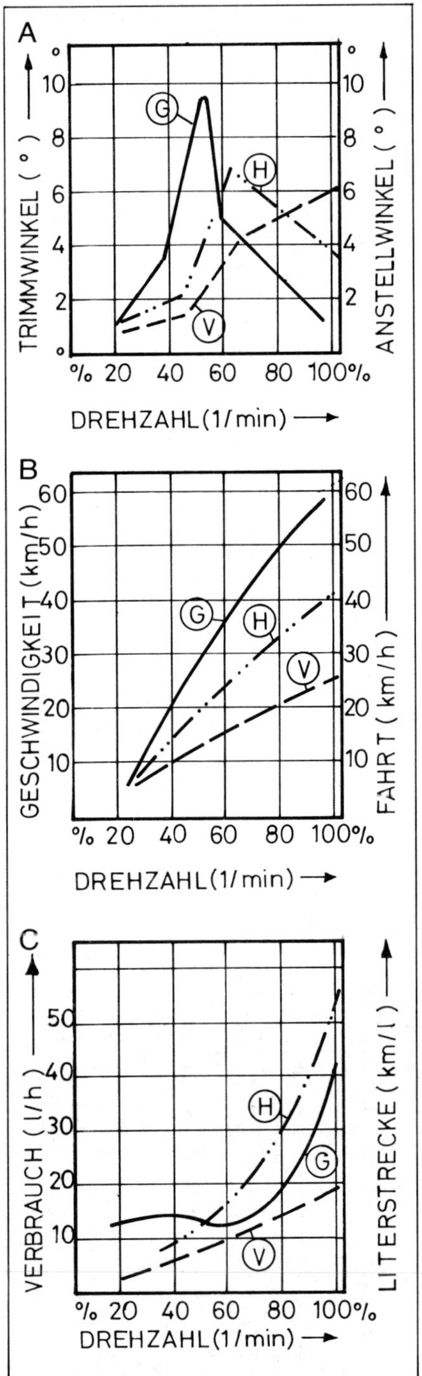

reitet erfahrungsgemäß keine Schwierigkeiten. Bei einem zuverlässigen Speedometer genügt es einfach, die für die entsprechenden Umdrehungen ermittelte Fahrt graphisch darzustellen (Abb. B). Das ist nicht weiter schwer, aber interessant wird diese Kurve erst, wenn man die relative Geschwindigkeit an ihr vermerkt und diese Geschwindigkeitskurve in Beziehung zur Kurve des Trimmwinkels setzt. Dann erkennt man, daß die Kurve ganz unterschiedlich steigt. Ihre geringste Steigung hat sie natürlich in dem Bereich, in dem der größte Wellenwiderstand zu überwinden ist. Dann bleibt am wenigsten Nutzleistung für die Fahrt übrig.

Den Verbrauch zu bestimmen und daraus die Literstrecke zu ermitteln ist schwierig. Praktisch muß man die Mengen bei den einzelnen Umdrehungszahlen messen, doch erfordert dies natürlich einen technischen Aufwand, den ein Eigner scheut oder nicht erbringen kann. Man kann dann auch die Verbrauchswerte des Motorenherstellers heranziehenoder die auf Seite 44 enthaltenen Angaben des Verbrauchs benutzen. Sie sind in g/kWh bzw. g/PSh angegeben und

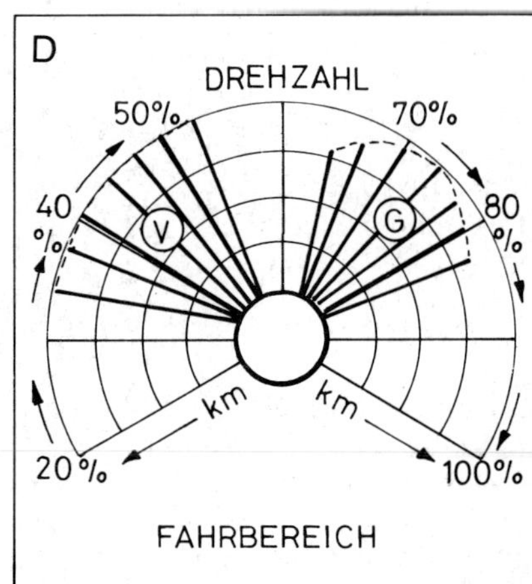

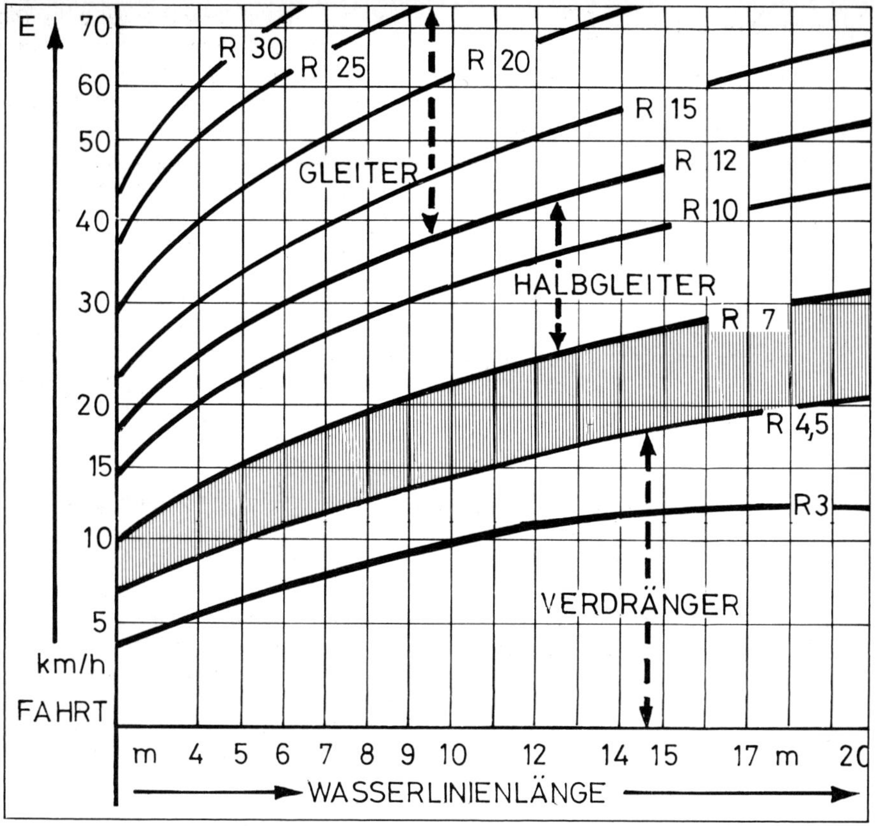

Abb. E: Mit Wasserlinienlänge (unten) und gelaufener Fahrt (rechts) kann man Fahrtzustand und Relative Geschwindigkeit ermitteln.

im allgemeinen zuverlässig. Aus dem Verbrauch pro Stunde, bezogen auf die dabei gelaufene Fahrt (und die entsprechende Motordrehzahl) läßt sich dann die Literstrecke ermitteln. Das ist die Distanz (hier in km), die ein Boot mit einem Liter Benzin oder Dieselkraftstoff zurücklegt. Im allgemeinen ist dieses der interessanteste und für das Boot auch wichtigere Wert, den man anschließend noch einmal auf den Tankinhalt bezieht und als Fahrbereich in einem gesonderten Diagramm deutlich macht. Er ist dann die Fahrtstrecke, die ein Boot mit einem bestimmten (Rest-)-Tankinhalt zurücklegen kann.

Man sieht dabei sehr deutlich, wo der ökonomische Bereich bei Verdrängern, Halbgleitern und Gleitern liegt, welchen Obolus man beim Benzinverbrauch für schnelle Fahrt entrichten muß und welche Fahrtstufe man in einem Gefahrenfall wählen muß, um einen entfernteren Hafen zu erreichen, den man ursprünglich nicht anzulaufen beabsichtigte. Wenn man gelegentlich von „Aktionsradius" anstelle von „Fahrbereich" spricht, dann ist das ein oft falsch benutzter Begriff: Wie die Bezeichnung „Radius" sagt, versteht man darunter die Fahrt eines Bootes vom Ausgangshafen und dessen Tankstelle in den gleichen Hafen zurück, während man unter „Fahrbereich" die gesamte Distanz versteht, die ein Boot bei der entsprechenden Fahrt oder Drehzahl seines Motors geradewegs bewältigen kann.

Diese Kurven sind nicht nur nützlich, um die Fahreigenschaften unseres Bootes zu ermitteln, sondern sie können im Gefahrenfalle auch Leben retten: Nehmen wir an, wir werden auf der Fahrt zu unserem 60 km entfernten Heimathafen von schlechtem Wetter mit einer hohen, gegenlaufenden See überrascht und müssen unser Fahrtziel zu einem Schutzhafen in entgegengesetzter Richtung (in Lee) ändern. Die Distanz dorthin ist jedoch doppelt so groß wie die zum Heimathafen. Wir hätten keine Bedenken gehabt, zu unserem Heimathafen mit ca. 70% der Drehzahl zu laufen, aber wir hätten dann 30 l/h verbraucht und nur 3 km mit einem Liter Brennstoff gutgemacht. Der neue Hafen ist aber nicht 60, sondern 120 km entfernt, die verbleibende Menge im Tank ist nur 30 l. Sie reicht also nur für maximal 90 km.

Reduziere ich jedoch die Drehzahl auf 50%, dann vermindert sich zwar die Fahrt, aber dafür sinkt auch der Kraftstoffverbrauch auf nur 15 l/h, während das Boot mit einem Liter Kraftstoff 4,5 km gutmacht. Das Boot kann also die Distanz von 120 km ohne Schwierigkeiten bewältigen. Es wird bei der Ankunft im Hafen noch einen Rest von 15 l Kraftstoff im Tank haben. Nur länger wird die Fahrt dauern, aber das ist ja unbedeutend.

Man kalkuliere immer mit einem Sicherheitswert und bedenke auch, daß die Höchstfahrt, die man in ruhigem Wasser laufen kann, um ca. 25% reduziert wird, wenn man auf See bei Windstärke 5 gegen die Wellen angehen muß. Ist es erforderlich, bei Windstärke 6 gegenanzudampfen, dann nimmt die Höchstfahrt bei voller Umdrehungszahl sogar um ca. 50% ab. Versuche haben ergeben, daß von den 100 sm, die man mit einer bestimmten Brennstoffmenge in glattem Wasser gutmacht, nur knapp 50 sm Distanz übrigbleiben, wenn man mit der gleichen Drehzahl gegen Seegang vorankommen will.

Was verbraucht ein Bootsmotor?

Vom sparsamen Dieselmotor bis zum durstigen Außenborder

Der Verbrauch eines Motors hängt von der Art des Motors und der Motorleistung ab. Viertakt-Dieselmotoren mit Direkteinspritzung sind die sparsamsten Bootsmotoren. Indirekt einspritzende Diesel haben größeren Kraftstoffverbrauch. Viertakt-Benzinmotoren benötigen mehr Kraftstoff als Dieselmotoren, aber sie arbeiten als Einbaumotoren wirtschaftlicher als Außenborder nach dem Zweitakt-Verfahren. Die Tabelle hilft, auch andere wichtige Fragen zu beantworten: Wieviel Seemeilen habe ich im Tank? Wie muß ich beim Kauf eines Bootes die Motorart beurteilen? Treffen die Angaben eines Verkäufers und Prospektzahlen zu?

Kraftstoffverbrauch eines Bootsmotors in Litern pro Stunde (Richtwerte)

Leistung PS	Art des Motors: Diesel, Direkteinspritzung	Diesel, Indirekte Einspritzung	Benzin, Einbau Viertakter	Benzin, Außenborder Zweitakter	Leistung kW
5	1,0		1,5	2,0	3,7
6	1,2		1,8	2,4	4,4
7	1,4		2,1	2,8	5,1
8	1,6		2,4	3,2	5,9
9	1,8		2,7	3,6	6,6
10	2,0		3,0	4,0	7,3
15	3,0		4,5	6,0	11,0
20	4,0		6,0	8,0	14,7
25	5,0		7,5	10	18,4
30	6,0		9,0	12	22,1
35	7,0		10,5	14	25,7
40	8,0		12,0	16	29,4
45	9,0		13,5	18	33,1
50	10	12,5	15,0	20	36,8
60	12	15,0	18	24	44,1
70	14	17,5	21	28	51,5
80	16	20,0	24	32	58,8
90	18	22,5	27	36	66,2
100	20	25,0	30	40	73,6
120	24	30	36	48	88,3
140	28	35	42		103
160	32	40	48		118
180	36	45	54		132
200	40	50	60		147
300	60	75	90		221

So läuft ein schnelles Gleitboot

Typische Merkmale im Fahrverhalten eines Sportbootes mit Außenbordmotor oder Z-Antrieb

Sportboote sind leicht und relativ hoch motorisiert. Es sind schnelle Boote für rasantes und sportliches Fahren, mit besonders kräftigen Motoren für den Wasserskischlepp, und im allgemeinen nur mit einer leichten, wenn auch vielfältigen Ausrüstung zum Schwimmen und Tauchen, Sonnenbaden oder zu anderen Freizeitgestaltungen versehen.

Die Abbildungen A bis D zeigen die charakteristischen Fahrzustände:

A = Rumpffahrt oder R = 4,5 mit einem Anstellwinkel von 3°.

B = Größter Anstellwinkel von 9° beim Überwinden der Bugwelle im Zustand des höchsten Wellenwiderstandes.

C = Erreichen hydrodynamischen Auftriebs und Beginn der Gleitfahrt bei einem Anstellwinkel von 5°.

D = Höchstgeschwindigkeit bei einem Anstellwinkel von knapp 2° und einem R-Wert von 28,0.

Die Abb. E bis H geben die entsprechenden Werte für Trimmwinkel, Fahrt, Verbrauch und Fahrbereich wieder: Ein schnelles Sportboot mit guten Gleiteigenschaften soll, wenn es richtig motorisiert ist, bei ca. 50% der Drehzahl Gleitfahrt erreicht haben und diese über die Hälfte des Drehzahlbereiches durchhalten. Je steiler die Geschwindigkeitskurve

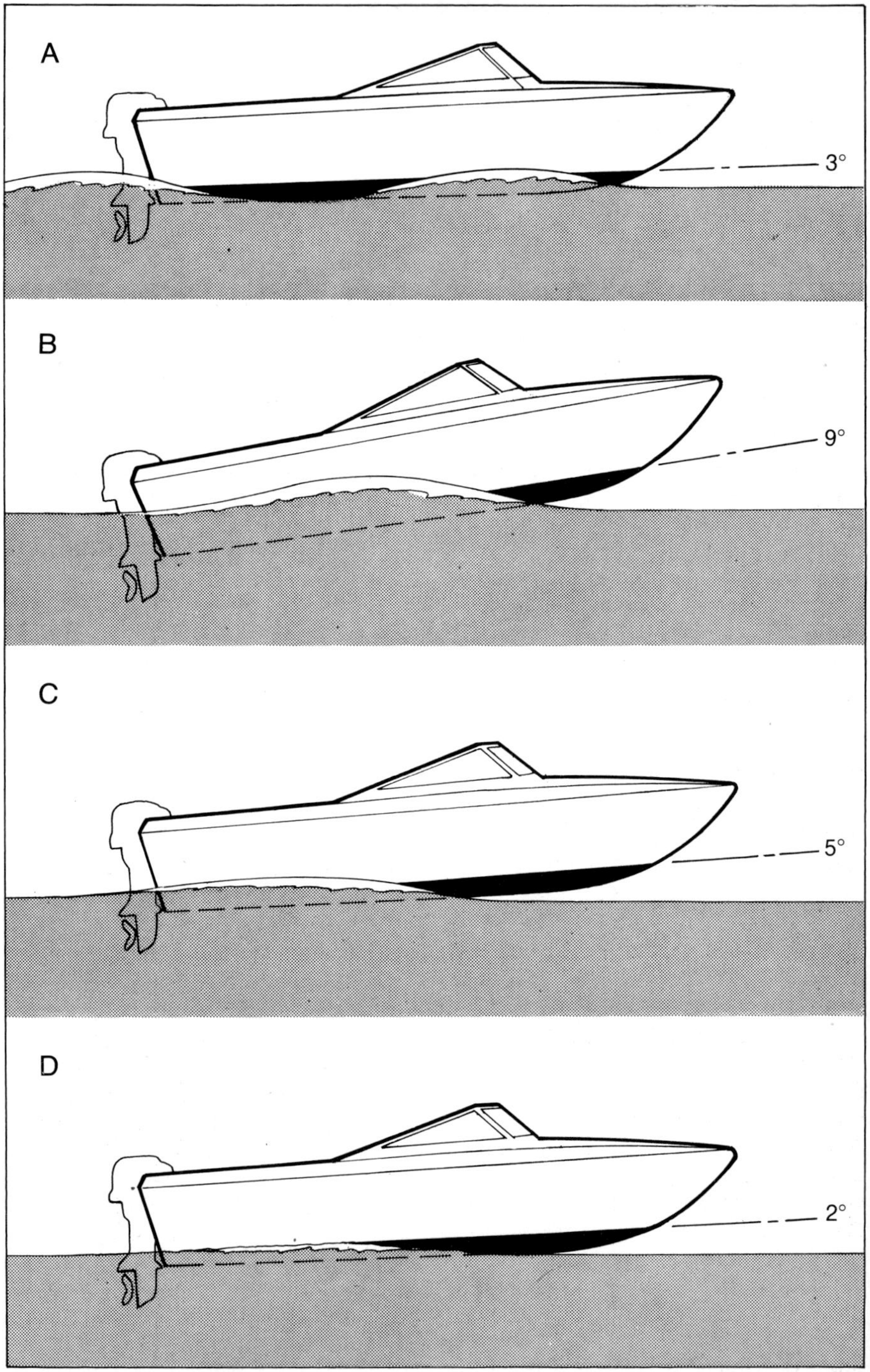

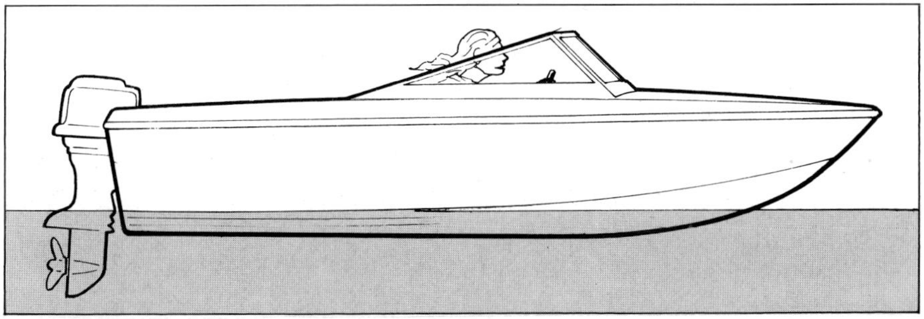

Fahrttabelle eines schnellen Gleitbootes

(Gewicht des Bootsrumpfes 200 kg, Außenbordmotor, 55 kW [75 PS], Gewicht 100 kg, Tankinhalt 20 l, besetzt mit 2 Personen = 150 kg), insgesamt mit Ausrüstung ca. 500 kg.)

Drehzahl 1/min	Fahrt km/h	R-Wert km/h:m	Verbrauch l/h	Literstrecke km/l	Reichweite km	Fahrzeit h	min	Abb. 1
40%	9,0	4,5	12,5	0,8	16	1	48	A
45%	12,0	6,0	13,0	1,0	20	1	42	
50%	22,0	11,0	12,5	1,7	34	1	33	B
60%	24,4	12,2	12,0	2,0	40	1	39	
70%	*41,5*	*20,7*	*15,0*	*2,8*	*56*	*1*	*21*	C
85%	*51,0*	*25,5*	*20,0*	*2,6*	*52*	*1*	*01*	
100%	57,0	28,5	34,5	1,9	38	0	40	D

Der ökonomische Bereich ist durch Ziffern in Kursivschrift zu erkennen.

(F), desto rasanter und sportlicher läßt sich das Boot fahren.

Abb. G zeigt, daß der Brennstoffverbrauch bei Höchstfahrt (57 km/h) mit 35 l/h (fette Linie) am größten ist. Mit einem Liter Kraftstoff kommt man dann nur 2 km weit. Die größte Literstrecke (unterbrochene Linie) von 3 km/l erreicht man bei ca. 65% der Drehzahl.

Den typischen Fahrbereich in den entsprechenden Distanzen zeigt Abb. H. Man erkennt, daß ein Gleitboot bei 65 bis 85% der Drehzahl am wirtschaftlichsten läuft. Es ist für Gleitfahrt konstruiert, und man kann relativ schnell sehr weit fahren. Bei voller Last zahlt man der Geschwindigkeit Tribut. Das Diagramm zeigt aber auch, daß ein Gleitboot im Bereich der Verdrängerfahrt völlig unwirtschaftlich läuft und es mit hohem Brennstoffverbrauch bestraft wird, wenn es beispielsweise in Kanalstrecken mit Geschwindigkeitsbegrenzungen nur 10 km/h fahren darf.

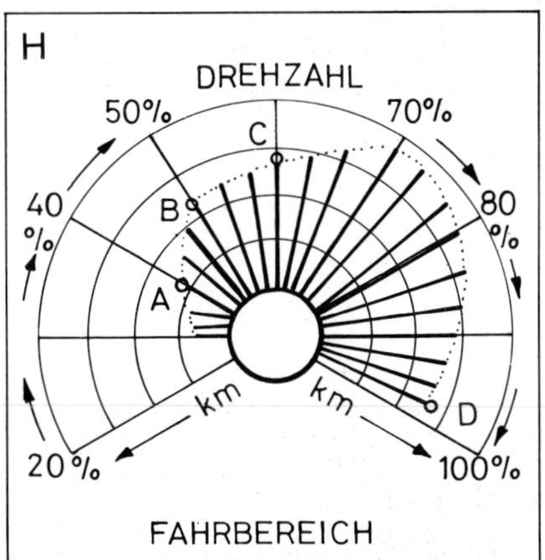

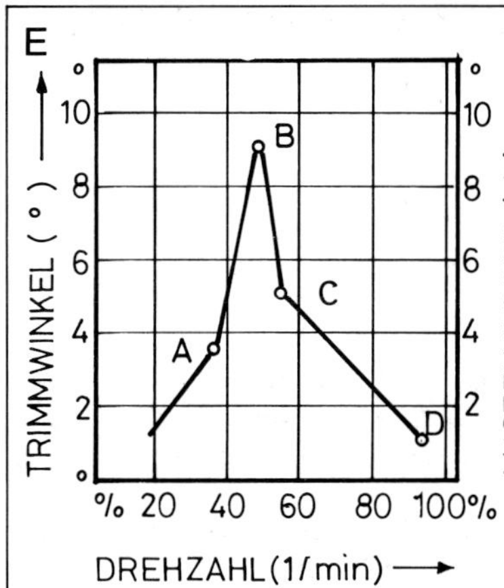

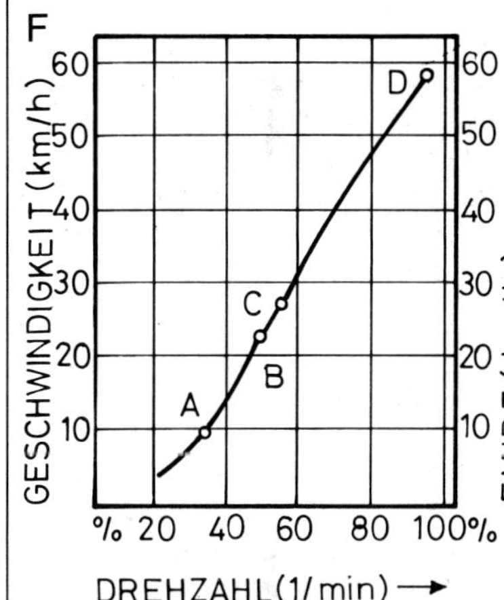

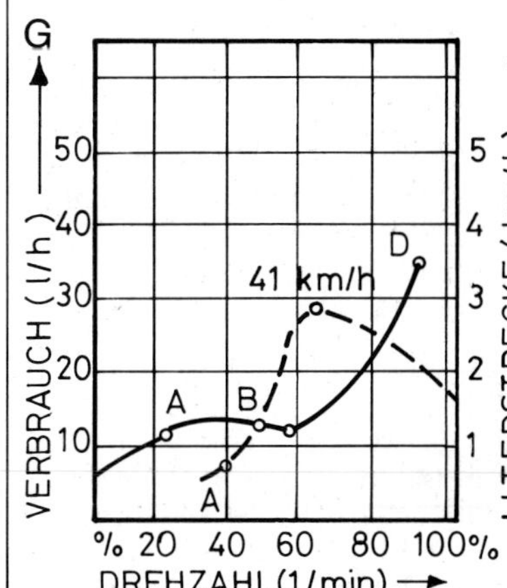

So läuft ein schweres Gleitboot

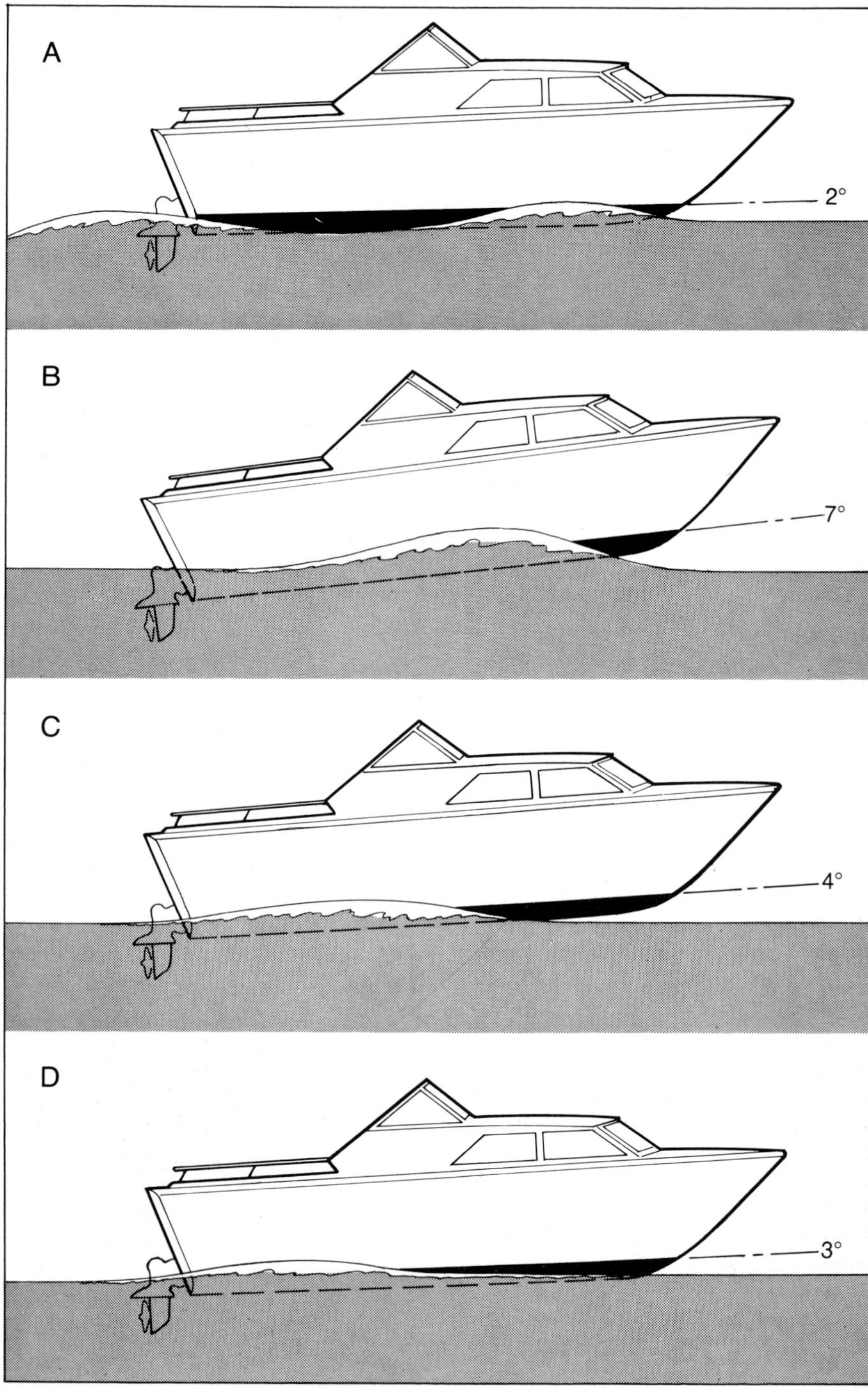

Die typischen Fahreigenschaften eines Motorkreuzers mit Einbaumotor und Z-Antrieb

Ein Motorkreuzer dieser Art ist 7,0 bis 9,0 m lang, mit Kajütraum für die normale Bootsfamilie ausgestattet und erlaubt zwei bis vier Personen an Bord zu leben, zu schlafen und zu kochen. Die Abbildungen A bis D zeigen die einzelnen Fahrzustände, auf die die Abb. E bis H in Einzelheiten Bezug nehmen:

A = Verdrängerfahrt (R = 4,5) mit einem Anstellwinkel von 2° bei ca. 40% Höchstdrehzahl.

B = Der größte Anstellwinkel von 7° auf der Kuppe des Wellenberges beim Übergang von Verdränger- in Gleitfahrt mit einer relativen Geschwindigkeit von R = 10,0 und ca. 60% der Höchstdrehzahl.

C = Beginn der ökonomischen Gleitfahrt mit einem Anstellwinkel von 4°, R = 12,0 und ca. 75% der Höchstdrehzahl und

D = Fahrtzustand bei Höchstgeschwindigkeit von 50 km/h und R = 17,0.

In den Abb. E bis H sind wiederum die korrespondierenden Werte für den Trimmwinkel (E), die Geschwindigkeiten bei den entsprechenden Prozentwerten der Höchstdrehzahl (F) und die Werte für den Verbrauch (Abb. G, fette Linie) und die Literstrecke (unterbrochene Linie) übereinandergesetzt, damit man über

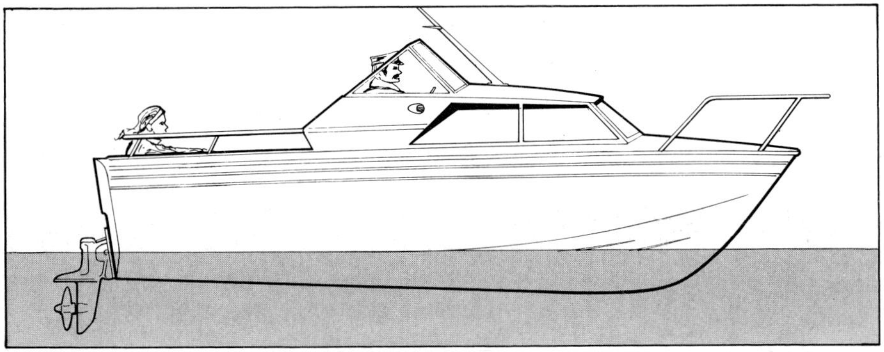

Fahrttabelle eines schweren Gleitbootes

(Bootsgewicht mit Motor 2500 kg, Einbaumotor mit Z-Antrieb, 200 kW [280 PS], Tankinhalt 225 l)

Drehzahl 1/min	Fahrt km/h	R-Wert km/h:m	Verbrauch l/h	Literstrecke km/l	Reichweite km	Fahrtzeit h	min	Abb. 1
40%	13,0	4,5	15,0	0,87	196	15	05	A
50%	17,1	6,0	18,0	0,94	212	12	24	
60%	27,5	9,7	26,0	1,10	248	9	05	B
75%	*34,0*	*11,9*	*33,0*	*1,10*	*248*	*7*	*18*	C
80%	39,0	13,7	40,0	1,05	236	6	05	
100%	50,0	17,2	78,0	0,63	142	2	55	D

Der ökonomische Bereich ist durch Ziffern in Kursivschrift zu erkennen.

den Drehzahlmesser genau erkennen kann, wo die Verdrängerfahrt aufhört (A), in welchem Bereich sich das Boot quälen muß, bis es endlich die Bugwelle überwunden hat (B) und wo es mit dynamischem Auftrieb rentabel zu fahren beginnen kann (C). Der Bereich von hier bis zur Höchstfahrt (D) beträgt ca. 15 km/h. Der Gleitbereich liegt damit über einen Drehzahlbereich von ca. 30%, was man bei üblicher Motorisierung als richtig ansehen kann.

Man beachte, daß ein schneller Motorkreuzer seine Bugwelle bei R = 9,0 bis 10,0 überwindet und die ökonomische Gleitfahrt bei ca. 70% der Drehzahl beginnt. Man erkennt sie aus der Abb. G am Höchstwert der Literstrecke. Hier gewinnt das Boot mit einem Liter Kraftstoff 1,1 km bei einer Geschwindigkeit von ca. 35 km/h. Sowohl bei langsamerer als auch bei schnellerer Fahrt läuft es unwirtschaftlicher.

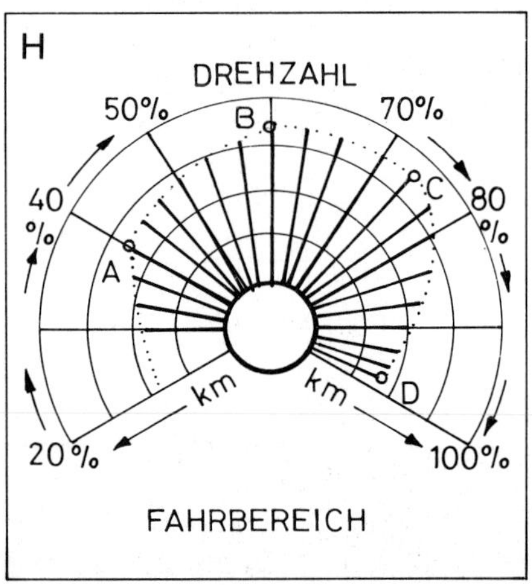

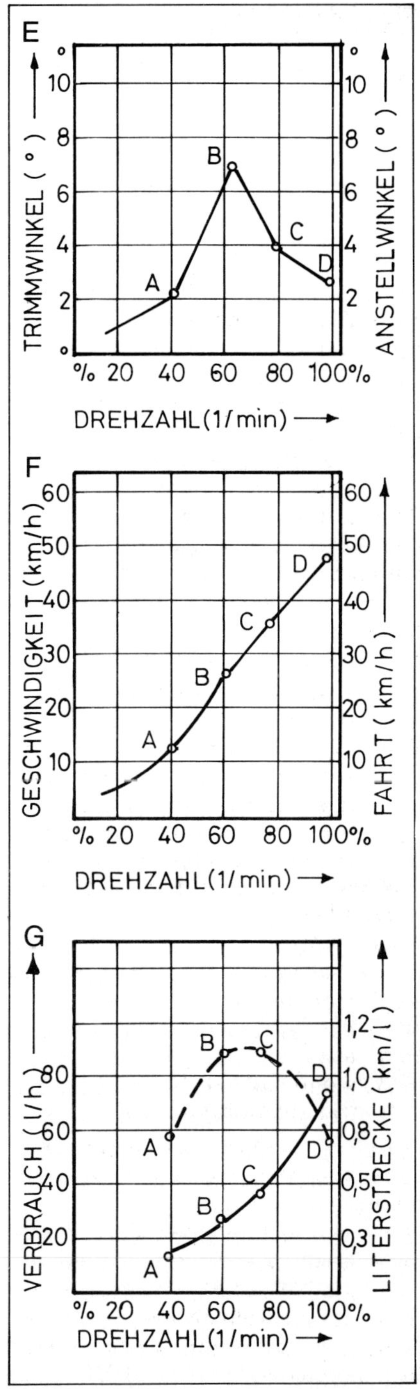

So läuft ein Halbgleiter

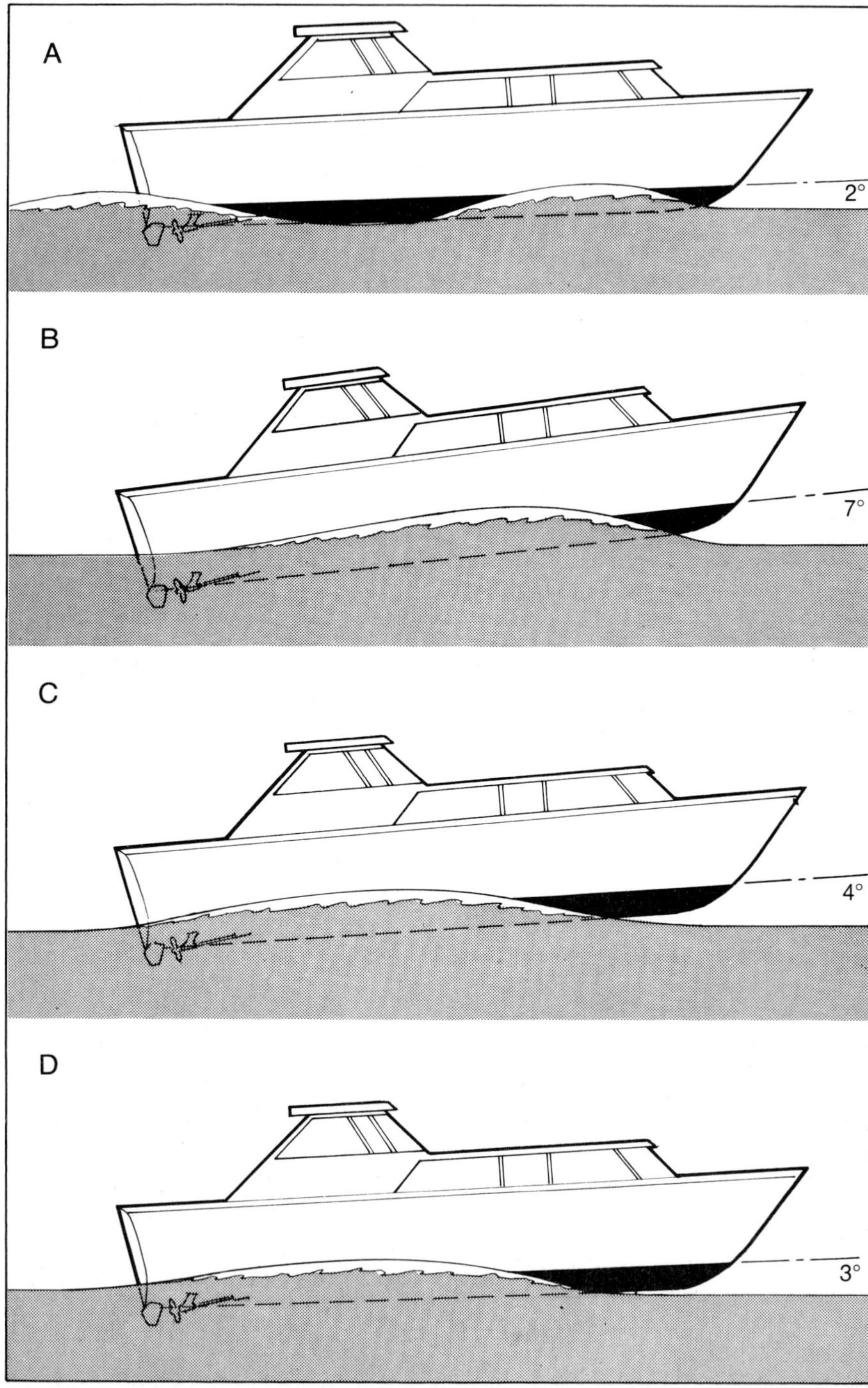

Die Kompromißform des Expreß-Kreuzers im Fahrbereich zwischen Verdränger- und Gleitfahrt

Unter einem Expreß-Kreuzer, Halbgleiter oder „abgeschnittenem" Verdränger verstehen wir größere Motoryachten, die zwar ausreichend motorisiert sind, um dynamischen Auftrieb unter dem Achterschiff zu erhalten, deren Motorleistung andererseits aber meistens nicht ausreicht, um volle Gleitfahrt zu erreichen, weil die dazu notwendige größere Motorleistung wiederum mit hinderlichem Gewicht verbunden ist. Diese Boote sind im allgemeinen zwischen 9,0 bis 12,0 m lang; natürlich kann man sie auch größer bauen. Sie sind mit Einbaumotoren und fast ausschließlich mit einer Doppel-Motorenanlage und vorwiegend starrer Wellenanlage ausgestattet. Die Doppelanlage nicht nur zum besseren Manövrieren in engen Häfen, sondern auch aus Gründen der Sicherheit, wenn bei längeren Märschen über See ein Motor ausfallen sollte.

Die Fahrtzustände in den einzelnen Drehzahlbereichen zeigen die Abbildungen:

A = Einen Anstellwinkel von knapp 2° bei Rumpffahrt als Verdränger (R = 4,5).

B = Einen Anstellwinkel von 7° bei der Überwindung des Wellensystems und R = 10,0.

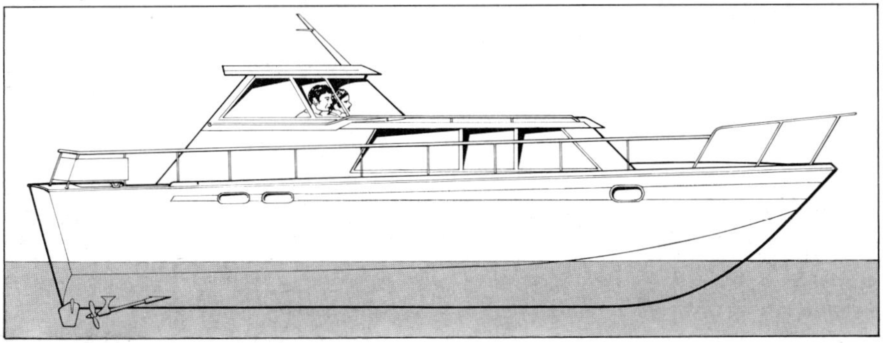

Fahrttabelle eines Halbgleiters

(Gewicht Boot mit Motor 3,5 t; Doppelmotorenanlage mit starrer Welle, 150 kW [200 PS], Tankinhalt 350 l)

Drehzahl 1/min	Fahrt km/h	R-Wert km/h:m	Verbrauch l/h	Literstrecke km/l	Reichweite km	Fahrtzeit h	min	Abb. 1
40%	*13,5*	*4,5*	*9,5*	*1,58*	*554*	*41*	*00*	A
50%	18,0	6,0	13,5	1,45	515	28	40	
55%	22,5	7,5	16,1	1,35	484	21	30	B
80%	33,0	11,0	30,0	1,10	385	11	40	
85%	37,0	12,3	36,0	1,03	361	9	50	C
100%	44,0	14,0	55,0	0,80	300	7	00	D

Der ökonomische Bereich ist durch Ziffern in Kursivschrift zu erkennen.

C = Einen Anstellwinkel von 4°, wenn dynamischer Auftrieb wirksam wird.

D = Hier läuft der Halbgleiter Höchstgeschwindigkeit mit R = 14,0.

Im allgemeinen überwinden Halbgleiter ihre Bugwelle nicht mit einem hohen Anstellwinkel, sondern sie gehen mehr durch die Bugwelle hindurch als über sie hinweg (Abb. E, unterbrochene Linie). Das macht sich auch bei der Geschwindigkeit vorteilhaft bemerkbar (Abb. F): Ein Halbgleiter erreicht eher dynamische Gleitfahrt und gewinnt dabei mehr Fahrstrecke mit dem Brennstoff, wenn das Vorschiff nicht so hoch aufsteigt.

Der eigentliche Gleitbereich (von C bis D) ist sehr kurz. Die Diagramme G und H zeigen, daß schnelle Fahrt einen hohen Preis bedeutet. Die Stärke eines Halbgleiters liegt im unteren und mittleren Drehzahlbereich.

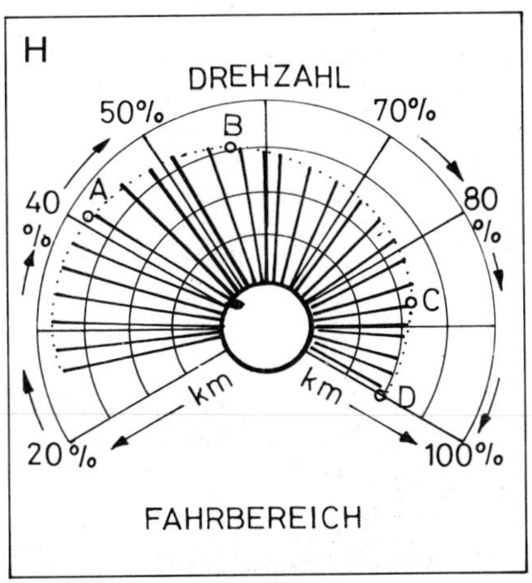

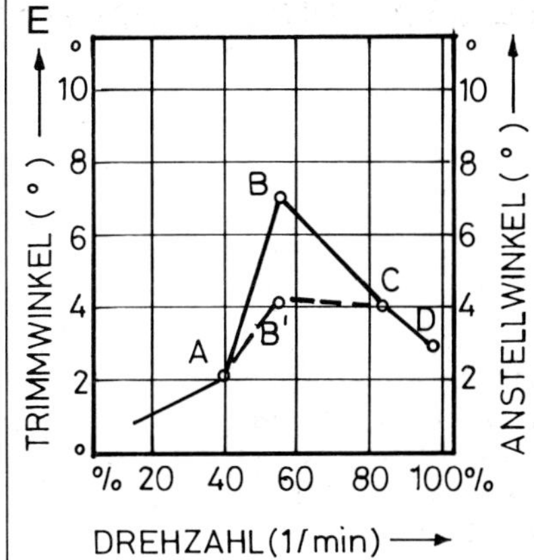

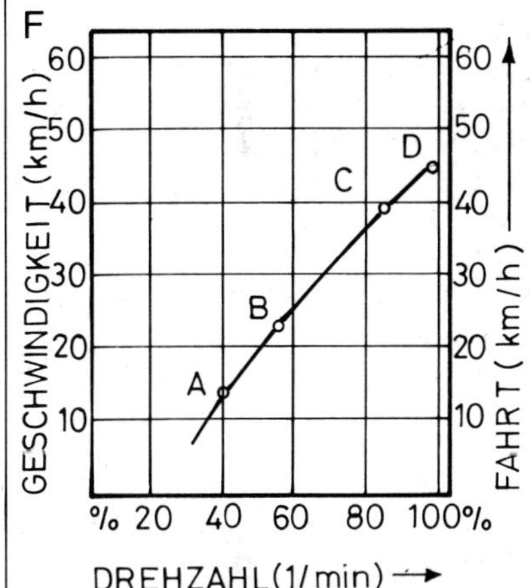

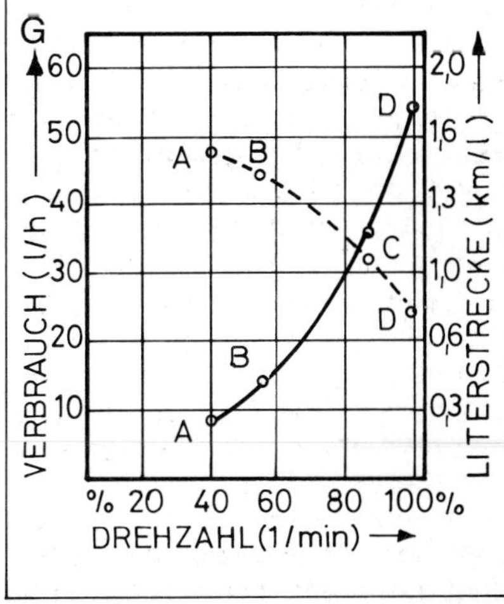

So läuft ein schneller Verdränger

Das Fahrverhalten eines schweren Motorkreuzers mit guter Motorisierung und geringem dynamischem Auftrieb

Je größer und schwerer ein Motorboot wird, desto mehr Motorleistung muß man aufwenden, um es zu bewegen – erst recht, wenn man schnell fahren will.
Ein solcher schneller Verdränger ist ein Motorsegler mit sehr kräftigem Motor, der meistens mit Maschinenkraft schneller als unter Segeln ist, aber auch bei gutem Segelwind bis in den Bereich der Rumpffahrt gelangt. Als Motorkreuzer ohne Besegelung hat er annähernd die Form eines abgeschnittenen Verdrängers, d. h. ein breites Heck, aber er ist dann wesentlich schwächer motorisiert als ein Expreß-Kreuzer.
Der erste Fahrtzustand O zeigt die Reisegeschwindigkeit bei R = 3,0, einem Anstellwinkel von 1° und einem Wellensystem, das der halben Wasserlinie entspricht. Das Diagramm des Anstellwinkels (Abb. E) ist typisch für einen Verdränger: Es steigt mit zunehmendem Wellenwiderstand bis zum Erreichen der Rumpffahrt auf 4° an. In diesem Drehzahlbereich wächst der Wellenwiderstand dann weiter bis zur Höchstfahrt und einem Trimmwinkel von 6° (Abb.).
Bei Rumpffahrt (R = 4,5) läuft das Boot 13 km/h, verbraucht dabei mit einer Verdrängung von 5 t nur 11 l/h

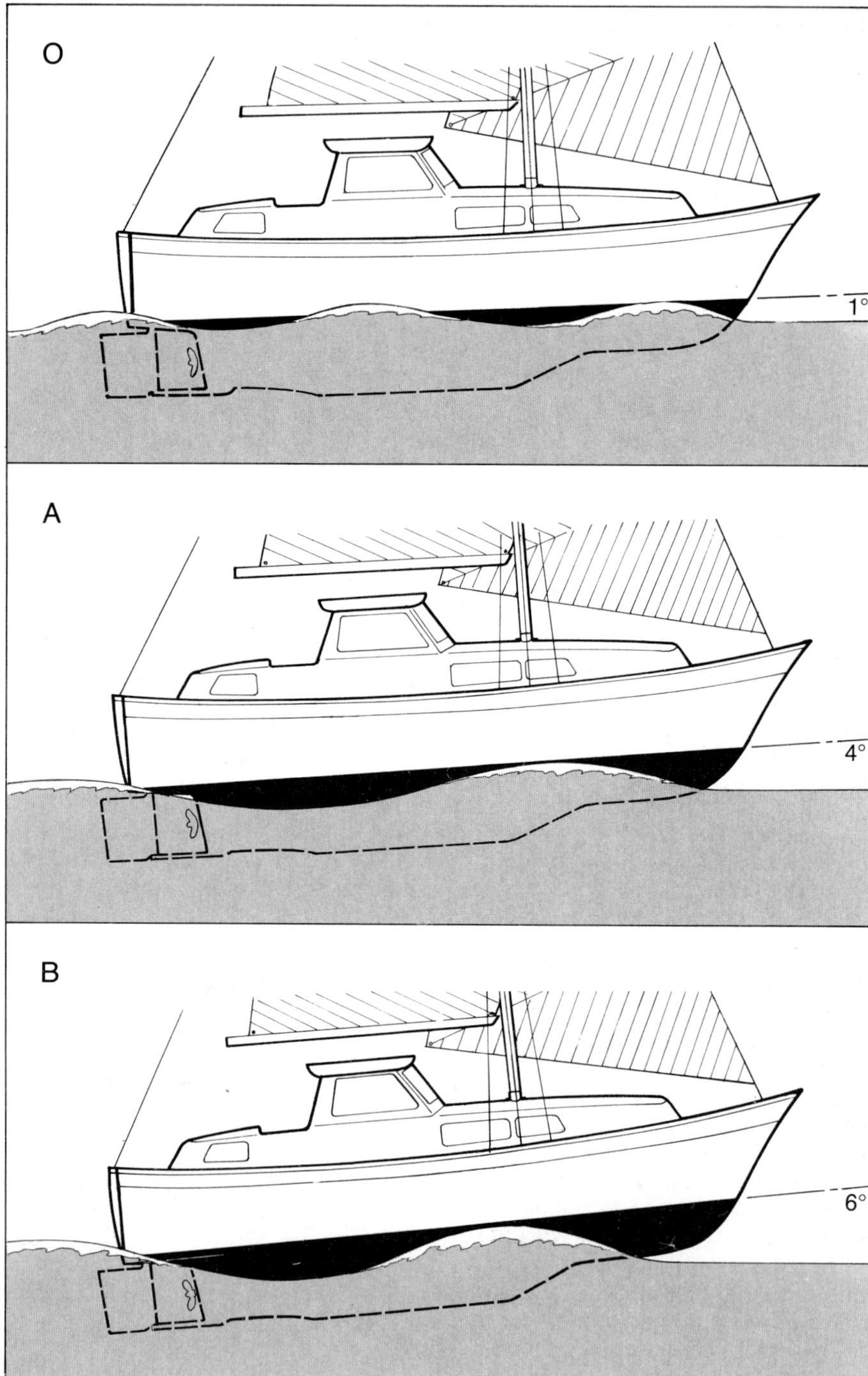

Fahrttabelle eines schnellen Verdrängers

(Bootsgewicht mit Motor 5,0 t, Einbaumotor 90 kW [120 PS], Tankinhalt 200 l, Bootslänge über alles 9,50 m, Länge in der Wasserlinie 8,25 m)

Drehzahl 1/min	Fahrt km/h	R-Wert km/h:m	Verbrauch l/h	Literstrecke km/l	Reichweite km	Fahrtzeit h	min	Abb. 1
40%	*8,0*	*3,0*	*6,2*	*1,29*	*258*	*32*	*20*	O
50%	10,0	3,5	8,2	1,22	244	24	15	
60%	13,0	4,5	11,1	1,17	234	18	00	A
70%	15,8	5,5	14,0	1,13	226	14	20	
*80%**	*18,0*	*6,3*	*16,5*	*1,09*	*218*	*12*	*06*	
*90%**	*21,5*	*7,9*	*20,3*	*1,06*	*212*	*9*	*48*	
*100%**	*24,9*	*8,7*	*24,0*	*1,04*	*208*	*8*	*15*	B

* Die über der Rumpffahrt liegenden Werte erreicht ein Boot nur mit entsprechendem dynamischem Auftrieb im Achterschiff.

Dieselkraftstoff und bringt es damit auf einen Fahrbereich von 234 km. Mit einem vollen Tank bedeutet das eine Fahrt von 18 Stunden.

Über diese Rumpffahrt hinaus kommt ein Verdränger nur, wenn das breite Heck das Einsinken des Achterschiffs in das Wasser verhindert und die Bugwelle dennoch bis ungefähr zum Ende des ersten Bootsdrittels zurücklaufen kann. Das ist R = 8,0 mit einem Anstellwinkel von 6°. Mit dieser Höchstgeschwindigkeit von 24,9 km/h (Abb. F) verbraucht der Verdränger aber bereits das Doppelte (24 l/h), kann damit nur 8 Stunden fahren und vermindert die dabei zurückgelegte Distanz auf 208 km.

Ein Verdränger mit Spitzgattheck kommt auch bei Übermotorisierung nicht über einen Geschwindigkeitsgrad von R = 5,0 hinaus. Ein Verdränger mit breitem Achterschiff erreicht ebenfalls nur mit sehr hoher Motorisierung den Fahrtzustand R = ca. 8,0, wo zumindest der Bereich des größten Wellenwiderstands überwunden ist. Aber die gewonnenen geringen dynamischen Auftriebskräfte bleiben zu gering, um ihn weiter in den Bereich der Halbgleiter hineinlaufen zu lassen. Dies sollte auch niemals das Bestreben des Eigners sein. Die höhere Motorisierung dient letztlich nur als Leistungsreserve in schwerem Wetter, um auch gegen Wind und See mit voller Pulle wenigstens den Fahrtzustand A oder mit nicht extrem gelegtem Fahrhebel auch unter den allerungünstigsten Bedingungen wenigstens den Fahrtzustand O beibehalten zu können. Höhere Geschwindigkeit kann auch bei Überholmanövern nützlich sein.

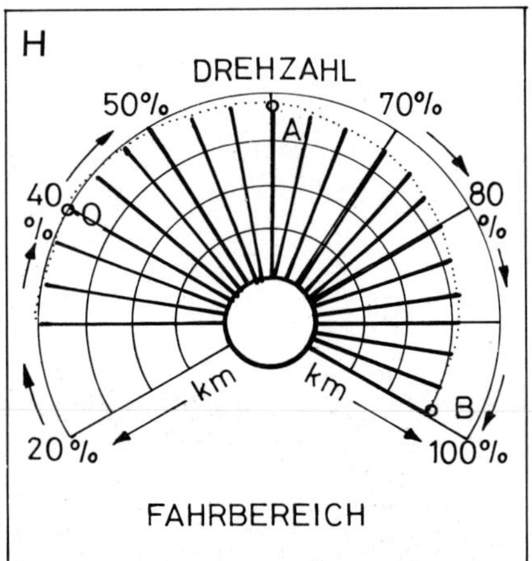

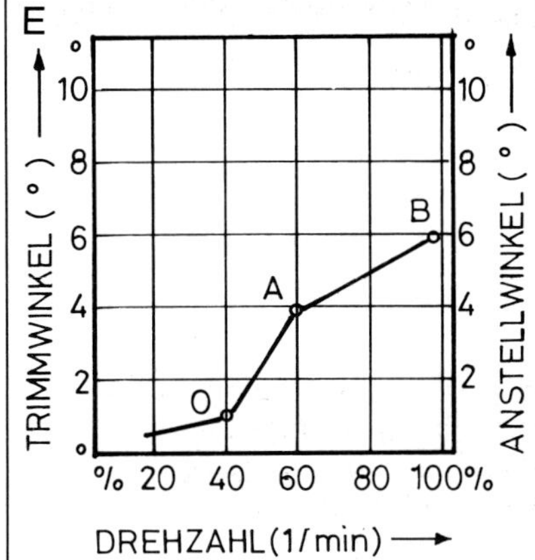

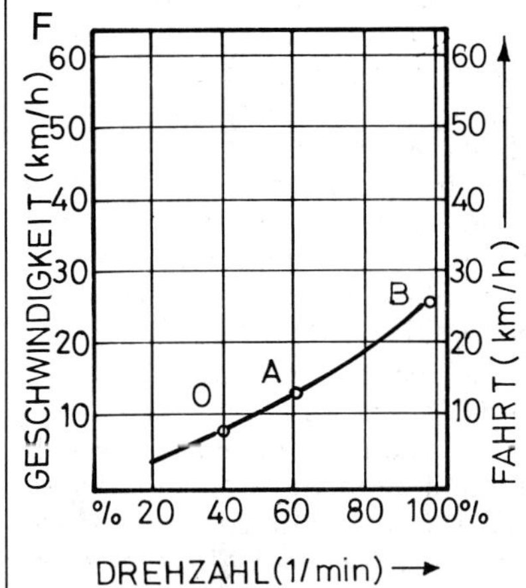

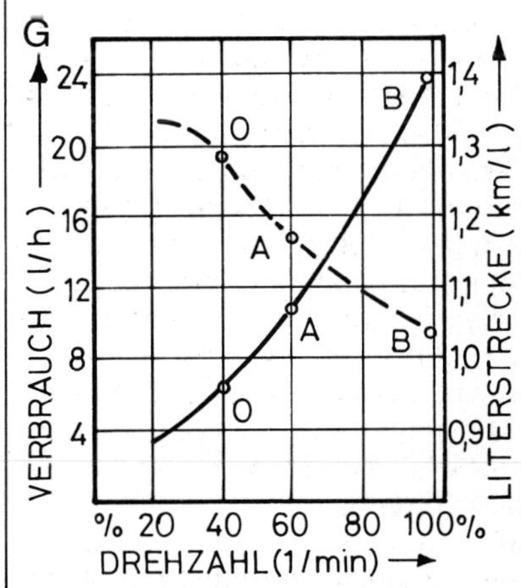

Trimmklappen – nicht nur als Gleithilfe

Wie man den Trimmwinkel verkleinern oder vergrößern kann, wenn das Boot Gleitfahrt erreichen oder im Seegang eine sichere Wasserlage erhalten soll

Leichte und gut motorisierte Gleitboote überwinden ihre Bugwelle schnell, wenn sie von Verdrängerfahrt ins Gleiten kommen wollen. Der Fahrtzustand mit dem höchsten Trimmwinkel von etwa 8 bis 10° ist nur kurz, und das Vorschiff kippt dabei schnell wieder nach unten, weil das Heck sich durch den dynamischen Auftrieb unter dem Bootsboden bald sichtbar anhebt. Will man jedoch mit einem schweren Gleitboot und einer für Gleitfahrt nur bedingt ausreichenden Motorisierung ins Gleiten kommen, will man ein mit mehreren Personen und schwerer Ausrüstung beladenes Boot bis in den Gleitfahrtbereich beschleunigen, will man gegen die See Gleitfahrt erreichen oder einen Halbgleiter bis zu einem günstigeren Geschwindigkeitsgrad beschleunigen, dann muß man Trimmklappen benutzen.

Trimmklappen sind in Höhe des Bootsbodens beidseits am Spiegel befestigt (Abb. A). Sie lassen sich elektrisch oder hydraulisch (B) hochschwenken oder stellen sich auch automatisch (C) auf die unterschiedlichen Verhältnisse ein.

Trimmklappen bewirken, daß das Boot beim Überschreiten der Verdrängerfahrt in seinem schweren Achterschiff zusätzlichen Auftrieb erhält und dadurch den Bereich der Gleitfahrt mit größerer und ökonomischerer Geschwindigkeit erreicht, der ohne diese Trimmhilfen unerreichbar wäre. Abb. D zeigt einen schweren Motorkreuzer ohne Trimmklappen: Die Motorisierung reicht nicht aus, um den Wellenwiderstand zu überwinden. Das Boot kann hier auf 6 und dann 11 kn beschleunigt werden, aber auch bei voller Motorleistung vergrößert es dann nur seinen Trimmwinkel, ohne die Fahrt von 11 kn überschreiten zu können.

Mit Benutzung von Trimmklappen (Abb. E) erreicht es die Rumpffahrt von 6 kn mit einem geringeren Anstellwinkel und ohne eingesacktes Heck. Eine automatische Trimmklappe senkt dabei die achtere Ablaßkante selbsttätig nach unten, und durch den Wasserdruck wird das Heck (vergleichbar dem Höhenruder eines Flugzeugs) angehoben. Mit zunehmender Fahrt (11 kn) vermindert sich der Anstellwinkel der Trimmklappe, und wenn das Boot mit sehr viel geringerem Wellen- und Reibungswi-

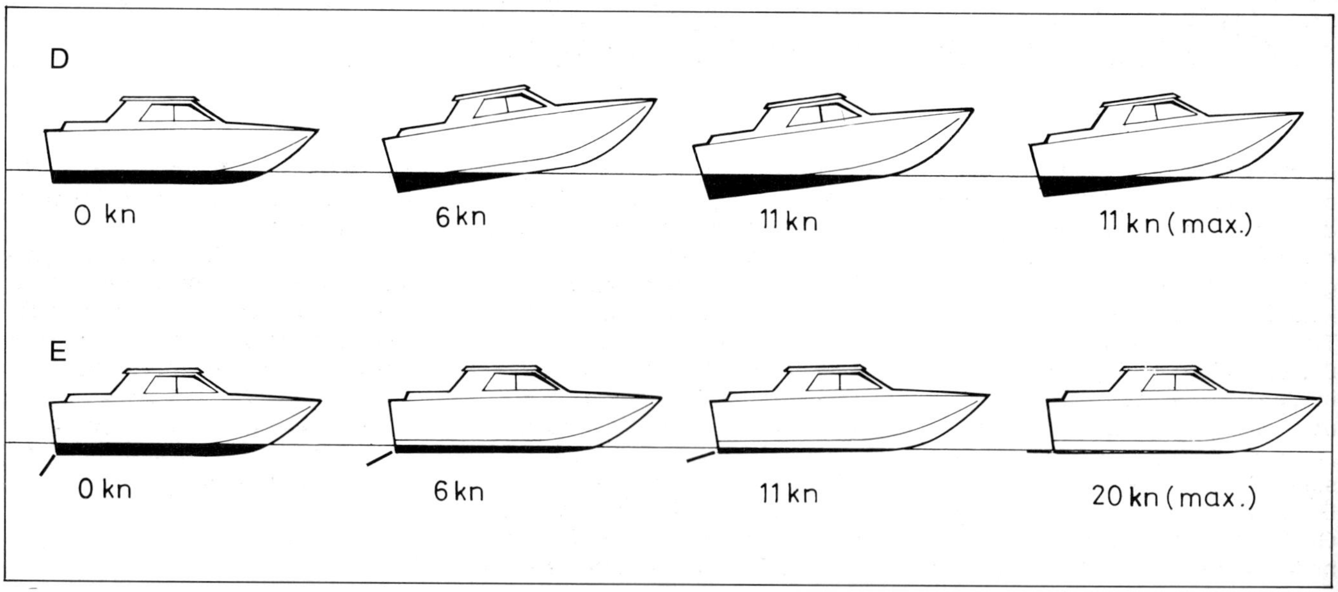

A

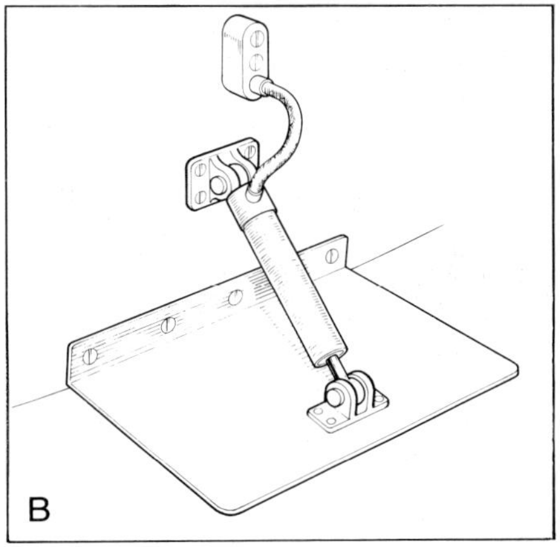
B

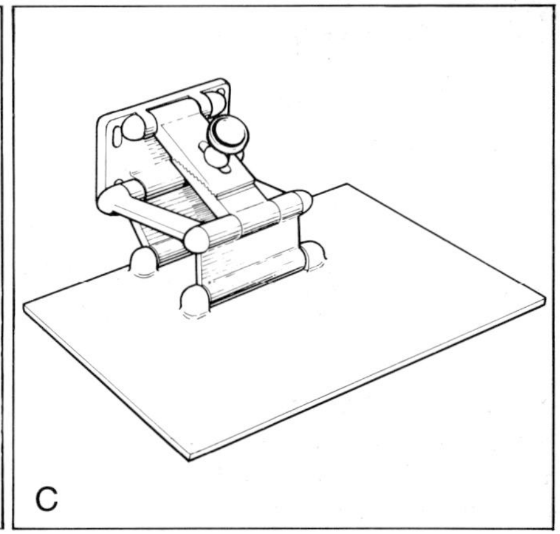
C

F

G

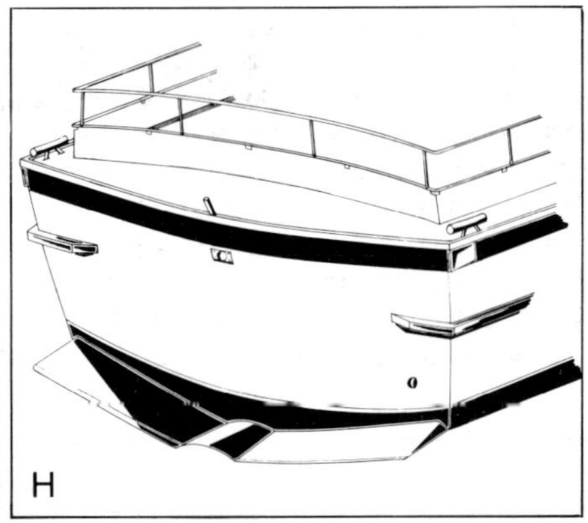
H

derstand als in Abb. D die Gleitlage erreicht hat und ca. 20 kn läuft, liegt die Trimmklappe in Verlängerung des Bootsbodens weitgehend waagerecht. Der Widerstand der Trimmklappe ist somit aufgehoben.
Trimmklappen können nicht nur außen befestigt (Abb. F), sondern auch in den Bootsboden integriert sein (Abb. G). Man spricht dann auch von „Staukeilen", die in diesem Falle verstellbar und nicht starr unter dem Bootsboden hängen, so daß sie bei Gleitfahrt in den Rumpf zurückgeholt werden können. Wenn schwere Halbgleiter oder abgeschnittene Verdränger mit Stufen am Heck ausgerüstet sind, die über die volle Bootsbreite laufen (Abb. H), dann dient diese starre Fläche zur Verlängerung der Wasserlinie überhaupt nach dem Prinzip „Länge läuft", um die Rumpffahrt zu erhöhen und einem Boot Fahreigenschaften eines Hablgleiters zu garantieren. Aber eine solche Stufe hat nur bedingt die Wirkungsweise einer Trimmklappe.
Trimmklappen dienen auch dazu, dem Boot in schwerem Wetter (siehe Seite 137) die gewünschte stärkere Vor- oder Achterlastigkeit beim Fahren im Seegang gegen die See oder mit der See zu geben.
Der Aufwand der Trimmklappen macht sich im allgemeinen durch die Einsparung von Kraftstoff bezahlt, weil man mit einem schweren Boot auch dann ökonomische Gleitfahrt erreicht, die ohne Trimmklappen unerreichbar wäre. Man vergesse jedoch nie, daß Trimmklappen für ein Boot nur Hilfsmittel sind.

Kurvenfahrt

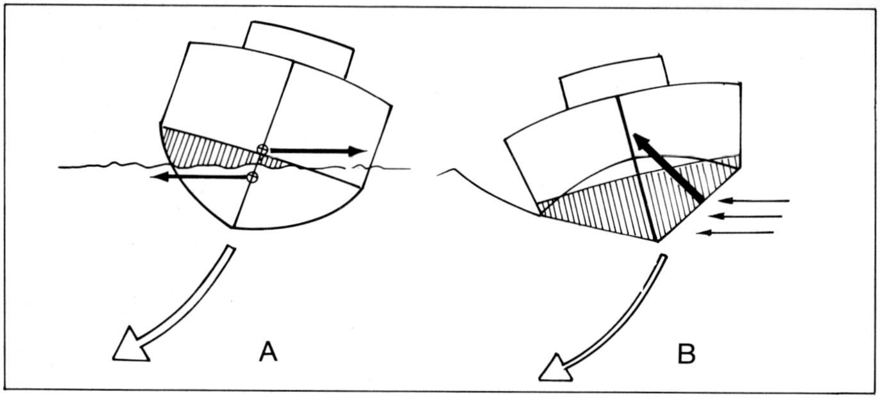

Verdränger und Plattbodenboote wollen nach außen krängen, Gleiter neigen sich nach innen

Das seitliche Wegrutschen des Bootes bei Kurvenfahrten oder bei einem vollen Drehkreis, wie es beim Derivationswinkel (s. Seite 102) vorkommt, ist auf die Zentrifugalkraft zurückzuführen. Sie wirkt sich jedoch nicht nur auf die Bahn des Bootes im Drehkreis, sondern auch auf die Krängung bei Kurvenfahrten aus. Wenn wir annehmen, daß ihre Gesamtkraft durch den Gewichtsschwerpunkt des Bootes wirkt und der ihr entgegengerichtete Wasserdruck im Lateraldruckpunkt zur Wirkung kommt (Abb. A), dann entsteht bei einem Verdränger eine Krängung nach außen. Der Gewichtsschwerpunkt liegt über dem Lateralschwerpunkt, und die geringe Gegenkraft, die das Ruder ausüben kann, fällt nicht ins Gewicht.
Die gleiche Situation tritt auch bei einem Plattbodenboot (Abb. C) ein, das sich auch bei schneller Fahrt in der Kurve wie ein Verdränger verhält oder noch besser mit dem Kraftwagen auf der Straße zu vergleichen ist: Auch bei einem Auto versuchen die Zentrifugalkräfte, es nach außen zu neigen, aber die Stoßdämpfer und Federn sind in der Lage, diesen Effekt auszugleichen und das Auto weitgehend waagerecht zu halten. Nur die Fahrgäste merken es und bewegen sich entsprechend, und auch nicht fest liegende Gegenstände verlagern sich plötzlich von der Kurveninnenseite des Wagens zur Kurvenaußenseite. Bei schneller Fahrt würde es nicht dabei bleiben; die Räder auf der Innenseite der Kurve würden sich anheben, und der Wagen könnte sich seitlich überschlagen. Um dies (z. B. bei Autorennen) zu verhindern, sind die Kurven überhöht, d. h. der Boden auf der Außenseite der Fahrbahn ist höher gelegt, so daß eine Fahrbahnneigung von bis zu ca. 40° entsteht und alle vier Räder dann immer mit gleichem Druck auf dieser geneigten Fahrbahn aufliegen. Wasser kann ausweichen, wenn der Druck auf einer Bootsseite stärker als auf der anderen ist, aber der Wasserstau, der sich dabei gleichzeitig an der Außenhaut des Bootes zur Drehkreis-Außenseite bildet, ist gefährlich.
Gleitboote kann man gut mit Motorrädern vergleichen, was das Kurvenverhalten betrifft. Gegenüber Verdrängern sind bei Gleitbooten die Umstände anders: Das durch die Zentrifugalkraft bedingte seitliche Wegrutschen und durch hydrodynamische Kräfte erzeugte Seitwärtsgleiten heben einander auf. Bei einem Boot mit V-Boden (Abb. B) wird die Bodenfläche an der Außenseite des Drehkreises in einem größeren Winkel, die Bodenfläche an der Innenseite in einem kleineren Winkel

G

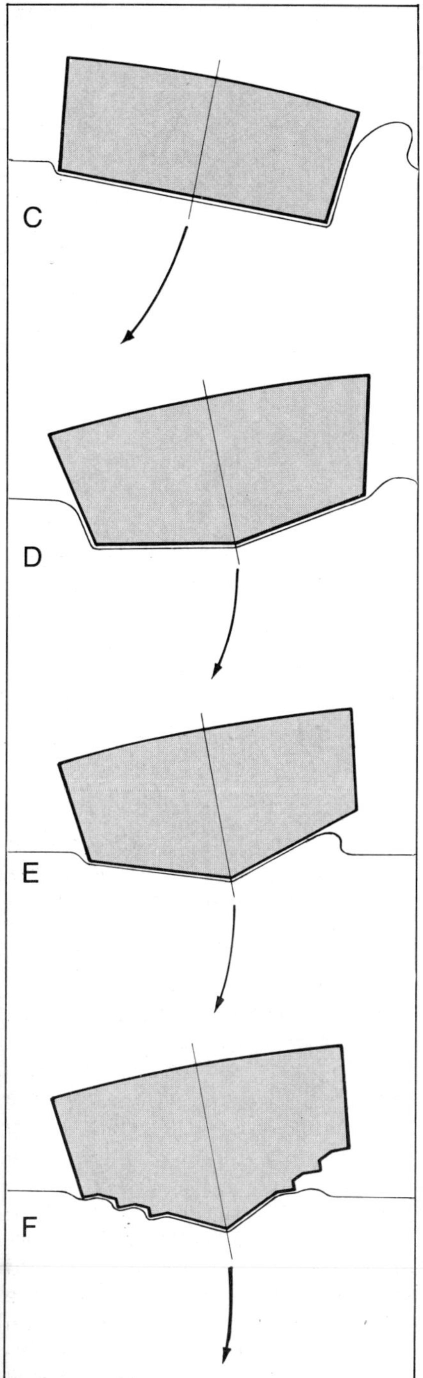

H

I

zum Wasser angestellt, so daß sich durch die vergrößerten und verringerten hydrodynamischen Kräfte eine Krängung nach innen ergibt. Die Ruderwirkung unterstützt diese Neigung weiter, so daß sich Gleitboote entsprechend ihrer Bodenform bei Kurvenfahrten unterschiedlich weit nach innen legen (Abb. D bis F). Dieses Kurvenverhalten läßt sich überall gut beobachten und kann auch zum Kriterium für die Kurvensicherheit werden.

Abb. G zeigt die Nachfolger der Plattbodenboote, schnelle Rennboote in der Katamaran-Form: Sie verhalten sich neutral, d. h. neigen sich weder nach außen noch nach innen, fahren für ihre Geschwindigkeit relativ kurze Bahnen um die Bojen und rutschen seitlich weg, ohne jedoch zu krängen.

Abb. H zeigt die Kurvenlage eines schnellen Sportbootes mit tiefem V. Es krängt auch bei hoher Geschwindigkeit und Hartlage seines Antriebes nur mäßig zur Kurveninnenseite. Demgegenüber neigt sich ein schnelles, für längere gerade Distanzen gebautes Sportboot in engen Kurven schon gefährlich weit (Abb. I), und bei Serientypen von Booten, die äußerlich durch einen Bootsboden bestechen, der auf gerader Strecke und in glattem Wasser sehr leistungsfähig erscheint, kann das Kurvenverhalten für die Besatzung und insbesondere für Gäste im Cockpit hinter dem Fahrersitz lebensgefährlich sein.

Umgang mit Leinen beim sicheren Festmachen

Der Umgang mit Tauwerk gehört zum großen Gebiet der Seemannschaft. Hierunter versteht man das theoretische Wissen und die praktische Erfahrung, mit jeder Lage – nicht nur auf See, sondern auch vor Anker und im Hafen –, in die ein Boot kommen kann, fertig zu werden. Im engeren Sinne gehören zur Seemannschaft auch das Manövrieren sowie Manöver aller Art, bei denen der richtige Umgang mit Leinen eine wichtige Rolle spielt.

An Bord benutzt man eine Vielzahl von Leinen unterschiedlicher Dicke und in verschiedener Machart. So werden dünne Leinen als Bändsel, sehr dicke Leinen als Trossen bezeichnet, während es nach der Art der Herstellung linksgeschlagene, rechtsgeschlagene und geflochtene Leinen gibt, die als Vor- und Achterleinen, Schlepp- und Springleinen, Flaggleinen und Wurfleinen dienen. Da Leinen in die große Gruppe von Tauwerk gehören, wollen wir die ,,Seemannschaft mit Tauwerk'' hier als ,,Taumannschaft'' bezeichnen. Tauwerk kann aus Draht oder Fasern gefertigt sein, und die Faserseile können wiederum aus Naturfasern oder Chemiefasern bestehen. Heute herrscht Tauwerk aus Polyester-, Polyamid- und Polypropylenfasern, d. h. aus chemisch gefertigten Fasern vor, mit unterschiedlicher Festigkeit, verschiedenem Reck und unterschiedlichem spezifischen Gewicht für die gewünschte Belastung als Festmacher, Schleppleine, Ankerleine o. ä.

Die Taumannschaft fängt mit dem Handwerkszeug an, das auch ein Motorbootfahrer unterwegs immer wenn nicht in der Hosen- oder Jakkentasche, so doch zumindest in Griffweite haben sollte: Bordmesser mit Marlspieker, Schäkel, Bändselwerk und Gummistropp. Man kommt selten ohne diese Hilfsmittel aus. Zur Taumannschaft gehört das Wissen, niemals mit den Füßen in Buchten von Tauwerk zu treten, das an Deck aufgeschossen ist. Es kann lebensgefährlich sein, wenn ein fallender Anker den am Fuß gefesselten Mann mit in die Tiefe zieht. Zur Taumannschaft gehört ferner, beim Festmachen eines Bootes das Auge einer Leine nicht einfach über den Poller und andere, bereits darunter liegende Leinen zu legen (Abb. A, 1) sondern den eigenen Festmacher von unten zuerst durch die Augen der anderen, bereits über dem Poller liegenden Leinen hindurch zu bringen und dann erst über den Poller zu legen (A, 2). Nur so kann jedes Boot seine Leine wieder loswerfen, ohne dabei mit den Leinen der anderen Boote hantieren zu müssen.

Zur Taumannschaft gehört, daß man eine Wurfleine immer in zwei Teilen aufschießt, wenn man sie zum Werfen vorbereitet (Abb. B): Man schlägt zuerst einen Wurfleinenknoten, der die Leine wie ein Wurfgeschoß hinter sich herziehen soll, nimmt dann etwa 5 bis 10 kleine Törns in die Wurfhand und ca. 10 längere Buchten, die während des Schleuderns nachgegeben

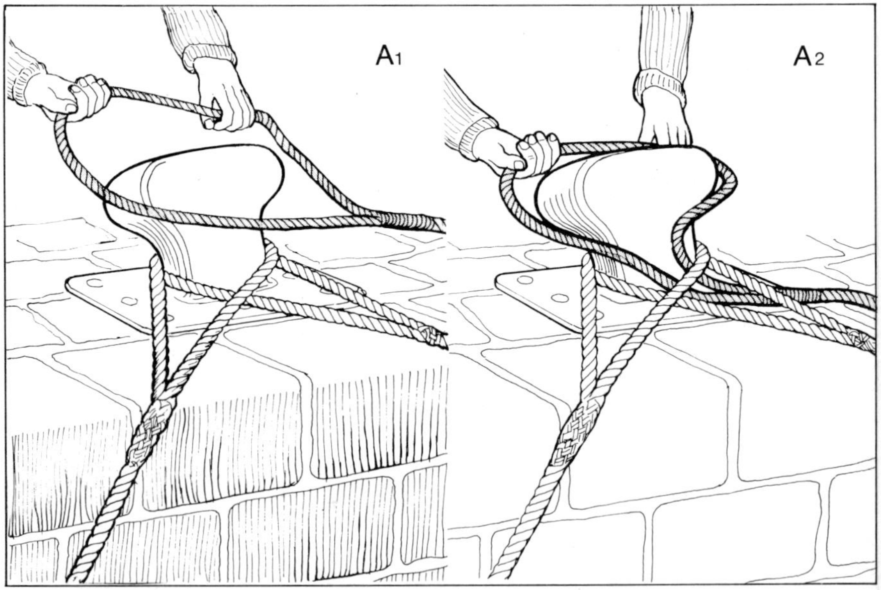

Abb. A: Falsches (1) und richtiges (2) Festmachen eines Bootes an einem Poller.

werden, in die andere Hand. Nur so können alle Törns in beiden Händen ohne Kinken und ohne Bekneifen einander folgen, und die Wurfleine kann in ihrer ganzen Länge ausrauschen.

Zur Taumannschaft gehört auch, wie man mit Leinen beim Festmachen arbeitet und wie man die Festmacher beim Ablegen einholt. Grundsätzlich werden hierbei alle Leinen „aus der Hand gefahren", das heißt, von Bord aus (und nicht an Land!) bedient und natürlich um Klampe oder Poller gelegt, aber zum Festhalten, Durchholen oder Losegeben mit der Hand eingerichtet.

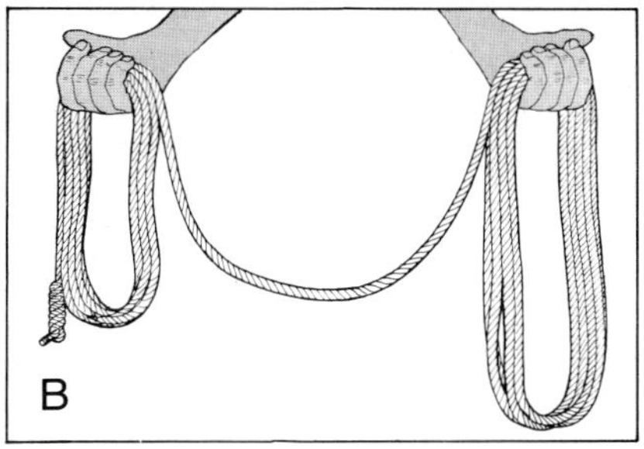

Nicht immer sind Helfer an Land, die eine Leine wahrnehmen und mit ihrem Auge über einen Poller werfen oder auch ein einfaches Ende seemännisch sicher an Ring oder Klampe belegen können. Dann muß ein Mann vom Boot beim Anlegen zu Brücke oder Pier überspringen, mindestens eine Leine festmachen und gegebenenfalls sofort wieder an Bord zurückkehren, während der zweite Mann so lange die Leine hier „aus der Hand fährt".

Nur bei sehr kleinen und leichten Booten ist es möglich, das Boot tatsächlich an der Leine wie einen artigen Hund zu halten. Sonst legt man nach dem Festmachen einer Leine an Land mindestens einen Törn um die Klampe (Abb. C, Pos. 1) und läßt den Beschlag durch die Reibung mit der Leine die Hauptarbeit beim Festhalten leisten. Ist die Haltekraft für die Hand doch zu groß, kann man noch mit einem zusätzlichen Törn (Pos. 2) stoppen und vorübergehend fester belegen, aber auch gleichzeitig wieder Lose geben und fieren, wenn es nötig ist.

Hat das Boot seine Endposition erreicht, legt man noch zwei bis drei Törns mehr um die Klampe und endet gegebenenfalls mit einem Kopfschlag (Pos. 3). Er ist nur bei dickem Tauwerk und der dadurch notgedrungen begrenzten Anzahl von Kreuzschlägen über die Klampe notwendig, damit das Tauwerk nicht bei längerer Belastung von der Klampe rutscht. Sein Nachteil (Pos. 4): Ist er naß geworden und hat sich die Leine bei längerem Liegen besonders fest um die Klampe gezogen, dann läßt er sich schwer lösen.

Zur Taumannschaft gehört auch, wie man Leinen beim Ablegen bedient: Kann man selbst die Leinen aus Gründen des Manövrierens nicht von Land aus loswerfen, sondern muß diese Arbeit von Bord aus verrichten, dann legt man die Leine auf Slip (Abb. D): Man belegt dazu die feste

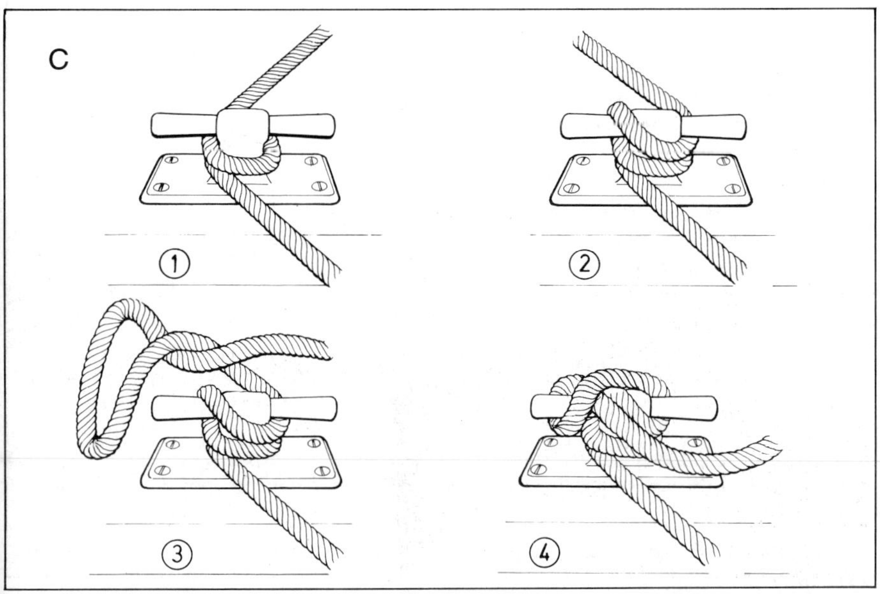

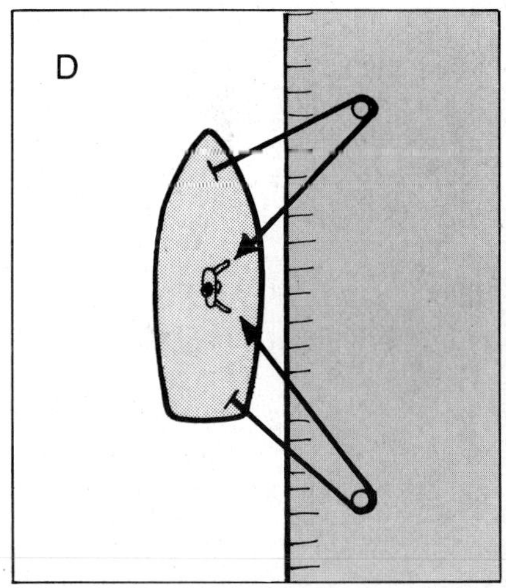

Abb. B: Wurfleine klar zum Werfen.
Abb. C: Belegen einer Klampe.
Abb. D: Festmacher auf Slip.

Part an Bord, führt die Leine dann an Land zu ihrem Beschlag, z. B. einem Poller oder einem Ring, und bringt die holende Part wieder an Bord zurück, wo sie über dem anderen Tampen auf der gleichen Klampe belegt werden kann. Auf diese Weise kann sogar eine Person zwei Leinen gleichzeitig bedienen. Will man jetzt (z. B. beim Tidenhub oder bei schneller Wasserstandsänderung während des Schleusens) mehr Leine stecken, dann gibt man diese Lose von Bord aus. Will man ablegen und kommt dabei die Pier außer Reichweite, ehe die Leinenverbindung eingehen darf, dann gibt man bis zur gewünschten Distanz von der Pier wiederum Lose, wirft beim gewünschten endgültigen Losmachen die holende Part ganz los und holt sie über die feste Part um Poller oder Ring zurück an Bord.

Muß man dabei die auf Slip gelegte Leine durch einen Ring oder Roring an Land holen (Abb. E), dann achte man darauf, daß die feste Part (an der zum Schluß die Leine eingeholt wird), unter dem Ring liegt (Pos. 1). Wenn der Tampen andernfalls (Pos. 2) nämlich beim schnellen Einholen kurz vor Erreichen des Rings einen Törn schlägt, dann bekneift er sich oder wird durch das Gewicht des herunterhängenden Rings festgehalten, und auch noch so kräftiges Holen löst die Verbindung nicht. Liegt die holende Part aber unten, dann hebt man den Ring dabei gleichzeitig an, und ein Bekneifen wird verhindert.

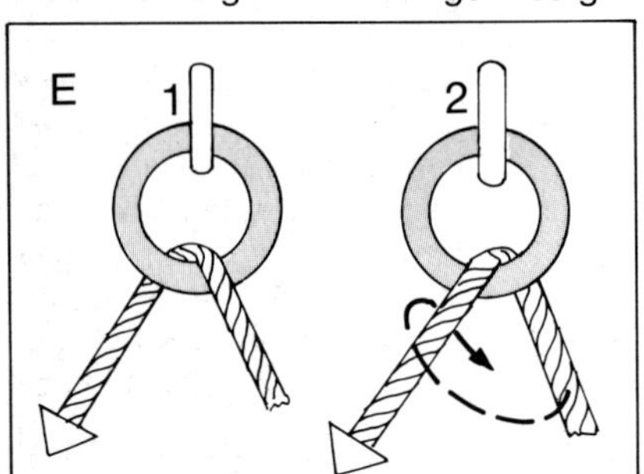

Abb. E: Richtige (1) und falsche (2) Führung einer Leine durch einen Ring.

Zum Umgang gehört auch, wie man sich behelfen kann, wenn man in eine Box einläuft: Die meistens sehr hohen Pfähle oder Dalben an ihrem äußeren Eingang sind oft sehr weit voneinander entfernt, oder es ist durch den zum Passieren notwendigen Sicherheitsabstand nicht möglich, die Festmachetrosse oben über oder rund um Dalben oder Pfahl zu legen. Aber besonders in hartem Wetter ist diese erste sichere Verbindung zum Liegeplatz für den weiteren Ablauf des Anlegemanövers oft entscheidend. Dann hilft man sich am besten wie in Abb. F: Ein Mann der Crew hält die Vorleine mit ihrem Auge nach Passieren des Festmachepfahls nach außen, und eine zweite Person greift mit dem Bootshaken (und damit einem Mehrfachen der Armeslänge) von der anderen Seite in das Auge hinein und holt den Tampen zum Deck zurück.

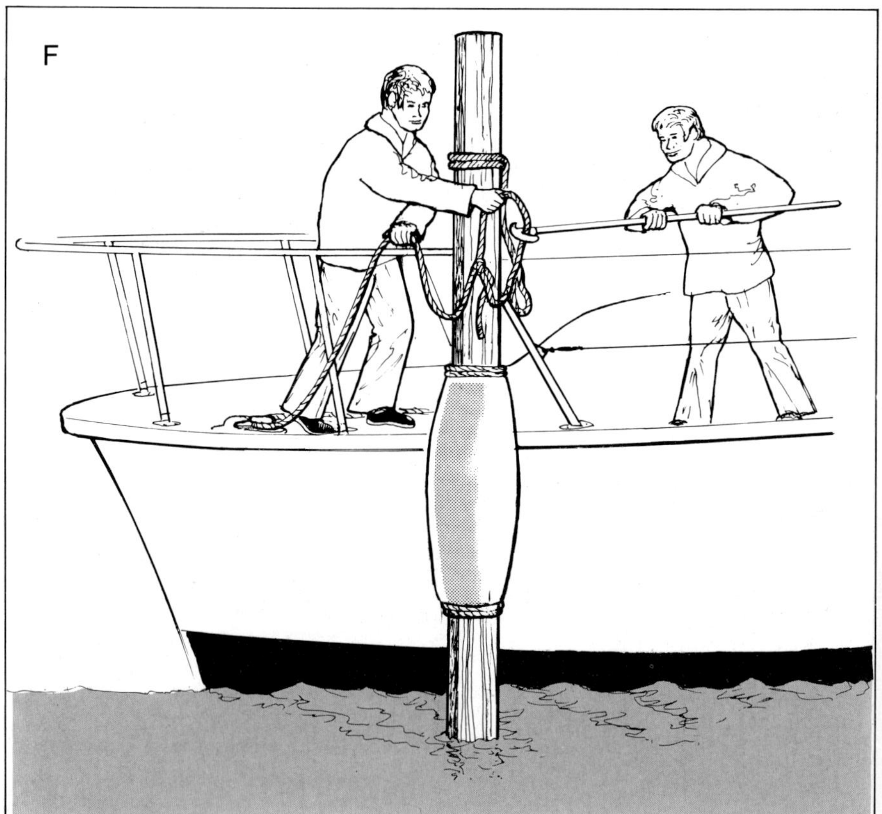

Abb. F: Wenn die Arme nicht lang genug sind, ist der Bootshaken zum Festmachen nützlich.

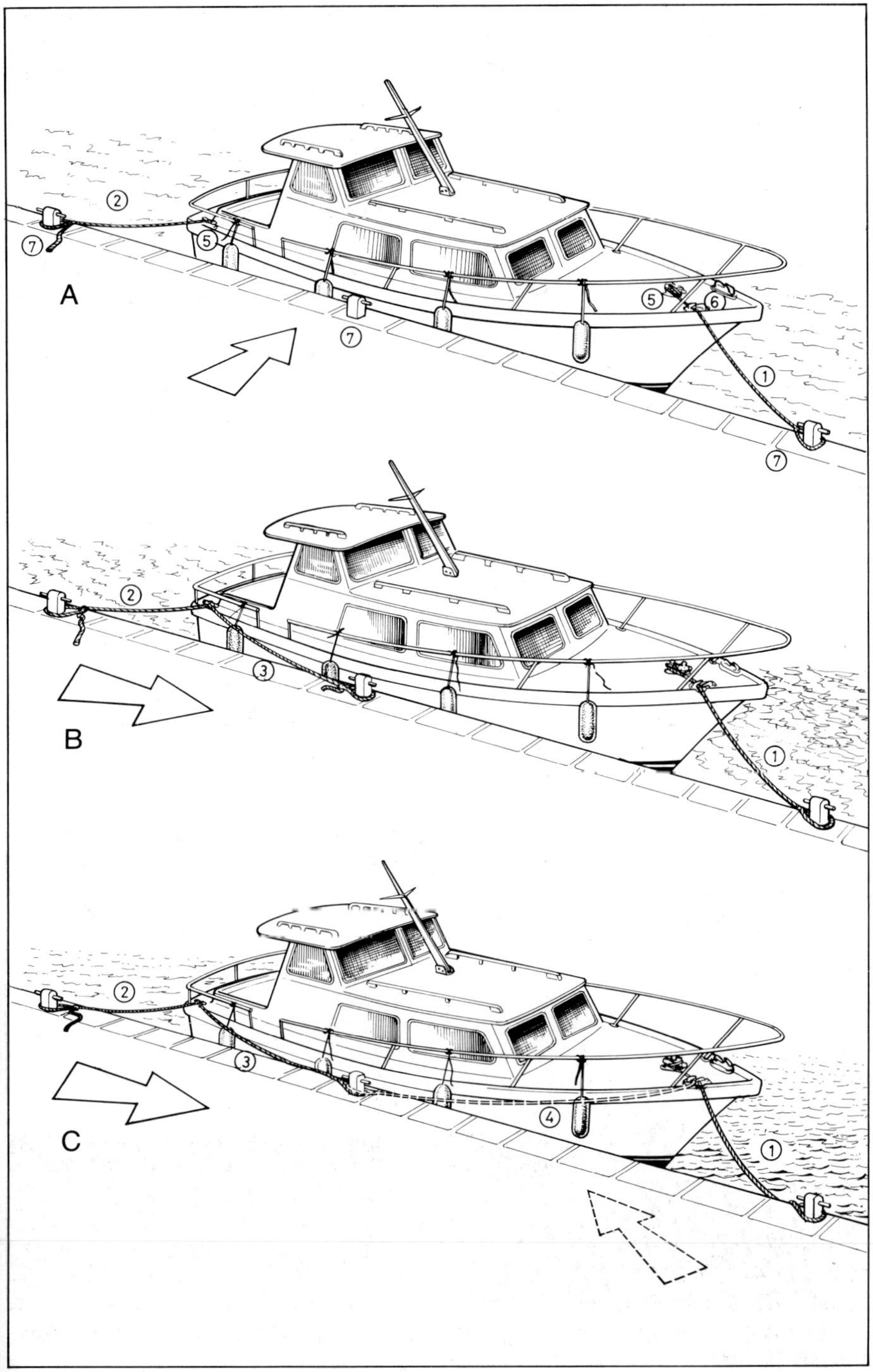

Überall richtig festmachen

Wie man das Boot an jedem Liegeplatz mit verschiedenen Leinen gut sichert

Wenn ein Motorkreuzer kurzzeitig und bei ablandigem Wind an einer Pier festmachen muß (Abb. A), genügt eine Vorleine (1) und eine Achterleine (2), die an Bord an Klampen (5) auf dem Vor- und Achterschiff belegt werden und entweder direkt oder durch eine Lippe oder Lippklampe (6) zu Befestigungspunkten auf der Pier führen, z. B. Kreuzpollern (7), Pollern, Ringen oder anderen Beschlägen. Damit das Boot in ruhigem Wetter vor diesen beiden Leinen weder nach vorn noch nach achtern treiben kann, wählt man dazu Befestigungspunkte an Land, die vorlich vom Bug und achterlich vom Heck liegen und zu denen die Festmacherleinen in einem Winkel von ca. 15° zu Pier und Längsschiffsrichtung laufen können.

Da man jedoch immer mit achterlichem oder vorlichem Wind bzw. Strom rechnen muß, wird das Boot seinen Liegeplatz parallel zur Pier nur beibehalten, wenn noch zwei weitere Leinen ausgebracht werden (Abb. B): Eine Leine vom Heck zu einem Poller an Land (3), der ungefähr mittschiffs steht, die Achterspring, und eine weitere Leine vom Bug des Bootes zu dem gleichen Poller an Land (4), die Vorspring.

Wenn diese vier Festmacher richtig geschoren, gut durchgesetzt und sorgfältig belegt sind, kann sich das

Boot parallel zur Pier nicht mehr bewegen. Wind und Strom können auch kein Bootsende näher an die Pier heranholen und das entgegengesetzte Ende dabei vom Ufer weiter wegdrehen. Die Fender werden an ihren Befestigungspunkten keine Eigenbewegungen mehr machen können, und wenn alle vier Leinen richtige Länge haben, bleibt ein kleiner Sicherheitsabstand zwischen Bordwand und Pier – groß genug für die Sicherheit der Außenhaut und klein genug, damit die Besatzung sicher von Bord gehen und an Bord kommen kann (Abb. C).

Zusätzliche Querleinen, die in einem rechten Winkel zur Längsschiffsrichtung und zur Pier verlaufen, sind dann nicht mehr erforderlich. Diesen Querleinen den Vorzug vor der gezeigten Anordnung von Vor- und Achterleine, Vor- und Achterspring zu geben, empfiehlt sich nicht; denn mit ihnen wird diese sichere Lage an der Pier niemals erreicht.

Den ständigen Liegeplatz findet ein Motorboot meistens in einem Bootsstand oder in einer Box (Abb. D), wo es entweder mit Bug (1) oder Heck (2) zu einem Steg oder einer Pier festmacht und die Leinen der entgegengesetzten Bootsseite an Pfählen, Dalben, Bojen oder anderen Befestigungspunkten belegt. Ob man hierbei mit dem Bug voran einläuft, so daß die Heckpfähle dann zum Festmachen der Achterleine dienen oder sich achteraus in die Box hereinzieht, so daß das Heck an die Pier kommt, hängt von der Art des Bootes, seiner Motorisierung, der seemännischen Erfahrung und dem persönlichen Geschmack ab. In jedem Falle wird das Boot dabei ebenfalls mit vier Leinen gehalten, der Steuerbord- und Backbord-Vorleine sowie der Steuerbord- und Backbord-Achterleine.

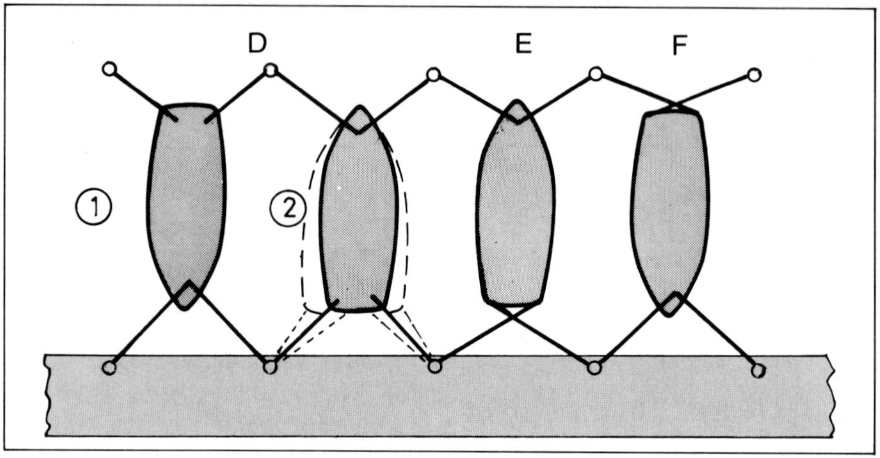

Führt man die Achterleine jedoch wie in Abb. D, Pos. 2 zur Brücke, dann kann das Boot bei Seitenwind oder Querstrom seitlich auswandern. Die (für diesen Fall punktiert gezeichneten) Leinen können dieses leichte Schwojen am Liegeplatz nicht verhindern. Das Boot liegt aber unverrückbar gegen alle seitlichen Belastungen auf seinem Platz, wenn man die Achterleinen über Kreuz nimmt (Abb. E), Sinngemäßes gilt, wenn man mit dem Vorschiff zum Steg liegt (Abb. F), für die Heckleinen, die dann zu den Heckpfählen führen.

Wer an seinem Liegeplatz mit ständigem starken Wellenschlag von vorbeifahrenden Schiffen rechnen muß und eine Box mit seitlichen Stichbrücken hat, kann sein Boot zusätzlich noch mit einer Vorspring (Abb. G) auf jeder Seite sichern, doch ist eine zu starre Verbindung auch nicht empfehlenswert. Ob man längsseit der Pier oder im Bootsstand festmacht, bewährt haben sich Ruckfedern oder Festmacher-Dehnungsstander verschiedener Art (Abb. H), die in den Leinen befestigt werden. Schwierig wird das sichere Festmachen und das unbewegliche Festhalten des Bootes in Yachthäfen mit einseitigen kleinen Stichbrücken, einseitigen beweglichen Rohrkonstruktionen oder anderen, zwar begehbaren, aber nicht sehr kräftigen kurzen Auslegern (Abb. I): In solchen Fällen schert man die übliche Vorleine an der Stichbrückenseite ①, während die Vorleine auf der freien Seite möglichst lang und in einem annähernd rechten Winkel zur Längsschiffsrichtung ② belegt wird. Anstelle einer Achterleine bleibt nur die Möglichkeit, eine Achterspring ③ zu fahren, doch mit einer weiteren Vorspring ④ erhält das Boot eine Position, in der es kaum Bewegungsspielraum hat. Natürlich muß der (einzige) Berührungspunkt mit der Stichbrücke durch Fender gut geschützt werden.

Muß das Boot an einer solchen Stichbrücke mit dem Heck zur Pier festgemacht werden (J), dann kann es in diesem speziellen Fall vielleicht ratsam sein, die Heckleine nicht über Kreuz zu führen, sondern direkt von jeder Bootsseite zum Steg zu geben. Liegen zwei Boote längere Zeit in einer solchen Doppelbox, dann lassen sich mit Querleinen ⑤ die Verhältnisse am Liegeplatz für beide Boote beträchtlich verbessern.

In Tidengebieten wird ein Motorboot

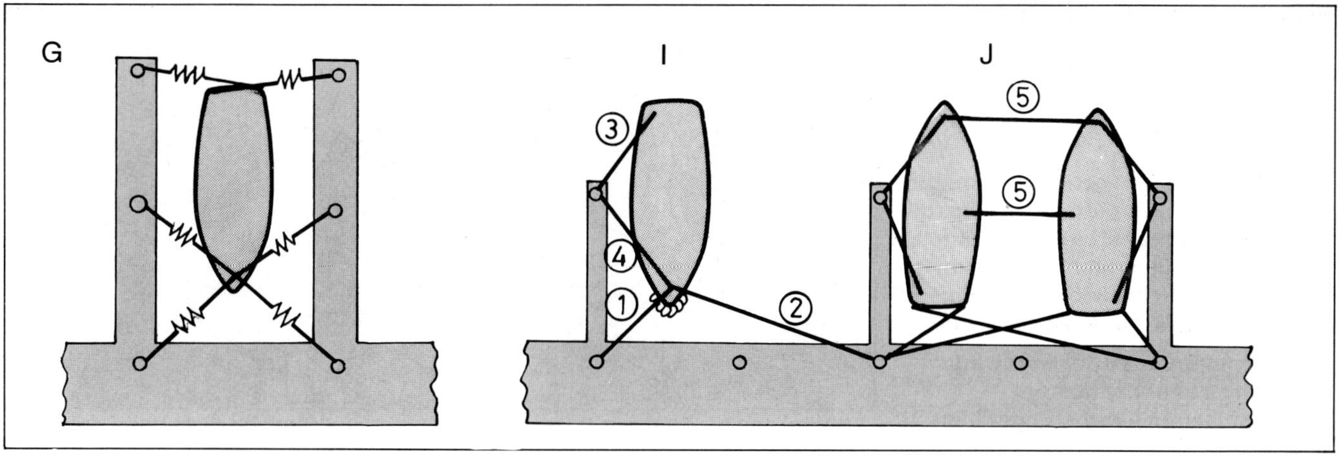

immer an einem Schlengel festmachen, der sich mit dem wechselnden Wasserstand hebt und senkt und dadurch immer für die gleiche Höhe des Anlegers zum Deck sowie für die unveränderte, weitgehend waagerechte Lage der Leinen sorgt. Steht ein solcher Schwimmsteg nicht zur Verfügung, ist aber die Änderung des Wasserstandes (auch durch andere Einflüsse bedingt) dennoch beträchtlich, dann empfehlen sich Bügel mit Stahltrossen oder Rundeisen, die an einem Dalben senkrecht ins Wasser reichen, oben fest mit dem Pfahl verbunden sind und unter Wasser durch ein Gewicht in ihrer senkrechten Stellung gehalten werden (Abb. K). Solche Rundeisen, besser Rohre, deren Durchmesser von dem Gewicht des angehängten Bootes abhängen, kann man auch an den Heckpfählen einer Box und an der Brücke oder Pier eines Bootsstandes anordnen. Jetzt genügen kurze Enden aus Drahttauwerk, die gegebenenfalls an speziellen Decksbeschlägen ① befestigt sind, um dem Boot jede Auf- und Abbewegung zu erlauben, ohne daß es gegen den Steg stoßen kann und es zwischen diesen Festmachern zu kurz gefesselt ist. Das Boot kann jetzt nicht nur ohne horizontale Bewegungen parallel zur Pier schwimmen (natürlich durch Fender geschützt), sondern auch alle vertikalen Bewegungen durch Wasserstandsänderungen (gegebenenfalls über einen größeren Höhenunterschied) sicher mitmachen.

Ruckfedern oder Dehnungsstander können entweder direkt in die Leinen gehängt werden (Abb. L) oder als Verbindung zwischen Festmacher und Poller oder Klampe dienen.

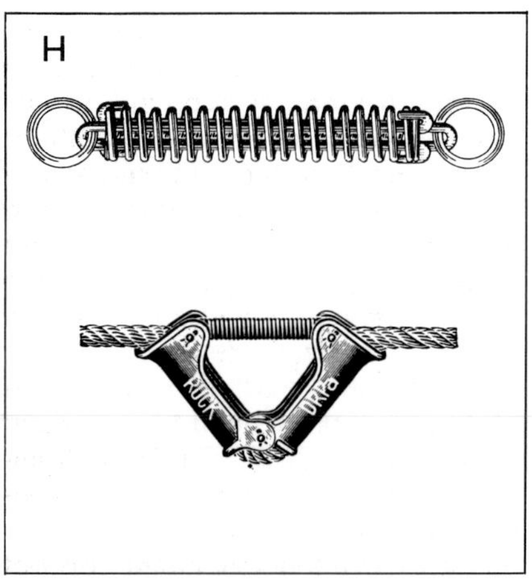

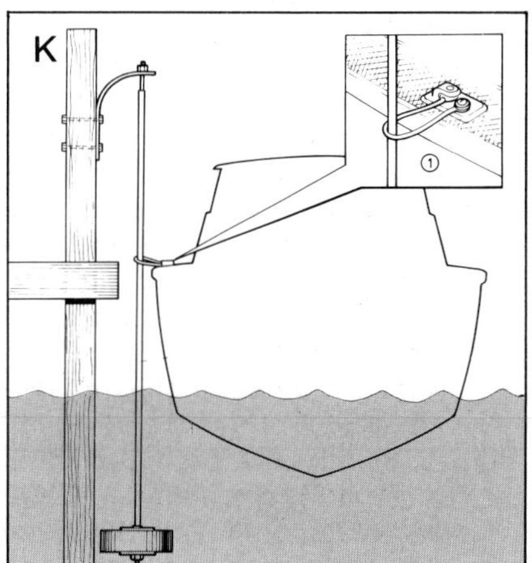

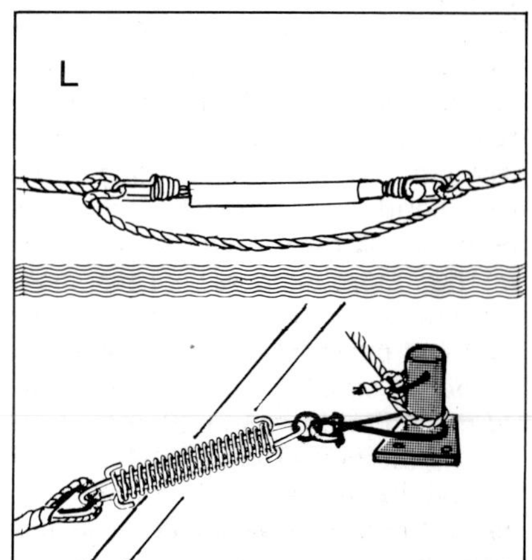

Knoten – nicht nur zum Festmachen

Seemännische Arbeiten lassen sich ohne richtige Knoten und Steke nicht sicher verrichten

Der Motobootfahrer kommt mit wenigen Knoten bei der Taumannschaft aus. Doch muß er diese für alle Zwecke gut beherrschen und auch unter schwierigen Bedingungen schnell stecken können. Zum Festmachen benutzt man einen Webeleinenstek (Abb. A): Man führt die lose Part über die feste, hängende Part ①, nimmt sie dann unter der Querstrebe hindurch und steckt sie in das offene Auge hinein ②. Den verbliebenen, nun durchgesteckten Tampen nimmt man jedoch doppelt, d. h. man legt die Leine „auf Slip", damit man das nach langer Belastung meistens sehr fest gezogene Ende durch einen einfachen Ruck am Tampen ③ schnell wieder lösen kann.

Auch zum Festmachen an einem meistens recht dicken Poller auf der Pier benutzt man einen Webeleinenstek (Abb. B), der jedoch übergeworfen wird. Nach dem ersten Rundtörn ① nimmt man die unten liegende Part und legt mit ihr ein Auge über den Poller ②, das nicht nur den ersten, sondern auch den zweiten Rundtörn bekneift. Der so sehr schnell geschlagene Webeleinenstek ③ an einer senkrechten Stütze ist der sicherste Pollerknoten. Er zieht sich bei Belastung der festen Part noch mehr zusammen, und wenn bei einem sehr glatten Poller

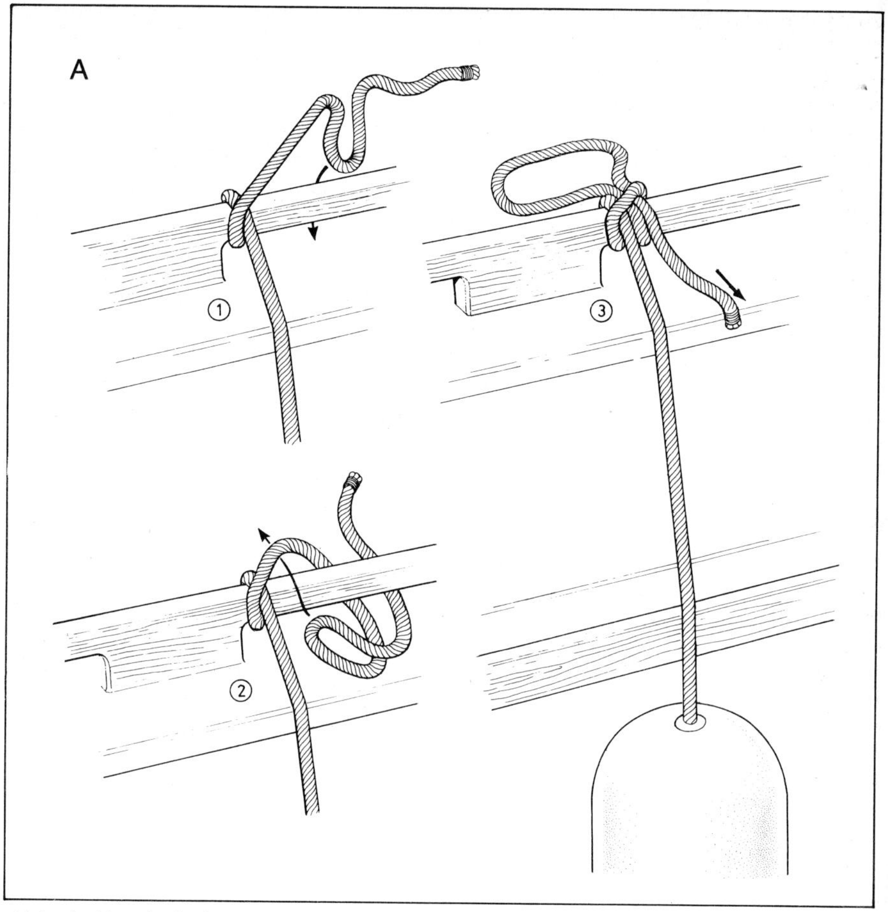

Abb. A: Fenderhalterung mit Webeleinenstek auf Slip.

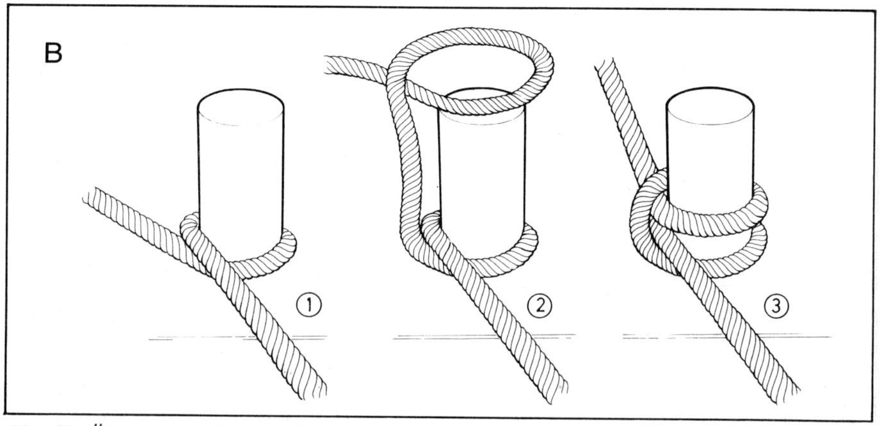

Abb B: Übergeworfener Webeleinenstek zum Festmachen.

und einer kräftigen Kunststofftrosse die Gefahr besteht, daß die Törns zu rutschen beginnen, legt man entweder noch einen weiteren Rundtörn obenauf oder führt die lose Part um den Poller herum zur festen Part zurück, wo man den Tampen mit zwei halben Schlägen sichert.
Unverzichtbar beim Umgang mit Leinen ist auch der Pahlstek (Abb. C), mit dem man ein Auge in einem Tampen erhält, das sich nicht zusammenzieht und zum Festmachen über einen Poller oder Pfahl gelegt werden kann. Er bewährt sich auch, wenn man jemandem zur Sicherheit eine Leine um die Brust legen muß. Sicherer als der einfache Pahlstek ist der doppelte Pahlstek (Abb. D): Man legt eine Leine doppelt und erhält (wie beim einfachen Pahlsteck) ein nicht slippendes, aber leicht lösbares Auge in einem Tampen. Um den Körper gelegt schneidet der doppelte Pahlstek bei Zugbelastung weniger ein. Mit auseinandergezogenen Augen kann er auch als Bootsmannsstuhl oder bei einer Rettung zum Hindurchstecken je eines Beines zum Heißen einer Person benutzt werden.
Zum Anstecken eines Ankers oder zum Festmachen in einem Ring benutzt man den Roringstek (Abb. E). Man legt zwei Rundtörns um den Ring und führt den Tampen über die feste Part und durch das Innere des Törns zurück. Dabei zieht man den einfachen Roring mit anschließendem halben Schlag und beigebändseltem Tampen dem doppelten Roringstek vor.

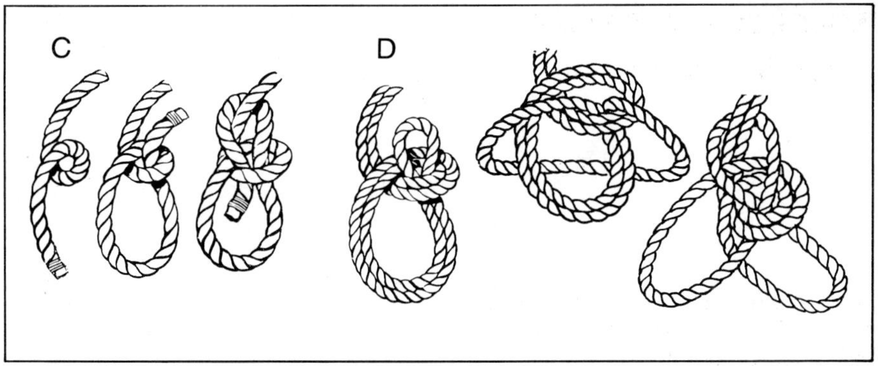

Abb. C: Einfacher Pahlstek für ein Auge, das sich nicht zusammenzieht. – Abb. D: Doppelter Pahlstek, auch als Bootsmanns- oder Rettungsstuhl zu benutzen.

Muß man die Schleppleine an einem dickeren Ende anstecken, oder gilt es, eine Leine an eine Spiere zu stekken, die in axialer Richtung belastet werden soll, benutzt man den Stopperstek (Abb. F). Er hält jedoch nur so lange, wie die holende Part durch Zugkraft belastet ist.
Ein schnell gelegter, gut haltender und leicht lösbarer Knoten, insbesondere zum Belegen einer Schlepptrosse an einem Poller ist der Pollerstek (Abb. G). Man kann ihn auch mit einer leichten Ankerkette schlagen, holt dazu einfach die holende Part unter der festen Part hindurch (1) und bringt das so entstandene Auge über den Poller (2).

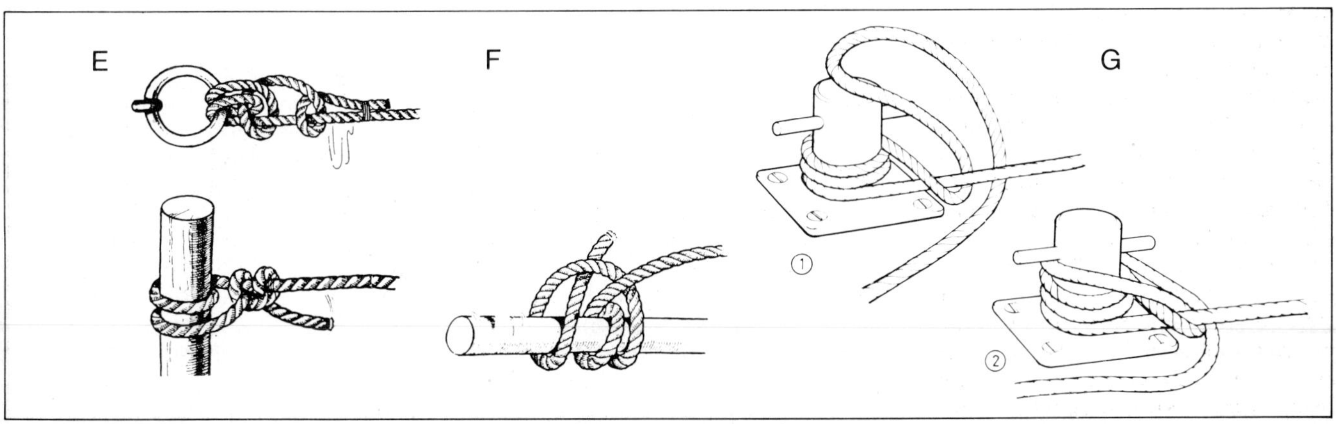

Abb. E: Roringstek

Abb. F: Stopperstek

Abb. G: Pollerstek

Manöver mit Leinen

Bootsbewegungen mit Hilfe von Leinen, bei denen der Motor nicht immer mitarbeiten muß

Auch der Eigner eines kleinen Motorbootes wird recht bald zu der nautischen Erkenntnis gelangen, daß nun einmal vier Leinen erforderlich sind, wenn ein Boot gegen die Einwirkungen von Wind und Strom aus allen Richtungen an seinem gewünschten Liegeplatz ohne Eigenbewegungen gehalten werden soll: Die Vorleine und die Achterleine, die vordere Spring und die achtere Spring (Abb. A). Durch diese Leinen ist sowohl das Vorschiff als auch das Achterschiff nicht nur gegen alle möglichen Bewegungen in Kielrichtung genau fixiert, der Bug und das Heck können dabei auch nicht querschiffs ausweichen und sich weder weiter als gewünscht der Pier annähern noch mehr von ihr wegdrehen.

Dieses ordnungsgemäße Festmachen schont nicht nur die Leinen selbst, sondern auch die Fender, die die Außenhaut schützen sollen und diese selbst, und mit diesen vier Hauptleinen des Bootes ist es sogar möglich, die Fender vollkommen zu entlasten und das Boot in einem gewünschten Abstand zur Pier festzulegen (Abb. B), wenn dies erforderlich ist. So macht man das Boot beispielsweise in einem strömenden Gewässer fest oder hält es in sicherem Abstand zu einer unreinen, unsauberen, alten und beschädigten Pier, bei der Steine oder Bolzen, die die Außenhaut zerstören können, aus der Kaianlage oder dem Bollwerk hervorstehen.

Einige dieser Hauptleinen dienen auch dazu, das Boot sicher abzulegen oder es beim Anlegen richtig festzuhalten: Ganz einfach ist das Eindampfen (Abb. C), das man besonders beim Ablegen mit begrenztem Raum nach achtern vornimmt: Man holt alle Leinen bis auf die vordere Spring ein, legt das Ruder landwärts und läßt den Motor langsam voraus laufen. Der Bug, durch Fender gesichert, nähert sich dabei der Pier oder lehnt sich an diese an, während das Achterschiff abscheren kann, bis das Heck im freien Wasser liegt. Man legt dann das Ruder seewärts, holt die (hierzu am besten auf Slip gelegte) Spring ein und zieht das Boot mit Fahrt achteraus in das freie Fahrwasser hinaus.

Im Prinzip das gleiche Manöver, wenn man statt dessen die achtere Spring benutzt (Abb. D), von Anfang an mit dem Motor rückwärts arbeitet und nach dem Abscheren des Bootes und Loswerfen der achteren Spring mit Fahrt voraus und entsprechender Ruderlage den Liegeplatz verläßt. Dieses Manöver ist jedoch nur bei Booten mit starren Wellen und Propellern unter dem Bootsboden empfehlenswert. Bei Motorbooten mit Außenbordmotoren oder Z-Antrieben ist es nur bedingt möglich.

In strömendem Gewässer kann man im ersten Stadium dieses Manövers auf den Motor verzichten (Abb. E): Man legt die Vorspring (1) auf Slip und verfährt die achtere Spring von ihrem ursprünglichen Befestigungspunkt auf der Pier in Höhe des Bugs zu einem Poller in Höhe des Hecks, so daß sie hier zu einer Querleine wird (2). Gibt man jetzt der achteren Querleine Lose, dann bewirkt der Strom das gleiche, was beim Eindampfen mit Motor passiert: Das Heck schert ab, der Bug (von Fendern gut geschützt) legt sich gegen die Pier und wird hier von der Vorspring festgehalten. Liegt das Boot in einem Winkel von ca. 45° zum Ufer, dann macht man zuerst die achtere Querleine (2) los und zieht das Boot mit Fahrt achteraus und wasserseitiger Ruderlage in das freie Fahrwasser hinaus. Die vordere Spring wird losgeworfen, sobald der Bug frei vom Ufer ist.

Steht Strom aus entgegengesetzter Richtung und trifft er zuerst auf den Bug, dann genügt die Achterspring (Abb F), um das Vorschiff abscheren zu lassen. Man wirft sie los, wenn das Boot Fahrt voraus aufnimmt und das Heck vom Ufer frei ist. Achtung: Das Ruder darf hierbei zuerst nur weitgehend mittschiffs liegen, damit das Heck beim Abdrehen des Bootes nicht gegen die Pier gedrückt wird.

Oft ist es notwendig, das Boot vor dem Ablegen oder aus anderen Gründen zu drehen. Bei einem kleinen Boot ist dieses Drehmanöver ohne Motor nicht nur möglich, sondern sogar praktischer (Abb. G): Man schert die Achterspring zu einem Poller oder einer Klampe an Land, die möglichst weit vor dem Bug liegt (I) und bringt auf der seewärtigen Bootsseite vom Bug am Boot entlang und über das Heck hinaus eine Leine zu einem Poller an Land aus, der wiederum etwa eine Bootslänge vom Heck entfernt liegt (II). Dann holt man (von Bord oder von Land aus, wie es

Abb. A und B: Die Aufgabe der Springleinen. – Abb. C und D: Eindampfen mit der Vor- und Achterspring beim Verlassen eines engen Liegeplatzes. – Abb. E und F: Leinenarbeit im Strom.

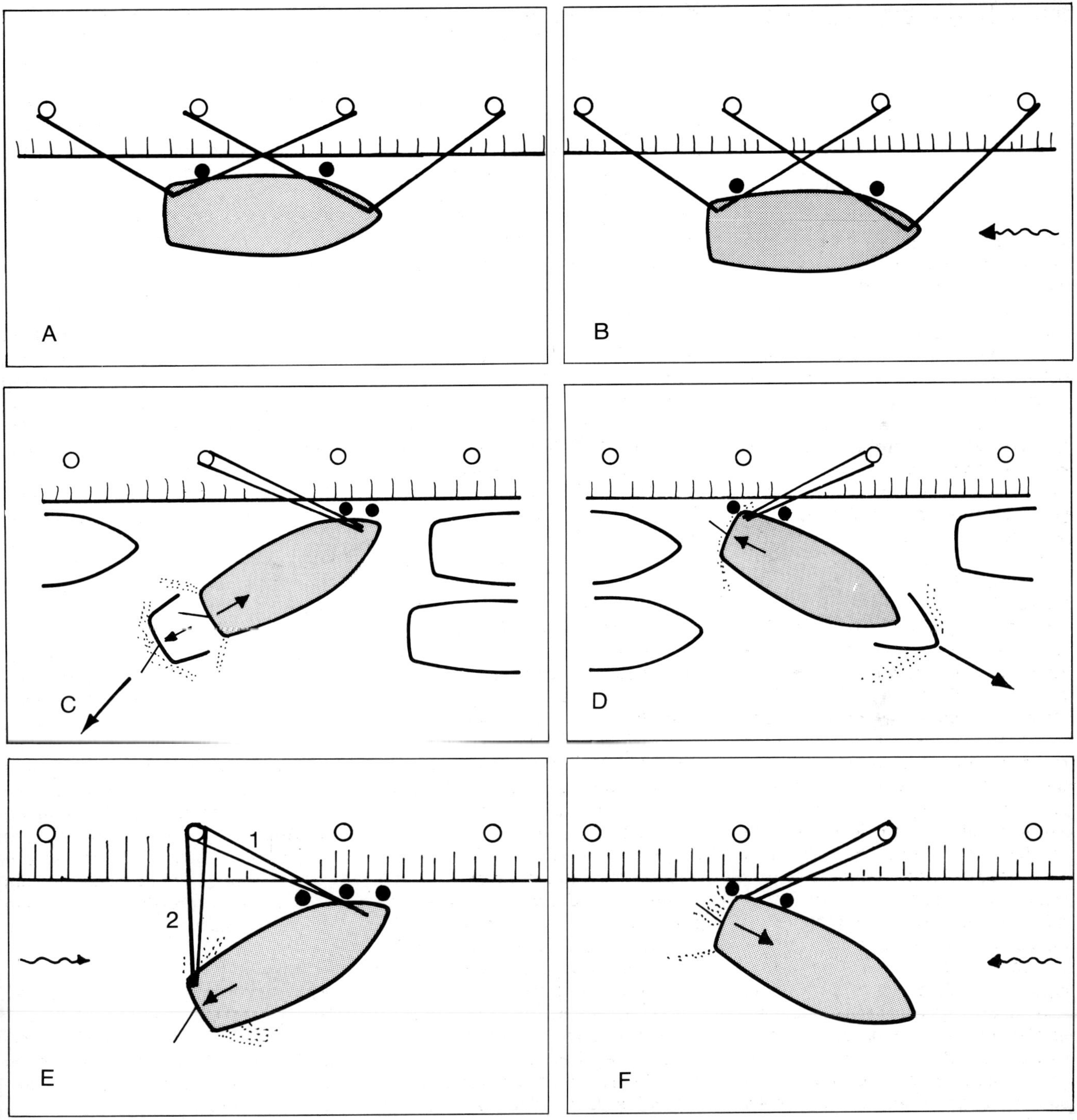
A
B
C
D
1
2
E
F

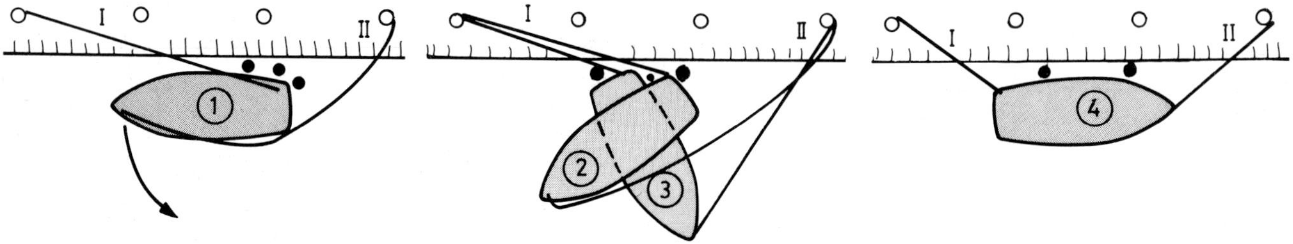

G

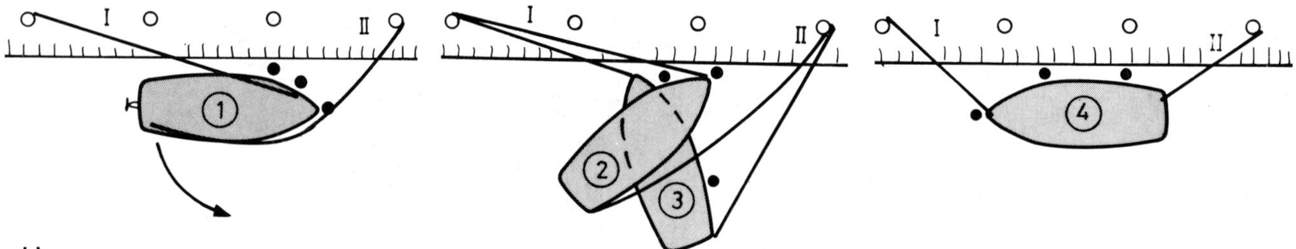

H

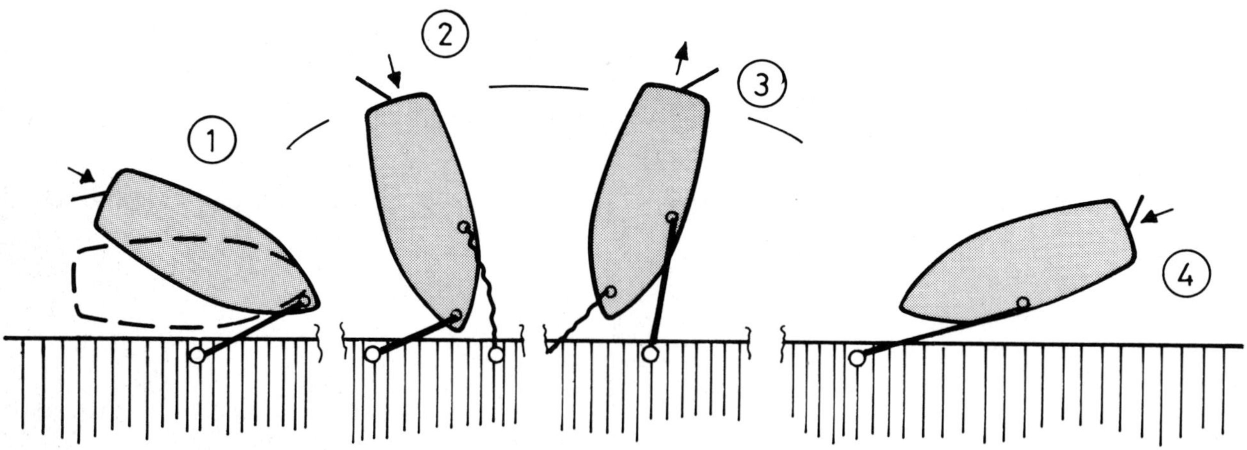

I

praktischer erscheint) zuerst die Achterspring (I) langsam durch und gibt der Außenleine (II) ausreichend Lose, damit der Bug nach außen schwenken kann. Liegt die Bugleine frei von der Außenhaut, dann holt man sie langsam mit dicht, und wenn das Boot rechtwinklig zur Pier liegt, dient die Vorleine zum Holen und die Achterleine nur zum Halten. Bei Booten mit starren Wellen und Propellern unter dem Bootsboden ist es praktischer, das Heck an der Pier zu halten, während bei Außenbord-Antrieben (Abb. H) ein Drehen meistens nur über den Bug möglich ist. Besonders bei ausfallendem Vorschiffsspant im Überwasserschiff ist dann die Arbeit mit Fendern und der Schutz der Außenhaut nicht einfach. Größere Yachten können nur mit Motorhilfe drehen (Abb. I): Sie dampfen hierzu zuerst wie beschrieben ein (1), scheren aber in einer Position rechtwinklig zur Pier (2) eine Vorleine auf der anderen Seite, die lose gehalten wird, so lange der Motor mit landseitiger Ruderlage voraus langsam arbeitet. Ist die rechtwinklige Position erreicht, dann legt man Gegenruder (3) und läßt den Motor rückwärts drehen. Die zweite Leine kommt jetzt schnell steif, während die frühere Vorspring auf der anderen Seite Lose erhält, und man zieht jetzt das Boot bei dichtgeholter Vorleine bis in Position 4 an die Pier heran. Mit einem Pull voraus und seewärtiger Ruderlage bringt man zum Schluß das Heck an die Pier und gibt auch die übrigen Leinen wieder an Land.

Abb. G: Drehen von Hand um das Heck und (H) um den Bug. Abb. I: Drehen mit Motorhilfe.

Abb. J: Umgang mit Leinen unter schwierigen Bedingungen beim Schleusen.

Manövrieren

Die Ruderwirkung des Propellers

Nach Steuerbord oder nach Backbord – das ist eine wichtige Frage für das Manövrieren

Der Drehsinn des Propellers kann die Manövriereigenschaften eines Bootes beträchtlich beeinflussen. Zugegeben – die Hersteller von Booten und Motoren haben vieles getan, damit der Propeller bei einem Außenbordmotor und einem Z-Antrieb keine nennenswerte direkte Ruderwirkung mehr ausüben kann. Wenn dennoch auch mit schwenkbaren Antrieben manche verkorkste Manöver gefahren werden oder das Manövrieren mit Zwillingsmotoren, deren Propeller den gleichen Drehsinn haben, gelegentlich problematisch wird, dann liegt es oft am mangelnden Verständnis der Bootssteuerer für die Arbeit und auch die Eigenart des Propellers. Die Betrachtung ist zwar nur für Eigner von Ein- und Zweischraubenbooten grundsätzlich wichtig, aber auch für Motorbootfahrer mit (zwei) Außenbordern und (zwei) Z-Antrieben nicht weniger interessant.

Wenn der Motor ,,voraus" arbeitet und man von achtern auf die Propellerwelle blickt, kann sich der Propeller entweder rechts herum und im Uhrzeigersinn oder links herum und entgegengesetzt zum Uhrzeiger drehen. Dementsprechend unterscheidet man zwischen ,,rechtsgängigen" und ,,linksgängigen" Propellern. Die unterschiedliche Form, die ein Propeller mit seinen Flügeln an der Propellernabe und den Flügelspitzen hat, und die gewünschte Verwindung von der Propellernabe bis zu den Propellerflügeln bei einem gleichzeitig unterschiedlichen Profil der Flügel ist für das Arbeiten des Motors ,,voraus" geschaffen. Ein ,,rechtsgängiger" Propeller erzeugt den gewünschten Schub nur, wenn er ,,rechts dreht". Nur wenn er ,,voraus" arbeitet, hat er seinen größten Wirkungsgrad. Läßt man den Motor ,,zurück" drehen, dann arbeiten die Propellerflügel ,,links herum" praktisch mit falschem Profil. Die eigentliche Rückseite des Propellers liegt jetzt in Arbeitsrichtung vorn, die eigentliche Vorderseite entgegengesetzt zur Fahrtrichtung hinten. Wenn der Motor ,,rückwärts" arbeitet, ist der Propellerwirkungsgrad daher klein.

Diese Tatsachen muß man sich vergegenwärtigen, wenn man über die (nützlichen und unsymphatischen) Querkräfte des Propellers und deren Auswirkungen für das Manövrieren des Bootes nachdenkt.

Ein ,,rechtsgängiger" oder ,,rechtshändiger" Propeller, der beim ,,Voraus-Arbeiten" des Motors rechts

Abb. A: Der Radeffekt eines rechtsgängigen und (Abb. B) eines linksgängigen Propellers.

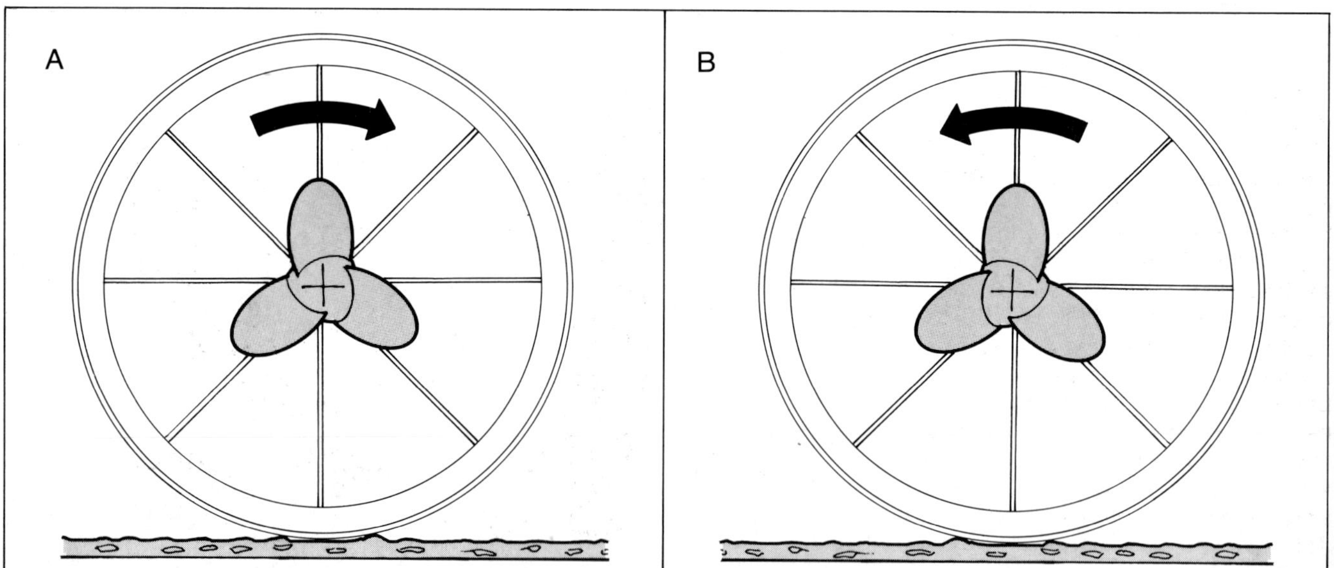

herum oder im Uhrzeigersinn dreht, erreicht dabei seinen höchsten Wirkungsgrad. Er gibt dem Boot bei einer bestimmten Umdrehungszahl des Motors eine bestimmte Geschwindigkeit. Steuert man den Motor jedoch um bzw. schaltet ihn auf „Zurück", so daß er „linksdrehend" arbeitet, und läßt man das Boot längere Zeit Fahrt achteraus machen, dann erreicht man mit der gleichen Umdrehungszahl bei weitem nicht die gleiche Geschwindigkeit wie bei Fahrt voraus.

Diese Tatsache ist einmal auf den geringeren Wirkungsgrad des beim Rückwärts-Arbeiten des Motors mit falschem Profil wirkenden Propellers zurückzuführen, zum anderen jedoch auf die ganz andere Unterwasserform des Bootes, wenn es über den Achtersteven läuft. Hier bietet der Bootsrumpf im Unterwasserschiff sehr viel mehr Widerstand bei Fahrt achteraus, als wenn das Boot in normaler Fahrtrichtung läuft. (Der Ordnung halber sei festgestellt, daß man natürlich auch über das Getriebe andere Untersetzungsverhältnisse schaffen kann.) Bei einem Verdränger sind diese Unterschiede im Unterwasserbereich von Vorschiff und Achterschiff sehr viel geringer als bei einem Gleitboot, das bei Fahrt voraus einen schlanken, keilförmigen Vorfuß in Fahrtrichtung bringt, bei Fahrt achteraus aber mit seinem breiten Achterschiff und dem nahezu senkrecht zur Wasseroberfläche angestellten Heckspiegel für einen beträchtlichen Wasserstau sorgt. Die Propellereffekte beim Rückwärts-Arbeiten des Motors sind daher auch bei Gleitbooten beträchtlich und trotz der Vorteile eines schwenkbaren Antriebes, der bei Außenbordern und Z-Antrieben praktisch wie ein Aktivruder wirkt, nicht zu unterschätzen.

Arbeitet der Propeller in ungestörtem Wasser, z. B. an einem Unterseeboot, das in 20 m Tiefe fährt, dann erzeugt der Propeller nur Vortriebskraft in Fahrtrichtung, aber keine querschiffs gerichtete Kraftkomponente. Querkräfte entstehen jedoch ganz zwangsläufig von selbst, wenn der Propeller am Heck eines Bootes oder unter einem Bootsboden in der Nähe des Wasserspiegels und in geringer Wassertiefe arbeitet. Diese Querkraft ist versucht, bei Fahrt voraus und einem „rechtsgängigen" Propeller das Heck nach Steuerbord und bei einem „linksgängigen" Propeller das Heck nach Backbord zu ziehen. Das Vorschiff wandert dementsprechend zur Gegenseite aus. Der Propeller am Boot erzeugt also eine Querkraft zur Propellerwelle, als wäre er ein seitlich über den Grund rollendes Rad, das bei „rechtsgängigem" Propeller das Heck nach Steuerbord (Abb. A), bei „linksgängigem" Propeller nach Backbord (Abb. B) zieht.
Die Auswirkungen kann jeder Bootssteuerer spüren. Sie sind bei einem „rechtsgängigen" Propeller, der sich mit hohem Wirkungsgrad bei Fahrt voraus „rechts dreht", im allgemeinen nur gering (Abb. C) und werden beim Anfahren, wenn sie hauptsächlich auftreten, meistens spontan mit dem Ruder korrigiert. Wenn ein „rechtsgängiger" Propeller jedoch „rückwärts arbeitet", die Propellerflügel bei diesem „Linksdrehen" praktisch ein falsches Profil haben und dazu noch das Unterwasserschiff sehr viel größeren Widerstand bietet, ist diese Querversetzung nach Backbord (Abb. D) besonders groß. Ein Vergleich der Pos. 1 bis 5 bei Fahrt voraus und Fahrt achteraus zeigt dieses deutlich. Am stärksten tritt dieser Radeffekt mit einer Querversetzung des Hecks bei Fahrtaufnahme aus der Ruhelage auf. Er hat dann auch den größten Nutzen zum Manövrieren.

Abb. C: Anfahren mit einem rechtsgängigen Propeller und Kurs beim Rückwärtsarbeiten.

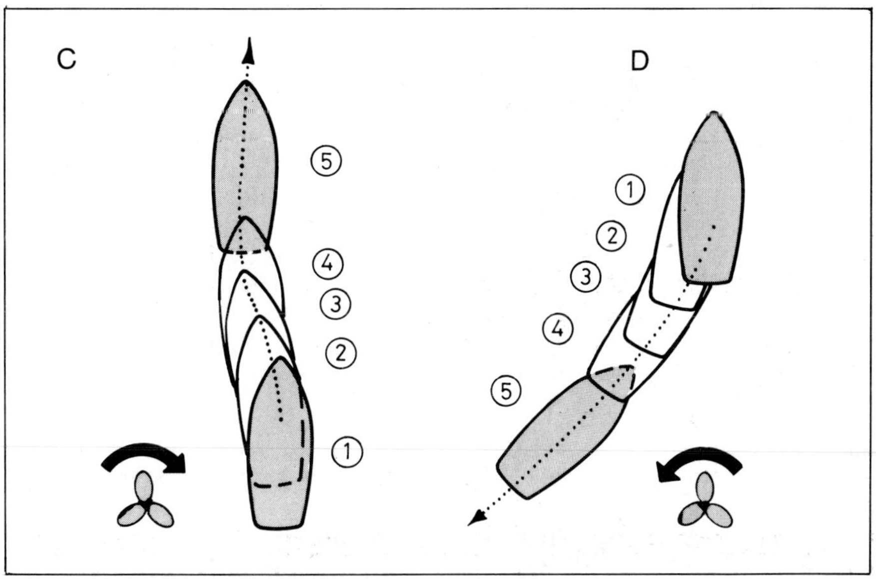

Wie entsteht die Ruderwirkung des Propellers?

Experten erklären das Phänomen auf unterschiedliche Art und Weise, einfach und kompliziert, faßlich und unverständlich

Der Radeffekt wird im Prinzip von Experten aller Länder seit Jahrzehnten einheitlich, im Detail aber auch unterschiedlich erklärt. Ich zitiere hier bewußt die Meinungen international anerkannter Fachleute aus später genannten Gründen: So heißt es z. B. bei Baader: „Jeder einzelne Propellerflügel durchschreitet bei einer Umdrehung unter dem Bootsboden nicht mehr ungestörtes Wasser, sondern Zonen unterschiedlichster Störungen . . . Im Vergleich zu den oberen durchwirbelten Wasserschichten, nicht selten mit Kavitationsdampf oder sogar angesaugter Luft gemischt, trifft er unten in der Tat auf *schweres* Wasser, das seiner Drehung größeren Widerstand entgegensetzt. Die Wirkung des *schweren* Wassers im unteren Bereich äußert sich durch eine Kraft, die das Heck seitlich zu versetzen trachtet. Die Richtung der unvermeidlichen Querkraft kann man am leichtesten im Gedächtnis behalten, wenn man sich vorstellt, daß die unteren Flügelspitzen des Propellers den Grund berühren und deshalb seitlich wegzuwandern versuchen."

Schulze-Hinrichs erklärt es der Bundesmarine wie folgt: „Einmal arbeiten die Schraubenflügel im unteren Halbkreis in tieferem und daher schwerer verschiebbarem Wasser als im oberen Halbkreis. Ferner ergänzt sich . . . das von der Schraube fortgeschleuderte Wasser im unteren Halbkreis schneller und vollkommener. Die Seitenschubkraft des unteren Halbkreises überwiegt demnach und muß bei Rechtsschrauben das Heck nach Steuerbord ablenken . . . Das am Achterschiff der Schraube von vorn zuströmende Wasser hat . . . einen *aufwärts gerichteten* Zustrom, der bei der Rechtsschraube im rechten Schraubenhalbkreis gegen die abwärts

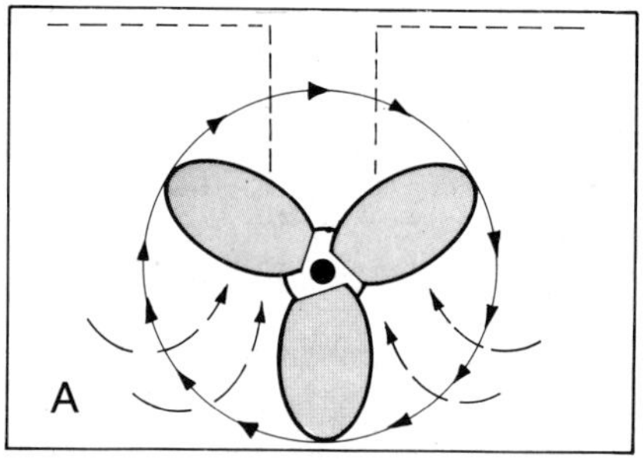

schlagenden Flügel trifft, während sich im linken die Flügel *mit* der Aufwärtsströmung bewegen (Abb. A). Somit sind die im rechten Halbkreis arbeitenden Flügel stärker beaufschlagt als die im linken und bewirken ein Drehmoment des Schiffes nach Backbord", d. h. ein Versetzen des Hecks nach Steuerbord.

Und so erklärt die Wasserschutzpolizei den Radeffekt: „Der aufwärts gehende Propellerflügel hat sozusagen nur die Wassersäule bis zur Oberfläche zu ‚heben', der abwärts gehende dagegen die Wassersäule bis zum festen Grund ‚zusammenzudrücken'. Die Wirkung ist die gleiche wie bei einem Rad, das man erst freischwebend in Umdrehung versetzt hat und dann auf eine Unterlage stellt: Es rollt infolge der Reibung auf der Unterlage seitwärts in Richtung der Raddrehung. In gleicher Weise wird auch das Heck durch die Schraube nach der Drehrichtung der Schraube hin abgelenkt (direkte Steuerwirkung der Schraube)."

In der Tat müssen die nach unten schlagenden Propellerflügel ja den vollen Wasserwiderstand überwinden (Abb. B), während das Wasser vor den nach oben schlagenden Propellerflügeln ausweichen kann, wie es bei jedem Motorboot in Fahrt deutlich zu erkennen ist (Abb. C).

Natürlich ist Wasser wie alle Flüssigkeiten nicht komprimierbar. Aber der Wasserwiderstand ist doch unterschiedlich: Bis ca. 0,30 m unter dem Wasserspiegel können wir schnorcheln. Die Lungenmuskeln überwinden den Wasserwiderstand. Auf 1 m Wassertiefe können wir nur mit einer Preßluftflasche atmen. Hier reicht unsere Muskelkraft nicht mehr zur Lungenarbeit gegen den Widerstand des umgebenden Wassers aus.

Interessante Gedanken steuert auch die amerikanische „Bootsbibel" bei:

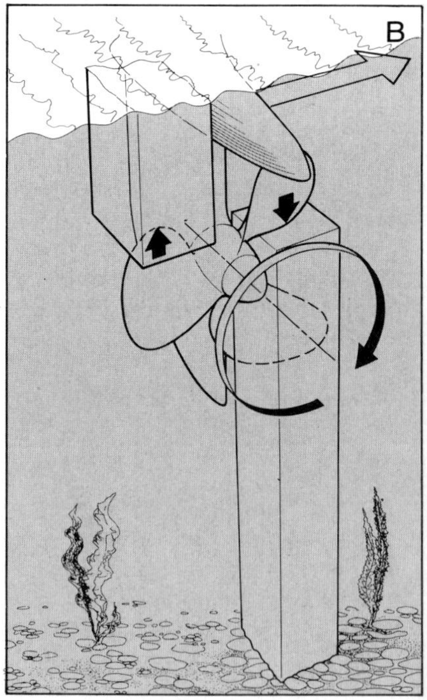

Verläuft die Schwanzwelle mit dem Propeller waagerecht zur relativen Richtung der Wasserströmung (Abb. D, Pos. 1), dann haben der abwärts schlagende Propellerflügel (a) und der aufwärts schlagende Propellerflügel (h) die gleiche relative Steigung, d. h. sie bewegen sich um die gleiche Distanz (d = 100%) durch das Wasser. Ist die Propellerwelle jedoch in einem Winkel zur Wasserströmung angestellt (Abb. D, Pos. 2), dann ist die Steigung des abwärts gerichteten Propellerflügels (a) bei einem rechtsgängigen Propeller und bei einer Aufsicht von Steuerbord und damit die Strecke, die der Propeller bei der Arbeit der abwärts schlagenden Flügel zurücklegt (da) größer (125%), die der hochdrehenden Flügel (h) jedoch mit 75% (dh) sehr viel kleiner. Es wird hierdurch bei einem rechtsgängigen Propeller und Voraus-Arbeiten ein sehr viel größerer Schub nach Steuerbord mit einem entsprechenden Radeffekt des Hecks zur gleichen Seite verursacht.

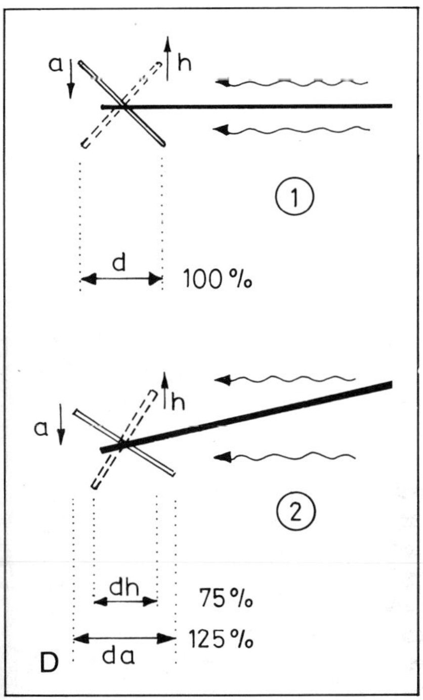

Aus der Abb. D ist gut zu erkennen, daß bei Booten mit starren Wellen, Propeller unter dem Bootsboden und Einbaumotoren, wie es Pos. 2 zeigt, der Radeffekt am größten ist und aus diesem Grunde auch bei Außenbordmotoren und Z-Antrieb mit einer weitgehend waagerechten Propellerachse der Effekt weniger spürbar ist. Andererseits wird sich die Pos. 2 bei Z-Antrieben in Gleitfahrt und auch (nicht ganz so extrem) bei einem kurzen Gasstoß zur Fahrt achteraus einstellen können.

Demgegenüber nimmt die „Seemannschaft" eine ganz andere Haltung ein: „Der Radeffekt wird oft so erklärt, daß der im Drehkreis unten ‚im dichteren Wasser' durchgehende Propellerflügel mehr Widerstand findet als der oben durchgehende Flügel. Die Erklärung ist absoluter Unsinn ... Der Radeffekt ist beim rumpffrei laufenden Propeller – etwa in Vorausfahrt – lediglich eine Reaktion auf den Drall, den der Propeller dem Wasser aus der Beschleunigung nach achtern erteilt. Der Effekt ist beim Fahren über den Achtersteven oder rückwärts gehendem Propeller im Manöver nur deshalb stärker spürbar, weil das nun spiralig gedrallte Wasser gegen den Rumpf geschickt wird und so auf der einen Seite gegen den Bootsboden und die Bordwand drückt, auf der anderen Seite aber suckelt." Eine m. E. komplizierte und wenig überzeugende Erklärung.

Um den Radeffekt bei normaler Fahrt auszuschalten, ist bei Booten mit rechtsgängigem Propeller (Außenbordern und Z-Antrieben) der Steuermannssitz (oft) auf die Steuerbordseite gelegt worden, damit auf der Seite des größten Schubs auch das (größere) Gewicht liegt, während bei Booten mit Einbaumotoren der Motor geringfügig außermittig angeordnet ist und die Propellerwelle in einem (geringen) Winkel zur Kielrichtung liegt.

Abstoppen bei Fahrt voraus mit Rückwärtsgang

Wirkung des Ruders, Arbeitsweise des Propellers und die Bewegung des Bootes von Ausgangs- in Endlage

Boote mit Z-Antrieben und Außenbordern sind so hochmotorisiert, daß sie keine Schwierigkeiten bei Manövern haben; denn auch im Rückwärtsgang, wenn der Propellerflügel praktisch ein „falsches" Profil hat und der Propellerwirkungsgrad daher klein ist, bleibt die Leistung von Motor und Propeller immer noch sehr groß. Dazu gesellt sich der Vorteil, daß ein Boot mit Außenbordmotor oder Z-Antrieb den Propeller selbst seitlich schwenken und damit das gesamte Aggregat wie ein „aktiviertes Ruder" einsetzen kann. Die folgenden Darstellungen können also von Schippern auf Booten mit Außenbordmotoren und Z-Antrieben überschlagen werden. Auch wer Zwillingsmotoren mit starren Propellerwellen und Ruder oder Doppelruder benutzt, kann über diese Betrachtungen hinweggehen. Sie ist im Prinzip nur für die Fahrkunde mit Booten bestimmt, die einen festen Propeller und ein Ruder haben, das im Propellerstrom arbeitet.
Wertvoll können diese hier erläuterten Manöverbilder aber auch für Boote mit doppelten Z-Antrieben oder Zwillingsmotoren mit starren Wellenanlagen sein, wenn ein Aggregat ausgefallen ist. Die Abbildungen zeigen in allen Einzelheiten, wie die Kräfte beim Umsteuern und Abstoppen eines Motorbootes mit rechtsgängigem Propeller nacheinander zur Wirkung kommen, wie sie sich summieren und welche Endposition das Boot nach einer normalen Anfangslage einnimmt. Daraus kann man weiter erkennen, in welche Anfangslage man ein Boot gegebenenfalls hineinmanövrieren muß, um die gewünschte Endlage zu erreichen.

Abstoppen mit Rückwärtsgang. Das Ruder liegt mittschiffs (Abb. A). Pos. 1: Das mittschiffs gelegte Ruder hat während des Manövers keine Auswirkungen auf den Kurs des Bootes, weil das Wasser ungehindert an beiden Seiten entlangströmen kann. – Pos. 2: Der Propeller arbeitet im Rückwärtsgang praktisch mit einem falschen Profil, denn die Seite für den größeren Wasserdruck ist nach außen gewölbt. Die Niederdruckseite hingegen ist flach und bleibt ohne die gewünschte Wölbung. Es wird ein Querschub erzeugt, der das Heck nach Backbord bringt (Seiteneffekt). – Pos. 3: Durch den Radeffekt des jetzt im Rückwärtsgang drehenden (linksdrehenden) Propellers wird das Heck weiter nach Backbord geschoben. – Fazit: Beim Abstoppen des Bootes von Fahrt voraus mit Rückwärtsgang dreht das Heck auch ohne Ruderhilfe deutlich nach Backbord.

Abstoppen mit Rückwärtsgang. Das Ruder liegt hart Steuerbord (Abb. B). Pos. 1: Durch die ungünstiger wirkenden Flügelschnitte nach dem Tausch der Druck- und Saugseite des umgesteuerten Propellers wird eine verstärkte Querkraft nach Backbord wirksam. Dieser Seiteneffekt wird kurzzeitig durch das Ruder unterstützt, so lange das Boot noch Fahrt voraus macht. – Pos. 2: Auch die indirekte Ruderwirkung des nun im Rückwärtsgang linksdrehenden Propellers (der Radeffekt) schiebt das Heck etwas nach Backbord. – Pos. 3: Das Ruder kann erst wirken und das Heck nach Steuerbord ziehen, sobald das Boot Fahrt achteraus aufzunehmen beginnt. Der Sog des Propellers unterstützt noch diese Ruderwirkung, doch dreht das Heck nur sehr träge nach Steuerbord.
Fazit: Stoppt man die Vorwärtsfahrt durch das Motorenmanöver „Voll zurück" mit Ruderlage hart Steuerbord, dann dreht das Heck zuerst nach Backbord, nimmt im Stillstand die Ausgangslage wieder ein und beginnt dann erst langsam nach Steuerbord zu drehen.

Abstoppen mit Rückwärtsgang. Das Ruder liegt hart Backbord (Abb. C): Pos. 1: Das Ruder lenkt das Heck nach Steuerbord, solange das Boot noch Fahrt voraus macht. Dieser Rudereffekt wird nur verhindert, wenn man das Ruder mittschiffs legt und es erst in der Phase 2 in eine Backbord-Lage bringt.
Pos. 2: Durch das Umlenken des Propellerstrahls wird unmittelbar nach Einlegen des Rückwärtsgangs ein starker Seiteneffekt nach Backbord eintreten.
Pos. 3: Der Radeffekt des Propellers verstärkt den Querschub des Hecks nach Backbord. Gleichzeitig beginnt auch das Ruder zu wirken. Es lenkt bei beginnender Fahrt achteraus das Heck nach Backbord, und der Saugstrom des Propellers hinter dem Ruderblatt unterstützt dabei noch die Ruderwirkung.
Fazit: Beim Abstoppen der Fahrt mit Rückwärtsgang und Backbordruderlage wird das Heck zuerst etwas nach Steuerbord und dann schnell nach Backbord geschwenkt.

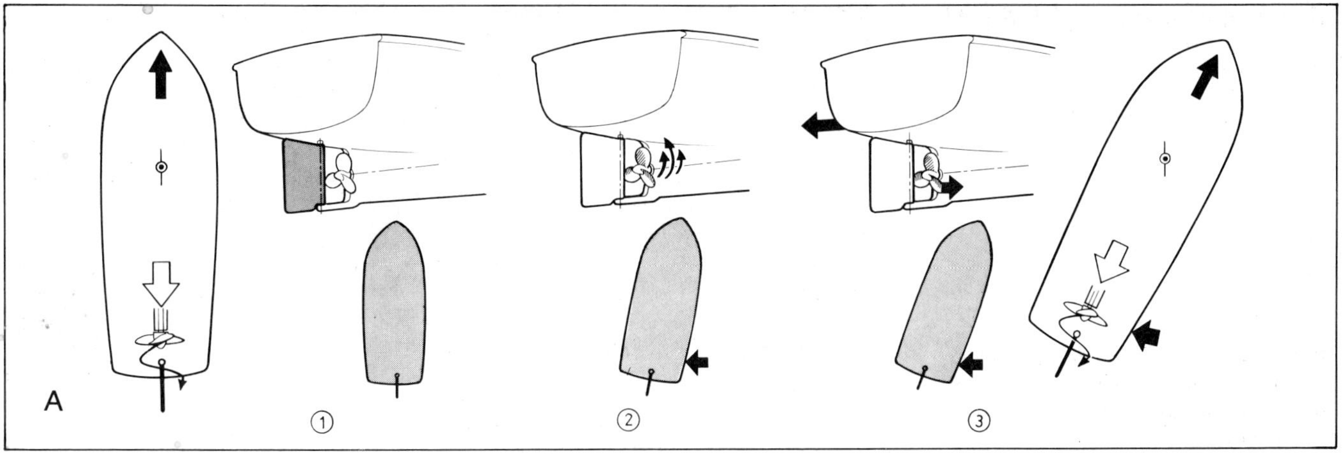
A
1
2
3

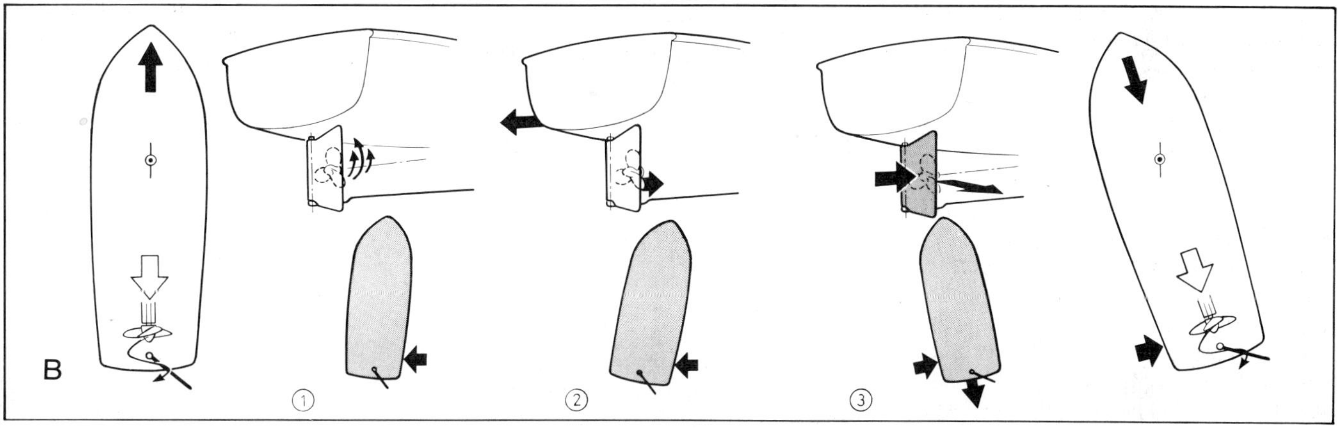
B
1
2
3

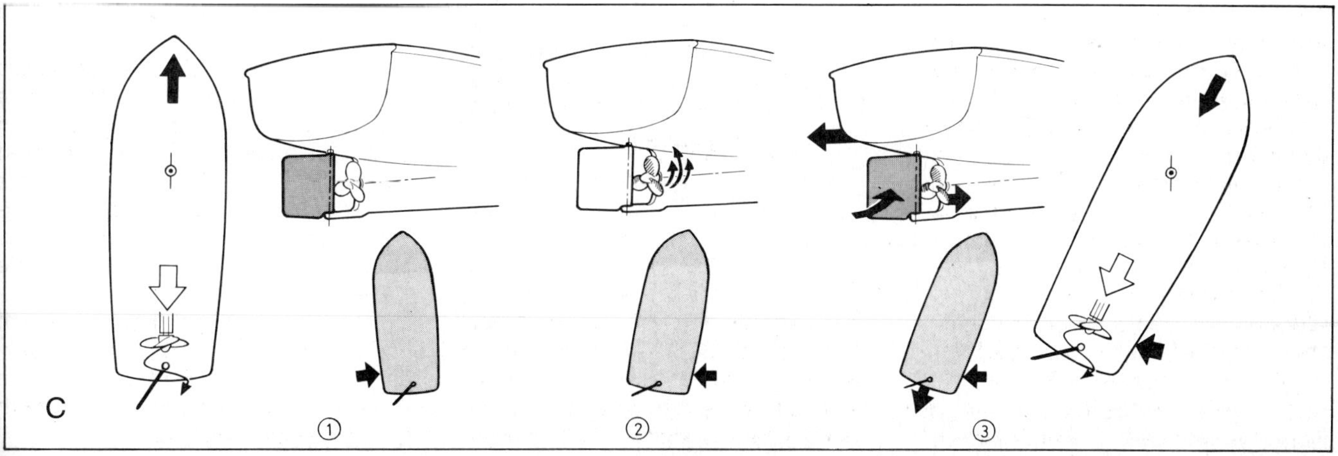
C
1
2
3

Abstoppen bei Fahrt achteraus mit Vorwärtsgang

Wirkung des Ruders, Arbeitsweise des Propellers und die Bewegung des Bootes von Ausgangs- in Endlage

Manche Bootseigner sind auch mit Zwillingsmotoren oder doppelten Z-Antrieben hilflos, wenn sie in engen Yachthäfen manövrieren müssen und fremde Einflüsse wie Seitenwind und Strom zu wirken beginnen oder Hindernisse wie Dalben oder Stegstummel den Manövrierraum an bestimmten Stellen einegen. Sehen wir uns daher an, was beim Übergang von der Fahrt achteraus zum Stillstand bei den entsprechenden Ruderlagen an einem einmotorigen Verdränger mit rechtsgängigem Propeller vor sich geht und was im Prinzip für alle Boote gilt.

Abstoppen mit Vorwärtsgang. Das Ruder liegt mittschiffs (Abb. A).
Pos. 1: Durch das Umsteuern des Propellers bildet sich eine verstärkte Querkraft. Dieser Seiteneffekt schwenkt das Heck nach Backbord.
Pos. 2: Wenn sich der Radeffekt bemerkbar macht, wird diese Tendenz aufgehoben. Die indirekte Ruderwirkung des rechtsgängigen und jetzt wieder rechtsdrehenden Propellers drängt das Heck nach Steuerbord.
Fazit: Wenn das Boot aus Fahrt achteraus einen Vorwärtspull mit dem Motor erhält und das Ruder dabei mittschiffs liegt, wird es sich weitgehend neutral verhalten und seine Lage nicht ändern. Ob und in wieweit es nur geringfügig (zuerst) zu einer und (darauf) zur anderen Seite mit dem Heck ausschwenkt, hängt von der Fahrt achteraus ab, die abzustoppen ist und damit von der Zeit, die der Motor im Vorwärtsgang drehen muß, bis das Boot zum Stillstand kommt.

Abstoppen mit Vorwärtsgang. Das Ruder liegt hart Backbord (Abb. B).
Pos. 1: Durch das Umlenken des Propellerstrahls und den jetzt nach vorn gerichteten Schraubenstrom wird das Heck nach Steuerbord gedrängt.
Pos. 2: Der Radeffekt des jetzt wieder rechtsdrehenden Propellers wirkt als indirekte Ruderwirkung und sorgt dafür, daß das Heck ebenfalls nach Steuerbord geschwenkt wird.
Pos. 3: Der Querschub des Propellers und die durch den Propellerstrahl aktivierte Ruderwirkung bringen das Heck weiter nach Steuerbord.
Fazit: Beim Abstoppen von Achterausfahrt mit Vorwärtsgang und Ruderlage Backbord wandert das Heck sehr schnell nach Steuerbord.

Abstoppen mit Vorwärtsgang. Das Ruder liegt hart Steuerbord (Abb. C).
Pos. 1: Der Schraubenstrom des umgesteuerten Propellers, der auf das Ruder wirkt, läßt das Heck nach Backbord schwenken.
Pos. 2: Durch den Radeffekt wird diese Drehbewegung wieder abgeschwächt.
Pos. 3: Die Ruderlage unterstützt die Drehtendenz des Hecks nach Backbord weiter.

Fazit: Das Heck schwingt bei Fahrt achteraus und Abstoppen mit Vorwärtsgang sehr schnell und weit zur Backbordseite.

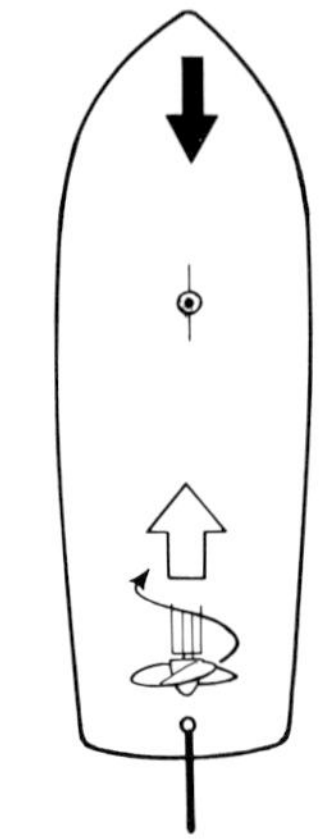
A

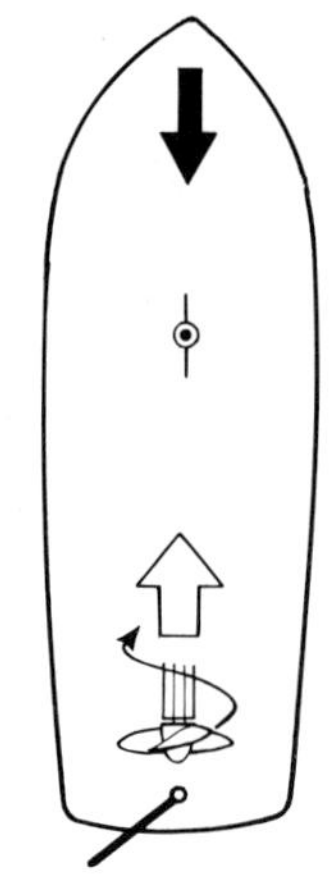
B

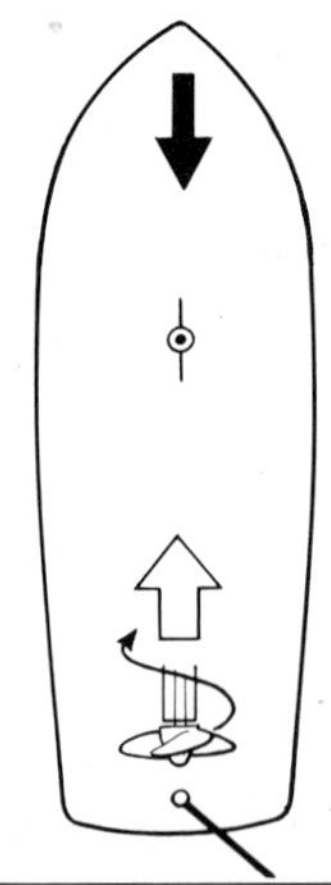
C

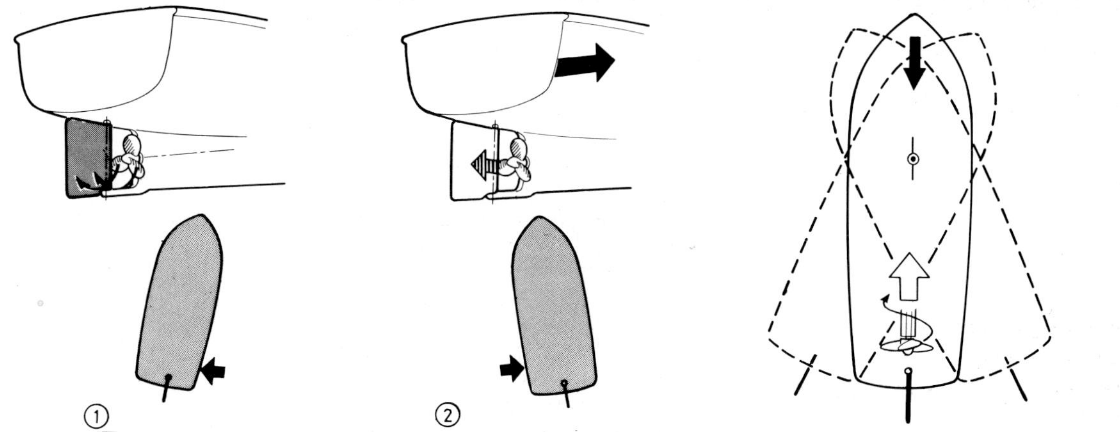
①
②

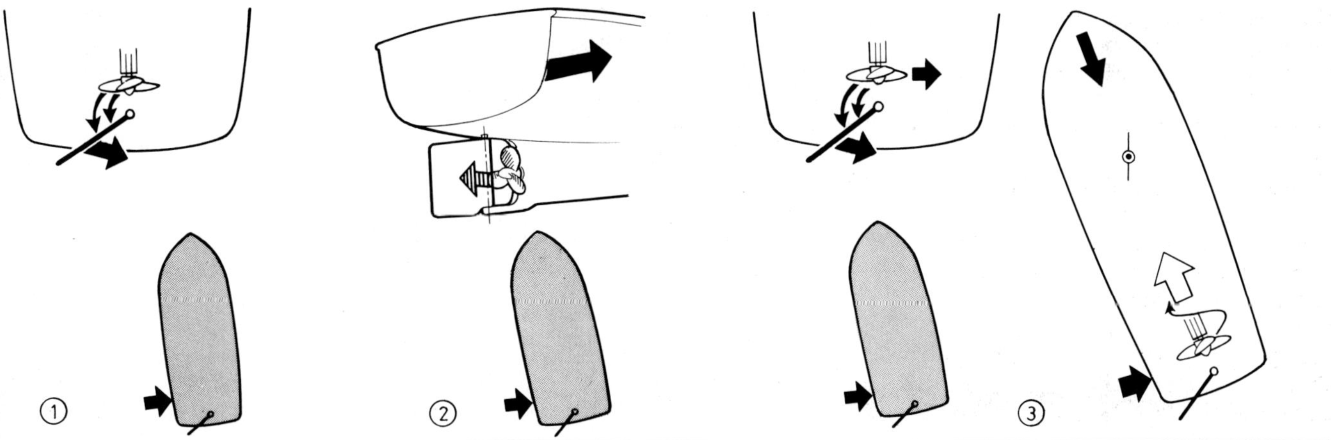
①
②
③

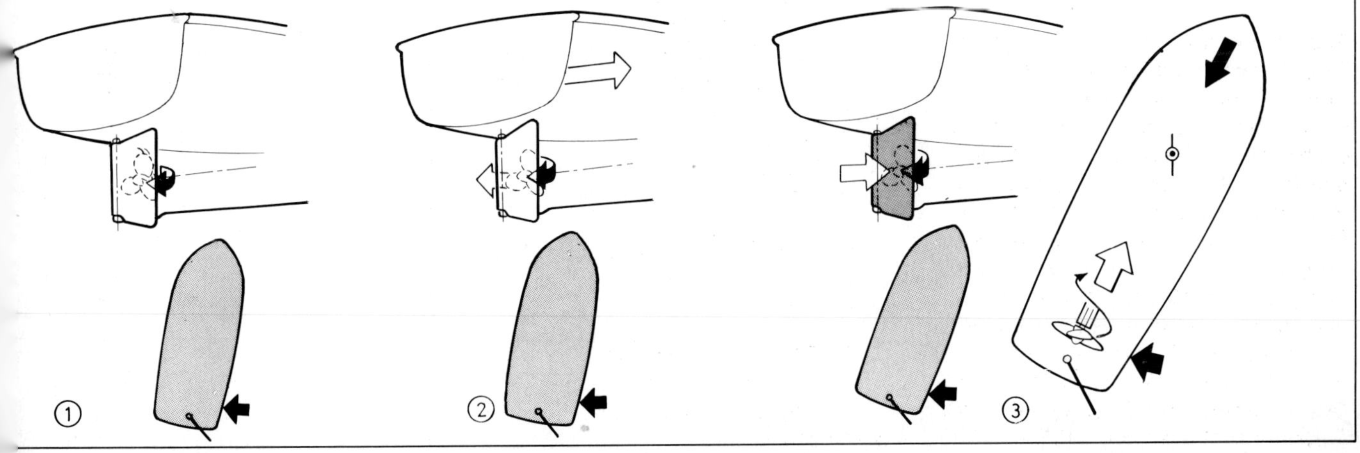
①
②
③

Der Dreh beim Drehen

A

Die Manövriereigenschaften eines Bootes hängen von Art und Durchmesser des Drehkreises ab

Meistens hat man viel Platz auf dem Wasser. Dann kann man sein Boot mit geringem Anstellwinkel von Ruder oder Antrieb in eine lange, weiche Kurve legen, und man wird sich dabei keine Gedanken darüber machen müssen, wo der Drehpunkt des Bootes liegt und ob er sich vor oder hinter dem Schwerpunkt befindet (Abb. A). Wenn es jedoch darum geht, in einem begrenzten Fahrwasser oder einem engen Hafenbecken einen möglichst kleinen Drehkreis zu fahren, das Boot mit Fahrt voraus oder Fahrt zurück in einen Liegeplatz hinein- oder aus ihm herauszudrehen und zu wissen, ob dieser Drehkreis bei viel Fahrt größer oder geringer ist, dann hängt von diesem Dreh beim Drehen schon ein großer Teil Manövrierkunst ab.
Wer am Steuer seines Kraftwagens sitzt, der kann sowohl beim Verlassen der Garage als auch beim Einparken in eine Parklücke davon ausgehen, daß ein Auto beim Manövrieren ,,Spur läuft'', d. h. es fährt bei Fahrt voraus hinter seinen Vorderrädern her und läuft bei Rückwärtsfahrt in der Bahn der Hinterräder. Der Radius eines Drehkreises ist beim Auto immer gleich (Abb. B), weil die

B

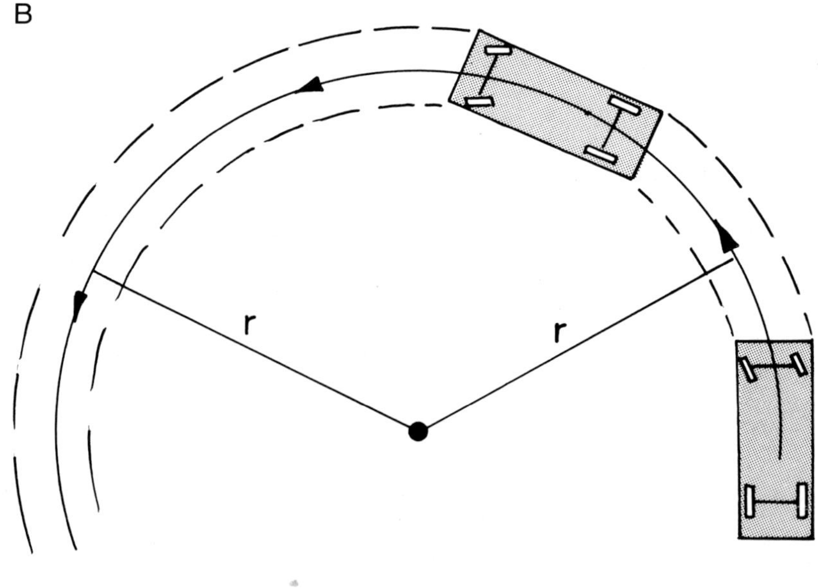

Abb. A: Spaß beim Drehen in freiem Wasser. – Abb. B: Ein Auto dreht spurtreu.

Reifen durch ihre Reibung auf der Straße normalerweise ein seitliches Wegrutschen und insbesondere ein Ausbrechen des Hecks verhindern.
Demgegenüber bewegt sich ein Verdrängerboot im Wasser, das sich seitlich verschieben läßt, und ein Gleitboot auf der Wasseroberfläche, wo es seitlich wegrutschen kann, praktisch wie ein Auto auf Glatteis: Dreht man das Steuerrad, dann folgt entweder nur der Bug der Drehbewegung (Abb. C), und das Heck rutscht nach außen weg, oder das Heck folgt willig dem Ruder (Abb. D), aber das Vorschiff findet so viel Widerstand im Wasser, daß der Bug nur verzögert und widerwillig der Drehbewegung folgt.
Ein Motorboot läuft also nicht in seiner Spur. Die Breite der Bahn in einem (Teil vom) Drehkreis ist daher auch nicht, wie beim Kraftwagen, die Breite, sondern nahezu die Länge des Fahrzeugs. Ein drehendes Boot macht also scheinbar einen Schritt neben seinen Kurs. Hierbei liegt bei Verdrängern das Achterschiff (C), bei Gleitbooten das Vorschiff (D) an der Außenseite des Drehkreises.
Bei Verdrängungsbooten mit Einbaumotoren und fester Propellerwelle liegt der Drehpunkt im allgemeinen am Ende des vorderen Bootsdrittels und damit vor dem Gewichtsschwerpunkt des Bootes (Abb. C).
Beim Drehkreis eines schnellen Gleitbootes liegt demgegenüber der Drehpunkt am Ende des zweiten Bootsdrittels oder ein Drittel der Länge vom Heck entfernt (Abb. D). Bäumt sich der Bug im Übergang von Verdränger- zu Gleitfahrt hoch auf, dann wandert der Drehpunkt weiter nach achtern; bei schneller Gleitfahrt rückt er mehr nach vorn und wird identisch mit dem Druckpunkt der dynamischen Auftriebskräfte.
Ein Motorbooteigner muß wissen, daß der Drehpunkt seines Bootes mit den verschiedenen Fahrtzuständen wandert, und er muß zum Manövrieren herausfinden, wie sich ein Boot nicht nur in vollen Drehkreisen, sondern auch beim Hineinkurven in enge Liegeplätze zum Längsseit-Festmachen an Stegen verhält.
Ein Motorboot fährt aber nun mitnichten einen Drehkreis mit einem konstanten Radius wie ein Auto (siehe Abb. B), sondern bewegt sich in einer Spirale (siehe Abb. C): Der Radius des Drehkreises, den es mit dem Drehpunkt beschreibt, ist zuerst groß (a), wird dann zunehmend kleiner (b und c) und wird schließlich bei einem sehr kleinen Radius (d und e) konstant. Beruhigend zu wissen, daß ein Boot nach einem vollen Drehkreis immer *innerhalb* der ursprünglichen Ausgangsposition liegt, also unter normalen Bedingungen für eine volle Drehung weniger Platz als für einen halben Drehkreis braucht.

Abb. C: Drehkreis eines Verdrängers (mit unterschiedlichen Radien). – Abb. D: Drehkreis eines Gleiters.

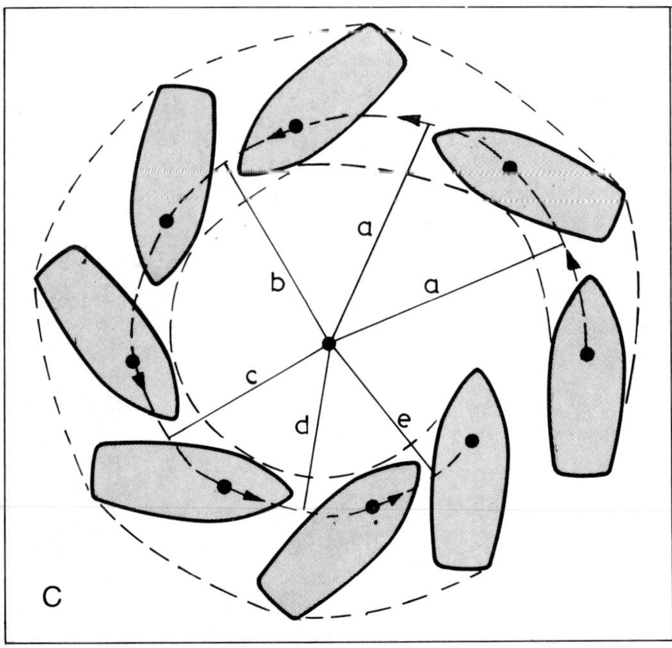

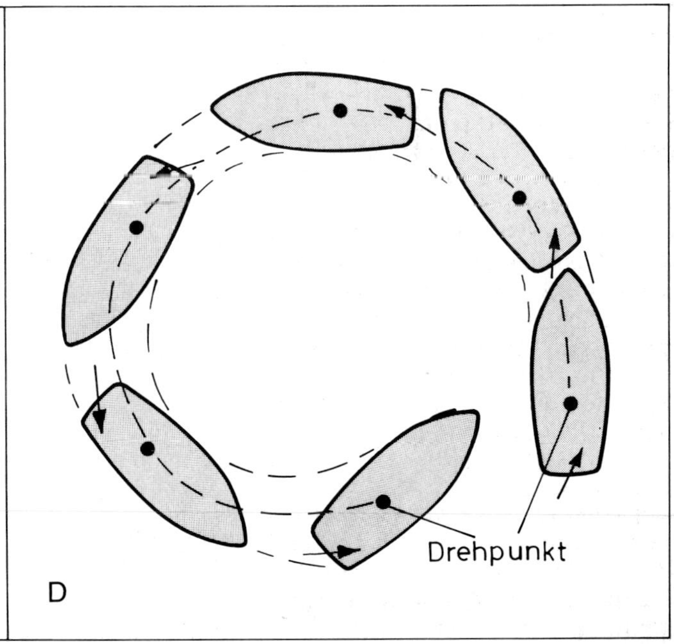

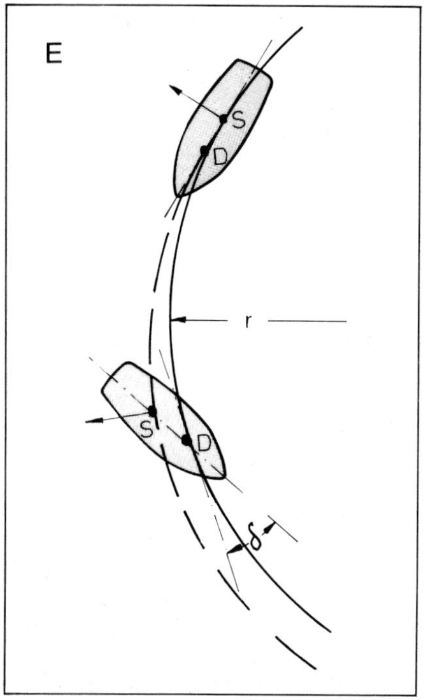

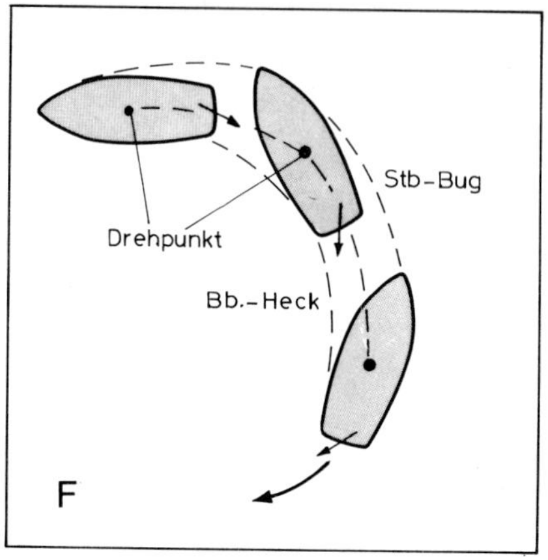

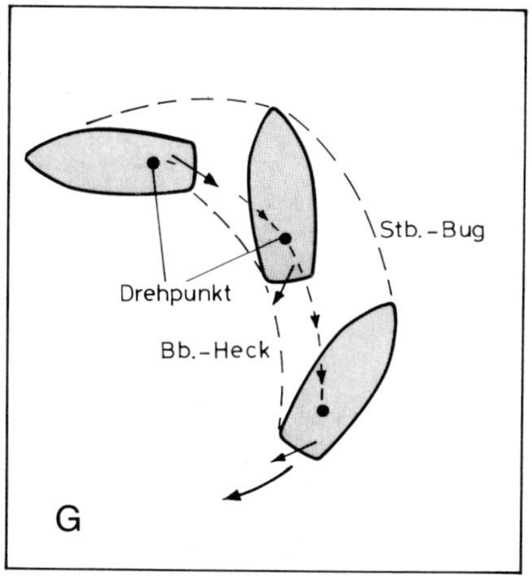

Abb. E: Beim Drehen ist der Derivationswinkel zu beachten. – Abb. F: Drehen eines Verdrängers bei Fahrt achteraus. – Abb. G: Drehen eines Gleiters ist beim Rückwärtsarbeiten nahezu auf dem Teller möglich.

Legt man an den Drehkreis, den der Drehpunkt des Bootes (Abb. E, Buchstabe D) beschreibt, eine Tangente, dann entsteht ein Winkel zur Längsachse des Bootes, die durch die im Gewichtsschwerpunkt (S) angreifende Zentrifugalkraft in einer ganz anderen Richtung verläuft. Man nennt ihn den *Derivationswinkel,* der (am Vorschiff gemessen) bei Verdrängern praktisch ein „Einbuchtungswinkel" (siehe Abb. C) und bei Gleitern ein „Ausbuchtungswinkel" (siehe Abb. D) ist. Er nimmt mit Fahrtgeschwindigkeit und Ruderwinkel zu, kann ungefähr 20° (bis zu 25°) betragen und ist beim Manövrieren zu beachten.

Wie die Querstabilität in einem Drehkreis bei Gleitern und Verdrängern und bei Gleitbooten unterschiedlicher Spantform aussieht, ist auf Seite 78 behandelt worden. Mit flachen Booten schnell gefahrene Drehkreise sind durch die hier verschiedenartig einwirkenden Kräfte nicht ungefährlich. Hierbei kann ein Motorboot kentern.

Bei Fahrt achteraus manövriert ein Gleitboot mit Außenbordmotor oder Z-Antrieb ähnlich wie ein Verdränger (Abb. F): Der Drehpunkt wandert bis ungefähr zur halben Bootslänge, und der beim Drehen benötigte Raum wird durch den außen liegenden Bug und die innen liegende Seite des Hecks bestimmt. Da die Lage des Lateraldruckpunktes von der Fahrtrichtung des Bootes abhängt, verschiebt er sich im gleichen Augenblick, wenn das Boot Fahrt achteraus aufzunehmen beginnt und der Propellerstrom dabei gegen die Flosse (bei einem Verdränger) oder das Unterwasserschiff strömt, nach achtern. Das Ruder hat beim Umsteuern des Propellers nur wenig Wirkung, weil es ohne Propellerstrom arbeiten muß. Die Ruderwirkung nimmt erst wieder zu, wenn das Boot mehr Fahrt achteraus aufgenommen hat.

Ein Drehkreis mit einem auf rückwärts geschalteten Motor ist meistens nur mit kurzen Gasstößen bei entsprechend gelegtem Ruder oder Antrieb möglich; denn auch ein Antrieb ohne aktiven Propeller hat keine nennenswerte Ruderwirkung. Wenn keine Gefahr für andere Boote besteht, müssen daher insbesondere Gleitboote immer mit ausreichender Fahrt manövrieren, sowohl beim Voraus- wie beim Rückwärtsarbeiten des Motors.

Mit einem plötzlichen Gasschub kann ein Gleitboot beim Rückwärtsarbeiten des Motors nahezu auf dem Teller drehen (Abb. G). Dazu fährt man aus dem Stand oder mit langsamer Fahrt zwei bis drei Sekunden lang mit Halbgas an, damit das Boot sofort um seinen, mit eingetauchtem Heck sehr weit achtern liegendem Drehpunkt zu drehen beginnt, und geht augenblicklich auf Stopp, sobald das Boot Fahrt aufzunehmen begonnen hat. Nur wenige kurze Gasstöße mit entsprechend gelegtem Ruder oder Antrieb reichen aus, um das Boot auch auf kleinstem Raum um 90° oder mehr zu drehen.

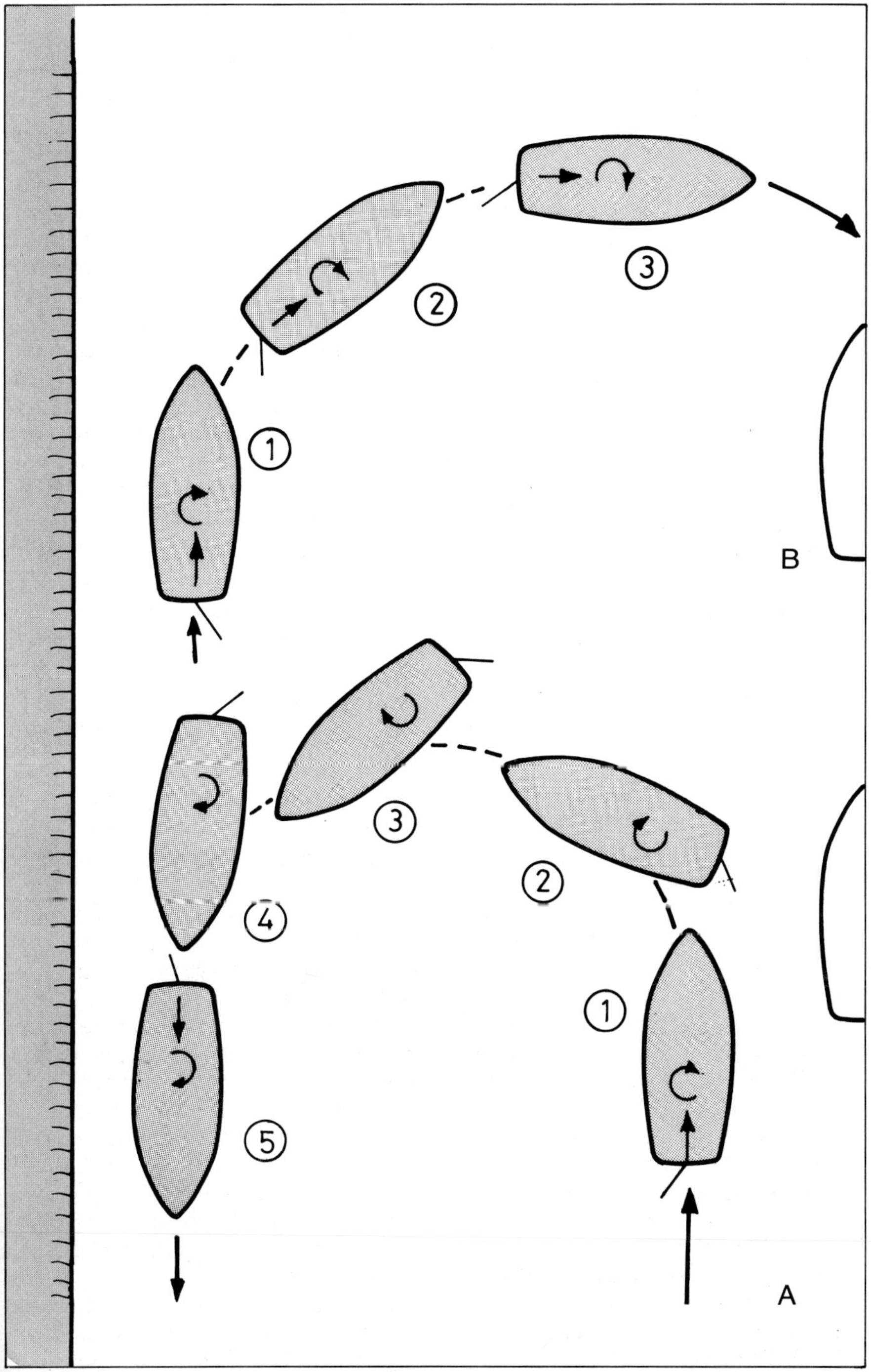

Manövrieren mit verschiedenen Propellern

Auch auf die Drehrichtung des Propellers kommt es an

Bei der Betrachtung des „Drehs beim Drehen" (Seite 102) waren wir grundsätzlich von einem rechtsgängigen Propeller ausgegangen und hatten Drehkreise nach Backbord, d. h. zur „guten" Seite in bezug auf den „Radeffekt" (siehe Seite 96) eines rechtsgängigen Propellers eingezeichnet. Der kleinstmögliche Drehkreis wird jedoch nur erreicht, wenn das Boot zur „richtigen" Seite dreht (Abb. A). Hier reichen erfahrungsgemäß – je nach Fahrtstufe – drei bis vier Bootslängen aus, um ein Boot mit rechtsgängigem Propeller bei Fahrt voraus und einem Drehkreis nach Backbord z. B. zwischen einer Pier und in einer Bojenreihe liegenden Booten auf Gegenkurs gehen zu lassen. Wählt man statt dessen einen Drehkreis nach Steuerbord (Abb. B), dann hat das gleiche Boot in Pos. 3 seinen Kurs erst um 90° geändert und kommt nicht mehr herum. In diesem Falle wird es notwendig sein, den Dreh zum Manövrieren in der Praxis wie folgt anzuwenden (Abb. C):
Man steuert nach Erreichen der Pos. 3, a den Motor um (3, b) und legt Antrieb zw. Ruder zur entgegengesetzten Seite. Entsprechend der geringe-

Drehkreis zur richtigen (Abb. A) und zur falschen Seite (Abb. B).

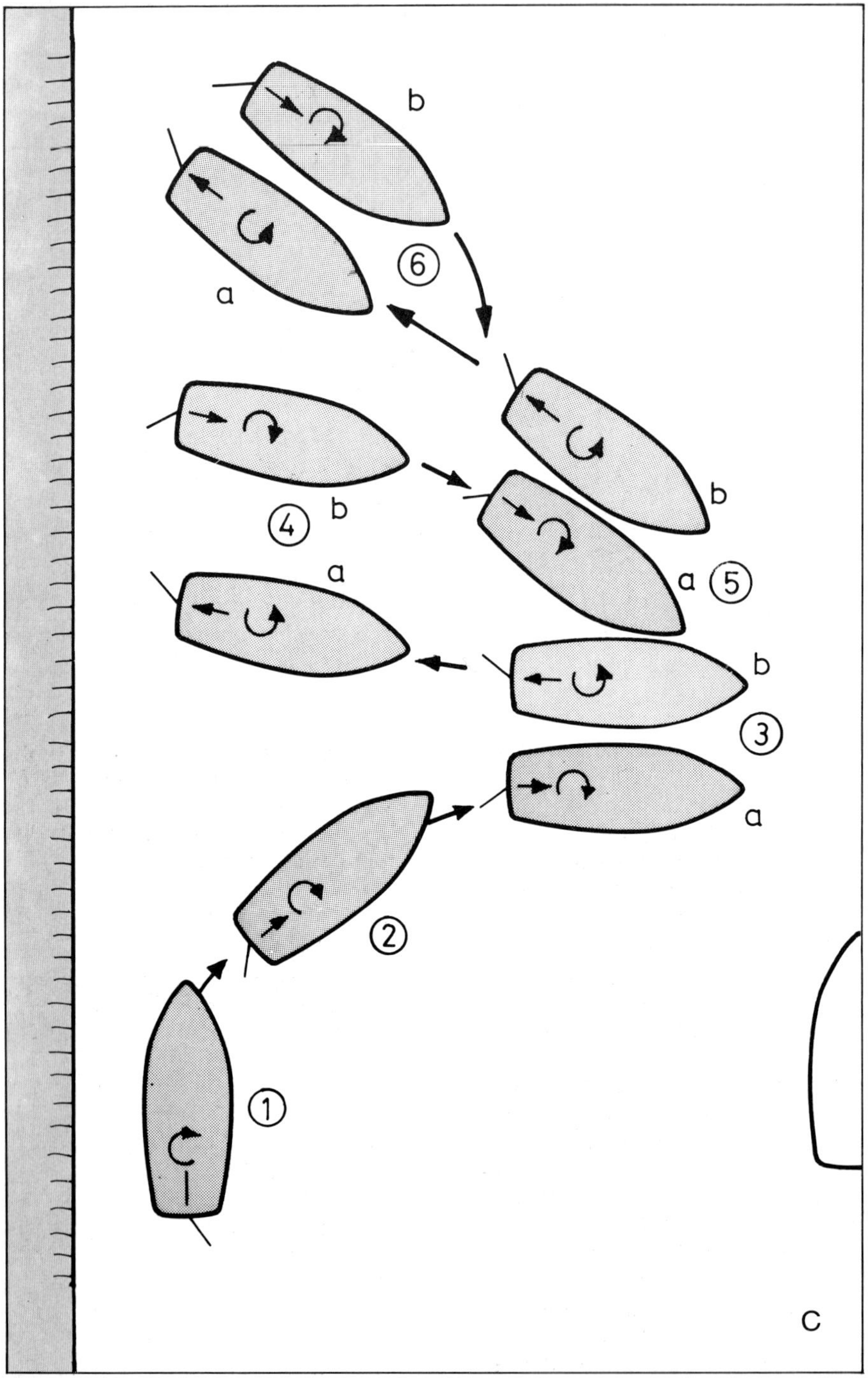

ren Wirkung von Ruder und Antrieb beim Zurückziehen wird es im allgemeinen nur möglich sein, einen geraden Kurs achteraus zu steuern, aber man wird zur gewünschten Backbord-Seite keine nennenswerte Drehbewegung gewinnen. Erst nach dem Umsteuern in Pos. 4, b, mit Steuerbord-Ruder und Vorwärtsarbeiten des Motors erhält man eine kurze, in Pos. 5, a beendete Drehtendenz, die wiederum in Pos. 5, b mit Umsteuern und Gegenruderlage durch Fahrt achteraus abgelöst wird. Erst in Pos. 6, b erreicht man mit Ruderlage und Propellerschub aus dem Stillstand die zur Rückkehr auf Gegenkurs (zu Pos. 1) notwendige Drehtendenz.

Radeffekt und Drehtendenz sind auch beim Anlegen als Grundlage des Manövrierens zu beachten: Läuft man die auf der Steuerbordseite liegende Pier mit einem rechtsgängigen Propeller auf Parallelkurs an (D, 1) und läßt den Motor in der gestrichelten Pos. 2 rückwärts arbeiten, dann dreht das Heck durch den Radeffekt nach Backbord. Das Vorschiff kollidiert dabei jedoch durch den auf etwa halber Bootslänge liegenden Drehpunkt (Pos. 3) mit der Pier. Wenn ein Boot mit rechtsgängigem Propeller an der Steuerbordseite festmachen will (Abb. E) und die Pier parallel (1a) oder in einem Winkel (1b) anläuft, dann muß das Boot vor dem Rückwärtsarbeiten des Motors in der gestrichelten Pos. 2 zuerst das Vorschiff abscheren lassen, damit es die gewünschte Endlage parallel zur Pier (3) ohne Kollision erreicht.

Liegt die Brücke beim Anlaufen mit Parallelkurs an Backbord (Abb. F), dann besteht beim Abstoppen des

Abb. C: Das Drehen zur falschen Seite ist in der Praxis umständlich und langwierig.

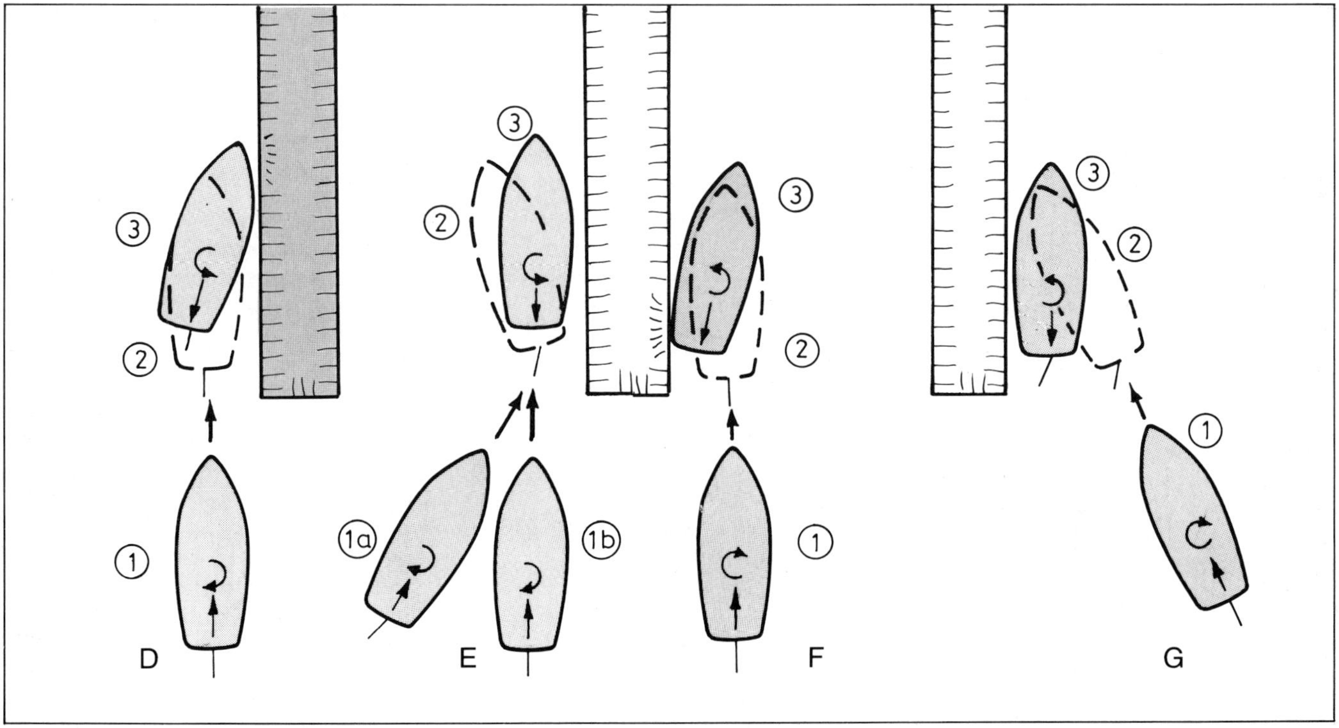

Bootes durch Rückwärtsarbeiten des Motors in Pos. 2 die Gefahr, daß das Achterschiff an die Pier schlagen kann, und es ergibt sich die in Abb. G gezeigte Notwendigkeit, die Pier auch zu einem Anlegemanöver auf der „guten" Seite mit rechtsgängigem Propeller in einem Winkel anzusteuern und das Rückwärtsarbeiten bei einem entsprechenden Abstand des Vorschiffes vom Anleger einzuleiten, wobei gleichzeitig das Achterschiff an die Pier herangeholt wird.

Die Kenntnis dieses Verhaltens eines Bootes ist auch beim Aufstoppen (z. B. vor und in Schleusen) wichtig. Dabei verhalten sich alle Boote unterschiedlich, abhängig vom Unter- und Überwasserschiff, von der Wind- und Stromrichtung, von der Art und Lage der Aufbauten, von der Art der Antriebe, Propeller und Ruder. Man muß dies durch praktische Versuche feststellen – aber man muß wissen, daß man es feststellen kann und daß diese Kenntnis für das sichere Manövrieren unabdingbar ist.

Ist man beispielsweise auf der Suche nach einem Liegeplatz in das am Ende begrenzte Fahrwasser zwischen zwei Reihen Boxen eingelaufen und hat keinen Liegeplatz gefunden, dann kann das Zurückziehen schwierig sein, wenn man die Fahrt achteraus aus dem Stillstand oder noch mit Restfahrt voraus in einem Auslaufkurs parallel zu den Dalben beginnt (Abb. H). Das Heck wird dabei nach Backbord gezogen, und man findet sich (in ungünstigen Fällen noch durch Windabdrift unterstützt) an einer Dalbenreihe wieder. Das Zurückziehen gelingt nur, wenn man bereits eine schräge Ausgangslage (Abb. I) wählt und die beim Rückwärtsarbeiten eintretende

Beim Anlegen an Steuerbord falsches (Abb. D) und richtiges (Abb. E) Manöver. – Falsches (Abb. F) und richtiges (Abb. G) Anlaufen zum Anlegen an Backbord.

Abb. H: Falsche Ausgangslage beim Zurückziehen.

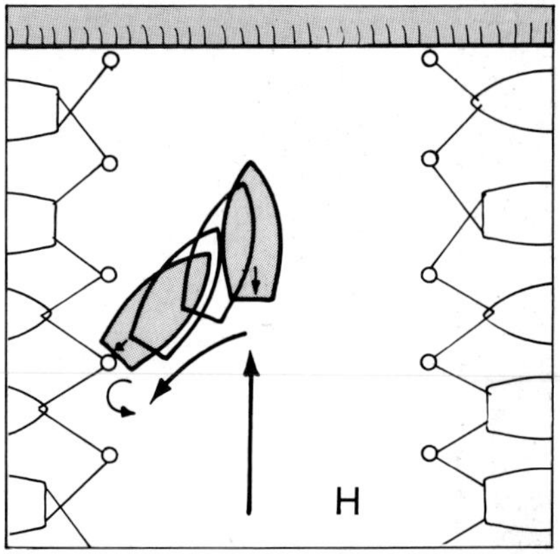

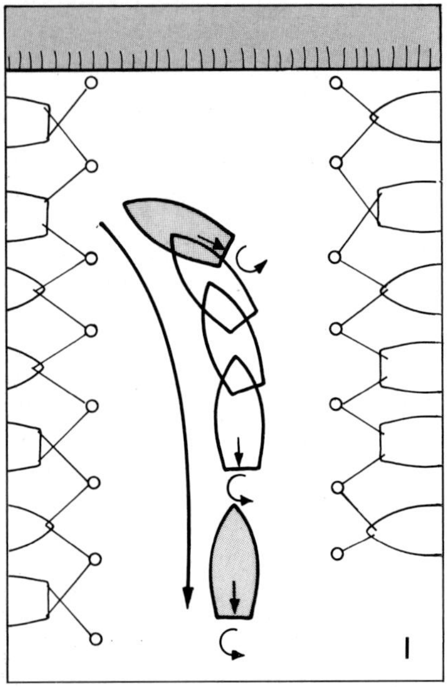

Abb. I: Zurückziehen mit richtiger Ausgangslage.

Drehtendenz das Boot zuerst in die gewünschte Kursrichtung legt, in der man es mit Fahrt achteraus auch unter ungünstigen Windverhältnissen gut steuerfähig halten und in das freie Wasser zurückziehen kann. Steuert sich das Boot auch dann in Rückwärtsfahrt nur schwer, dann stoppt man die zurückarbeitende Maschine, wenn das Heck durch den Radeffekt ausbricht, gibt einen kurzen Gasschub voraus und steuert den Propeller wieder um, sobald der Kurs korrigiert ist – das ist meistens schon der Fall, ohne daß das Boot Fahrt voraus machen konnte.

Vorausdenken muß man auch, wenn ein Notstopp aus voller Fahrt notwendig ist (Abb. K): Je mehr Umdrehungen der Propeller dabei zum Abstoppen rückwärts drehen muß, desto stärker wird das Heck einseitig ausbrechen, und das Boot wird in ungünstigen Fällen eine Lage erreichen, die quer zur ursprünglichen Fahrtrichtung, gegebenenfalls sogar bis in annähernde Gegenrichtung reicht.

Natürlich sind diese Effekte bei Booten mit einem Propeller, starrer Welle und Ruderanlage besonders extrem, aber sie zeigen sich gelegentlich auch bei Booten mit einem schwenkbaren Antrieb, Z-Antrieb oder Außenborder. Dieses seitliche Ausscheren wirkt sich um so merkbarer aus, je mehr sich die Fahrt bis zum Stillstand vermindert, und man fühlt sich oft hilflos in dem Gefühl, daß das Boot uns dabei in der Gewalt hat, wir aber keine Gewalt mehr über das Boot haben.

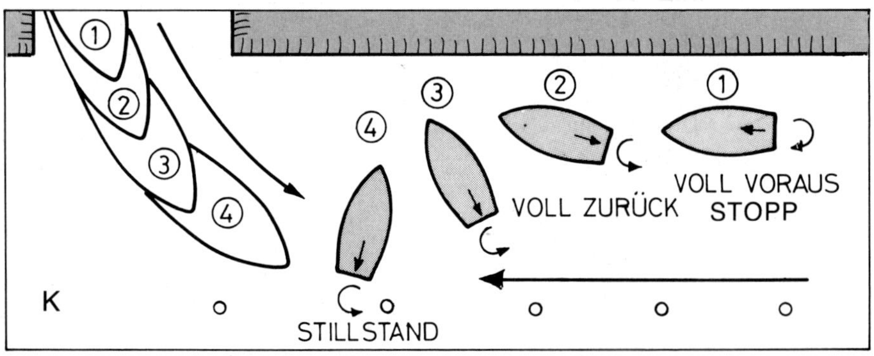

Abb. K: Eine gefährliche Lage entsteht, wenn man beim Notstopp nicht vorausdenkt.

Drehen bei viel Wind und See von achtern

Wie man nicht nur mit Motoren, sondern auch durch Stoppen und Treiben bei ungünstigen Bedingungen sicher manövrieren kann

Die erste Regel beim Einlaufen mit achterlicher See und achterlichem Wind heißt: die Fahrt so weit abstoppen, daß das Boot gerade noch steuerfähig bleibt. Hat man genügend Platz, dann bringt man das Boot am besten zum Stillstand, wenn man einen engen, vollen Drehkreis fährt und die Fahrt gegen Wind und See aus dem Boot nimmt. Da das Boot nur richtig steuerfähig bleibt, wenn der Propellerstrom das Ruder aktiviert, sollte das Boot auf Einlaufkurs mit Wind und See von achtern vor dem eigentlichen Manövrieren zum Anlegen weitgehend ohne Fahrt voraus in Fahrt sein (Abb. A, Pos. 1).

Auch bei normalen Wind- und Seeverhältnissen reicht die Kraft des Rückwärtsganges bei einem hochbordigen Boot mit viel Windwiderstand meistens schon nicht aus, um das Boot auch mit dem Heck im Wind zu halten. Beginnt nach dem Stoppen und Treiben (Pos. 1) der Motor bei einem rechtsgängigen Propeller rückwärts zu arbeiten, dann dreht sich das Boot durch den umgelenkten Propellerschub und die direkte Steuerwirkung des Propellers ohnehin zu einer Seite (Pos. 2), und die nachlaufende See mit dem achterlichen Wind dreht das Boot schnell quer zu Wind und See (Pos. 3). Wenn das Boot in dieser Position weitertreibt, dann kann man es meistens

weder mit Motor noch mit Ruder aus dieser Lage befreien, falls man nicht gleichzeitig unliebsame Beschleunigung in Kauf nehmen will.
Besser ist es, in einer solchen Situation in den Wind zu drehen (Abb. B, Pos. 1) und das Boot mit einem halben Drehkreis gegen Wind und See zu stoppen. Jetzt kann man es langsam achteraus treiben lassen (Pos. 2). Sollte es sich dennoch bei einer langen Drift später quer zu Wind und See legen (Pos. 3 und 4), dann genügt ein kurzer, kräftiger Pull voraus mit dem Motor bei gleichzeitiger entsprechender Ruderlage, um das Boot wieder in die gewünschte Anlaufposition parallel zur Windachse zu legen (Pos. 5). Durch mehrfaches Wiederholen dieser Positionen – vom Treiben über das Drehen bis zum kurzen Gasschub voraus – ist es möglich, auch eine größere Distanz nach Lee sicher zurückzulegen und eine Box mit Fahrt achteraus zum Einlaufen mit dem Heck zu erreichen.
Auch beim Drehen auf engstem Raum kann man den Wind vorteilhaft ausnutzen (Abb. C): Mit der Kenntnis der beiden Grundregeln, daß das Heck bei den meisten Booten (durch den im allgemeinen größeren Windwiderstand des Vorschiffes) in den Wind drehen will und ein rechtsgängiger Propeller beim Umsteuern auf Rückwärtsarbeit des Motors das Heck nach Backbord zieht (Pos. 1), gelangt man schnell über die Positionen 2 und 3 in eine Winkellage zu Wind und See. Es ist dann (am besten aus dem Stillstand) nur ein kurzer Pull voraus bei Hartruderlage zur anderen Seite nötig (Pos. 4), bis die Motoryacht in Pos. 5 ihre Kursrichtung gewechselt und einen halben Drehkreis auf engstem Raum gefahren hat. Wenn man jetzt mit dem Motor rückwärts arbeitet und gleichzeitig Backbordruder legt, zieht man das Boot in Richtung auf die Windachse, wo es mit dem Vorschiff zu Wind und See wie in Abb. B gehalten werden kann.

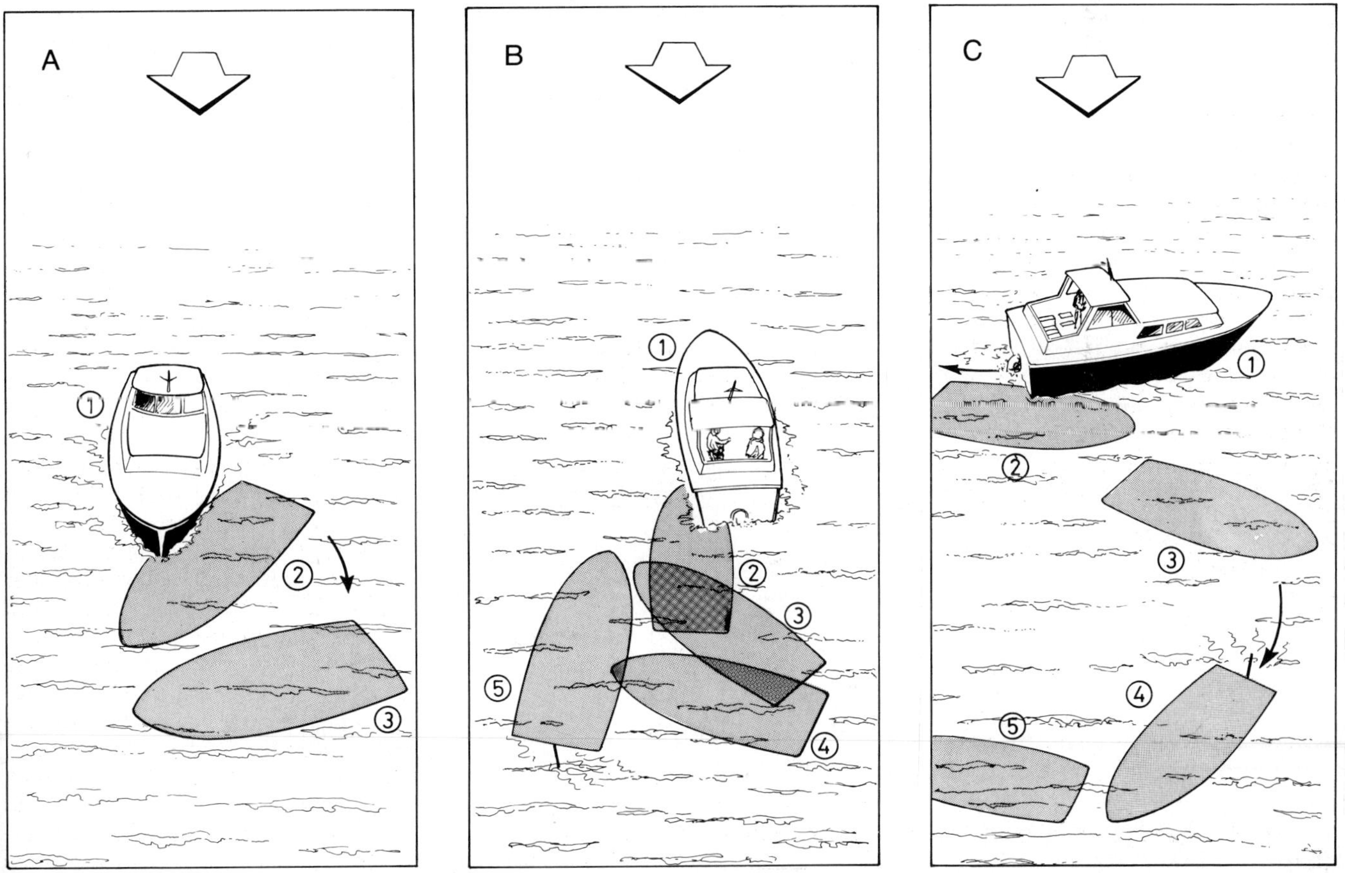

Manövrieren mit Zwillingsmotoren

Viel Erleichterung für den Bootssteuerer, aber auch manche unerwarteten Komplikationen

Es gibt viele Gründe, Zwillingsmotoren der Ein-Motoren-Installation vorzuziehen. Dazu gehört beispielsweise die Sicherheit, bei Fahrten über längere Distanzen und bei Ausfall einer Motorenanlage noch den zweiten Motor als Reserveantrieb zu besitzen. Es kann sich bei bestimmten Bootstypen die Notwendigkeit ergeben, zu gewissen Zeiten nur mit einem Motor fahren zu wollen (z. B. beim Sportfischen), zum schnelleren Erreichen des Reviers jedoch die Leistung von zwei Motoren auszunutzen. Bei größeren Yachten läßt sich die nötige Leistung oft nur mit zwei Motoren erreichen, und auch zur besseren Manövrierfähigkeit sind Motoren mit außermittigem Schub hilfreich.

Bei allen Zwillingsmotoren spielt die Drehrichtung der Propeller bei den Manövriereigenschaften eine außerordentliche Rolle. Grundsätzlich unterscheidet man gleichläufige und gegenläufige Anlagen. Benutzt man zwei Außenbordmotoren nebeneinander, dann sind diese immer gleichlaufend; sie arbeiten mit rechtsgängigen Propellern (Abb. A, 1). Auch Z-Antriebe werden in einer Zwillingsanlage meistens mit gleichlaufenden und rechtsgängigen Propellern installiert, obwohl es den Herstellern keine Schwierigkeiten bereiten sollte, den Z-Antrieb auch mit linksgängigem Propeller zu liefern und damit eine gegenläufige Anlage anzubieten. Bei Einbaumotoren mit starrer Propellerwelle ist es durch ein Wendegetriebe immer möglich, für einen rechtsgängigen oder linksgängigen Propeller zu sorgen. Einige Motorenhersteller (zum Beispiel Caterpillar und Cummins) bauen sogar gegenläufige Maschinen. Sie haben den Vorteil, daß alle für Wartung und Kontrolle wichtigen Motorenteile innen liegen und dann vom Mittelgang zwischen den Motoren gut zu erreichen sind.

Bei größeren Motorbooten ist die gegenläufige Zwillingsanlage meistens so gebaut, daß beide Propeller nach außen schlagen (Abb. A, 2), der Steuerbordpropeller ein rechtsgängiger und der Backbordpropeller ein linksgängiger ist. Man bezeichnet beide dann auch als „händige" Propeller. Baut man statt dessen den rechts-

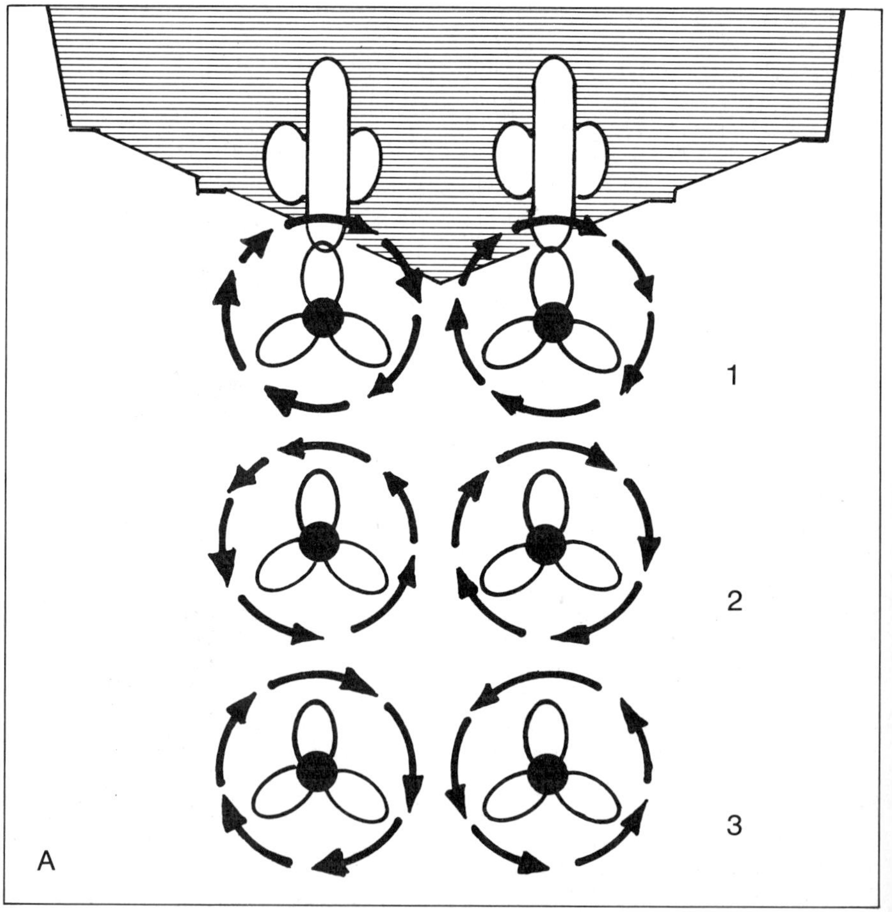

Abb. A: Doppelmotorenanlagen können mit gleichlaufenden (1), nach außen schlagenden oder „händigen" (2) oder nach innen schlagenden (3) Propellern ausgestattet werden.

gängigen Propeller an der Backbordseite und den linksgängigen an der Steuerbordseite ein (A, 3), dann hat man „nach innen schlagende" Propeller vor sich. Dementsprechend benutzt man für die „händigen" Propeller auch die Bezeichnung „nach außen schlagend". Alle drei Anordnungen haben Vor- und Nachteile:

Gleichlaufende Propeller haben die größten Probleme bei Manövern in engen Hafenbecken und beim An- und Ablegen mit der „schlechten" Seite. Das Boot hat praktisch die doppelte Leistungsfähigkeit wie mit einem Einzelmotor mit gleichem Propellerdrehsinn – aber gegebenenfalls auch deren doppelte Schwierigkeiten. Bei nach innen schlagenden Propellern besteht die Gefahr, daß treibende Gegenstände, die in den Propellerstrom gelangt sind, Propeller und Ruder beschädigen. Nach innen schlagende Propeller sind jedoch vorteilhaft, wenn man nur mit einem Propeller manövrieren muß, sowohl beim Steuern eines geraden Kurses im Fahrwasser und auf See als auch beim Manövrieren zum An- und Ablegen. Die bevorzugte Anordnung ist die mit händigen, also nach außen schlagenden Propellern, die jedoch bei Ausfall der Backbord-Anlage nicht zu unterschätzende Manövrierprobleme bietet.

Beim Manövrieren mit einem Motor wirkt der Radeffekt, d. h. die direkte Steuerwirkung des Propellers, von der Kielrichtung aus, und auch der Schub des Propellers (voraus und zurück) wirkt genau in der Längsachse des Bootes. Bei einer Zwillingsmotorenanlage arbeitet jeder Propeller auf einer Bootsseite. Der Steuerbordpropeller bewegt also (bildhaft gesprochen) die Steuerbordseite, der Backbordpropeller die Backbordseite. Beide Propeller arbeiten dabei durch ihren Abstand von der Längsachse und voneinander (Abb. B) mit einer gewissen Hebelwirkung (h). Der dem Propeller innewohnende Seitenlauf kann sich daher an der gleichen Bootsseite stärker, an der entgegengesetzten Bootsseite dafür abgeschwächt auswirken.

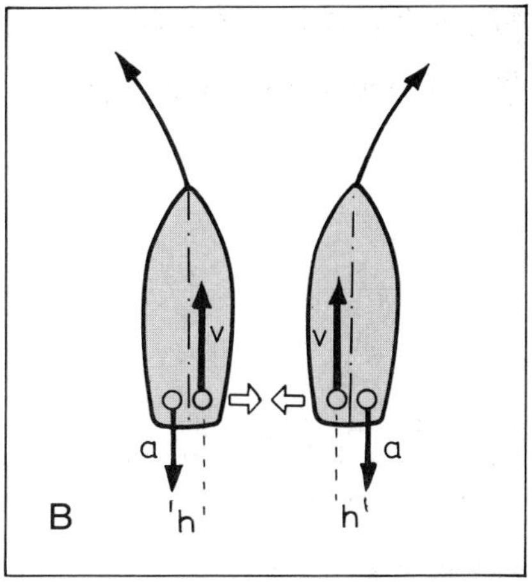

Abb. B: Die Hebelwirkung von Doppelpropellern bei unterschiedlicher Arbeitsrichtung des Motors. – Abb. C: Drehen nach vorn und achtern mit einer Maschine einer Zwillingsmotorenanlage.

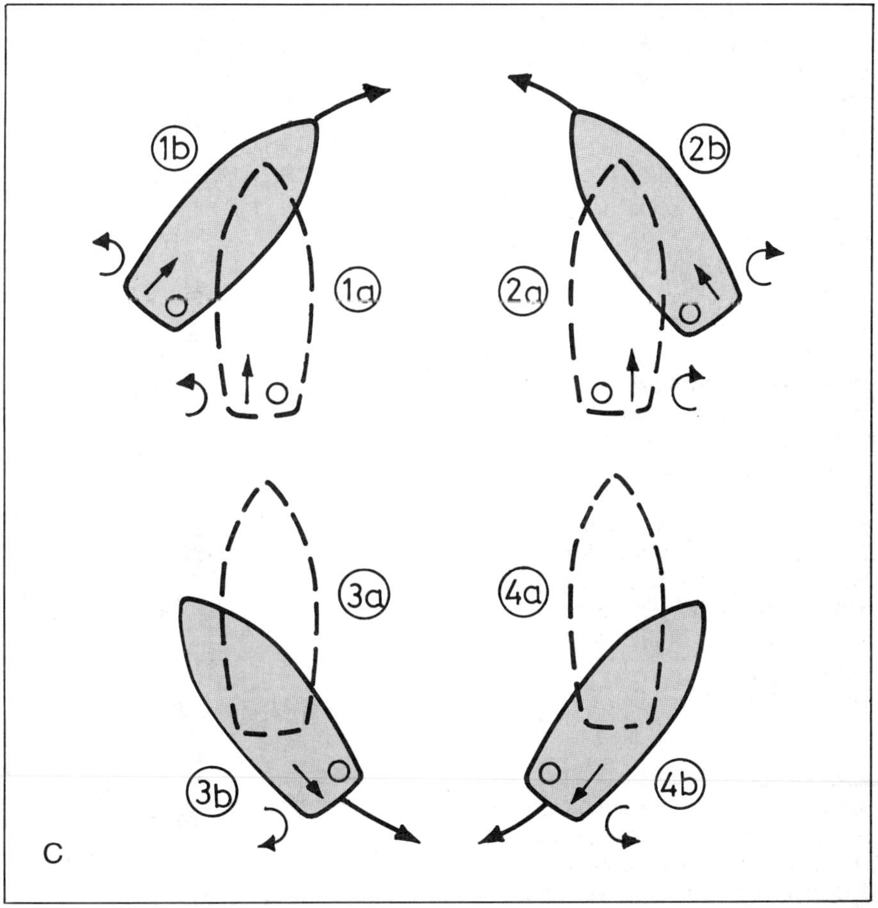

Nehmen wir als Normalfall händige oder nach außen schlagende Propeller (Abb. C), dann dreht das Boot auch ohne Ruderlage nach Steuerbord, wenn man mit dem Backbordpropeller (1) voraus geht, und es dreht nach Backbord (2), wenn der Steuerbordmotor voraus arbeitet. Dementsprechend wird das Heck nach Steuerbord gezogen, wenn der Backbordpropeller nach innen schlägt und rückwärts läuft (3), und das Heck dreht nach Backbord, wenn man mit dem Steuerbordpropeller rückwärts arbeitet (4).

Bringt man dazu den zweiten Propeller ins Spiel (Abb. D), dann läßt sich ein Boot auch auf dem Teller drehen. Bei einem Drehkreis gegen den Uhrzeiger geht man mit der Steuerbordmaschine voraus, während die Backbordmaschine rückwärts arbeitet. Bei einem Drehkreis im Uhrzeigersinn arbeitet dann die Backbordmaschine voraus, während der Steuerbordmotor rückwärts arbeitet. Dieses Drehen auf dem Teller ist mit einem Drehkreisdurchmesser von wenig mehr als einer Bootslänge möglich, wenn man die Drehzahlen des vorausgehenden und des rückwärts arbeitenden Propellers richtig reguliert.

Das Ruder hat nicht nur bei diesem Drehen auf dem Teller, sondern auch bei den meisten anderen Manövern mit Zwillingsmotoren so gut wie keinen Einfluß. Auch beim Manövrieren mit zwei Außenbordern oder zwei Z-Antrieben spart man Zeit und Arbeit, die Antriebe zu drehen und konzentriere sich auf die Arbeit mit Schalt- bzw. Schalt- und Gashebeln, um dabei dann gegebenenfalls wertvolle Sekunden geistesgegenwärtiger Reaktion zu gewinnen.

Abb. E zeigt, daß ein einzelnes, zwischen den Propellern arbeitendes Ruder keine Wirkung hat, wenn man mit dem Backbordpropeller voraus und dem Steuerbordpropeller zurück arbeitet (1), um den Bug nach Steuerbord und das Heck nach Backbord zu bringen. Genauso hemmend erweist sich das Ruder, wenn man es nach Backbord legt (2), um mit dem gleichen Propellerlauf die gleiche Drehung des Bootes zu bewirken. Einzelruder bleiben also mittschiffs liegen, während man mit zwei Propellern manövriert, und auch bei je einer Ruderanlage hinter dem Propeller kann die Steuerwirkung so gering bleiben, daß man statt dessen nur mit den Motoren arbeitet.

Bei einer Doppelmotorenanlage mit gleichläufigen (rechtsgängigen) Propellern (Abb. F) kann man auch mit einem Motor fahren und das Boot dabei auf einem geraden Kurs halten. Man benutzt dazu den Backbordmotor mit dem nach innen schlagenden rechtsgängigen Propeller, weil sich außermittiger Lauf (an Backbord) und Radeffekt (nach Steuerbord) dabei vorteilhaft aufheben und das Boot mit Antrieb mittschiffs oder geringem Anstellwinkel nach Backbord einen einwandfreien Kurs halten kann. Auch bei Fahrt achteraus läßt sich das Boot mit dem Backbordpropeller, der jetzt linksdrehend arbeitet, nahezu in Kiellinie achteraus ziehen.

Ist hingegen bei einer Zwillingsmotorenanlage mit händigen, nach außen schlagenden Propellern der Backbordmotor ausgefallen, und bleibt als einzige Antriebsanlage der Steuerbordmotor (Abb. G), dann ist es unvermeidlich, daß bei Fahrt voraus das Boot nach Backbord dreht, unabhängig von der Drehrichtung des Propellers. Denn die Antriebsanlage befindet sich an Steuerbord und damit außerhalb der Mittschiffslinie. Die Tatsache, daß der Steuerbordpropeller dazu noch ein rechtsgängiger ist und daß er das Heck dabei nach Steuerbord zieht, verstärkt noch diese Drehtendenz. Der Rudergänger kann dann einen geraden

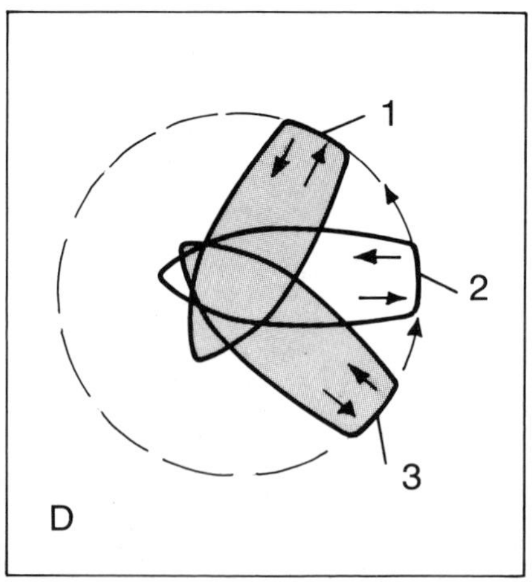

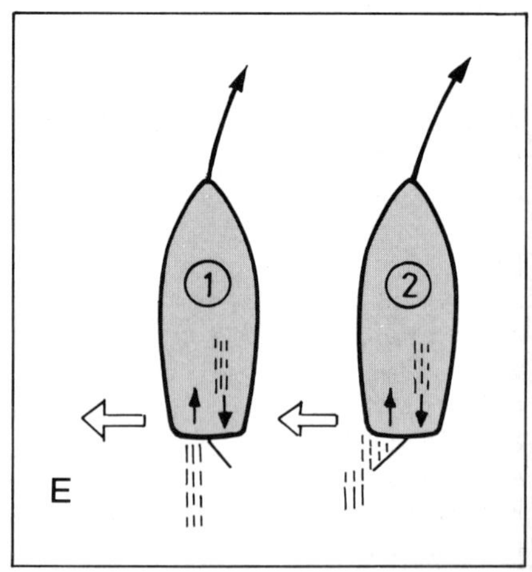

Abb. D: Mit zwei Motoren dreht man auf dem Teller. – Abb. E: Ein Ruder zwischen den Propeller hat dabei wenig Wirkung.

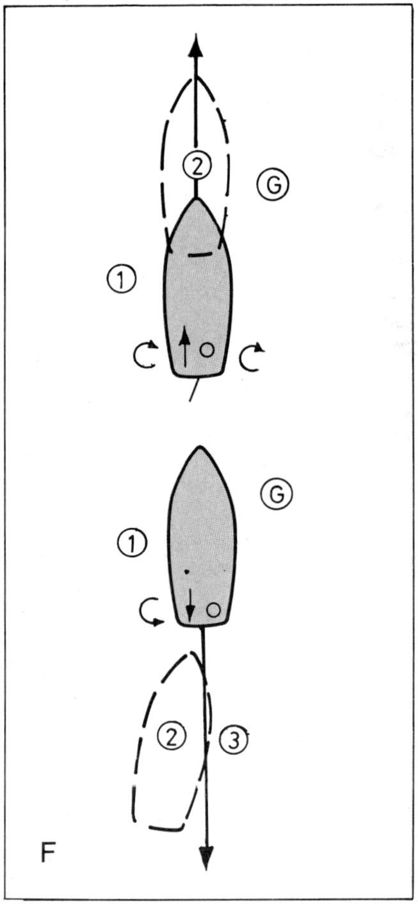

Abb. F: Bei gleichlaufenden (G), rechtsgängigen Propellern kann man auch mit nur einer Maschine sowohl bei Fahrt voraus als auch beim Rückwärtsarbeiten des Motors einen geraden Kurs halten.

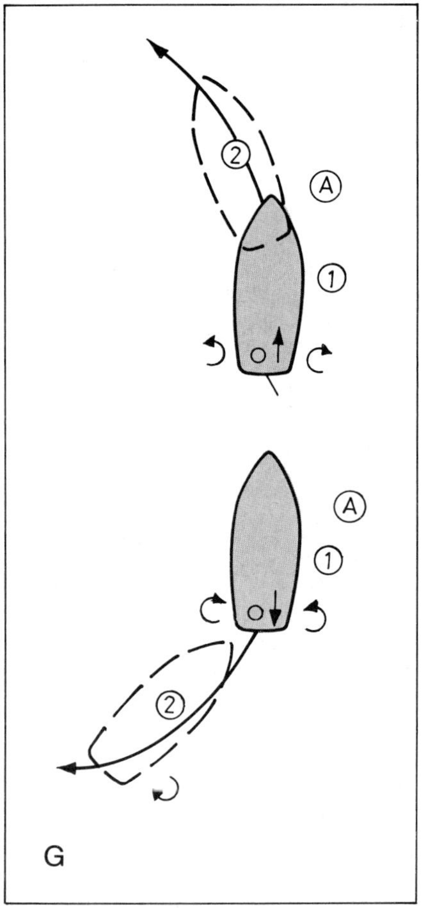

Abb. G: Ist bei nach außen (A) schlagenden Propellern der Backbordmotor ausgefallen, hält das Boot auch mit Ruderhilfe keinen geraden Kurs, weder voraus noch achteraus.

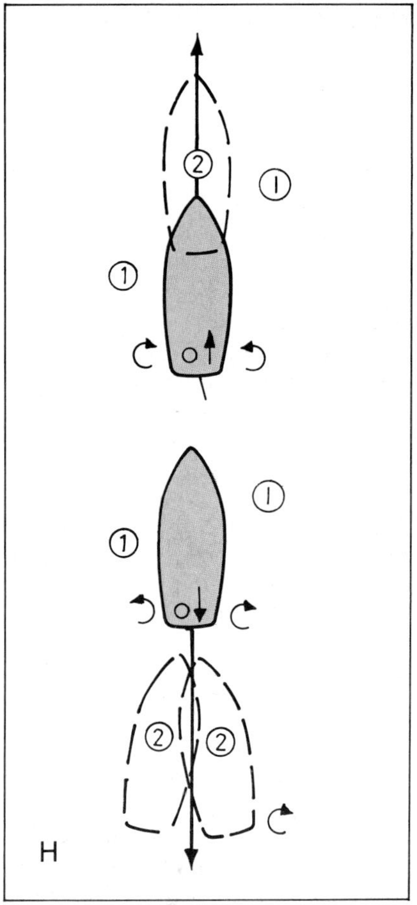

Abb. H: Der Vorteil der nach innen (I) schlagenden Propeller: Auch mit nur einem betriebsbereiten Motor (hier der Steuerbord-Maschine) bleibt das Boot nach voraus und nach achteraus kursstabil.

Kurs, auch mit Ruderlage oder entsprechend angestelltem Antrieb, nur mit Schwierigkeiten steuern. Auch wenn man mit dem Steuerbordmotor bei händigen Propellern rückwärts arbeiten muß, summieren sich Radeffekt und außermittige Lage zu einer kräftigen Drehtendenz des Hecks nach Backbord.

Schlagen beide Propeller jedoch nach innen (Abb. H), dann sind diese Auswirkungen kaum spürbar, weil sich z. B. bei Ausfall des Backbordmotors und Arbeit nur mit Steuerbordpropeller die seitliche Hebelwirkung des Propellers und der Radefekt weitgehend aufheben, so daß ein Boot auch mit nur einer Motorenanlage einen geraden Kurs halten oder steuern kann. Sportfischerboote, die beim Einnehmen von Netzen oder Schleppangeln oft den Motor einer Seite stoppen und längere Zeit nur mit dem anderen Motor arbeiten müssen, bevorzugen daher aus diesem Grunde Anlagen mit nach innen schlagendem Propeller.

An- und Ablegen mit Zwillingsmotoren

Manövrieren mit händigen, gleichlaufenden und nach innen schlagenden Propellern

Am einfachsten ist das Anlaufen eines Liegeplatzes an der Pier mit händigen Propellern (Abb. A): Liegt die Pier an Backbord, dann manövriert man das Boot mit langsamer Fahrt (je nach Anlaufrichtung mit einem der beiden oder in den seltensten Fällen mit beiden Motoren) in einem Anlaufwinkel an die Pier (1), stoppt dann und läßt den äußeren Motor in Pos. 2 rückwärts arbeiten. Mit dem Abstoppen der Restfahrt wird das Boot dann mit Radeffekt des Propellers und Hebelwirkung der Kraftrichtung auf der äußeren Bootsseite an die Pier herangezogen und erhält in Pos. 3 seine gewünschte Ruhelage. Auch wenn der Liegeplatz an Steuerbord liegt, läuft das Manöver in gleicher Weise ab; denn wiederum wirkt der Radeffekt des außen liegenden Motors in Richtung auf die Pier, und der außermittige Rückwärtsschub bewirkt ebenfalls, daß das Heck landwärts dreht.

Bei Booten mit gleichlaufenden rechtsgängigen Propellern (Abb. B) unterscheidet sich das Manöver beim Anlaufen eines an Backbord liegenden Platzes nicht. Denn die Drehrichtung des äußeren Propellers ist beim Rückwärtsarbeiten die gleiche. Im Gegensatz dazu läuft man einen Liegeplatz an Steuerbord am besten mit der landseitigen Maschine (Pos. 1) an und stoppt diese, wenn man die Drehtendenz des Bootes nach Backbord auf der letzten Bootslänge vor dem Festmachen vorteilhaft ausgenutzt hat. Zum endgültigen Stillstand wird das Boot dann beim Rückwärtsarbeiten mit der ablandigen Maschine gebracht. Dabei hebt die außermittige Kraftrichtung des Propellers wenigstens den Radeffekt (von der Pier hinweg) etwas auf. Das Heranscheren des Achterschiffs wird erleichtert, wenn man vorher eine Vorleine an Land geben und diese beim Rückwärtsarbeiten gut festhalten kann. Läßt man die landseitige Maschine rückwärts arbeiten, dann addieren sich Radeffekt und außermittiger Propellerschub, und der zwischen Boot und Pier geworfene Propellerstrom sorgt zusätzlich dafür, daß das Heck seewärts weit abschwenkt.

Die Anlegemanöver mit Propellern, die nach innen schlagen, sind am schwierigsten (Abb. C): Einen Liege-

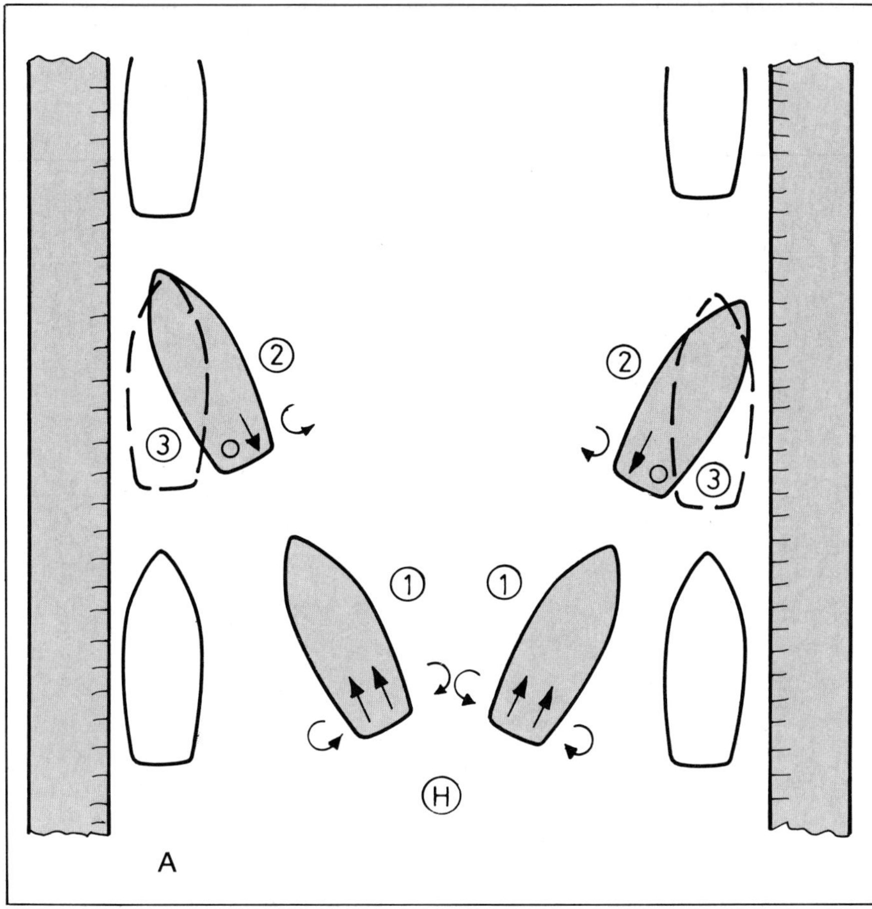

Abb. A: Mit händigen (H) Propellern bereitet das Anlaufen einer Pier weder mit Steuerbord- noch mit Backbordseite Schwierigkeiten.

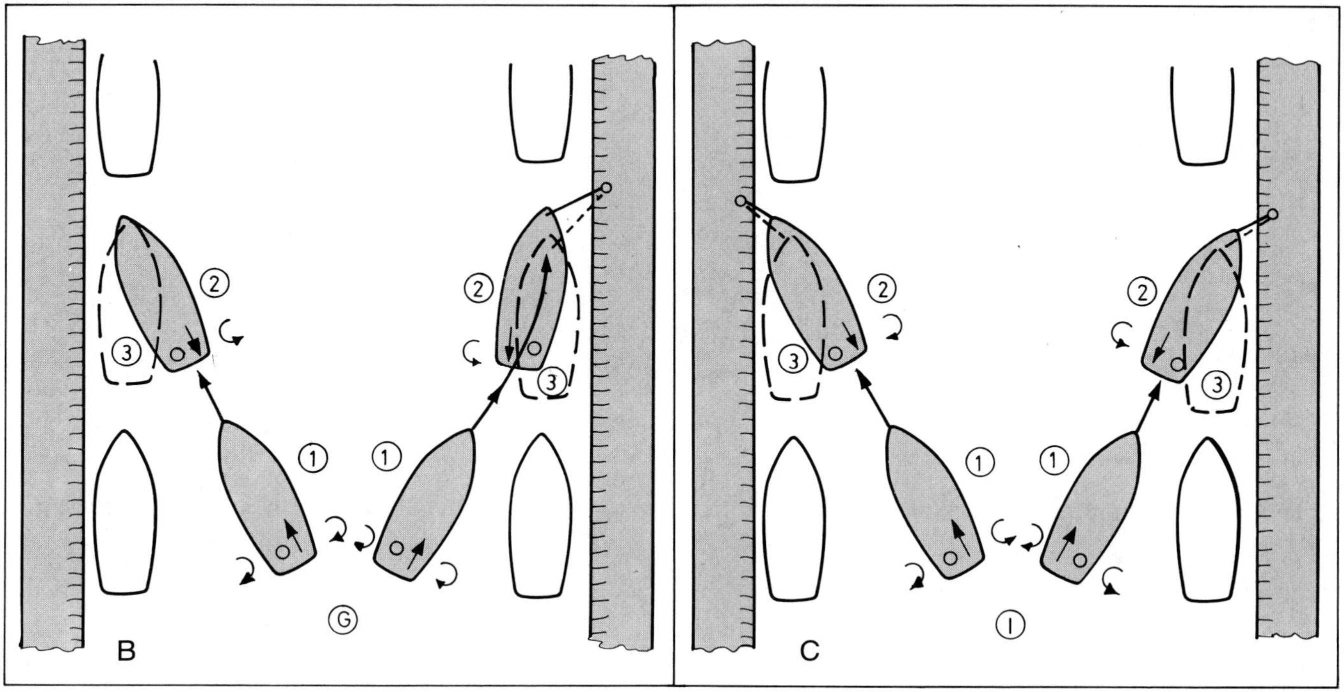

Abb. B: Mit gleichlaufenden (G) rechtsgängigen Propellern ist das Anlegen nur an Steuerbord schwieriger. – Abb. C: Anlegemanöver mit nach innen schlagenden Propellern (I) sind nicht einfach.

platz an Backbord läuft man mit der ablandigen Maschine an. Das Boot hält dabei einen geraden Kurs bis in Pos. 2, in der man am besten eine Vorleine an Land gibt und mit dem äußeren Motor erst rückwärts zu arbeiten beginnt, wenn die Leine belegt ist und festgehalten werden kann. Der Seitenlauf des Propellers (nach Steuerbord) und die Hebelwirkung des außermittigen Propellerschubs heben sich dabei auf, und das Boot kommt durch Leinenarbeit mit dem Heck zur Pier. Würde man den Backbordmotor rückwärts arbeiten lassen, kann das Heck beim schnellen Heranscheren Schaden nehmen, wenn man nicht aufpaßt.

Das Anlegemanöver an Steuerbord entspricht sinngemäß dem Manöver mit gleichlaufenden Propellern an der gleichen Seite mit dem Unterschied, daß man in Pos. 1 mit dem ablandigen Motor arbeitet und der Kurs auf die Pier in Kielrichtung verlaufen wird. Das bei gleichlaufenden Motoren mögliche Anschmiegen an die Pier in einer sanften Kurve ist hier nicht möglich. Das Heck wird erst landseitig herangebracht, nachdem man eine Vorleine geschoren hat und diese aus der Hand fährt.

Will man sein Boot achteraus in eine Box zurückziehen (Abb. D) und hat man dabei genügend Platz, dann legt man ein Boot mit händigen Propellern (H) genau in Einlaufrichtung (Pos. 1) und zieht es mit Fahrt achteraus auf geradem Kurs zurück. Demgegenüber muß man bei gleichlaufenden, rechtsgängigen Propellern, die das Heck beim Rückwärtsarbeiten nach Backbord ziehen (G), die Ausgangsposition (1) mit entsprechendem Abstand von den Pfählen in Höhe der Nachbarbox beziehen, weil das Boot dann bei seiner Fahrt achteraus zum Einlaufen einen Diagonalkurs steuern will. Wer etwas mehr Erfahrung mit dem Manövrieren seines Bootes mit gleichlaufenden Propellern hat, kann auch bei Fahrt achteraus einen geraden Kurs steuern, wenn man den Propeller, der der Drehtendenz entgegenwirkt, etwas schneller laufen läßt und dazu noch das Ruder richtig einsetzt.

Beim üblichen Einlaufen in eine Box mit einem davor liegenden Manövrierraum, der nicht breiter als die Box lang ist, geht das Einlaufen mit händigen Propellern wie in Abb. E vor sich: Wir laufen an der Pfahlreihe im Abstand einer Bootsbreite entlang (Pos. 1), stoppen und lassen den

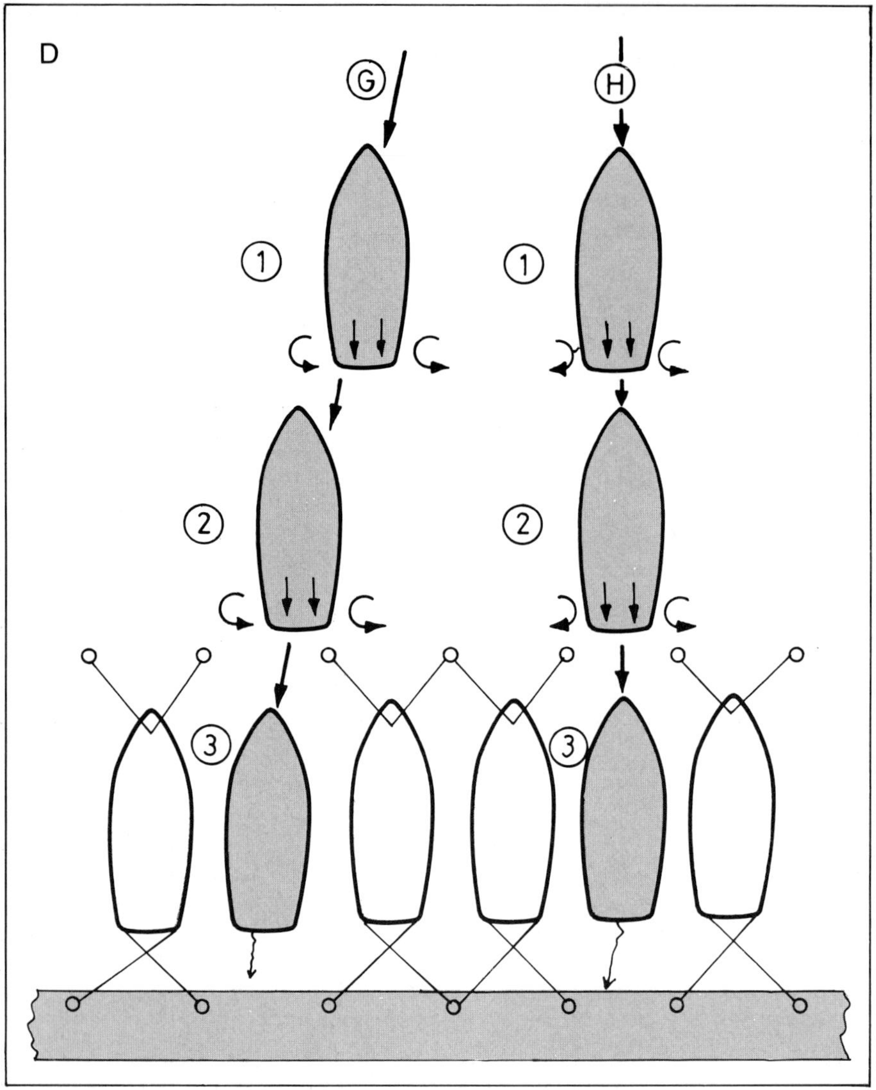

Abb. D: Zurückziehen in eine Box mit gleichlaufenden (G) und händigen (H) Propellern.

Abb. E–H: Verschiedene An- und Ablegemanöver mit Zwillingsmotoren in den einzelnen Manöverpositionen.

Backbord-Motor rückwärts arbeiten. Während er dabei die Fahrt aus dem Boot nimmt (2), schwenkt das Heck zügig nach Steuerbord, während der Bug durch außermittigen Propellerschub und Radeffekt nach Backbord dreht. Reicht diese Drehtendenz nicht aus (3), dann geben wir mit dem Steuerbordmotor noch einen kurzen Pull voraus, bis das Boot genau in Boxenrichtung vor der Einfahrt liegt. Wenn beide Propeller ganz langsam rückwärts törnen, läuft das Boot schnurgerade in seinen Liegeplatz ein, wo es dann mit kurzem Gasstoß voraus zum Stillstand kommt (5).

Beim Ablegen von der Pier kann man mit händigen Propellern eine Vorleine auf Slip legen (Abb. F) und durch Rückwärtsarbeiten mit dem landseitigen Propeller das Heck von der Pier freiholen. Man wirft dann die Vorleine los und zieht das Boot mit einer Maschine oder beiden Motoren ins freie Fahrwasser achteraus. Dieses Ablegemanöver klappt sowohl bei einer an Backbord- wie an Steuerbordseite liegenden Pier.

Das Manövrieren mit zwei Motoren hat jedoch den Vorteil, daß man auch ohne Vorleine auskommen und damit das Manöver nur vom Steuerstand aus fahren kann (Abb. G): Man muß dann jedoch mit beiden Motoren gleichzeitig arbeiten, vorn sicherheitshalber einen Fender bereithalten und dann mit dem landseitigen Motor zurück-, mit dem wasserseitigen vorausarbeiten (1). Mit richtiger Drehzahldosierung dreht sich das Heck ins freie Fahrwasser, und in Pos. 2 arbeitet man dann mit beiden Motoren rückwärts, bis das Boot in Pos. 3 beim Stoppen der Maschinen voll manövrierfähig ist.

Auch das Auslaufen aus einer Box ist mit Zwillingsmotoren nicht schwierig (Abb. H): Drückt der Wind dabei seitlich auf die Aufbauten, dann wählt man die luvseitige (in Windrichtung liegende) Maschine zum Zurückziehen (Pos. 1), während man mit der leeseitigen Maschine voraus ganz langsam gegenhält, bis das Boot die Box auf einem Parallelkurs verlassen hat. Die weitere Fahrt achteraus geht dann mit einem Motor vonstatten, während man zum Drehen wiederum mit beiden Maschinen in unterschiedlicher Schubrichtung des Propellers arbeitet.

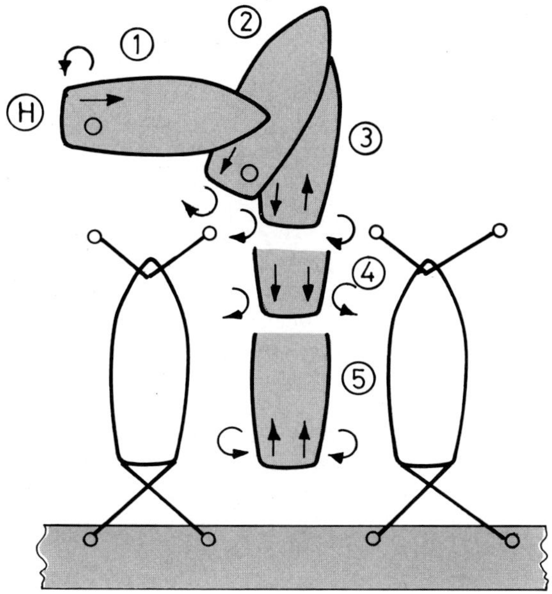

E

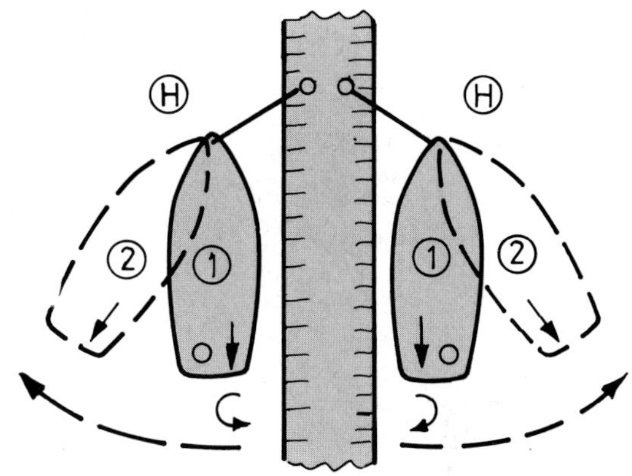

F

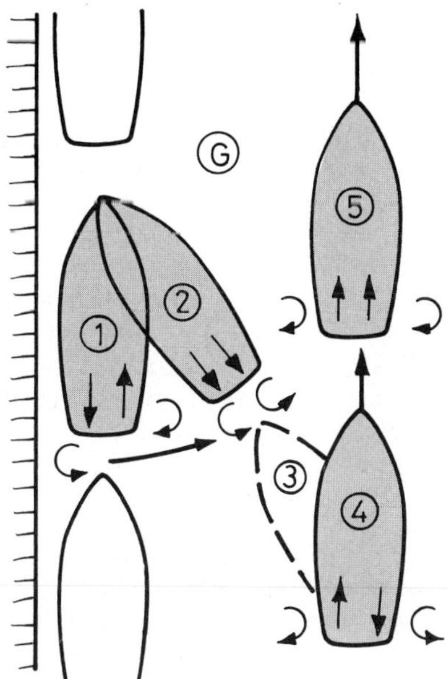

G

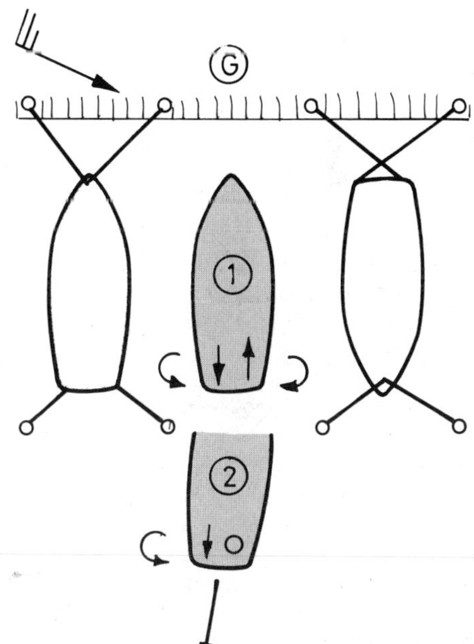

H

In die Box bei frischem, störendem Wind

Wenn seemännische Kenntnisse mehr wert sind als nur die Leistung eines kräftigen Bootsmotors

Das Anlegen an einer Pier ist auch bei ungünstigen Wind- und Stromverhältnissen einfach, weil das Boot dabei sofort direkten Kontakt zu seinem Liegeplatz erhält und auch bei einem spitzen Anlaufwinkel relativ schnell mit wenigen Maschinenmanövern parallel zur Pier und nahe genug zum Übergeben einer zweiten (Heck-)Leine gebracht werden kann. Demgegenüber stellt das Einlaufen in einen Yachthafen, wo die Boote im allgemeinen mit dem Heck zur Pier und dem Bug zu einer äußeren Dalbenreihe auf engstem Raum nebeneinander liegen, nicht nur für schwach motorisierte Boote ein seemännisches Problem dar. Auch größere Yachten mit bulligen Motoren können hierbei nur verhalten manövrieren und sind letztlich an die gleiche vorsichtige Seemannschaft mit langsamer Fahrt bei wechselnder Arbeitsrichtung des Propellers, die gelegentlich durch Treiben und Stoppen unterbrochen wird, sowie Leinenarbeit gebunden. Dabei hat die Leinenarbeit den Vorteil größerer Sicherheit.

Befindet sich der gewünschte Liegeplatz an der Luvseite eines Steges (Abb. A) und will man wie die anderen Boote mit dem Heck zum Steg festmachen, dann ist natürlich bei leichtem Wetter und ausreichendem Platz nach Luv das Zurückziehen des Bootes vor dem Boxeneingang wie in Abb. B auf der vorhergehenden Seite möglich. Bei beengtem Raum bleibt nur ein Weg über die Positionen 1–4 mit langsamer Fahrt voraus und gleichzeitiger vorsichtiger Annäherung an die leeseitige Brücke. In der Pos. 5 dreht man das Boot mit Steuerbordruder ganz in den Wind und zieht es in Pos. 6 mit rückwärts arbeitendem Propeller, der das Heck nach Backbord zieht, in den Stand hinein. Dabei hat man meistens genügend Zeit, die späteren Vorleinen, die bereits mit einem Pahlstek versehen sein sollten, beim Passieren der Pfähle über diese zu legen.

Bei hartem Wetter ist dieser Anlaufkurs riskant, weil er die Manövrierfähigkeit mit der engen Nachbarschaft der Pfähle und der geringen Fahrt in der Position 5 und 6 stark einengt. Nur bei stürmischem Wind wird man jedoch über die Pos. 4 a erst einmal an einem Pfahl der Luvreihe festmachen und dann entscheiden, ob man sich mit einer auf Slip gelegten Leine über die Pos. 5 a in die Box hineindriften läßt oder sich am Anker in die Box zurücksacken läßt.

Bei ablandigem Wind bereitet das Manöver keine Schwierigkeit, weil man nach dem Kontakt zu den äußeren Festmachepfählen allseitig frei manövrieren kann.

Ein Gegenwind beim Einsteuern in den Hafen, der gleichzeitig quer zur Box weht (Abb. B), verbietet meistens das direkte Einlaufen in den Stand, weil die Gefahr zu groß ist, daß man dabei gegen das leeseitige Nachbarboot gedrückt wird, auch wenn es vorher gelingt, eine Leine am luvseitigen Pfahl des Boxeneingangs zu belegen. Man läßt den Wind beim Aufstoppen in den Pos. 2 und 3 helfen und belegt in Pos. 4 eine Vorleine am Luvpfahl, die gegebenenfalls nach dem Umdrehen mit langsamer Fahrt als Vorspring bleibt. Unumgänglich ist die Luv-Achterleine in Pos. 5, sehr hilfreich eine Trennleine zwischen den Boxen, an der ein Mann auf dem Vorschiff das Boot nicht nur festhalten, sondern auch voraus verholen kann. Im Prinzip entspricht dieses Manöver dem in Einzelheiten genannten der Abb. C auf Seite 121 „Manöver-Palette", nur mit dem Unterschied, daß man hier nicht mit dem Heck, sondern mit dem Vorschiff in die Box hineingeht. Bei beengtem Raum und viel Wind empfiehlt es sich, vorwärts in eine durch Pfähle abgegrenzte Box zu laufen. Es ist nämlich leichter, mit Fahrt voraus zu manövrieren. Andererseits macht es keine Schwierigkeit, die Box mit Fahrt achteraus wieder zu verlassen.

Schwierig ist es, wenn man beim Einlaufen in den Hafen Wind und See von achtern hat und der Liegeplatz dann noch quer zu dieser Richtung liegt (Abb. C): Man bringt das Boot in Pos. 1 zum Stillstand (mit oder ohne vollen Drehkreis) und dreht es bei seiner Drift bis in Pos. 4, wo ein kurzer Pull voraus folgt. In Pos. 5 arbeitet man mit einem kurzen Gasschub zurück und läßt das Boot dann bis in die Pos. 8 driften, wo man noch einmal einen kurzen Rückwärts-Pull gibt, der zwar keine Drehtendenz erzeugt, aber dafür die Voraussetzung für die seitliche Drehung nach Backbord ist, wenn man in der Pos. 10 mit entgegengesetzter Ruderlage einen Pull voraus gibt. Mit ganz langsam voraus, Backbordruder und der Stoppkraft des Windes wird man die Pos. 15 quer zur Einfahrt und mit einer Springleine am Luvpfahl erreichen. Hier dreht man das Boot dann sinngemäß wie in Abb. C Seite 121 und zieht es mit dem Heck voran in den Stand hinein.

Das zweite Zurücktreiben von Pos. 5 bis Pos. 9 mit nahezu gleichem Kurs ist notwendig, weil man zum Drehen

nach Backbord mit langsam voraus eine ausreichende seitliche Distanz benötigt.
Bei viel Wind und Seegang wird dieses elegante Manöver fehlschlagen. Dann dreht man (Abb. D) mit langsam voraus und Backbordruderlage von 1 in 2 und läßt den Wind das Boot weitgehend dwars bis in Pos. 4 treiben. In Pos. 5 wieder ein Pull voraus genau in Windachse und dann weiterdriften bis in Pos. 7. Mit langsam voraus dann von Pos. 8 in Pos. 10, die jedoch lieber nur vor der Nachbarbox liegen sollte. Man dreht um den Luvpfahl mit Leinen und Motorkraft und bringt das Boot mit langsamem Rückwärtsarbeiten des Motors an den Steg. Gegebenenfalls einen Mann vom Heck zum Nachbarboot und auf diesem Wege eine Luvleine auf den Steg.

Wichtig bei allen beschriebenen Manövern ist eine gute Vorbereitung durch Bereitlegen der Leinen und Fender, das Legen eines Auges in den Tampen mit einem Pahlstek und das Bereithalten eines Bootshakens.
Wind und See bestimmen auch bei einem Motorboot, wie man beim Einlaufen und zum Anlegen mit unterschiedlicher Windrichtung (Abb. A–D) manövrieren muß.

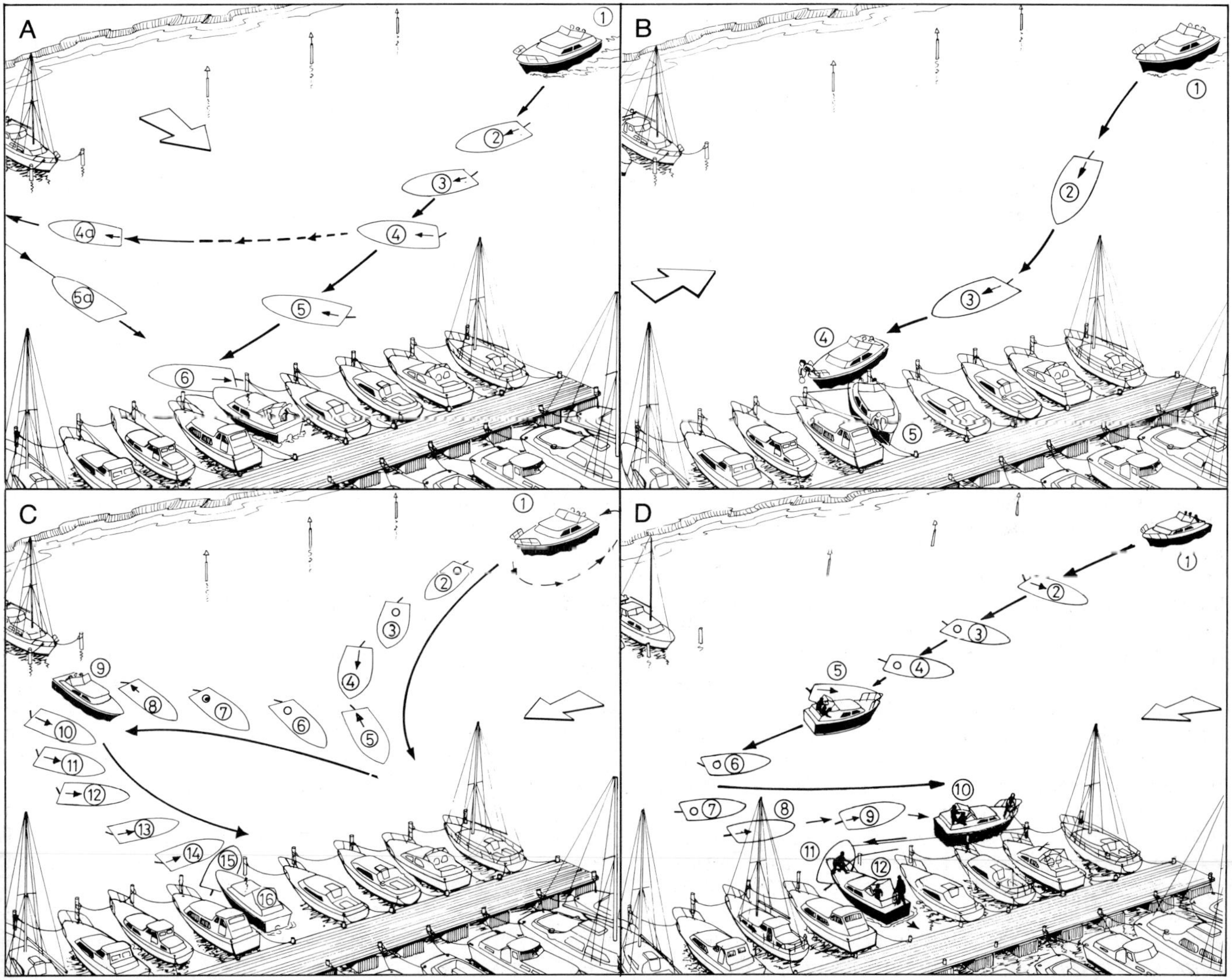

Manöverpalette

Tips und Erfahrungen zum Ausprobieren ähnlicher Manöver mit dem eigenen einmotorigen Boot

Hier können natürlich nicht alle verschiedenen Manöver für die unterschiedlichsten Antriebe, die verschiedenen Drehrichtungen der Propeller und sowohl für Einzel- wie Doppelmotorenanlagen beschrieben werden. Aber es ist sicher nützlich, sich überhaupt einmal anzusehen, was mit Hilfe einer voraus oder zurück arbeitenden Maschine und dem Einsatz verschiedener Leinen unter bestimmten Bedingungen möglich ist, damit man es gelegentlich selbst verwerten kann.

Beim Verlassen eines Liegeplatzes in einer Box kann es notwendig sein, das Boot auf engstem Raum zu drehen. Dabei hilft uns eine Leine, die entweder als Vorspring (Abb. A) oder als Achterspring (Abb. B) zu einem Pfahl geschoren wird, der gleichzeitig der Drehpunkt ist. Das Praxisbild C zeigt, wie man auch allein an Bord ein einmotoriges Boot mit einer Leine um einen Pfahl auf kleinstem Raum sicher drehen kann. Dazu eignet sich eine Querleine genau so wie die Vor- oder Achterspring. Man sollte sie jedoch immer auf Slip legen, damit sie auch mit Distanz zum Drehpfahl losgeworfen werden kann und sich das Boot zum Abnehmen der Leine nicht wieder an diesen heranholen muß.

Verlassen eines begrenzten Liegeplatzes mit Vorspring (Abb. A) bzw. Achterspring (Abb. B) zum Pfahl.

Nach dem Lösen der Landverbindung und der Heckleinen (Abb. A, Pos. 1) läuft das Boot, Bug voran, aus der Box, macht auch die Steuerbord-Vorleine los und hält nur die Backbord-Vorleine in solcher Länge fest, daß das Heck beim sogenannten „Eindampfen“ mit voraus arbeitender Maschine und Backbordruder nach Backbord drehen kann, ohne daß Heck und Antrieb den Steuerbordpfahl berühren (2). Man behält dann die ganz langsame Fahrtstufe bei und hält auch die Leine von Hand in unveränderter Position, bis Pos. 3 erreicht ist und das Boot damit auf

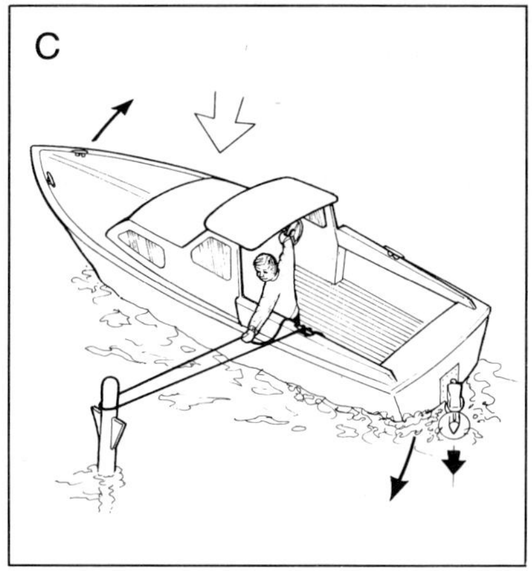

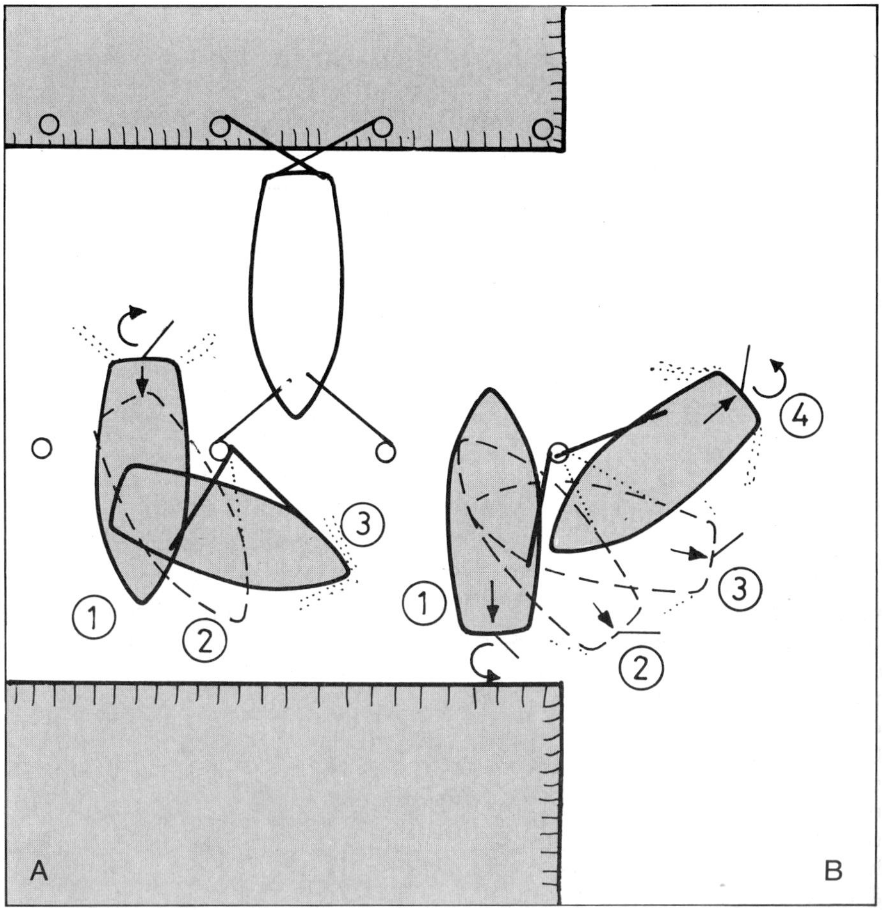

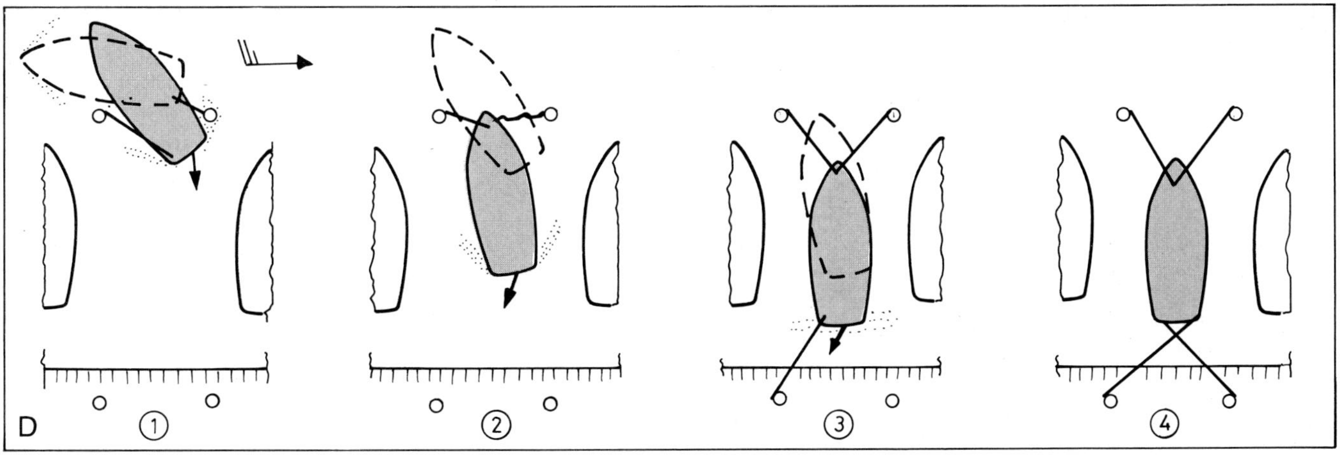

Abb. D: Einlaufen in eine Box, wenn der Wind quer zum künftigen Liegeplatz steht, in einzelnen Phasen.

Auslaufkurs aus dieser Hafenenge liegt.
Hatte das Boot dabei mit dem Vorschiff zur Brücke festgemacht (Abb. B), dann nimmt man alle Leinen bis auf die Steuerbord-Achterleine ein, die beim Zurückziehen (Pos. 1) zur Achterspring wird. Sie wird jetzt so lang gesteckt, daß der Bug beim Drehen von dem Nachbarpfahl klar bleibt (2). Ob man mit ganz langsam rückwärts arbeitendem Motor und Steuerbordruder bis in Pos. 3 dreht oder das Boot bis in Pos. 4 weiterschwenken läßt, hängt von der gewünschten zukünftigen Fahrtrichtung oder dem vorhandenen Raum ab.
Wenn man mit dem Heck voran in eine Box einlaufen will und dazu noch mit Wind und Strom rechnen muß, kommt es auf gute Leinenarbeit genauso wie auf das Bestreben an, sich dabei von Wind und Strom helfen zu lassen. Grundsätzlich lege man vorher die beiden Bug- und die beiden Heckleinen klar, belege die festen Parten sicher an den Klampen und hole die losen Parten von unten über die Reling, den Bug- oder Heckkorb und schieße sie dann auf, damit alle Leinen nach dem Festmachen direkt vom Boot zum Pfahl oder zur Brücke verlaufen werden. Steht der Wind quer zu den Boxen und kann man sich die Anlaufseite aussuchen (Abb. D), dann läuft man gegen Wind (und Strom) an, gibt vor der Boxeneinfahrt mittschiffs eine Leine an Backbordseite über den luvwärtigen Pfahl (1) und führt diese als Achterspring, um mit langsam rückwärts arbeitendem Propeller und Backbord gelegtem Ruder oder Antrieb in die Box einzudrehen. Der Wind, der gegen das Vorschiff drückt, wird diese Drehtendenz unterstützen. Liegt dabei der andere Pfahl achtern an Steuerbord, macht man auch hier eine Leine fest, die dann zum Bug verfahren und dort lose belegt wird. Ob man anschließend an der Backbordseite die künftige Vorleine am Pfahl festmacht und beim weiteren Eindrehen (2) am Bug belegt, so daß die Achterspring in Pos. 1 losgeworfen werden kann, wenn das Boot Pos. 2 erreicht hat, oder statt dessen die holende Part der Achterspring zum Bug verfährt, damit die Leine dann zur Vorleine wird, muß die Crew selbst entscheiden.
Ist das Heck jedoch frei (2), dann muß man ganz langsam, aber doch zügig zurück arbeiten und dazu gegebenenfalls mit dem Ruder dem Radeffekt des Propellers entgegenwirken, damit der Dwarswind das Heck nicht abtreiben kann. Die zum Steg übergeworfene Heckleine wird zuerst in Luv (3) belegt, um das Heck auf der Windseite und in richtigem Abstand zu halten. Dann belegt man beide Vorleinen in der richtigen Länge und schert dann zuerst von Steuerbord achtern eine neue Heckleine nach Luv (4), während die alte Backbordleine dann losgemacht und gleichzeitig nach Steuerbord verfahren wird, damit das Boot mit über Kreuz gelegten Heckleinen sicher in der Box liegenbleibt.
Wenn man in eine Lücke hineinmanövrieren muß, um seinen Liegeplatz einzunehmen, oder wenn an der Pier zwar Platz ist, aber ein kräftiger ablandiger Wind beim Anlegen entgegenwirkt, bleibt einem keine andere Wahl, als die Pier nahezu im rechten Winkel anzulaufen und den Ruhe-

platz längsseit der Pier mit Leinenhilfe einzunehmen. Ist uns dabei die Seite freigestellt, zu der Bug und Heck liegen sollen, dann steuert man den Liegeplatz bei rechtsgängigem Propeller (Abb. E) so an, daß das Boot mit der Backbordseite (1) an die Pier gehen wird. Das Boot kann mit Propeller und Ruder bzw. Antrieb voll steuerfähig bleiben, wenn ein Mann mit der Vorleine auf die Pier springt oder diese einem Helfer zum Belegen auf einem Poller übergibt. Diese Vorleine wird dann bei rückwärts arbeitendem Propeller und landwärts gelegtem Antrieb oder Ruder festgehalten, damit das Boot einschwenken kann (Pos. 2), bis man auch vom Heck aus eine Leine übergeben und diese belegen kann.
Reicht die Muskelkraft bei großen Yachten oder unüberwindlichem Windwiderstand zum Schluß nicht aus, um das Boot von Hand ganz an die Pier heranzuholen, dann hält man beide Leinen wie Querleinen fest (Abb. F) und bringt das Boot mit einem kurzen, ganz vorsichtigen Gasschub bis in die nächste Nähe zur Pier, wo es dann festgemacht wird.
Läßt es sich nicht vermeiden, daß das Boot am Liegeplatz in einer bestimmten Richtung liegen muß (G) und ist es dazu nötig, daß man mit der „schlechten" Seite an die Pier zu gehen hat, dann läuft man mit gleichem, nahezu rechtem Winkel zur anderen Seite an und gibt nicht nur eine Vorleine über, sondern auch eine am Heck belegte und außen um alle Aufbauten, Reling und sonstigen hinderlichen Teile herumgeführte Leine, die ebenfalls am gleichen Poller wie die Vorleine belegt wird und

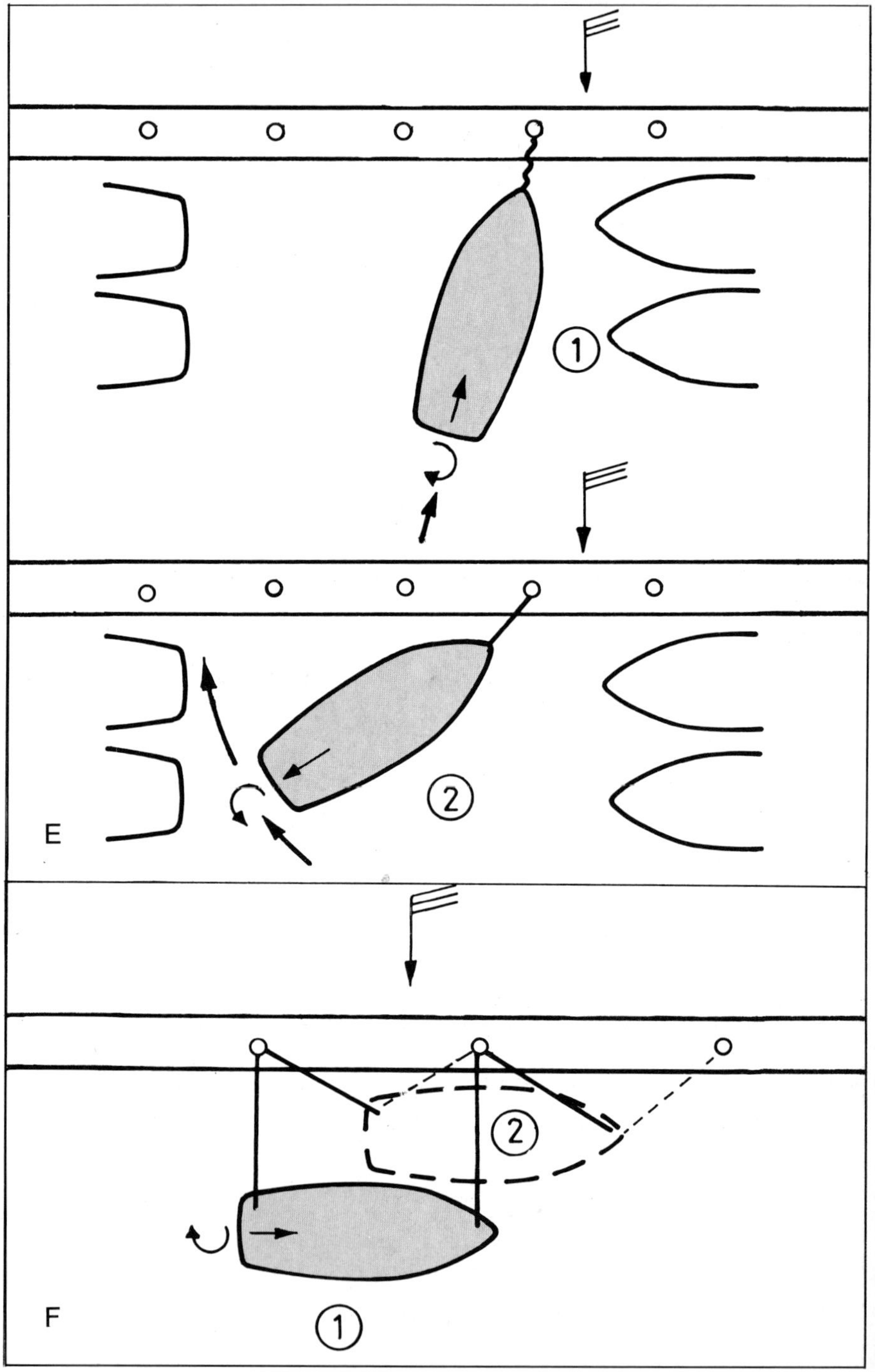

Abb. E: Anlaufen eines seitlich begrenzten Liegeplatzes. – Abb. F: Heranholen mit Hilfe von Querleinen.

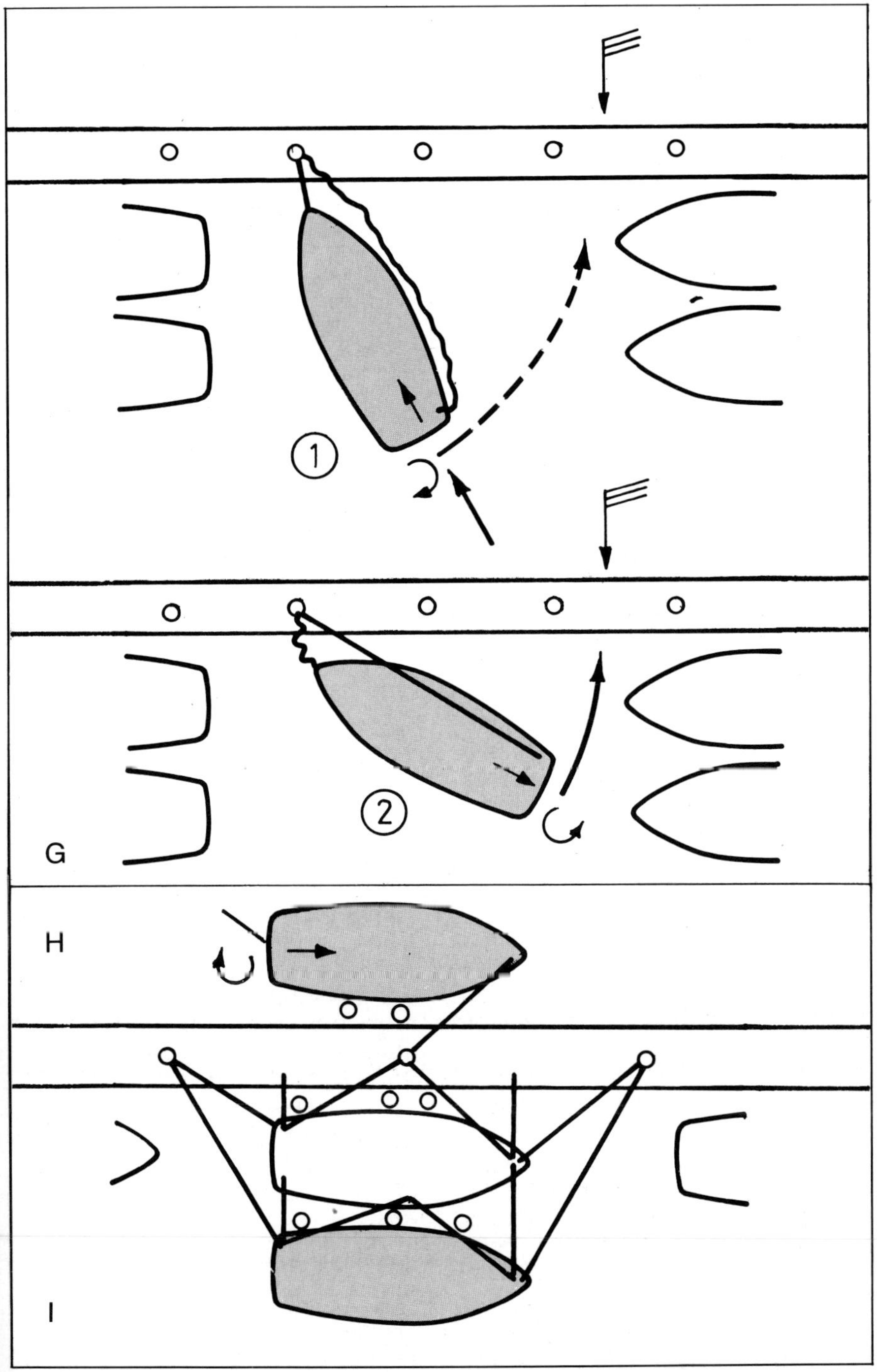

als Achterspring dienen soll (1). Man läßt jetzt den Motor langsam rückwärts arbeiten, und da der Radeffekt das Heck nicht nach Steuerbord und in Richtung auf die Pier bringen würde, sondern dieser Bewegung entgegenwirkt, dampft man das durch die Spring gefesselte Heck jetzt landseitig ein. Die Vorleine wird zuerst festgehalten und dann immer mehr gelöst, je mehr sie zu einer Querleine (2) wird. Der Propeller wirkt so lange zurück, bis auch vom Heck eine Quer- oder Achterleine an Land gebracht und diese sicher belegt ist.

Zu einem kurzen Parken an der Pier (Abb. H) kann man auch einfach nur eine Vorleine an Land belegen, die als Vorspring geschoren wird. Mit Motor ganz langsam voraus und einer Ruderlage oder einer Stellung des Antriebs, die das Heck an die Pier bringt, hält das Boot gehorsam und sicher eine Parallelposition zur Pier auch nur mit einer Leine – aber man muß dabei die Bordwand gut durch Fender schützen.

Ist der Liegeplatz nicht direkt an der Pier, sondern längsseit eines anderen Bootes (Abb. I), dann belege man die Vor- und Achterleine immer direkt auf der Pier und nur die Vor- und Achterspring, gegebenenfalls auch Querleinen an Bug und Heck des Nachbarbootes. Anderenfalls würde man dessen Festmacher mit belasten und gegebenenfalls überlasten, so daß dann auch der eigene Liegeplatz beim Bruch der Leinen des Nachbarbootes gefährdet ist.

Abb. G: Anlaufen eines seitlich begrenzten Liegeplatzes mit der „schlechten" Seite. – Abb. H: Kurzzeitiges „Parken" an der Pier. – Abb. I: So macht man als zweites Boot sicher fest.

Festmachen zwischen zwei Dalben

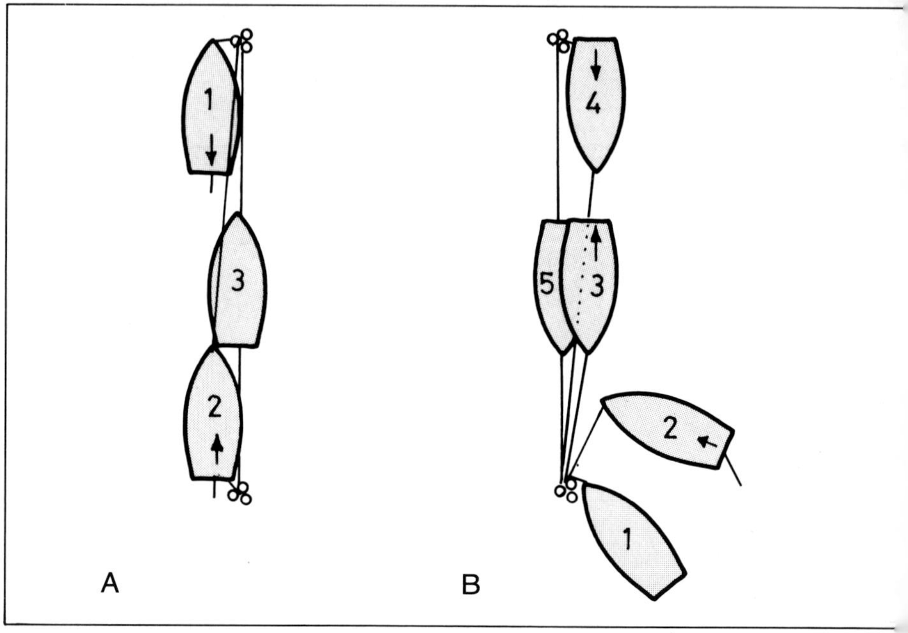

Festmachen zwischen zwei Bojen oder Dalben vor Schleusen und in Bojenfeldern

Wenn man auf das Schleusen wartet, muß man häufig an den Dalbenreihen in den Vorhäfen festmachen. Dies ist nicht immer einfach: Die Dalben selbst sind für die Berufsschifffahrt und zum Überliegen der Frachtkähne bestimmt und überall meistens 30 m voneinander entfernt. Das ist für jedes Sportboot zu weit. Aber da ein Dalben allein zum Festmachen in Wind und Strom, Sog und Schwell für längere Zeit meistens nicht geeignet ist, bleibt keine andere Wahl, als zwei Dalben zu benutzen. Das bedeutet: Ein 8-m-Boot muß mindestens einen Festmacher von 30 m Länge und einen zweiten von 15 m Länge klar halten. Wenn eine Leine dazu noch auf Slip gelegt werden soll (was in jedem Fall empfehlenswert ist), muß auch der zweite Festmacher 30 m Länge haben.

Je geringer die Abstände zwischen den Pfählen sind, desto leichter werden die hier genannten Manöver. Sie gelten auch für das Festmachen in Muringfeldern, wenn zwei Dalben oder (hier meistens) Bojen zur Verfügung stehen. Bojen lassen sich überhaupt leichter handhaben als Dalben mit ihren meistens drei neben- und ineinander gesetzten dicken Pfählen, die sich auch nur schwer umfassen lassen, wenn man eine Leine um sie bringen will. Am einfachsten laufen diese Manöver natürlich ab, wenn bereits Leinen mit den Bojen verbunden sind, die man einfach nur von Bord aus loswerfen muß und die nicht von Bojen oder Dalben erst einmal abzustecken und dann noch Hand über Hand so zügig und sicher an Bord zu holen sind, daß sie nicht in den Propeller geraten können.

(A) Festmachen bei ruhigem Wetter

Ohne Wind und Strom läuft man mit möglichst geringer Fahrt an die Bugboje (Pos. 1), damit beim Einlegen des Rückwärtsgangs das Heck nicht seitlich auszuschwenken beginnt, und macht die Vorleine fest. Dann läßt man das Boot unter Fieren der Vorleine bis zum Heckdalben im Rückwärtsgang zurücksacken (Pos. 2), belegt auch die Achterleine und verholt das Boot mit Hand und/oder Motorenhilfe in die Endposition 3. Ob man beim Anlaufen in Pos. 1 Dalben bzw. Boje an Steuerbord oder Backbord läßt, entscheide man gegebenenfalls nach dem Radeffekt des Propellers im Rückwärtsgang, falls man diesen beachten muß.

(B) Festmachen an zwei Dalben mit gleichzeitigem Drehen des Bootes

Man läßt beim Anlaufen die Bugboje an Backbord (Pos. 1) und belegt die Vorleine. Dann gibt man ihr ca. eine Bootslänge Lose, läßt sie steifkommen (Pos. 2) und erreicht durch „Eindampfen" im Vorwärtsgang mit Backbordruderlage der jetzt wie eine Vorderspring wirkenden dichtgeholten Leine, daß das Boot bis in Pos. 3 dreht. Man zieht es mit Auffieren der Vorleine bis in Pos. 4 zurück, belegt die Heckleine am anderen Dalben und bringt das Boot mit Leinenarbeit und/oder Motorhilfe in die Endposition 5.

(C) Festmachen an zwei Dalben bei gleichzeitigem Drehen des Bootes unter Gegenwind und Gegenstrom

Man läßt das Boot über die künftige Heckboje hinaus nach Luv weiterlau-

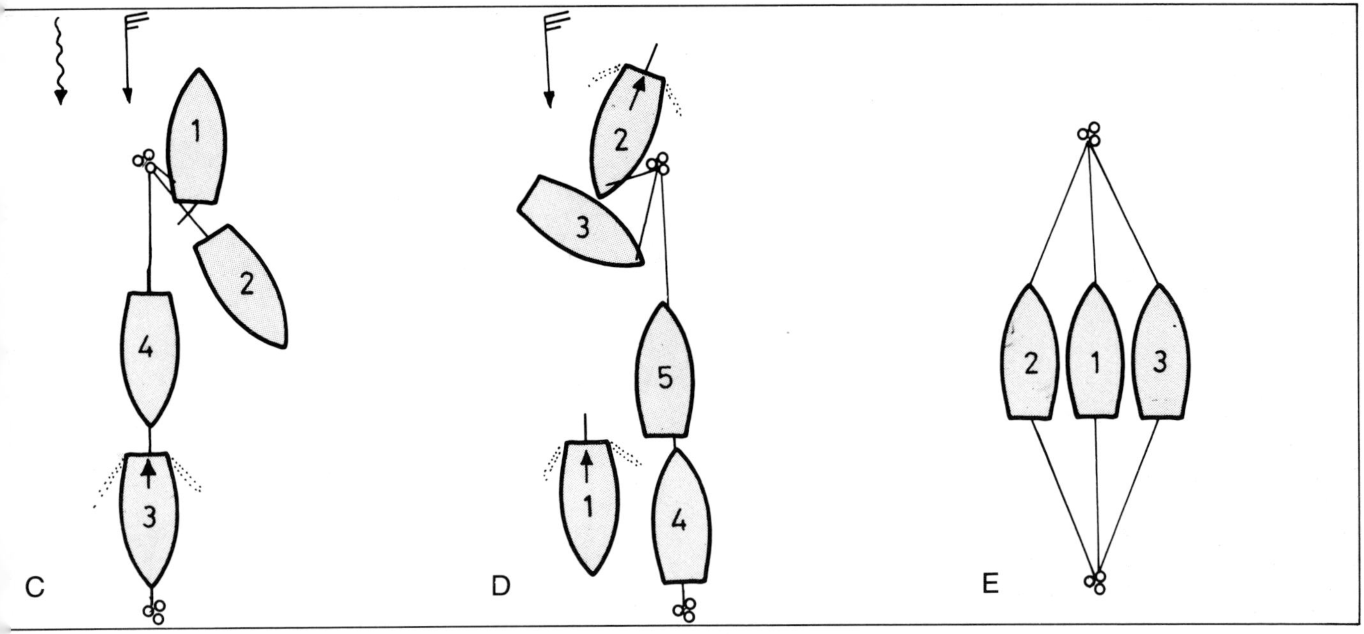

fen (Pos. 1) und belegt die Heckleine. Liegt das Boot dabei nicht genau in Wind- und Stromrichtung und können diese Kräfte dabei schon am Bug wirken, dann muß man hierbei auch Luvruder geben. Man läßt dann das Boot bei gestoppter Maschine und durchgeholter Leine bis in die Pos. 2 drehen und bringt es unter kontinuierlichem Fieren Hand über Hand bis in Pos. 3, wo die Leine festgemacht wird. Dann zieht man es unter gleichzeitigem Dichtholen der Achterleine in seine Endposition 4 zurück.

(D) Festmachen in frischem Wind

Natürlich kann man das Boot auch wie in Abb. A anlaufen lassen und festmachen. Aber bei frischem Wind ist es meistens sehr viel schwieriger, das Boot (mit Bugkorb) bei Schwell und Seegang so lange und so dicht am Dalben zu halten, daß man hier die Leine festmachen kann. Es empfiehlt sich daher, mit Fahrt achteraus (Pos. 1) an diesen Liegeplatz heranzugehen. Das Heck dreht dabei von allein in den Wind, und in Pos. 2 kann man die Vorleine mittschiffs übergeben und von hier aus (oder sogar aus der Plicht) sehr viel sicherer am Dalben arbeiten. Man läßt dann das Boot an der gespannten Leine bis in Pos. 3 treiben. Hier wird es sich in Windrichtung legen, so daß man mehr Leine stecken und in Pos. 4 die Heckleine belegen kann. Zum Verholen in die Endposition 5 benutzt man bei gleichzeitigem Dichtholen der Vorleine und Fieren der Heckleine den Motor.

(E) Liegen zwischen zwei Dalben

Beim Festliegen vor Schleuseneinfahrten herrscht oft reger Verkehr in den Vorhäfen mit den auslaufenden Schiffen der Berufsschiffahrt und den einlaufenden Frachtkähnen, die Vorrang vor Sportbooten und Yachten haben. Setzt man dabei Vor- und Achterleine so hart wie möglich durch (Pos. 1), dann können sie gegebenenfalls Schaden nehmen oder sogar brechen, weil keine Möglichkeit der Federung gegen seitliche Belastung gegeben ist. Gibt man beiden Leinen hingegen etwas Lose (Pos. 2), auch wenn wenig Seitenraum (z. B. bis zur Kanalböschung) vorhanden ist, dann kann das Boot seitlich ausweichen, und es liegt auch für die Besatzung wesentlich angenehmer. Die Pos. 2 wird das Boot nur bei starker Belastung (auch durch Dwarswind) von einer Seite einnehmen. Beim Rückpendeln oder bei einer Gegenbelastung ist auch die Pos. 3 möglich. Das Boot liegt praktisch in Pos. 1 mit losen Leinen und kann gegebenenfalls die Pos. 2 oder 3 einnehmen. Beide liegen (gerade bei großen und breiten Dalben) nur wenig außerhalb der Fluchtlinie zwischen den Dalben-Mittelpunkten und damit noch nicht im eigentlichen Schiffahrtsweg.

Losmachen von zwei Dalben

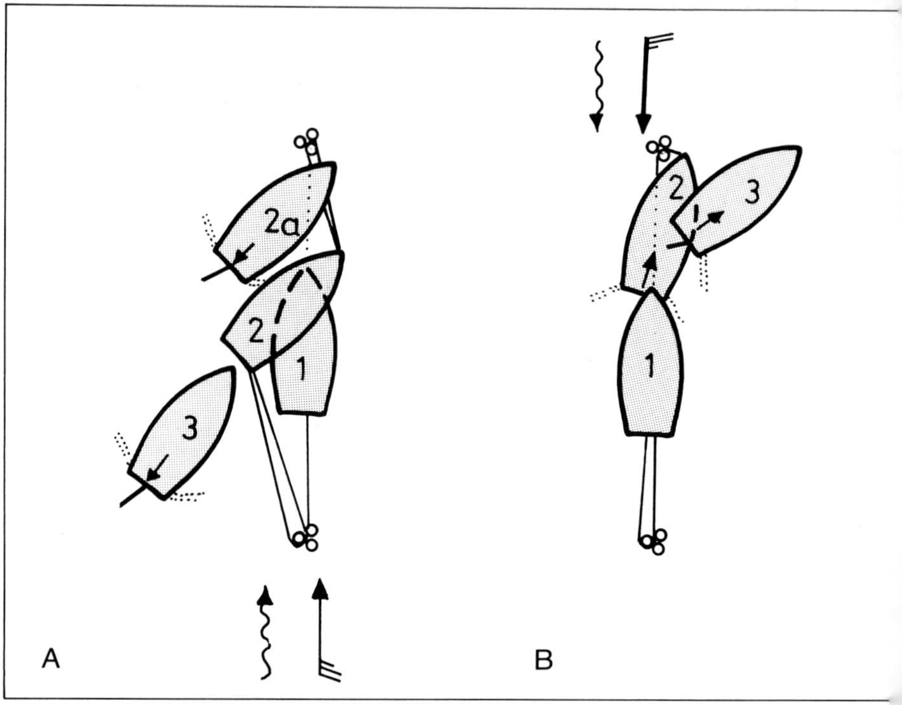

Verlassen eines Liegeplatzes zwischen zwei Bojen oder Dalben vor Schleusen und in Bojenfeldern

Das Ablegen von zwei Dalben oder Bojen ist bei leichtem Wetter nicht schwierig. Man wird im allgemeinen immer zuerst die Achterleine losmachen und dann die Vorleine abschlagen, damit man den Motor bereits benutzen kann, wenn das Boot nur noch vor einer Leine liegt. So kann man beim Loswerfen der zweiten Leine in jedem Falle sofort mit Motorkraft arbeiten, muß nicht auf das Einholen der Leine warten, und die Gefahr ihres Vertörnens im Propeller besteht nicht. Betrachten wir nun einige schwierige Fälle.

(A) Ablegen bei Wind und Strom von achtern

Man liegt in Pos. 1 am besten mit einer Achterleine auf Slip, die man (gegebenenfalls durch Anstecken eines weiteren Festmachers) weiter auffiert, bis das Boot in Pos. 2 in einem Winkel zu Wind und Strom liegt. Dann slipt man die Achterleine und holt sie (schnell) ein. Am besten ist es, wenn man auch die auf Slip liegende Vorleine in dieser Position loswerfen kann und das Boot mit Fahrt achteraus in die Pos. 3 zurückzieht, wo es schnell Raum zum ungehinderten Manövrieren gewinnt. Gelangt es jedoch in die Pos. 2a, weil man sich erst am Dalben festhalten muß, um dort die Vorleine abzuschlagen, dann wird es schwierig sein, das Boot mit Motor und Ruder luvwärts des Dalbens zu halten, bis die Arbeiten am Bug beendet sind.

(B) Ablegen bei Gegenwind und Gegenstrom

Man wirft die (auch wieder am besten auf Slip gelegte) Achterleine los und geht mit langsamer Fahrt in Richtung auf den Dalben (Pos. 2). Will man das Boot noch weiter zu einer Seite drehen, dampft man kurzzeitig in die jetzt als Vorspring wirkende Vorleine ein, wenn es nicht möglich ist, nur mit Motor allein die Pos. 3 zu erreichen und vom vorderen Dalben freizukommen.

(C) Ablegen bei Wind und Strom von achtern und gleichzeitigem Drehen des Bootes

Man gibt Vor- und Achterleine Lose, bis das Boot in Pos. 2 eine Winkelstellung zu Wind und Strom erhält. Dann slipt man die Achterleine (Pos. 3), holt die Vorleine durch (Pos. 4) und überläßt es Wind und Strom, das Boot bis in eine Pos. 5 zu drehen, in der man auch die Vorleine slippen und ablaufen kann. In Pos. 5 ist es auch möglich, mit Motorkraft an den Dalben heranzulaufen und die Vorleine abzustecken, falls es erforderlich ist. In Pos. 3a hingegen ist es schwierig, eine Achterleine, die nicht auf Slip gesetzt war, zu lösen, weil das Boot hier bei achterlichem Wind und Strom nur schwierig zu halten ist. Das ist dann höchstens möglich, wenn man so viel Vorleine nachstekken kann, daß man breitseits am Dal-

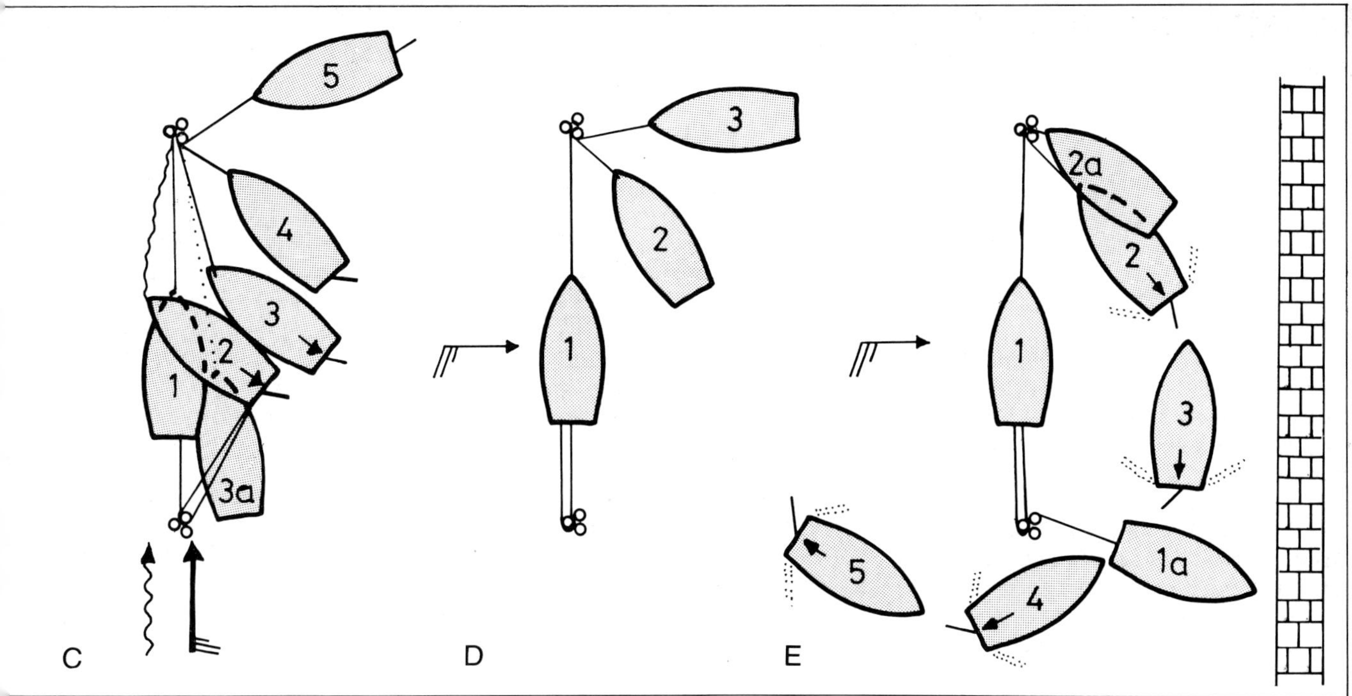

ben liegt. Aber bei begrenztem Schwojeraum (hier zur rechten Seite) wird dann das Drehen bis in Pos. 5 unter gleichzeitigem (schnellen) Durchholen der Vorleine riskant.

(D) Ablegen von Dalben bei Seitenwind

Hatte man in Pos. 1 eine Achterleine auf Slip gelegt, dann läßt man das Boot unter gleichzeitigem Dichtholen der Vorleine in die Pos. 2 und 3 drehen. Läßt man den Motor bereits in Pos. 2 leicht vorausdrehen, entlastet man nicht nur die Vorleine, sondern erleichtert auch deren schnelles Einholen und Abschlagen oder Loswerfen in Pos. 3.

(E) Ablegen bei Seitenwind und dem Zwang gleichzeitigen Drehens

Am einfachsten wäre es, die auf Slip liegende Vorleine zuerst loszuwerfen, das Boot durch den Wind mit Hilfe der Heckleine um den achteren Dalben bis in Pos. 1a drehen zu lassen und dann Fahrt aufzunehmen. In der Praxis wird dieses jedoch selten möglich sein, wenn das Boot bei auflandigem Wind an der Leeseite des Fahrwassers liegt. Dann bleibt nur, zuerst (Pos. 1) die auf Slip gelegte Achterleine loszuwerfen und die Lose der Vorleine durchzuholen. Das Boot wird dann die Pos. 2 erreicht haben; wenn die Vorleine nicht geslippt werden kann, auch die Pos. 2a.

Ist auch die Verbindung nach vorn gelöst, zieht man das Boot mit Fahrt achteraus und optimaler Ruderlage über die Pos. 3, 4 und 5 in das freie Fahrwasser zurück. Man beachte, daß hierbei der Abstand zum ursprünglichen Heckdalben in Pos. 3 höchstens eine Bootslänge betragen wird, eine vertretbare Distanz zur Böschung und wesentlich weniger Abstand, als er durch die Pos. 1a gegeben ist, in der das Boot ja auch noch weiteren Manövrierraum in allen Richtungen benötigt.

Ich habe die Erfahrungen gemacht, daß es sich nicht auszahlt, besonders vor dem Schleusen an den hohen und großflächigen Dalben provisorisch festzumachen. Die Wartezeit kann oftmals sehr viel länger als erwartet dauern, und es macht mehr Spaß, aus einer sicheren Liegeposition zwischen zwei Dalben dem Schiffsverkehr zuzuschauen oder sich sonst an Bord zu beschäftigen, als das Boot nur mit einer Querleine bei den wechselnden Belastungen durch Wetter und Schiffahrt zufriedenstellend festzuhalten versuchen.

Verstehen durch Hören und Sehen

Alle Manöver klappen nur reibungslos, wenn sich die Crew auch wortlos versteht

Manöver mit Motoren sind nun einmal laut, und je größer dabei der Abstand des Bootssteuerers in seinem (überdachten) Steuerstand zum Mann (oder zur Frau) auf dem Vorschiff wird, desto mehr kann auch der Wind die zur Verständigung gewechselten Worte hinwegwehen, oder es können andere Nebengeräusche des Wassers an der Pier oder an der Bordwand menschliche Laute übertönen.

Alle Manöver (gleich welcher Art) klappen nur, wenn zwei Grundbedingungen erfüllt sind: Man hat ihren Ablauf vorher zwischen dem Mann am Ruder und den Deckshänden genau besprochen, und man hat Kommandos und Meldungen vereinbart, die gegebenenfalls auch durch Handzeichen gegeben werden können. Dabei werden Anweisungen nicht immer und ausschließlich nur vom Rudergänger gegeben; auch der Mann am Heck oder das Besatzungsmitglied auf dem Vordeck kann gegebenenfalls Anweisungen erteilen, ja – es kann das gesamte Manöver auch von dem Mann auf dem Vordeck geleitet werden, der z. B. beim Festmachen oder Ankern sehr viel näher am wichtigsten Tatgeschehen steht als die Hand am Ruder. Durch eine solche Einteilung ist es auch möglich, daß die Bordfrau die (vielleicht leichtere) Arbeit an Fahrhebeln und Ruder leistet, während der körperlich kräftigere Schipper vorn mit Anker oder Leinen hantiert.

Manöver werden selten durch die Personen verkorkst, die vorn und achtern mit Leinen arbeiten. Der berühmte „Zustand" an Bord entsteht immer durch das Zusammenwirken aller Beteiligten und wird hauptsächlich dadurch verursacht, daß die Linke (des Schippers) nicht weiß, was die Rechte (des Decksmannes) tut – und umgekehrt. Hat sich der Schipper vorher überlegt, wie er dieses oder jenes Manöver fahren will, dann ruft er seine Decksleute an den Steuerstand und erklärt ihnen, mit welchem Winkel zum Pier er anlaufen will, wann welche Leine zuerst übergehen soll, wie das Manöver dann weiter abläuft und auf welchem Wege Anweisungen (vom Steuerstand) kommen und Rückmeldungen (von Bug und Heck) gegeben werden.

Prinzipiell unterscheide man zwischen der Ankündigung einer Tätigkeit (dem Ankündigungskommando) und der entsprechenden Ausführung der Handlung (dem Ausführungskommando) einerseits sowie zwischen dem Kommando bzw. der Anweisung durch den hierfür verantwortlichen (Schipper) und der Meldung desjenigen, der diese Anweisung richtig aufgefaßt hat; anschließend kurz „Kommando" und „Rückmeldung" genannt.

Die meisten Ankündigungskommandos werden mit den Worten: „Klar *zum* . . ." bzw. „Klar *bei* . . ." eingeleitet. Die beiden unterschiedlichen Präpositionen „zu" und „bei" sagen der Besatzung gleichzeitig, ob es sich um ein komplexes, aus zahlreichen Handgriffen bestehendes Manöver oder nur um eine einfache Handfertigkeit handelt.

„Klar zum Ankern", „Klar zum Anlegen" usw. bedeutet, daß eine Vielzahl von Arbeiten, gegebenenfalls sogar von mehreren Personen vorgenommen werden soll, z. B. das Bereitlegen von Vor- und Achterleine, von Vor- und Achterspring, von Bootshaken und Fendern.

„Klar bei Bootshaken", „Klar bei Fender" o. ä. besagt, daß nur ein Besatzungsmitglied (später) mit einem Gerät arbeiten soll und dieses hierzu erst einmal in die Hand nimmt.

Die entsprechenden Maßnahmen kann der Bootsführer erst einleiten oder mit den genannten Geräten arbeiten, wenn die Rückmeldung erfolgt ist, z. B.: „Vordeck ist klar zum Ankern", „Achterschiff ist klar zum Anlegen" usw. oder „Bootshaken ist klar", „Fender sind klar".

Natürlich wird sich der Schipper auf einem Motorkreuzer bemühen, diese klaren Anweisungen in eine persönliche, verbindliche Form zu kleiden, und er wird sie, wenn sich die Kommandobezeichnungen aus Gründen der Klarheit und Schnelligkeit nicht vermeiden lassen, nicht wie ein Spieß auf dem Kasernenhof über den ganzen Hafen brüllen. Er wird stattdessen vielleicht sagen: „Nun wollen wir mal zum Anlegen klar machen" oder „Nimm doch bitte mal den Bootshaken klar". Die Crew wird ihm in gleicher Weise vielleicht statt einer „Meldung" durch Kopfnicken oder Handzeichen zu verstehen geben, daß sie im Bilde ist und daß der Schipper mit dem Einsatz des entsprechenden Gerätes am gewünschten Ort rechnen kann.

Zu diesen Kommandos gehören auch einige wenige unmißverständliche Wörter:

„Festhalten!" und „Ist fest!"
„Lose geben!" und „Ist lose!"
„Holen!" „Durchholen!", „Dichtholen!" und „Es wird geholt!"
„Fieren!", „Loslassen!" und „Lose kommt!", „Ist los!"

Die einfache Verständigung, ob eine Sache gelingt und in Ordnung ist oder noch nicht in Ordnung geht, wird durch die Wörter ,,Klar" und ,,Unklar" ausgedrückt, beide sowohl als Frage wie als Antwort gegeben.
Das Geheimnis manchen gelungenen und dazu noch ,,leisen" Manövers liegt oft in einer ,,Harmonie mit offenen Augen", wobei jeder anordnen kann und jeder befolgen muß. Mit einer solchen Zeichensprache kann man eine Vielzahl von ,,Kommandos" geben und die ,,Rückmeldungen" empfangen, ohne daß dabei ein (ohnehin durch Motoren- und Windgeräusche kaum verständliches) Wort gewechselt werden muß (siehe Abbildungen):

A: Rudergänger an Deckshand: ,,Klar zum Manöver!"
B: (Zarte) Deckshand an Rudergänger: ,,Vordeck ist klar zum Manöver!"
C: ,,Leine übergeben!" oder ,,Fender an die Bordwand!"
D: ,,Leine durchholen!"
E. ,,Mehr nach Steuerbord drehen!"; ,,Dort liegt die Boje!"
F: ,,Recht so!"; ,,Noch etwas mehr voraus gehen!"
G: ,,Langsamer!"; ,,Ganz langsame Fahrt!"
H: ,,Maschine stopp!"; ,,Halt!"
I: ,,Maschine zurück!"; ,,Etwas achteraus gehen!" o. ä.
J: ,,Fallen Anker!"
K: ,,Ankerleine zeigt auf und nieder!"
L: ,,Mehr Leine stecken!"; ,,Alle Leine auslaufen lassen!"
M: ,,Ankerleine festhalten!"; ,,Festmacher festhalten!"; ,,Belegen!"
N: ,,Alle Leinen sind belegt!"; ,,Anker trägt!"; ,,Hier alles klar!" o. ä.
O: ,,Manöver beendet!"; ,,Maschine zweimal stopp!" ,,Aufklaren!"
P: ,,Verstanden!"; ,,Klar Deck!"; ,,Verbinden geht ein!"

Kommandos geben, ohne zu kommandieren

Der verantwortliche Bootsführer hat nicht nur Rechte, sondern auch Pflichten.

Eine der ersten offiziellen Fragen zum Erwerb des amtlichen Sportbootführerscheins lautet: „Was ist zu tun, wenn vor Antritt der Fahrt nicht feststeht, wer Fahrzeugführer ist?", und als Antwort wird dann ungefähr verlangt: „Es ist vor Antritt der Fahrt von der Besatzung zu bestimmen, wer der verantwortliche Bootsführer ist." Dieser Schiffsführer oder „Schiffer", wie er auch in Gesetzen genannt wird, besitzt eine weitreichende Befehlsgewalt – aber eine auch nicht minder große Verantwortung. Schon seit Generationen wissen Berufsseeleute und Besatzungen von „Vergnügungsyachten": „Auf jedem Schiff, das dampft und segelt, ist einer, der die Sache regelt." Er muß nicht nur erfahren und entscheidungsfreudig sein, sondern sich gegenüber der Besatzung, die sich ihm anvertraut hat und für die er die Verantwortung trägt, auch verständlich machen können – durch Kommandos, die bindende Anordnungen sind (um das militärische Wort „Befehl" etwas zivil zu umschreiben). Und die Crew muß ihn informieren – durch Rückmeldungen, auf die er sich verlassen kann – auch wenn diese nur durch ein Handzeichen gegeben werden.

Wenn auch Maschinen- und Ruderkommandos auf Motorbooten selten sind, weil der Bootssteuerer, der mit Ruder und Fahrhebeln arbeitet, meistens gleichzeitig auch der Bootsführer ist, sollen doch auch diese Kommandos hier genannt werden. Dabei werden auch gleichzeitig alle Phasen deutlich, die bei der Ruderlage, bei der Fahrtrichtung und den Fahrtstufen möglich sind.

Motorboote können entweder mit einer Einhebel- oder einer Zweihebelschaltung ausgerüstet sein. Bei einer Zwillingsmotorenanlage hat jeder Motor seine eigene Schaltung.

Bei der Einhebelschaltung (siehe Seite 42), die sowohl für Einbau- als auch für Außenbordmotoren verwandt wird, steht der Schalthebel in seiner Mittelstellung auf Null, im Leerlauf. Legt man den Hebel nach vorn, dann rastet der Vorwärtsgang ein. Neigt man ihn weiter, dann nimmt die Gaszufuhr und damit auch die Anzahl der Umdrehungen im Vorwärtsgang zu. Beim Umschalten auf Rückwärts bringt man den Schalthebel zuerst in die neutrale Nullstellung. Die Rückwärtsbewegung des Schalthebels rastet dann den Rückwärtsgang ein, und mit weiterer Neigung des Hebels nach achtern gibt man mehr Gas und damit mehr Drehzahlen für das Rückwärtsarbeiten des Motors.

Bei der Zweihebelschaltung, die man in gleicher Weise für Einbau- und Außenbordmotoren benutzt, bedient ein Hebel den Gang, der andere die Gasbetätigung. Der Hebel der Gangschaltung läßt sich nur betätigen, wenn der Gashebel in Nullstellung steht und der Motor im Leerlauf arbeitet. Mit dem Ganghebel schaltet man den Motor auf voraus und zurück entsprechend der Fahrtrichtung des Bootes oder der Arbeitsrichtung des Motors; der Gashebel wird nur in einer Richtung betätigt.

Die Maschinenkommandos sind nach dem Prinzip aufgebaut, daß man zuerst die Arbeits*richtung* des Motors und dann die Fahrt*stufe* angibt, z. B.: „Voraus langsam!" oder „Zurück halbe (Fahrt)!" Der erste Teil des Kommandos kann also entweder „Voraus", „Stopp" oder „Zurück" sein, während der zweite Teil aus den Begriffen „Ganz langsam", „langsam", „halb" und „voll" besteht. Die Fahrtstufe „ganz langsam" tritt hauptsächlich bei Manövern auf. Selbstverständlich kann man auch noch mit anderen Fahrtstufen wie „Marschfahrt", „äußerste Kraft" u. a. arbeiten.

Bei zwei Motoren wird zuerst der Motor genannt, für den das Maschinenkommando bestimmt ist, z. B.: „Steuerbord (Motor) voraus voll!" Sollen beide Motoren in gleicher Richtung und mit gleicher Fahrtstufe arbeiten, sagt man: „Beide Maschinen . . ."

Der Rudergänger meldet auch hier, wenn die angegebenen Maschinenkommandos ausgeführt sind, z. B.: „Steuerbordmaschine arbeitet voraus voll!" oder „Maschine geht zurück langsam!", nach dem gleichen Prinzip also zuerst den Motor, dann die Arbeitsrichtung und zuletzt die Fahrtstufe. Man beachte dabei, daß ein Boot (noch) „Fahrt voraus machen kann", auch wenn der Motor bereits „rückwärts arbeitet". Der Mann am Fahrstand, der den Anweisungen des Bootsführers folgt (der sich vielleicht aus Gründen besserer Übersicht oder Sicht außerhalb des Steuerstands befindet), kann immer nur melden, wie die Maschine „arbeitet" oder „geht", aber niemals, wie das Boot „läuft". Ob das Motorboot bei der entsprechenden Arbeitsweise des Motors tatsächlich „Fahrt voraus" oder „Fahrt achteraus" *macht,* ist ein anderes Beurteilungskriterium, das von der Arbeitsart des Motors deutlich zu unterscheiden ist.

Ist die Ruderanlage mit einem Ruderlagenanzeiger ausgestattet, dann gibt man Ruderkommandos in bezug auf den Winkel, in dem das Ruderblatt zur Mittschiffslinie angestellt werden soll, z. B. „Backbord zehn" oder „Backbord zwanzig". Orientiert man sich bei der Ruderlage nur nach den Umdrehungen mit dem Steuerrad, dann werden Ruderkommandos wie „etwas nach Backbord" o. ä. genügen müssen. Im einzelnen bedeuten die Ruderkommandos (zuerst die Anweisung des Bootsführers, dann die Rückmeldung des Rudergängers):

„Backbord zehn" – „Ruder liegt Backbord zehn" = das Ruder wird 10° nach Backbord gelegt.

„Etwas nach Backbord" – „Ruder liegt etwas nach Backbord" = das Ruder wird mit einer (halben) Radumdrehung nach Backbord gelegt.

„Hart Backbord" – „Ruder liegt hart Backbord" = das Ruder wird schnell bis zu seiner Endlage, die ca. 30° beträgt und bei der der kleinste Drehkreis gefahren werden kann, nach Backbord gelegt.

„Mittschiffs!" – „Ruder liegt mittschiffs!" = das Ruder wird in seine Nullstellung gebracht.

„Komm langsam auf" – „Langsam aufkommen!" = das Ruder wird langsam bis in die Nullstellung zurückgebracht, so daß die eingeleitete Drehung allmählich aufhört.

„Stütz!" – „Stütz!" = die eingeleitete Drehung soll durch Gegenruder aufgefangen und beschleunigt aufgehoben werden.

„Recht so!" – „Recht so! – 90 Grad!" = der im Augenblick des Kommandos durchlaufende Kurs soll als neuer Kurs gesteuert werden. Der Rudergänger gibt diesen Kurs zu einer möglichen späteren Rechtfertigung gleichzeitig genau an.

„Kurs Kielwasser Vordermann!" – „Kurs Kielwasser Vordermann halten!" = das Boot soll im Kielwasser des voranlaufenden Bootes weiterlaufen.

„Nach Steuerbord auf 300° gehen!" – „Nach Steuerbord auf 300° gehen!" = der Rudergänger soll das Boot auf den neuen Kompaßkurs von 300° bringen.

„Nach Backbord drehen und die Huk voraus nehmen!" – „Nach Backbord drehen und die Huk voraus nehmen!" = der Rudergänger soll langsam nach Backbord drehen und einen Kurs steuern, auf dem die in Sicht befindliche Landspitze genau in Fahrtrichtung liegt.

„Nach Steuerbord ausweichen!" – „Nach Steuerbord ausweichen!" = eine Anweisung, nach der der Rudergänger bei einem Ausweichmanöver (siehe Seite 182) selbsttätig handeln kann, um der Ausweichpflicht zu genügen und nach Passieren des Kielwassers hinter dem Heck des anderen Fahrzeugs wieder auf den alten Kurs zu gehen.

„Untiefentonne an Steuerbord lassen!" – „Untiefentonne liegt Steuerbord querab" = das ist eine Anweisung, bei der der Rudergänger ebenfalls eigenen Entscheidungsspielraum bei der entsprechenden Kursänderung hat.

Besonders bei längeren Seetörns oder auch bei Fluß- und Kanalfahrten über eine längere Distanz werden sich die Besatzungsmitglieder oft am Ruder abwechseln, und der verantwortliche Schiffsführer wird dann entweder auf Freiwache in der Kajüte sein oder an anderen Plätzen des Bootes Arbeiten verrichten. In diesen Fällen ist es notwendig, daß der Rudergänger auch von sich aus Meldungen an den Schipper gibt, nicht nur Sichtungen, sondern auch Angaben über die Ruderanlage, z. B. diese:

„Ruderstörung! Ruder klemmt Steuerbord zehn!" = er hat eine Störung in der Ruderanlage bemerkt und gibt gleichzeitig (für entsprechende Notmaßnahmen) die Lage des Ruders an. Eine mögliche Reaktion des Bootsführers könnte sein: „Boot sofort zum Stehen bringen!"
oder: „Boot steuert nicht mehr!" Dieser Fall kann beim Manöver eintreten, wenn so wenig Fahrt im Boot ist, daß die Ruder bei gestoppten Motoren nicht mehr wirken. Mögliche Reaktion des Schippers: „Aye, aye, abwarten!"

Weiter mögliche Kommandos sind z. B. beim Ablegen vom Steg oder von der Pier:

„Klar zum Loswerfen!"
„Klar bei Vorleine!"
„Vorleine los und ein!"
„Vorspring auf Slip legen!"
„Boot an der Achterleine achteraus verholen!"

Beim Anlegen:

„Klar zum Anlegen an Steuerbord!"
„Klar bei Achterleine!"
„Vorleine festhalten!"
„Spring übergeben!"
„Boot geht noch eine halbe Bootslänge voraus!"
„Boot so festmachen!"

Beim Ankern und Ankerlichten:

„Klar zum Ankern!"
„Vier Meter Wasser, fünfundzwanzig Meter Ankerleine!"
„Fallen Anker!"
„Ankerleine festhalten!"
„Trosse stecken auf fünfundzwanzig Meter!"
„Klar zum Ankerlichten!"
„Anker kurzstag holen!"

Strom und Seegang

Fahrt bei Strom und Seegang

Sicherheit auf See in Tidengewässern, wenn der Strom mit der See läuft oder gegen die See gerichtet ist

Wer in Tidengewässern an der Küste fährt, muß die Auswirkungen des Stroms auf die Windsee kennen; denn hier wirken zwei Kräfte, die sich günstig abschwächen, aber auch gefährlich verstärken können.
Wenn wir in einer Wasserströmung fahren, ist praktisch der gesamte flüssige Untergrund ebenfalls unterwegs, und wir werden auf seinem Rücken wie im Huckepack-Verfahren mitgenommen. Dabei muß sich ganz zwangsläufig auch die Struktur verändern, die der Wind auf der flexiblen Wasseroberfläche aufgebaut hat: der Seegang.
Die Wasserwellen sind bekanntlich Schwingungen, die weitgehend gleichmäßig und harmonisch erfolgen, wenn der Wind aus unveränderter Richtung auf die Oberfläche einwirken kann. Strom aus gleicher Richtung stört diese Harmonie nur wenig. Strom aus entgegengesetzter Richtung kann um so gefährlicher werden, je stärker beide Kräfte sind, also je mehr der Wind aufbrist und je stärker der Strom setzt.
Abbildung A zeigt den Seegang,

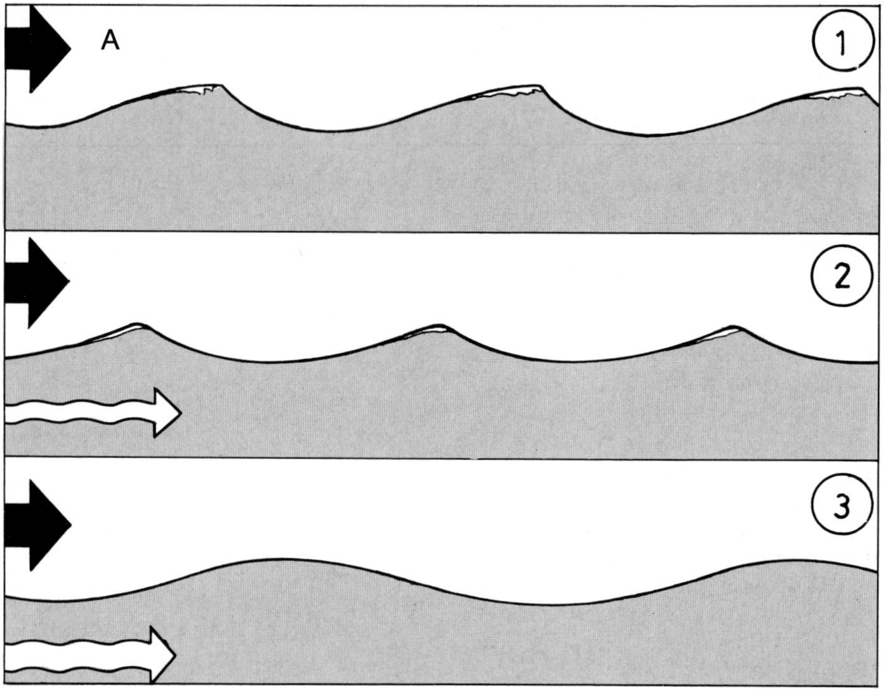

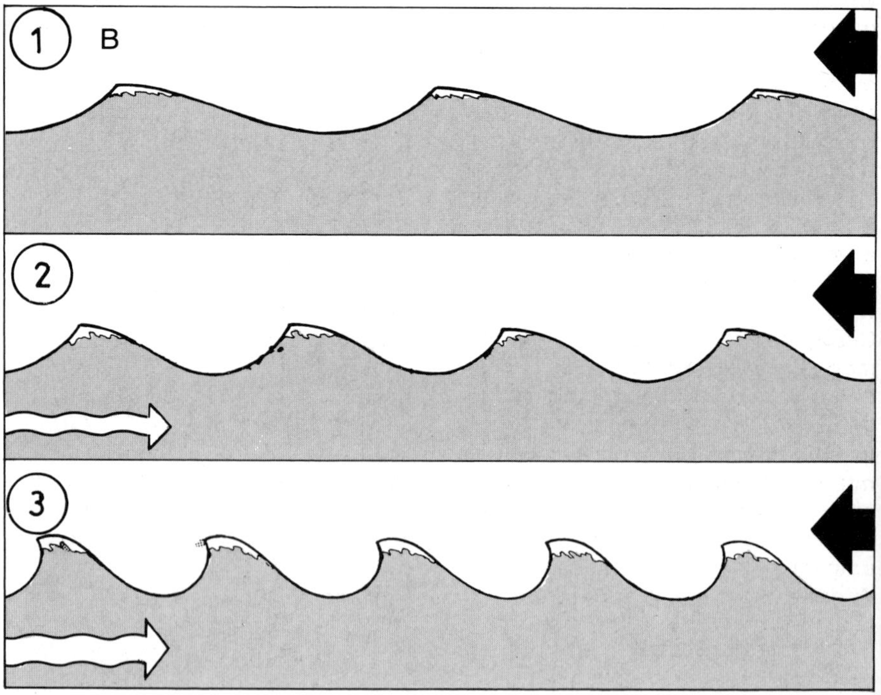

Abb. A: Wind und Strom aus gleicher Richtung bedeuten abgeflachte Wellen. – Abb. B: Bei entgegengesetzt gerichteten Wind- und Stromkräften wird der Seegang steiler.

wenn Wind und Strom aus der gleichen Richtung wirken: Die relativ deutlich ausgeprägte Windsee ① wird bei leichtem Strom etwas verlängert und leicht abgeflacht ②. Ein kräftiger Strom aus gleicher Richtung macht nicht nur die Welle länger, er nimmt den Kämmen auch ihre gefährlichen Brecher, so daß eine lange See in der Art einer Dünung ③ entsteht. Das Wasser wird praktisch „weicher", so daß sich die Fahrbahn glättet und damit die Fahrtbedingungen beträchtlich verbessern.

Bei Wind gegen Strom verschlechtern sich die Bedingungen besonders für kleine und leichte Boote ganz beträchtlich (Abb. B): Die normale Windsee ist zuerst wieder in ① dargestellt, abhängig von Wassertiefe, Windstärke, der Einwirkdauer des Windes und der Windbahn. Bewegt sich die Wasserfläche gegen den Wind ②, dann verkürzt der Strom die Wellenlänge und läßt die Kämme gleichzeitig emporwachsen. Bei einem schwachen Gegenstrom brechen die Kämme zwar ebenfalls schon gefährlicher über, aber erst bei starkem Gegenstrom ③ wird der Wellenrhythmus so gefährlich gestört, daß eine sehr kurze und steile See mit sehr tiefen Höhlungen und einer gefährlich wachsenden Tendenz des Überbrechens aufgebaut wird. Das ist dann eine holprige Chaussee auf beiden Kursen, egal ob man nun mit dem Wind und gegen den Strom oder mit dem Strom und gegen den Wind laufen will.

In Flußrevieren haben wir es immer mit einer konstanten Stromrichtung, aber unterschiedlicher Windrichtung zu tun. In den Tidengewässern unserer Nordseeküste steht die Windrichtung meistens über einen längeren Zeitraum als der Strom, der im Rhythmus von Ebbe und Flut nach ungefähr 6 Stunden kentert, das heißt seine Richtung bis zur Gegenrichtung ändert und in dieser Zeitperiode noch langsam (in den ersten Stunden nach Niedrigwasser bzw. vor Hochwasser) oder schnell (in den dritten Stunden nach Niedrigwasser und vor Hochwasser) und mit unterschiedlichen Geschwindigkeiten bei Spring- und Nipptide fließt.

Eine Tidenkurve (Abb. C) stellt die Wasserstandsänderungen für einen Ort im Tidengewässer graphisch dar. Dabei wird am linken Rand (als Ordinate) der Tidenstieg und Tidenfall (in Metern) und am oberen Rand (als Abszisse) die Zeit (in den Stunden eines Tages) eingetragen. Diese erweiterte Tidenkurve zeigt außerdem die Stromrichtung (am unteren Rand) und die Stromgeschwindigkeit (in Knoten) mit Kurve und Rasterung. Man erkennt deutlich, daß der Strom z. B. um 08.00 und 14.00 Uhr mit ca. 3,5 kn in der einen bzw. anderen Richtung seine größte Geschwindigkeit erreicht. Die Stromkenterung findet nach 11.00 und nach 17.00 Uhr statt. Stillwasser (mit geringstem Strom) und Hochwasser- bzw. Niedrigwasser fallen (meistens) zeitlich nicht mit Stillwasser zusammen. Der Zeitunterschied zwischen Hochwasser und Niedrigwasser einerseits und der Stromkenterung andererseits beträgt an der Nordseeküste nur ca. 1 Stunde, im Ärmelkanal jedoch bis zu 3 Stunden. Hier liegt z. B. das Hochwasser zwischen 12.00 und 13.00 Uhr, das dazugehörige Stillwasser jedoch zwischen 11.00 und 12.00 Uhr. Wer bei Gegenstrom (z. B. um 07.00 Uhr) nicht auslaufen kann, weil die Seebedingungen dabei zu hart sind, wartet bis 12.00 Uhr und tritt dann seine Fahrt bei Mitstrom sicher und ohne Gefahr an.

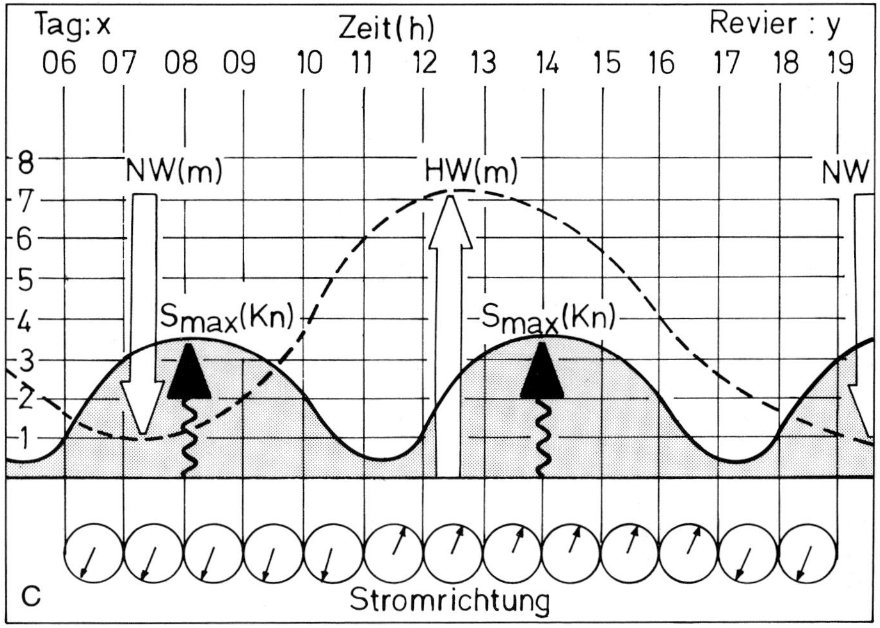

Abb. C: Eine Tidenkurve, aus der nicht nur die Wasserstandsänderungen, sondern auch Richtung und Stärke des Stromes zu erkennen sind.

Abb. D: Schwimmende Gegenstände vom Boot (1) über Angel (2) und Tonnen (3–5) bis zu Apfelsinenschalen (6), d. h. organischen Stoffen zum Messen der Stromgeschwindigkeit zeigen an, wie der Strom setzt.

Abb. D: Die Richtung des Stromes (als Sammelbegriff für alle Einflüsse strömenden Wassers in Fluß- und Seerevieren) ist vielfach zu erkennen: ① An der Lage der Boote im Strom – ②. Der Richtung, in die sich Schwimmkörper bewegen wollen. – ③. Dem Stauwasser in Stromluv einer Tonne und dem Kielwasser in ihrem Stromlee. – ④. Der Richtung, in der verankerte Tonnen krängen. – ⑤. Ist eine Boje mit Gegengewicht ausgerüstet, dann krängt sie zur „falschen" Seite, wie es auch die Fischerfähnchen tun.

Die Gezeitenströme der Küstengewässer mit Richtung und Stärke zu jeder Stunde nach Hochwasser und für die unterschiedlichen Bedingungen bei Spring- und Nipptide sind aus den Stromkarten (Stromatlas) oder aus den (englischen und holländischen) Seekarten für die entsprechenden Gebiete zu entnehmen. (Englische) Verlage haben auch spezielle handliche und preisgünstige Stromkarten für Yachten herausgegeben.

Der Entscheidungsspielraum ist für den Motorbootschipper groß – doch das macht sowohl die vorbereitende Planung einer Fahrt als auch den tatsächlichen Entschluß für Maßnahmen unterwegs nicht leichter.

Die Beispiele der Abb. E–H stellen die Situationen dar, in die ein Motorbootfahrer bei einer Küstenfahrt unter gleichen meteorologischen Bedingungen bei Mit- und Gegenstrom und bei einer Tide, die mit dem Wind oder gegen den Wind läuft, kommen kann. Wir müssen hier notgedrungen den Wind mit ins Spiel bringen; denn er baut ja die Windsee auf und ist damit verantwortlich für die glatte oder holprige Chaussee, auf der wir fahren. Der gleiche, außen um das Boot herum wehende Wind ist bekanntlich nicht identisch mit dem Bordwind, den wir bei dieser oder jener Fahrtrichtung und einer entsprechenden Bootsgeschwindigkeit spüren. Auch er soll hier betrachtet werden, weil der Strom den Wind, den wir an Bord spüren, ebenfalls abschwächt oder verstärkt.

Alle vier Situationen ergeben sich bei einer mäßigen Brise (Bft. 4) mit einer Windgeschwindigkeit von 13 kn, also in leichtem Wetter. Auch der Strom ist mit 3 kn nur gering angesetzt. Genauso bescheiden kalkulieren wir mit der Fahrt des Bootes von 10 kn, also insgesamt leichten bis mäßigen Kräften, die hier mit oder gegeneinander wirken. Man kann sich vorstellen, daß bei einem Tidenstrom von 6 kn, wie er in der Elbmündung läuft, oder bis zu 8 kn im Ärmelkanal sowie einer sehr viel höheren Windgeschwindigkeit bei stürmischem Wind die See sehr viel steiler und gefährlicher ist – ein Motorboot kann 20 Knoten und mehr laufen.

Die Abb. E und F erläutern die Bordbedingungen bei einem Seegang wie in Abb. A, ③.
In Abb. E wirken Wind und Strom aus gleicher Richtung, und das Boot läuft vor ihnen her. Das bedeutet: eine geglättete Oberfläche einer langen See, auf der das Boot unbedenklich auch mehr Fahrt als 10 kn laufen kann und (in diesem Falle) keine Luftbewegung in der Plicht; der Bordwind ist 0, weil sich Fahrtwind mit Strom und der umgebende atmosphärische Wind aufheben.
Die Wasserverhältnisse haben sich in Abb. F nicht geändert, auch wenn das Boot jetzt gegen Wind und Strom angehen muß. Wieder kann man den Gashebel weit nach vorn legen und hohe Fahrt laufen. Es vermindert sich nur die Fahrt über Grund durch die Stromstärke (3 kn), und der Bordwind wächst (bedingt durch Fahrt und Strom) beträchtlich bis auf eine frische Bordbrise an.
Abb. G und H: Situationen, die zum Wellenbild in Abb. B, ③ mit Wind gegen den Strom passen, sie könnten wenige Stunden später auf dem gleichen Tidenrevier entstehen: Bei Gegenstrom (Abb. G) ist unsere Fahrt über Grund (um die Stromgeschwindigkeit) geringer als die Fahrt durchs Wasser. Dazu bricht die steilere See mit der verkürzten Wellenlänge sehr viel höher und in kürzeren Abständen hinter dem Heck. Bei einem kleinen Boot oder einem Motorboot mit Spitzgattheck und wenig Reserveauftrieb im Achterschiff kann diese Situation schon bei wenig Wind und Strom gefährlich werden, bei größeren Yachten beginnt die Gefahr mit zunehmender Wind- und Stromgeschwindigkeit. Zu allem Überfluß gaukelt uns der Bordwind, der nur leicht weht, mehr Sicherheit vor, als tatsächlich vorhanden ist.
Die negativen Auswirkungen verviel-

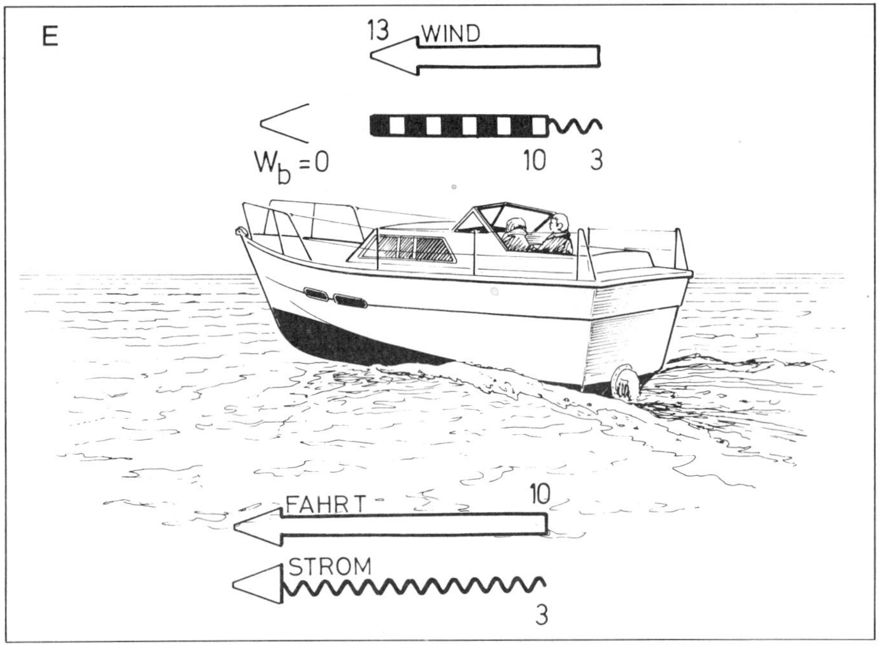

Abb. E: Fahrt, Wind und Strom sind gleichgerichtet.

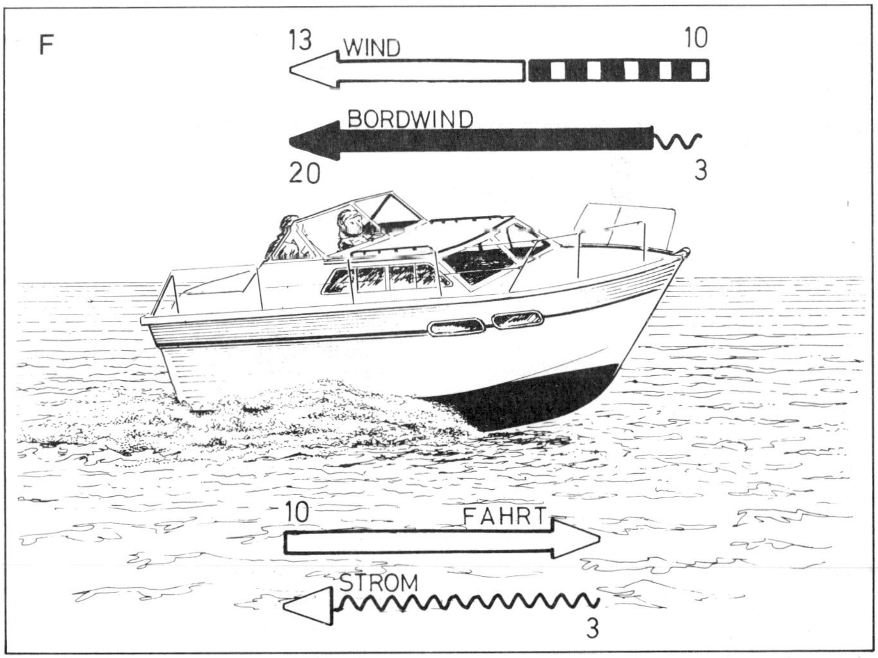

Abb. F: Fahrt gegen Wind und Strom.

aktiven Antrieb oder genügend Wasser um das Ruder sorgt, kann wegen der damit verbundenen Gefahren für den Propeller nur bedingt empfohlen werden, auch wenn die bessere Steuerfähigkeit das Boot sicherer macht.
Ein weiteres Risiko ist die Brennstoffreserve. Verdränger haben keine Schwierigkeiten, auch mit langsamer Fahrt gegen die See anzugehen oder (mit einem Winkel von 45°) mit der See zu laufen, weil sie bei normaler oder sparsamer Marschfahrt ebenfalls wenig verbrauchen. Wenn Gleitboote jedoch langsam laufen, steigt der Brennstoffverbrauch schnell an, und der Fahrbereich schrumpft gefährlich zusammen. Eine weitere Gefahr besteht in der Blockierung der Brennstoffpumpe. Bei den heftigen Rollbewegungen werden die Kraftstofftanks durchgeschüttelt und mögliche Rückstände vom Tankboden mit in Umlauf gebracht. Dann ist die Gefahr groß, daß der Motor ausfällt und das Boot ohne Antrieb liegenbleibt.
Eine große Gefahr bedeuten auch die Rollbewegungen im Seegang, die aber durch Bordmittel beträchtlich vermindert werden können. Wie man diesen Rollbewegungen wirksam begegnet, ist auf den Seiten 140 bis 143 beschrieben. Ein gegen die Rollbewegungen gesetztes Stützsegel hat bei vielen Motorkreuzern noch eine zusätzliche stabilisierende Wirkung, weil es (über der Plicht gesetzt und vorn am Steuerstand gehaltert) den Flächenschwerpunkt des Überwasserschiffes weiter nach achtern bringt. Das Boot wird dadurch luvgieriger, d. h. es hält das Vorschiff besser gegen Wind und See, so daß die Gefahr des Querschlagens vermindert wird.
Im allgemeinen ist das Einlaufen in einen Hafen bei Seegang das gefähr-

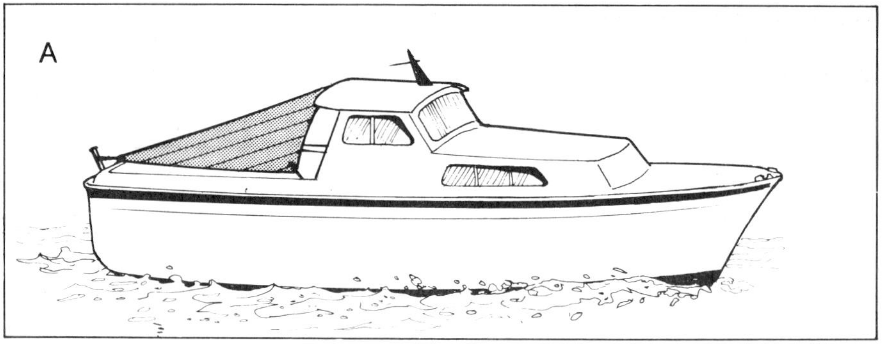

Abb. A: Stützsegel über der Plicht.

Abb. B: Bei einem Motorkreuzer liegt der Flächenschwerpunkt (F_1) des Überwasserschiffes meistens vorlich vom Drehpunkt (D) des Bootes. Das bedeutet: Bei langsamer Fahrt oder beim Treiben dreht das Heck zum Wind. Der Bug fällt ab. In schwerem Wetter besteht die Tendenz zum Querschlagen.

Abb. C: Mit Hilfe eines Stützsegels wandert der Flächenschwerpunkt (F_2) nach achtern; er liegt dann achterlich vom Drehpunkt (D). Das Boot dreht den Bug gegen Wind und See. Die Tendenz zum Querschlagen ist nicht gegeben.

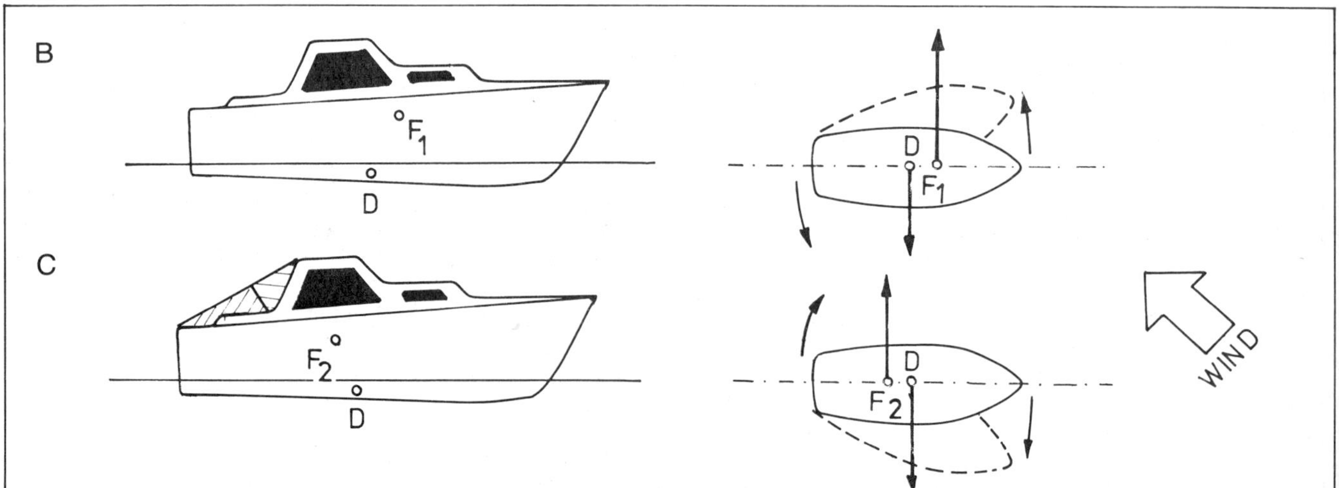

lichste Manöver, und wenn man auf See von Wind und zunehmenden Wellen überrascht wurde, hat sich ja bis zur Ankunft an der Küste die See die längste Zeit aufbauen können. Dazu kommt beim Einlaufen, daß im Flachwasser vor der Küste und damit auch vor den Hafeneinfahrten steilere, gefährlichere Grundseen als auf dem offenen, tiefen Meer stehen. Wenn dazu die Hafeneinfahrt noch durch Molen geschützt und die Durchfahrt eng ist, gibt es tatsächlich kein gefährlicheres Manöver, das man nur unter dem Zwang ausführen muß, daß die Alternative des Auf-See-Bleibens noch weniger empfehlenswert ist.

Im Prinzip erfolgt das Einlaufen wie das Fahren im Seegang, wenn die See genau in die Hafeneinfahrt hineinsteht: Man setzt sich (je nach Bootsgröße und Fahrt) ca. eine halbe Meile vor der Hafeneinfahrt in eine Wellenformation von relativ kleinen Wellen hinein, die im allgemeinen einem größeren Wellenzug folgt, und nimmt die gleiche Fahrt auf. Solange der Rudergänger dann so mit dem Fahrhebel operiert, daß das Boot weder die vorauslaufenden Wellen einholt noch sich von den nachfolgenden Wellen überholen läßt, wird das Boot dem Ruder sicher gehorchen. Das ist aber nur ein Manöver für Boote mit einem kräftigen Motor und für einen Schipper, der sich zutraut, die letzten Kabellängen vor der Einfahrt und in diese hinein mit 30 bis 40 km/h zu laufen, eben der Fortpflanzungsgeschwindigkeit der Wellen. Er wird das Boot unmittelbar nach dem Passieren der Molenköpfe schnell stoppen müssen.

Wer sich und seinem Boot dieses Manöver nicht zutraut, muß – wohl oder übel – eine Schleppleine mit angesteckten Auftriebskörpern am Tampen vor dem Einlaufen über das Heck geben, damit nicht nur das Heck in Richtung auf die nachlaufenden Seen gehalten wird, sondern auch der Propeller entsprechend drehen kann, so daß für eine gute Wasserströmung am Ruder und eine ausreichende Steuerfähigkeit bei nicht zu schneller Fahrt gesorgt wird. Nachlaufende Seen, die das Boot hierbei überholen, schaden nicht, aber in die vorauslaufenden Wellen darf es nicht hineinlaufen.

Auch große seefähige Kajüt-Gleitboote, die nach Spantform und Motorisierung für rauhes Wetter geschaffen sind, müssen bei Windstärke 6 und entsprechendem Seegang mit der Fahrt ganz heruntergehen und nur noch als Verdränger laufen. Anderenfalls besteht die Gefahr, daß die heftigen Seegangsbewegungen Schäden am Rumpf verursachen. Bei Windstärke 7 bis 8, wenn sich bereits weiße Schaumstreifen über die aufgewühlte See legen, geht es auch bei ihnen nur noch ums Überleben. Mit geringster Fahrt (3 bis 5 kn) mögen sie im Notfall noch mit Sicherheitskurs (45° zur See) laufen und auf diesem Zickzackkurs einen Schutzhafen zu erreichen suchen. Die größte Gefahr liegt dann im Ausfall des Motors durch aktivierte Schmutzrückstände im Kraftstofftank. In jedem Falle wird der hohe Brennstoffverbrauch bei dieser langsamen Fahrt schnell zu einer kritischen Situation führen können.

Bei Windstärke 8 und mehr bleibt auch einem seetüchtigen Gleitboot kein anderer Weg, als einen Seeanker auszubringen oder den Bug mit anderen Mitteln gegen Wind und See zu halten. Die entsprechenden Fallschirmtreibanker aus reißfesten Kunstfaser-Geweben, die auch zur Sicherheitsausrüstung der Marine-Schnellboote gehören, nehmen zusammengelegt nur wenig Stauraum weg. Selbst wenn noch in den Windpausen Distanz nach Luv oder Lee gutgemacht werden kann, muß man doch auf das Ende des Brennstoffvorrats gefaßt sein und vorher Maßnahmen einleiten, um das Querschlagen dann zu verhindern.

Ein größerer Verdränger wird sich bis Windstärke 4 bis 5 wenig um die See kümmern müssen. Ab Windstärke 6 muß auch er die Fahrt drosseln und die Seen sorgfältig anschneiden, damit ein Kurs quer zur See genauso wie übermäßiges Rollen verhindert wird. Viel hängt bei dieser Fahrt von der Wellenlänge und der Wellenhöhe ab, wobei eine lange See oft ungefährlicher als eine kurze, steile See in flachen Gewässern ist. Ab Windstärke 7 bis 8 bleibt auch für einen großen Verdränger nur der Sicherheitskurs mit 45° gegen die See oder mit der See, wobei in Tidengewässern gegen Wind und See laufender Strom die Bedingungen noch gefährlich verschlechtern kann. Ein Stützsegel wird gute Dienste leisten, und auch für einen Verdränger kommt es nur darauf an, so schnell wie möglich den sicheren Hafen zu erreichen. Ist dieses nicht möglich und frischt der Wind auf Stärke 8 und mehr auf, dann dreht man unter Motor bei, d. h. dampft mit ganz langsamer Fahrt und Stützsegel mit ca. 45° gegen die See. Auch hier bereite man Seeanker oder andere Mittel vor, falls der Motor durch Verunreinigungen im Brennstoffsystem ausfallen sollte. Ein gut gebauter Verdränger ist in einer solchen Situation, wenn er genügend Seeraum hat, auf See sicherer als bei dem Versuch, einen Hafen mit enger Einfahrt und hoher Grundsee anzulaufen.

Stützsegel im Seegang

Sie dämpfen die Rollbewegungen bei Fischerbooten und Yachten

Wie beim Umgang mit anderen Booten auch, ist gute und richtige Seemannschaft mit Motoryachten auf See und im Seegang eine Sache gesunden Menschenverstandes. Es genügt jedoch nicht, in einer kritischen Situation Ruhe zu bewahren, die unerwartete Lage sorgfältig zu durchdenken und dann in einem Gefahrenfalle die richtige Entscheidung zu treffen. Das Nachdenken, was auf See geschehen kann, beginnt schon im Hafen. Hier werden die technischen Voraussetzungen geschaffen, die in schwerem Wetter zum Durchstehen benutzt werden können. Ohnehin ändern sich auf See die Verhältnisse zum Schlechten im allgemeinen selten in wenigen Sekunden. Entwicklungen treten langsam oder zügig, aber immer in ausreichender Zeit ein, um ihnen begegnen zu können.

Bei zunehmendem Seegang sind insbesondere alle Verdränger den Bewegungen des Schlingerns oder Rollens ausgesetzt. Rollbewegungen sind grausam für die Crew, ihre Kondition und bedeuten Verletzungsgefahr, sie sind aber auch gefährlich für das Boot, seine Fahreigenschaften und seine Ausrüstung. Man kann dieses Schlingern durch Setzen eines Stützsegels dämpfen, wie es zur allgemein üblichen Praxis von kleineren und größeren, auch modernen Fischerbooten gehört, wenn man die notwendigen baulichen und technischen Voraussetzungen erfüllt hat.

Wie der Name sagt, sollen diese Segel das Boot „stützen", sowohl in bezug auf die seitliche Neigung oder Krängung als auch in der Fahrtrichtung zu den Wellen oder zur Verbesserung der Kursstabilität.

Die Abbildungen zeigen verschiedene Typen von Motoryachten mit unterschiedlichen Arten von Stützsegeln: Abb. A ein baumloses Trysegel hinter und eine Fock vor dem Mast. Beide Segel werden durch Fallen gesetzt. Der Hals der Fock wird vom Steuerstand auf dem Brückendeck aus und damit von einer auch im Seegang sicheren Position angeschlagen. Die Benutzung einer Rollfock ist möglich.

Auch in der Abb. B wird eine Rollfock benutzt. Das Großsegel wird in seiner Ruhestellung mit einem Rollreff um den Baum gewickelt und kann zur Benutzung einfach durch die Schiebekappe des Steuerstandes beim Setzen entrollt werden. In Abb. C wird nur ein Stücksegel gefahren. Es wird im sicheren Schutz des Brükkendecks gesetzt.

Bei der Anordnung in Abb. D kann man, je nach Windstärke und Kursrichtung, beide Segel oder nur eines von ihnen setzen. Die Fock wird zum Bergen eingerollt, der Großbaum kann zum Beschlagen des Segels am Mast auch angeholt und parallel zum Mast befestigt werden. Bei der Anordnung in Abb. E werden letztlich die gleichen Bedingungen wie bei einem Motorkreuzer geschaffen, der dieses Segel nicht am Mast, sondern nur im Freiraum des Achterschiffs führen kann. Der Klappmast kann gelegt werden.

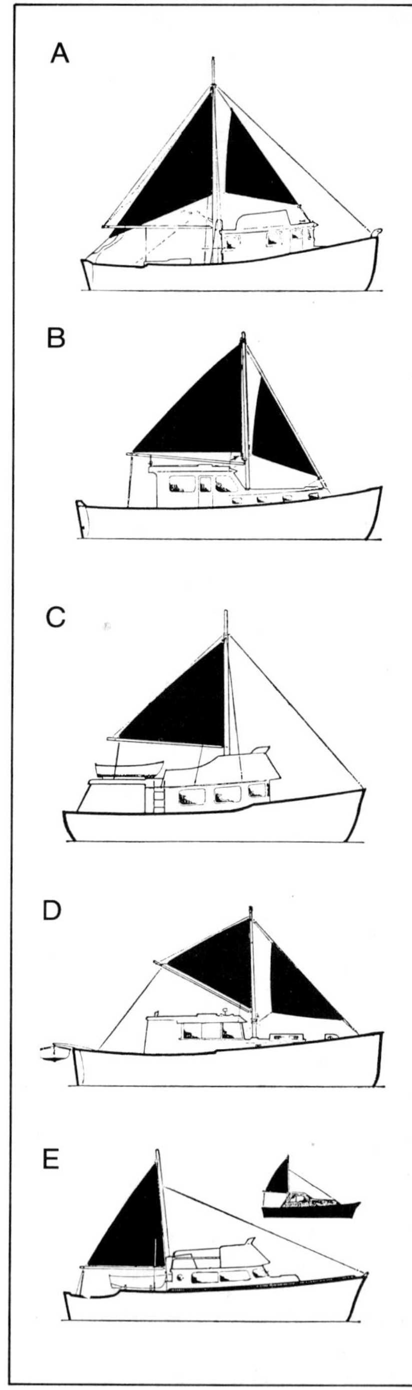

Weniger Krängung durch Rocker- oder Flopper-Stopper

Mit geringem Aufwand wirksame Dämpfung der Rollbewegungen

Ein Motorkreuzer wird im Seegang ständig zu Rollbewegungen angeregt, weil die Meereswellen für eine unsymmetrische Verteilung der Auftriebskräfte über den Bootsrumpf sorgen. Dadurch wandert praktisch der Formschwerpunkt des Bootes, in dem wir uns die Gesamtauftriebskraft konzentriert denken, in unregelmäßigen Zeitabständen aus der Mittelinie des Bootes zur einen oder anderen Seite. Fällt die Auftriebskraft dann nicht mehr mit der Gewichtskraft in eine senkrechte Linie, dann bildet sich ein krängendes Moment, das in jedem Augenblick durch ein gleichgroßes, aber entgegengesetzt gerichtetes stabilisierendes Moment ausgeglichen werden muß, wenn das Boot keine Rollbewegungen ausführen soll.

Eine gute Wirkung zur Dämpfung der Rollbewegungen gewährleisten die sogenannten ,,Rocker-Stopper" aus Kunststoff, wegen ihrer Form auch ,,Mexikanische Hüte" genannt (Abb. A), und die bewährten ,,Flopper-Stopper":

Es sind Stabilisierungsflossen, die den ,,Ottern" der Minensucher nachgebildet wurden und ähnlich wie die Scherbretter der Trawler wirken. Sie bestehen aus kreuzförmig zusammengesetzten Platten in einer bestimmten Formgebung, die auf jeder Bootsseite im Abstand von etwa einer Bootsbreite mit Leinen über entsprechende Bäume geführt und auf geringer Wassertiefe mitgeschleppt werden (Abb. B). Natürlich benötigt man auch für sie ein ähnliches Geschirr wie für die Stützsegel, aber die Bäume lassen sich auch auf Motorkreuzern aufriggen, die nicht ständig mit Mast und Wanten laufen wollen. Wie man die beiden Spieren zum Bedienen der Flopper-Stopper einsetzt und sie richtig verstagt, hängt von Aufbauten und Unterwasserschiff ab.

Es hat sich bewährt, die Flopper-Stopper so zu schleppen, daß sie etwa 1/3 der Bootslänge vorlich vom Heck im Wasser hängen.

Flopper-Stopper vermindern etwas die Fahrt, doch haben Flossen richtiger Abmessung und guter Konstruktion eine ausgezeichnete Stützwirkung. So benötigt man z. B. für ein 12-m-Boot Flopper-Stopper von ungefähr 10 kg Gewicht, und man kann davon ausgehen, daß sie 10% der Fahrt nehmen (d. h. bei 10 kn Fahrt kosten sie 1 kn).

A

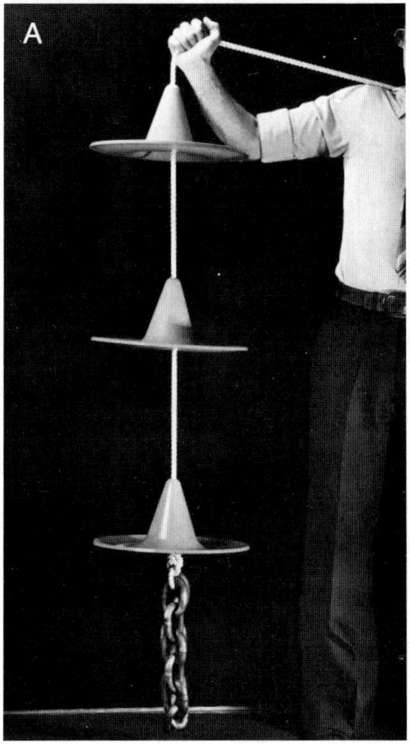

B

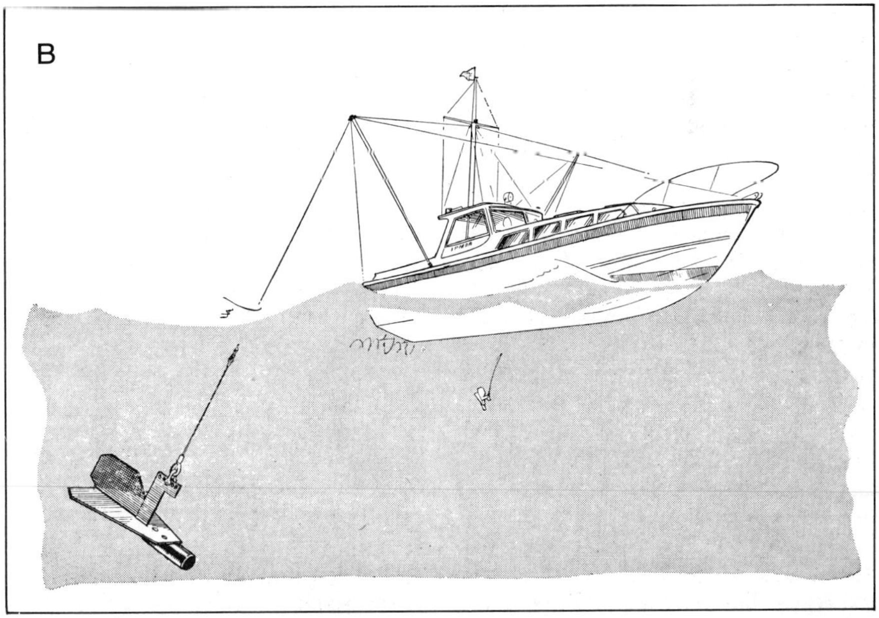

Rolldämpfung im Seegang

Flossen-Stabilisatoren für Motoryachten ab 10 m Länge

Größere Stabilisierungsanlagen arbeiten auf Motoryachten hauptsächlich hydraulisch. Bei sehr großen Anlagen ist auch elektrischer Betrieb möglich. Betrachten wir das Prinzip der Wirkungsweise bei diesen in der Praxis vielfach bewährten Anlagen anhand der beiden Flossen in Abb. A und B. Die Flosse A befindet sich an der Steuerbordseite, die Flosse B arbeitet an Backbord-Seite. Wir nehmen an, das Boot rollt im Seegang nach Backbord.

Um diesem Krängungsmoment entgegenwirken zu können, hebt man die Nase der Backbordflosse an, während die vordere Anschnittskante der Steuerbordflosse nach unten gesenkt wird. Die beiden Hilfsklappen an der Ablaßkante der Flosse legen sich automatisch in entgegengesetzte Richtung, so daß sich die Stabilisierungskraft noch um ca. 30% vergrößern kann. Durch die Fahrt der Yacht wird jetzt das Wasser veranlaßt, an der Backbordflosse eine aufwärts gerichtete und an der Steuerbordflosse eine abwärts gerichtete Kraft zu erzeugen. Beide Kräfte zusammen bewirken, daß die Yacht nach Steuerbord gekrängt wird, in die entgegengesetzte Richtung, in die sie der Seegang drückt. Die Stabilisierungsflossen wirken also der Schlingerbewegung des Bootes entgegen und sorgen dafür, daß sich die Rollbewegung von ca. 30° nach jeder Seite auf weniger als 5° vermindert. Der Einbau von Flossenstabilisierungsanlagen beginnt bei Motoryachten ab 10 m Länge. Der Raumbedarf ist gering, wie Einbau und Arbeitsweise der „Mini-Fin"-Anlage zeigt: Sie besteht aus einem Steuergerät, den beiden Flossen (Abb. C) mit der Hydraulik zu ihrer Betätigung und zwei Hydraulikpumpen. Das Kernstück des Dämpfungs-Regelkreises im Steuergerät ist ein Wendekreisel, wie er z. B. seit über 50 Jahren in Stabilisierungsanlagen für Flugzeuge verwendet wird. Das aus dem Dämpfungsregelkreis gegebene Steuersignal ist proportional der Winkelgeschwindigkeit der Schlingerbewegungen, so daß automatisch und angemessen auf die Schlingerbewegungen reagiert wird. Die Hydraulikpumpen werden über Keilriemenantrieb mit der Motorwelle der Antriebsanlage gekoppelt. Bei der oben genannten Anlage hat jede der beiden Pumpen eine Leistungsaufnahme von maximal 3 kW bei 2500 U/min (höchstzulässige Umdrehungszahl) und ca. 2 kW bei 1500 U/min. Der Bedarf an elektrischer Energie bei 12 Volt Gleichstrom beträgt 5 Amp.

Die Industrie liefert zahlreiche Modelle, jedoch hauptsächlich für die Berufsschiffahrt.

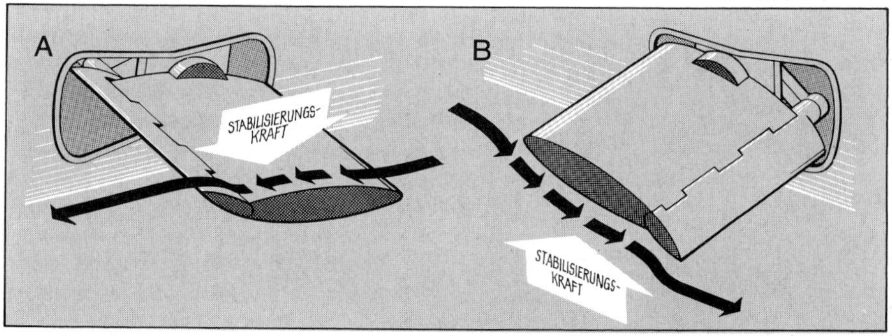

Einfache Flossenstabilisatoren

Vorrichtungen gegen Schlingern und Rollen auf See

Schlingerkiele, die über etwa die halbe Bootslänge des Unterwasserschiffes im Bereich der Kimm angeordnet werden, dämpfen die Rollbewegungen nur zu einem Teil. Sie haben auch den Nachteil, daß sie die benetzte Oberfläche des Unterwasserschiffes beträchtlich vergrößern, so daß sie (anstelle von oder in Verbindung mit Stützsegeln) nur bei Kutteryachten und anderen robusten Verdrängern benutzt werden. Schnelle Motorkreuzer und sogar Halbgleiter erzeugen das stabilisierende Moment besser durch ein Paar Flossen, von denen je eine Flosse auf jeder Bootsseite ungefähr auf halber Wasserlinienlänge unter der Wasserlinie im Bereich der Kimm angeordnet ist. Diese Flossen arbeiten in der Wasserströmung wie Tragflügel, und somit entstehen der Rollbewegung entgegengesetzte, gleichgroße Auftriebskräfte, die – mit dem Abstand der Flossen voneinander multipliziert – das stabilisierende Moment darstellen.

Diese Flossen sind Tragflügelprofile mit und ohne Hilfsklappe und bestehen aus einem druckfesten, wasserdichten Körper, der im Prinzip wie ein normales Ruderblatt gebaut ist. Einfache Anlagen arbeiten mit Pendelgewichten, die für eine sehr sinnvolle Drehung der Flossen auf beiden Seiten sorgen, wie z. B. das „Lucan"-Stabilisierungssystem (Abb. A).

Die Flossen werden durch ein Gewicht betätigt, das bei den Rollbewegungen zur einen oder anderen Seite wie ein Pendel schwingt. Ein einfacher, sinnvoller Mechanismus sorgt für die axiale Drehung der mit den Stabilisierungsflossen verbundenen Stangen. Hängt das Pendel senkrecht (Abb. B), läuft das Boot also waagerecht, dann sind die Flossen in Fahrtrichtung gerichtet. Krängt das Boot nach Steuerbord (Abb. C), dann bewirkt das Pendel mit Gestänge, daß die Steuerbord-Flosse nach oben angestellt, die Nase der Backbord-Flosse jedoch abgesenkt wird. Somit entstehen Auftriebskräfte an Steuerbord und Abtriebskräfte an Backbord und ein entsprechendes stabilisierendes Moment, damit sich das Boot aus der Krängung aufrichten kann.

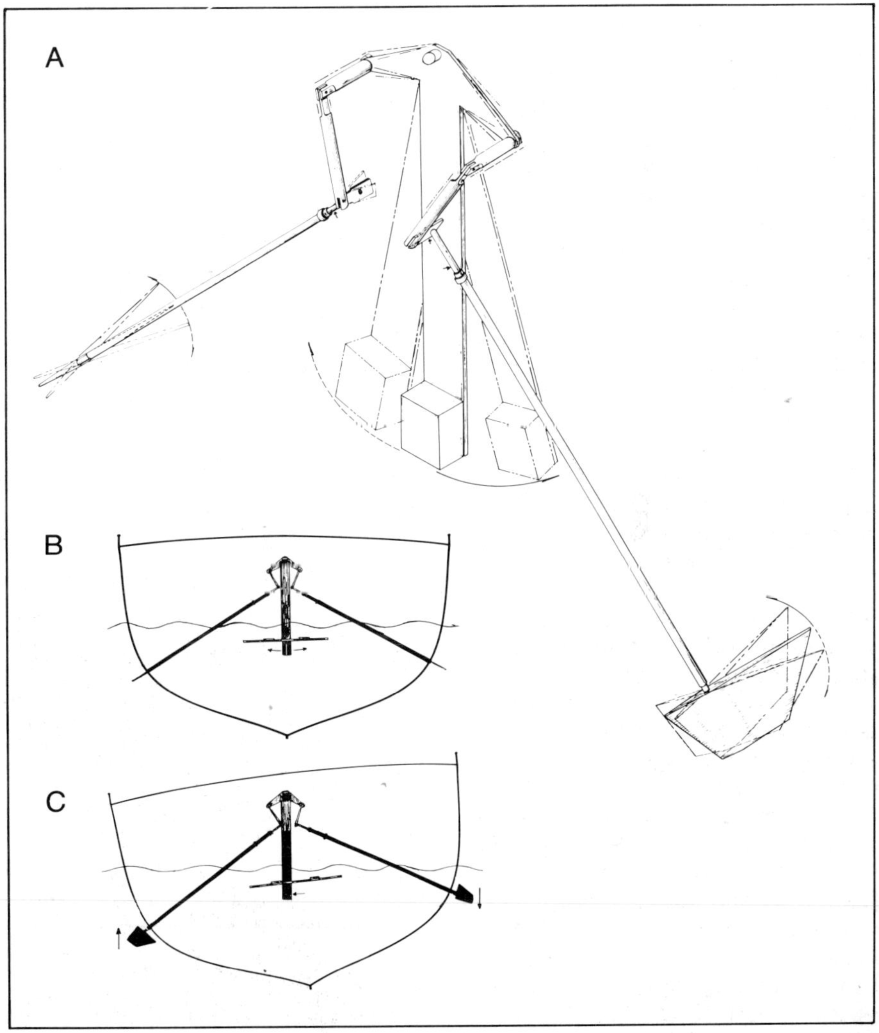

Ankern

Ankern ist festgemacht am Grund

Wie stark sind die Gegner am Ankerplatz: Wind, Strom, Seegang?

Unser Boot kann sich in drei Bewegungs- bzw. Ruhezuständen befinden:

- Es ist unterwegs oder „in Fahrt“ und wird hierbei von seiner Besatzung richtig geführt.
- Es liegt „festgemacht“ am Steg oder im Hafen, gegen alle Einflüsse von Wind und Seegang weitgehend geschützt und nur mit gelegentlicher Überwachung.
- Es liegt „vor Anker“. Dabei ist unser Boot praktisch „am Grund festgemacht“ und benutzt dabei den Anker als ständig mitgeführtes spezielles seemännisches Ausrüstungsteil. Eine Ankerwache muß nur von Zeit zu Zeit nach dem Rechten sehen. Ein verankertes Boot kann sich in einem begrenzten Bereich frei bewegen.

Wie Leinen, Fender, Poller und Klampen sowie die entsprechenden Vorrichtungen auf der Pier zu den wichtigsten Teilen beim *Festmachen* gehören und ein Boot nur mit Motor und Propeller *Fahrt machen* kann, sind Anker und Ankergeschirr die wichtigsten Teile beim *Ankern* und am Ankerplatz.

Ankern kann jederzeit und auf allen Booten notwendig sein: Wenn die See zu schwer wird, der Sprit für den Motor ausgegangen ist oder eine Havarie behoben werden muß, wenn man nicht gegen den Strom andampfen oder nur zum Baden überliegen will.

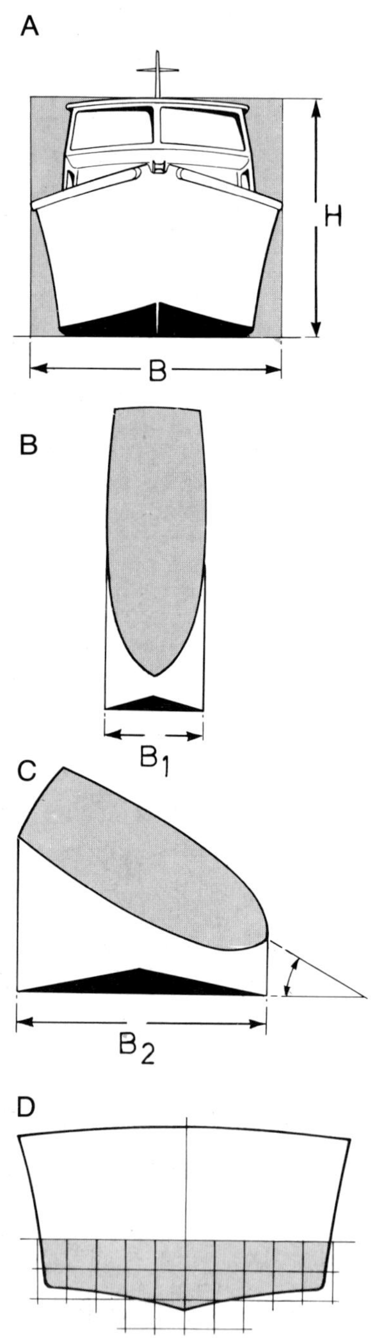

Ein Boot vor Anker ist so sicher, wie wenn es „festgemacht“ im Hafen liegt oder „in Fahrt“ auf der freien See läuft. Mehr noch: Es gibt Situationen, in denen man aus dem Hafen schippert und sich in freiem Wasser bei ablandigem Wind in Lee einer Küste vor Anker legt, um Gefahren zu vermeiden, die auch unter bestimmten Wetterbedingungen an einem festen Liegeplatz drohen können.

Eine Besatzung kann sich auf einem richtig verankerten Boot nur wohlfühlen, wenn sie alles für die Sicherheit vor Anker getan hat. Diese Sicherheit gewinnt sie, wenn sie nicht nur das richtige Ankergeschirr an Bord hat und das richtige Ankermanöver fährt, sondern auch die Gegner am Ankerplatz kennt und den Ankerplatz richtig auswählt.

Die auf den Anker und das Ankergeschirr unseres Bootes einwirkenden Kräfte sind von seiner Größe und seiner Bootsform im Über- und Unterwasserschiff sowie den herrschenden Wetterverhältnissen abhängig. Genau genommen sind es drei Naturkräfte, die unsere Gegner am Ankerplatz sind:

- die Windkraft, die sich aus der herrschenden Windgeschwindigkeit, der Abdeckung durch das Ufer sowie die Überwasserteile des Bootsrumpfes kalkulieren läßt;
- die Stromkraft, die man durch die Geschwindigkeit der Wasserströmung und die Form des Unterwasserschiffes ermitteln kann und
- die Seegangsbelastung, die durch die Bewegung des Bootes in vertikaler Richtung bei seinem wech-

selnden Schwimmen auf dem Wellenberg oder im Wellental und die Wasserbewegungen in der Welle selbst sowie die Kraft der Brecher gegeben ist.

Am stärksten wird ein Boot durch die Windkraft belastet. Sie ist am leichtesten meßbar und in strömungslosem Wasser, in Ufernähe und in Lee einer Küste auch die einzige, mit der wir rechnen müssen.

Betrachten wir einen Motorkreuzer von ca. 7,00 m Länge über alles (Abb. A), der eine Breite über alles (B) von ca. 2,50 m und eine Höhe des Kajütdaches über der Wasseroberfläche (H) von ca. 2,40 m hat, dann ergibt sich als Angriffsfläche des Windes (F = B × H) ein Rechteck von 2,50 × 2,40 m = 6,00 m². Bei dieser Grob-Kalkulation haben wir weder zusätzliche Widerstände durch Teile beachtet, die über das Kajütdach hinausragen, noch Abstriche für die Tatsache vorgenommen, daß der Bootsrumpf ja nicht senkrecht vom Wind angeblasen wird, sondern sehr viel strömungsgünstiger geformt ist. Wir wollen auch vergessen, daß das Boot ja nicht immer genau im Wind liegt (Abb. B), sondern beim Schwojen oder beim Ankern im Strom annähernd breitseits zum Wind schwimmt (Abb. C). Arbeiten wir bei unseren Kalkulationen also mit dem Mindest- und Mittelwert F = 6,00 m².

Die für eine bestimmte Windstärke geltenden Werte der Windgeschwindigkeit beziehen sich bekanntlich auf eine Höhe von 10,00 m über dem Meeresspiegel. Bis dort hinauf reicht kein Aufbau eines Motorkreuzers. Etwa 2,50 m über Wasser wirken sich nur noch ungefähr 70% dieser Windgeschwindigkeit aus, so daß sich ergibt:

bei Bft 4:	70% von 14 kn =	9,8 kn
bei Bft 5:	70% von 19 kn =	13,3 kn
bei Bft 6:	70% von 25 kn =	17,5 kn
bei Bft 7:	70% von 31 kn =	21,7 kn
bei Bft 8:	70% von 37 kn =	25,9 kn
bei Bft 9:	70% von 45 kn =	31,5 kn
bei Bft 10:	70% von 52 kn =	36,4 kn

Daraus berechnen wir grob die Windbelastung unseres Musterbootes am Ankerplatz, um Richtwerte für die Auswahl von Anker und Ankergeschirr zu erhalten. Die Windkraft wächst bekanntlich mit dem Quadrat der Windgeschwindigkeit, so daß sich bei den einzelnen Windstärken (nach Beaufort) folgender Winddruck pro Quadratmeter und die gesamte Windkraft für unsere Überwasserfläche im einzelnen ergibt:

Windstärke nach Beaufort	Winddruck N/m²	kp/m²	Windkraft für 6 m² Fl. N	kp
4	15	1,5	90	9
5	28	2,8	170	17
6	49	4,9	190	29
7	75	7,5	450	45
8	106	10,6	640	64
9	157	15,7	940	94
10	204	20,4	1250	125

Für unseren Standard-Motorkreuzer genügt also ein Ankergeschirr gegenüber dem Wind mit einer Haltekraft von 1250 N oder 125 kp, oder anders: Mit einer Haltekraft von 640 N oder 64 kp ist unser Motorkreuzer bei Bft 8 noch sicher.

Die Stromkraft vor Anker ist nicht nur von Bootsführern zu berücksichtigen, die in Tidengewässern schippern oder in Flußrevieren beheimatet sind, auch in bestimmten Revieren wie z. B. den dänischen Belten und im Öresund darf man die Stromkraft nicht unterschätzen. Die Strömungsgeschwindigkeit des Wassers, die im allgemeinen nur 1 bis 3 Knoten beträgt und 5 kn kaum überschreitet, ist zwar geringer als die Windgeschwindigkeit. Da die Wichte des Wassers aber ca. 835 mal so groß wie die der Luft ist, können sich ganz beträchtliche dynamische Kräfte ergeben. Verzichten wir hier auf die Berechnung im einzelnen und stellen nur fest, daß sich an der Hauptspantfläche eines Motorkreuzers von ca. 1,25 m² (Abb. D) folgende Stromkraft bemerkbar macht:

Strom-geschwindigkeit kn	m/sec	Stromkraft bei 1,25 m² N	kp
1	0,5	70	7
2	1,0	260	26
3	1,5	590	59
4	2,0	1005	105
5	2,5	1650	165

Daraus ergibt sich, daß 2 Knoten Strom die gleiche Kraft am Unterwasserschiff wie 6 Windstärken ca. 2,5 m über dem Wasserspiegel haben und sich die Belastung unseres Ankergeschirrs bei Windstärke 8 durch einen Strom von 3 Knoten nahezu verdoppelt. Sie wächst von 640 N auf 1230 N an, wenn beide Kräfte in einer Richtung wirken. Dafür ist also die halbe Kraft von Anker und Ankergeschirr mindestens anzusetzen.

Die noch zusätzliche schädliche Kraft der Seegangsbelastung am Ankerplatz ist schwer zu kalkulieren. Genau genommen sind es mindestens drei Teilkräfte, die uns bei Stampfbewegungen am Ankerplatz gefährlich werden können:

- Der Brechereffekt in den Wellenkämmen, hauptsächlich eine Schubkraft.
- Die Orbitalbewegung, das heißt die Eigenbewegung der Wasserteilchen in den Wellenschwingungen.
- Die im Seegang wechselnde Wassertiefe mit ihrem Einfluß auf den Zugwinkel am Ankerschaft auf dem Ankergrund.

Ankerplatz und Ankergrund

Schlick und Schlamm, Sand und Kies, Ton und Tang – was ist empfehlenswert, was ist zu meiden?

Man suche nach Möglichkeit einen Ankerplatz, der in Lee einer Küste liegt. Der Strand oder das Ufer befinden sich dabei in Luv, und das Boot liegt bei ablandigem Wind in der Abdeckung oder im Schutz des Ufers. Auf Seekarten ist die Grundbeschaffenheit durch Kürzel angegeben. Hier kann man sich den besten Ankergrund aussuchen, der auch für die Bemessung von Trossen- oder Kettenlänge und für die Eignung der Ankertypen von Bedeutung ist. Abbildung I zeigt Ankerplätze für jede Windrichtung mit allen möglichen Ankergründen:

A: „Weicher Schlick". Kein idealer, aber ein ausreichender Haftgrund. Ein schwerer Anker sinkt sehr tief ein. Bei längerem Liegen saugt sich der Anker im breiigen Untergrund fest, so daß man ihn nur mit Mühe wieder ausbrechen kann.

B: „Kleine Steine" und „harter Kies". Nicht ideal, aber ausreichend. Der sehr harte Boden erfordert schmale, schlanke Flunken, die aber schwer genug sein müssen, um wie eine Spitzhacke in den Grund eindringen zu können. Kies ist grobkörnig, und die „kleinen Steine" sind meistens Kiesel in dicker Schicht über dem Kiesgrund.

C: „Mit großen Steinen" wenig empfehlenswert. Der Anker wird zum Halten ein Hindernis finden, aber es besteht Gefahr, daß wir den am Grund verklemmten Anker hinterher nicht wieder lichten können.

D: Mit „braunem Ton" bester Ankergrund. Auch leichte Anker können in den durch Feinheit und Gleichförmigkeit sowie große Porösität besten Ankergrund sehr gut eindringen. Schmale Flunken halten sich eben-

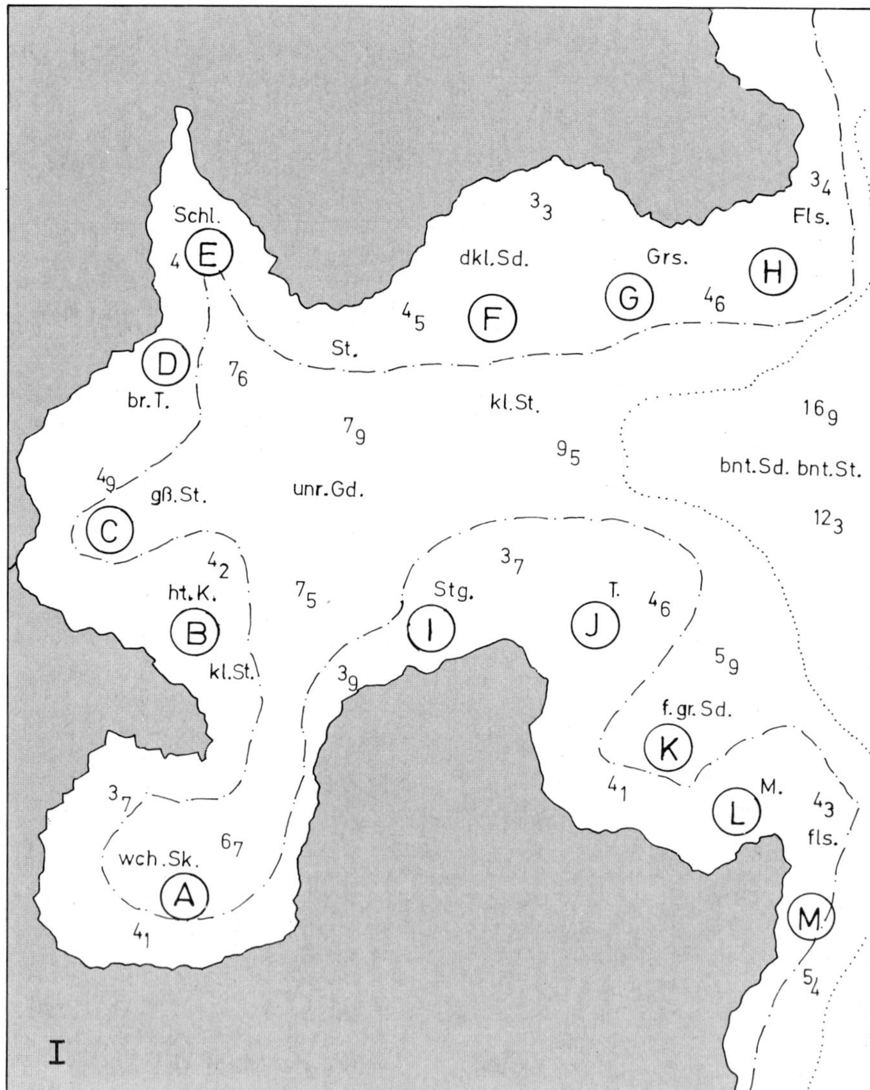

Abb. I: Auf der Seekarte ist der Ankergrund angegeben. Wann soll man sich für welchen Platz entscheiden?

falls gut fest. Keine Gefahr, daß die Teile des Ankergeschirrs sich am Grund durchscheuern (schamfilen) können.

E: „Schlammgrund“ – zum Ankern nicht geeignet. Noch weicher und flüssiger als Schlick, so daß sich auch ein breitflächiger Anker mit großen Flunken nicht festhalten kann. Oft liegt eine Schlammschicht über festem Grund – aber die Frage ist dann: wie dick ist sie?

F: „Dunkler Sand“. Hier finden wir nahezu die gleichen idealen Bedingungen wie bei Tongründen (vergleiche D) vor. Der Anker faßt schnell und plötzlich, aber er gräbt sich nur tief genug ein, wenn das Ankergeschirr richtig belastet wird.

G: „Seegras“ und „Schlingpflanzen“ über dem Grund sind ein nicht diskutabler Ankerplatz. Hier verfängt sich der Anker, ohne den Grund überhaupt zu erreichen, und wenn er tatsächlich bis zum Boden des Gewässers durchgesackt ist, hindern ihn die Wasserpflanzen daran, sich richtig einzugraben.

H: „Felsboden“. Auch dieser Grund ist nicht empfehlenswert. Meistens handelt es sich um große, weitgehend glatte Steinplatten, die nur durch Risse unterbrochen sind. Auch ein schwerer Anker kann sich hier nicht halten, und wenn er tatsächlich in eine Felsspalte gerät, kann er sich verklemmen. Der Ankerplatz kann dann nur durch Kappen der Ankerleine und Aufgeben des Ankers verlassen werden.

I: „Seetang“ – sinngemäß das gleiche wie „Seegras“ in Position G. Kein Ankerplatz, kein sicherer Ankergrund.

J: Noch einmal „Ton“ und damit der gleiche Grund wie auf Platz D.

K: „Feiner grauer Sand“, der ideale Ankergrund und der gleiche erstrebenswerte Ankerplatz wie F.

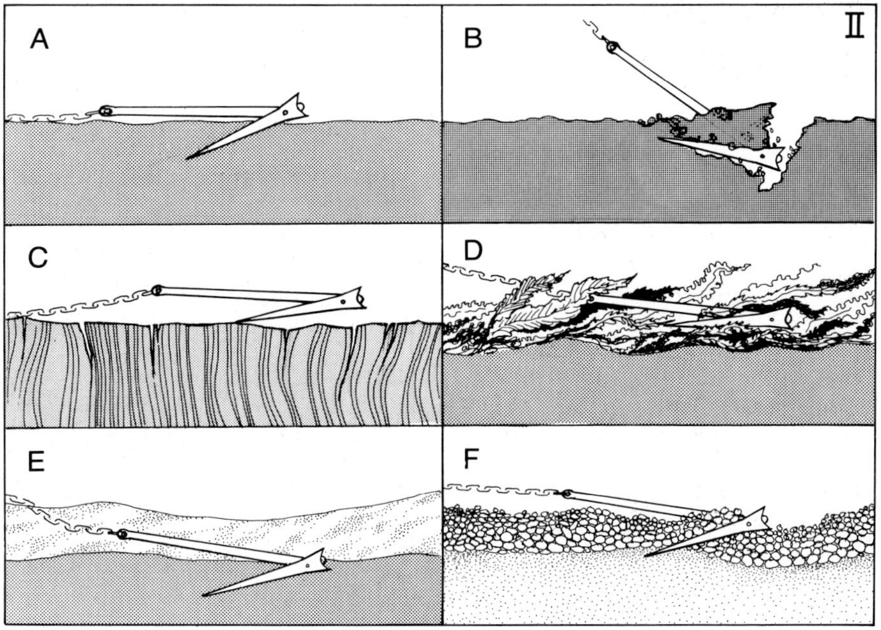

Abb. II: So gräbt sich ein Anker in die unterschiedlichen Böden eines Gewässers ein: Harter Sandgrund (A) hält gut, Seegras (D) hindern den Anker daran, sich einzugraben.

L: „Muscheln“. Sie entsprechen weitgehend den „kleinen Steinen“ auf Platz B. Kein guter Ankergrund, doch ist ein Ankern möglich.

M: „Felsiger Grund“. Auch hier hält der Anker wohl, aber er kann nicht ohne Risiko gelichtet werden.

So gräbt sich ein moderner Leichtanker mit hoher Haltekraft (z. B. der Danforth-Anker) in die verschiedenen Gründe ein (Abb. II): Harter Sandgrund (A) ist ein guter Ankergrund, aber der Anker selbst darf nicht zu leicht sein. Auf Felsenboden (C) ist die Haltekraft des Ankers immer geringer als sein Gewicht. Ein leichter Anker hält praktisch gar nicht, weil er über den Boden gezogen wird. Verklemmt er sich dabei in einer Felsspalte, muß er oft aufgegeben werden.

Schlamm liegt meistens über festem Sandgrund (E). Je nach der Dicke der Schlammschicht muß der Anker jedoch eine längere Strecke über den Boden rutschen, ehe er durch den Schlamm hindurch und in feste Bodengründe gelangt. Das Ankerlichten ist oft schwierig. Das gilt auch für den sonst idealen Ankergrund aus Ton oder Lehm (B), in dem sich insbesondere die leichten Anker mit großflächigen Flunken sehr gut halten.

Abbildung D zeigt, wie Seegras oder Seetang einen Anker daran hindern, überhaupt den Grund zu erreichen. Auch kleine Steine oder Kiesel (Abb. F) liegen meistens als Schicht unterschiedlicher Dicke über einem gröberen Kiesgrund. Dann muß der Anker entsprechendes Gewicht haben, um mit seinen Flunken in die Kieselsteine einzudringen und den verdeckten Kiesgrund zu erreichen.

Anker und Ankergeschirr

Welcher Ankertyp für Motorboote und Kreuzer? Kommt man nur mit einer Ankertrosse aus?

Für Gleitboote, Sportboote wie Motorkreuzer, ist jedes zusätzliche Gewicht unerwünschter Ballast. Da ein Anker aber das wichtigste seemännische Ausrüstungsteil ist, kann kein Boot ohne ihn auskommen, im Gegenteil: Es sollte neben dem Hauptanker immer noch ein leichterer Warp- oder Reserveanker an Bord sein. Für Motorboote also überhaupt erst einmal ein leichter Anker, für die unterschiedlichen Meeresböden dazu noch ein Anker, der leichtes Gewicht mit größter Haltekraft verbindet, aber auch für harte Böden schwer genug ist. Gibt es das? Nun, Forschung und Technik haben „Anker mit hoher Haltekraft" oder sogenannte „Leichtanker" entwickelt, die alle Anforderungen nahezu optimal erfüllen: Der alte Stockanker (Abb. A) gründet seine Haltekraft mehr auf sein Gewicht als auf seine Form. Auch wenn die Flunken bei modernen Yachtankern zum besseren Eingraben schlanker und schmaler als die früheren breiten Hände geworden sind, kann dieser Ankertyp nur auf Booten empfohlen werden, auf denen zusätzliches Gewicht nicht nachteilig ist. Sein Vorteil: In welcher Lage er auch immer den Grund erreicht, es genügt ein normaler Zug beim Steifkommen der Ankerleine, damit sich seine Flunken eingraben können.

Der CQR- oder Pflugscharanker (Abb. B) ist ein Leichtgewichtsanker hoher Haltekraft von eigenwilliger, aber effektiver Form. Seine einzige Flunke hat die Form einer doppelten Pflugschar, die an einem seitlich um 180° schwenkbaren Schaft befestigt ist. Er erreicht den Grund meistens in seitlicher Lage. Wenn aber Zug auf die Ankerleine kommt, richtet er sich auf und pflügt sich in den Grund hinein, ehe er mit waagerecht auf dem Meeresboden liegenden Schaft seine Position der größten Haltekraft erreicht. Dabei kann sich weder die Ankertrosse irgendwo verhaken, noch kann der Anker selbst (beim Trockenfallen) dem Boot gefährlich werden, weil kein Teil des Ankers (wie z. B. beim Stockanker) über den Grund hinaus ins Wasser reicht.

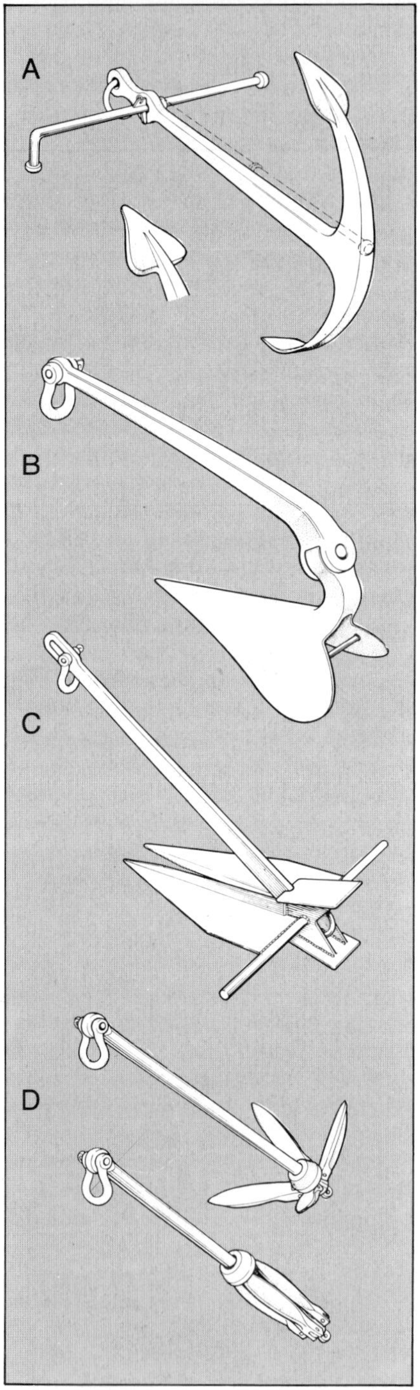

Die Haltekraft des Pflugscharankers ist mehr als doppelt so groß wie die des Stockankers. Man kann also über die Hälfte des Ankergewichts sparen – ein Vorteil nicht nur für die Arbeit der Crew beim Ankern oder Ankerlichten, sondern auch günstig für die mit Gewicht geizenden Gleitboote. Die auf den ersten Blick schwierigen Stauprobleme lassen sich in der Praxis gut lösen.

Der auf deutschen Sportbooten und Yachten gebräuchlichste Typ ist der Danforth- oder Meon-Anker (Abb. C), der vielfach kopiert wurde und auch unter mancherlei anderen Namen auf dem Bootsmarkt ist. Bei ihm liegt der „Stock" am unteren Ende des Schaftes oder am „Kreuz" bei den „Flunken", und die beiden Flunken selbst sind nicht nur großflächiger und schärfer, ihre Spitzen liegen auch so dicht beieinander, daß sie wie ein einziger breiter Spieß in den Boden eindringen können. Weil Ankerstock und Flunken praktisch in derselben Ebene liegen, dringt der Anker schnell und auch bei leichtem Zug an der Ankerleine in den Boden ein. Seine hohe Haltekraft erhält er letztlich durch die weitaus größere Fläche seiner Flunken unter fast allen Bedingungen. Er wirkt am besten in hartem Sandgrund, in Ton, Kies und Schlick. Für befriedigende Haltekraft in kleinen Steinen, Kieseln oder Kies darf er nicht zu leicht sein.

Der Klappdraggen (Abb. D) mit seinen vier schmalen Flunken hat nur eine geringe, dem Stockanker vergleichbare Haltekraft. Er ist wie dieser relativ schwer und findet eigentlich nur Freunde, weil er sich zusammenklappen und leicht verstauen läßt.

Die unterschiedlichen Eigenschaften und die unbestrittenen Vorteile der modernen Leichtanker mit hoher Haltekraft sind durch Versuche wiederholt nachgewiesen worden. Die Ergebnisse eines dieser Tests mit den drei in den Abbildungen A, B und C genannten Ankertypen ungefähr gleichen Ankergewichts in unterschiedlichem Ankergrund zeigt die Tabelle E.

Daraus geht deutlich hervor: Ein moderner Leichtanker hat die vierfache Haltekraft wie ein Stockanker gleichen Gewichts. Oder auch: Man muß einen viermal so schweren Stockanker benutzen, um die gleiche Haltekraft wie mit einem Leichtanker zu erhalten.

Bezogen auf den „Gegner am Ankerplatz" (siehe Seite 144) heißt dies: Ein Danforth-Anker mit einem Gewicht von 7,4 kg hat eine Haltekraft (in den unterschiedlichen Gründen) von 2600 bis 4450 N. Das befähigt ihn, unser 7-m-Standardboot bei Windstärke 10 (mit einer Windkraft von 1250 N), gegebenenfalls sogar in Verbindung mit einem Strom von 4 Knoten (1050 N) sicher zu verankern. Eigentlich erstaunlich, wieviel Sicherheit man mit einem so geringen (zusätzlichen) Ausrüstungsgewicht eines Pflugschar- oder Danforth-Ankers gewinnt.

Was man an Ankergewicht (gegenüber einem Stockanker) spart, sollte man als Gewicht für einen kurzen Ketten-Vorlauf in der Ankertrosse zwischen Anker und Boot gern zugeben. Natürlich erreicht man schon mit einer relativ dünnen Ankertrosse aus den unterschiedlichen Chemiefasern eine hohe Bruchlast, wie die Tabelle F zeigt.

Wenn auf den ersten Blick auch alles für die Ankertrosse spricht, so gibt es doch auch gewichtige Gegengründe:

- Beim Ankern mit Kette oder Kettenvorlauf genügt ein Verhältnis Kettenlänge : Wassertiefe von nur 4 : 1, um das Boot sicherer zu verankern als mit einer Ankertrosse im Verhältnis 7 : 1.
- Die für ein mittelgroßes Boot notwendige Trossenlänge von ca. 35 m nimmt beim Verstauen an Bord sehr viel mehr Raum ein als ein Kettenvorlauf von 5 m und 15 m Trosse, während den geringsten Raumbedarf 20 m Ankerkette einnehmen.
- Wenn auch die Bruchlast einer Perlontrosse von 10 bis 12 mm ausreicht, um die nötige Haltekraft zu geben, läßt sich eine dünne Leine doch schlecht von Hand holen. Aus Gründen besserer Griffigkeit wird man also immer eine dikkere Leine wählen müssen, z. B. von 16 mm Durchmesser, die teurer ist und mehr Platz wegnimmt.

Jeder Motorkreuzer, dessen Revier rauhes Wasser vor der Küste ist, wird auf einen Kettenvorlauf von mindestens 5 m Länge und ca. 3 kg Gewicht nicht verzichten dürfen. Bei einem Gewicht von 0,3–0,8 kg/m für Kettenglieder von 4–6 mm Durchmesser, ausreichend für Boote bis 3 t Verdrängung, schmerzt dieses geringe Zusatzgewicht niemanden. Die Ankerkette sorgt durch ihr Gewicht während des Ankerns dafür, daß der Schaft immer parallel zum Grunde liegen bleibt. Sie kann in unreinem Grund durch Steine nicht beschädigt werden und federt die Belastung des Ankergeschirrs im Seegang vorteilhaft ab.

Tabelle E

Ankertyp	Ankergewicht in kg	Distanz bis z. Eingraben in m	Haltekraft in N (Newton) Sand Schlamm	Kiesel Kies	Ton Lehm
Stock-Anker	8,6	1,05	1300	600	1750
Pflug-Anker	7,4	1,05	4500	3500	5200
Danforth-Anker	7,4	0,50	3700	2600	4450

Tabelle F

Tauwerks-Durchmesser in mm	Gewicht kg/100 m	Bruchlast in N Perlon dreikardeelig	Polyester dreikardeelig	Polypropylen geflochten
8	4,20	13 500	10 200	9600
10	6,50	20 800	15 900	14 250
12	9,40	30 000	22 700	20 300
14	12,80	41 000	31 800	27 900
16	16,60	53 000	40 600	35 000

Ankerzubehör und Stauräume

Seefest und griffbereit verstauen. Ein belastbarer Beschlag zum Belegen der Ankertrosse

Es ist eigentlich erstaunlich, wie wenige Motorkreuzer und Motoryachten mit richtigen Stauräumen für das Ankergeschirr gebaut werden. Zugegeben, wenn das Vorschiff beim Gleiten wippt und im Seegang häufigen Kontakt mit den Wellen bekommt, ist ein Stauraum am Bug nicht immer ideal. Aber hier ist immer toter Raum, und mit wenigen Handgriffen läßt sich auch ein Anker in diesem Ankerkasten seefest zurren.

Ein solcher Ankerkasten hat viele Vorteile: alles Geschirr liegt so dicht wie möglich an dem Platz, wo man es benutzen muß, und eine standfeste Klappe deckt es gut zu. Man kann geteilter Meinung sein, ob sich die Klappe besser nach vorn oder nach achtern öffnen läßt – beide Befestigungsarten haben Vor- und Nachteile. Der Stauraum selbst besteht am besten aus zwei getrennten Teilen mit Süll und doppeltem Wasserablauf. Im oberen Kasten sind dann Anker und Trosse untergebracht (Abb. A), während der (auch längere) Kettenvorlauf darunterliegt. Er staut sich beim Ankerlichten auch allein. Durch diese Anordnung kann man den Anker auch wahlweise mit Kette oder Trosse verbinden. Die getrennte Entwässerung über Speigatten nach außenbords muß gut funktionieren.

Wo ein solcher Stauraum fehlt und auch nachträglich nicht eingebaut werden kann, muß man seinen Leichtanker anders unterbringen: Auf Deck und ebenfalls in nächster Nachbarschaft des Pollers, an dem die Ankertrosse befestigt wird, und der Lippe oder Stevenrolle, über die sie zum Ankern in das Wasser führt (Abb. B). Halteklötze aus Aluminium oder Kunststoff sind serienmäßig lieferbar oder selbst anzufertigen. Der einzige lose Teil der Halterung ist ein Gummistropp, um den Schaft fest in seinen Halteschlitz zu drücken.

Kleinere Leichtbauanker können auch senkrecht an einer Wand in der

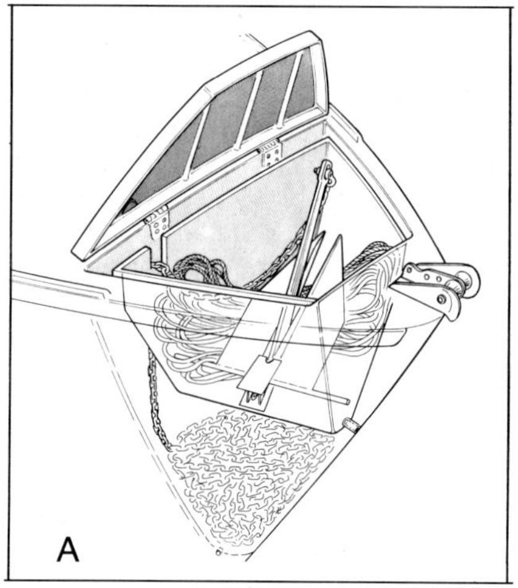

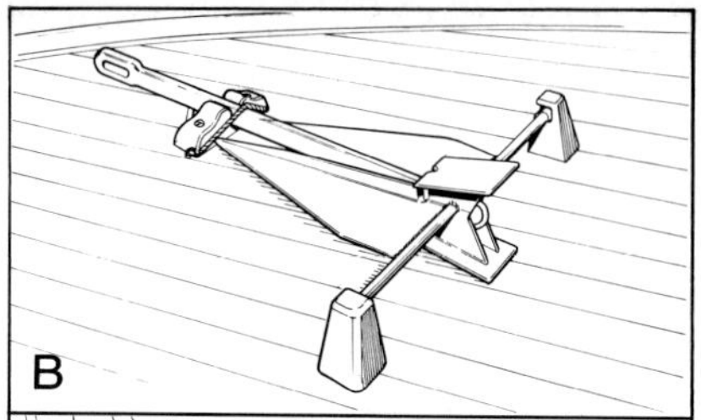

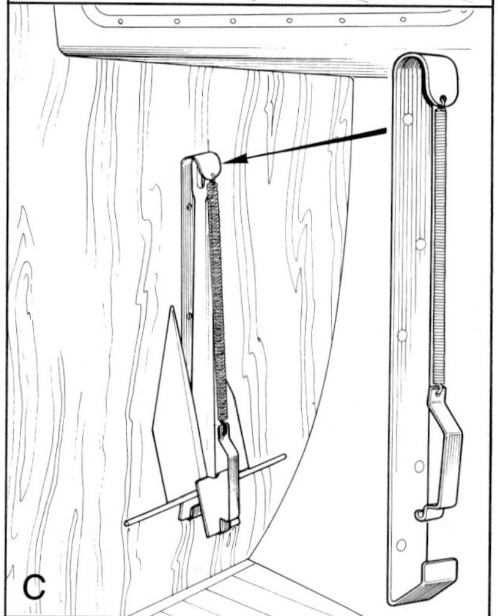

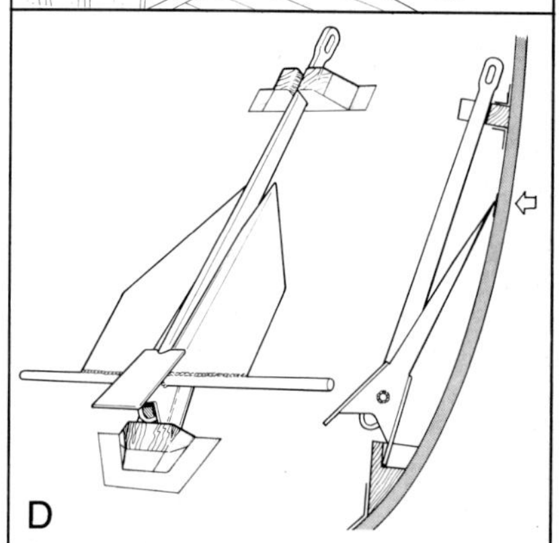

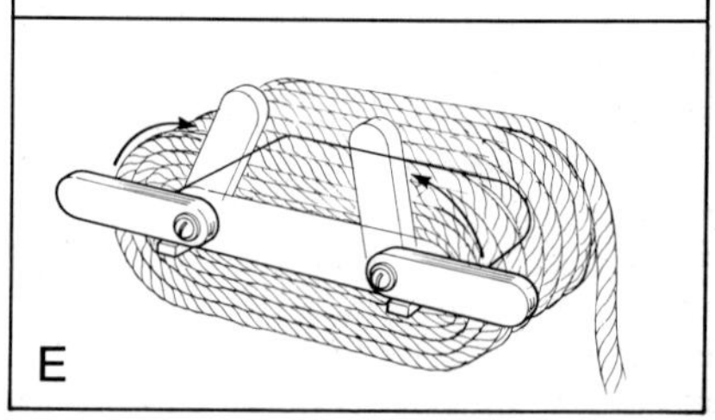

Abb. A: Ankerkasten, auch für Fender und Festmacher.

Abb. B–D: Halterungsmöglichkeiten für einen Leicht- oder Patentanker. – Abb. E: Lagerklampe für Ankerleine.

Plicht bzw. senkrecht oder waagerecht im Vorschiff gehaltert werden (Abb. C). Dieser Serienbeschlag besteht aus einem Stahlbügel, der an dem entsprechenden Bauteil festgeschraubt wird. Man hängt den Anker ein und sichert ihn in dieser Lage durch eine Spannfeder mit Klaue und Handgriff, die über die Kronenplatte gehakt wird.

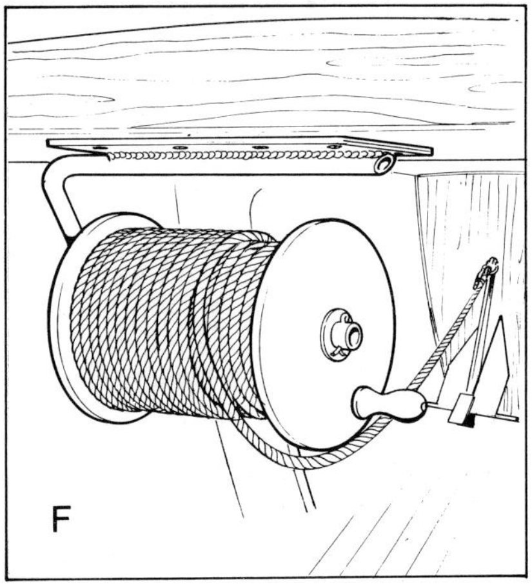

Abb. F: Tautrommel für Ankerleine unter dem Vordeck.

Die Unterdeckshalterung eines Ankers kann man sich mit wenig Aufwand und geringen Fachkenntnissen selbst machen (Abb. D): Man schneidet sich die entsprechenden Halteklötze, in die der Schaft gelegt und die Kronenplatte gestellt werden sollen, und laminiert sie im entsprechenden Abstand an die Rumpfschale. Ein griffbereiter Platz in der Nähe des Vorluks, der am besten auch von Deck aus zu erreichen ist, sollte bevorzugt werden. Wo die Flunkenspitzen gegen die Bordwand stoßen, klebt man eine kleine Metallplatte auf, und als Sicherung gegen die Querschiffsbewegung der Flunken sowie ein Herausrutschen des Schaftes beim Überliegen des Bootes zur anderen Seite ordnet man Gummistropps mit ihren entsprechenden Haltepunkten an.

Wo der Stauraum für die (lange) Ankerleine begrenzt ist, empfiehlt sich eine spezielle Lager-Klampe (Abb. E): die sich unter Deck, im Vorschiff, an einer Kajütwand oder in einer Backskiste, natürlich an einer gut erreichbaren Stelle anbringen läßt: Die

Abb. G: Eine formschöne und praktische Doppelklampe. – Abb. H: Wichtig ist die richtige Verankerung im Deck.

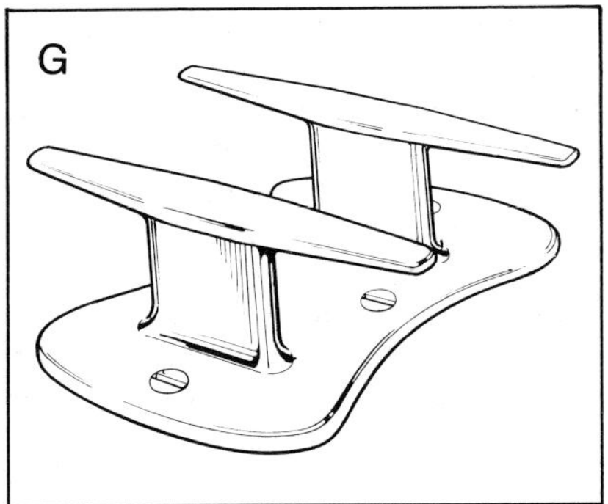

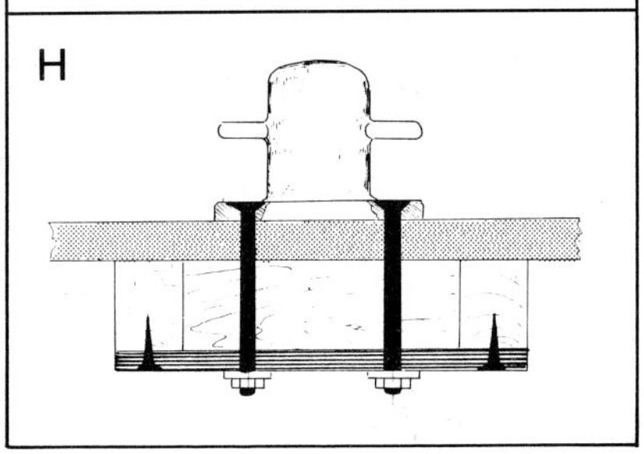

Flügel sind nach oben schwenkbar. Zum Verstauen legt man die Törns der Leine rund um die waagerecht liegenden Arme, und wenn man die Leine zum Ankern abnehmen will, klappt man einfach die beiden Flügel nach oben. Dann kann die aufgeschossene Leine mit einem Griff in die Hand genommen und an jedem beliebigen Platz eingesetzt werden.

Auf einer Rolle (Abb. F) mit Handgriff unter dem Vordeck kann man (je nach Größe des Platzes und dem Durchmesser der Trommel) eine sehr lange Ankerleine unterbringen. Die Ankerleine läuft dann vor hier aus über Deck, und man kann auf kleinen Sportbooten auch den Anker lichten und die Leine holen, ohne auf dem kaum begehbaren Vorschiff herumturnen zu müssen.

Das größte Problem ist auf vielen Motorboot-Serientypen der Punkt, der alle Last beim Ankern aufnehmen soll. Viele Boote bestechen heute durch ihr „Styling“, und es ist manchmal erstaunlich, wie formschön und zweckmäßig sie überall gestaltet sind. Nur nach einem kräftigen Poller oder einer sicheren Klampe sucht man meistens vergebens, und wenn sie tatsächlich angeordnet sind, reicht ihre Verankerung im Baumaterial des Decks meistens nicht für die zu erwartende Belastung unseres Ankergeschirrs aus.

Der Beschlag für die Ankertrosse sollte in Kielrichtung und am Bug liegen. Der Bootsmarkt liefert dazu praktische und auch formschöne Beschläge wie z. B. die Doppelklampe in Abb. G: An ihr kann man am Liegeplatz die Vorleinen zu beiden Seiten belegen und dementsprechend sogar zwei Ankertrossen befestigen. Bei Benutzung nur eines Ankers erlaubt dieser Beschlag das Festmachen der Trosse nicht nur in Achtform über eine der beiden Klampen, sondern auch in einer querschiffs gelegten Acht zwischen den beiden pollerähnlichen Pfeilern.

Diese Grundplatte muß jedoch stärker im Deck verankert sein als ein einfacher Kreuzpoller (Abb. H), der zwar kleiner und gedrungener aussieht, aber auch nicht weniger praktisch ist. Baut man diesen Beschlag nachträglich ein, dann ist ein hölzernes Futter notwendig, das als Fundament unter Deck anlaminiert wird. Eine die Unterseite schützende Metallplatte sichert noch diese Befestigung, die auch beim Abschleppen lebenswichtig sein kann. Nach einer alten seemännischen Faustregel soll dieser Beschlag so stark sein, daß man das Boot daran aufhängen kann – alle Last an einem Punkt!

Das richtige Ankermanöver

Von der Wahl des Ankerplatzes bis zum Belegen der Ankertrosse.

Das Ankermanöver beginnt nicht erst mit dem Fallen des Ankers, sondern mit zahlreichen Überlegungen weit vor dieser seemännischen Arbeit. Am Anfang steht die Wahl des richtigen Ankerplatzes. Er soll unserem Boot einen ruhigen Aufenthalt bieten, gegen Wind und Seegang geschützt sein und natürlich auch bei einer Winddrehung sicher bleiben. Die Wassertiefe auf dem Ankerplatz muß dem Ankergeschirr entsprechen, der Grund muß die beste Haltbarkeit des Ankers gewährleisten. In Gezeitenrevieren muß auch die Höhe der Tide zum Zeitpunkt des Ankerns und die Änderung des Wasserstandes bei Ebbe oder Flut berücksichtigt werden.

Man ankert (außer in Notfällen) im allgemeinen nur bei ablandigem Wind. Die Küste liegt also in Luv des Ankerplatzes, und das Boot ankert in einem möglichst wirksamen Windschatten dicht vor dem Ufer. Dabei ist jedoch ein hohes Ufer nicht vorteilhaft: Je höher die Küste in die Windbahn des ungebremsten Höhenwindes hineinreicht, desto kräftiger stoßen die Fallböen unmittelbar am Steilufer entlang nach unten und desto mehr weht es am Ankerplatz.

Nicht immer hat man bei der Suche nach einem Ankerplatz so große Auswahl sowohl in Bezug auf Küste als auch auf den Grund, aber jedes Revier wird „gute" und „schlechte" Gründe bieten. Das wichtigste Kriterium wird dabei das Verhältnis Trossen- bzw. Kettenlänge zur Wassertiefe (Abb. A) sein.

Die seemännische Vorbereitung eines Ankermanövers läuft im allgemeinen wie folgt ab:

- *Lege die Ankertrosse klar!* Dies kann auf mehrfache Art erfolgen: Durch Aufschießen „klar zum Laufen", durch Auslegen in Buchten (Abb. B) oder Achterbuchten oder durch Klarhalten einer Taurolle.
- *Den Anker richtig anstecken.* Der bewährte Roringstek (Abb. C) hält im Kunststofftauwerk nur, wenn man den Tampen an der holenden Part beizeist. Besser ist in jedem Falle, wenn man sich eine Kausch in den Tampen seiner Ankerleine einspleißt und diese mit einem Schäkel am Anker ansteckt. Jeder Knoten ist mit einer möglichen Einbuße an Bruchfestigkeit von bis zu 50 % belastet. Bei einem Spleiß beträgt der Verlust an Bruchlast nur ca. 5 %.
- *Belege die Ankerleine richtig!* Vor dem Ausbringen des Ankers muß die Ankerleine an ihrer Klampe, ihrem Poller oder einem anderen fe-

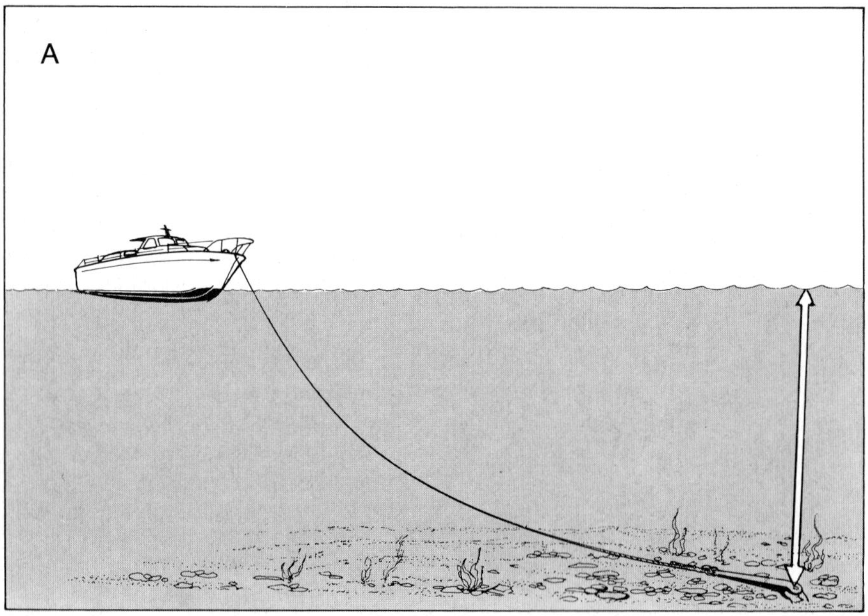

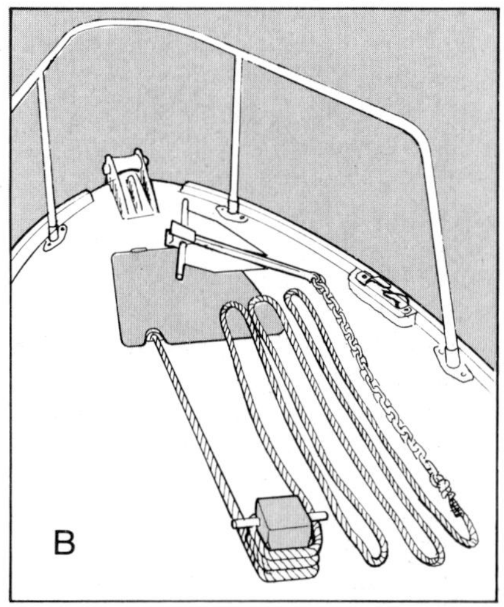

Abb. A: Das Verhältnis Wassertiefe zu Leinen- oder Kettenlänge. – Abb. B: Klar zum Ankern.

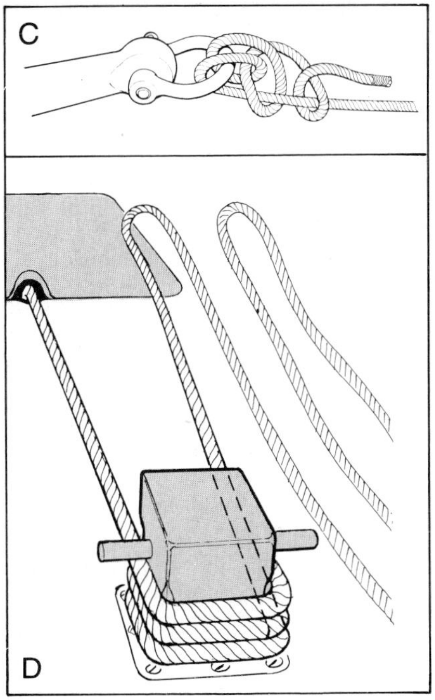

Abb. C: Das Festmachen des Ankers an der Trosse. – Abb. D: Belegen der Ankertrosse an Bord.

sten Beschlag belegt werden, damit sich der Vordecksmann beim Fieren des Ankers nicht um das Abstoppen der Trosse kümmern muß und sich auf das Eingraben des Ankers im Grund konzentrieren kann. Bei diesem Belegen muß das Ende zum Anker an Klampe oder Poller *unten* (Abb. D) und das nachzusteckende Ende *oben* liegen, damit man ungehindert mehr Leine stecken oder auch (bei langer Trosse) die Lose durchholen kann. Anderenfalls würden die Törns der auf Zug stehenden Leine die Arbeit am Poller blockieren können.

Nach dieser Vorbereitung beginnt das eigentliche Ankermanöver mit dem

- *Abstoppen der Fahrt.* Man läuft den Flachwasserbereich vor der Küste mit langsamer Fahrt, gutem Ausguck vom Vorschiff und ständigem Loten mit dem Echolot bzw. Handlot an.
- *Zum Ankern in den Wind drehen!* Ist der gewünschte Abstand zum Ufer oder die vorgesehene Wassertiefe erreicht, dreht der Bootssteuerer das Boot in den Wind und bringt es mit Rückwärtsgang zum Stehen.
- *Der Anker fällt, wenn das Boot steht.* Richtiger gesagt: Man gibt den Anker ins Wasser, sobald das Boot langsam zurückzusacken beginnt. Der Decksmann steht dabei frei von der Trosse, weil das Eisen doch mit ziemlicher Kraft und Geschwindigkeit ausrauschen kann.

Abb. E: Sicherung des Ankers mit Boje und Bojenleine.

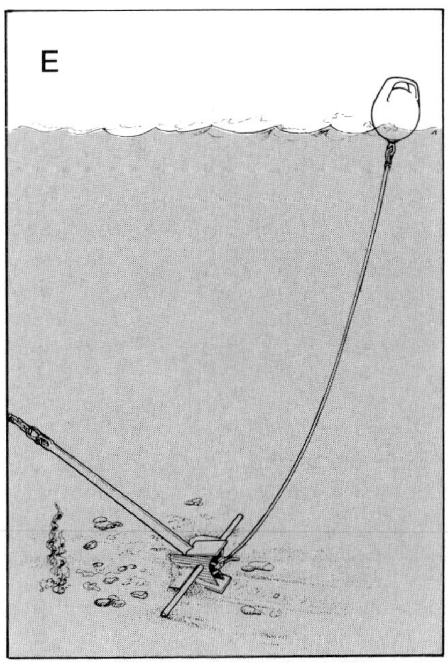

- *Erst dreifache Wassertiefe stecken und dann steifkommen lassen!* Wenn die zuerst an Deck ausgelegte Trosse ausgelaufen ist, steckt man nur so weit Leine nach, wie die Yacht achteraus sackt. Beim Ankern mit Kette kann diese dabei nicht auf den Anker fallen, und eine Trosse belastet den Anker nicht sofort, sondern erst beim Steifkommen. Reicht die Windkraft nicht aus, um die Yacht achteraus sacken zu lassen, zieht man sie mit langsamer Fahrt vorsichtig zurück, bis die Trosse steif kommt. Der Decksmann meldet dann: „Anker hat gefaßt!", wenn die Trosse steifkommt und das Boot steht.
- *Volle Trossenlänge stecken!* Die restliche Leine bis z. B. siebenfacher Wassertiefe (bei einer Ankertrosse) gibt man erst, wenn der Anker sich mit einem kurzen Ruck, den die Trosse beim ersten Steifkommen abgab, in den Grund gegraben hat. Auch dieses Achteraustreiben wird langsam abgebremst, um das Ankergeschirr nicht übermäßig zu beanspruchen.
- *Erst ganz zum Schluß Motor abstellen!* Unser Boot bleibt fahrklar, bis der Anker gefaßt hat und trägt. Wenn der Anker nicht gefaßt hat oder aufgrund der Bodenbeschaffenheit auch nach dem Ankern noch schliert, muß gegebenenfalls Fahrt aufgenommen und das Ankermanöver wiederholt werden.

Wenn irgend möglich, ankere man mit Boje und Bojenleine (Abb. E). Der Anker läßt sich dann auch über das Kreuz ausbrechen, wenn er nicht über die Ankerleine zu lichten ist, und man ist auch vor Verlust des Ankers sicher, wenn die Ankerleine bei unsichtigem Grund an Hindernissen schamfilte.

Sicherheit am Ankerplatz

Ankerpeilung, Warngerät für schlierenden Anker, Maßnahmen gegen starkes Schwojen

Unmittelbar nach dem Ankern nimmt der Schipper eine Ankerpeilung (Abb. A). Wenn sich eine Deckpeilung anbietet, kann man sie natürlich benutzen. Aber ein Peilstrahl allein, auch wenn man zu seiner Kontrolle nicht auf den Kompaß blicken muß, ist für eine sichere Standardkontrolle nicht ausreichend. Es muß in jedem Falle ein zweiter Peilstrahl gewonnen werden, der den ersten möglichst in einem annähernd rechten Winkel schneidet – sonst merkt man nicht, daß das Boot vertrieben ist und weiter treibt: hier von Pos. 1 in Pos. 2 durch die nicht gleichgerichteten Kräfte Wind und Strom.

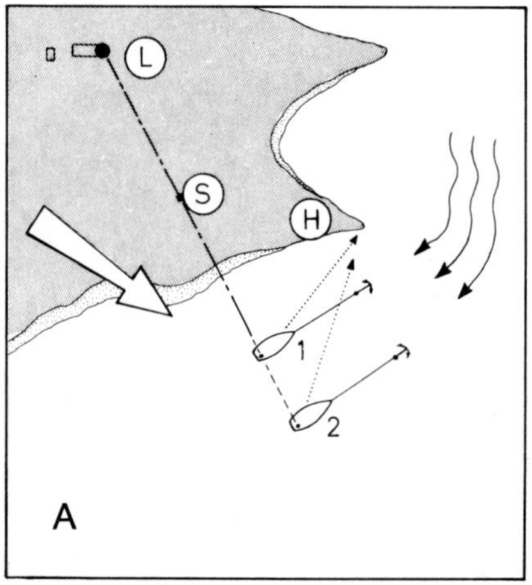

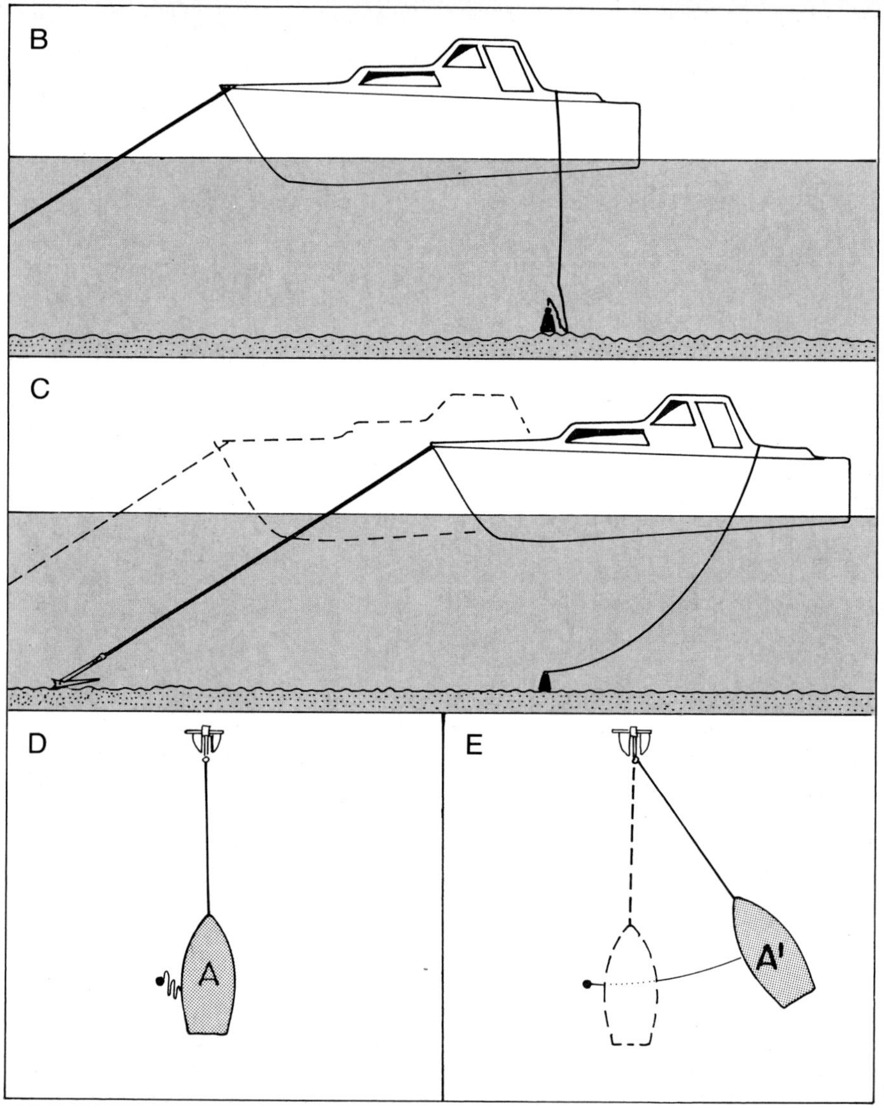

Das einfachste und deutlichste Anzeigegerät, um das Vertreiben vor Anker zu melden, ist das Lot oder ein anderer, nicht zu großer, aber ausreichend schwerer Gegenstand. Man fiert ihn in Höhe der Plicht unmittelbar neben der Bordwand ins Wasser (Abb. B) und setzt ihn auf den Grund. Dann belegt man das Ende der Leine an Bord und gibt die gesamte übrige Leine (je mehr, desto besser) mit ins Wasser. Wenn man prüfen will, ob das Boot noch seine ursprüngliche Ankerposition innehat, holt man einfach einen Teil der Lotleine ein. Man merkt dann sehr schnell, ob sie noch senkrecht ins Wasser führt oder zunehmend nach vorn zu zeigen beginnt (Abb. C). Das ist dann ein Zeichen, daß unser Boot treibt; denn das Lot bleibt auf seinem ursprünglichen Platz auf dem Grund stehen – nur unser Boot verändert seine Position.

Eine möglichst lange Lotleine hat auch noch einen anderen Vorteil: Wenn das Boot schwojt, verändert es zwar auch seine Lage – aber es dreht dabei in einem Kreis um den Anker. Bei einer kleinen Lageveränderung (Abb. D) zeigt unsere Lotleine nur wenig nach querab. Ist unser Boot weit herumgeschwojt (Abb. E), führt sie seitlich weiter weg ins Wasser. Man erkennt aber in jedem Falle doch genau, ob das Boot seine Position nur im Schwojekreis verändert hat oder mit schlierendem Anker achteraus zu treiben beginnt.

Wirken Wind und Strom am Ankerplatz aus gleicher Richtung, dann addieren sich zwar beide Kräfte, aber da Über- und Unterwasserschiff in einer gleichgerichteten Fesselung liegen, besteht nicht die Gefahr starken Schwojens am Ankerplatz. Sind Wind und Strom jedoch entgegengesetzt gerichtet (Abb. F), dann hängt es von der Windgeschwindigkeit und der dem Wind dargebotenen Fläche des Überwasserschiffes sowie dem Unterwasserschiff, gegen das der Strom gerichtet ist, ab, ob sich das Boot mit dem Bug gegen den Wind oder gegen den Strom legt. Auch die bekannte Tendenz, das Heck in den Wind zu drehen, kann für die Position am Ankerplatz ausschlaggebend sein.

Ein Motorboot richtet den Bug im allgemeinen gegen den Strom (Position 1), wenn die Waserkraft stärker ist, oder legt den Bug gegen den Wind (Position 2), wenn die Luftkraft die Oberhand behält. In beiden Fällen wird aber die unterlegene Kraft eine Bremswirkung ausüben, so daß

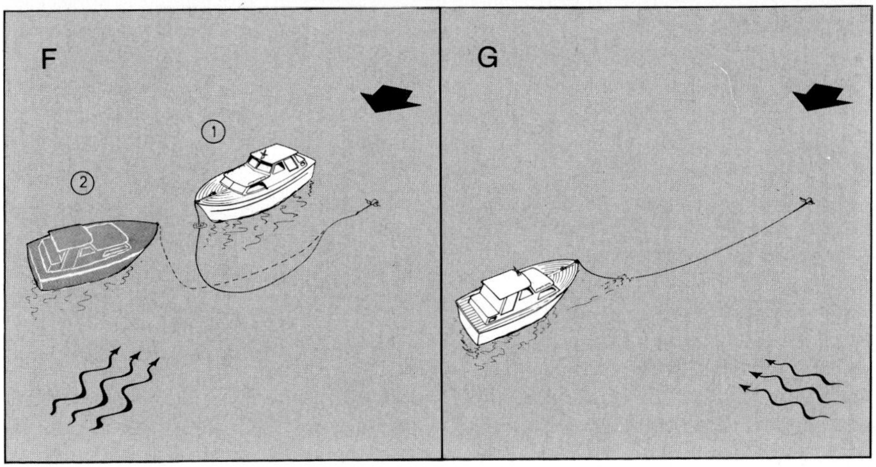

ein Motorkreuzer (unabhängig von der Richtung seines Vorschiffs) weitgehend mit loser Ankertrosse über dem Anker schwimmen wird. Das Ankergeschirr wird hierbei entlastet.

Das Gegenteil ist der Fall, wenn Wind und Strom im rechten Winkel zueinander arbeiten können (Abb. G). Ein Motorkreuzer liegt hierbei in einem kleinen Winkel zwischen Windachse und Kielrichtung, bietet dafür aber dem Strom eine große Fläche. In einer solchen Situation wird ein Boot nicht nur unruhig am Ankerplatz gieren und schwojen, wenn es zwischen beiden Kräften hin- und herpendelt, sondern sein Ankergeschirr vom Anker über die Ankertrosse bis zum Poller beim wiederholten Einrucken auch höher belasten. Unser Ankergeschirr muß für diese unkontrollierbare Spitzenbelastung des nicht stetigen Windes ausreichen.

Das Schwojen unseres Bootes vor Anker belastet das Ankergeschirr. Vor allem bei starkem, böigem oder schralendem Wind entsteht durch das Losekommen der Leine und spätere heftige Wiedereinrucken eine erhebliche Zugbelastung sowohl auf den im Grund eingegrabenen Anker selbst wie an jenem Teil der Ankertrosse, die über die Stevenrolle läuft.

Abb. H zeigt die verschiedenen Bewegungsphasen, die ein Boot beim Schwojen vor Anker einzunehmen pflegt, wenn es dem Wind zeitweise seine Breitseite bietet. Von der Ankerposition A fängt praktisch ein Motorboot an zu „segeln", weil die Aufbauten vom Wind wie Tragflächen angeströmt werden können. Die Gefahr des Schwojens ist besonders bei den (erforderlichen) Ankerleinenlängen von ca. siebenfacher Wassertiefe groß. Dabei kann die Ankertrosse durch Schamfilen beschädigt werden oder gar brechen.

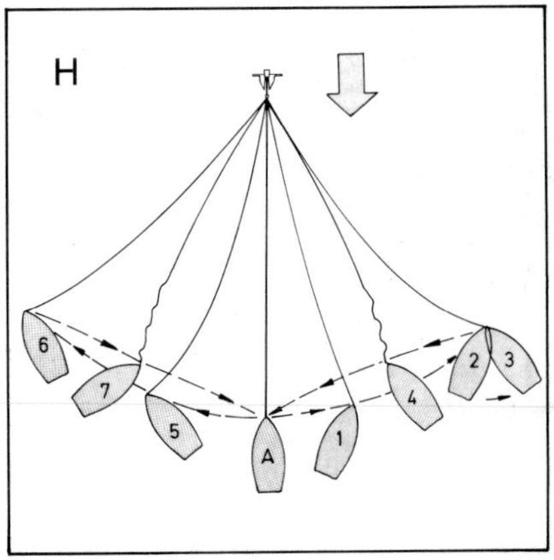

Schwojen am Ankerplatz

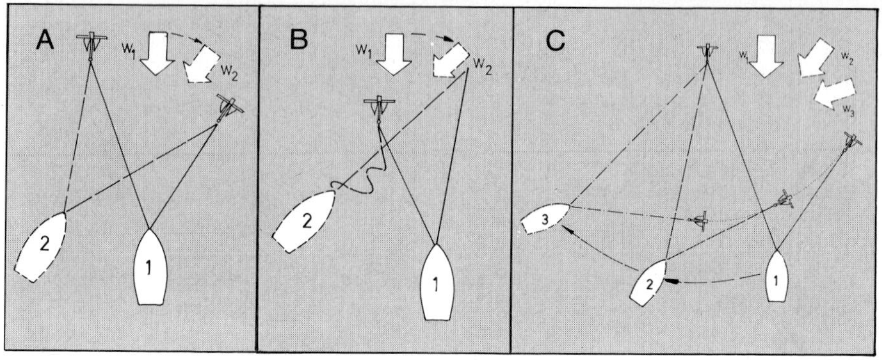

Ein zweiter Anker hilft. Aber er muß richtig ausgebracht werden

Um die Gefahr des Schwojens zu verhindern, kann man einen zweiten Anker ausbringen. Ohnehin gehört der Reserveanker zur seemännischen Ausrüstung, zumindest bei Küsten- und Langfahrten. Mit Motor ist es nie schwierig, den zweiten Anker in richtigem Abstand vom Hauptanker zu placieren. Da in unseren Revieren, die im Westwindgürtel liegen, Tiefdruckgebiete das Wettergeschehen bestimmen und der Wind beim Durchzug einer Front im Uhrzeigersinn oder rechtdreht, muß der am weitesten in Luv liegende Anker mit der längeren Trosse an Backbord geführt werden und der Steuerbord voraus in den Grund gebrachte Anker näher zum Boot liegen und eine kürzere Ankerleine haben (Abb. A). Beim Ausschießen oder Rechtdrehen des Windes kann man dann gegebenenfalls dem Steuerbordanker mehr Leine stecken und das Boot vor zwei gleichbelasteten Ankern liegen lassen. Es wird auch die Gefahr vermieden, daß nur ein Anker zum Tragen kommt (Abb. B), wenn der Steuerbordanker zu weit in Luv liegt und dabei nicht nur ein Anker nutzlos im Grund bleibt, sondern auch noch die Gefahr des Vertörnerns der einen Ankerleine am zweiten Ankergeschirr besteht.

Aus diesem Grunde bringt man den Hauptanker immer an Backbord aus und den leichteren Reserveanker an Steuerbord. Diese Entscheidung hat den weiteren Vorteil, daß man den leichten Zweitanker mit einer kurzen Trosse auch kontrolliert schlieren

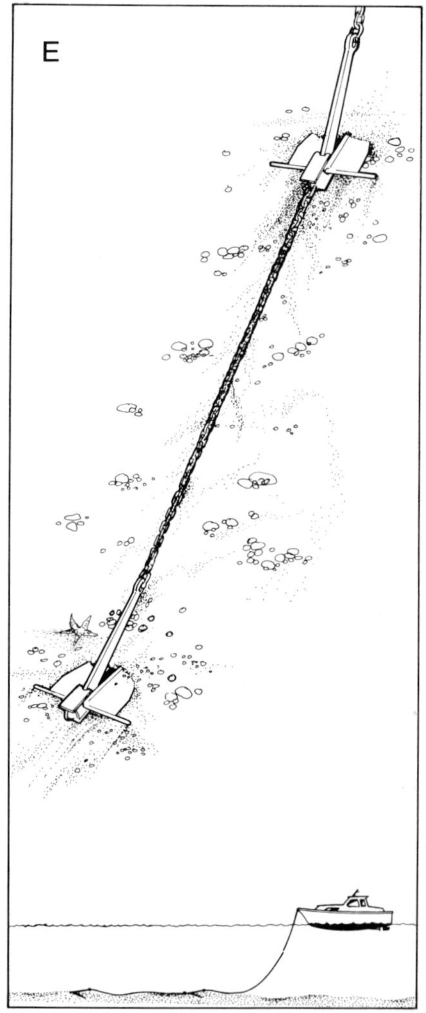

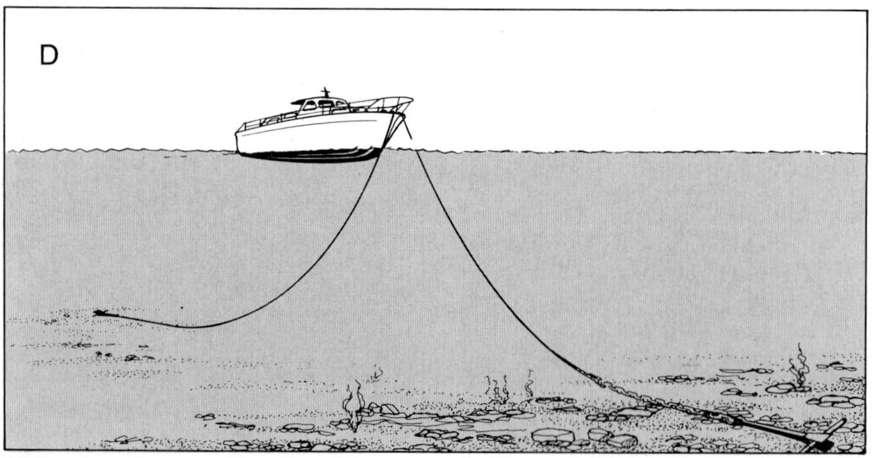

lassen kann, falls es erforderlich ist (Abb. C). Dreht der Wind weiter, dann wandert unser Boot praktisch auf der Peripherie eines Kreises, dessen Mittelpunkt durch den Hauptanker und dessen Radius durch die Länge der Ankertrosse zum Hauptanker bestimmt wird.
Die Verankerung mit zwei Bugankern neben- oder hintereinander nennt man auch „Vermuren" (Abb. A–D). Vor zwei Ankern kann man auch im Tidenstrom liegen (Abb. D), entweder zur Verkleinerung des Schwojekreises oder zur Einhaltung einer bestimmten Lage parallel zu einer Fahrwasserseite oder zum Ufer außerhalb des Fahrwassers. Natürlich kann man auch einen Bug- und einen Heckanker ausfahren und muß nicht beide Anker über den Bug führen. Wird das Ankergeschirr bei viel Seegang, Wind und Strom besonders hoch belastet, kann man den Anker verkatten (Abb. E). Dazu wird ein Anker mit kurzem Ketten- oder Leinenvorlauf an den anderen gesteckt. Praktisch eine Verankerung vor zwei Ankern an einer gemeinsamen Kette oder Trosse.

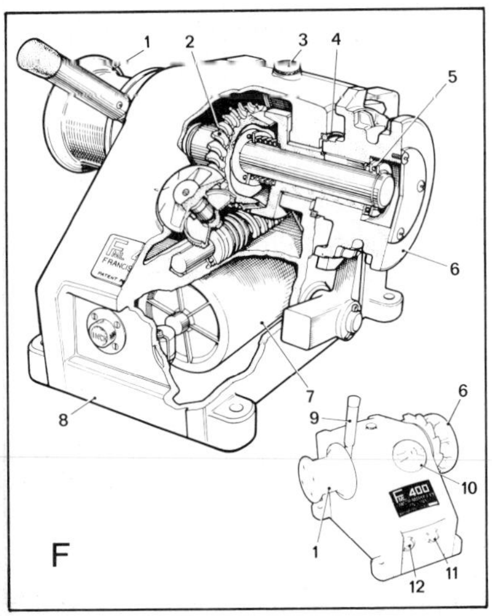

Ankerlichten

Auf gute Verständigung zwischen Decksmann und Bootssteuerer kommt es an

Vor dem Beginn des Ankerlichtens wird das Boot see- und fahrklar gemacht. Man läßt den Motor an, aber läßt ihn im Leerlauf drehen. Dann holt man Hand über Hand die Ankerleine kurzstag, d. h. verkürzt sie auf ca. eineinhalbfache Wassertiefe, und bringt das Boot so nahe an den Anker heran, daß die Trosse fast senkrecht hängt. Jetzt ist auch die Gefahr gebannt, daß die Ankertrosse in den Propeller kommen kann.
Reicht die Muskelkraft nicht aus, um den Anker anschließend aus dem Grund zu brechen, dann belegt man die Ankerleine noch einmal und bricht den Anker durch Überlaufen mit langsamer Fahrt vorsichtig mit Motorkraft aus dem Grund.
Beim Ankerlichten ist gute Kommunikation zwischen Decksmann und Bootssteuerer wichtig. Der Vordecksmann meldet zuerst: „Leine zeigt auf und nieder!", wenn der Bug bei steifgeholter Ankerleine genau über dem Anker steht. Wenn er spürt, daß der Anker frei vom Grund ist, meldet er: „Anker ist los!" Dann stoppt der Fahrer den Motor, damit der Decksmann den Anker hieven, ihn an Deck bringen und die Kette aufschießen kann. Außer wenn durch Wind oder Seegang langsame Fahrt nötig ist, um dem Boot eine ruhige Lage zu geben, oder die Gefahr besteht, daß das Boot gegen ein Hindernis getrieben wird, beginnt die Fahrt erst, wenn der Decksmann das Ankergeschirr aufgeklart und verstaut sowie selbst das Vorschiff verlassen hat.
Wenn sich der Anker nicht mehr mit Muskelkraft ausbrechen läßt, hilft nur eine Ankerwinde. Sie ist auf größeren Motoryachten mit schwereren Ankern unumgänglich und auch auf den meisten mittleren Motorkreuzern vielfach in Gebrauch. Die in Abb. F gezeigte elektrische Ankerwinde mit waagerechter Achse, auf der sich Trommel und Kettenkranz befinden, ist in verschiedenen Leistungen und wahlweise für 12 oder 24 Volt lieferbar. Das kleinste Modell hat eine Zugkraft von ca. 3000 N (mit 12 V) und ist auch für kurzgliedrige Ankerketten bis 10 mm Kettenstärke ausgelegt. Ein Zweiganggetriebe schaltet sich je nach der Last, die zu hieven ist, automatisch um. Die Ziffern zeigen die wichtigsten Teile: 1. Tautrommel – 2. Getriebe – 3. Ölfüllstutzen – 4. wasserdichte Versiegelung – 5. Hauptlager des Schaftes – 6. Kettentrommel – 7. Elektromotor – 8. Gehäuse – 9. Bedienungshebel zum Fieren und Hieven, Bremsen und Sperren – 10. Anzeiger für ausgelaufene Kettenlänge – 11. An- und Ausschalter – 12. Feinschalter für geringfügige Längenkorrekturen.
Beim Gebrauch einer Elektrowinsch ist nur zu beachten, daß gleichzeitig der Motor läuft, damit durch die heute gebräuchliche Leistung der Drehstromlichtmaschinen von 600 Watt die Batterie nicht allzusehr beansprucht wird.
Auch hydraulische Ankerwinden werden in jüngster Zeit angeboten, bei denen die Hydraulikpumpe ebenfalls durch den Bootsmotor betrieben wird, während ein Hydraulikmotor auf dem Vordeck die Winde mit Tautrommel und Kettennuß bewegt.

Der Anker schliert – was tun

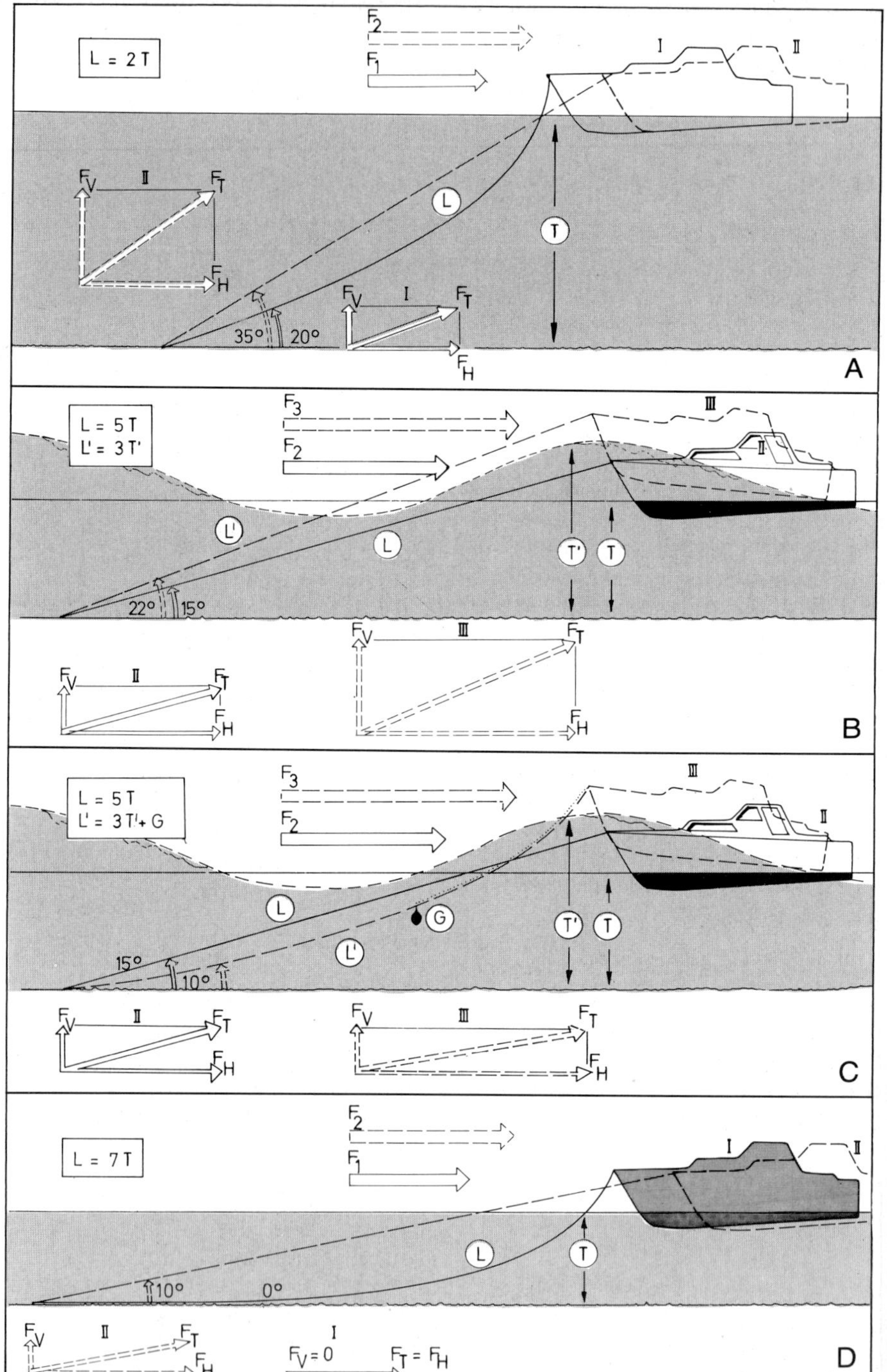

Seine mögliche hohe Haltekraft erhält der Anker nur, wenn der Ankerschaft auf Grund liegt und hier bleibt.

Wer auch vor Anker ruhig schlafen will und den Anker als Hilfsmittel zum Überliegen versteht, wenn das Boot eine Havarie beseitigen muß oder das Wetter ein Weiterlaufen nicht gestattet, wird sich über die Sicherung seines Ankergeschirrs auch bei unerwartet hoher Belastung frühzeitig Gedanken machen. Bei der Auswahl des Ankertyps und der Ankergröße hatten wir auf Seite 144 die mögliche Belastung des Ankergeschirrs durch Wind und Strom ermittelt. Ausgangspunkt aller Überlegungen war jedoch, daß der Anker so in den Grund eingegraben ist, daß er seine maximale Haltefestigkeit besitzt. Das ist aber nur der Fall, wenn sich der Schaft nicht anheben kann und der Zug der Ankertrosse immer (wenigstens auf den ersten Metern) waagerecht und parallel zum Grund wirkt. Diese optimalen Bedingungen sind nur gegeben, wenn die Ankertrosse so lang ist, daß sie den Ankerschaft nicht anheben kann, auch wenn die gesamte Verbindung durch wachsende Einflüsse immer mehr belastet wird. (Bei gleicher Länge ist eine Kette immer günstiger als eine Trosse, ganz abgesehen davon, daß durch das Gewicht der Kette ein Federungseffekt erzielt wird und damit die kinetische Energie beim Einrukken viel geringer ist.)

Abb. A zeigt, daß bei einer Leinenlänge von doppelter Wassertiefe (L = 2 T) nicht einmal bei einer geringen Belastung F_1 (die wir mit 1000 N ansetzen wollen) und durchhängender Ankertrosse die optimale Haltekraft gewährleistet ist. Der Winkel zwischen Ankerleine und Grund beträgt dann 20°. Das Kräfteparallelogramm für die Bootsposition I zeigt, daß die vertikale Kraft F_V hierbei bereits einen großen Teil der Haltekraft des Ankers beansprucht und die Verankerung somit unsicher wird. Erhöht sich die Belastung durch Wind und Strom auf F_2 oder ca. 1400 N, nimmt das Boot die Position II dabei ein und werden die Kräfte bei einem Winkel am Grund von 35° im Kräfteparallelogramm gültig, dann sind die Horizontalkräfte F_H nur noch halb so groß. Das bedeutet: Der Anker hält nicht mehr. Man muß mehr Leine stecken oder man muß einen Anker von doppelter Haltekraft mit Kettenvorlauf für diese gewählte Leinenlänge gleich doppelter Wassertiefe benutzen. Diese Leinenlänge ist also undiskutabel.

Versuche haben ergeben, daß die höchstmögliche Haltekraft der Anker, die in der Tabelle auf Seite 148 für den gut eingegrabenen Anker mit flach auf dem Grund liegenden Schaft angegeben ist, bei Anheben des Ankerschaftes vom Meeresgrund wie folgt nachläßt:

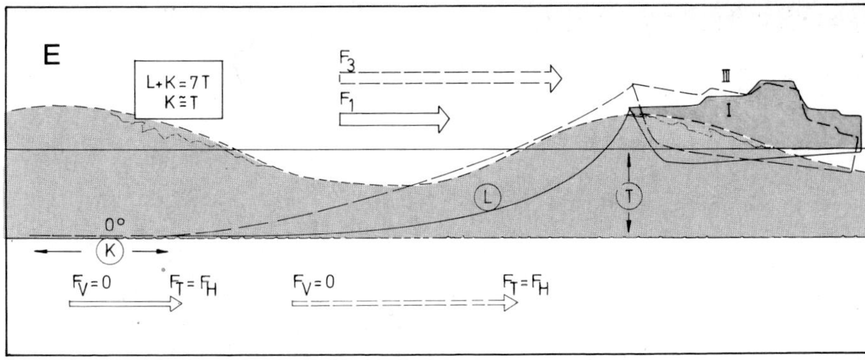

Auf einen Danforth-Anker von ca. 7 kg Gewicht und feinen Sand bezogen, einen Ankergrund mit 3700 N Haltekraft, bedeutet dies: Die Haltekraft vermindert sich bei einem Winkel zwischen Ankerschaft und Grund von 10° auf 2590 N und bei einem entsprechenden Winkel von 20° sogar auf 1850 N. Das reicht nur für kurzes Ankerliegen bei wenig Wind, Strom und Seegang, aber nicht für einen sicheren Aufenthalt am Ankerplatz.

Abb. B zeigt, daß auch eine Leinenlänge von fünffacher Wassertiefe (L = 5 T) im Seegang trügerische Sicherheit verspricht: Dieses Verhältnis besteht nämlich nur bei ruhigem Wasser und im Wellental. Am Wellenberg hingegen erhöht sich die Wassertiefe von T auf T′. Die Ankerleine verläuft dann nicht mehr in Richtung L, sondern in L′, und der Winkel zwischen Ankerschaft und Trosse erhöht sich von 15° auf 22°, weil die Leinenlänge im Seegang eben nur dreifacher Wassertiefe entspricht. Wie sich das auf die Haltekraft auswirkt, zeigen die Kräfteparallelogramme und die vorgenannten Werte.

Hat man nicht mehr Leine, um die Trossenlänge von fünffacher Wassertiefe auf siebenfache Wassertiefe oder mehr zu verlängern, hilft auch ein Ankergewicht (Abb. C). Hierzu eignet sich jedes Gewicht, das man an Bord hat, also auch ein Bündel Werkzeug, das man an einer dünnen Leine auf ca. halbe Distanz zum Anker (G) ins Wasser fiert. Durch dieses Gewicht reduziert sich der Winkel am Grund von 22° auf 15° bzw. von 15° auf 10°. Die Haltekraft des Ankergeschirrs nimmt also wieder beträchtlich zu.

Bei siebenfacher Leinenlänge (Abb. D) ist der Idealzustand von 0° Winkel am Ankerschaft auch nur in ruhigem Wetter gegeben. Bei einer höheren Belastung (F_2) beträgt der Winkel am Grund 10°. Die Haltekraft ist also nur 70% und nicht mehr 100% wie bei 0° Winkel.

Benutzt man hingegen einen auch nur kurzen Kettenvorlauf (Abb. E), dann bleibt der Winkel am Grund auch unter harten Bedingungen im Seegang immer 0°. Die optimale Haltekraft des Ankers ist also unter allen Bedingungen erhalten.

Haltekraft	100%	=	Winkel am Grund	0°
Haltekraft	85%	=	Winkel am Grund	5°
Haltekraft	70%	=	Winkel am Grund	10°
Haltekraft	60%	=	Winkel am Grund	15°
Haltekraft	50%	=	Winkel am Grund	20°
Anker schliert		=	Winkel am Grund	25°

Aufgebrummt – was tun?

Leichte und schwere Boote können nach dem Auflaufen auf zwei verschiedene Arten wieder flott gemacht werden

Ein altes Sprichtwort sagt: „Wo gehobelt wird, da fliegen Späne." Auf den Bootssport bezogen heißt das: Wer viel auf Fahrt ist, wird auch gelegentlich einmal leichte Grundberührung haben. Das muß nicht immer selbst verschuldetes Aufbrummen sein, weil der Rudergänger eine Pricke im ohnehin flachen Fahrwasser auf der falschen Seite nahm. Das Festkommen kann auch aus anderen unverschuldeten Gründen eintreten.

Ist man mit einem leichten Sportboot oder Daycruiser mit Außenborder oder Z-Antrieb auf festem Grund aufgebrummt (Abb. A), dann schwenkt man unmittelbar nach dem Festkommen zuerst das Antriebsaggregat hoch (B), damit der Schaden nicht noch größer wird. Dann wird gelotet. Da bei einem solchen Boot der Tiefgang ohnehin nur gering ist, sollte bei dunklem Wasser und nicht sichtbarem Grund jemand nach außenbords klettern und ins Wasser steigen (mit Schuhen an den Füßen!) und den Grund um das Boot herum abwandern. Das Ziel: Wo und wie ist der kürzeste Weg in tiefes Wasser? Der Mann im Wasser drückt dann auch von unten gegen den Bug und versucht, das Vorschiff anzuheben. Das hat zwei Vorteile: Man kann selbst besser ermessen, wie fest man aufgelaufen ist, und man kann das Boot gegebenenfalls schon etwas ins freie Wasser schieben, wenn es möglich ist. Wenn die beiden „Badegäste" sich schon jetzt ganz ans Heck setzen, um das Vorschiff mit ihrem Trimmgewicht noch weiter zu entlasten, kann dieses riskant sein: Falls das Boot schneller aufschwimmt als uns lieb ist, hat der Mann im Wasser Schwierigkeiten, an Bord zurückzukehren. Verliert man gar vollends den Kontakt zum Boot, wenn es nach dem schnellen Freikommen in Wind und Strom zu treiben beginnt, dann ist guter Rat noch teurer, denn der Außenborder ist hochgeschwenkt, und man weiß nie, wie Frauen in einer solchen Gefahrensituation ihren Mann stehen.

Dann ist es besser, zuerst den Trimm nicht zu ändern, nur den Grund zu erkunden und dann an Bord zurückzukehren (auf größeren Yachten mit Bordleiter). Erst dann rücken alle so weit wie möglich nach achtern (C). Gegebenenfalls bringt man auch andere Gewichte wie Brennstoffkanister, Gepäck aus dem Vorschiff u. a. so nahe wie möglich an den Spiegel. Dann greift der Schipper zum Bootshaken und setzt entweder vom Bug oder von mittschiffs (D) mit dem Bootshaken ab. Der Platz achtern ist besser; denn auf ihm ist nicht nur der Bug mehr entlastet, auch durch den seitlichen Stand krängt das Boot und vermindert seinen Tiefgang vom V- zum Flachspant um weitere Zentimeter. Das kann schon eine entscheidende Hilfe sein.

Nach dem Freikommen ist es ratsam, am Rande der Untiefe noch einmal zu ankern. Man weiß nie, ob Boot oder Motor beim Auflaufen Schaden genommen haben, und wenn das Boot leckgeschlagen sein sollte, ist die Untiefe oder ihre Nähe ein Platz, der mehr Sicherheit bei einer notwendigen Reparatur oder (in ernsteren Fällen) zum Überleben bietet als das umgebende tiefe Wasser.

Wenn man mit einem schweren Boot aufbrummt oder mit einem leichten Boot schon so weit auf die Untiefe gerutscht ist, daß man mit dem schweren Achterschiff festsitzt (Abb. E), dann muß der Schipper nach außenbords, ob er will oder nicht. Aber zuerst wird achtern die Ankerleine belegt und vorn der Anker ins Wasser gelassen (F), damit das Boot nicht abtreiben kann, wenn es freikommt. Auch eine Badeleiter sollte der Schipper am Heck über Bord hängen; denn es gibt bei einer Alleinfahrt niemanden, der ihm gegebenenfalls behilflich sein kann, wenn er (vom tiefen Wasser aus und durch das Arbeiten erschöpft) wieder an Bord klettern will. Eine „Ortsbesichtigung" durch Grundbegehung mit Schuhen schließt sich an.

Wenn sich das Boot nicht in Kielrichtung zurückschieben läßt, muß es durch Drehen wieder freikommen. Dazu muß der Schipper hebend schieben, d. h. das Vorschiff beim Drehen anlüften (Abb. G). Das kann leichter sein, wenn er rücklings mit dem Kreuz von unten und nicht vorlings mit den Händen von oben arbeitet.

Je nach Art und Lage der Untiefe kann schon eine Drehung um 90° (Abb. H) genügen, um freizukommen. Ist das Boot sonst um 180° gedreht (I), dann klettert der Schipper über die Bootsleiter an Bord, bringt noch Kanister und andere Gewichte auf das Vorschiff, holt den Anker ein und schiebt vom Vorschiff aus mit dem Bootshaken sein Boot wie in Abb. D wieder in tiefes Wasser. Sollte das Heck dann noch nicht frei sein, muß man das Boot als Hebel benutzen und am Bug durch das Körpergewicht und Körperschwingungen für

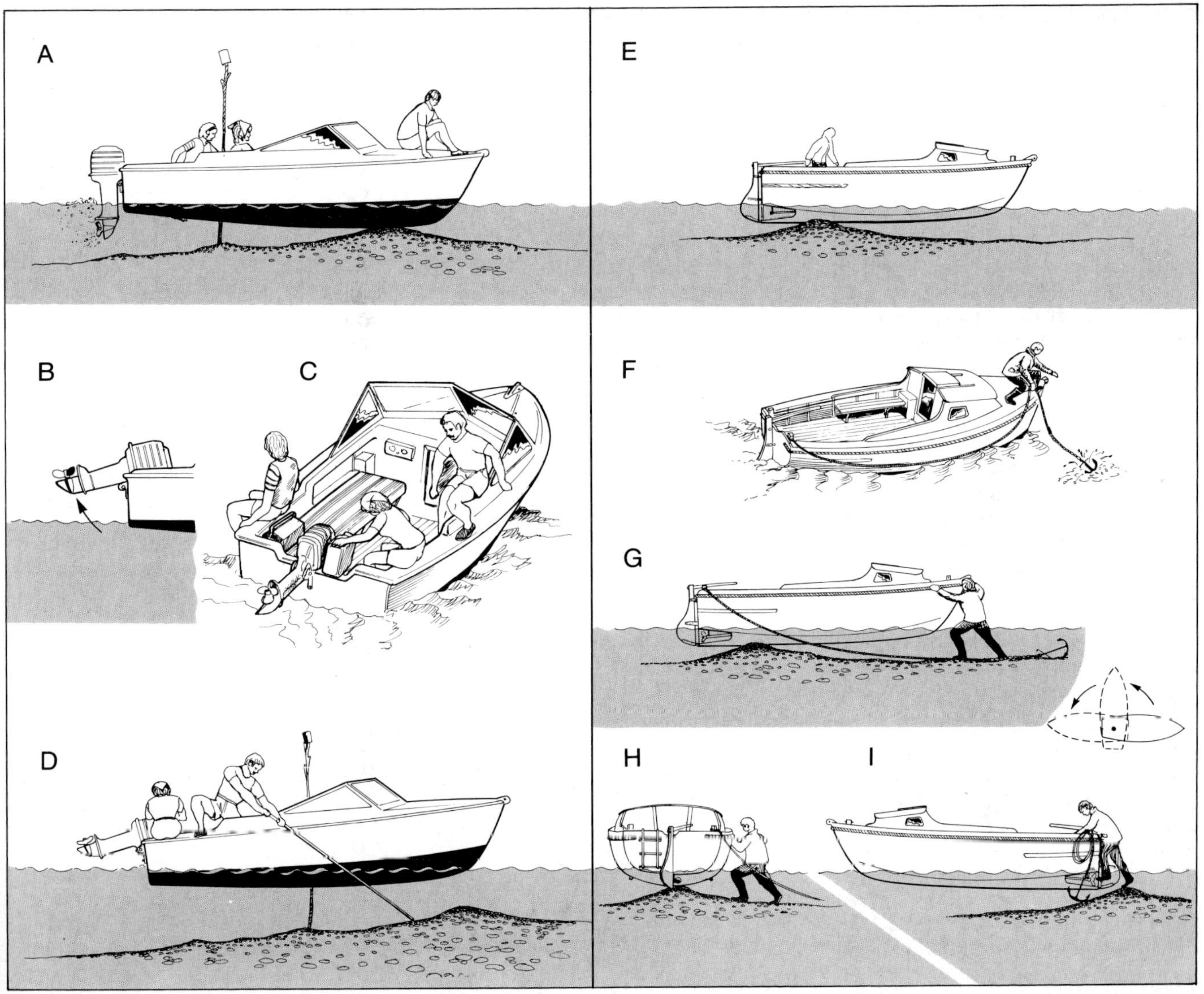

ein kurzzeitig tieferes Eintauchen und damit ein Anheben des Hecks sorgen.
Auch hiernach gilt die Regel, anschließend zu ankern und Bootsrumpf mit Motorenanlage sorgfältig zu überprüfen, ehe man die Weiterfahrt fortsetzt.
Nicht in allen Fällen kommt man mit eigener Kraft frei. Muß man fremde Hilfe in Anspruch nehmen, ist sehr genau zwischen „Abschleppen" und „Abbergen" zu unterscheiden:
Hilfe zum Abschleppen erbittet man mit dem hochgehaltenen Tampen in der einen und gegebenenfalls einer Buddel Köm in der anderen Hand. Dazu kann man gegebenenfalls auch eine weiße Leuchtkugel schießen. Man gebe beim anschließenden Abschleppen immer die eigene Schleppleine über und nehme nach Möglichkeit nie die Schleppleine des anderen Bootes an – sonst kann dar-

Die einzelnen Phasen des Abbringens vom Grund bei einem leichten Gleitboot (A–D) und einem schweren Verdränger (E–I).

aus der Tatbestand einer „Bergung" werden. Reicht ein Dankeschön als Schlepplohn nicht aus, muß man die Schleppgebühr vorher aushandeln, insbesondere bei Fischern oder anderen als Freizeitfahrzeugen. Man lasse auch möglichst keine Person des abschleppenden Bootes an Bord, nicht einmal, um die (eigene) Schleppleine zu belegen – das kann gegebenenfalls als Anfang einer Bergung verstanden werden. Es ist auch nicht ratsam, beim Abschleppen mit der gesamten Crew an Bord des Schleppbootes zu gehen – auch dadurch kann man zum Eindruck der „Aufgabe des Schiffes" und der Einleitung eines „Bergungsfalles" beitragen.
Als Schleppgebühr gilt (im Sinne der Hilfsbereitschaft auf See) der Ersatz von Kraftstoff, Tauwerk und Zeit, die der Schlepper aufwenden mußte – das sind kaum 100 DM, selten mehr. Der „Bergelohn" liegt wesentlich höher. Er kann auch nachträglich eingeklagt werden, wenn gewisse Tatbestände, auf die ein Motorbootschipper in einer solchen Situation selbst kaum achtet, vorgetragen werden, und er richtet sich nach dem Wert des Bootes und kann von einem Zehntel bis zu einem Drittel oder sogar zur Hälfte des Yachtwertes hochschnellen. Das ist ein für den Juristen feiner, für den Motorbootseigner teurer Unterschied zwischen Abschleppen und Abbergen. In keinem Falle sollte man Notsignale setzen oder geben (z. B. Rot schießen), wenn man aufgebrummt ist – dann bedeutet das Abbringen (meistens) Abbergen –, sondern sich nur durch weiße Lichtsignale oder einfaches Winken bemerkbar machen.

Hoch und Trocken – was tun?

Wenn man nicht selbst freikommt, muß man sich abschleppen oder sogar abbergen lassen – das kann teuer werden

Ein (fast) alltäglicher Fall: Man will den Strand bei leichtem Wetter mit einem sehr solide gebauten Sportboot oder Kajütkreuzer mit Z-Antrieb anlaufen, es herrscht leichtes Wetter und glatte See, aber da man die Wassertiefe nicht genau geprüft hat, rauscht man mit viel Fahrt weit in flaches Wasser hinein. Der Z-Antrieb ist hochgeschwenkt, und das Boot liegt noch auf ebenem Kiel; aber bis zum tiefen Wasser ist es schon eine Distanz von 20 oder mehr Metern. Wenn glücklicherweise (für das Boot) der Grund glatt ist, aber aus weichem Schlick besteht, in dem man nicht stehen und auch den Bootshaken nicht abstützen kann, ist auch in Revieren ohne Gezeiten oft guter Rat teuer. Dann zahlt sich etwas Physik des Alltags aus:
Bekanntlich verdrängt jeder schwimmende Körper so viel Wasser, wie er selbst wiegt. Ein Motorboot ist leicht, aber es hat mit seiner tiefen V-Spantform eine zum Fahren extrem günsti-

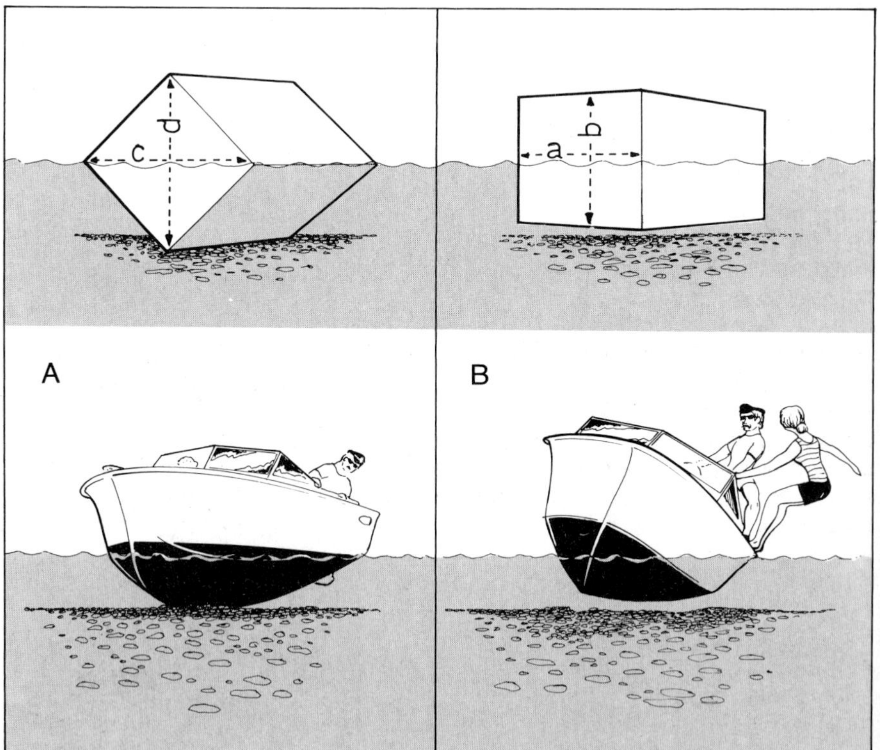

ge, zum Aufbrummen jedoch ausgesprochen ungünstige Querschiffsform (Abb. A). Man hat ihm eine größtmögliche Breite (c) und auch einen größtmöglichen Tiefgang (d) gegeben, der jedoch in diesem Falle für das Aufbrummen verantwortlich war. Mit wenigen physikalischen Kenntnissen können wir das Abbergen eines Motorbootes mit (tiefem) V-Spant erleichtern:
Wenn wir uns das Gewicht des Bootes als quadratischen Schwimmkörper denken (Abb. B), der genau bis zur Hälfte eingetaucht ist, dann ist seine Breite a oder seine Höhe b kleiner als die Diagonalen c bzw. d zwischen den gegenüberliegenden Ekken. Es kommt also nur darauf an, durch seitliche Gewichtsverlagerung der Crew, die sich so weit wie möglich am Seitendeck aufhält, die Spantform aus einem tiefen V (Abb. A) in eine weitgehende Plattbodenform (Abb. B) zu verändern. Dadurch gewinnen wir (je nach Tiefgang und Breite des Bootes) die notwendigen ca. 0,20 m, um die der Tiefgang unseres Bootes reduziert werden muß, damit sein tiefster Punkt im Wasser frei vom Grund bleibt. Inwieweit es darüber hinaus ratsam ist, den Trimm des Bootes (Gewichtsverlagerungen in Längsschiffsrichtung, siehe Seite 160) zu verändern, muß aus der Praxis entschieden werden.
Am besten greift der Schipper in Abb. B zum Paddel und verholt, weit übergelehnt auf der geneigten Seite sitzend, sein Boot achteraus in freies Wasser. Bei hartem Grund kann man auch mit dem Bootshaken staken, während bei größeren Booten und beträchtlicher Verminderung des Tiefgangs sogar das Senken des Z-Antriebs und vorsichtiges, langsames Achterausfahren mit Motor möglich ist.

Motorboote als Seenothelfer

Abschleppen oder Abbergen einer festgekommenen und havarierten (Segel)-Yacht

Jeder Motorbootseigner kann selbst in die Lage kommen, einem anderen Boot Hilfe zu geben – einem Segler oder einer Motoryacht, die aufgebrummt ist, oder einem Boot, das Havarie hatte und wenigstens aus einer Notlage zu befreien ist, auch wenn die Kraft des eigenen Bootes zum Ab- und Einschleppen nicht genügt.

Am häufigsten kann der Motorbootfahrer zum Abbringen einer Segelyacht gewünscht werden, die mit eigener (Motor-)Kraft nicht mehr freikommt und sich nicht freisegeln kann, weil sie auf Legerwall auf Grund geraten ist. Mit dem Übergeben einer Leine und dem Freischleppen quer zu Strand oder Untiefe (Abb. A) ist es dabei nicht immer getan, auch wenn die Crew der Segelyacht ihr Boot dabei nach Lee krängt: Denn ein Teil der Abschleppkraft wird dabei immer zum Aufrichten des Bootes benutzt und geht für die eigentliche Befreiung vom Grund verloren.
Besser ist es, die Schleppleine am Mast in der Höhe der Saling zu belegen (Abb. B), sie landseitig zum Deck zu führen und unter dem Bootsrumpf oder dem Kiel hindurch zum abschleppenden Motorboot zu bringen. Wenn jetzt der Helfer ansetzt,

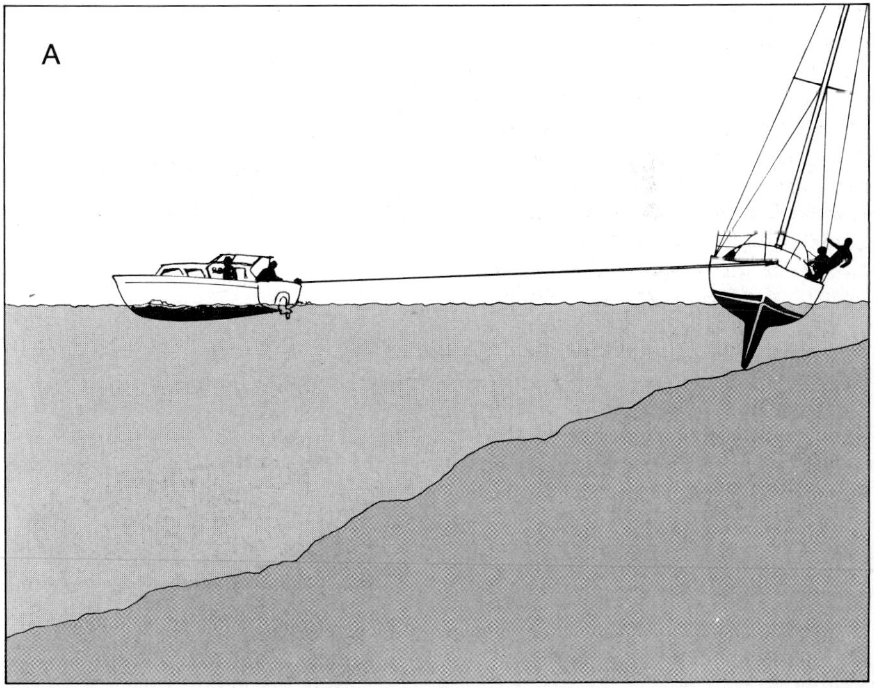

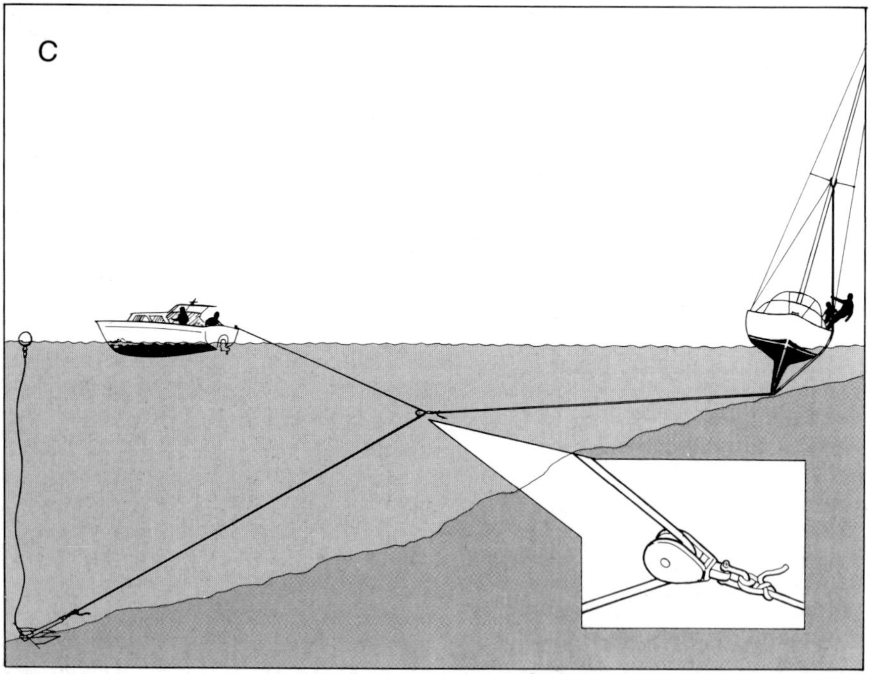

Abb. B und C: Zwei Möglichkeiten zum Abbergen einer (schweren) Segelyacht, wenn die eigene Motorleistung nur gering ist oder der Segler zu fest „sitzt".

hat sein Zug zuerst eine krängende Wirkung, die durch das Anheben des schräg gestellten Kiels beim Steifkommen der Leine noch unterstützt wird. Der Punkt am Mast in Höhe der Saling, der meistens durch vier Unterwanten und die Wirkung der Oberwanten über die Salingen sehr sicher ist, kann dabei unbedenklich zum Anstecken der Schlepptrosse benutzt werden.

Man darf jedoch auf dem Motorboot nur mit Halbgas anschleppen. Die Kraft, die das (weitgehend stilliegende) Motorboot erzeugt, ist dabei größer, als wenn der Motor mit Vollast arbeitet. So wurde z. B. bei den sog. „Standproben" bei Motorenerprobungen festgestellt, daß z. B. ein 7,5 kW-(10 PS-) Außenborder unter solchen Bedingungen mit Halbgas einen Schub von ca. 2000 N, mit Vollgas jedoch nur von ca. 700 N erzeugte. Bei einem 80 kW-(110 PS-) Einbaumotor auf einem Motorkreuzer betrug der Schub mit Halbgas ca. 5000 N, mit Vollgas nur 1200 N. Diese sehr stark von den Möglichkeiten des Wasserzuflusses unter dem Rumpf, der Drehzahl des Motors und der Art des Propellers abhängigen Werte sollen nur als Anhalt dafür dienen, daß man beim Abschleppen mit Halbgas einen viel größeren Schub erzeugen kann, als wenn man den Motor mit vollen Touren laufen läßt. Erst wenn der aufgebrummte Seekreuzer freikommt und auch das Motorboot Fahrt aufnimmt, kann man den Fahrhebel entsprechend weiter in Richtung auf höhere Tourenzahlen legen. Manche Fehlleistungen beim Abschleppen von Motorbooten

Abb. D und E: Bergungshilfe mit einem leichten Motorboot bei einem havarierten Segelboot, das auf Legerwall liegt und dessen Anker schliert.

sind wahrscheinlich darauf zurückzuführen, daß der Bootssteuerer in seinem Hilfsbestreben mit Vollgas schon von Anfang an des Guten zu viel tat.
Eine dritte Möglichkeit, in einer solchen Situation die Zugkraft zu steigern, besteht darin, den (eigenen) Anker auszubringen, einen Umlenkblock (Abb. C) an den Tampen der Abschleppleine zu stecken und die Ankerleine als Schleppleine durch den Block hindurch an Bord zu führen. Mit einem einscheibigen Block leistet jetzt das (kleine) Motorboot das Doppelte – vorausgesetzt, der Anker hat sich gut in den Grund gegraben und besitzt hier die nötige Haltekraft für einen Zweikampf mit dem (halben) Gewicht des Seekreuzers.
Wird man mit einem kleinen Motorkreuzer oder Sportboot gebeten, in schwerem Wetter einem havarierten Segelboot behilflich zu sein, das sich z. B. mit gebrochenem Mast an einer Leeküste verankert hatte und nun Gefahr läuft, mit schlierendem Anker weiter auf Legerwall zu treiben (Abb. D), dann ist dies für den Bootssteuerer eine schwerwiegende und nicht leichte Entscheidung.
Man verschwende dann keine Zeit an den Versuch, eine Leine zu übergeben. Statt dessen legt man den (eigenen) Anker bereit, steckt so viel Trosse wie möglich an und bereitet sich vor, mit dem eigenen Anker entlang der Ankertrosse der Segelyacht deren schlierenden Anker aufzunehmen und die havarierte Yacht gleichzeitig mit ihrer eigenen Ankertrosse freizuschleppen (Abb. E).

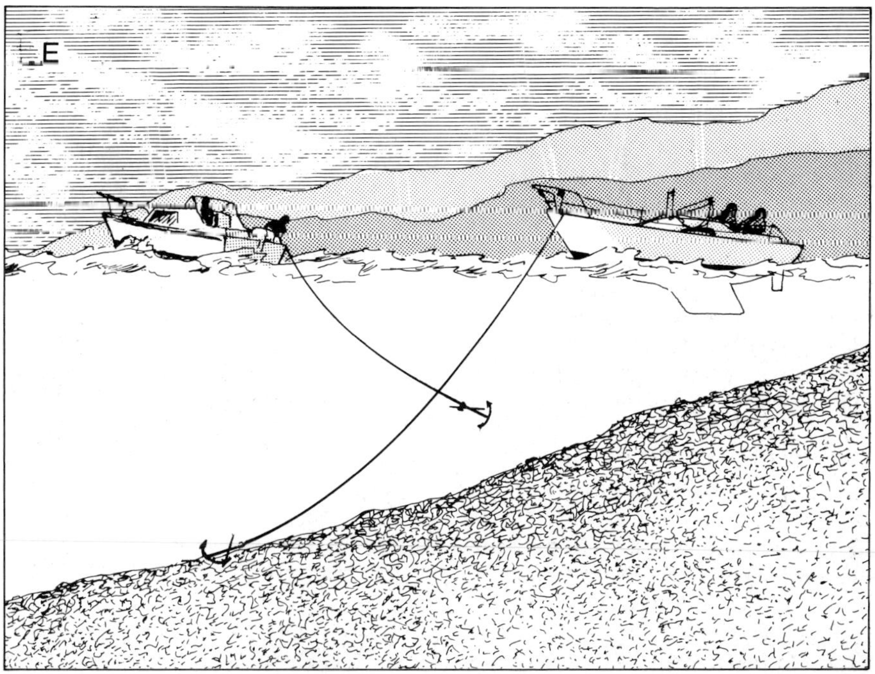

Ehe man aktiv wird, überlege man sich jedoch das Risiko sehr genau: Man nimmt den eigenen (einzigen) Anker und beraubt sich der Möglichkeit, notfalls selbst vor Anker zu gehen. Die Gefahr ist groß, daß die achteraus gehängte Leine in den Propeller kommt. Dann hat man keine eigene Sicherheit mehr und wird der Segelyacht auf ihrem gefährlichen Weg zum Stranden folgen.

Man überläßt bei einem solchen Hilfsmanöver am besten dem Mitfahrer das Ruder und geht selbst an die Leine und nach achtern. Dann läuft man langsam so dicht wie möglich an die noch aus dem Wasser kommende Ankerleine der Segelyacht heran, gibt den eigenen Anker von Bord und läßt das Boot einen Kurs steuern, auf dem der langsam mitgefierte Anker die andere Trosse erfassen kann. Wenn unser Anker die fremde Ankerleine ergriffen hat, wird er nach unten bis zum fremden Anker weiterlaufen und ihn (hoffentlich) ausbrechen. Dabei wird unser Boot kurzzeitig zum Stillstand kommen – aber das ist auch das beste Zeichen dafür, daß unser Anker gefaßt hat und den anderen (ja schon schlierenden und nicht mehr genug eingegrabenen) Anker über den Grund zu heben beginnt.

Jetzt wird sich die Distanz zwischen beiden Booten kurzzeitig vergrößern, bis die Lose der beiden Leinen durchgeholt ist, und dann wird man, wenn das Manöver erfolgreich war, auch bemerken, wie die Distanz zwischen der Segelyacht und dem gefährlichen Strand wieder wächst.

Man schleppe die fremde Yacht so weit vom Ufer frei, wie es die Kraft der Motorenanlage erlaubt. Dann kann man entweder den Anker der Segelyacht wieder fallen lassen oder (wenn irgendwie möglich) die eigene Ankertrosse, die bisher an Bord belegt war, am Kreuz des fremden Ankers festmachen und zuerst den eigenen, dann den fremden Anker über Bord geben. Die Segelyacht liegt jetzt vor „verkatteten" Ankern wesentlich sicherer – aber ein Motorboot ohne Anker kann selbst in Gefahr kommen.

Die Hilfe von Motorbootfahrern ist von Seglern immer erwünscht; aber durch unsachgemäßes Verhalten des einen oder des anderen Teils sind aus kleinen Unfällen schon größere Unglücke geworden. Der hilfsbereite Motorbootfahrer sollte sich daher nach Möglichkeit mit dem Havaristen beraten und dessen Wünsche erfüllen, wenn sie erfüllbar sind – aber man sollte auch eigene Möglichkeiten zur Hilfe und die Grenzen der Leistungsfähigkeit von Motorboot und Crew genau kennen.

Boot in Hafennot – was tun?

Wenn der Wind dreht und die Crew von Bord ist

Auch im Hafen kann das Boot in Not kommen, insbesondere dann, wenn es nicht voll manövrierfähig ist, weil auf einer größeren Yacht ein Teil der Besatzung an Land ist und bei einer Wetterverschlechterung nicht eingesetzt werden kann. So kann z. B. der Wind ablandig und das Wasser ruhig

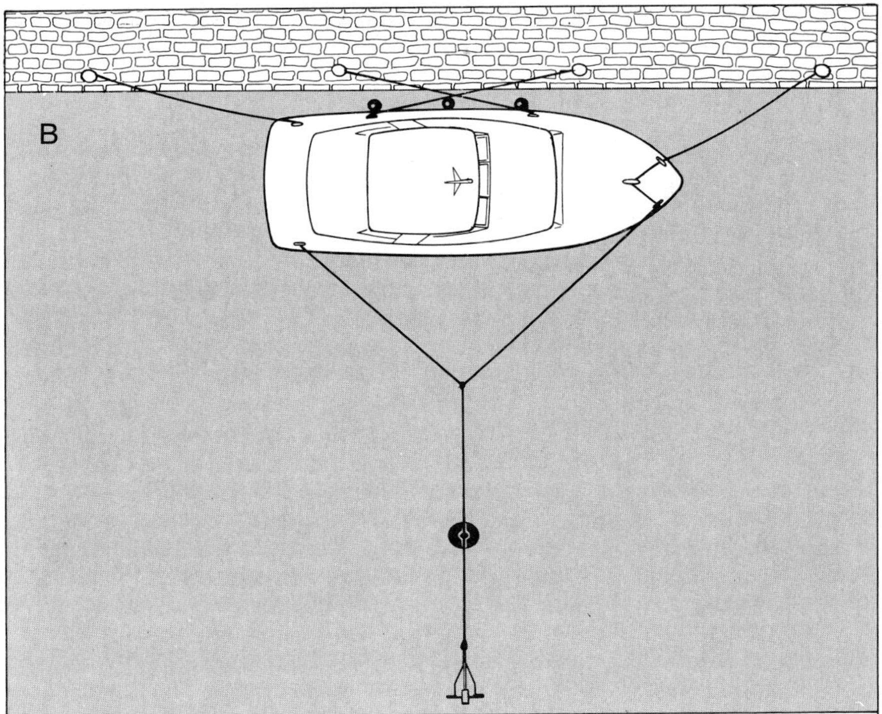
B

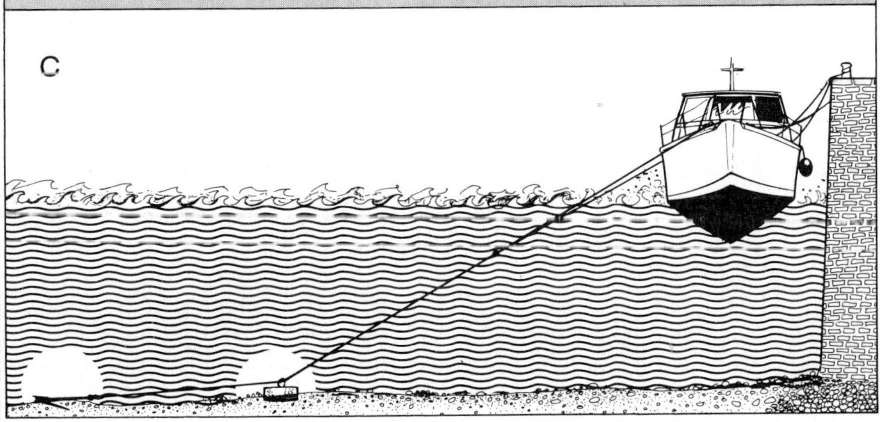
C

gewesen sein, als das Boot festmachte und die Crew an Land ging. Wenn dann der Wind drehte und noch Seegang erzeugt, der als Schwell in den Hafen steht, kann man sich plötzlich in einer für das Boot lebensgefährlichen Situation befinden (Abb. A). Das Boot liegt an einer harten, hohen Steinpier, hebt und senkt sich im Schwell und stößt dabei ständig gegen die hohe Wand, ohne daß die Fender noch ausreichenden Schutz bieten. Wenn ein anderer Liegeplatz nicht zur Verfügung steht, ist guter Rat besonders dann teuer, falls nur eine Person an Bord zur Verfügung steht.

Mit voller Besatzung wäre es natürlich möglich, das Boot abzulegen, in ausreichender Entfernung von der gefährlichen Pier den Anker auszubringen und dann das Boot so weit zurücksacken zu lassen, daß beim Ausbringen von zwei achteren Festmachern ein ausreichender Sicherheitsabstand zwischen Heck und Pier bleibt.

Ohne Helfer und Motorhilfe gibt es nur eine Möglichkeit: Man macht das Beiboot oder Schlauchboot klar (oder leiht sich kurzzeitig ein solches Boot im Hafen) und fährt den Hauptanker an einer sehr langen Ankertrosse quer zur Pier und in Richtung von Wind und See aus (Abb. B). Um mit der ins Fahrwasser gehängten Ankerleine nicht den Schiffsverkehr zu stören, ist es empfehlenswert, auch ein Ankergewicht an der Trosse bis auf den Grund zu fieren und dadurch die Spannweite der Ankerleine zu vermindern (Abb. C). Hierzu eignet sich jedes Gewicht, das man an Bord hat.

Mit Hilfe einer auf ca. halber Distanz zwischen Bug und Anker an der Ankertrosse mit einem Stopperstek belegten Achterleine wird es außerdem möglich sein, eine Hahnepot zu bilden und den Zug zum Anker gleichmäßig auf Vor- und Achterschiff zu verteilen. So kann man das Boot parallel zur Pier auf einen erforderlichen Sicherheitsabstand zum Ufer bringen. Jetzt liegt es auch bei auflandigem Wind und starkem Schwell im Hafen sicher, und mit Hilfe der beiden Parten der Ankerleine und der vier Leinen zur Pier ist es möglich, dem Boot auch bei Änderung von Wind und Seegang eine immer sichere Lage längsseit der Pier und frei von ihr zu geben.

Motorschaden, leerer Tank, Havarie – was tun?

Tips zur Selbsthilfe in Notfällen und Anregungen für Gedanken über Sicherheit auf See

Wer ganz sicher fahren will, benutzt ein Boot mit Zwillingsmotoren: Falls ein Aggregat ausfällt, kommt man auch mit nur einem Motor immer in den nächsten Hafen. Wer nur einen Z-Antrieb oder einen einzigen Einbaumotor fährt, hat oft einen Außenborder in der Backskiste oder im Motorenraum – für alle Notfälle. Fällt das einzige Aggregat im Hafen aus, kann mancher Bootseigner, der mit Maul- oder Ringschlüssel umgehen kann und seine Anlage kennt, einen Fehler auch allein beseitigen. Auf See ist dies viel schwieriger: Wenn das Boot im Seegang ohne Fahrt steigt und fällt, krängt und rollt, fehlt vielen Technikern die Kondition zur Fehlersuche und zur Schadensbeseitigung, und sie denken nur an Schlepphilfe in den nächsten Hafen. Die meisten Motorenausfälle entstehen auf See, weil im Seegang Schmutz aus dem Tank hochgewirbelt wird, der dann die Pumpe bzw. die Düsen verstopft. Hier gibt es vielfältige Vorsorge, von kleinen Sammeltanks mit einem entsprechenden Ablaßhahn bis zu Abscheidern und Filtern in den Brennstoffleitungen, auf die man bei der Installation achten sollte. Auch mit Manövrierunfähigkeit durch Fremdkörper im Propeller muß man rechnen.

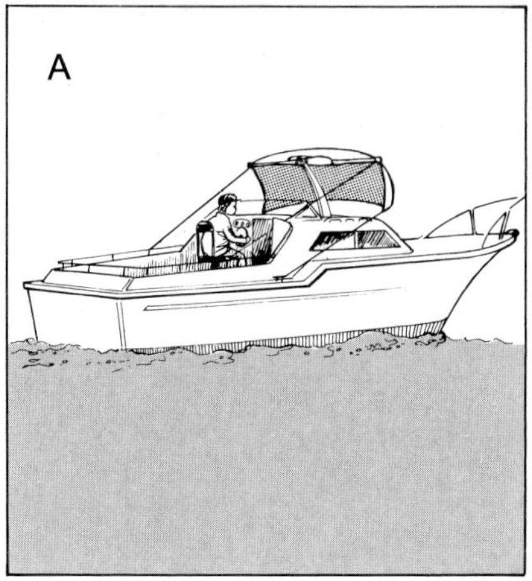
A

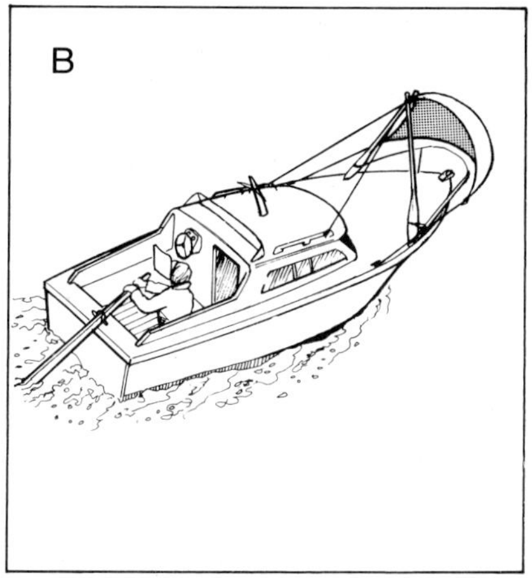
B

C

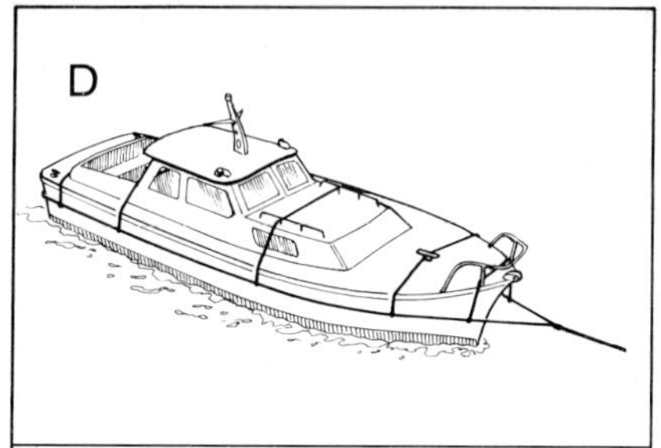
D

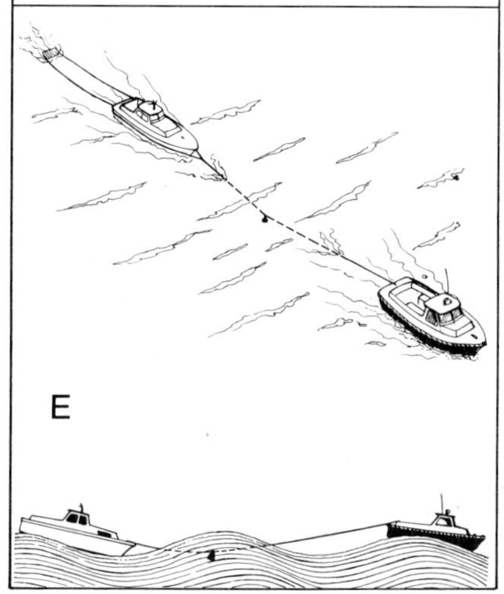
E

Die Möglichkeiten zur Selbsthilfe, die durch den Wind gegeben sind, nutzen nur wenige aus. Dabei macht das Aufriggen einer Notbesegelung nur wenig Mühe, und es lohnt sich schon, das Einlaufen mit Windkraft in einem Notfall überhaupt einmal in Erwägung zu ziehen und die dafür notwendigen wenigen zusätzlichen Utensilien immer in der Backskiste zu haben.

Ist der Flaggenmast kräftig genug, dann lascht man bei einem großen Motorkreuzer (Abb. A) den Bootshaken querschiffs wie eine Rah an seinem Topp, befestigt daran ein Bettlaken oder eine Decke auf irgendeine Art und spannt von den Endpunkten, die der Segler jetzt „Nocken" nennen würde, Leinen in die Plicht, um dieses Segel in seinem Winkel zur Querschiffsrichtung verändern und somit für den gewünschten Kurs mit raumem oder achterlichem Wind trimmen zu können. Die beiden unteren Ecken dieses viereckigen (Rah)-Segels hält man mit kurzen Stropps fest, die am Handlauf auf dem Kajütdach oder an anderen Festpunkten an Deck angesteckt werden.

Kleine Motorkreuzer oder auch offene Boote (Abb. B) setzen Bootshaken oder Riemen auf dem Vorschiff über Kreuz zusammen, befestigen ein möglichst dreieckiges Notsegel an der Spitze dieser Schere sowie an zwei seitlichen Punkten an Deck und sorgen durch eine Achterleine von der oberen Verbindung beider Riemen bis in die Plicht dafür, daß dieses Gestell auch beim Winddruck im Notsegel immer senkrecht steht. Läßt sich das Boot mit Z-Antrieb oder Außenborder (als Ruder) nicht auf Kurs halten, muß man mit Bootshaken und angelaschtem Bodenbrett oder einer längeren Fußbodenplanke ein Notruder für das Heck basteln. Auch ein Notsegel kann wertvoll sein (Abb. C), das man mit Bootshaken und Riemen in der Plicht oder über dem Steuerstand errichtet. Ein Blick auf die Stützsegel, die auf Seite 140 beschrieben sind, gibt sicher noch einige Tips für die besonderen Möglichkeiten, die jeder Bootstyp für ein solches Notrigg bietet.

Trifft man ein Boot, das kräftig genug und in der Lage ist, auch eine größere Motoryacht über See zu schleppen, dann mangelt es meistens an einem Beschlag auf dem Vorschiff, der die gesamte Belastung einer sicheren Schleppfahrt aushält. Dann vertraue man auf eine Art Zügel oder Hahnepot, die man sich aus mehreren, unterschiedlich langen Leinen fertigt (Abb. D): Man legt die stärkste Trosse, die man an Bord hat (z. B. einen Festmacher oder zwei auf die erforderliche Länge zusammengesteckte Leinen) rund um den breiten Spiegel und führt sie auf jeder Seite nach vorn, wo die Tampen vereinigt und mit der eigentlichen Schlepptrosse verbunden werden. Der Zug kommt jetzt auf das ohnehin kräftigste Bauteil, den Spiegel, und damit der Zügel nicht abrutschen kann, legt man vier oder fünf Verbindungsleinen querschiffs vorn und achtern über Deck, um dieses Schleppgeschirr unter allen Bedingungen in immer gleicher Position zu halten.

Bei der Schleppfahrt beachte man im Seegang: Zwischen dem schleppenden und dem geschleppten Boot soll mindestens eine Wellenlänge liegen (Abb. E). Dadurch wird für eine sichere Distanz gesorgt, und wenn man eine volle Wellenlänge (oder zwei volle Wellenlängen) als Abstand wählt, befinden sich beide Boote immer gleichzeitig auf dem Wellenberg bzw. im Wellental, so daß es weder zum Auflaufen des geschleppten Bootes noch zu hartem Anrucken des Schleppers kommen kann. Ein auf halber Distanz in die Schlepptrosse gehängter Anker dämpft die Zugbelastung. Wenn das geschleppte Boot eine Pütz wie einen Seeanker achtern nachschleppt, bleibt es besser steuerfähig.

Für Reparaturen am Propeller und am Unterwasserschiff oder zum Bergen von Gegenständen, die von Bord gefallen sind und jetzt auf dem nahen Grund praktisch sichtbar und vor der Nase liegen, empfiehlt sich die Mitnahme von Schnorchel und Taucherbrille, gegebenenfalls auch von Schwimmflossen und einem Neopren-Schutzanzug, wenigstens für den Körper. Leinen aus dem Propeller kann man dann ohne Hast entfernen (Abb. F, 1), Anker oder Sonnenbrille wieder auftauchen (F, 2 + 3). Für Unterwasserarbeiten empfiehlt es sich, Schraubenzieher, Schlüssel und Kombizange an einer Leine anzustecken und ins Wasser zu hängen. Man kann mit ihnen arbeiten, kann sie loslassen, wenn man beide Hände gebrauchen will und läuft nicht Gefahr, das wichtige Werkzeug zu verlieren (F, 4). Muß man besonders tief tauchen, um verlorenes Geschirr wieder heraufzuholen, dann steckt man sich ein Gewicht an eine Leine und läßt sich in die Tiefe ziehen – dabei spart man Atemluft und Sauerstoff (F, 5).

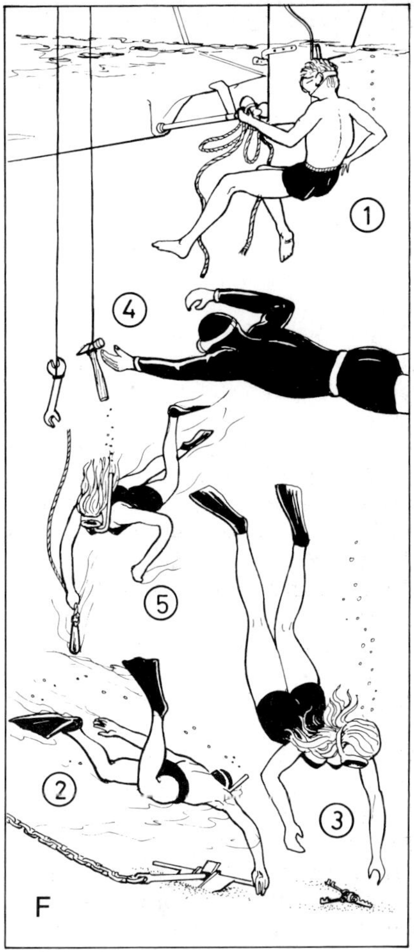

Boote längsseit oder am Haken

Wie Motorboote manövrierunfähige Fahrzeuge schleppen können und wie sie sich selbst verhalten müssen, wenn sie abgeschleppt werden

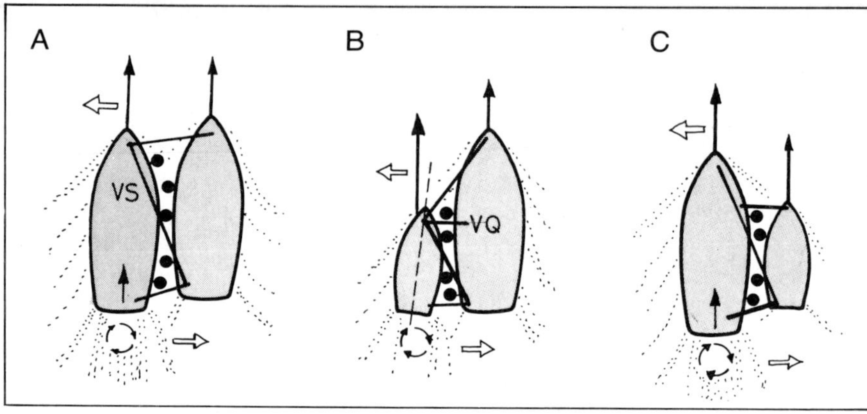

Abb. A bis C: Möglichkeiten des Längsseit-Schleppens.

Jedes Motorboot kann in eine Situation kommen, wo es abgeschleppt werden muß. Das muß nicht immer ein Notfall (siehe Seite 168) sein, und der Zwang zum Abschleppen muß auch nicht immer nur auf See eintreten. Auch auf Binnenrevieren, bei langen Fahrten flußauf- oder flußabwärts, beim Einlaufen in Schleusen und aus Gründen der Bequemlichkeit kann es wünschenswert sein, ein anderes Boot in Schlepp zu nehmen oder selbst mit stillgelegtem Antrieb zu einem Anhang zu gehören.
Grundsätzlich ist zwischen dem Längsseit-Schleppen (Abb. A bis C) und dem Achteraus-Schleppen (Abb. F bis M) zu unterscheiden. Schifffahrtsrechtlich (d. h. für die Ausweichregeln, siehe Seite 188, und die entsprechenden Signale, siehe Seite 192) wird ein Motorboot, das ein anderes längsseit schleppt, zu einem „manövrierbehinderten Fahrzeug", und wenn ein kräftiges Motorboot als Schlepper ein anderes Boot an einer Schleppleine „am Haken" hat oder sogar mehrere Boote schleppt, dann wird der gesamte Verband zu einem „Schleppzug". Die Fahrt in einem Schleppzug kann sehr unterhaltend sein, aber sie birgt auch gewisse Gefahren, die zu beachten sind.

Beim Längsseit-Schleppen, wie es oft beim Einlaufen in Schleusen vorkommt, richte man sich beim Festmachen des zu schleppenden Bootes nach dem Drehsinn des Propellers: Bei einem rechtsgängigen Propeller wird das geschleppte Boot an der Steuerbordseite des Schleppers festgemacht (Abb. A), weil hierbei der Radeffekt des rechtsgängigen Propellers am besten ausgeglichen wird. Er hat bekanntlich das Bestreben, bei Fahrt voraus das Heck nach Steuerbord zu schieben und gleichzeitig den Bug nach Backbord zu drücken. Das an der Steuerbordseite festgemachte Boot wird beiden Tendenzen den besten Widerstand entgegensetzen. Dementsprechend muß das geschleppte Boot bei einem linksgängigen Propeller an der Backbordseite des Schleppers liegen.
Die eigentliche Schleppleine ist hierbei die vordere Spring (VS), die beim Schleppen alle Last in Fahrtrichtung aufnimmt. Je spitzer sie zur Kielrichtung verläuft, desto besser ist es. Man schert sie daher vom Bug des Schleppers zum Heck des geschleppten Bootes über nahezu die gesamte Bootslänge des Schleppfahrzeuges. Die vordere und achtere Querleine, die man auch „Brustleinen" nennt, haben die Aufgaben, die Bootsseiten, an denen so viele Fender wie möglich hängen, zu einer Ganzheit aneinander zu pressen. Eine Achterspring, die die Last des geschleppten Bootes aufnimmt, wenn das Schleppboot rückwärts arbeiten muß, ist nur dann erforderlich, wenn der Verbund entsprechend manövrieren muß. Im allgemeinen macht ein solcher Schleppzug nur langsame Fahrt, auch beim späteren gemeinsamen Anlegen oder Loswerfen des geschleppten Bootes vor dessen Liegeplatz.
Ist das schleppende Boot sehr viel kleiner als das geschleppte Fahrzeug (Abb. B), dann macht man es soweit wie möglich an dessen Achterschiff fest. Der Bug wird dazu etwas einwärts gedreht – wie bei einem Fuß, der „über den großen Onkel" geht. Besteht dann noch eine Drehtendenz, muß man sie mit dem Ruder ausgleichen. Das Heck des Schleppers soll auch hier (wie in den anderen Beispielen A und C) hinter dem Heck des geschleppten Bootes liegen, damit der Propeller allseitig genügend Wasser erhält. Die Vorspring

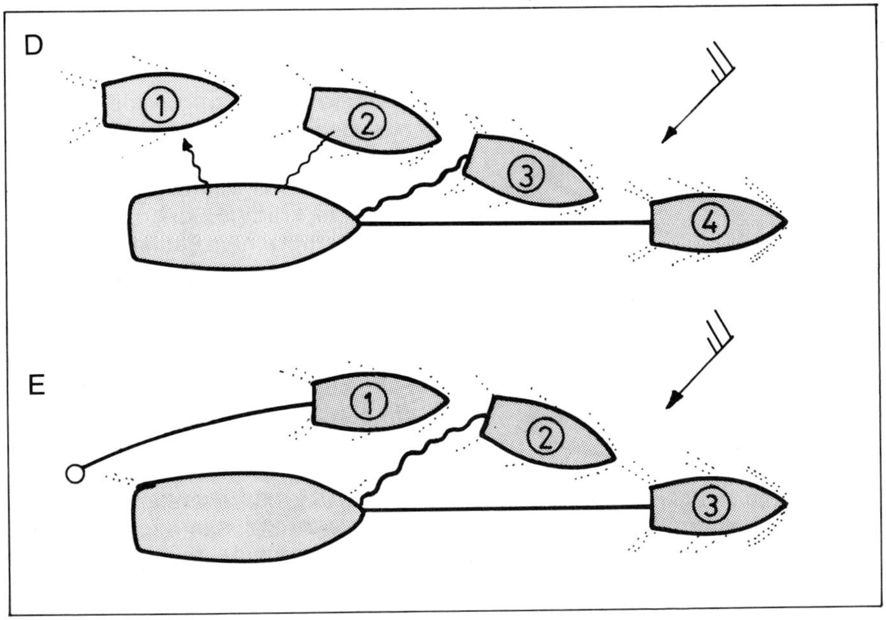

Abb. D und E: Möglichkeiten zur Übergabe einer Schlepptrosse.

des Schleppbootes ist im Verhältnis zum geschleppten Fahrzeug relativ kurz. Die Vorleine vom Schlepper zum geschleppten Fahrzeug ist in ihrer Arbeitsweise praktisch eine Achterspring. Auf eine vordere Querleine (VQ) kann man gegebenenfalls verzichten.

Am wenigsten Probleme bereitet das Längsseit-Schleppen eines kleineren Bootes an einem größeren Schlepper (Abb. C). Auch hier ist jedoch wichtig, daß so viele Fender wie möglich zwischen beide Bootsrümpfe gelegt werden, um Beschädigungen zu vermeiden und weicher zu laufen.

Man lernt bereits beim Führerscheinkursus, daß die Schleppleine bei der Übergabe nicht in den Propeller kommen darf. Am besten ist es daher, am Fahrzeug, das abgeschleppt werden soll, zum Übergeben der Schlepptrosse längsseit zu gehen. Das ist jedoch oft nicht möglich. Darum läuft man von achtern und in Luv an das manövrierunfähige Fahrzeug heran (Abb. D) und läßt sich in Pos. 1 die Schleppleine übergeben. Das abzuschleppende größere Boot hat nicht nur die kräftigeren Leinen, es gibt auch gewichtige juristische Gründe (siehe Seite 161), um das andere Boot mit dessen Leinen in Schlepp zu nehmen. Gegebenenfalls wird zuerst eine (leichte) Wurfleine geworfen, an die dann die schwere Schlepptrosse angesteckt wird. Verfehlt die Leine ihr Ziel, wird sie vom Leeboot wieder eingeholt. Sie treibt dabei auch ab und kann somit nicht in den Propeller des Schleppfahrzeuges kommen. Der beim Übergeben der Leine gewählte Querabstand hängt von den Wetterverhältnissen und dem seemännischen Können der Besatzungen ab. Natürlich kann auch das Schleppboot in Pos. 1 eine Wurfleine zum Havaristen schicken, wenn an Bord genug Hände vorhanden sind.

In Pos. 2 wird mit der Wurfleine die Schleppleine übergeben, in Pos. 3 ist sie klar zum Schleppen belegt. Geht der Schlepper in Pos. 4 mit der Fahrt an und kommt die Leine steif, dann wird sie von dem geschleppten Boot zuerst langsam mitgefiert, bis dieses selbst genug Fahrt aufgenommen hat und der gewünschte Abstand zwischen Schlepper und Anhang hergestellt ist. Dann wird sie in der gewünschten Länge belegt.

Ist es auf diese Weise nicht möglich, eine Schlepptrosse überzugeben, dann steckt man die Schleppleine an einen Schwimmkörper (eine Schwimmweste) und läuft so in Luv des manövrierunfähigen Bootes vorbei, daß die Besatzung des zu schleppenden Fahrzeugs den mit Wind und See treibenden, am Tampen der Schleppleine angesteckten Schwimmkörper ergreifen kann (Abb. E). Das Schleppfahrzeug bleibt eigentlich nur voll manövrierfähig, wenn die Schleppleine nicht am äußersten Heck, sondern mehr vorlich belegt ist. Hier liegen bei Booten jedoch im allgemeinen keine Klampen.

Die Länge und die Art der Schleppverbindung hängt im freien Seeraum von dem herrschenden Seegang (siehe Seite 168), auf den See- und Binnenschiffahrtsstraßen von der Breite des Fahrwassers und vom Schiffsverkehr ab. Bei ruhigem Wetter genügt eine kurze Schleppleine (Abb. F), gegebenenfalls als doppelte Schleppleine zu jeder Seite des Hecks des Schleppers geschoren (Abb. G). Letztere Art der Schleppverbindung ist besonders dann empfehlenswert, wenn das geschleppte Fahrzeug Ruderhavarie hat.

Die Schleppleine sollte am Heck des Schleppbootes zu einem Punkt ge-

Wegerecht – lebenswichtig

Richtiges Verhalten von Fahrzeugen, die einander in Sicht haben

Dem wichtigen Abschnitt II der SeeStrO, der sich detailliert mit den Rechten und Pflichten beim Überholen und beim Ausweichen auf kreuzenden und entgegengesetzten Kursen sowie der Verantwortlichkeit des ausweichpflichtigen Fahrzeugs und des Kurshalters beschäftigt, muß ein Vorwort vorangestellt werden: So einfach, wie es sich Zeichner Peyton (Abb. A) mit den Ausweichregeln macht, ist es für Motorboote nicht – im Gegenteil, es kommt durch vielfaches Fehlverhalten jährlich zu zahlreichen Unfällen, weil das Wegerecht mißachtet wurde.

An jedem Unfall ist nicht immer nur das ausweichpflichtige Fahrzeug schuldig, das seiner Pflicht zum Ausweichen nicht nachkam, sondern oft auch der Kurshalter, weil er seine Pflicht zum ,,Manöver des letzten Augenblicks" nicht erfüllte oder ihr zu spät bzw. nicht Regel-gerecht nachkam. Abb. B zeigt sehr eindringlich die Folgen einer solchen Kollision mit mehreren toten Motorbootsfahrern:
Offensichtlich ist diese Kollision bei kreuzenden Kursen (Regel 15) entstanden, und danach wäre das hier vierkant in die Motoryacht hineinge-

A

B

Abb. A: Schön wäre es, wenn das Ausweichen so leicht wäre. – Abb. B: In der Praxis hat eine Kollision immer ernste Folgen.

raste Sportboot ausweichpflichtig gewesen, weil es das andere an seiner Steuerbordseite hatte. Der Motorkreuzer war nach Regel 17, a I zwar verpflichtet, Kurs und Geschwindigkeit beizubehalten. Es wird ihm jedoch in der gleichen Regel 17, a unter Absatz II die Verpflichtung auferlegt, zur Abwendung eines Zusammenstoßes selbst zu manövrieren und ein ,,Manöver des letzten Augenblicks" einzuleiten. Dieses muß jedoch mit einem Schallsignal nach Regel 34 (siehe Seite 190) angezeigt werden.

Abb. C: Es ist unverantwortlich, den Kurs eines Schiffes so nahe vor dem Bug zu kreuzen. – Abb. D: Dies ist der Bereich, der von der Brücke eines Großschiffes nicht zu sehen ist.

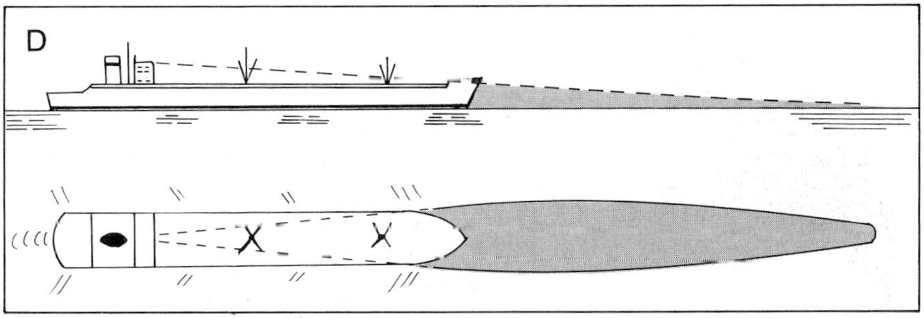

Offenbar hat der Bootssteuerer des Motorkreuzers sich bei der Beobachtung des Fahrwassers nur von seinem Steuerstand aus auf den Steuerbord vorderen Sektor konzentriert und den Ausguck nach Backbord unter Verletzung der Regel 5 SeeStrO vernachlässigt, so daß ihn ein (wenn auch nur geringes) Mitverschulden an diesem Zusammenstoß trifft. Nach Regel 7 SeeStrO muß nämlich jedes Fahrzeug mit allen verfügbaren Mitteln entsprechend den gegebenen Umständen und Bedingungen feststellen, ob die Möglichkeit der Gefahr eines Zusammenstoßes besteht und im Zweifelsfall diese Möglichkeit annehmen.

Eine Warnung vor einem solchen Zusammenstoß ist gegebenenfalls auch durch den sog. ,,Weckruf" (mindestens 5 kurze Töne mit dem Signalhorn, siehe Seite 186) zu geben. Alle Manöver zur Vermeidung von Zusammenstößen müssen darüber hinaus nach Regel 8 SeeStrO zeitig und entschlossen so ausgeführt werden, wie es gute Seemannschaft erfordert.

Die SeeStrO sagt zwar in der Regel 15 nur, daß man es vermeiden soll, den Bug eines anderen Fahrzeugs zu kreuzen, ,,wenn es die Umstände zulassen". Motorboote sollten sich jedoch zur elementaren und lebenswichtigen Regel machen, die Kurslinie eines Schiffes vor dem Bug niemals wie in Abb. C zu kreuzen: In diesem Bereich befindet sich das Boot im toten Winkel bzw. in einem Raum vor dem Schiff, der von der Brücke eines Frachters oder Tankers nicht einsehbar ist.

Dieser Bereich, in dem der Nautiker eines größeren Fahrzeuges blind ist, beträgt ca. 1 Schiffslänge und mehr als eine Schiffsbreite (Abb. D). Das ist bei einem kleinen Frachter oder Tanker von 150 m Länge und 30 m Breite ungefähr die Fläche eines Fußballfeldes, bei einem größeren Containerschiff oder einem Supertanker ein Mehrfaches dieser schon respektablen Fläche. Es ist selbstmörderisch, hier hindurchzufahren.

Als Motorbootsteuerer wird man nur ein ernst genommener Partner der Nautiker auf den Brücken der Fracht- und Fahrgastschiffe und der anderen Berufsgruppen, die auf dem Wasser arbeiten (Lotsen, Fischer, Marine und Behördenfahrzeuge) sowie der Freizeitkapitäne unter Segeln, wenn man die elementaren Regeln nautisch richtigen Verhaltens beherzigt – und die Ausweichregeln sind die wichtigsten.

Notstopp der Dickschiffe

Mehr Verständnis der Partner auf dem Wasser bedeutet größere Sicherheit auch für uns

Vergegenwärtigen wir uns immer, daß die Fahrzeuge der Berufsschifffahrt sehr lange Notstoppstrecken haben, falls wir uns oder andere in Gefahr gebracht haben, und daß große Schiffe bei einem solchen Notstopp ihre Lage in einem Fahrwasser gefährlich verändern und Gefahr laufen, über die betonnte Fahrrinne hinaus in flaches Wasser (in Kanälen oder anderen Engen in die Böschung) zu geraten und der Verschulder für alle Schäden haftet, die dabei an Schiff und Ladung, Brücken und anderen Wasserbauwerken entstehen.
Die Abbildung I, A–E, zeigt einige der Schiffstypen, die uns im Fahrwasser und auf See begegnen. Sie nehmen im sog. „Revier", dem Bereich der Seeschiffahrtsstraße, und oft auch auf See nach Regel 28 SeeStrO die Vergünstigung als tiefgangsbehindertes Fahrzeug ein, indem sie bei Tage einen Zylinder an gut sichtbarer Stelle, bei Nacht 3 rote Rundumlichter senkrecht übereinander führen. Nach Regel 18, d I darf (mit Ausnahme eines manövrierunfähigen oder manövrierbehinderten Fahrzeuges) kein anderes Fahrzeug die sichere Durchfahrt eines tiefgangsbehinderten Fahrzeuges behindern, das diese Signale zeigt.
Einige typische Vertreter der modernen Schiffahrt, die diese Rechte in Anspruch nehmen können: A ein Turbinentanker von ca. 150 000 bis 250 000 t Tragfähigkeit, Marschfahrt ca. 17 kn. Abb. B (oben) ein sog. „OBO-Carrier", d. h. ein Transporter für Öl, Erz oder andere Massengüter von etwa 60 000 bis 150 000 t Tragfähigkeit und einer Marschfahrt von 17 kn. Ebenfalls B (unten) ein schnelles Containerschiff für etwa 2000 „Blechkoffer", Tragfähigkeit etwa 65 000 t und Marschfahrt mit Turbinen etwa 27 kn. Unter C ein Produktentanker von etwa 20 000 bis 30 000 t Tragfähigkeit mit 18 kn Marschfahrt durch seine Dieselmotoren. D ein kleines Containerschiff mit etwa 1000 Kühlcontainern und ca. 20 000 bis 30 000 t Tragfähigkeit, das ebenfalls eine Marschfahrt von 20 bis 25 kn mit Turbinen erreicht. E ein Linienfrachter von etwa 15 000 t Tragfähigkeit, der mit Dieselmotoren ca. 18 kn erreicht.

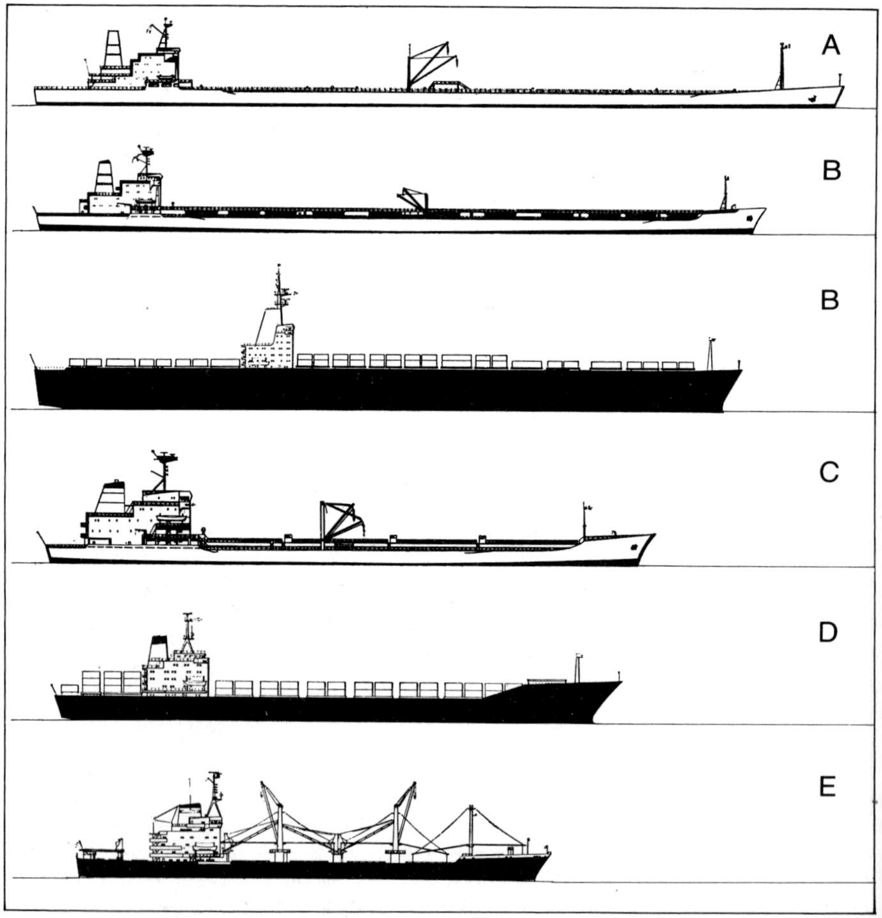

Abb. I: Mit uns auf dem Wasser unterwegs: A Turbinentanker, B OBO-Carrier und Containerschiff, C Produktentanker, D kleines Containerschiff und E Stückgutfrachter.

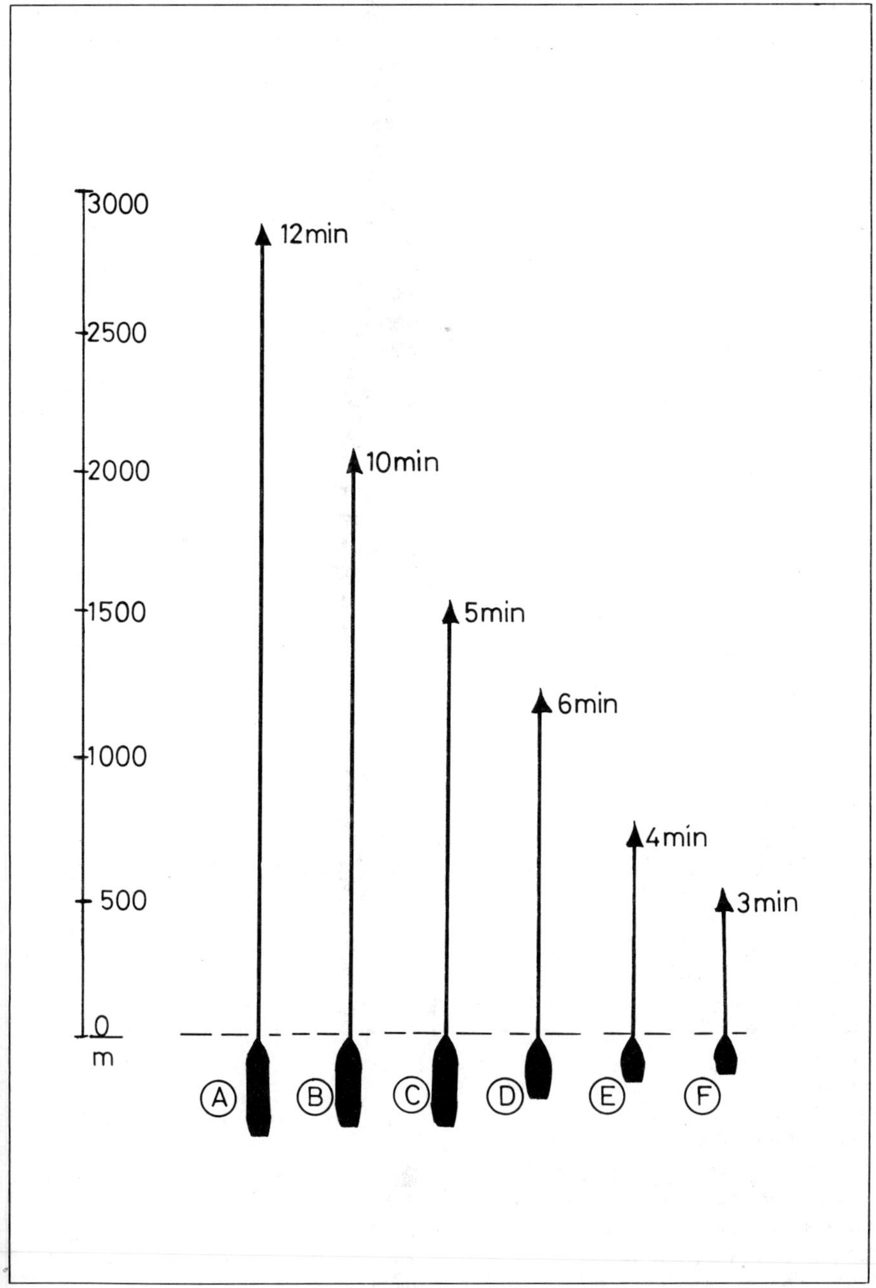

Abb. II: Notstoppstrecken: A Supertanker; B Containerschiff mit Turbinenantrieb; C Tanker mit Dieselmotoren; D kleines Containerschiff; E Stückgutfrachter; F schnelles Kriegsschiff mit starker Maschinenanlage.

Die Notstoppstrecke und Notstoppzeiten dieser Schiffahrtsgiganten zeigt Abb. II, wobei unter F ein schnelles Marinefahrzeug (Zerstörer) als zusätzlicher Schiffstyp eingesetzt ist.

Immerhin dauert es bei Schiffstyp A vom Kommando „Stopp! Voll zurück!" nach der normalen Marschfahrt etwa 12 Minuten bis zum Stillstand des Schiffes. Dabei wird eine Strecke von etwa 3000 m durchlaufen. (Die großen 300 000-t-Tanker bringen es auf eine Stoppstrecke von 2,5 bis 3 Seemeilen!). Beim Schiffstyp B dauert die Stoppzeit 10 Minuten, die Stoppstrecke beträgt etwa 2100 m.

Mit einem Stoppweg von 1500 m und einer Stoppzeit von 5 Minuten muß man noch beim Schiffstyp C rechnen, während bei D die entsprechenden Werte 6 Minuten und ca. 1300 m betragen. Erst langsamere und kleine Fahrzeuge wie der Frachter (E) bringen es auf Stoppzeiten von 4 Minuten und Stoppstrecken unter 1000 m, während Marincfahrzeuge durch ihre stärkere Maschinenanlage nach etwa 3 Minuten und nur 600 m aus einer hohen Marschfahrt von ca. 30 kn aufgestoppt werden können.

Behörden und Partner auf dem Wasser werfen den Motorbootkapitänen häufig vor, daß sie sich nicht genau an die Regeln zur Verhütung von Zusammenstößen auf See halten oder die SeeStrO zu leicht nehmen. Sollte hieran nur mangelnde Kenntnis Schuld sein, dann können wir hier nachweisen, daß es an unserem Willen zum Verständnis der Regeln nicht fehlt – beweisen wir es aber auch bei unserem Verhalten in der Praxis.

Wer überholt, muß ausweichen

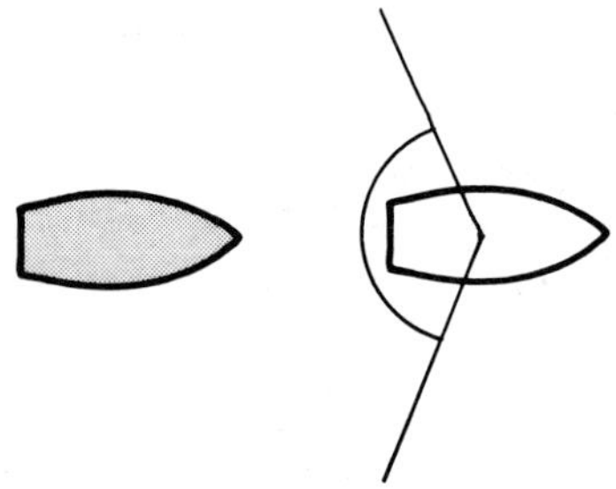

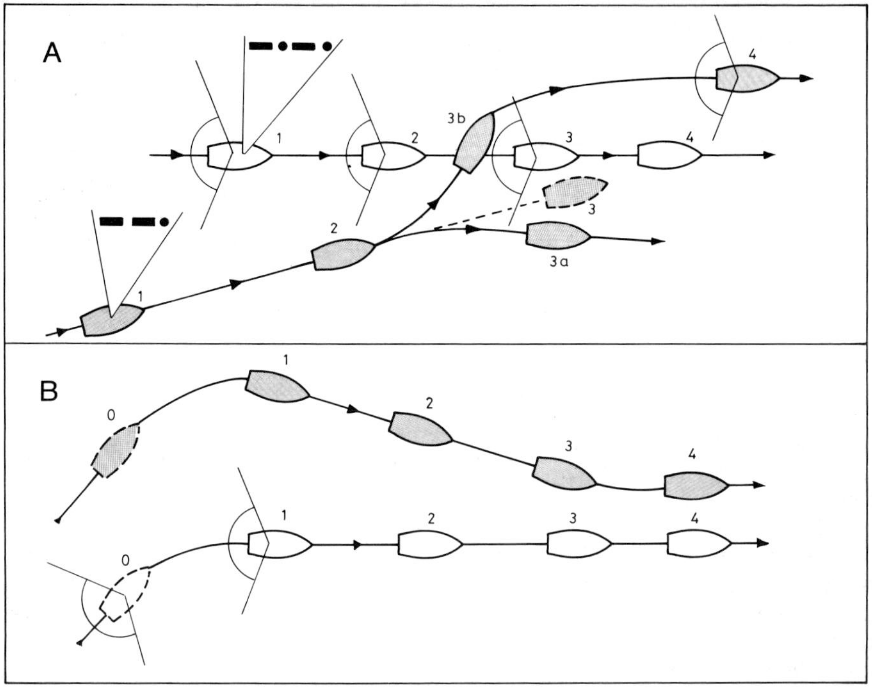

Diese wichtige Regel 13 SeeStrO hat Vorrang vor allen anderen Ausweichregeln

Im Regelteil 13, a der SeeStrO ist klar ausgedrückt, daß diese Regel „Überholen" Vorrang vor allen anderen Ausweichregeln des Abschnitts II „Verhalten von Fahrzeugen, die einander in Sicht haben" besitzt. Diese Regel ist damit auch der Regel 18 übergeordnet, die die „Verantwortlichkeit der Fahrzeuge untereinander" regelt und eine gewisse Rangordnung von normalen Maschinenfahrzeugen in Fahrt, manövrierunfähigen, manövrierbehinderten, fischenden, tiefgangsbehinderten und Segelfahrzeugen aufstellt. Wer auch immer überholt – er muß sich von dem zu überholenden Fahrzeug freihalten.

Der Regelteil 13, b macht den elementaren Unterschied zwischen „kreuzenden Kursen" (Regel 15) und „Überholen" deutlich. Als „Überholer" gilt, wer aus dem Sektor des Hecklichtes kommt (Abb. A). Wer sich aus dem Bereich der Seitenlichter nähert, fällt unter die Bedingungen der „Kreuzenden Kurse" (Regel 15) und der „Segelfahrzeuge" (Regel 12).

Der Regelteil 13, c stellt im Zweifelsfalle fest, daß der Vorgang des Überholens immer besteht, wenn ein schnelleres Fahrzeug ein langsameres in diesem Sektor in Sicht bekommt. Die Regel 13, d ist in die neue SeeStrO zusätzlich eingefügt worden und besonders wichtig: Sie besagt nämlich: Durch eine spätere Änderung der Peilung wird das überholende Fahrzeug weder zu einem kreuzenden im Sinne dieser Regeln (Regel 15) noch wird es von der Verpflichtung entbunden, dem anderen Fahrzeug auszuweichen, bis es dieses klar passiert hat.

In Abb. A bleibt also das schwarze Fahrzeug, das in Pos. 1 „Überholer" ist, auch in den Pos. 2 und 3 Überholer, auch wenn sich die Peilung änderte und das schwarze Boot jetzt im Bereich der Seitenlichter liegt. Man kann also hier in einer solchen sich entwickelnden Situation nicht von „Kollisionsgefahr bei Annäherung und gleichbleibender Peilung" sprechen (wie es in einem weit verbreiteten Lehrbuch für den Sportbootführerschein zu lesen ist), weil diese Möglichkeit der Gefahr eines Zusammenstoßes nur nach Regel 15 bei „kreuzenden Kursen" besteht. Weiß bleibt also „überholtes Fahrzeug", auch wenn es das andere Fahrzeug an seiner Steuerbordseite hat und muß nicht ausweichen, denn beide Fahrzeuge unterliegen hier nur der Regel 13 „Überholer".

Zu „kreuzenden Kursen" und dem Eintreten der Regel 15 muß es jedoch nicht immer nur kommen, wenn beide Kurslinien sich nahezu rechtwinklig kreuzen (Abb. C) und hierbei die „Peilung steht". Die gleiche Situation entsteht auch in Abb. B, in der das schwarze Boot in Pos. 1 bereits querab liegt, aber nicht aus dem Bereich des Hecklichtes kommt. Die

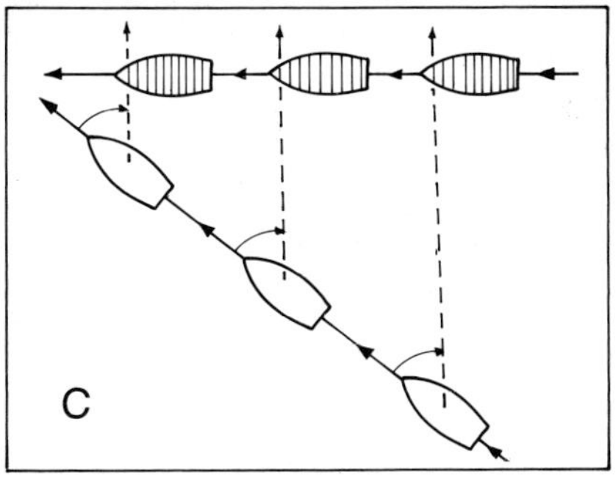

Ausgangssituation muß außerdem nicht immer nur eine Sichtung in weiter Ferne sein und die entsprechende Annäherung bei lange Zeit gesteuertem unverändertem Kurs erfolgen. Sie kann sich auch durch eine Kursänderung in Pos. 0 entwikkeln, in der das schwarze Boot Backbord voraus von Weiß liegt. (Man beachte beim Vergleich der Kursrichtung von Schwarz in Abb. A, daß diese nahezu unverändert ist.) Hier hat man es tatsächlich mit „Kollisionsgefahr" zu tun. In den Positionen 2 und 3 „steht die Peilung", und da die Möglichkeit der Gefahr eines Zusammenstoßes besteht, muß Schwarz ausweichen, weil es das weiße Boot an seiner Steuerbordseite hat – auch wenn hier eine geringfügige Kursänderung genügt (Pos. 4).

In Abb. A hingegen kann das schwarze Boot in Pos. 4 wieder frei manövrieren, wenn es seine (überlegene) Geschwindigkeit beibehält. Sollte das weiße Boot, das bisher nach Regel 17, a I als „Kurshalter" zur Beibehaltung von Kurs und Geschwindigkeit verpflichtet war, nun seinerseits mehr Fahrt zu laufen beginnen, dann wird es nun selbst zum „Überholer" nach Regel 13 weil es sich dem schwarzen Boot aus einer Richtung von mehr als 22,5° achterlicher als querab (dem Bereich des Hecklichtes) nun selbst nähert.

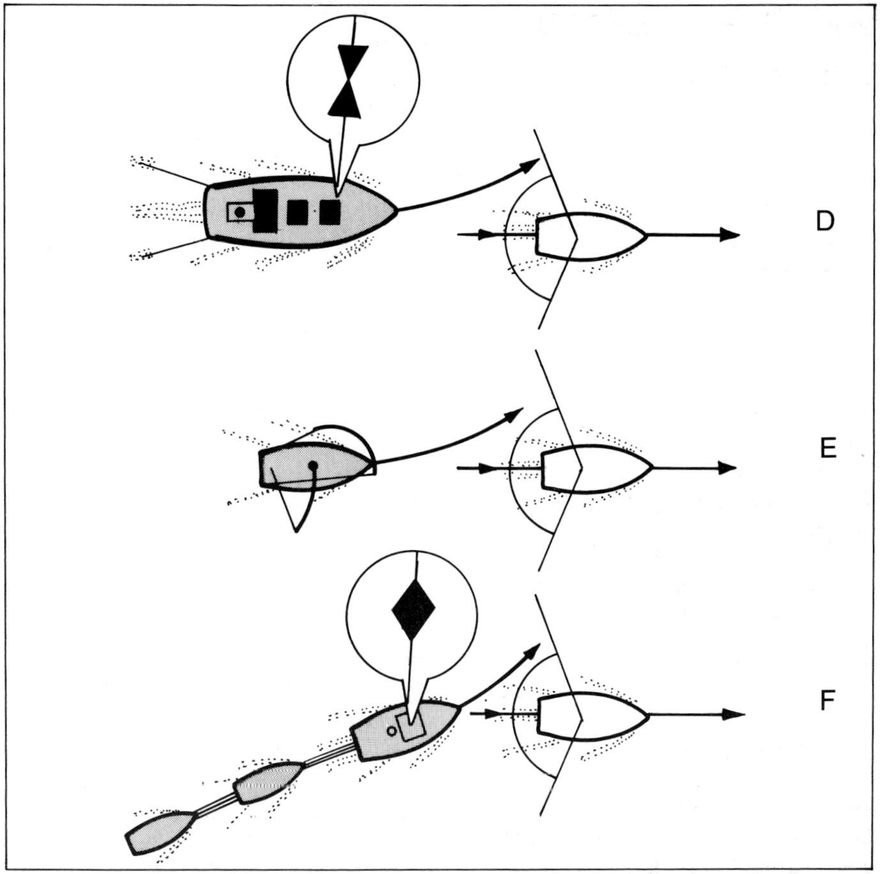

Prägen wir es uns noch einmal ein oder halten es sogar zum Nachschlagen fest, falls wir unsicher werden sollten: Wenn wir gemächlich dahintuckern und sichten achteraus auf gleichem Kurs ein fischendes Fahrzeug, das seinen Abstand zu uns schnell verringert – es ist Überholer und muß ausweichen (D)!

Wenn in dieser Situation ein Segelfahrzeug unter Spinnaker hinter uns herrauscht und schnell näher kommt – es ist Überholer, hat die erforderlichen Schallsignale zu geben und muß ausweichen (E). Wenn ein Schleppzug sich aus dem Sektor des Hecklichtes nähert, mehr Fahrt als unser Boot läuft und im Kielwasser immer näher kommt – es ist ein Überholer. Er muß ausweichen, und uns obliegt die Pflicht des Kurshalters, Kurs und Geschwindigkeit beizubehalten (F). Wenn es uns gar zu mulmig wird, geben wir den „Weckruf" mit 5 kurzen Tönen, und der Überholer wird sich dann seinerseits durch ein entsprechendes Schallsignal erklären müssen.

Bei diesem Überholvorgang in Abb. A muß das schwarze Boot das Schallsignal lang-lang-kurz mit der Bedeutung geben: „Ich beabsichtige, sie an Ihrer Steuerbordseite zu überholen", und das weiße Boot hat seine Zustimmung mit lang-kurz-lang-kurz zu erteilen.

Ausweichregeln bei Gegenkursen

Das Wegerecht bei entgegengesetzten Kursen nach der SeeStrO

Die Überlegungen und Zeichnungen, die man hier in Ruhe betrachten kann, stehen in doppeltem Gegensatz zur Fahrpraxis: Wenn man mit seinem Boot unterwegs ist, hat man nicht den gleichen Möwenblick wie ein scheinbar unbeteiligter Zuschauer von oben auf die beteiligten Boote und Schiffe, sondern man blickt von einer Position nur wenig weit über der Wasseroberfläche auf die gesichteten Fahrzeuge – und man ist nicht nur selbst handelnde Person am Ruder eines der beteiligten Boote, sondern muß die richtigen Entscheidungen auch oft unter Zeitdruck treffen.

Nehmen wir an, wir würden mit einem 7-m-Boot in Gleitfahrt von 15 kn unterwegs sein und uns auf Gegenkurs einem anderen Boot oder Schiff nähern, das die gleiche Fahrt läuft, dann beträgt die Annäherungsgeschwindigkeit 30 kn oder ca. 900 m in der Minute bzw. 15 m in der Sekunde. Das bedeutet, daß von der Sichtung über die getroffene Entscheidung bis zur Ruderlage oder zur Arbeit mit dem Fahrhebel meistens nur wenige Sekunden vergehen (je schneller das Boot läuft, desto kürzer wird die Entscheidungszeit!), und meistens sind bei diesem Entscheidungsprozeß und den nautischen Handlungen ja noch andere, in der Nähe befindliche Boote zu berücksichtigen.

Das heißt also: Man muß in diesen Regeln sattelfest sein, sie unter allen Bedingungen (bei Seegang und in unsichtigem Wetter, bei Nacht und auch in schlechter Kondition) sicher beherrschen.

Wenn sich zwei Maschinenfahrzeuge auf entgegengesetzten oder fast entgegengesetzten Kursen einander so nähern, daß die Möglichkeit der Gefahr eines Zusammenstoßes besteht, muß jedes seinen Kurs nach Steuerbord so ändern, daß sie einander an Backbordseite passieren. So lautet Regel 14, a, die durch den Regelteil 14, b zur Klarstellung wie folgt ergänzt wird: Eine solche Lage muß angenommen werden, wenn ein Fahrzeug das andere recht voraus oder fast recht voraus sieht. Auch wenn ein Fahrzeug nicht sicher erkennen kann, ob eine solche Lage besteht, muß es von dieser ausgehen und entsprechend handeln (Regel 14, c).

In der Praxis wird die schulmäßige Lage (Abb. A) nicht immer eintreten, bei der es zur Kursänderung gar keine Alternative gibt. Viel häufiger wird man sich in einer Situation B befinden, in der es sehr gut möglich wäre, einander auch an der Steuerbordseite zu passieren. Dies ist aber nach Regel 14, a ausdrücklich verboten. Beide Fahrzeuge müssen ihren Kurs nach Steuerbord so ändern, daß sie einander an Backbordseite passieren.

Hierbei wird man in der Ausgangsposition 1 auch bei Nacht nicht nur das grüne Seitenlicht des Gegenkommers sehen, sondern grün und rot abwechselnd bzw. sogar zeitweilig zusammen sehen. Dies ist einmal darauf zurückzuführen, daß ein Schiff wie ein Boot oder eine Yacht ja mit dem Ruder gesteuert wird und hierbei keinen schnurgeraden Kurs läuft, sondern um bis zu 5° nach jeder Seite giert, auch wenn man einen optimalen geraden Kurs zu halten versucht. Damit andererseits keine schwarzen Sektoren zwischen den beiden Positionslichtern entstehen, sind die Seitenlaternen so angeordnet, daß sich ihre Leuchtwinkel um 2° überschneiden. Das ist der sogenannte ,,Überscheinwinkel". Man steht nur dann genau recht voraus vor dem Entgegenkommer, wenn man rot und grün zusammen sieht.

Die Regel 14 spricht vom ,,Kurs" eines Fahrzeugs und meint damit die Kielrichtung, die auch durch die Seitenlaternen und die (bei Fahrzeugen über 50 m beiden) Topplichter bezeichnet ist. Der durch möglichen Strom oder Abdrift tatsächlich *über Grund gutgemachte Weg* ist bei dieser Ausweichregel ohne Bedeutung.

Auch die in Abb. C und D gesteuerten Kurse beider Fahrzeuge wird man noch als ,,entgegengesetzte Kurse" bezeichnen können. Es gibt hier keine genaue Gradbezeichnung, wann die entgegengesetzten Kurse (nach Regel 14) in kreuzende Kurse (nach Regel 15) übergehen – und das ist auch (glücklicherweise) gar nicht erforderlich:

In Abb. C, Pos. 1 ist es dem schwarzen Boot freigestellt, nach Regel 14 Kurs nach Steuerbord zu ändern, um das weiße entgegenkommende Fahrzeug an seiner Backbordseite zu passieren oder sich nach Regel 15 als Wegerechtsfahrzeug zu betrachten und seinen Kurs beizubehalten. Das weiße Boot ist in Pos. 1 nach Regel 14 gehalten, seinen Kurs nach Steuerbord so zu ändern, daß das andere Fahrzeug an seiner Backbordseite passieren kann. Es hat auch

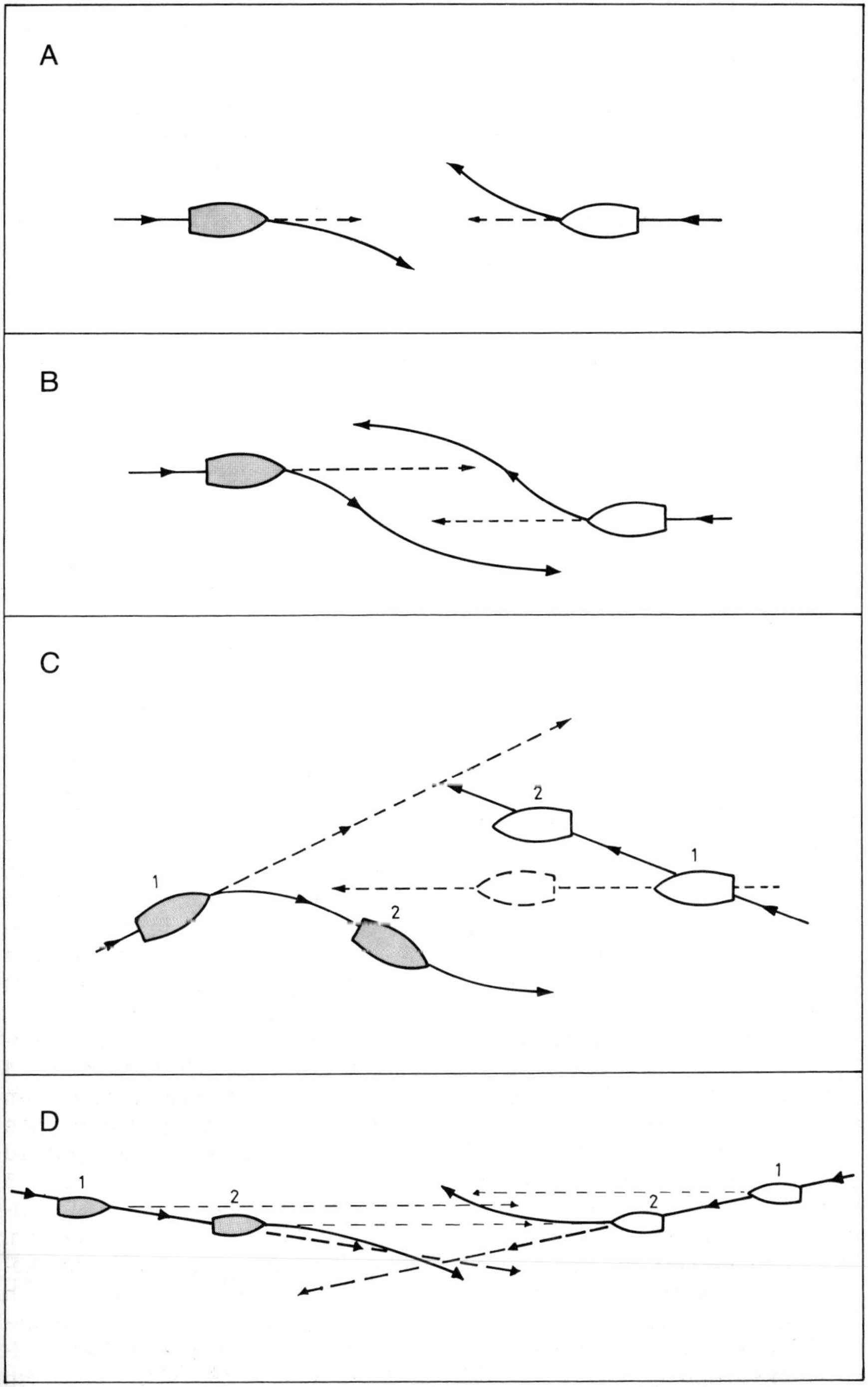

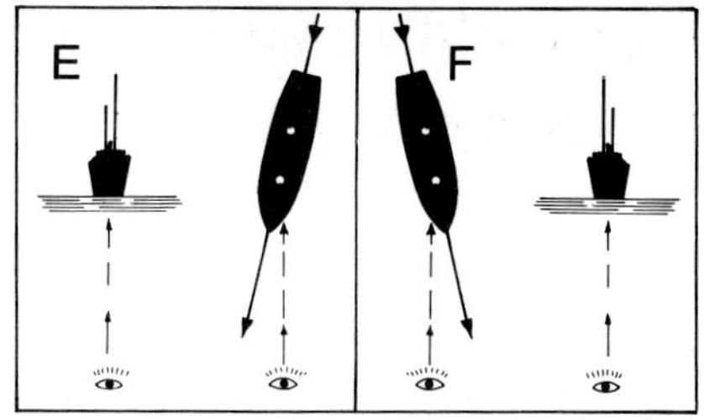

nach Regel 15 das andere Fahrzeug an seiner Steuerbordseite und muß ohnehin ausweichen.

Sinngemäß das gleiche gilt in Abb. D, wo es nun in das Ermessen von Weiß gestellt ist, sich entweder nach Regel 14 oder 15 zu verhalten und seinen Kurs nach Steuerbord zu ändern oder ihn beizubehalten. Schwarz muß sich in jedem Falle durch eine Kursänderung nach Steuerbord gemäß beiden Regeln von weiß freihalten.

Die oben genannte ,,Lage" eines anderen Fahrzeugs einzuschätzen, ist im allgemeinen nicht leicht: Hierunter versteht man den Winkel zwischen der Richtung, in der man ein Fahrzeug peilt, und dessen Kursrichtung. Bei einem Gegenkurs spricht man auch von einer ,,Lage Null", bei einem annähernden Gegenkurs von einer Steuerbord-Lage oder Backbord-Lage, je nachdem, ob der Bug bei dieser Peilung (in der Verlängerung unserer Kielrichtung) nach der einen oder anderen Seite zeigt.

Diese ,,Lage" läßt sich bei einem größeren Schiff aus der Stellung der beiden Masten zueinander erkennen: In Abb. E haben wir eine Backbord-Lage (der kleine Mast steht vorlich vom größeren Mast und weiter an Backbord), in Abb. F liegt eine Steuerbord-Lage vor. Bei Nacht zeigen die beiden Topplichter die Stellung der Masten und damit die ,,Lage" an. Das ist auch die Erklärung, warum Schiffe über 50 m Länge zwei Topplichter haben müssen.

Die Peilung steht – Kollisionsgefahr!

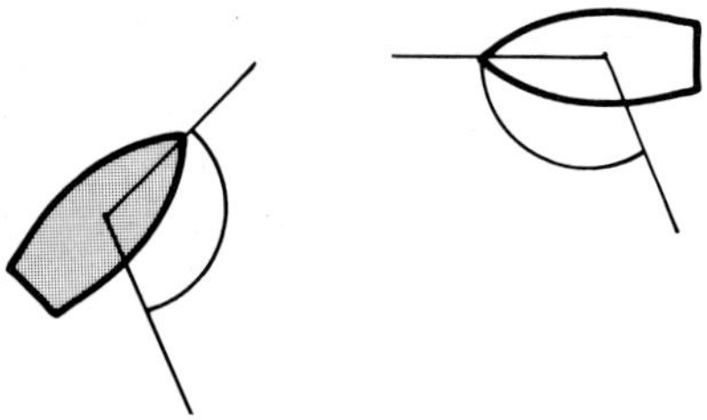

Das Wegerecht nach der SeeStrO bei kreuzenden Kursen

Die Kurse zweier Maschinenfahrzeuge können sich einander nur dann so kreuzen, daß die Möglichkeit der Gefahr eines Zusammenstoßes besteht, wenn die „Peilung steht“. Um diesen Tatbestand zu ermitteln, nimmt man sich vom Steuerstand aus einen festen Punkt (z. B. eine Stütze des Deckshauses, den senkrechten Rand der Windschutzscheibe, eine Relingstütze oder einen Beschlag an Deck, der im Blickwinkel zu dem in Sicht befindlichen anderen Fahrzeug liegt) und merkt sich genau, wo dieser Peilstrahl das andere Fahrzeug trifft. Am leichtesten ist es, ihn genau auf den Bug auszurichten, aber natürlich sind das Heck, der Mast, die Vorderkante der Brücke o. ä. genau so gute Richtpunkte.

Verändert sich die Seitenpeilung zu einem anderen Fahrzeug nicht, bleibt also der Peilwinkel gleich, dann „steht die Peilung“, und beide Boote befinden sich auf Kollisionskurs. Da auch das andere Boot den gleichen, unveränderten Peilwinkel hat, muß das ausweichpflichtige Fahrzeug die entsprechende Kursänderung einleiten, um sich von dem Kollisionsgegner nach Regel 15 freizuhalten. Mit dieser sehr einfachen Methode mißt man die aus der „Lage“ des Fahrzeugs und seiner „Fahrt“ gegebene Annäherungsgeschwindigkeit zu unserem „eigenen Kurs“ und unserer „Fahrt“ sehr zuverlässig und genau.

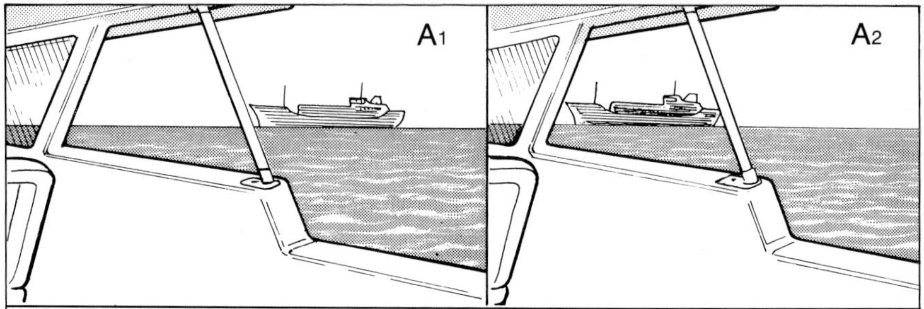

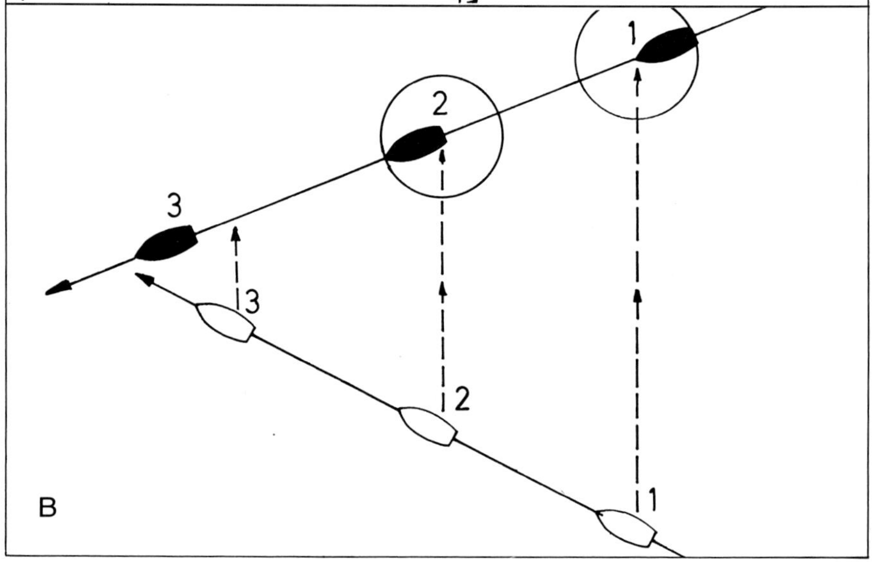

Abb. A zeigt, wie dies in der Praxis aussieht: Sie sichten einen Frachter, der an Steuerbord querab in Sicht kam. In Pos. 1 peilt ihn der Rudergänger mit Bordmitteln so geschickt an, daß sein Bug genau hinter der Kajütdachstrebe liegt. Dann blickt er auf den Kompaß und bemüht sich, einen möglichst geraden Kurs zu steuern. Nach einer gewissen Zeit (je nach Fahrt und Abstand des anderen Schiffes z. B. nach 30 Sekunden oder 1 Minute) peilt er den Frachter wieder mit unveränderter Körperhaltung. Er liegt jetzt in Pos. 2.

Besteht Kollisionsgefahr und muß unser Boot als ausweichpflichtiges Fahrzeug, das das andere an seiner Steuerbordseite hat, Kurs und/oder Fahrt ändern?

Abb. B mit einer Aufsicht dieser geplotteten Situation sagt: Nein! Der Frachter läuft schneller. Er ist in dieser Zeit der Messung um ca. eine Schiffslänge (von der ersten bis zur zweiten Peilung) ausgewandert, und wir können Kurs und Fahrt durchhalten. In Pos. 3 werden wir die Kurslinie des anderen Schiffes ca. 1 Schiffslänge hinter seinem Heck ungehindert kreuzen können.

Eine andere Situation zeigt Abb. C:

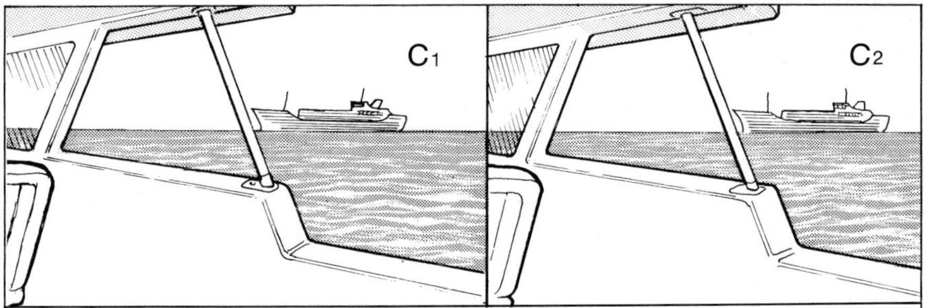

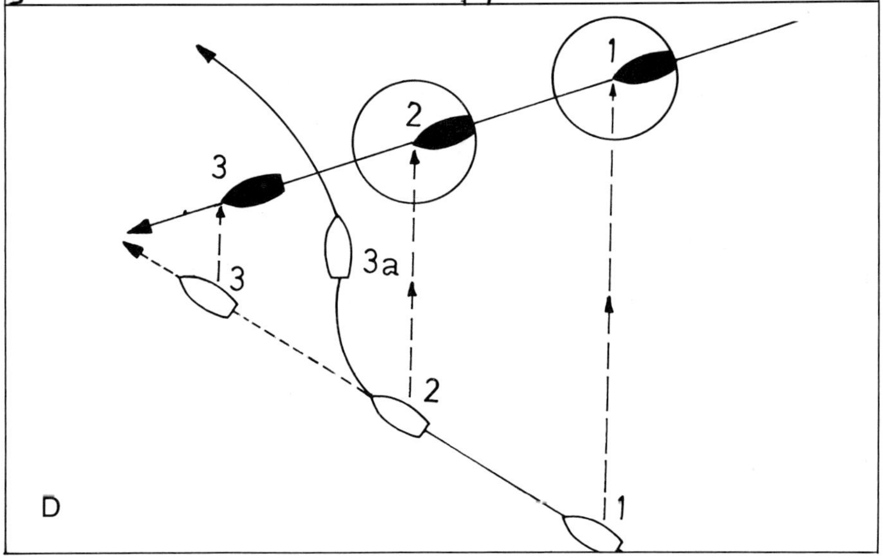

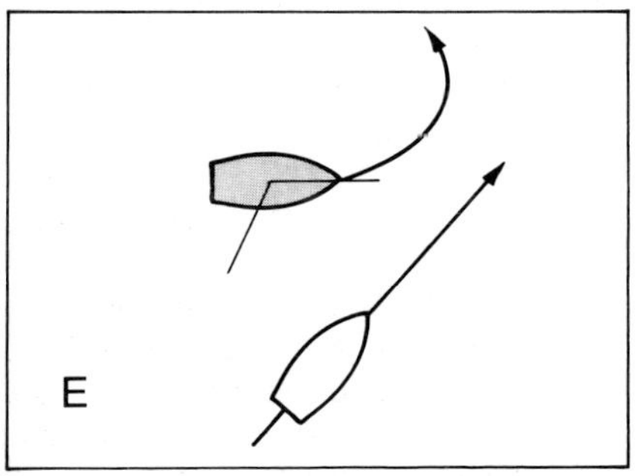

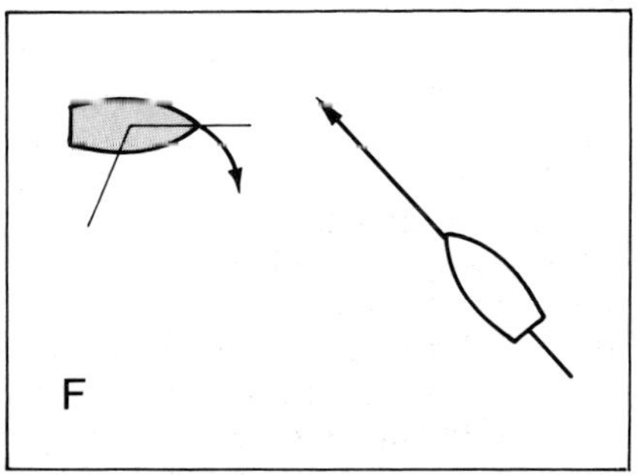

Jetzt peilt der Frachter in Pos. 2 in der gleichen Richtung wie in Pos. 1. Er ist also nicht ausgewandert, und das bedeutet: Die Peilung steht! Beide Fahrzeuge laufen Kollisionskurs. In dieser Situation (Abb. D) ist das weiße Boot (auf dem wir uns befinden) nach Regel 15 nicht nur zum Ausweichen verpflichtet, weil das andere Fahrzeug an unserer Steuerbordseite läuft. Wir sind auch nach Regel 16 als ausweichpflichtiges Fahrzeug gehalten, unser Manöver möglichst frühzeitig anzulegen und durchgreifend zu handeln. Das bedeutet, daß wir bereits nach Feststellen dieses Sachverhaltes der „stehenden Peilung" unseren Kurs deutlich nach Steuerbord ändern, die Pos. 3a erreichen und dem Nautiker des anderen Fahrzeugs unsere Absicht kenntlich machen, dessen Kurs hinter dem Heck zu kreuzen und dann auf unseren alten Kurs zu gehen. Dabei wird das in Regel 34 vorgeschriebene Manövriersignal gegeben.

Kreuzende Kurse bedeuten nicht nur eine rechtwinklige Kreuzung, sondern jede mögliche Kursüberschneidung unabhängig vom Winkel, in dem beide Kurse zueinander liegen. So ist Schwarz in den Abbildungen E wie F ausweichpflichtig, weil es in beiden Fällen das weiße Boot an Steuerbord hat. Das muß nicht immer Steuerbord voraus sein, das Wegerecht-Fahrzeug (das nicht ausweichpflichtige Fahrzeug) kann sich auch Steuerbord querab befinden, aber es muß immer im Winkelbereich der Seitenlaterne in Sicht gekommen sein.

Um der Ausweichpflicht in Regel 15 zu genügen, kann das Boot zwei Maßnahmen einzeln oder zusammen ergreifen: Es kann seine Fahrt vermindern, um hinter dem anderen Fahrzeug durchzulaufen, oder es kann seinen Kurs in Richtung auf das Heck des anderen Fahrzeugs ändern. Bei weiter Annäherung wird man der Kursänderung den Vorzug geben, bei einer sehr schnell eintretenden Situation (auch) die Fahrtstufe ändern.

Unter normalen Bedingungen wird es nicht notwendig sein, die Kursänderung durch ein entsprechendes Schallsignal anzuzeigen. Aus Gründen der Sicherheit ist dieses jedoch bei unsichtigem Wetter nicht nur erlaubt, sondern auch zu empfehlen.

Wenn man achteraus fährt

Wann muß man dann ausweichen?
Wie gewinnt man dann Wegerecht?

Eine alltägliche Situation: Ein Bootssteuerer zieht das Boot im Rückwärtsgang aus der Box heraus in freies Wasser. Ein anderes Boot, das an der Steganlage vorbeifährt, liegt dabei auf Kollisionskurs. Wer hat dann Wegerecht? Gelten die Ausweichregeln bei „kreuzenden Kursen" nach Regel 15 SeeStrO? Und wie lange darf man achteraus fahren, um Wegerecht gegenüber einem anderen Motorboot zu erwerben, das auf normale Weise in Fahrt ist? Viele Fragen aus der Praxis (Abb. A), die es zu beantworten gilt:
Nun, die Bedingungen der „kreuzenden Kurse" gelten hier nicht, nach der bei dem Zusammentreffen von zwei Maschinenfahrzeugen dasjenige ausweichen muß, das das andere an Steuerbord hat (Abb. B, I). Wer mit „Voll zurück" manövriert, erwirbt mit diesem, eigentlich nur für das Stoppen eines Bootes im Notfall oder beim Anlegen übliche Maschinenmanöver kein Wegerecht (B, II). Boot A bleibt ausweichpflichtig. Wenn man mehrere Minuten lang achteraus fahren will oder muß, ist diese „verkehrte" Fahrtrichtung durch das

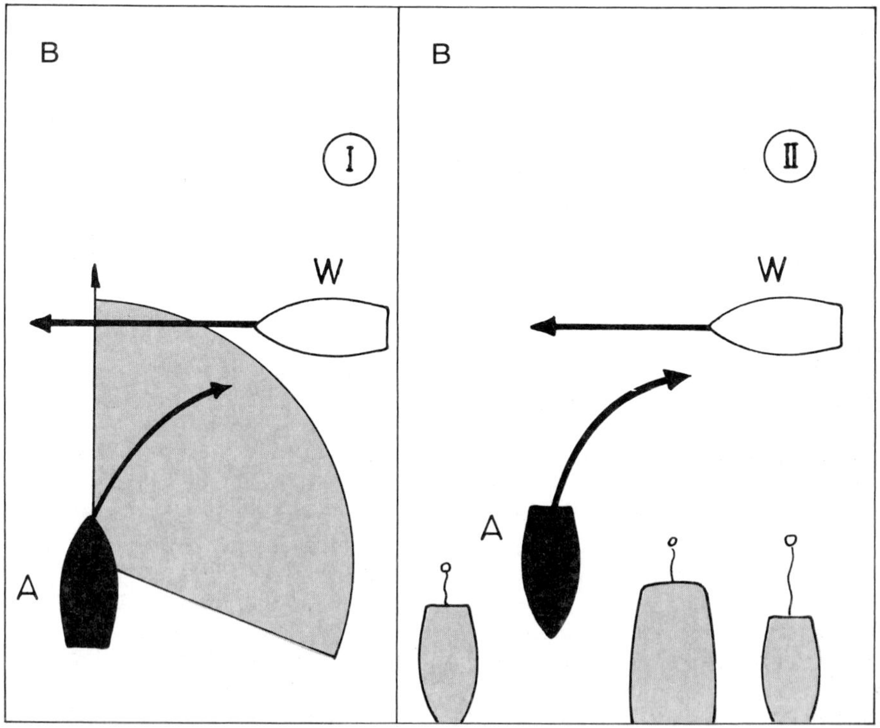

Setzen der Flagge „Sierra" („meine Maschine geht rückwärts!") oder durch die Flagge „Delta" („Halten Sie frei von mir; ich manövriere unter Schwierigkeiten!") anzuzeigen.
Bei unfreiwilliger Fahrt achteraus für längere Zeit (zum Beispiel durch Schaltungs- oder Maschinenversager) muß auch ein Motorboot zwei schwarze Bälle senkrecht übereinander setzen, um anzugeben, daß es nicht manövrierfähig ist und daher nicht ausweichen kann. In diesem Falle ist aber auch dieser Sachverhalt nicht gegeben; sondern das (hier schwarze) Motorboot zieht einfach nur in freies Fahrwasser zurück und muß sich dabei freihalten. Es unterliegt dabei dem Paragraphen 25 der SeeSchStrO, nach dem „im Fahrwasser fahrende Fahrzeuge Vorfahrt gegenüber Fahrzeugen haben, die in das Fahrwasser einlaufen, das Fahrwasser queren, im Fahrwasser drehen oder ihre Anker- und Liegeplätze verlassen."
In jedem Falle ist nach § 19 der SeeSchStrO vom Motorboot, das mit Fahrt achteraus seinen Liegeplatz verläßt, das Achtungssignal (ein langer Ton) zu geben. Es ist beim Auslaufen aus Fahrwassern, Häfen und Schleusen sowie beim Verlassen von Anker- und Liegeplätzen vorgeschrieben.
Das schwarze Motorboot muß also sofort stoppen und durch Vorwärtsarbeiten mit dem Motor das Boot zum Stehen bringen. Es muß den anderen Motorkreuzer passieren lassen und darf erst weiter zurückziehen, wenn das Fahrwasser frei ist.

Abb. A und B: Auch wer achteraus fährt, muß ausweichen. Beim Verlassen eines Liegeplatzes gilt die Seeschiffahrtstraßen-Ordnung.

Manöver des letzten Augenblicks

Das Recht für den Kurshalter, zur Abwendung eines Zusammenstoßes selbst zu manövrieren

In der Seestraßenordnung (SeeStrO) 1972, die in der Bundesrepublik Deutschland in der Fassung vom 1. Juli 1983 gilt, räumt die Regel 17 dem Kurshalter das Recht ein, zur Abwendung eines Zusammenstoßes ein „Manöver des letzten Augenblicks" zu fahren. Diese wichtige Regel, die ich anschließend ausführlicher erläutern werde, lautet:

a, I: Muß von zwei Fahrzeugen eines ausweichen, so muß das andere Kurs und Geschwindigkeit beibehalten (Kurshalter).

II: Der Kurshalter darf jedoch zur Abwendung eines Zusammenstoßes selbst manövrieren, sobald klar wird, daß der Ausweichpflichtige nicht angemessen nach diesen Regeln handelt.

b: Ist der Kurshalter dem Ausweichpflichtigen aus irgendeinem Grund so nahe gekommen, daß ein Zusammenstoß durch Manöver des letzten Augenblicks allein nicht vermieden werden kann, so muß der Kurshalter so manövrieren, wie es zur Vermeidung eines Zusammenstoßes am dienlichsten ist.

c: Ein Maschinenfahrzeug, das bei kreuzenden Kursen nach a II manövriert, um einen Zusammenstoß mit einem anderen Maschinenfahrzeug zu vermeiden, darf seinen Kurs, sofern die Umstände es zulassen, gegenüber einem Fahrzeug an seiner Backbordseite nicht nach Backbord ändern.

d: Diese Regel befreit das ausweichpflichtige Fahrzeug nicht von seiner Ausweichpflicht.

Regel 17, a II legitimiert also das „Manöver des letzten Augenblicks" und erlaubt dem Kurshalter, in einer Gefahrensituation selbst den Kurs zu ändern. Gleichzeitig schreibt Regel 17, c jedoch vor, daß diese Kursänderung nur nach Steuerbord erfolgen darf. Dieser entscheidende Passus ist von großer Bedeutung: Das ausweichpflichtige Fahrzeug kann definitiv davon ausgehen, daß das „Manöver des letzten Augenblicks" des Kurshalters mit einer Kursänderung nach Steuerbord erfolgt und gegebenenfalls diese Tatsache in seine eigenen (wenn auch verspäteten) nautischen Überlegungen einfügen.
Kommt es bei einer folgenschweren Kollision zu einem Versicherungsprozeß, weil der Kurshalter (entgegen Regel 17, a II) den Zusammenstoß mit seinen hohen Schadensfolgen nicht abgewendet hat oder (entgegen Regel 17, d) die Kursänderung doch nach Backbord vornahm, dann ist mit einer Schadensverquotung in hohen Anteilen auch zu Lasten des Kurshalters zu rechnen. In jedem Falle ist vor einem „Manöver des letzten Augenblicks" optisch und akustisch anzuzeigen (siehe Seite 190), welche Maßnahmen ergriffen werden.
Genau genommen ergeben sich nach Regel 17 vier Abschnitte oder Phasen in einer solchen Kollisions-Situation (Abb. A):
Wenn die Peilung schon bei einem so

großen Abstand beider Fahrzeuge zueinander „steht", dann sind in Pos. 1 sowohl das ausweichpflichtige Fahrzeug Schwarz als auch der Kurshalter Weiß frei, ihre eigenen Entscheidungen hinsichtlich Kurs, Kursänderung und Fahrt zu treffen. An Bord des weißen Bootes darf man also bei diesem weiten Abstand den Kurs beliebig nach Backbord oder Steuerbord ändern. Damit hebt man gleichzeitig die Anfangsbedingungen für „kreuzende Kurse" und das Eintreten der Regel 15 SeeStrO überhaupt auf.

Behält Weiß seinen ursprünglichen Kurs jedoch bei, dann liegt es auf Kollisionskurs zu Schwarz. Schwarz ist in der Pos. 2 als ausweichpflichtiges Fahrzeug gehalten, zum frühestmöglichen Zeitpunkt eine so deutliche Kursänderung vorzunehmen, daß Weiß nicht nur Kurs und Fahrt durchhalten, sondern auch die Absicht des Ausweichens klar und deutlich erkennen kann. In dieser Phase 2 muß Weiß Kurs und Fahrt unverändert halten.

Wird es in der Pos. 3 offensichtlich, daß das ausweichpflichtige schwarze Fahrzeug keine Anstalten unternimmt, sich gemäß Regel 15 freizuhalten, kann Weiß als Kurshalter gemäß Regel 34, d fünf kurze, rasch aufeinander folgende Töne sowie 5 Blitze mit dem Scheinwerfer als sog. „Weckruf" geben. (Sollte sich dieser Vorfall bereits innerhalb der Dreimeilenzone und auf einer Seeschiffahrtsstraße ereignen, auf der die SeeSchStrO gilt, dann kann auch ein langer Ton [als Achtungssignal] oder ein langer Ton und 4 kurze Töne [als allgemeines Gefahren- und Warnsignal] mit einer nochmaligen Wiederholung gegeben werden.)

In dieser Position 3 ist es bereits erlaubt, eine Kollision aktiv zu vermeiden (z. B. durch Rückwärtsarbeiten

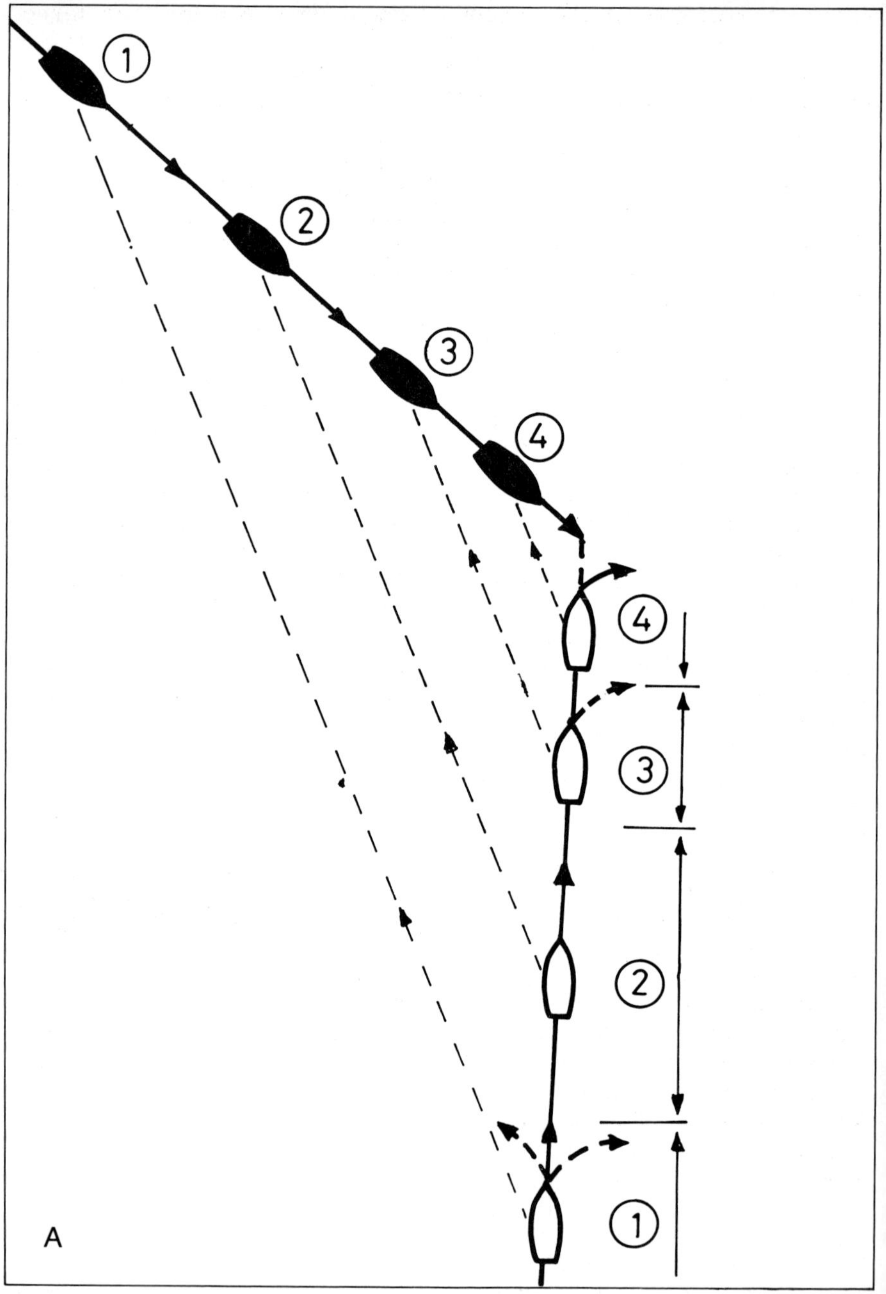

Abb. A: Kreuzende Kurse. Die Peilung steht. Kollisionsgefahr. Die einzelnen Phasen unterschiedlicher Verhaltensmöglichkeiten bis zur Entscheidung, ein „Manöver des letzten Augenblicks" einzuleiten.

mit dem Motor), aber ein Maschinenfahrzeug darf dabei nicht seinen Kurs nach Backbord ändern, wenn ein anderes Maschinenfahrzeug seinen Kurs von Backbord kreuzt! Das erscheint zuerst widersinnig, weil Weiß ja (zumindest in der hier gezeigten Situation) mit einer Kursänderung nach Backbord schneller freikommen könnte. Da aber auch das ausweichpflichtige schwarze Fahrzeug in dieser Situation nicht von seinen Pflichten entbunden ist, sich vom weißen Boot freizuhalten, würde es zu einem Frontalzusammenstoß kommen können (Abb. B), wenn Weiß als eigentlicher „Kurshalter" nach Backbord und Schwarz im gleichen Augenblick nach Steuerbord drehen würde.

Kann ein Zusammenstoß in Pos. 4 nicht verhindert werden, oder kann die Kollision nicht allein durch das schwarze, ausweichpflichtige Fahrzeug abgewendet werden, dann ist Weiß in Pos. 4 nach Regel 17, a II *verpflichtet,* Maßnahmen zur Abwendung der Kollision oder zur Schadensminderung einzuleiten. Auch hier muß Weiß aber nach Steuerbord abdrehen. Es darf die Kursänderung beim „Manöver des letzten Augenblicks" nicht in Richtung auf das andere Fahrzeug vornehmen.

Wie lang die Distanzen in den einzelnen Phasen sind, wird von der Geschwindigkeit beider Fahrzeuge abhängen. In der Praxis wird die Zeit zur Entscheidung meistens sehr viel kürzer sein als die Zeit, die wir zum Lesen dieser Zeilen benötigten.

Abb. B zeigt, warum die Gesetzgeber auf diesem Abdrehen nach Steuerbord bestehen und eine Kursänderung nach Backbord beim „Manöver des letzten Augenblicks" verbieten: Laufen beide Fahrzeuge nur 10 kn Fahrt, dann würden sie bei einer falschen Entscheidung von Weiß in Pos. 3 und einem doch noch verspäteten Ausweichen von Schwarz mit einer Annäherungsgeschwindigkeit von 20 kn oder 10 m/s aufeinanderprallen – mit gewiß verheerenden Folgen.

Beim vorgeschriebenen Abdrehen nach Steuerbord ist die relative Kollisionsgeschwindigkeit in Pos. 3 mit ca. 2 kn für Weiß nicht tödlich, selbst wenn Schwarz seinen unveränderten Kurs beibehält und das weiße Boot breitseits treffen sollte. Dreht jedoch Schwarz in Pos. 2 nach Steuerbord, weil es das weiße Fahrzeug doch noch bemerkte, dann kommt es vielleicht hinter dem Heck des weißen Bootes klar. Wird Schwarz sich der Situation ebenfalls etwas später bewußt, dann kann es seinerseits in Pos. 3 nach Backbord abdrehen, weil es nach Regel 17, a II bindend davon ausgehen kann, daß Weiß seine Kursänderung nach Steuerbord vornimmt. Die Regel bietet also größtmögliche Sicherheit für beide Boote. Zugegeben, Weiß ist auch als Wegerechts-Fahrzeug weder bei einem kleineren noch bei einem größeren Kollisionspartner in einer sympathischen Situation. Es sollte daher – besonders bei einer solchen Annäherung an ein großes Fahrzeug der Berufsschiffahrt, das oft mit Autopiloten Kurs hält – bereits in Pos. 1 der Abb. A durch eine geringfügige Kursänderung dafür sorgen, daß diese Kollisionssituation gar nicht erst zustande kommt. Wir müssen unsere Freizeit-Kurse ja nicht unbedingt stur durchhalten und können uns so kleine frühe Schlenker, die hier lebenswichtig sein können, im freien Fahrwasser schon einmal erlauben. Andererseits müssen wir ja nicht immer den Kurs von Weiß steuern – wir können uns genauso in der Lage des schwarzen Bootes befinden.

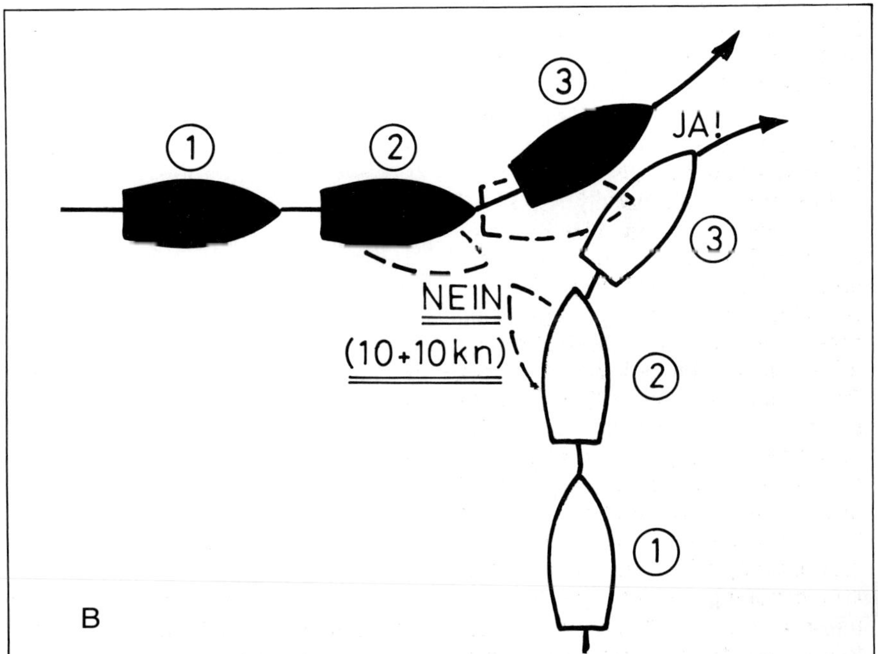

Abb. B: Das Abdrehen nach Backbord ist in jedem Falle verboten!

Die Rangfolge beim Ausweichen

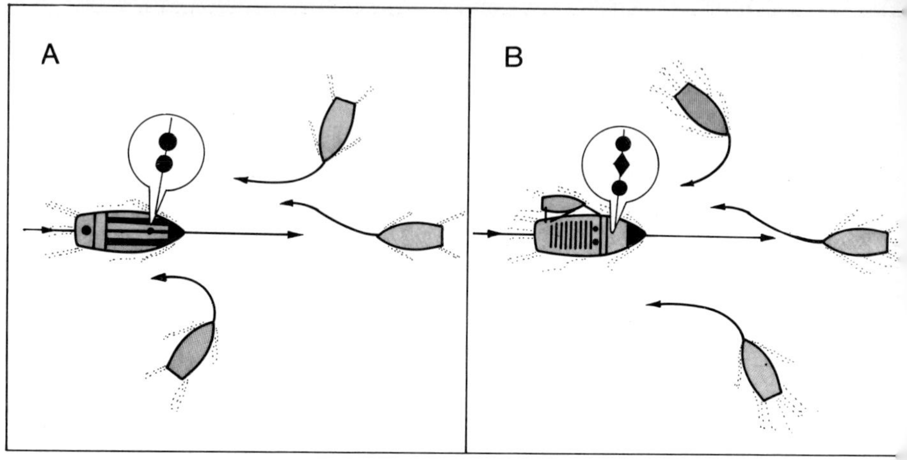

Wie sich „normale" Fahrzeuge gegenüber „behinderten" verhalten müssen

Regel 18 der SeeStrO regelt noch einmal die Verantwortung der Fahrzeuge untereinander. Sie ist gleichsam eine Zusammenfassung der Ausweichregeln mit Segelfahrzeugen sowie von (voll manövrierfähigen) Maschinenfahrzeugen bei entgegengesetzten und bei kreuzenden Kursen und stellt die Maßnahmen des Ausweichpflichtigen und des Kurshalters nach den Regeln 17 und 16 sowie das Verhalten gegenüber behinderten Maschinenfahrzeugen noch einmal unzweideutig fest. Man beachte, daß diese nachstehend genannten Verpflichtungen *nicht* für das Überholen nach Regel 13 gelten.

Ein Maschinenfahrzeug, d. h. ein Motorboot oder eine Motoryacht, muß einem manövrierunfähigen Fahrzeug ausweichen (A).

Ein Maschinenfahrzeug, d. h. ein Motorboot oder eine Motoryacht, muß einem manövrierbehinderten Fahrzeug ausweichen (B).

Ein Maschinenfahrzeug, d. h. ein Motorboot oder eine Motoryacht, muß einem fischenden Fahrzeug ausweichen (C).

Ein Maschinenfahrzeug, d. h. ein Motorboot oder eine Motoryacht, muß einem Segelfahrzeug ausweichen (D).

Ein Maschinenfahrzeug, d. h. ein Motorboot oder eine Motoryacht, muß unter allen Umständen vermeiden, die sichere Durchfahrt eines tiefgangbehinderten Fahrzeugs zu behindern, das Signale nach Regel 28 zeigt (E).

In gleicher Klarheit sagt die Regel: Ein Segelfahrzeug in Fahrt muß einem manövrierunfähigen Fahrzeug ausweichen (F). Auch eine Motoryacht kann manövrierunfähig werden. Sie muß dann aber die entsprechenden Signalkörper setzen, um Wegerecht gegenüber einem Segelfahrzeug zu erhalten.

Ein Segelfahrzeug in Fahrt muß ebenfalls einem manövrierbehinderten Fahrzeug ausweichen (G). Auch eine Motoryacht kann manövrierbehindert sein. Sie muß dann die entsprechenden Signalkörper setzen, um Wegerecht auch gegenüber einem Segelfahrzeug zu erhalten.

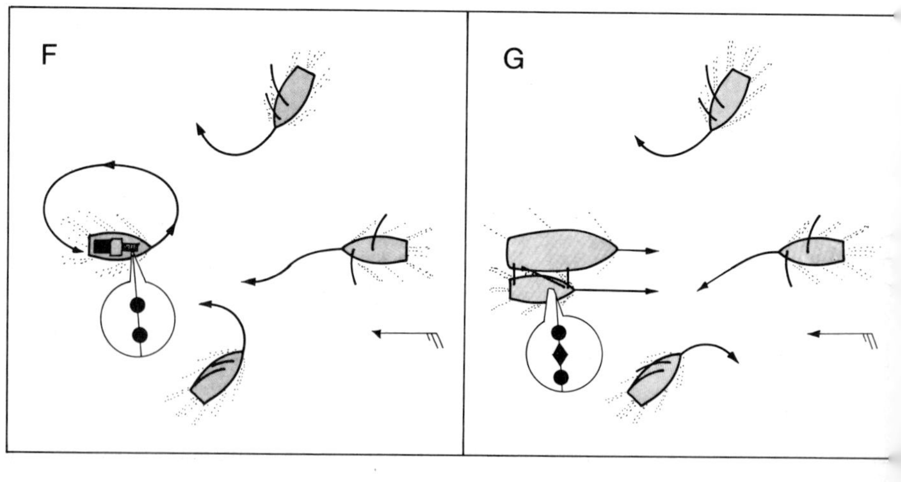

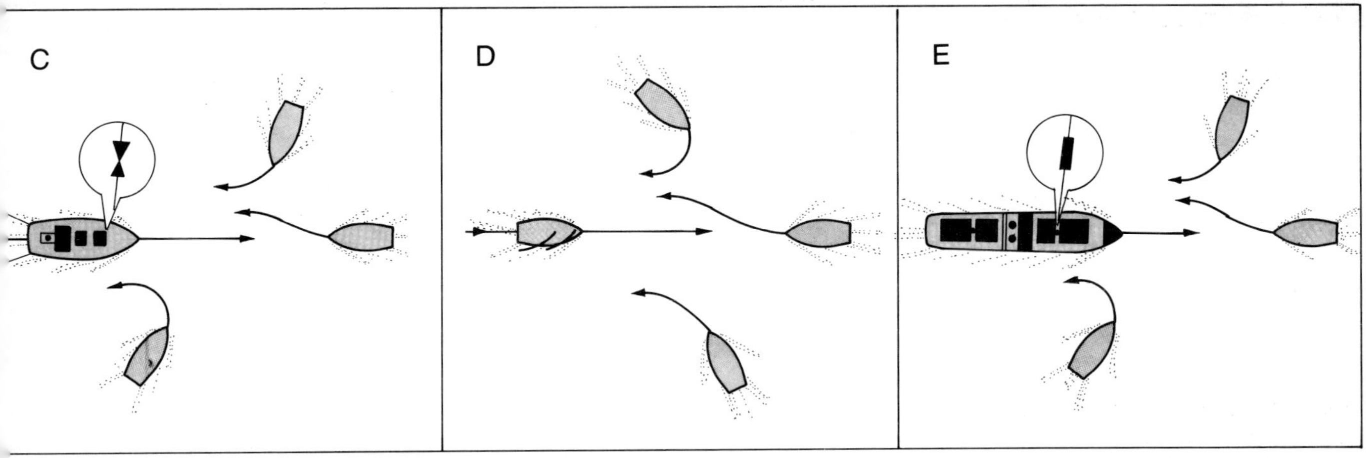

Ein Segelfahrzeug in Fahrt muß einem fischenden Fahrzeug ausweichen (H).
Ein fischendes Fahrzeug muß, soweit möglich, einem manövrierunfähigen Fahrzeug ausweichen (I). Ist ein Motorboot oder eine Motoryacht z. B. manövrierunfähig geworden, weil eine Leine in den Propeller geraten ist, dann erhält sie Wegerecht auch über ein fischendes Fahrzeug, sofern sie die entsprechenden Signalkörper setzt.
Ein fischendes Fahrzeug muß, soweit möglich, einem manövrierbehinderten Fahrzeug ausweichen (J). Wenn bei einem Motorkreuzer z. B. das Ruder klemmt oder sich der Z-Antrieb nicht seitlich drehen läßt und Kursänderungen nicht oder nur unter Schwierigkeiten (mit Rückwärtsgang) möglich sind, muß ihm auch ein fischendes Fahrzeug ausweichen – vorausgesetzt, daß auf dem Motorkreuzer die Signalkörper für ein manövrierbehindertes Fahrzeug gesetzt sind (Rhombus und zwei Bälle).
Ein manövrierunfähiges oder manövrierbehindertes Motorboot, das die entsprechenden Signale zeigt, ist nach der SeeStrO, Regel 18, d, auch von dem Vorwurf befreit, die sichere Durchfahrt eines tiefgangbehinderten Fahrzeugs behindert zu haben; denn auch ein tiefgangbehindertes Fahrzeug ist nach Regel 18, d II verpflichtet, unter Berücksichtigung seines besonderen Zustands mit Vorsicht zu navigieren.

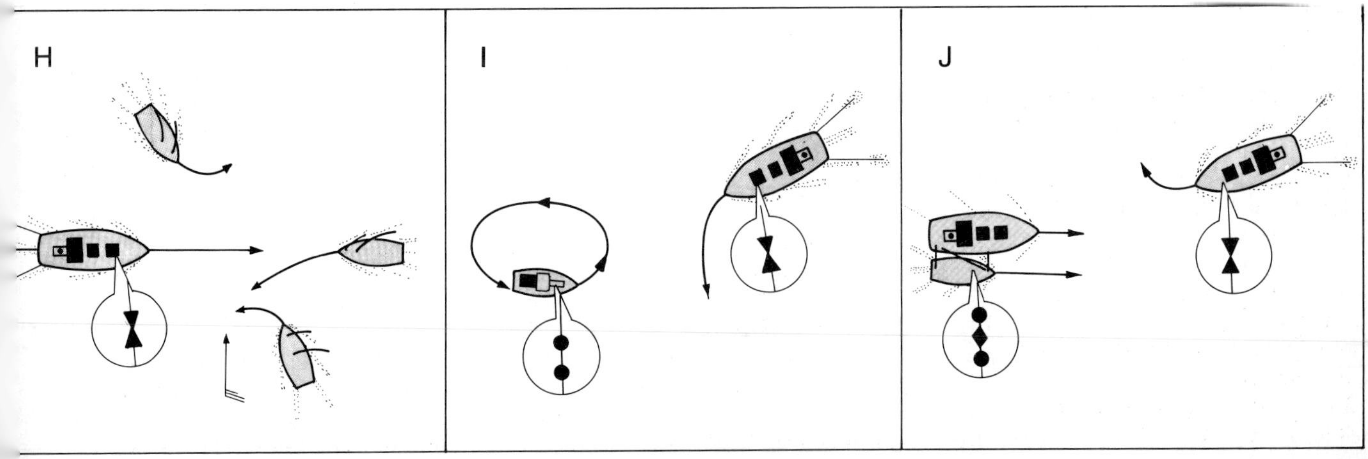

Signale und Lichter

Schallsignale beim Begegnen

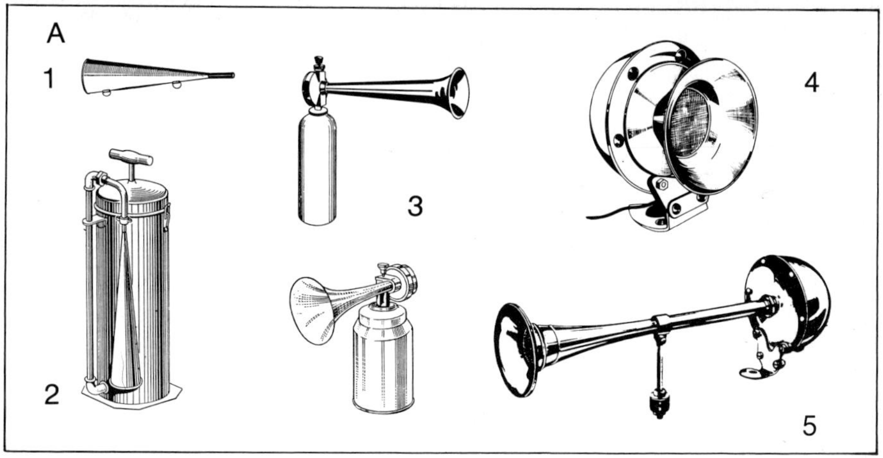

Manöver- und Warnsignale nach der SeeStrO

Die SeeStrO enthält die Schallsignale in den Regeln 32 bis 37. Der Teil D heißt auch „Schall- und Lichtsignale", weil einige Schallsignale durch entsprechende Lichtsignale ergänzt werden können, doch macht man im allgemeinen hiervon wenig Gebrauch.

Motorboote und Motoryachten unter 12 m Länge können nach Regel 33, b beliebige Geräte mitführen, um ein ausreichend kräftiges Schallsignal abzugeben. Dazu gehört die Ausrüstung z. B. mit einem einfachen Mundnebelhorn (A, 1), das mit Atemluft betrieben wird, einem Pumpnebelhorn (2), das man mit Muskelkraft betätigt, einem Handnebelhorn (3), das mit Flüssiggas arbeitet und Nachfüllpatronen benutzt (auch Gasdruck-Fanfare genannt), einem Signalhorn (4), das mit einem elektrischen Kompressor betrieben wird, und einer Elektro-Bootsfanfare, einem Signalhorn nach dem elektrischen Membran-Prinzip, der Hupe (5). Die Reichweite eines Schallsignals muß bei Fahrzeugen von weniger als 20 m Länge mindestens 0,5 sm betragen.

Damit Schallsignale jederzeit und auch bei Ausfall einer möglichen Energiequelle gegeben werden können, empfiehlt sich bei Motorbooten, die ein elektrisch betriebenes Signalhorn führen, die Zweitausrüstung mit einem Flüssiggas-Horn. Kleinere Sportboote, die nur ein Flüssiggashorn an Bord haben, sollten sicherheitshalber ein Mundnebelhorn in Reserve haben. Wenn Schlauchbootfahrern damit die Luft ausgeht, können sie auch mit Hilfe des Blasebalgs tuten und blasen (Abb. B).

Die Regel 32 bestimmt die Länge eines „kurzen Tones" mit etwa 1 Sekunde Dauer, während bei einem „langenTon" das Schallsignal 4 bis 6 Sekunden ununterbrochen anhalten muß.

Die SeeStrO unterscheidet zwischen Schallsignalen, die bei Fahrzeugen in Sicht gegeben werden müssen (Regel 34) und als „Manöver- und Warnsignale" bezeichnet werden, und Schallsignalen bei verminderter Sicht (Regel 35), den „Nebelsignalen".

Das häufigste Warnsignal ist ein langer Ton, der nach Regel 34, e von einem Fahrzeug abgegeben werden muß, das sich einer Krümmung oder einem Abschnitt des Fahrwassers nähert, wo andere Fahrzeuge durch ein Sichthindernis verdeckt sein können. Ein langer Ton wird z. B. in der Praxis in den Situationen C und D gegeben werden müssen. Meldet sich ein anderes Fahrzeug nicht mit

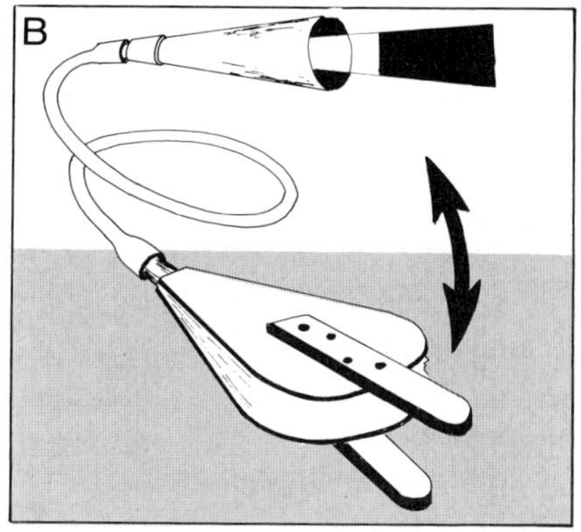

dem gleichen langen Ton, dann ist das Fahrwasser frei. Anderenfalls gelten die entsprechenden Ausweichregeln.

Haben zwei Fahrzeuge einander in Sicht, aber versteht das eine die Absicht des anderen nicht oder zweifelt der Führer des einen Fahrzeugs, ob das andere zur Vermeidung eines Zusammenstoßes ausreichend manövriert, dann werden mindestens 5 kurze, rasch aufeinanderfolgende Töne nach Regel 34, d als sog. „Weckruf" gegeben (E).

Die eigentlichen Manöversignale, die Kursänderungen oder Maschinenmanöver nach Regel 34, a bedeuten,

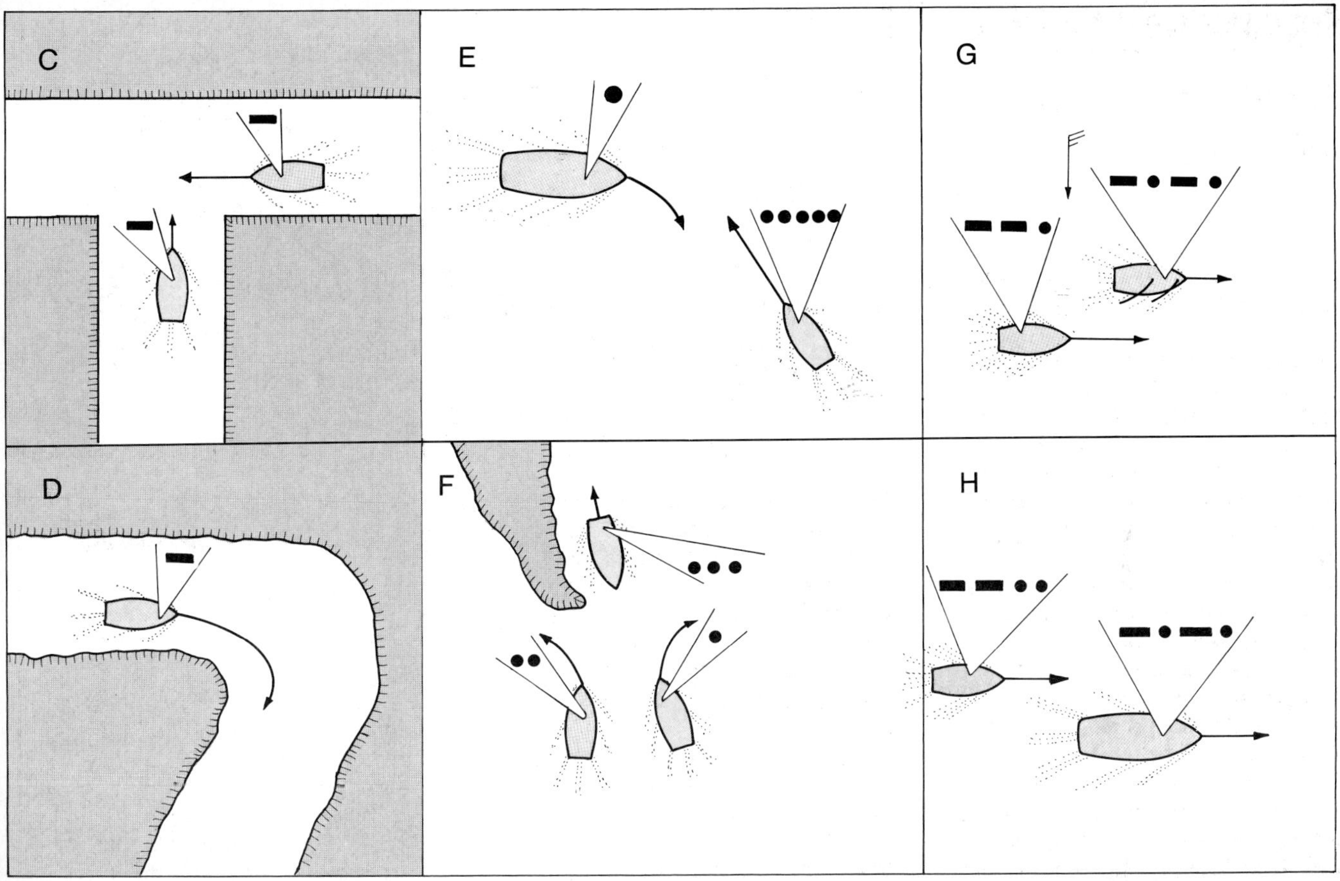

werden oft als Antworten auf diesen „Weckruf" abgegeben. Sie können natürlich auch notwendig sein, wenn sich drei Fahrzeuge in einer unglücklichen Situation wie Abb. F gegenüberstehen: Dann bedeutet nach Regel 34, a: Ein kurzer Ton: „Ich ändere meinen Kurs nach Steuerbord", zwei kurze Töne: „Ich ändere meinen Kurs nach Backbord" und drei kurze Töne: „Ich arbeite rückwärts".
Es ist nach Regel 34, a erforderlich, bei Ausweichmanövern entsprechend den Regeln 13 und 17 alle Kursänderungen durch ein entsprechendes Manöversignal anzukündigen. Diese Schallsignale haben vor allem die Aufgabe, besondere, nicht übliche oder von der Regel abweichende Manöver den in Sicht befindlichen Fahrzeugen mitzuteilen.
Beim Überholen in engem Fahrwasser gelten nach Regel 34, c folgende Regeln: Zwei lange und ein kurzer Ton bedeuten: „Ich beabsichtige, Sie an Ihrer Steuerbordseite zu überholen" (Abb. G), und das zu überholende Fahrzeug muß dazu seine Zustimmung durch einen langen, einen kurzen, einen langen und einen kurzen Ton geben. Diese Situation wird insbesondere gegenüber Segelbooten eintreten, die sich aus Gründen von Segeltechnik und Sicherheit an der Luvseite eines Fahrwassers halten. Wird dieses Zustimmungssignal nicht gegeben, darf das Überholmanöver nicht eingeleitet werden.
Wenn man beabsichtigt, ein Fahrzeug an der Backbordseite zu überholen, gibt man zwei lange und zwei kurze Töne (Abb. H), und auch dann muß das zu überholende Fahrzeug sein Einverständnis durch das entsprechende Manöversignal nach Regel 34, c II mit einem langen, einem kurzen, einem langen und einem kurzen Ton geben. Letztere Situation ist der Regelfall, weil auch auf dem Wasser das Gebot „links überholen" Vorrang hat.

Nebelsignale unterwegs

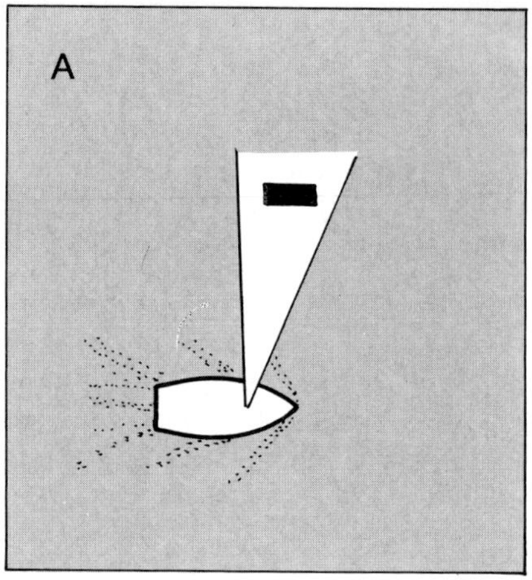

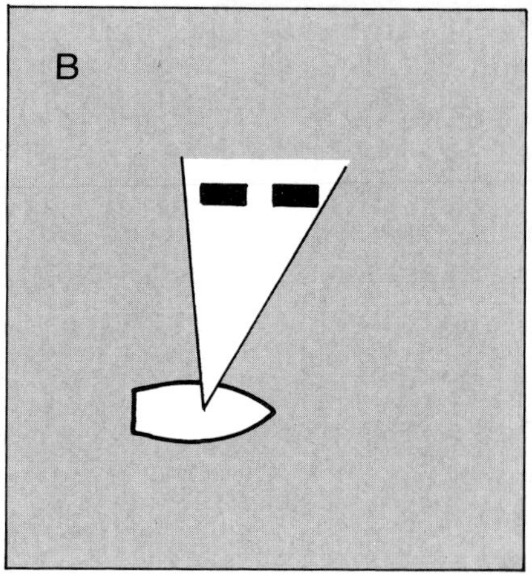

Schallsignale der SeeStrO bei verminderter Sicht

Bei unsichtigem Wetter werden Motorbootseigner immer bestrebt sein, den Schiffahrtstrack so schnell wie möglich zu verlassen und die Küstennähe mit geringerem Schiffsverkehr aufzusuchen. Wenn aber zahlreiche Motorboote das gleiche Sicherheitsbestreben haben, wird es auch hier zu Begegnungen und Annäherungen kommen, so daß sich Nebelsignale nach der SeeStrO auch dann als unumgänglich erweisen.

Man muß unterwegs und in Fahrt immer zur Abgabe von Nebelsignalen bereit sein; denn es kann auch in den Sommermonaten häufig *Seenebel* auftreten. Er entsteht (im Gegensatz zum *Seerauch),* wenn Warmluftmassen über eine kältere Wasseroberfläche strömen und es hierbei in den unteren Luftschichten zu Kondensation kommt. Seenebel tritt hauptsächlich in Küstennähe auf, wenn Warmluft vom Land auf die kalte See strömt, doch kann Seenebel auch auf der freien See vorkommen.

Nicht weniger gefährlich ist der *Seerauch,* ein meistens schwadenförmig auftretender, nicht sehr hoch reichender Nebel, der im Sommer und bei sehr hohen Wassertemperaturen auftritt, wenn sich kältere Luft über das Wasser legt und eine starke Verdunstung an der warmen Wasseroberfläche stattfindet. Es strömt also (im Gegensatz zum Seenebel) kalte Luft über warmes Wasser. Die Schwadenbildung wird durch die dabei entstehende Turbulenz der aufsteigenden und niederströmenden Luft verursacht. Seerauch ist für Yachten und Boote besonders gefährlich, weil er meistens nur 10 bis 20 m hoch reicht und von der Brücke eines Großschiffes kaum als Sichtbehinderung aufgefaßt wird, während man mit niedriger Augeshöhe keine Fernsicht mehr hat.

Macht unser Boot Fahrt durchs Wasser, d. h. laufen wir unter Motor, dann müssen wir mindestens alle 2 Minuten einen langen Ton geben (Abb. A). Haben wir die Maschine gestoppt und machen keine Fahrt mehr durchs Wasser, dann müssen wir alle 2 Minuten 2 aufeinanderfolgende lange Töne mit einem Zwischenraum von etwa 2 Sekunden geben (Abb. B). Dieses werden die Signale sein, die wir aktiv zu geben haben, wenn wir natürlich auch die gleichen Signale von anderen Fahrzeugen in der gleichen Lage hören können. Die folgende Gruppe werden wir fast ausnahmslos nur hören können. Es sind die Fahrzeuge, denen wir ausweichen müssen. Aber auch wir selbst können gelegentlich in eine der folgenden Situationen geraten und müssen dann akustisch aktiv werden.

So geben anstelle der vorgenannten Schallsignale alle 2 Minuten 3 aufeinanderfolgende Töne, einen langen und zwei kurze: ein manövrierunfähiges Fahrzeug (Abb. C), ein manövrierbehindertes Fahrzeug (D), ein tiefgangbehindertes Fahrzeug (E), ein Segelfahrzeug (F), ein fischendes Fahrzeug (G) und ein Fahrzeug, das ein anderes schleppt (H). Ein geschlepptes Fahrzeug oder das letzte Fahrzeug eines Schleppzugs gibt, wenn es bemannt ist, mindestens alle 2 Minuten 4 aufeinanderfolgende Töne – lang-kurz-kurz-kurz – möglichst unmittelbar nach dem Signal des Schleppfahrzeugs (siehe Abb. H).

Die beiden letztgenannten Schallsignalgruppen sind natürlich auch von Motoryachten zu geben, falls sie selbst manövrierunfähig oder manövrierbehindert sind bzw. ein anderes Fahrzeug im Schlepp haben oder selbst geschleppt werden.

Hört man bei unsichtigem Wetter

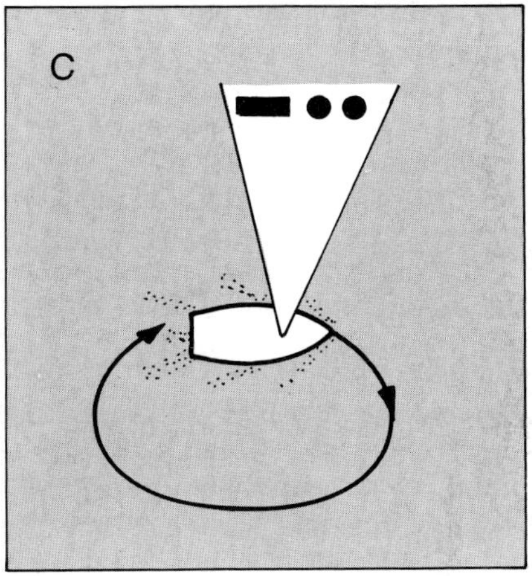

5 Sekunden langes Läuten mit der Schiffsglocke und gegebenenfalls 5 Sekunden lange Gongschläge, dann handelt es sich um ein größeres Fahrzeug, das vor Anker liegt oder auf Grund geraten ist und diese Signale nach Regel 35, f und g der SeeStrO gibt. Motoryachten von weniger als 12 m Länge brauchen diese Signale nicht zu geben, wenn sie vor Anker liegen oder Grundberührung haben. Sie müssen aber statt dessen mindestens alle 2 Minuten ein anderes kräftiges Schallsignal geben, z. B. 3 aufeinander folgende Töne kurz – lang – kurz, die jeder Ankerlieger nach Regel 35, f geben darf (Abb. i), um einem sich nähernden Fahrzeug seinen Standort anzuzeigen und ein fremdes Fahrzeug vor einem möglichen Zusammenstoß zu warnen.

Reichen diese akustischen Warnungen nicht aus, darf ein Fahrzeug nach Regel 36 SeeStrO beliebige Aufmerksamkeitssignale geben, die aber nicht mit anderen Signalen verwechselt werden dürfen. So kann man z. B. den Scheinwerfer nach oben oder in Richtung auf eine Gefahr richten, wenn dadurch andere Fahrzeuge nicht verwirrt werden.

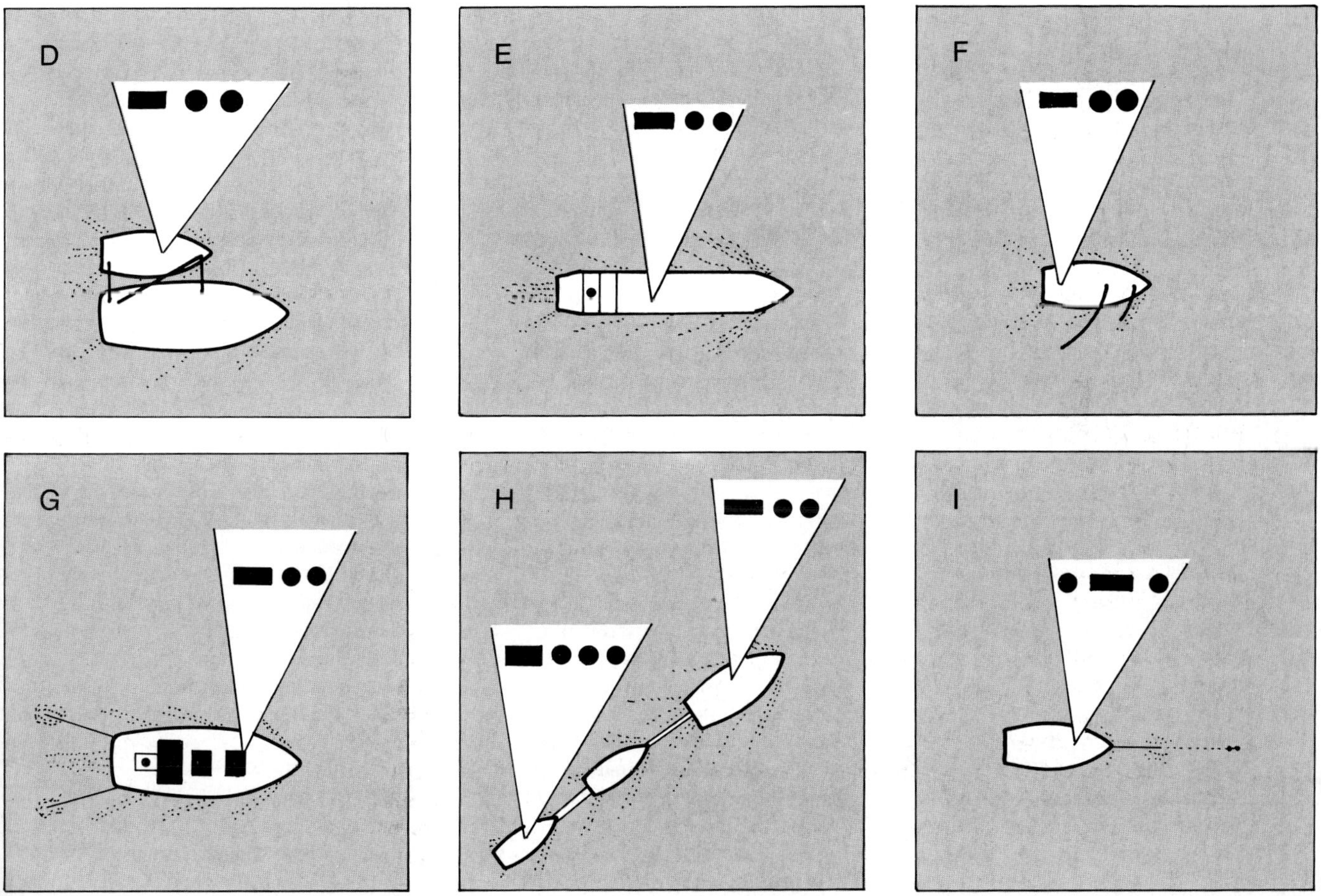

Die Lichterführung darf kein düsteres Kapitel sein

Seestraßenordnung, Seeschiffahrtstraßen-Ordnung und Binnenschiffahrtstraßen-Ordnung stellen unterschiedliche Anforderungen an die Motorboote

Wer auf Binnengewässern schippert, unterliegt nicht nur den hier geltenden Ausweichregeln, sondern auch den Bestimmungen der Lichterführung nach der Binnenschiffahrtstraßen-Ordnung. Wer auf den Seeschiffahrtsstraßen zu Hause ist, muß sich nach den auf diesem Revier geltenden Regeln für die Lichterführung richten, und wer außerhalb der Hoheitsgewässer auf der freien See seine Kurse fährt, hat die entsprechenden Bestimmungen der Seestraßenordnung zu beachten. Leider haben sich die Gesetzgeber noch nicht darauf verständigen können, diese Vorschriften zu vereinheitlichen, und so begegnet man wohl im Prinzip gleichen, aber in den Feinheiten doch wieder unterschiedlichen Regelungen, die zu bedauern, aber auch zu beachten sind.

Die nach der Lichterführung vorgeschriebenen *Lichter* werden in den entsprechenden *Laternen* geführt oder gezeigt, und in den Laternen brennt hierzu meistens eine *elektrische Lampe,* doch ist auch noch eine *Petroleumlampe* zugelassen.

Hier wurden einige Begriffe erwähnt, die man genau unterscheiden muß. Die *Laterne* ist das entsprechende Gehäuse, das von einer Linse verschlossen ist. In ihr brennt eine elektrische *Glühlampe* mit einer bestimmten *Lichtstärke,* etwa 30 Candela (cd). Die Linse wiederum ist so geformt, daß sie nicht nur eine vorgeschriebene *vertikale Lichtverteilung* erlaubt, damit das *Licht* auch noch bei einer Krängung von 10° oder 20° in ausreichender Entfernung sichtbar ist, sondern auch den Lichtschein entsprechend weit sichtbar macht. Dabei ist die *Tragweite,* die für jedes Licht vorgeschrieben ist, der Abstand oder die Distanz, in der man dieses Licht bei gutem *Sichtigkeitsgrad* der Luft und einer entsprechenden Augeshöhe mindestens wahrnehmen kann. Diese Tragweite ist für die einzelnen Lichter unterschiedlich weit vorgeschrieben.

Ein Licht ,,führen" heißt, es in einer fest angebrachten Laterne ständig sichtbar zu machen. Ein Licht ,,zeigen" bedeutet, es in einer Handlaterne oder Handleuchte nur bei Annäherung von anderen Fahrzeugen anzuknipsen und hochzuhalten; danach darf man es wieder löschen.

Alle Laternen an Bord werden als ,,Positionslaternen" bezeichnet, weil man aus ihnen die Lage = Position eines Schiffes erkennen kann. Im einzelnen unterscheidet man eine ,,Topplaterne", auch ,,Dampferlaterne" genannt mit einem Abstrahl- oder Leuchtwinkel von 225° für den vorderen Bereich des Bootes und eine Hecklaterne mit einem Abstrahl- oder Leuchtwinkel von 135° für den verbleibenden achteren Sektor. Als ,,Seitenlaternen" kann man entweder eine (grüne) Steuerbordlaterne mit einem Leuchtwinkel von 112,5° von recht voraus bis 2 Strich achterlicher als querab an Steuerbord und eine Backbordlaterne (rot) mit dem gleichen Abstrahlwinkel von 112,5° für den entsprechenden Sektor an Backbord benutzen oder statt dessen eine doppelfarbige Seitenlaterne (grün-rot) benutzen, die einen roten Abstrahlwinkel von 112,5° nach Backbord und einen grünen Leuchtwinkel von 112,5° nach Steuerbord gleichzeitig versorgen kann.

Als Signallaterne oder Vollkreislaterne bezeichnet man diejenigen Laternen, die Lichter über den ganzen Horizont, in einem Abstrahlwinkel von 360°, ausstrahlen können. Man nennt sie auch ,,Rundumlichter". Sie werden auch auf Kleinfahrzeugen benutzt, sind für Ankerlieger (als Ankerlicht) vorgeschrieben und werden nicht nur für die Abgabe von weißem Licht, sondern auch als Fahrstörungslaternen mit rotem Licht benutzt.

Es dürfen nur solche Laternen geführt werden, die vom Deutschen Hydrographischen Institut (DHI) zugelassen und mit einer Baumusternummer (z. B. DHI/00/01/76 oder DHI 08/05/76) versehen sind. Boote ohne ausreichende Stromversorgung können auch Petroleum-Positionslaternen nach DIN 89950 verwenden. Reparaturen an beschädigten Positionslaternen dürfen nur von Betrieben vorgenommen werden, die vom DHI hierfür anerkannt sind. Die Betriebe müssen über diese Reparatur eine Bescheinigung ausstellen, die an Bord mitzuführen ist.

Beim An- und Einbauen der Positionslaternen sind die Anweisungen der Laternenhersteller zu beachten. Es sollten nur die vom Hersteller empfohlenen Rundkabel mit dem erforderlichen Querschnitt verwendet werden. Wenn die Positionslaternen brennen, ist darauf zu achten, daß die Ausstrahlungsbereiche nicht durch Gegenstände oder Personen verdunkelt sind.

Auf Fahrzeugen über 12 m Länge, jedoch weniger als 20 m Länge (Abb. A) muß die Topplaterne (1) mindestens 2,5 m über dem Schandeck an-

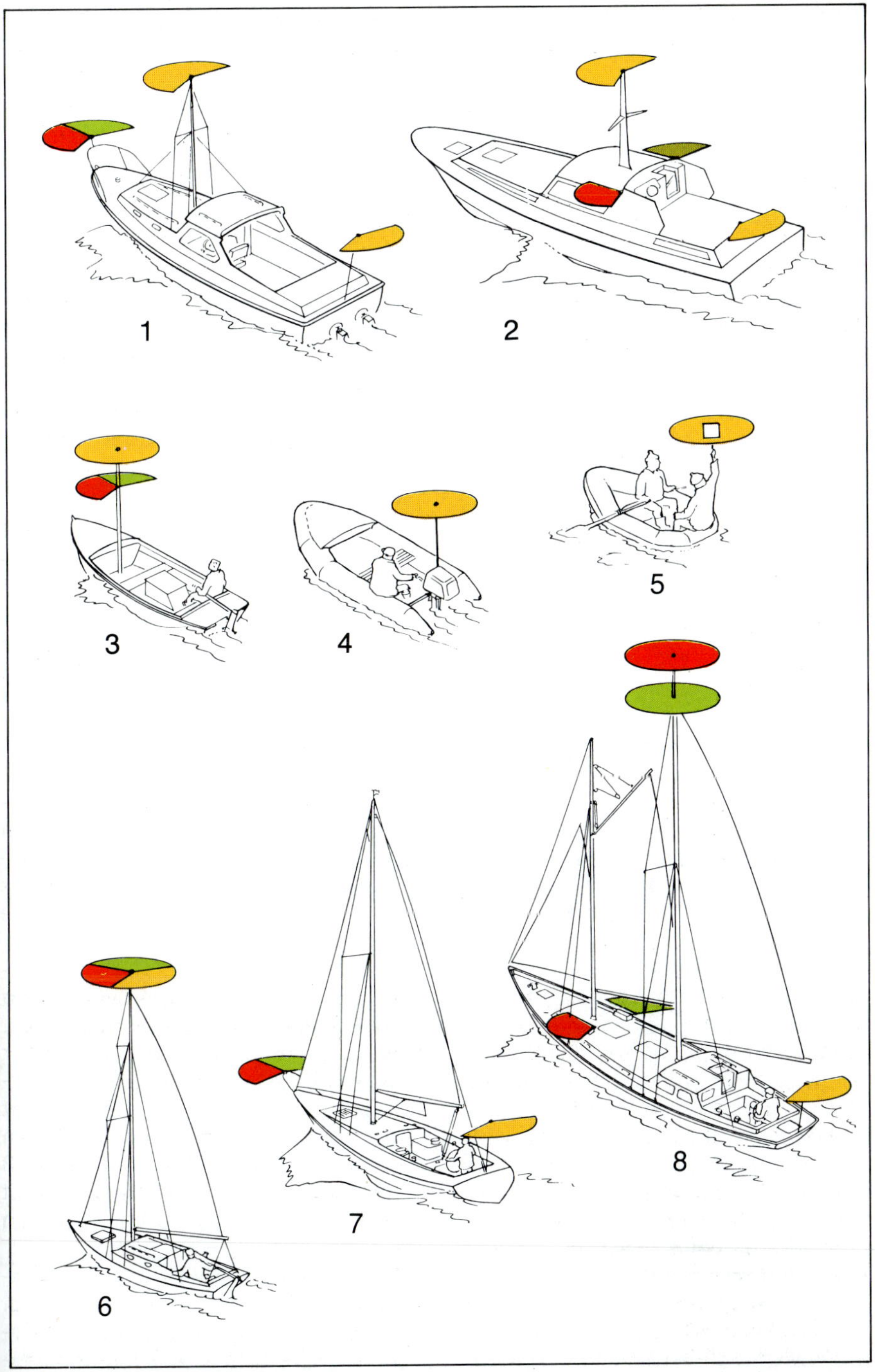

Positionslichter auf Yachten.

① Auf kleineren Motorkreuzern empfiehlt sich eine Ausrüstung mit einer doppelfarbigen Seitenlaterne am Bugkorb, einer Topplaterne und der Hecklaterne. Auf Maschinenfahrzeugen bis 12 m Länge dürfen Topplaterne und Hecklaterne auch in einer gemeinsamen Rundumlaterne geführt werden.

② Auf großen Motoryachten empfehlen sich 4 Laternen. Sie sollten so montiert sein, daß sie den Rudergänger nicht blenden.

③ Auch ein kleines Motorboot unter 7 m Länge sollte neben dem Rundumlicht Seitenlichter führen. Es genügt 1 doppelfarbige Seitenlaterne.

④ Auf Schlauchbooten von sehr kurzer Bootslänge reicht ein weißes Rundumlicht aus, doch muß auch die hierfür benutzte Laterne fest angebracht sein.

⑤ Wenn wir ein weißes Rundumlicht sichten, kann es sich um ein Segelboot unter 7,00 m Länge handeln oder um ein Kleinboot, das mit Muskelkraft bewegt wird. Diesen Kleinfahrzeugen ist es auch gestattet, ein weißes Licht nur bei Annäherung anderer Boote mit Hilfe einer Taschenlampe zu zeigen.

⑥ Ungewohnt ist es, wenn Seitenlaternen oder auch ein weißes Hecklicht in großer Höhe gesichtet werden. Sie gehören dann zu einem Segelboot von weniger als 20,00 m Länge, das diese Positionslichter mit einer Dreifarbenlaterne abgibt.

⑦ Im allgemeinen ziehen Segelyachten jedoch Seitenlichter in einer Zweifarbenlaterne vor, die am Bugkorb befestigt ist, und ein Hecklicht.

⑧ Nicht nur große Yachten können das sogenannte Seglerlicht zeigen, ein rotes Rundumlicht über einem grünen Rundumlicht, das aus Laternen ausgestrahlt wird, die auf dem Topp gehaltert sind.

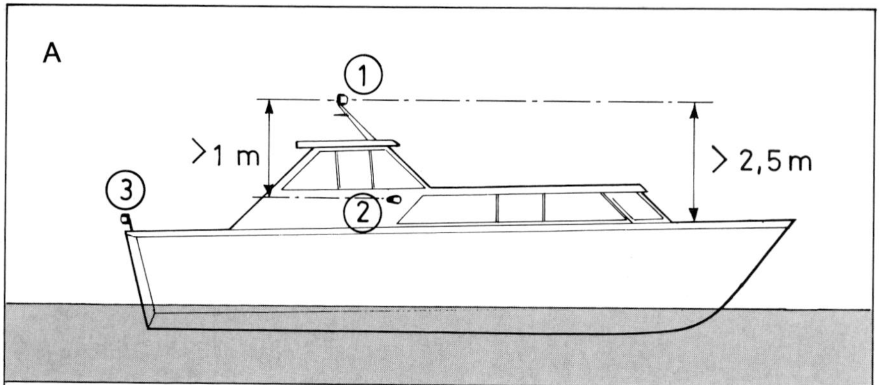

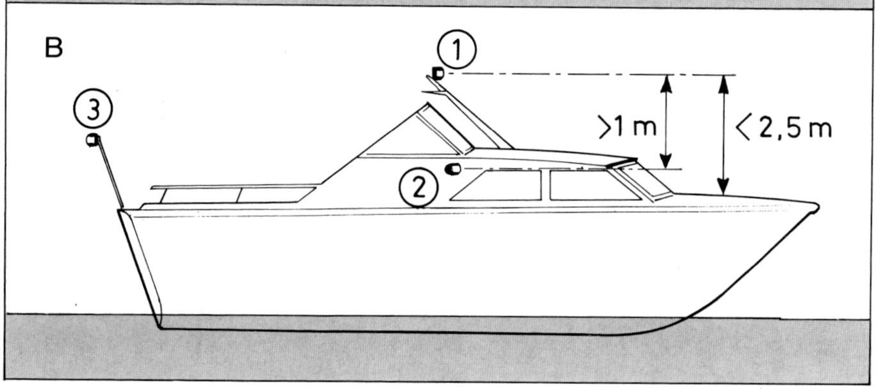

Abb. A: Die Anordnung der Positionslaternen auf einer Motoryacht von 12 bis 20 m Länge. Anstelle der beiden Seitenlaternen ist eine doppelfarbige Seitenlaterne für das gemeinsame grüne Steuerbord- und rote Backbordlicht erlaubt. (1) Topplaterne – (2) Seitenlaterne (Steuerbord) – (3) Hecklaterne.

Abb. B: Die Halterung der Positionslaternen auf einem Motorkreuzer von 7–12 m Länge. (1) Topplaterne – (2) Seitenlaterne (Stb.) – (3) Hecklaterne. Anstelle der beiden Seitenlaternen ist eine doppelfarbige Seitenlaterne für das gemeinsame grüne Steuerbord- und rote Backbordlicht erlaubt.

gebracht sein. Auf Booten unter 12 m Länge (Abb. B) kann die Topplaterne (1) tiefer angebracht sein. Sie muß jedoch mindestens 1 m über den Seitenlaternen (2) hängen. Die Topplaterne muß immer senkrecht zur Konstruktionswasserlinie und über der Kiellinie angebracht werden. Das in der Topplaterne gezeigte Topplicht muß bei Booten von 12 bis 20 m Länge eine Tragweite von 3 sm, bei Booten von 7 bis 12 m Länge eine solche von 2 sm haben.

Seitenlaternen müssen mindestens 1 m tiefer als die Topplaterne und beide in gleicher Höhe angebracht werden. Bei Motorbooten von 7 bis 12 m Länge ergibt sich dieses automatisch aus den Bestimmungen für die Topplaterne (Abb. B), bei Motoryachten von 12 bis 20 m Länge (Abb. A) ist dieses Maß zu beachten. Die Seitenlaternen sollen die tatsächliche Schiffsbreite kennzeichnen. Ist dieses nicht möglich, weil sie z. B. (wie in den Abb. A und B) seitlich an der Kajüte befestigt sind, dann darf der Abstand der Seitenlaternen 85% der größten Schiffsbreite nicht unterschreiten. Für die Seitenlichter ist auch eine doppelfarbige Laterne zugelassen. Wird sie benutzt, dann muß sie in und über der Kiellinie und mindestens 1 m tiefer als die Topplaterne geführt werden (Abb. C, 2). Seitenlaternen sind so zu haltern, daß sie nicht über den Bug hinweg von der anderen Seite gesehen werden können. Die Tragweite der Seitenlichter beträgt 2 sm.

Die Hecklaterne (Abb. A, 3) soll so nahe wie möglich am Heck und nicht höher als die Seitenlaternen angebracht sein. Die Hecklaterne ist bei Booten mit Einbaumotoren senkrecht zur Konstruktionswasserlinie anzubringen. Gegebenenfalls sind Ausgleichsstücke zu verwenden. Auf Fahrzeugen mit Außenbordmotoren darf die Hecklaterne seitlich versetzt angebracht werden, jedoch darf der Außenbordmotor den Ausstrahlungsbereich der Hecklaterne von 135° nicht beeinträchtigen.

Während Kajütboote und Boote über 7 m Länge in jedem Falle auch am Tage mit fest angebrachten Laternen fahren müssen, ist es offenen Booten erlaubt, am Tage auch ohne fest montierte Positionslaternen unterwegs zu sein. Sie müssen dann aber ihre Ziele so wählen, daß sie nicht unterwegs von unsichtigem Wetter überrascht werden oder gar (durch Havarie aufgehalten) noch nachts unterwegs sind. Nach der Seeschifffahrtstraßen-Ordnung (SeeSchStrO) müssen sie dazu eine weiße Leuchte ständig an Bord haben, die sie gegebenenfalls als Rundumlicht (für Kleinfahrzeuge) verwenden können. Besser ist es, wenn sie die Vorteile einer fest angebrachten, am Tage aber unter Deck verstauten Laterne ausnutzen. Der Gesetzgeber versteht hierunter entgegenkommenderweise auch eine Laterne, die z. B. an einem aufsteckbaren Flaggenstock (am Heck) oder an einem abnehmbaren Signalmast (auf dem Kajütdach, Abb. C) fest montiert gefahren, aber am Tage (Abb. D) unter Deck verstaut werden kann. Wichtig ist dabei nur, daß diese Halterung es erlaubt, die Lichter eindeutig mit ihren horizontal begrenzten Leuchtwinkeln zu führen.

In Abb. D ist der Signalmast gesetzt gezeigt und unter Deck mit allen Anhängseln einschließlich Kabel und Stecker sicher verstaut (5). Er kann jederzeit an den hierfür vorbereiteten Schellen der Windschutzscheibe befestigt und (mit seinem Kabel) in eine entsprechende Decksdurchführung gesteckt werden, so daß dann der Abstand zwischen Topplaterne (1) und Seitenlaterne (2) mindestens 1 m beträgt. Der Gesamtabstand der Topplaterne über dem Schandeck ist jedoch freigestellt. Die Hecklaterne (3) wird mit ihrer Halterung in die Halterung des Flaggenstocks eingesetzt und von hier mit einem losen Kabel mit der Bordbatterie (4) verbunden.
Nach der SeeSchStrO sind Fahrtstörungslichter für Boote unter 12 m Länge nicht erforderlich, und man braucht auf bekanntgemachten Anker- und Liegestellen auch bei Nacht kein Ankerlicht zu führen. Die Seestraßenordnung (SeeStrO) enthebt auch Kleinfahrzeuge unter 7 m Länge der Verpflichtung, nachts Fahrtstörungslichter zu führen, aber sie verpflichtet sie, bei Nacht in engem Fahrwasser ein Ankerlicht zu setzen. Auf Booten über 7 m Länge sind jedoch nach der SeeStrO auch

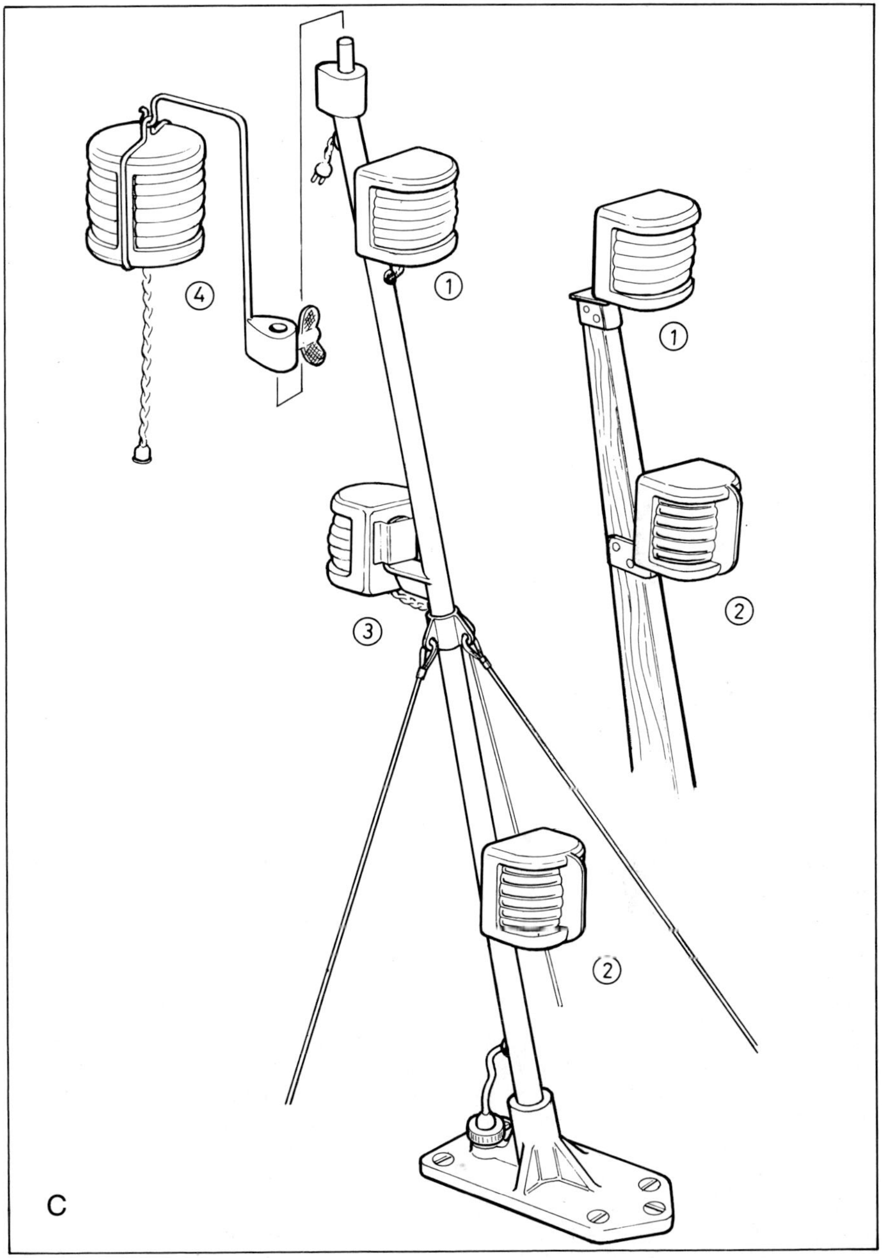

Abb. C: Ein Mast zur Lichterführung, der ständig mitgeführt, aber erst bei unsichtigem Wetter oder vor Sonnenuntergang eingesetzt wird: (1) Topplaterne – (2) doppelfarbige Seitenlaterne grün-rot – (3) Hecklaterne – (4) zusätzliche Halterung für eine Signallaterne zum Führen eines weißen Ankerlichtes.

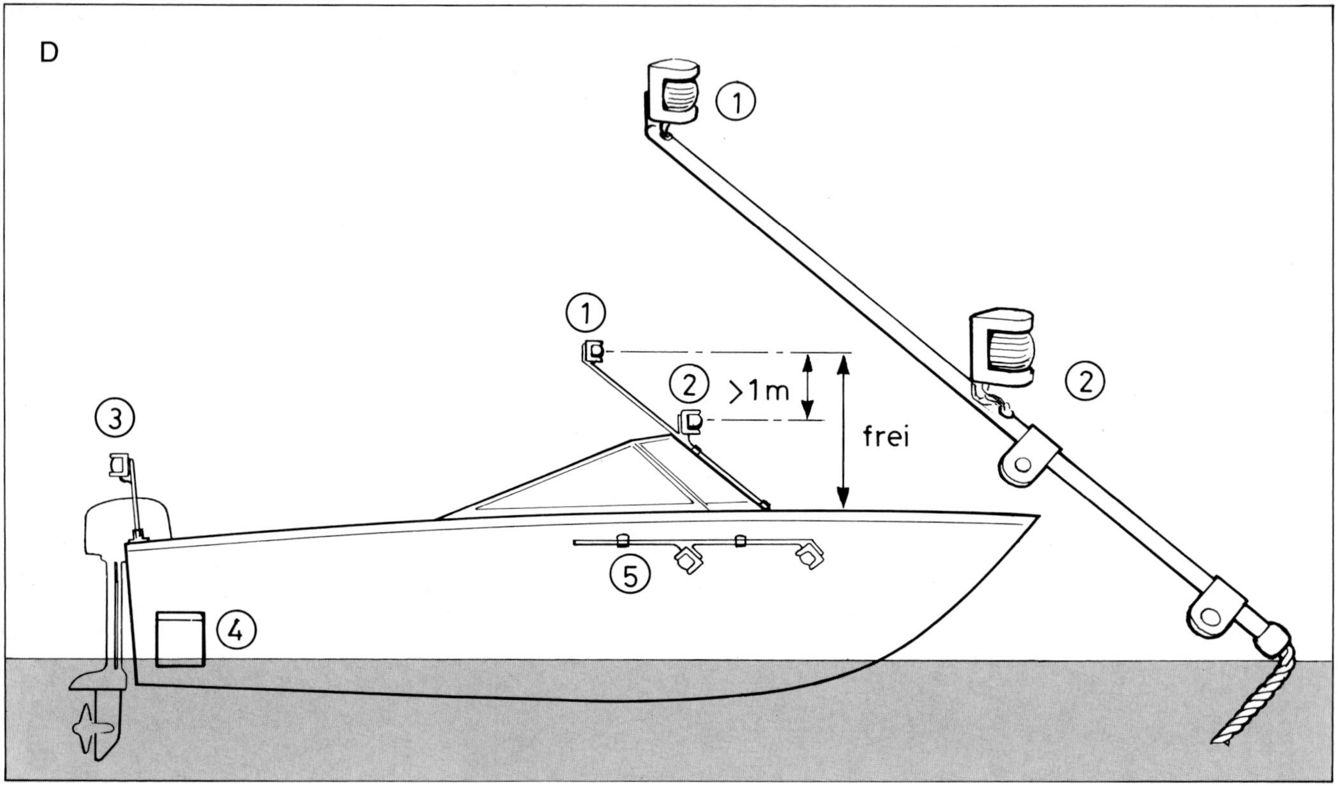

Abb. D.: Die Halterung der Positionslaternen an einem Motorboot von weniger als 7 m Länge. Der Lichtmast ist bei Tage unter Deck (5) seefest und sicher gehaltert und wird erst bei unsichtigem Wetter oder vor Sonnenuntergang in seine Arbeitsposition gebracht. 1. Topplicht – 2. doppelfarbige Seitenlaterne grünrot – 3. Hecklaterne – 4. Bordbatterie.

Fahrtstörungslichter mit einer Tragweite von 2 sm für manövrierunfähige oder manövrierbehinderte Yachten vorgeschrieben. Sie sind im Bedarfsfall im senkrechten Abstand von mindestens 1 m dort zu setzen, wo diese Laternen am besten gesehen werden können.

Nach der Binnenschiffahrtstraßen-Ordnung können Kleinfahrzeuge, Motorboote und Motoryachten von weniger als 15 t Tragfähigkeit bzw. Wasserverdrängung folgende Positionslaternen benutzen:
Entweder Topplaterne (Leuchtwinkel 225°), grüne Seitenlaterne (Leuchtwinkel 112,5°); rote Seitenlaterne (Leuchtwinkel 112,5°) und Hecklaterne (Leuchtwinkel 135°),
oder Topplicht (Leuchtwinkel 225°), doppelfarbige grün-rote Seitenlaterne (Abstrahlwinkel rot 112,5°, grün 112,5°) und Hecklicht (135°),
oder weiße Signallaterne mit Abstrahlwinkel 360° (Rundumlaterne) und doppelfarbige Seitenlaterne grün-rot (Leuchtwinkel rot 112,5°, grün 112,5°).

Die Belieferung mit elektrischer Energie stellt im allgemeinen kein Problem dar; denn während der Sommersaison ist der Bereich „von Sonnenuntergang bis Sonnenaufgang", in dem die Lichter geführt werden müssen, ohnehin auf etwa 8 Stunden begrenzt. Während der Fahrt liefert der Motor die erforderliche elektrische Energie, und wenn man das Ankerlicht mit einem Verbrauch von 10 W über eine Bordnetzspannung von 12 Volt speist, dann beträgt der Stromverbrauch nur 2 A/h, so daß bei der üblichen Batterieausrüstung im Vergleich mit anderen Bordverbrauchern, die ebenfalls in der Nacht laufen müssen, keine nennenswerte zusätzliche Entnahme erfolgt.

Betonnung

Einheitliches Betonnungssystem in Europa

Laterale Zeichen bleiben an Backbord oder Steuerbord, kardinale Zeichen liegen nördlich, östlich, südlich oder westlich eines Bezugspunktes

In den Küstengewässern aller europäischer Länder gilt das vom Internationalen Verband der Seezeichenverwaltungen (IALA) entwickelte Betonnungssystem „A" mit lateralen Zeichen für die Seiten eines Schifffahrtsweges und kardinalen Zeichen für die Richtung zum sicheren Passieren einer Gefahrenstelle oder eines Hindernisses. Auch wenn die internationele Fassung von einigen Ländern geringfügig eingeengt wird, kann sich der Sportschipper doch in allen europäischen Gewässern vom Nordkap bis in die Ägäis und von Irlands windiger Südwestecke bis zu den finnischen Schären an einheitlichen Fahrwasser- und Untiefentonnen orientieren.

Das „Betonnungssystem A" mit grünen Tonnen an der Steuerbordseite eines Fahrwassers und roten Seezeichen an der Backbordseite unterscheidet sich nur im grundsätzlichen Prinzip vom „Betonnungssystem B", das in den Gewässern der Vereinigten Staaten von Amerika und in mehreren anderen überseeischen Ländern benutzt wird. Dieses genau umgekehrte Betonnungssystem mit roten Spitz- oder Spierentonnen, die einlaufend an Steuerbord bleiben müssen, und grünen Stumpf- oder Spierentonnen an der Backbordseite wird derzeit ebenfalls vereinheitlicht, so daß in naher Zukunft Berufsseeleute und Sportschipper überall in der Welt nur nach zwei einheitlichen Betonnungssystemen zu navigieren haben, die im Prinzip gleich aufgebaut, aber eben nur (bezüglich der Farben) genau entgegengesetzt zu behandeln sind.

Das Betonnungssystem „A" kombiniert ein laterales und ein kardinales System. Im einzelnen unterscheidet man die auf Seite 200 dargestellten Zeichen:

- Laterale Zeichen für die Steuerbord- und Backbordseite eines Schiffahrtsweges.
- Kardinale Zeichen, die in einer der vier Hauptrichtungen zu einer Gefahrenstelle ausgelegt sind und die sichere Passierseite anzeigen.
- Einzelgefahr-Zeichen für Gefahrenstellen geringer Ausdehnung, um die herum tiefes Wasser ist,
- Mitte-Fahrwasser-Zeichen im tiefen Fahrwasser und
- Sonderzeichen, die nicht der Navigation dienen, sondern nur bestimmte Gebiete oder Punkte im Revier bezeichnen.

Bei den neuen lateralen Zeichen ist die Form einer Tonne genauso bedeutungsvoll wie ihre Farbe: Rechteckige Tonnen mit rotem Anstrich und rotem Licht (Abb. 1) liegen an der Backbordseite des Fahrwassers, Tonnen mit konischer (spitzer) Form, grünem Anstrich und grünem Licht (Abb. 2) an der Steuerbordseite. Weicht die Tonnenform hiervon ab, wenn z. B. eine Spiere oder eine Bakentonne benutzt wird, dann wird sie mit einem Toppzeichen ausgestattet, das die entsprechende Form hat und die entsprechende Farbe trägt (rot für rechteckig und grün für konisch). Die Betonnungsrichtung wird in jedem Falle genau festgelegt, wenn laterale Zeichen verwendet werden. Es ist die Hauptrichtung einer Hafenzufahrt, eines Flußgebietes oder eines anderen Wasserweges, von See kommend. Sie kann gegebenenfalls auch durch eine zusätzliche Beschriftung der Tonnen erkennbar sein, wobei ungerade Ziffern (1, 3, 5 usw.) an der Steuerbordseite des Fahrwassers und gerade Ziffern (2, 4, 6 usw.) an der Backbordseite Verwendung finden. Befindet sich das Fahrwasser auf See, dann verläuft die Bezeichnungsrichtung im Uhrzeigersinn um die Landmassen.

Die Mitte-Fahrwasser-Zeichen mit roten und weißen senkrechten Streifen in Kugelform oder als Baken oder Spieren mit einem roten Ball als Toppzeichen und weißem Licht (Kennung: Gleichtakt, unterbrochen oder Blk 10s) zeigen tiefes Fahrwasser an (Abb. 5). Sie kennzeichnen Mittellinien (z. B. von Deckpeilungen) und Fahrwassermitten (zwischen der Backbord- und Steuerbord-Fahrwasserseite). Sie unterscheiden sich durch senkrechte Streifen und zusätzlich durch den weißen Farbanteil von den Tonnen, die Gefahren bezeichnen und nicht nur waagerechte Farbbänder haben, sondern auch im Gegensatz dazu schwarz gemalt sind. Lange Lichterscheinungen (unterbrochen) sind für die Befeuerung typisch. Verschiedene Taktkennung ist nur erforderlich, um sie voneinander unterscheiden zu können.

Zur Bezeichnung von natürlichen Gefahren (Untiefen) sowie anderen Schiffahrtshindernissen (Wracks) werden Tonnen beliebiger Art (Baken, Bakentonnen oder Spieren) benutzt, weil nur das Doppelkegeltoppzeichen das wichtigste Unterschei-

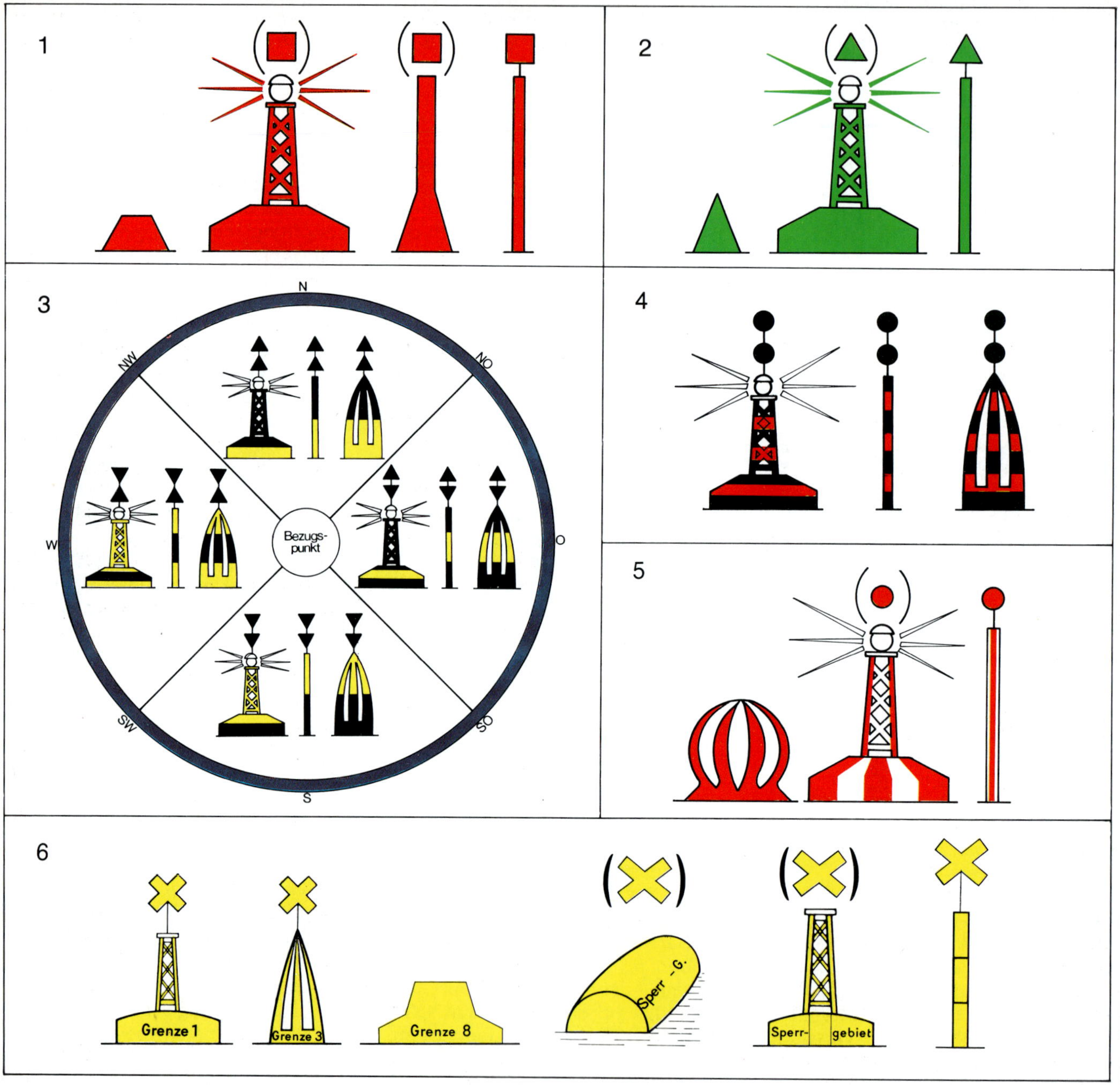

Die neuen Schiffahrtszeichen: 1. Laterale Zeichen an der Backbordseite des Fahrwassers. – 2. Laterale Zeichen an der Steuerbordseite des Fahrwassers. – 3. Kardinale Zeichen für natürliche Gefahren und andere Hindernisse. – 4. Einzelgefahrzeichen. – 5. Mitte-Fahrwasser-Zeichen. – 6. Einfache Sonderzeichen und solche für Sperrgebiete.

dungsmerkmal bei Tage ist. Diese kardinalen Zeichen (Abb. 3), die die Richtung von einem Bezugspunkt markieren, sind nördlich, östlich, südlich und westlich einer Unterwasser-Gefahrenstelle ausgelegt. Die kardinalen Zeichen unterscheiden sich durch gelbe und schwarze waagerechte Unterteilung sowohl in der Farbe wie in der Richtung des Farbbandes deutlich von den lateralen Zeichen. Die Doppeltoppzeichen sind immer schwarz. Die Spitzen der Toppzeichen deuten gleichzeitig an, wo sich der schwarze Anstrich befindet bzw. wenn einem solchen kardinalen Zeichen das Toppzeichen fehlt, dann kann man aus der Lage des schwarzen Streifens ebenfalls den Quadranten erkennen, den die Tonne markiert:

Nordquadrant:

Zwei Toppzeichen mit den Spitzen nach oben (Eselsbrücke: Auf der Seekarte ist Nord oben). Tonnenfarbe schwarz über gelb. Gegebenenfalls weißes Feuer. Kennung unterbrochenes Funkel oder schnelles Funkel.

Ostquadrant:

Zwei Toppzeichen übereinander mit den Spitzen voneinander weg (Eselsbrücke: Sie bilden ein O – Ost). Tonnenfarbe: schwarze Teile über und unter einem gelben Band in der Mitte. Gegebenenfalls weißes Feuer, Kennung Funkelgruppe von *drei* Blitzen, denen eine Pause folgt.

Südquadrant:

Zwei Toppzeichen übereinander mit den Spitzen nach unten (Eselsbrükke: Auf der Seekarte ist Süd unten). Tonnenfarbe schwarz unter gelb. Gegebenenfalls weißes Feuer, Kennung Funkelgruppe von *sechs* Blitzen, denen unmittelbar ein Blink und dann eine Pause folgt.

Westquadrant:

Zwei Toppzeichen übereinander, deren Spitzen zueinander zeigen. Tonnenfarbe: schwarzes Teil in der Mitte zwischen je einem gelben Band unterhalb und oberhalb. Gegebenenfalls weißes Feuer, Kennung Funkelgruppe von *neun* Blitzen, denen eine Pause folgt.

Das Konzept von 0, 3, 6 und 9 (Blitzen) entspricht dem Zifferblatt einer Uhr. Der bei der Kennung im Südquadranten zwischengeschaltete Blink, dessen Lichterscheinung länger als 2 Sekunden sein muß, zeigt hierbei an, daß man es nicht mit Funkelgruppen von 3 oder 9 Blitzen, sondern mit einer Funkelgruppe von 6 Blitzen zu tun hat.

„Schnelles Funkel" wird als eine Folge von 120 bzw. 100 Blitzen/min., „einfaches Funkel" als eine Folge von 60 bzw. 50 Blitzen/min. definiert.

Einzelne Gefahrenstellen geringerer Ausdehnung gehören durch ihre (mehr als 3) schwarz-rote Farbbänder auch optisch in die Gruppe der kardinalen Zeichen (Abb. 4). Sie können Baken- oder Spierenform haben. Das wesentliche Kennzeichen ist das Doppelball-Toppzeichen. Der Zwischenraum zwischen den beiden schwarzen Bällen übereinander wird immer gut erkennbar sein. Wenn erforderlich, wird weißes Licht mit der Blitzgruppe 2 (Blz.Gp. 2) als Kennung benutzt.

Alle Sonderzeichen (Abb. 6) dienen nicht in erster Linie der Navigation, sondern sie bezeichnen besondere Gebiete oder Punkte, deren Bedeutung aus der Seekarte ersichtlich oder in nautischen Veröffentlichungen bekanntgemacht ist. Ihre Kennzeichen sind gelber Anstrich, gelbes Licht und gelbes X-Toppzeichen. Tonnen von Sperrgebieten sind durch zusätzliche rote Farbbänder gekennzeichnet.

Diese Sonderzeichen bezeichnen z. B. ozeanographische Datensammelstellen, Verkehrstrennungsgebiete, bei denen die Verwendung der normalerweise für Schiffahrtswege benutzten Zeichen nicht möglich ist, Baggerschüttstellen, militärische Übungsgebiete, Kabel oder Rohrleitungen sowie die Grenzen von Wassererholungsgebieten vor dem Strand, die für die Schiffahrt gesperrt sind. Im allgemeinen wird eine Tonnenform gewählt, die eine Verwechslung mit anderen Navigationszeichen ausschließt. Da gelbes Licht von weißem Licht oft schwer zu unterscheiden ist, verzichtet man auf jede Taktkennung. Als Hinweis für ihre Bedeutung sind diese Sonderzeichen oft beschriftet.

Liegen zwei gleiche Schiffahrtszeichen nebeneinander (Abb. 7), dann bedeutet dies: Die bezeichnete Gefahrenstelle ist noch nicht in den NfS bekanntgegeben worden.

Die Abbildungen der nächsten Seiten zeigen, wie ein Seegebiet bei Tag und Nacht nach dem neuen Betonnungssystem bezeichnet ist und wie die Schiffahrtszeichen künftig in den Seekarten dargestellt sind.

Zum Gebrauch an Bord gibt das Seezeichen-Versuchsfeld, Weinbergstr. 11–13, 5400 Koblenz 1, ein kostenloses Faltblatt „Neue Betonnung" im Auftrage der Wasser- und Schifffahrtsverwaltungen kostenlos ab.

Abb. 7: Neue Gefahrenstellen sind durch Doppeltonnen bezeichnet.

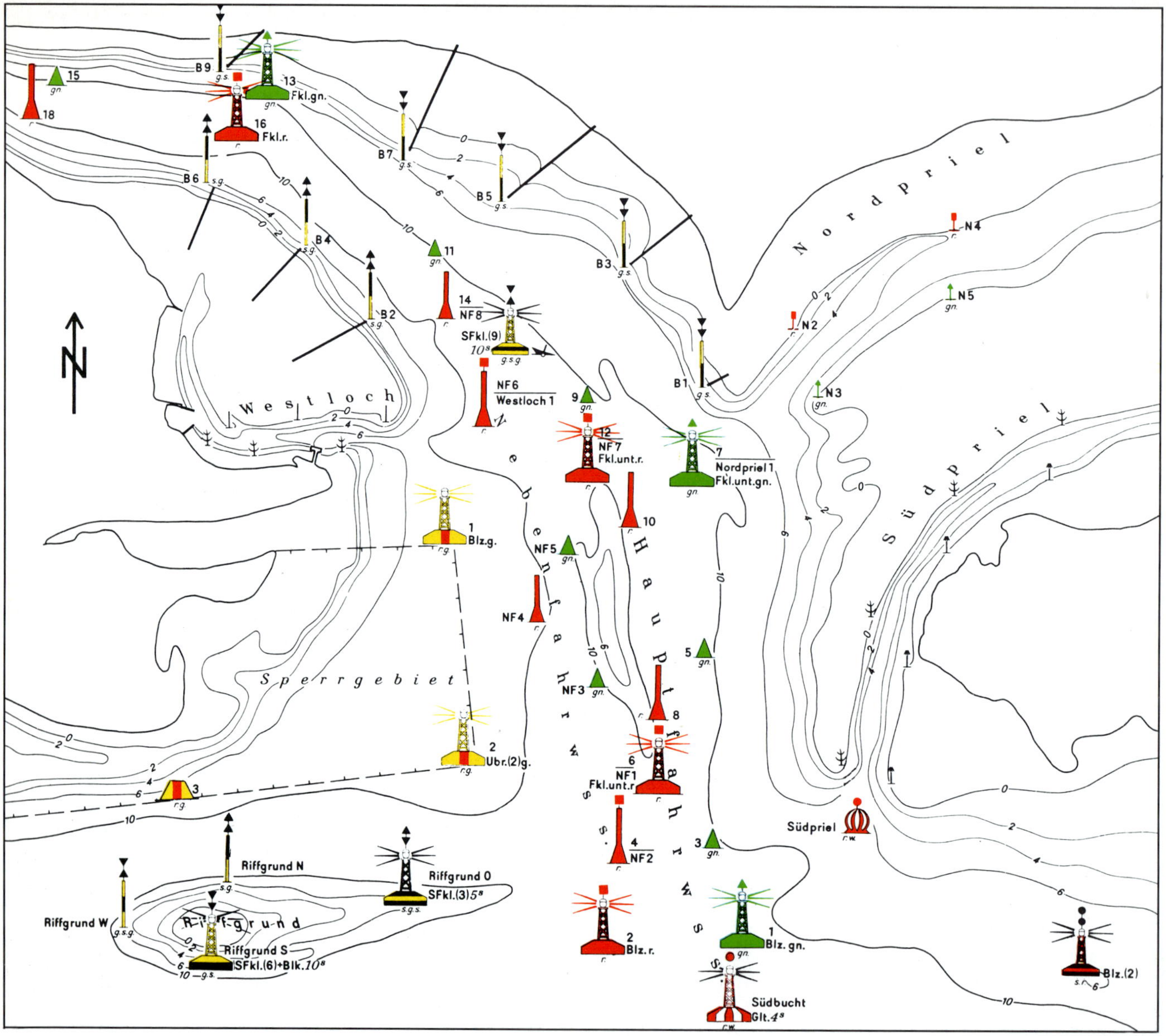

Die neuen Tonnen in einem Beispiel aus der Praxis: Das Hauptfahrwasser ist dort ausgelegt, wo die Wassertiefe mindestens 10 m beträgt. Die Ansteuerungstonne „Südbucht" ist eine Mitte-Fahrwasser-Tonne. Die grünen Tonnen an der Steuerbordseite des Hauptfahrwassers sind mit den Ziffern 1, 3, 5, 7 usw. bezeichnet. Die Tonnen 1 und 7 tragen grünes Feuer unterschiedlicher Kennung. Die roten Tonnen an der Backbordseite des Fahrwassers sind mit den Ziffern 2, 4, 6, 8, 10 usw. bezeichnet. Die Tonnen 2, 6 und 12 sind Leuchttonnen mit rotem Licht unterschiedlicher Kennung. Bei Tonne 6 zweigt ein Nebenfahrwasser ab, das sich bei der roten Spierentonne NF 6, Westloch 1, wieder mit dem Hauptfahrwasser vereinigt.

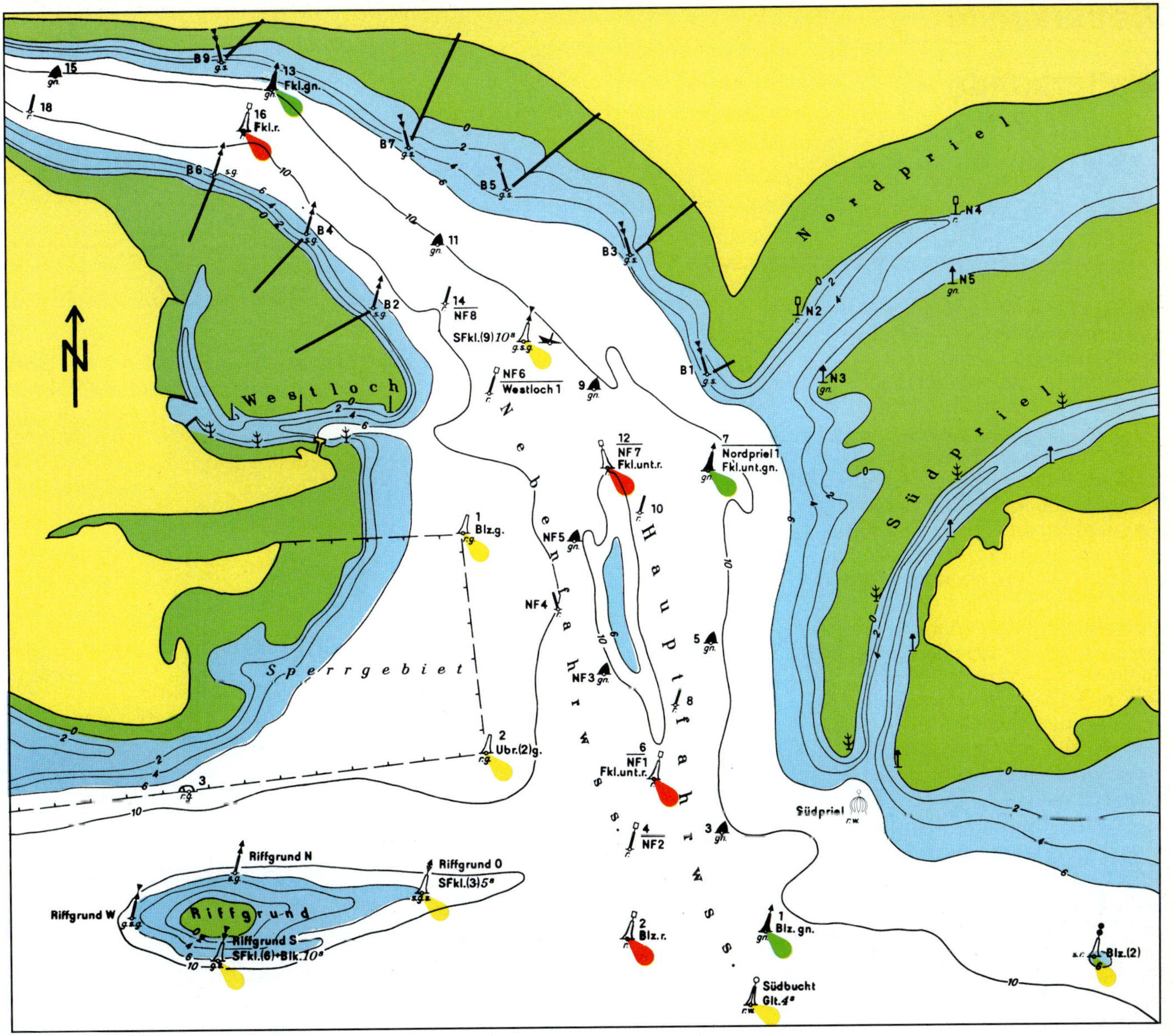

Das gleiche Seegebiet wie auf Seite 202 in der Seekarte. Hier werden die Tonnenfarben nur schwarz-weiß dargestellt, aber mit den Kürzeln „gn = grün, r = rot, gsg = gelb-schwarz-gelb" usw. kenntlich gemacht. Dafür sind die Toppzeichen genau auszumachen, sowohl bei der Einzelgefahrenstelle mit zwei Balltoppzeichen (rechts unten) als auch bei der Tonne „Riffgrund W". Die Farbpunkte bezeichnen die Farbe der befeuerten Tonnen, wobei weißes Licht wie gelbes Licht durch gelbe Farbe angegeben ist. Bei den Kürzeln wird weißes Feuer nicht durch einen Buchstaben bezeichnet. So bedeutet z. B. „Glt. 4 s" weißes Gleichtaktfeuer, 4 Sekunden. Die das Sperrgebiet begrenzende Tonne 1 mit dem Kürzel „Blz. g." zeigt gelbes Blitzfeuer.

Wetterkunde – einmal anders

Richtige Einschätzung von Wind und See ist für eigene nautische Entscheidungen wie für den Erfahrungsaustausch wichtig

Wind und Seegang werden in Erlebnisberichten von Freizeitschippern meistens höher eingeschätzt, als sie tatsächlich sind. Ds ist gefährlich. Die sonst nur tabellarisch dargestellten Werte und Begriffe sind darum hier anschaulich gemacht worden. Die Bildunterschriften enthalten (in dieser Reihenfolge) Windstärke nach Beaufort, Windgeschwindigkeit, Seegang bzw. Windsee nach Petersen, die Bezeichnung des Seegangs und die Auswirkungen des Windes auf die See. Charakteristische Begriffe sind durch unterschiedliche Schriftart gekennzeichnet.

Freizeitsport mit Motorbooten aller Arten ist aus Gründen der Sicherheit für Boot und Besatzung nur im Bereich der „Brisen" möglich und empfehlenswert. Wird im Wetterbericht und durch das Setzen eines schwarzen Balls an den Signalstellen der Küste Starkwindgefahr (Windstärke 6 und 7) angezeigt, sollten Motorboote nicht auslaufen. Windstärke 8 kommt im Sommer in europäischen Revieren kaum vor. Stürme und Orkane haben verheerende Folgen. Sie treten in unseren Revieren glücklicherweise nur außerhalb der Saison auf.

Abb. A: Windstärke 0: „Stille". Windgeschwindigkeit 0–1 kn. Seegang 0: „Völlig ruhige, glatte See." Spiegelglatte See. Wellenhöhe 0 m.

Abb. B: Windstärke 1: „Leiser Zug." Windgeschwindigkeit 1–3 kn. Seegang 1: „Ruhige, gekräuselte See." Kleine schuppenförmig aussehende Kräuselwellen ohne Schaumköpfe. Wellenhöhe 0–0,5 m.

Abb. F: Windstärke 6: „Starker Wind." Windgeschwindigkeit 22–27 kn. Seegang 5: „Grobe See." Bildung großer Wellen beginnt. Kämme brechen und hinterlassen größere weiße Schaumflächen. Etwas Gischt. Wellenhöhe 2,0–3,5 m. Windwarnung durch schwarzen Signalball. Auslaufen für Motorboote nicht empfehlenswert.

Abb. G: Windstärke 7: „Steifer Wind." Windgeschwindigkeit 28–33 kn. Seegang 6: „Sehr grobe See." See türmt sich. Der beim Brechen entstehende weiße Schaum beginnt sich in Streifen in die Windrichtung zu legen. Wellenhöhe 3,5–6,0 m. – Windwarnung durch schwarzen Signalball. Motorboote laufen nicht aus.

Abb. C: Windstärke 2: „Leichte Brise" und 3: „Schwache Brise." Windgeschwindigkeit 4–6 bzw. 7–10 kn. Seegang 2: „Schwach bewegte See." Kleine Wellen noch kurz, aber ausgeprägter. Kämme sehen glasig aus und brechen noch nicht. – Kämme beginnen sich zu brechen. Ganz vereinzelt können kleine weiße Schaumköpfe auftreten.

Abb. D: Windstärke 4: „Mäßige Brise." Windgeschwindigkeit 11–15 kn. Seegang 3: „Leicht bewegte See." Wellen noch klein, werden aber länger. Weiße Schaumköpfe treten schon ziemlich verbreitet auf. Wellenhöhe 0,8–1,2 m.

Abb. E: Windstärke 5: „Frische Brise". Windgeschwindigkeit 16–21 kn. Seegang 4: „Mäßig bewegte See." Mäßige Wellen, die eine ausgeprägtere lange Form annehmen. Überall weiße Schaumkämme. Ganz vereinzelt kann schon Gischt vorkommen. Wellenhöhe 1,2–2,0 m.

Abb. H: Windstärke 8: „Stürmischer Wind." Windgeschwindigkeit 34–47 kn. Seegang 7: „Hohe See." Mäßig hohe Wellenberge mit Kämmen von beträchtlicher Länge. Von den Kanten der Kämme beginnt Gischt abzuwehen. Schaum legt sich in die Windrichtung. Wellenhöhe 7,0 bis 9,0 m. Sturmwarnung. Auslaufen lebensgefährlich. – Windstärke 9: Sturm. Windgeschwindigkeit 41 bis 47 kn. Seegang 7.

Abb. I: Windstärke 10: „Schwerer Sturm". Windgeschwindigkeit 48–55 kn. Seegang 8: „Sehr hohe See." Sehr hohe Wellenberge mit langen, überbrechenden Kämmen. See weiß durch Schaum. Schweres stoßartiges „Rollen" der See. Sicht durch Gischt beeinträchtigt. Wellenhöhe (bei entsprechender Wassertiefe) bis 20 m. Die Schiffahrt ruht.

Abb. J: Windstärke 11: „Orkanartiger Sturm". Windgeschwindigkeit 56–63 kn. Seegang 9: „Außergewöhnlich schwere See". Außergewöhnlich hohe Wellenberge. Die Kanten der Wellenkämme werden überall zu Gischt verblasen. Sicht herabgesetzt. Wellenhöhe (bei entsprechender Wassertiefe) bis 20 m. Die Schiffahrt ruht.

Navigation

Navigations-ausrüstung

Nützlich ist alles, notwendig ist vieles, aber was ist unerläßlich?

Unsere Großväter und sogar unsere Väter würden staunen, wenn sie das umfassende Angebot von komplizierten Navigationsgeräten sehen würden, das uns zur Verfügung steht. Für die Anschaffung kann man gut und gern noch einmal den gleichen Betrag wie für das Boot ohne seine Motorenanlage ausgeben. Da jedoch jeder Bootseigner erfahrungsgemäß nur einen begrenzten Haushalt hat, muß man die Navigationsausrüstung nach einer Dringlichkeitsliste zusammenstellen, und bei der Beschaffung der Grundausrüstung ist es wichtiger, von Anfang an notwendige Geräte zu einem günstigen Preis zu kaufen, als ein qualitativ hochwertiges Gerät für nur einen Zweck allein anzuschaffen und dadurch notgedrungen auf den Erwerb von anderen, nicht minder wichtigen Navigationsgeräten zu verzichten.
An der Spitze unserer Dringlichkeitsliste steht immer ein Kompaß. Man kann auf ihn weder auf offenen Booten noch auf Kajütkreuzern verzichten, weil man überall in unsichtiges Wetter geraten kann und dann ganz zwangsläufig den richtigen Kurs an eine sichere Küste oder in den nächsten Hafen ermitteln muß. Es gibt heute mehrere sehr gute Kompasse auf dem Bootsmarkt, die alle als Magnet- und Schwimmkompasse gebaut sind und durch die magnetischen Felder von Eisenteilen an Bord beeinflußt werden. Nach der Konstruktion gibt es Kugel-, Halbkugel- oder Kalotten- und Flachglas-Kompasse.
Dabei unterscheiden sich Kugel- und Halbkugel-Kompasse äußerlich nur wenig, aber der echte Kugel-Kompaß hat eine voll kardanisch aufgehängte Rose, während der ebenfalls äußerlich kugelförmige Kalotten-Kompaß mit einer halb kardanischen Aufhängung nicht unbegrenzt krängungs- und stampffrei bleibt. Kleine Boote bevorzugen den Deckeinbau, bei dem der Kompaß nur von oben abgelesen werden kann. Kajütkreuzer sind mit einem Steuerkompaß für senkrechten Einbau, dessen Rose man sowohl waagerecht als auch senkrecht ablesen kann, oder mit einem Kompaß für den Schotteinbau besser ausgerüstet.
Für jedes Boot, außer einem kleinen Sportboot, muß ein Kompaß gut zu beleuchten sein, wenn der Rudergänger auch im Dunkeln nach ihm steuern soll. Bei den meisten Kompassen ist die Beleuchtung regelbar, und entsprechende kleine Birnen sind sowohl über als auch unter der Kompaßrose angebracht und wahlweise heller oder dunkler zu stellen. Wenn der Kompaß an Deck eingebaut ist, muß er widerstandsfähig genug sein, daß man auch (notfalls) darauf treten kann; denn das Begehen läßt sich früher oder später doch nicht vermeiden.
Auf meiner Dringlichkeitsliste steht als nächstes ein Rundfunkempfänger, um die Wettervorhersage abhören zu können. Für kurze Fahrten genügt dazu ein kleines Transistorge-

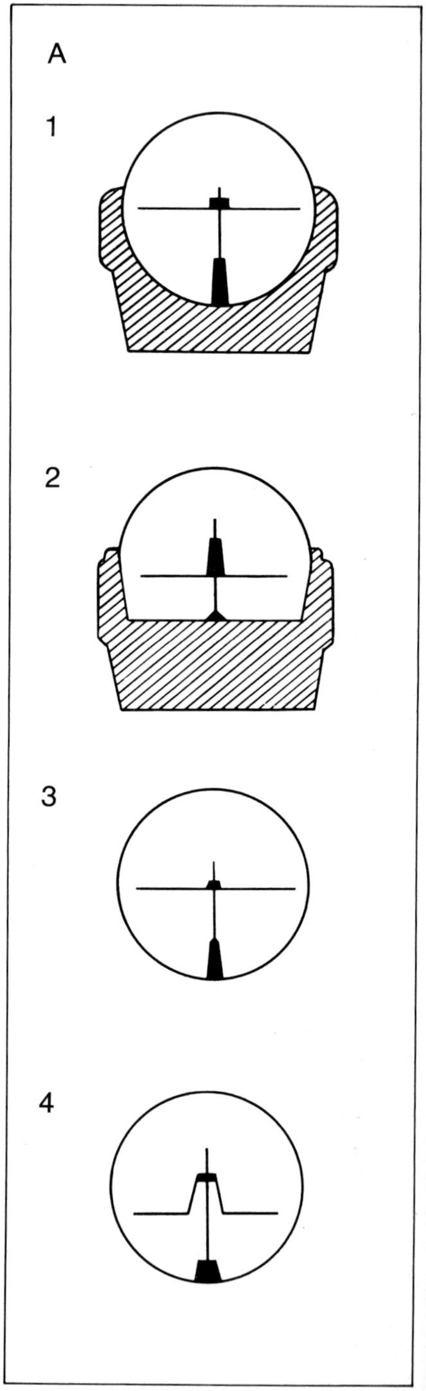

Abb. A: Kugelkompaß (1). Die Flüssigkeit kann im kugelrunden Gehäuse niemals durch die Bootsbewegungen gestört werden, und die Kompaßrose bleibt bei allen Bootsbewegungen vom Stampfen bis zum Schlingern oder Rollen immer waagerecht. – (2) Dieser Kompaß sieht nur wie ein Kugelkompaß aus, aber es ist ein Halbkugel- oder Kalotten-Kompaß. Innen hat er einen flachen Boden, so daß die Flüssigkeit sich beim Rollen und Schlingern des Bootes mit bewegt. Die Kompaßrose kann nicht jeder Krängung folgen und immer waagerecht bleiben; die Anzeige wird gestört. – (3) Beim qualitativ hochwertigen Kugelkompaß liegt die Pinne, die die runde Kompaßrose im Kreismittelpunkt trägt, gleichzeitig im Zentrum des Kugelgehäuses. – (4) Da es schwierig und kostenträchtig ist, die Kompaßrose genau im Kreismittelpunkt waagerecht aufzuhängen, benutzen einige Kompaßhersteller den Trick, die Kompaßrose in dieser Weise aufzuhängen. Sie bewegt sich dadurch bei den Bootsbewegungen sehr viel mehr und hängt unruhiger.

Abb. B: Ein halbkardanischer Kugelkompaß für Motorboote und Deckseinbauten mit Beleuchtung. Es lassen sich Kompensiermagnete anbringen und verschieben, so daß der Kompaß kompensierfähig ist.

Abb. C: Ein in das Deck eingelassener halbkardanischer Kugelkompaß für Motorboote ohne großes eigenmagnetisches Störungsfeld. Der Kompaß läßt sich nicht kompensieren, aber er ist beleuchtet.

Abb. D: Ein einfacher Flachglaskompaß mit voller kardanischer Aufhängung für Motorboote mit starkem eigenmagnetischem Feld. Er läßt sich mit Hilfe einer Stellschraube kompensieren. Man kann ihn vertikal oder horizontal installieren.

B

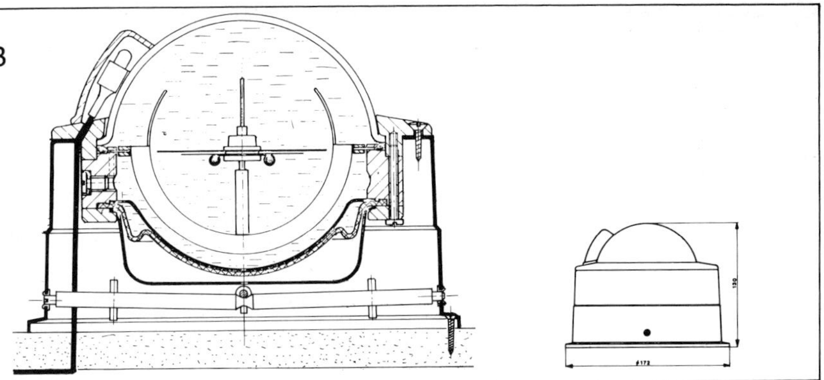

C

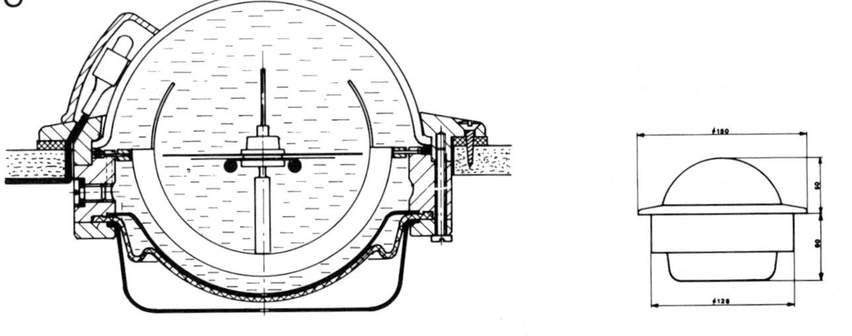

D

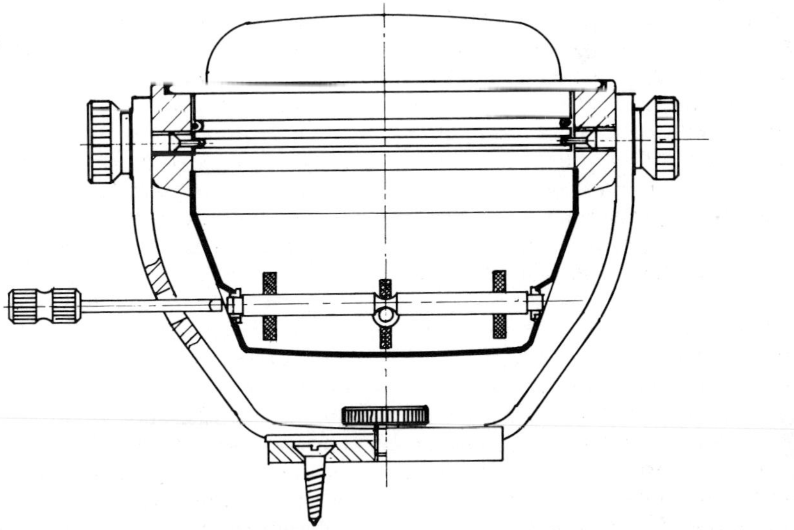

Abb. E: Auch elektrische Digitalkompasse finden heute auf Motorbooten immer mehr Verwendung. Sie haben überhaupt keine beweglichen Teile und wirken grundsätzlich anders als mechanische Kompasse. Sie sind oft mit einer Borduhr verbunden und arbeiten mit 12 oder 24 Volt.

rät. Bei großen Yachten und für Landfahrtenschipper empfiehlt sich ein Gerät, mit dem man auch die Grenzwelle empfangen und damit (wenigstens passiv) am Informationsdienst der Küstenfunkstellen teilnehmen kann. Wer die Absicht hat, früher oder später ein Funkpeilgerät zu erwerben, sollte es zuerst bei einem billigen kleinen Transistorgerät belassen, weil er mit dem Funkpeiler auch alle jene Frequenzen abhören kann, die Wettermeldungen und Wettervorhersagen aussenden.

Sowohl im traditionellen Sinne als auch in der Reihenfolge meiner Dringlichkeitsliste folgt dann das Log, auf Motorbooten in vielfältiger Arbeitsweise vom Sumlog über das Dopplerlog bis zum Speedometer benutzt. Heute sind die meisten Motorbootfahrer zu elektronischen Zählgeräten übergegangen, deren Zählwerk am Fahrstand oder neben dem Platz des Navigators angebracht ist. Dabei wird beim Sumlog und ähnlichen Modellen die Fahrt durch einen kleinen, unter dem Bootsboden angebrachten Propeller gemessen, der durch den Fahrtstrom angetrieben wird. Seine Umdrehungen werden mechanisch über eine flexible Welle auf ein Anzeigegerät übertragen, das nicht nur die Fahrt, in Knoten oder km/h anzeigt, sondern auch die Seemeilen oder Tagesmeilen (eines Etmals) zählt. Man nennt es durch die Art seiner Arbeitsweise auch ein Bootstachometer. Ein Elektrolog arbeitet mit Induktionsstrom und Magneten, mißt die Fahrt mit einem kleinen Schaufelrad und überträgt die Werte elektrisch. Sein Vorteil: Man kann es über eine Art Seeventil nach innen entfernen und dann reinigen. Ein Speedometer mißt die Fahrt nach dem Prinzip eines Staudruckmessers entweder elektrisch oder elektronisch. Andere Speedometer haben einen fingerlangen Fühler für die Fahrt unter dem Bootsboden, während das Dopplerlog (nach dem Doppler-Prinzip) weder bewegliche Teile noch offene Düsen im Unterwasserschiff besitzen muß.

Auch ein Barometer rechne ich zur Navigationsausrüstung. Es gehört selten mit zum Lieferumfang eines Standardbootes. Dabei ist es weniger wichtig, den genauen Luftdruck zu jeder Zeit zu wissen. Was uns am Barometer interessiert, sind die Luftdruckschwankungen, die uns natürlich ein Barograph optisch besser vermittelt, weil er sie im Tagesverlauf aufschreibt. Da aber ein Motorbootfahrer nicht ganz so wetterabhängig wie ein Segler ist und im Falle einer Wetterverschlechterung auch schneller einen rettenden Hafen erreicht, genügt ein Barometer, dessen Luftdruck man gegebenenfalls alle Stunde oder 30 Minuten ablesen und aufschreiben kann. Man bekommt ein zuverlässiges Barometer, wenn man auf ein teures, poliertes Messinggehäuse verzichtet, zu einem günstigen Preis und kann dabei auf die schönen Bezeichnungen „regnerisch" oder „schönes Wetter" verzichten. Den Seefahrer interessiert nur der in Millibar angegebene Luftdruck und nichts anderes.

Auch wenn Motoryachten durch ihre Fahrt oft sehr schnelle Ortsveränderungen vornehmen und nur einen relativ geringen Tiefgang haben, gehört auch ein Echolot zu gegebener Zeit zur Navigationsausrüstung. Wer oft ankert, viel in küstennahen Gewässern schippert oder unbekannte Reviere aufsucht, sollte sich den Erwerb eines Echolots nicht ersparen.

Abb. F: Kugelkompaß mit üblicher Roseneinteilung. Die Hauptrichtungen Nord, Ost, Süd und West sind durch Buchstaben, alle Zehnergrade durch dicke und lange Striche, alle Fünfergrade durch dünne und kurze Striche gekennzeichnet.

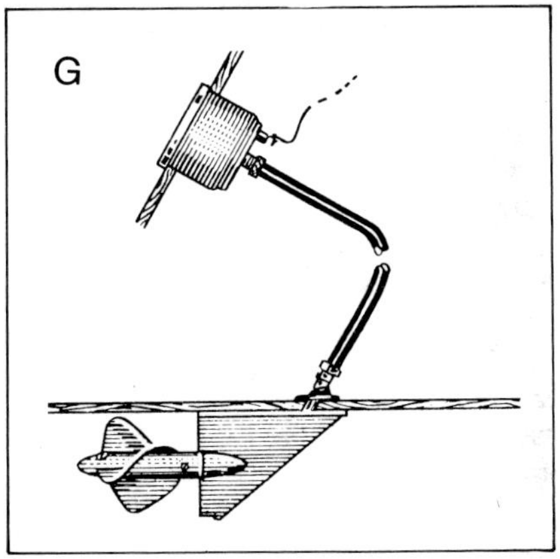

Abb. G: Bei diesem Sumlog und anderen, ähnlichen Geräten wird die Fahrt mit einem Propeller gemessen, der unter dem Bootsboden befestigt ist. Seine Umdrehungen werden mechanisch über eine flexible Welle von 3 bis 5 m Länge auf ein Anzeigegerät am Steuerstand übertragen, das die Fahrt in Knoten oder km/h anzeigt und auch die abgelaufenen Distanzen in Seemeilen mißt.

Auf größeren Yachten sind zwei Tochterskalen empfehlenswert, eine am Steuerstand, die andere am Arbeitsplatz des Navigators.

Erst an dieser Stelle meiner Dringlichkeitsliste folgt der Funkpeiler. Man wird ihn natürlich nur zur Standortbestimmung benutzen, wenn man nicht mehr in Küstensicht schippert oder von Nebel und schlechter Sicht überrascht wird. Unter solchen Bedingungen ist er aber beim Einlaufen eine große Hilfe, insbesondere, wenn man mit Zielfahrt auf ein Funkfeuer sicher an seinen Liegeplatz gelangen kann. Bei großen Yachten steht der Preis eines Funkpeilers ohnehin in einem geringen Verhältnis zu den Anschaffungs- und Betriebskosten des Bootes, so daß man ihn in jedem Falle installieren wird.

Bei großen Yachten bietet sich nur die Alternative, statt dessen ein Radargerät in die Navigationsausrüstung zu nehmen. Die aktive Schiffsortbestimmung mit Radar ist sehr viel sicherer und auch einfacher als mit dem Funkpeiler, der Anwendungsbereich von Radar reicht auch weit über die Verwendungsmöglichkeiten des Funkpeilers hinaus, aber dafür ist der Mehrpreis auch beträchtlich.

Einen kleinen Handpeilkompaß habe ich bisher nicht genannt, ebenso nicht eine Peilscheibe oder einen Peildiopter. Letztgenannte Geräte erscheinen vielleicht etwas altertümlich und überholt. Aber wir werden sehen, daß die einfachste Navigation auf Motorbooten mit Winkelverdopplungen in bezug auf ein einziges Objekt möglich ist, und diese Winkel lassen sich eben am besten mit einer simplen Peilscheibe ablesen. Nicht ganz so genau kann man sie auch mit einem Handpeilkompaß ermitteln. Er hat den Vorteil, daß er auch als Zweitkompaß oder als Reservekompaß benutzt werden kann und sollte daher – da seine Anschaffung ohnehin nicht teuer ist – vielleicht noch vor dem Speedometer, in jedem Falle mit am Anfang der Dringlichkeitsliste rangieren. Auf Motorbooten ist die Gefahr ja immer groß, daß man Fotoapparat oder Taschenmesser, Feuerzeug oder andere Geräte zu dicht an den Kompaß legt, und es ist bei einem längeren Seetörn aus Gründen der Nautik und Sicherheit dringend geboten, den Steuerkompaß gelegentlich mit einem Zweitkompaß zu vergleichen, weil man sonst eine mögliche Ablenkung durch solche Ausrüstungsteile gar nicht erkennen kann. Ein Peilkompaß ist auch bei Booten mit zwei Steuerständen nützlich, und man sollte in jedem Falle ihm den Vorzug

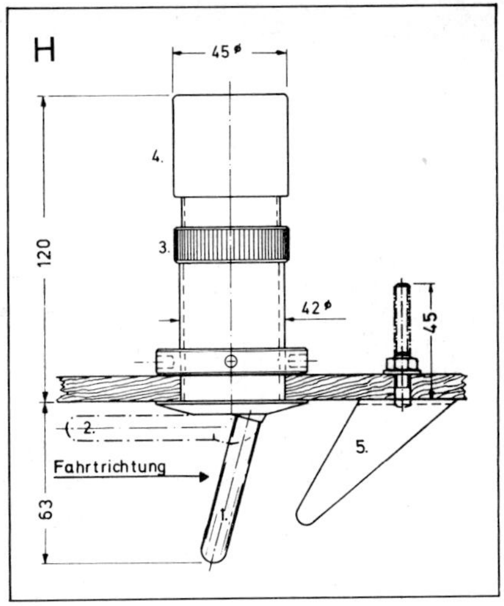

Abb. H: Bei einem Speedometer wird die Fahrt nach dem Prinzip des Staudruckmessers entweder elektrisch oder elektronisch gemessen. Das hier gezeigte elektronische Speedometer arbeitet mit einem Fühler unter dem Bootsboden, gegen den die Wasserströmung bei unterschiedlicher Geschwindigkeit verschieden stark drückt.

vor einem zweiten, eingebauten Steuerkompaß geben, weil man auch ihn dazu verwenden kann.

Als letztes soll ein Seefunktelefon nicht vergessen werden. Als UKW-Funkgerät läßt es sich auf dem Rhein auch für Rheinfunk verwenden, und ein Grenzwellengerät kann auch Aufgaben des Funkpeilens übernehmen, weil man damit anstelle der Eigenpeilungen auch Fremdpeilungen für die Standortbestimmung verwenden kann. Anderenfalls hat ein Seefunktelefon sicher einen größeren Wert in der Palette der Navigationsausrüstung als das Radargerät, wenn man die Preisrelationen mit in Betracht zieht. Und ein Seefunktelefon kann gleichzeitig ein wichtiges Sicherheitsgerät sein.

Navigation ist Zurechtfinden auf dem Wasser

Tips und Erfahrungen für den Schipper nicht nur auf einem kleinen Motorboot

Elementare Kenntnisse der Navigation werden schon abgefragt, wenn man den Sportboot-Führerschein erwerben will, ohne den man weder binnen noch buten fahren darf. Wir wollen sie hier (auch aus Platzgründen) nicht wiederholen. Wer mit einer größeren Yacht über See oder auf Langfahrt entlang von (unbekannten) Küsten geht, wird sich ohnehin in einem speziellen Fachbuch über Vor- und Nachteile bestimmter Navigationssysteme und über alle Möglichkeiten der terrestrischen und der Funknavigation informieren, wenn er nicht einen gesonderten Navigator für diesen Arbeitsbereich an Bord zur Mitfahrt einlädt. Wir wollen hier nur den Weg von der Theorie in die Praxis erleichtern; denn was man in einem Kursus lernt und an einem Tisch im Unterrichtsraum wie Schulaufgaben gemeistert hat, unter der Aufsicht eines Lehrers und auf einem weder fahrenden noch sich horizontal oder vertikal bewegenden Untersatz, das läßt sich auf Anhieb unterwegs und an Bord niemals in gleicher Weise verwirklichen.

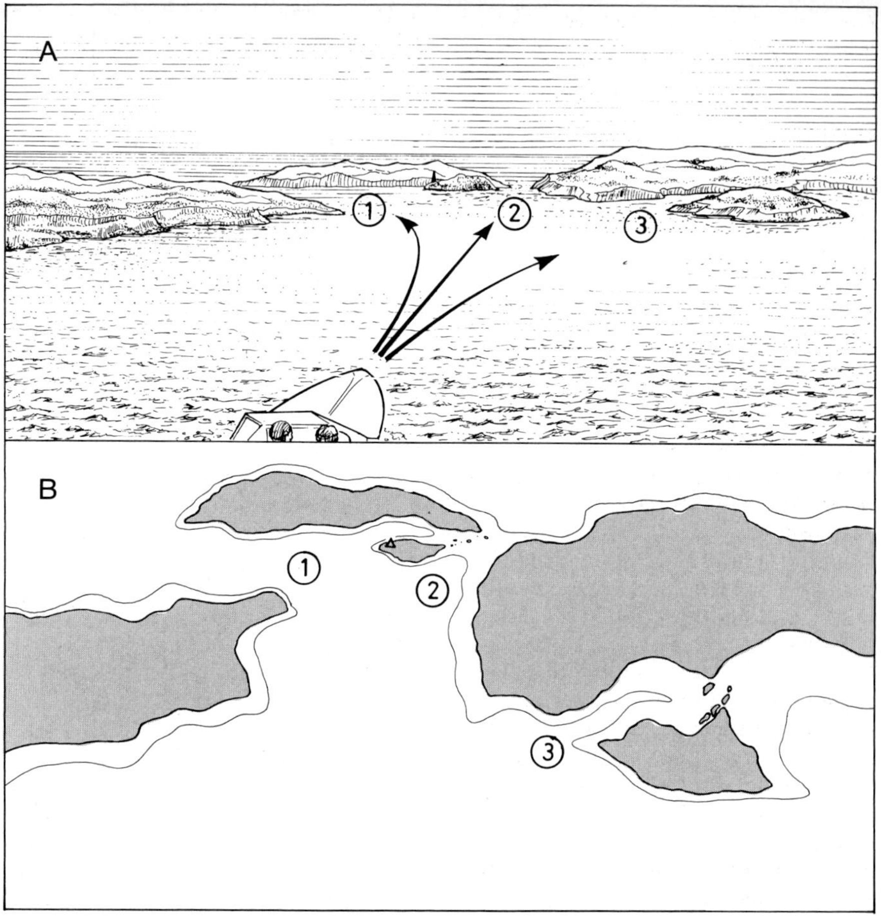

Abb. A: Drei Einfahrten bieten sich dem Motorbootfahrer beim Ansteuern an. Welche von ihnen die richtige ist, kann er nur aus der Seekarte (Abb. B) ersehen.

Wenn viele und dazu noch große und seetüchtige Motorkreuzer so oft keinen Weg vom Liegeplatz bis vor die Küste finden und den nach der Art des Bootes möglichen Fahrbereich auch nicht einmal zögernd auszunutzen beginnen, dann liegt dies fast ausschließlich an dem Unvermögen, theoretische Kenntnisse in die Praxis umzusetzen oder in der Praxis mit den vielen Gegebenheiten fertig zu werden, die man zwar theoretisch kennt, aber doch für den praktischen Gebrauch nicht ausreichend sicher beherrscht.

Die erste Gegebenheit im Unterschied zwischen Theorie und Praxis, die man in Betracht ziehen muß, ist die Arbeit in Bewegung und das Mitdenken, beziehungsweise Vorausdenken auf einem sich bewegenden Untersatz. Praktisch ist es nicht anders als bei der Führung eines Autos auf der Straße, aber die Straßendekke ist doch nur eine sehr begrenzte Fahrbahn, und die entsprechenden Hinweis-, Gebots- und Verbotszeichen stehen unmittelbar am Straßenrand und sehr kurz von den Stellen entfernt, für die sie gelten. Das Fahrwasser auf See ist da viel weitflächiger und oft sogar unendlich weit, und die Tonnen und Seezeichen, die nahe an unserem Kurs oder weiter entfernt liegen, sagen oft sehr viel mehr aus als Verkehrsschilder an der Straße. Aber man muß dazu auch die sehr viel größere Vielfalt ihrer Bezeichnungen genau kennen.

Zuerst muß man lernen, die optische Ansicht aus dem Cockpit in die Seekarte zu übertragen oder umgekehrt sich ein Gebiet der Seekarte praktisch und plastisch aus der Perspektive des Steuerstandes nur etwa 1 m über dem Wasserspiegel vorstellen zu können.

Abbildung A zeigt diese Diskrepanz zwischen Theorie und Praxis deutlich: Die Einfahrt, die wir vor uns haben, mit scheinbar drei möglichen Wegen (1, 2 und 3) von See aus in das Inselgebiet, wie wir es sowohl in den schwedischen Schären der Ostsee als auch an der adriatischen Küste im Mittelmeer vorfinden. Ohne Seekarte (Abb. B) werden wir keine richtige Entscheidung treffen können; denn nur sie zeigt uns ausreichende Zeit vorher, daß nur die Durchfahrt 1 durch die Inseln führt und die Durchfahrten 2 und 3 entweder flaches Wasser mit unreinem Grund haben oder in einer Bucht wie in einer Sackgasse enden.

In der Praxis wird man meistens vom unteren Bild ausgehen, das die Seekarte von einer fremden, unbekannten Küste zeichnet. Wenn diese in Sicht kommt (oben), muß man nur das Kartenbild in die Wirklichkeit projizieren, was gar nicht so einfach ist. Oft wird diese Arbeit zu einem Puzzlespiel, insbesondere, wenn es keine markanten Landmarken gibt, die man eindeutig identifizieren kann – wie hier die kleine Steinbake im

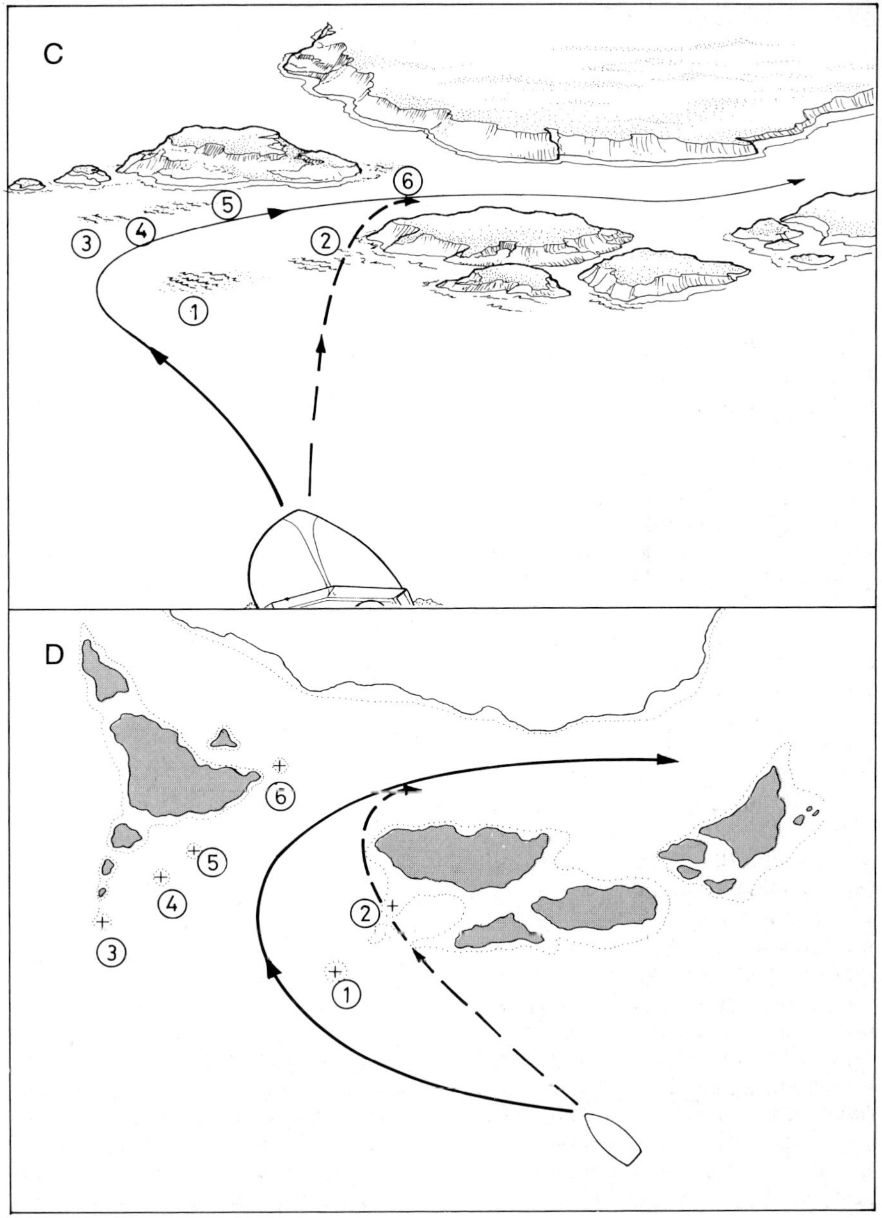

Abb. C: Der direkte und kürzeste Weg ist oft gefährlich; denn nicht überall sind Tonnen ausgelegt, wo Untiefen liegen oder das Wasser flach ist. Kennzeichen flacher Stellen ist das bewegte Wasser über ihnen. – Genau kann man die Gründe jedoch nur aus der Seekarte erkennen und dementsprechend seinen richtigen und sicheren Kurs an den Untiefen entlang wählen (Abb. D).

Tonnenansichten in der Praxis – anders als aus der Möwenperspektive in Lehrbüchern. Dieses Bild bietet sich dem Motorbootfahrer, wenn er sich im Punkt A der Abb. F befindet.

Zentrum der Abbildungen *A und B*. Man darf nie in ein unbekanntes Gebiet so geradewegs hineinlaufen und dabei die kürzesten und angenehmsten Kurse steuern. Viele Gebiete sind nicht voll betonnt. Dafür geben aber bei ruhigem Wasser Kräuselungen auf dem Wasserspiegel, bei bewegter See Brandung an, wo Flachstellen, große Steine oder unreine Gründe liegen, die auch einem Motorboot mit zwar geringem Tiefgang, aber den wichtigsten, verletzlichsten Teilen des Antriebs unter dem Bootsboden sehr gefährlich werden können. Der kürzeste Weg des Bootes in Abbildung C ohne Befragen der Seekarte muß notgedrungen ernste Folgen haben. Wo gefährliche Gründe liegen, wie flach sie sind, wie weit sie sich ausdehnen und wie der sichere Kurs letztlich durch sie hindurch und in einen Hafen oder zu einem Ankerplatz führt, zeigt uns nur die Seekarte (Abb. D) dieses Gebietes. Umgekehrt gilt auch hier, was zu Abbildung A gesagt wurde: Das fremde Seegebiet zeigt natürlich die Seekarte, aber die Ansichten sind in der Praxis unterschiedlich, wenn sich das Boot von Südost, Süd oder Südwest nähert, um in dieses unbekannte Seerevier einzulaufen.

Man lernt für den Erwerb von Führerscheinen den Umgang mit Dreieck und Zirkel auf der Seekarte sowie das Eintragen von Peilungen und Schiffsorten. Dies ist jedoch nur die sowohl in der Reihenfolge wie im Grad der Wichtigkeit zweite Aufgabe. Zuerst einmal dient die Seekarte zum Orientieren im Gelände. Sie ist praktisch nichts anderes als eine Auto- oder Wanderkarte, auf der man gegebenenfalls auch nur hier und dort einen Bleistiftstrich macht, um Orte, Abzweigungen oder markante Punkte abzuhaken, die man schon passiert hat. Nichts anderes macht man auch bei der relativ schnellen Fahrt mit einem Motorboot. Man orientiert sich an den Tonnen, man hakt passierte Tonnen insbesondere dort, wo sie (im Schärengebiet) sehr zahlreich liegen, einfach ab und man beachtet dabei nicht nur, an welcher Seite die Tonnen zu runden oder zu passieren sind, sondern die Position der Tonne dient dabei auch als Schiffsort für eine bestimmte Zeit, die einfach mit der entsprechenden Uhrzeit (auf der Seekarte und gegebenenfalls im Logbuch) notiert wird. Viele Navigationslehrer schärfen ihren Schülern ein, schwimmende Seezeichen nicht zur Schiffsortbestimmung zu benutzen, weil sie vielleicht vertrieben sein könnten. Diese Warnung ist sicher berechtigt. In der Tat liegen aber über 99% aller Tonnen sicher auf ihrer richtigen Position, so daß sie einen absolut zuverlässigen Standort geben, und letztlich sind Tonnen ja ausgelegt worden, damit sich die Schiffahrt an diesen Positionen orientieren kann. Sie sind also oftmals Kilometerstein und Wegweiser in einem.

Aber auch die Tonnennavigation hat ihre Schwierigkeiten und Tücken: Man muß gut beobachten und schnell entscheiden können. Bei einer Fahrt von 30 km/h legt das Boot 8 Meter in einer Sekunde zurück, das sind in einer halben Minute 240 m, in einer Minute ein halber Kilometer. Läuft das Boot sogar 30 kn, dann bewegt es sich mit 15 m/sec und verändert seinen Standort in einer Minute um ca. 1000 m. Sehen, überlegen, eine Entscheidung treffen und diese in ein Ruder- und Maschinenmanöver bis zu dessen Beendigung umsetzen, das dauert immer mindestens eine halbe Minute, oft sogar länger – und in dieser Zeit hat ein Motorboot eine beachtliche Standortveränderung vorgenommen.

Wie sich Tonnen und andere Schifffahrtszeichen in der Praxis dem Auge bieten, das sie vom Sitz des Rudergängers oder aus dem Fahrstand einer größeren Yacht erblickt (Abb. E), macht man sich zur Übung am besten wie folgt klar: Stellen Sie die Figuren eines Schachbretts auf einen

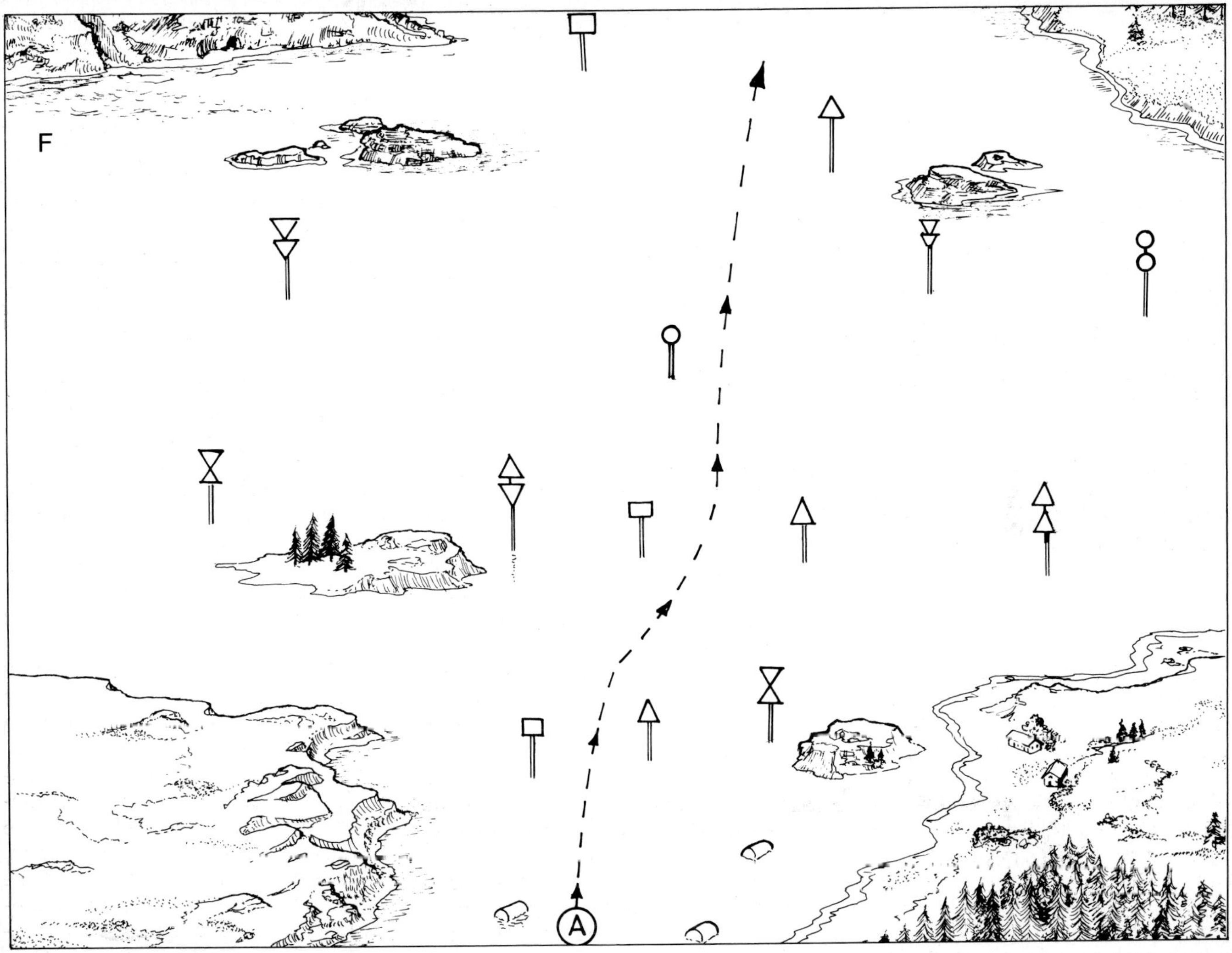

Tisch, verteilen Sie diese wahllos über die ganze Platte und setzen Sie die Holzmännchen eines Halmaspiels genauso regellos dazwischen. Dies ist ein Seegebiet, das Sie, vor dem Tisch stehend, in der Praxis wie aus der Möwenperspektive (Abb. F) sehen.

Wir fliegen aber nicht, sondern wir schwimmen, egal, ob wir nun mit unserem Boot Wasser verdrängen oder Sie in die Hocke, bis das Auge genau parallel zur Tischplatte über diese blickt. Und nun sehen Sie sich die „Tonnen" aus dem Schachbrett bzw. dem Halmaspiel an: Das ist Ihre Bootsperspektive (Abb. E).

Es gehört schon Erfahrung dazu, unterschiedlich große Tonnen in verschiedener Entfernung zum Beobachter richtig anzusprechen und einzuordnen.

Ein betonnter Weg in ein unbekanntes Schärenfahrwasser. Das Boot befindet sich in Pos. A, der richtige Kurs ist markiert. Wie er sich dem Motorbootfahrer im Cockpit bietet, zeigt Abb. E.

Immer auf dem Strich laufen

Navigation mit vorhandenen Standlinien, die man nur entdecken muß, und ganz persönlichen, die man sich überall beschaffen kann

Im Gegensatz zu Tonnen auf See, die in ihrer Gesamtheit als nicht ganz zuverlässig gelten müssen, weil hin und wieder eines der schwimmenden Seezeichen sich von seiner Verankerung löst und mit unbekanntem Ziel vertreibt, sind Baken, die an Land stehen oder ihr Fundament in flachem Wasser auf dem Grund haben, immer zuverlässige Seezeichen. Wir begegnen ihnen hauptsächlich bei langen Einfahrten in oft gewundene Fahrwasser, wo sie – oft allein und ohne zusätzliche Fahrwassertonnen – den sicheren Kurs bezeichnen. Sie tragen unterschiedliche Toppzeichen (Abb. A) und nachts Leuchtfeuer verschiedener Farben und Kennungen (als Richtfeuer, Quermarkenfeuer und Leitfeuer), so daß man sie nicht nur auseinanderhalten kann, sondern damit sie sich auch von vielen möglichen anderen Lich-

Abb. A: Einfahrten in Flußmündungen oder Durchfahrten zwischen Inseln sind durch Deckpeilungen bezeichnet. Dabei geben Baken nicht nur die Kursrichtungen, sondern auch die Positionen zur Kursänderung an.

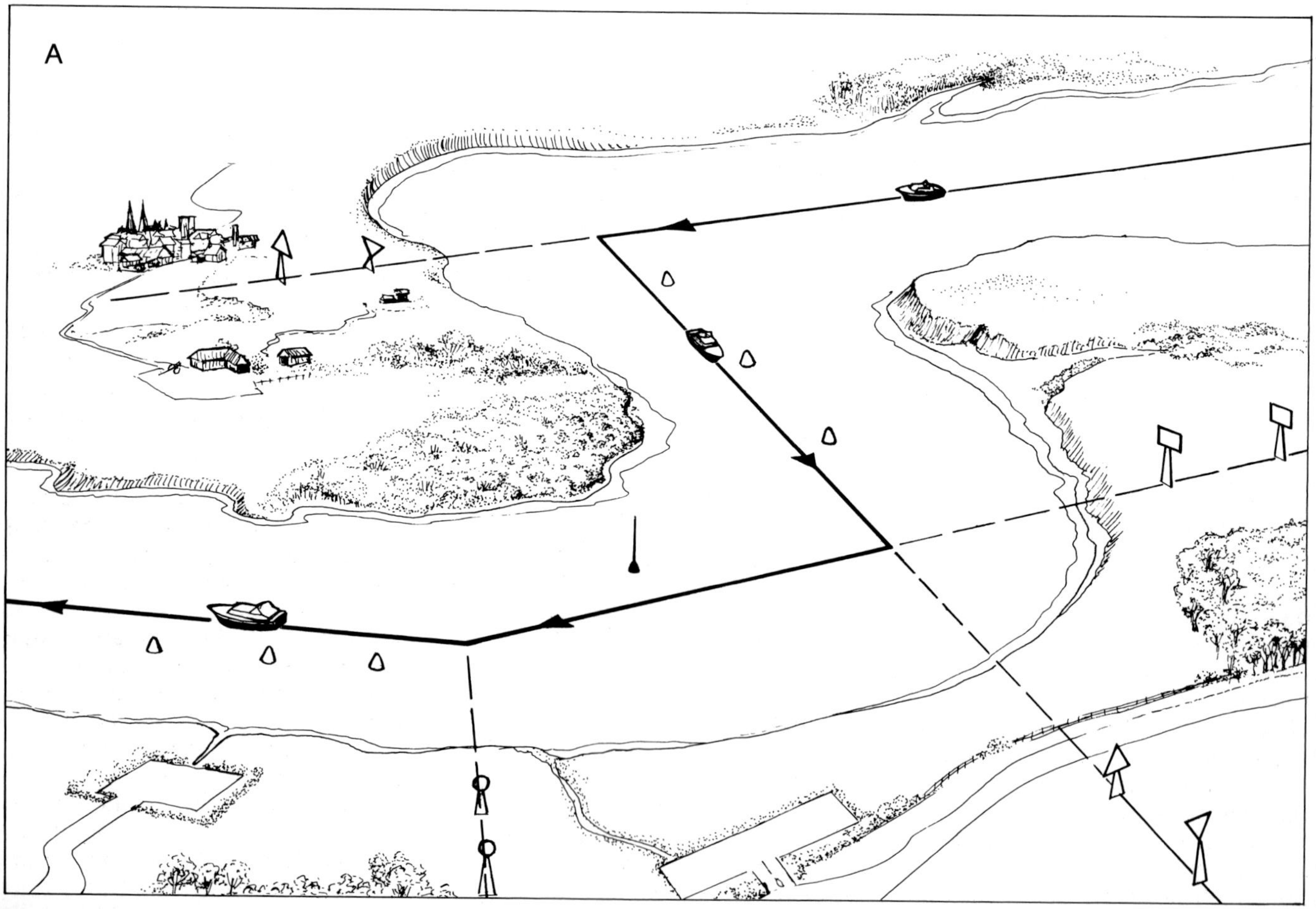

tern in Häusern und auf Straßen deutlich unterscheiden.

Im allgemeinen wird man direkt in der Deckpeilung laufen (Abb. B, 1), wenn man sich allein im Fahrwasser befindet. Anderenfalls ist man verpflichtet, immer die rechte Seite des Fahrwassers einzuhalten, d. h. die eigentliche Linie der Deckpeilung eine (ungefährliche) Bootsbreite an Backbord zu lassen. Die Baken bieten dann folgende Ansicht (Abb. B, Pos. 2), d. h. das Boot befindet sich immer auf derjenigen Seite neben der von der Deckpeilung angezeigten Standlinie, auf der die hintere, meistens etwas höher liegende Bake steht. Bietet sich dem Bootssteuerer ein Bild wie in Abb. B 3, dann steht er beim Kurs in Richtung auf die beiden Baken auf der linken, falschen Seite und muß den Kurs nach Steuerbord ändern, bis er wieder in die Ansichten (1 oder über diese hinaus nach 2 kommt.

Solche Deckpeilungen bieten sich bei Küstenfahrten vielerorts an, auch wenn sie nicht aus Baken bestehen, die von den Schiffahrtsverwaltungen aufgestellt sind und wenn sie keinen üblichen Schiffahrtsweg markieren. Sie stellen jedoch die sichersten, vom Kompaß unabhängigen Standlinien dar und sollten überall benutzt werden, auch zum Überprüfen der Kompaßrichtung und des Deviationswertes, wenn man einfach auf diese Deckpeilung zuhält und dann den Kompaßkurs abliest und ihn mit der rechtweisenden Richtung in der Seekarte vergleicht, die dort die Deckpeilung hat.

Besonders wertvoll ist eine so gesuchte und gefundene Deckpeilung (z. B. aus einem Leuchtfeuer mit einem Kirchturm oder Schornstein im Binnenland bzw. aus einer Landspitze mit einer Bergkuppe oder einem hohen Einzelbaum), wenn sie eine Gefahrenlinie bezeichnet, die man nicht zur gefährlichen Seite überschreiten will (Abb. C). Beide Objekte (hier: Turm und Spitze) müssen jedoch in der Seekarte verzeichnet sein. Man verbindet beide Objekte und erhält eine Standlinie bzw. in diesem Falle eine Ansicht wie in Abb. B, 3. So lange man diese Ansicht beider Objekte zueinander hat, befindet man sich auf der „sicheren" Seite. Je näher man beiden Landmarken kommt, desto weiter werden sie sich voneinander entfernen, aber auch das ist ein sicheres Zeichen, daß man die auf der anderen Seite liegende Untiefe nun passiert hat. Die rechtweisende oder Kompaßrichtung, die man sich dazu im allgemeinen aufschreibt, hat so lange keine Bedeutung, wie man einen unveränderten geraden Kurs nach Sicht oder nach dem Kompaß beibehält.

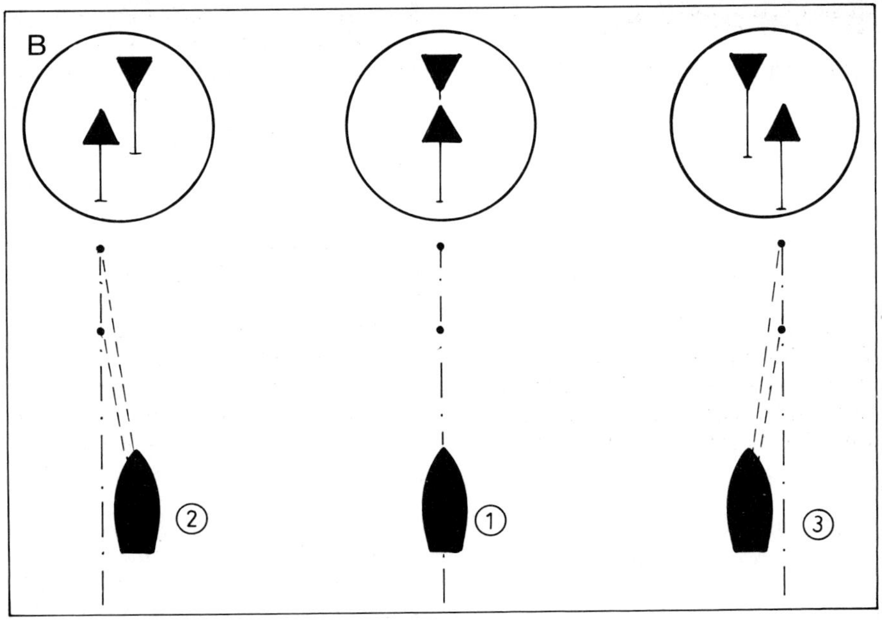

Abb. B: So bieten sich die Toppzeichen der Richtbaken dem Rudergänger: In Pos. 1 steht das Boot auf der Deckpeilungs-Standlinie. In Pos. 2 hat es die Fahrwassermitte an Backbord, in Pos. 3 an Steuerbord.

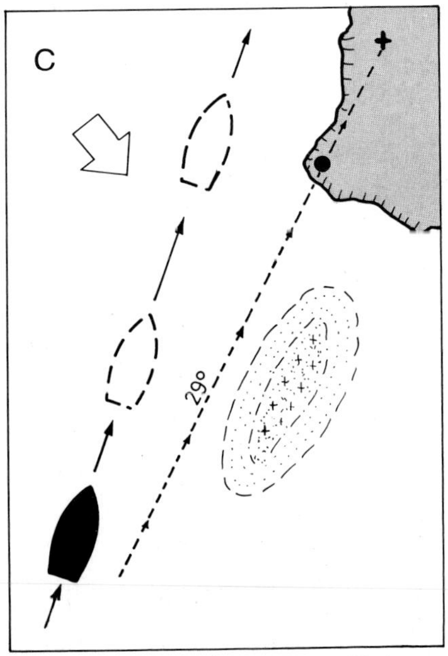

Abb. C: Eine Gefahren-Standlinie vor einer Untiefe.

Schiffsorte aus einfachsten Standlinien

Wie man mit dem Kompaß arbeiten und peilen kann

Bieten sich in der Natur festliegende Standlinien nicht an, dann muß man sich mit Hilfe des Kompasses eigene Standlinien schaffen. Am einfachsten ist es, wenn man mit dem ganzen Boot peilt, indem man kurzzeitig mit der Fahrt heruntergeht und auf eine Landmarke recht voraus zuhält. Der dann anliegende Kompaßkurs ist gleichzeitig die Kompaßpeilung, die man mit der entsprechenden (Kurs-)-Berichtigung in die Seekarte eintragen könnte. Wenn man anschließend wieder auf den alten Kurs zurückgeht, macht man auch keinen Fehler mit der Entnahme des Wertes für die Ablenkung des Magnetkompasses aus der Deviationskurve (Abb. A) oder aus der Steuertafel bzw. Deviationstabelle, die die hier graphisch erkennbaren Werte noch einmal in Ziffern und für jeden Kurs genauer enthält.
Peilt man nur so über den Daumen über den Steuerkompaß und liest dabei die Richtung zu einem Objekt ab, das zum Beispiel querab liegt, dann müssen wir zum Umrechnen der Kompaßpeilung in die rechtweisende Peilung den Deviationswert des anliegenden Kurses und nicht einen Wert für die Kompaßrichtung heraussuchen – dies wird in den Führerscheinfragen nicht genau genug festgestellt. Es gibt auch (wie dort gefragt) keine „Deviationskurve für das Schiff", sondern jeder Kompaß – ob Steuer- oder Peilkompaß, ob Steuerkompaß auf dem Steuerstand oder auf der Flybridge – hat seine eigene Deviationstabelle, da ja die störenden Eisenmassen ganz unterschiedlich weit von ihnen entfernt sind oder ganz andere Kraftfelder auf die einzelnen Magnetkompasse einwirken können.
Am besten ist es, wenn man mit einem Handpeilkompaß (Abb. B) peilt. Auf kleinen Booten, die ausgedehnte Küstenfahrten machen, kann er auch gleichzeitig als Steuerkompaß dienen und nur zum Peilen aus seiner festen Halterung an das Auge genommen werden. Auf größeren Booten ist er am besten neben dem Steuerkompaß zusätzlich an Bord. Auch er benötigt natürlich eine eigene Deviationskurve, doch hat er meistens keine Deviation, wenn man ihn immer am gleichen Platz in ausreichender Entfernung von Eisenmassen oder Kabelführungen zum Peilen benutzt – und wenn man selbst nicht eine Uhr an der Hand trägt, die ihn

A

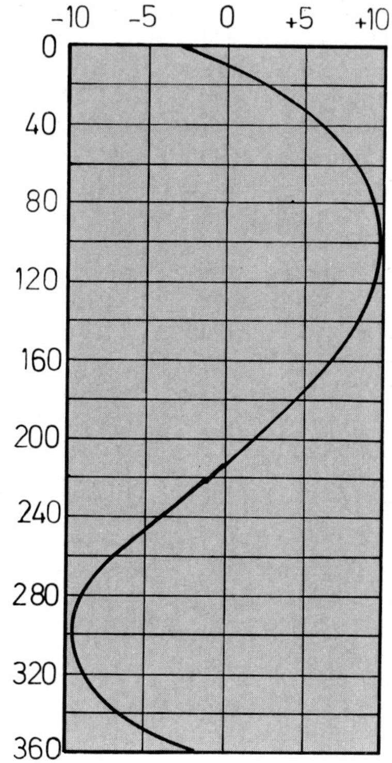

B

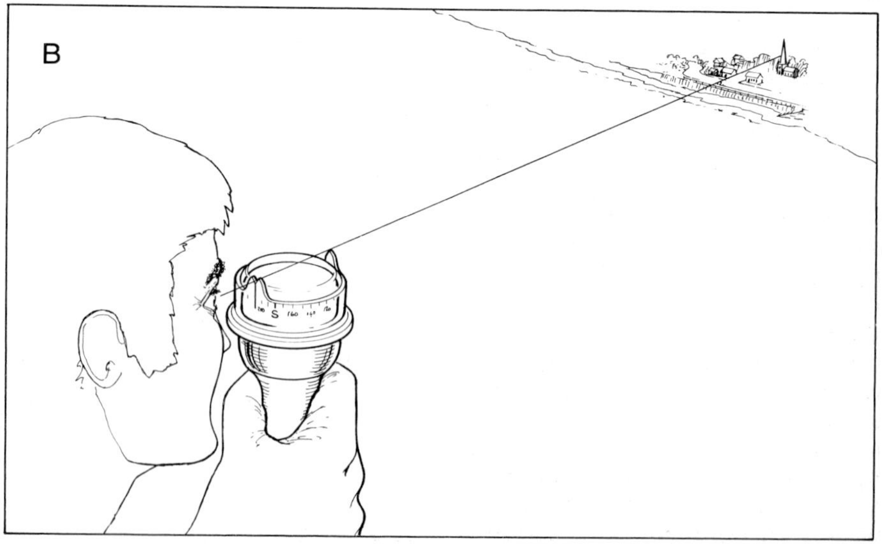

hält, oder gleichzeitig den Fotoapparat noch umgehängt hat; denn auch diese Geräte sind recht bedeutende Ablenkungsverursacher.
Die ermittelte Standlinie wird mit Hilfe des Kursdreiecks in die Seekarte eingetragen (Abb. C), doch benötigt man immer mindestens zwei Standlinien, um einen Schiffsort festzustellen. Besser sind drei Objekte, weil man dabei ein Fehlerdreieck erhält, aus dessen Größe man gleichzeitig die Genauigkeit dieser Schiffsortbestimmung erkennen kann. Man vergesse nie, jeden in die Seekarte eingetragenen Standort mit der entsprechenden Uhrzeit zu versehen, sonst ist er wertlos.
Diese schulmäßige Navigation ist natürlich auch auf Motorbooten üblich, aber sie stellt (insbesondere bei schneller Fahrt) nur die Ausnahme, aber nicht die Regel dar. Besser ist die terrestrische Navigation mit Winkeln der Seitenpeilung, weil man dazu Standorte ohne Beteiligung des Magnetkompasses erhält, nur mit einem einzigen Objekt auskommt und der Bootssteuerer noch dazu die Peilungen nehmen kann, ohne daß er seinen Fahrersitz verläßt oder zum Zwecke des Peilens mit der Fahrt heruntergehen muß. Hierbei arbeiten wir nach einfachen Prinzipien der Geometrie, und es ist auch schon aus Gründen der Kondition bei einem harten Ritt im Seegang nützlich, wenn man hierbei nur die geistige Arbeit eines Quartaners leisten muß.

Die einfachste Form einer kombinierten Kompaß- und Seitenpeilung zeigt Abb. D: Man nimmt Kurs auf ein Objekt und peilt ein zweites Objekt, wenn es genau querab liegt. Dann schneiden sich beide Standlinien rechtwinklig. Das erste Objekt liegt in Kursrichtung, das zweite Objekt in der Kompaßrichtung Kurs plus 90°, wenn es sich an Steuerbord befindet.

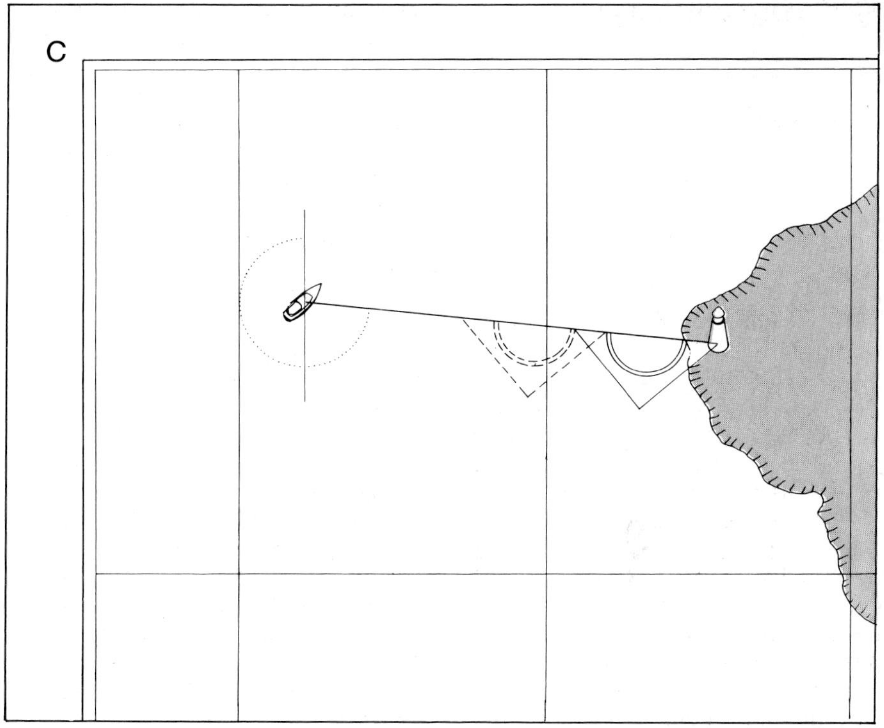

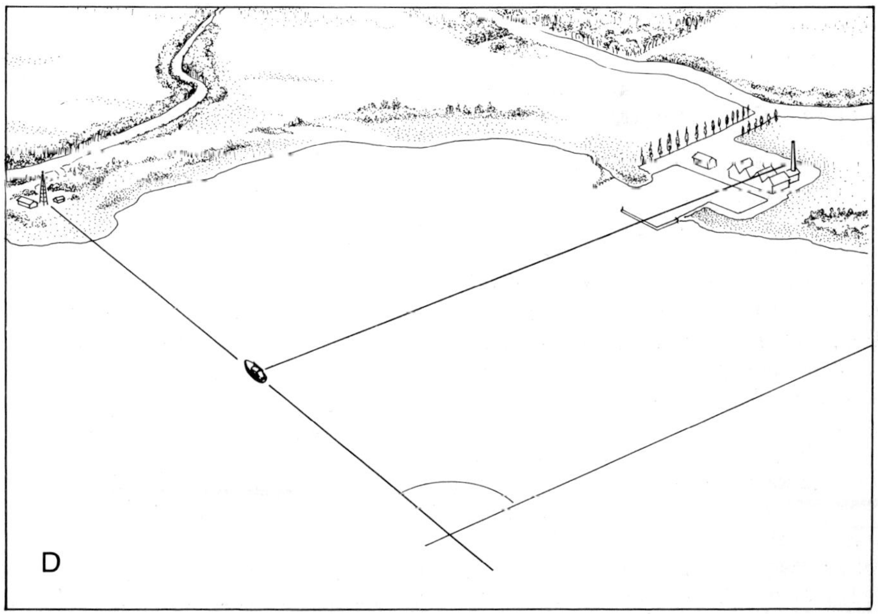

Schiffsortbestimmung mit einfachen Bordmitteln

Bei schneller Fahrt arbeitet man in der terrestrischen Navigation mit Methoden der Doppelpeilung

In allen Fällen ist hierbei jedoch die Ermittlung der Distanz wichtig, die wir zwischen der ersten und der zweiten Peilung zurückgelegt haben. Das bedeutet, daß wir entweder ein gutes Log oder Speedometer benutzen können, oder daß wir Vertrauen zu unserer Fahrttafel haben, die uns die bei entsprechenden Umdrehungen gelaufenen Knoten = Seemeilen oder Kilometer vermittelt.

Abbildung A zeigt uns die Vierstrichpeilung, die wohl bekannteste Art dieser Doppelpeilungen:
Man peilt ein beliebiges Objekt an Land, dessen Standort natürlich aus der Seekarte ersichtlich sein muß, zuerst mit einer Seitenpeilung von 45°, hält die Geschwindigkeit bzw. die Drehzahl genau ein und peilt das Objekt wiederum, wenn es querab liegt, also eine Seitenpeilung von 90° hat. Die von A nach B zurückgelegte Distanz entspricht dann dem Abstand zum Objekt D zum Zeitpunkt der zweiten Peilung, und man erhält einen Schiffsort durch eine Peilstandlinie und diese Abstandsbestimmung für die Position B.
Eine solche Vierstrichpeilung kann auch wertvoll sein, wenn man nur die Entfernung zum Strand ermitteln will, z. B. bei der Beantwortung der Frage, ob man sich außerhalb des Sperrbereiches für Badegäste und Taucher vor der (deutschen) Ostseeküste befindet. In diesem Fall erhält man den gewünschten Abstand von der Küste (auch zum Eintragen in die

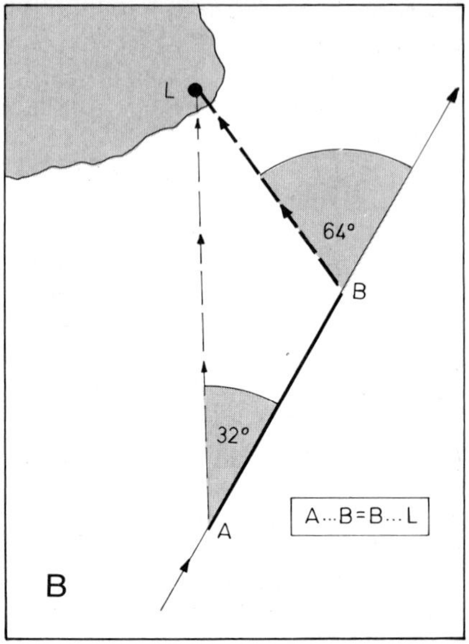

Abb. B Schiffsortbestimmung durch doppelten Bugwinkel, eine Verdoppelungspeilung.

Seekarte) sogar, wenn man einen (bestimmten) Campingwagen, einen Flaggenmast einer DRK-Station oder ein Zelt am Strand peilt, weil es hierbei nur auf die Abstandsbestimmung und damit nur auf eine einzige Standlinie, nicht aber auf einen Schiffsort (aus zwei Standlinien) ankommt.
Eine andere Sonderform der Doppelpeilung ist der doppelte Bugwinkel (Abb. B), die zweimalige Peilung desselben Objektes mit einer Seitenpeilung, wobei der erste Peilwinkel beispielsweise 32° und der entsprechende zweite Peilwinkel 64°, jedenfalls doppelt so groß wie der erste Peilwinkel ist. Wieder ist dazu die mit dem Log ermittelte Distanz vom Zeitpunkt der ersten Peilung (A) bis zum

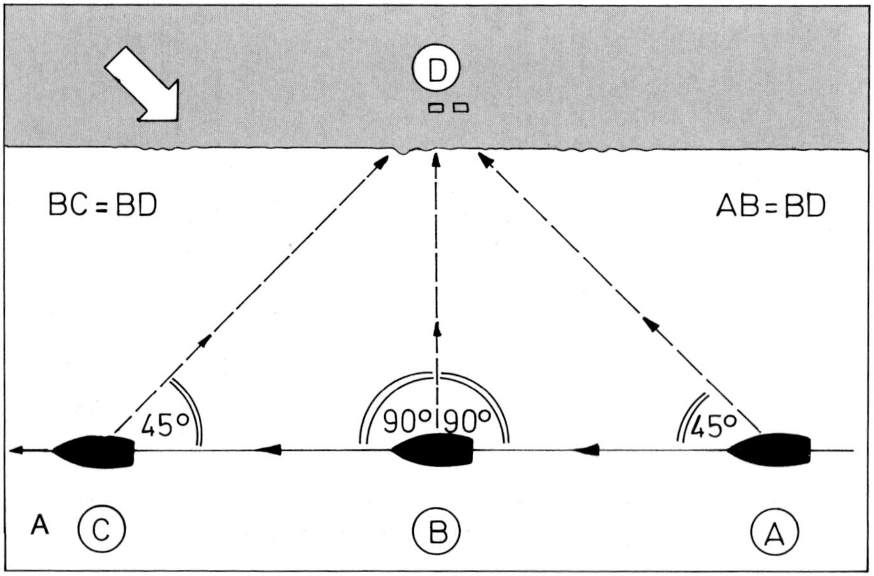

Abb. A Vierstrichpeilung zur Abstandsbestimmung.

Standort der zweiten Peilung (B) wichtig. Denn die in dieser Zeit und von A nach B zurückgelegte Distanz ist gleich dem Abstand vom Objekt L zum Zeitpunkt der zweiten Peilung in B.
Nun wird man natürlich fragen, woher nimmt man diese „krummen" Winkel? Nun, die 45°, die den Winkel von recht voraus bis querab genau halbieren, lassen sich schon auf Deck, auf dem Kajütdach oder vom Blickpunkt des Rudergängers über eine Relingstütze mit Bordmitteln genau genug markieren, etwa durch kurze Streifen aufgeklebter farbiger Tesa-Bänder, die man ohnehin an Bord vielfältig benutzt. Der Fehlerbereich wird besonders beträchtlich sein, wenn das Boot störrische Ei-

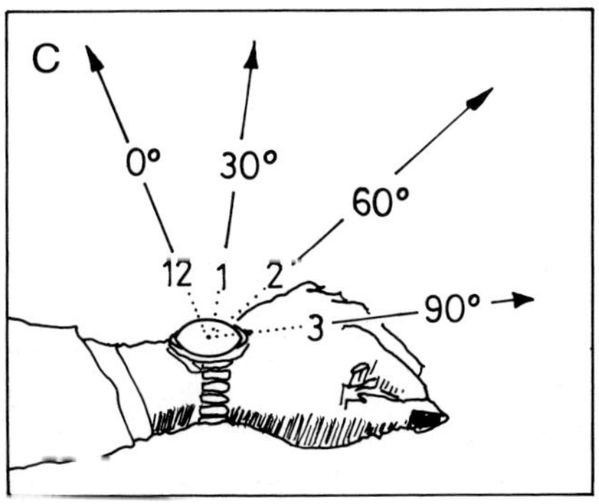

Abb. C Die Armbanduhr als Peilnotbehelf für vier Richtungen.

genbewegungen macht, die das Ablesen erschweren, aber er wird bei Objektabständen von zwei oder mehr Seemeilen relativ unbedeutender werden.
Der doppelte Bugwinkel, zu dem man ja auch 30° und dementsprechend 60° wählen kann, läßt sich sogar mit der Armbanduhr ermitteln (Abb. C). Die 12 des Zifferblatts stellt dabei die Null-Linie dar, die 1 einen Winkel von 30° und die 2 einen solchen von 60° – zumindest für den Notfall eine Möglichkeit, den Schiffsort zu bestimmen.
Wer genauere Schiffsorte erhalten will, kommt ohne eine Peilscheibe (Abb. D) nicht aus. Sie wird in Kielrichtung festgeschraubt, mit der Nullmarke vorn und dem Wert 180° nach achtern, und gibt die Seitenpeilung genau an. Mit Hilfe eines drehbaren Aufsatzes mit Korn und Kimme oder mit Schlitz und Faden läßt sich jeder gewünschte Winkel ablesen.
Bei Nacht gewinnt man den einfachsten Standort aus Peilung und Abstand durch ein „Leuchtfeuer in der Kimm". Die Berechnung erfolgt nach der Formel

$$\text{Abstand} = 2{,}075 \times (\sqrt{H} + \sqrt{h}),$$

Abb. D Handelsübliches Modell einer modernen und preiswerten Peilscheibe mit Schlitz und Faden.

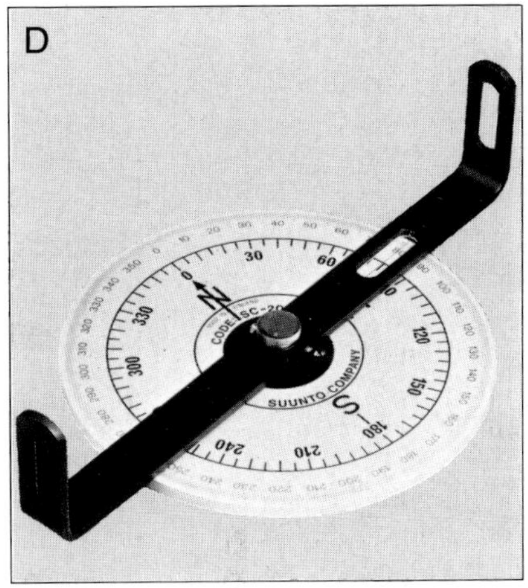

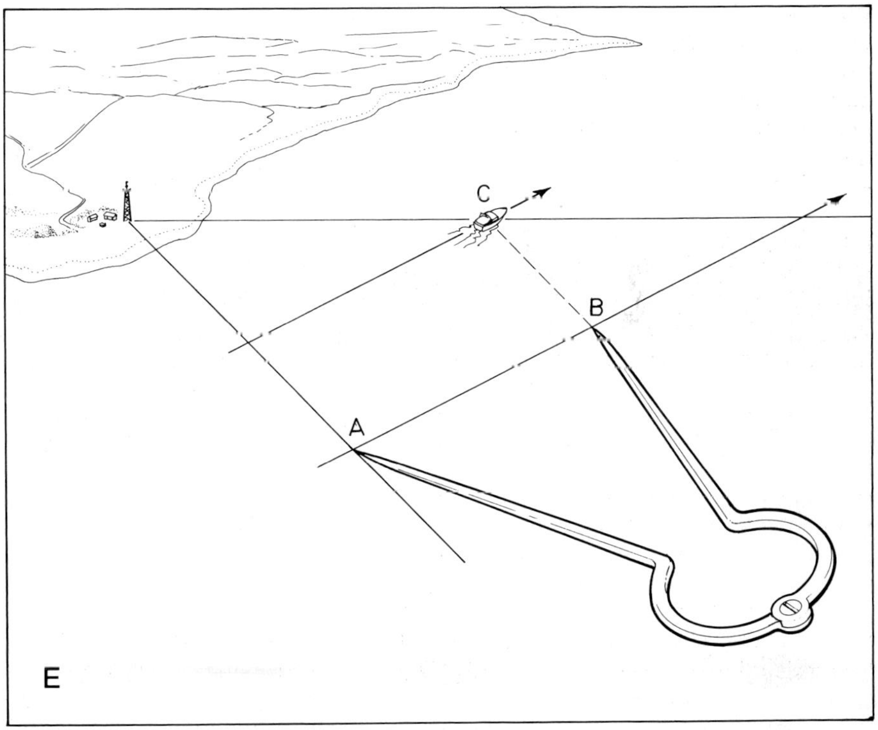

Abb. E Doppelpeilung mit Versegelung, einfach und praktisch.

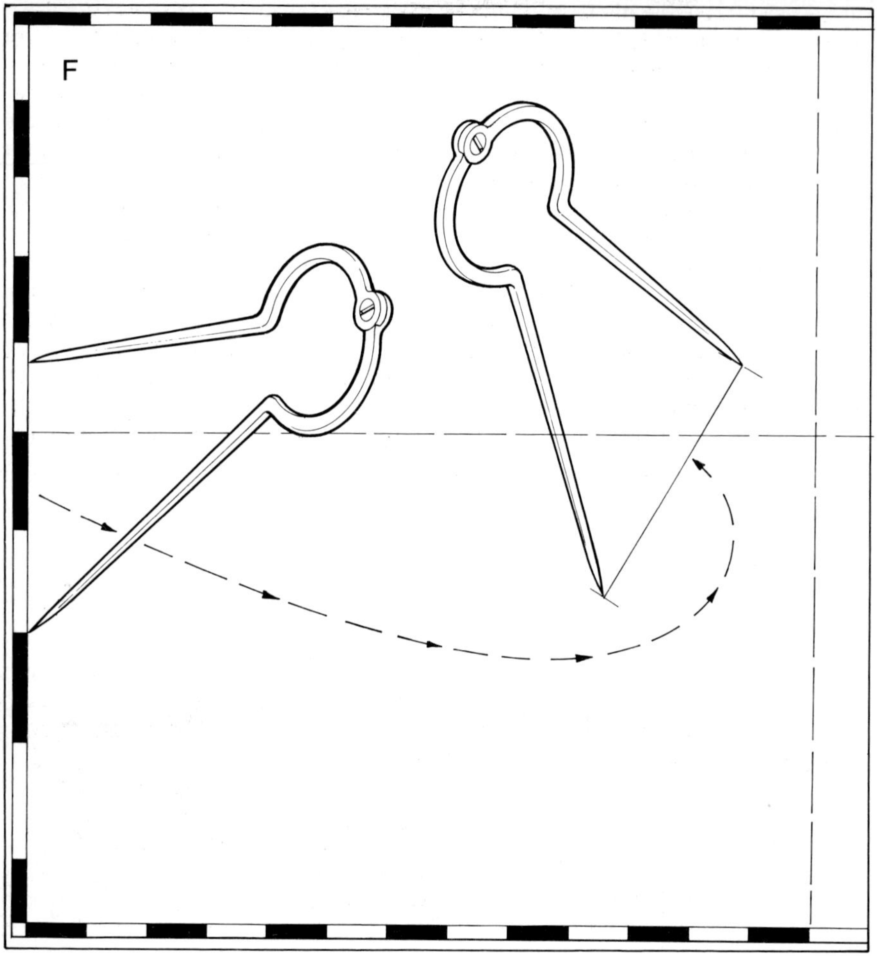

Abb. F Abgreifen von Distanzen aus der Seekarte.

wobei H die bekannte Höhe des Leuchtfeuers über dem Wasserspiegel (in m) und h die Augeshöhe des Beobachters (in m) ist. Den Abstand erhält man in Seemeilen (sm). Im allgemeinen hat man an Bord eine Augeshöhe von ca. 2 m, so daß ein Leuchtfeuer von 10 m Höhe bei einem Abstand von 9,5 sm in der Kimm steht, ein Feuer von 20 m Höhe bei 12,2 sm und von 30 m Höhe bei 14,3 sm Abstand. Genaue Tabellen enthalten die „Nautischen Segler-Tafeln", die auch für Motorboot-Navigatoren nützlich sind.

Wenn man eine Peilscheibe zur Verfügung hat, um jeden beliebigen Winkel zu jeder beliebigen Zeit bei einer solchen Seitenpeilung ablesen zu können, dann kann man auch die Distanz zum Ausgangswert einer solchen Schiffsortbestimmung machen und dann immer „runde" Zahlen (2 sm, 5 sm) und nicht Seemeilenziffern mit Dezimalstellen am Seitenrand der Seekarte mit dem Stech- bzw. Einhandzirkel entnehmen (Abb. E): Man peilt dann ein markantes Objekt von einem Punkt, den man in A annimmt, und läuft eine bestimmte Distanz von 9 km, die gerade 5 sm ergeben, bis zum angenommenen Punkt B mit unverändertem geraden Kurs ab. Zu demselben Zeitpunkt peilt man das gleiche Objekt ein zweites Mal. (Dies ist auch achteraus möglich, wie auch die Vierstrichpeilung nicht immer nur – siehe Abb. A – über einen Bugwinkel, sondern auch mit einem Heckwinkel gemacht werden kann.) Dann zieht man den entsprechenden Peilstrahl auf das Objekt. Jetzt nimmt man die von A nach B gelaufene Distanz in den Zirkel und verschiebt die Kurslinie zu A-B soweit parallel in Richtung auf das Objekt, bis diese den zweiten Peilstrahl bei C schneidet. Dies ist der wahre Ort zum Zeitpunkt B, doch sind Strom und Winddrift dabei nicht berücksichtigt, so daß auch dieser Schiffsort wie alle anderen, aus Doppelpeilungen gewonnenen Standorte ohne Berücksichtigung dieser Einflüsse ermittelt sind. Aber der Bootseigner weiß im allgemeinen am besten, ob und in wieweit er mit ihnen rechnen muß, und er wird den Schiffsort entsprechend bewerten.
Alle diese Arbeiten werden natürlich in der Seekarte ausgeführt und die entsprechenden Positionen A, B, usw. mit Uhrzeiten bezeichnet bzw. zuerst die gegißten Orte eingezeichnet und anschließend die wahren Orte mit ihren Uhrzeitangaben markiert.
Man vergesse nie, daß die Distanzen beim Abgreifen aus der Seekarte am seitlichen Rand (Abb. F) entnommen werden müssen. Von hier aus überträgt man sie auf die Kurslinie des Koppelkurses bzw. mißt die Distanzen des Koppelkurses an den Bogenminuten des Seitenrandes, die den Seemeilen entsprechen.

Lüftung – Heizung

Lüftung auf See und im Hafen

Wie man den Mief entfernt und Frischluft in alle Räume bringt

Die richtige Lüftung an Bord ist die Voraussetzung für die Kondition und das Wohlbefinden der Besatzung, wenn das Boot unterwegs ist. Sie ist aber genauso wichtig für die Werterhaltung von Boot und Ausrüstungsteilen, wenn das Boot abgeschlossen und zugedeckt mehrere Tage lang im Hafen liegt. Für die Motorenräume ist Luftzufuhr und Luftaustausch darüber hinaus ein Gebot elementarer Sicherheit.

Schon bei einem kleinen Boot reicht die natürliche Belüftung aber nicht aus, wenn man unterwegs und in Fahrt Frischluft durch die aufgestellten Kajütfenster in die Innenräume strömen läßt und die verbrauchte Luft durch die Tür zur Plicht wieder abfließen kann (Abb. A). Hierbei bleiben tote Ecken im Vorschiff und unter dem Plichtboden ohne Luftaustausch, und auch hinter die Wegerung oder in die Schränke gelangt dabei nur wenig Luft, während man bei Fahrten im Regen oder im Seegang auf diesem Wege gar keine Frischluft in die Kajüte bekommt. See- und regenwassergeschützte Lüfter sind daher unumgänglich. Überall dort müssen sie eingebaut werden (Abb. B), wo die richtige und vollständige Durchlüftung des gesamten Innenraums eingeleitet werden kann.

Abb. C zeigt die Anordnung der Lüfter auf einem Motorkreuzer und die Wege, die die Frischluft von den Einlaß- bis zu den Auslaßöffnungen zurücklegen muß, wenn tatsächlich alle Ecken und Winkel regelmäßig damit versorgt werden sollen. Bei dieser Aerodynamik des Miefs wird nicht nur gesundheitsschädliche Feuchtigkeit schnell hinausgeweht, es wird auch das Verspaken oder das Verstocken von Kleidung und Ausrüstungsteilen sehr wirksam verhindert. Hierbei sind auf dem Vorschiff zwei spritzwassersichere Lüfter eingebaut (1), von denen einer den vorderen Wohnraum und der andere die Vorpiek mit dem Bilgenbereich unter dem Kajütfußboden mit Frischluft versorgt. Die Bilgenluft kann dabei entweder am achteren Ende der Vorderkajüte nach oben und (über die Plicht) nach außen geführt werden, aber man kann sie auch durch die Stauräume unter dem Plichtboden hindurch weiter nach achtern leiten und erst über den Ventilator der Achterkajüte wieder ins Freie bringen.

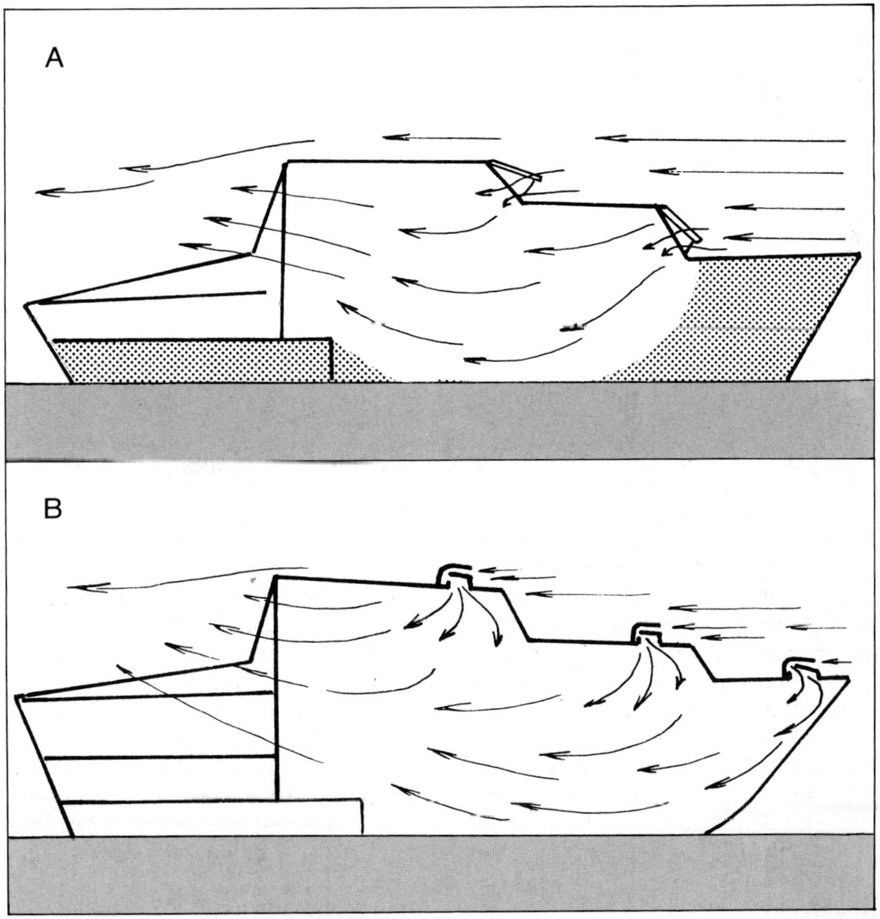

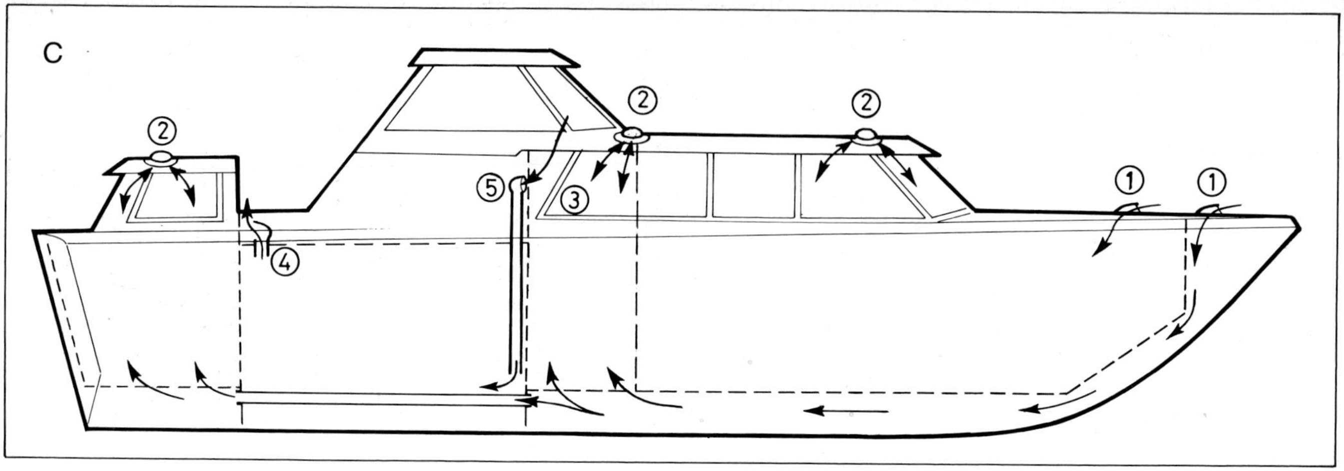

Für Lüfter in der Pos. 1 entscheide man sich am besten für den bewährten Dorade-Typ (Abb. D), benannt nach der ersten Yacht, die diesen Lüfter in die Yachtausrüstung einführte. Man erkennt in der Zeichnung, wie der (naturgemäß immer) mit Wasser (W) vermischte Luftstrom (L) zuerst in eine Kappe eindringen muß, die seitenversetzt vom Durchbruch des Kajütdachs oder Decks liegt. Während das Wasser durch die Schwerkraft herunterfällt und durch entsprechende Öffnungen im Kasten (W) wieder abfließen kann, überspringt die Luft ein Süll und erreicht ohne nasse Beimischung den darunterliegenden Raum.

Auch die Lüfter auf dem Kajütdach (Abb. C, 2) müssen für einen Lufteintritt ohne begleitendes Spritzwasser gebaut sein, doch entscheidet man sich hier im allgemeinen für einen anderen Typ (Abb. E und F). Diese Dachlüfter sollen ja nicht nur als Lufteinlässe arbeiten, sondern auch für das Entfernen verbrauchter Luft sorgen. Sie sollen außerdem über den normalen Luftausgleich durch Schwerkraft hinaus, wenn kalte, bei 1 (Abb. C) eintretende Frischluft nach unten sinkt und die warme, verbrauchte Luft bei 2 nach oben ins Freie drückt, für den Austausch der notwendigen Luftmenge in einer bestimmten Zeit sorgen.

Das einfache Modell in Abb. E ist ein Pilzlüfter. Der Kopf wird mit Hilfe einer Flügelschraube zum Lüften hochgedreht und beim wasserdichten Verschließen dicht über das umgebende Süll gelegt. Auch der in Abb. F gezeigte Lüfter mit einem sehr flachen Kopf und Lufteintrittsöffnungen an der Seite hat ein solches inne-

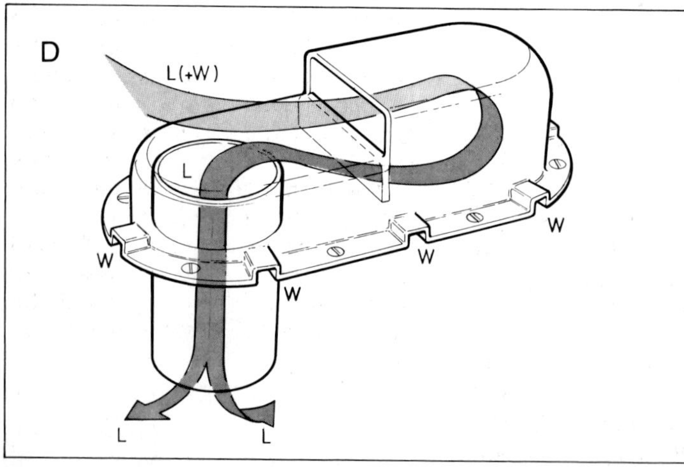

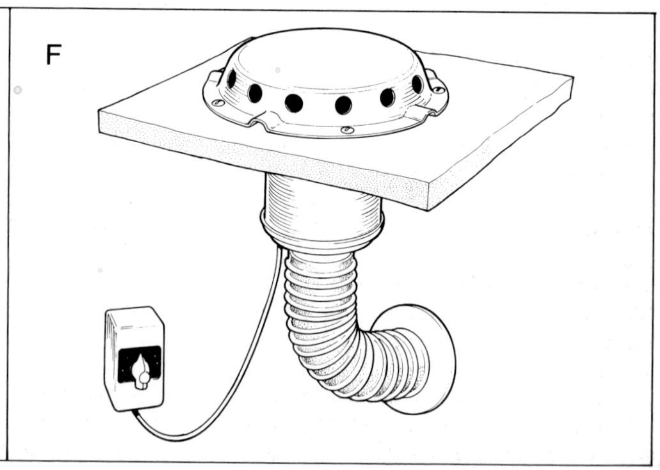

H

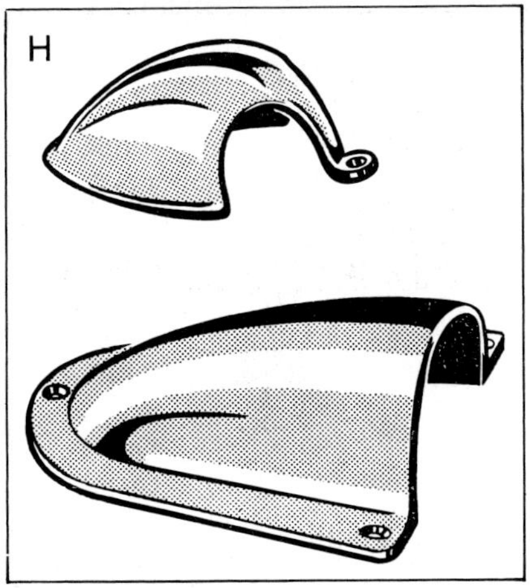

G

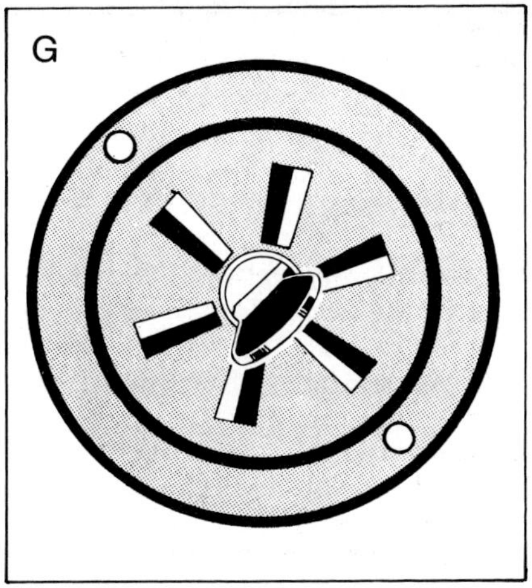

E

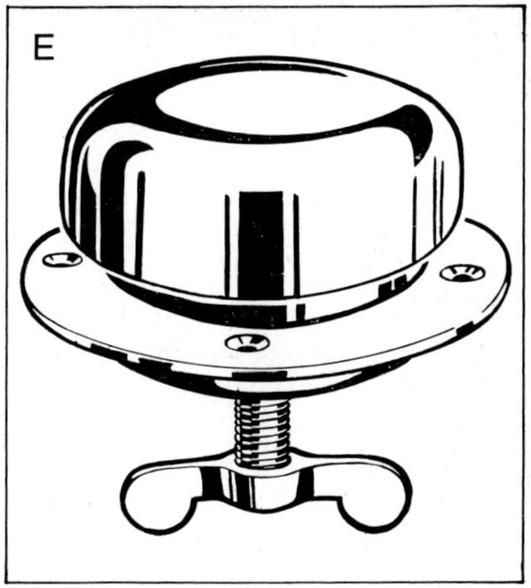

I

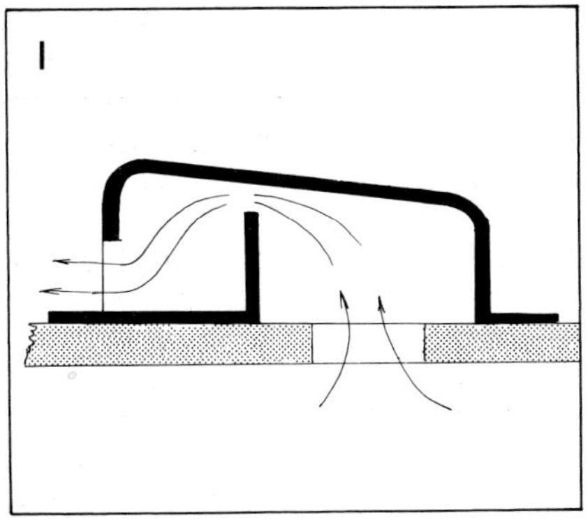

res Süll (siehe auch Abb. D), doch sorgt dann ein elektrisch betriebener Ventilator dafür, daß die Luft wahlweise von außen nach innen oder von innen nach außen strömen kann. Für die zusätzliche oder ausschließliche Belüftung von Waschräumen, WC oder Kombüse (Abb. C, 3) eignen sich neben dem in Abb. E gezeigten Typ auch einfache Rosettenlüfter (G), während als Schutz für die Luftleitungen in den Motorenraum (siehe Abb. C, 4) die in Abb. H gezeigten Kappen ausreichen. Auch sie sollten jedoch mit einem eingebauten Süll versehen sein (Abb. I), das die Frischluft überspringen muß, damit auf diesem Wege kein Wasser in den Maschinenraum gelangt. Solche Kappen schützen dann auch den Entlüftungsstutzen des Motorenraums (Abb. C, 5).

Für die Bemessung der Lüfteröffnungen und Lüftertypen ist neben dem Rauminhalt des entsprechenden Kajütbereiches der gewünschte oder notwendige Luftwechsel wichtig. Beim Gebrauch des Bootes in unseren Heimatrevieren in Ost- und Nordsee und in ähnlichen klimatischen Gebieten rechnet man wie folgt:

- In den Motor- und Tankräumen alle 2 Minuten vollständiger Luftaustausch.
- In der Kombüse alle 4 bis 6 Minuten einen vollständigen Luftaustausch.
- In Waschraum und Toilette alle 6 bis 8 Minuten vollständigen Luftwechsel.
- In allen Schlafräumen nicht nur am Tage, sondern vor allen Dingen in der Nacht einen vollständigen Luftwechsel alle 8 bis 10 Minuten und
- im Salon, im Steuerhaus, in den Stauräumen und allen anderen Bordbereichen alle 10 bis 12 Minuten vollständigen Luftaustausch.

Damit die Luft auch in Schränke, Backskisten und hinter die Wegerung gelangen kann, sind entsprechende Luftschlitze auch in Türen und Wänden, Bodenbrettern und Sitzbänken anzuordnen.

Hierbei achte man jedoch darauf, daß die Luft tatsächlich von der Eingangs- zur Ausgangsöffnung durch den gesamten Innenraum strömen und nicht diesen Weg bequem abkürzen kann, wenn zu viele Durchbrechungen eingelassen sind.

Mit den hier benutzten Lüftertypen auf den angegebenen Positionen ist auch bei einer Persenning über der Plicht ein ständiger Luftaustausch möglich. Dabei wird man nur die Rosetten an den senkrechten Kajütwänden schließen, und man wird auch die elektrisch betriebenen Ventilatoren abstellen. Schon dadurch ergibt sich jedoch, daß man für die Hafenlüftung des stilliegenden Bootes mindestens einen Dorade-Lüfter auf dem Vorschiff und einen zweiten auf dem Achterschiff benötigt, damit der gewünschte Luftaustausch stattfinden kann.

Heizung an Bord

Zur Verlängerung der Saison gibt es viele Modelle einer Bordheizung mit ganz unterschiedlicher Arbeitsweise

Man kann mit einer Heizung an Bord das Boot nicht nur schon in den ersten Frühlingstagen ins Wasser setzen und die Annehmlichkeiten einer warmen Kajüte schon zu einer Zeit genießen, da andere Boote noch an Land ihren Winterschlaf machen, sondern man kann mit einem solchen Wärmespender auch das Aufslippen im Herbst bis kurz vor den ersten Eisgang aufschieben. Gerade diese Wochen der Vor- und Nachsaison sind ja auch wohl die reizvollsten, weil sich dann noch nicht jedermann auf dem Revier tummelt. Die Bordheizung ist aber auch im Sommer der beste Helfer im Kampf gegen die Nässe und daher für Langfahrtschipper unentbehrlich, wenn diese mehrere Tage auf See sind und sich dabei das (gute) Wetter nicht immer aussuchen können.

Bei den Wärmespendern, die die Industrie den Bootseignern liefert, unterscheidet man prinzipiell zwischen Anlagen, die das ganze Boot beheizen können und hierzu meistens im Motorenraum untergebracht sind (Abb. A), sowie kleineren Öfen, die nur den Innenraum erwärmen, in dem sie installiert sind (Abb. C). In beiden Fällen ist dazu ein Ablüfter auf dem Kajütdach notwendig, entweder zum Luftaustausch überhaupt (Abb. A) oder als Schornstein, der die bei der Verbrennung des Heizmaterials entstehenden Abgase ins Freie führt (C). In einigen Fällen dient ein einfacher Pilzlüfter (B) zum Luftaustausch, während die Kaminöffnung zwar immer überdeckt, aber die Luftauslaßschlitze meistens nicht (wasserdicht) verschließbar sind.

B

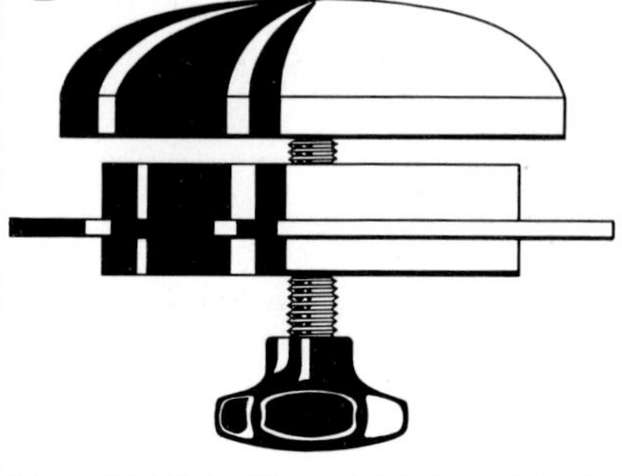

Nach ihrer generellen Konstruktion und Arbeitsweise muß man bei den derzeit auf dem Markt angebotenen Bootsheizungen vier unterschiedliche Gruppen unterscheiden:

Kleine Heizgeräte von der Größe einer Petroleumlampe, die auf dem Tisch arbeitet, bis zu einer kleinen beheizten Fußbank unter der Tischplatte, aber beide nicht stationär eingebaut. Das bei der Verbrennung freiwerdende Kohlendioxyd bleibt dabei im Wohnraum, und der ver-

A

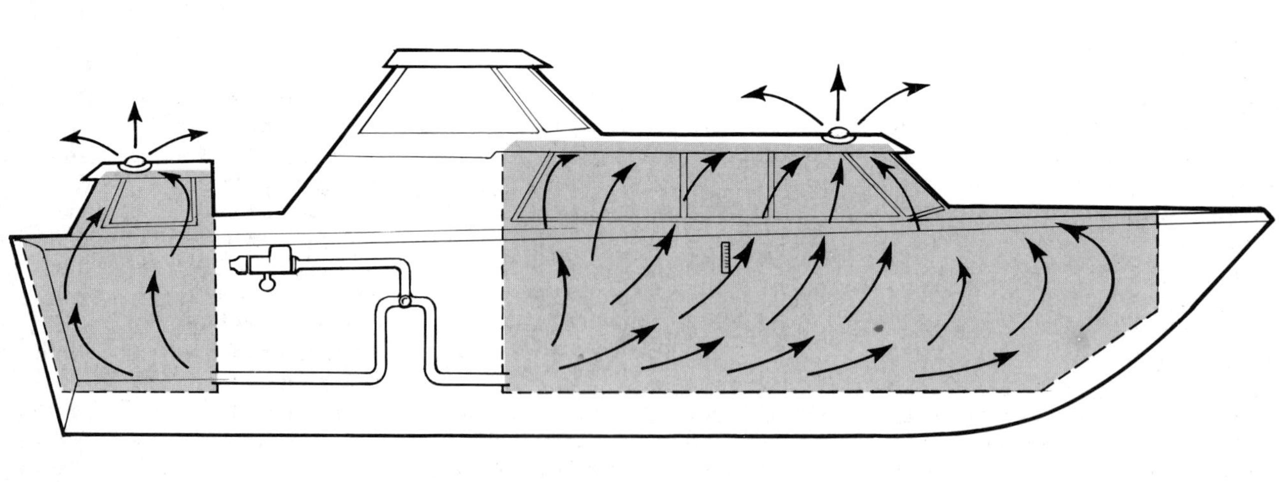

brannte Wasserstoff schlägt sich als Schwitzwasser im Boot nieder (1 l Brennstoff = 1 l Schwitzwasser). Nächtlicher Betrieb ist gesundheitsschädlich und lebensgefährlich. Eine ständige Lüftung ist erforderlich. Bei unbeaufsichtigter Benutzung ist die Feuergefahr groß. Aus Gründen des Brandschutzes (siehe Seite 228) bestehen gegen die Benutzung erhebliche Bedenken. Das billigste Gerät dieser Art (das man sich dazu noch nicht zu kaufen braucht) ist entweder ein großer Ziegelstein oder ein (geschlossener) Wassertopf, die man auf dem Propan- oder Petroleumkocher anwärmt und wobei man die Hitze der Flamme wie die Speicherwärme des Topfes später gleichzeitig zur Raumheizung ausnutzt.

Zur zweiten Gruppe gehören fest eingebaute Heizgeräte, die wie in Abb. C mit einem Abzug arbeiten, aber zum Betrieb keinen Strom gebrauchen. Da hierbei nur die Raumluft umgewälzt wird, die bei der Verbrennung entstehenden Abgase aber ins Freie geleitet werden, besteht weder Vergiftungsgefahr noch Feuchtigkeitsbildung in der Kajüte.

Zur dritten Gruppe gehören die gleichen Einraumgeräte mit einem zusätzlichen Gebläse, aber sie unterscheiden sich auch in der Größe nicht von der vorgenannten Gruppe.

In die vierte Gruppe als „Luxusklasse" gehören jene „Zentralheizungen", die Warmluft in einem getrennten Raum erzeugen und diese dank ihres sehr kräftigen Gebläses in mehrere Räume lenken und auch über weite Distanzen drücken können (siehe Abb. A).

Bordheizungen werden mit verschiedenen Brennstoffen betrieben, z. B. Dieselöl, Petroleum, Spiritus, Propangas und sogar Holzkohle. Beim Heizwert nehmen sich Propan, Diesel und Petroleum nicht viel, doch liegen Holzkohle und Spiritus deutlich darunter. Wer seine Motoren mit Dieselkraftstoff betreibt, sollte auch seine Bordheizung mit Öl füttern – er muß dann nur für einen einzigen Brennstoff sorgen. Wer mit Petroleum kocht, kann natürlich mit Petroleum heizen. Für den teuren deutschen Petroleumpreis bekommt man in Dänemark bekanntlich die fünffache Menge. Hat man jedoch einen Propankocher an Bord und eine vorschriftsmäßige Gasanlage installiert, dann wählt man natürlich auch als Heizbrennstoff Propangas.

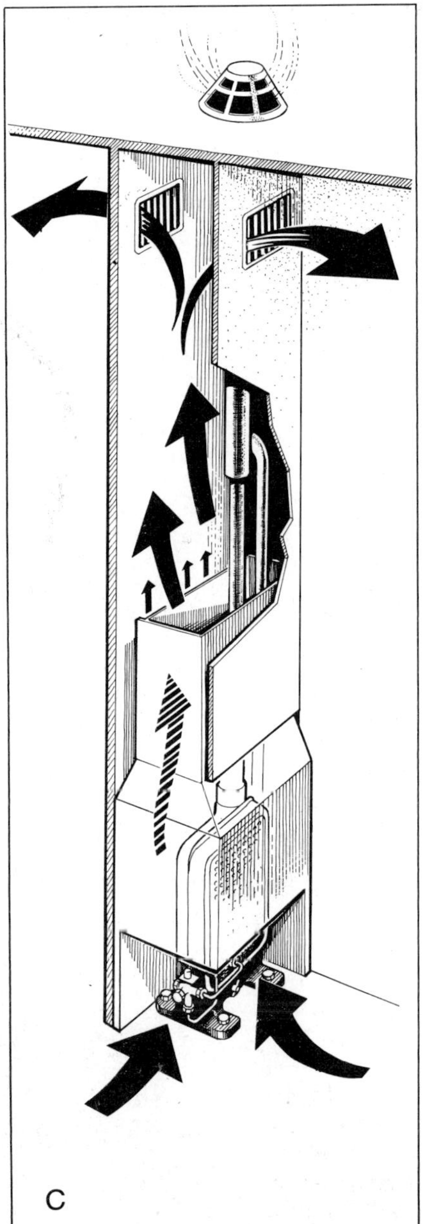

C

Die kleinen Tischgeräte haben nur einen geringen Brennstoffverbrauch, 50 bis 125 g/h. Sie kosten (1978) zwischen 200,– und 500,– DM.

Die Schwerkraftheizungen der zweiten Gruppe verbrauchen stündlich 125 bis 150 g flüssigen bzw. 250 bis 350 g gasförmigen Brennstoff. Sie kosten 400,– bis 800,– DM und wiegen 5 bis 10 kg. Wird in dieser Größengruppe ein Gebläse installiert, dann bleibt der Kraftstoffverbrauch zwar gleich, aber es kommt ein Stromverbrauch von 1,0 bis 2,0 A/h dazu. Die Preise erhöhen sich durch das Gebläse und die elektrische Installation auf 1300,– bis 1500,– DM.

Die Zentralheizungen der Gruppe vier sind erstaunlich preisgünstig; sie beginnen bereits bei 700,– DM, da sie aus den Großserien für Kraftfahrzeuge kommen, doch wird man für Komfortmodelle bis zu 2000,– DM los. Ihr Gewicht liegt nicht unter 10 kg, der Verbrauch nur wenig unter 300 g/h, aber den Stromverbrauch von 4 bis 7 A/h können sich wohl nur große Yachten mit leistungsfähigen Batterien leisten – sonst ist nach einer warmen Nacht der Sammler leer.

Für welches Prinzip der Heizung und welches Modell man sich entscheidet, hängt neben diesen Kriterien letztlich auch von dem Platz ab, den man hierzu an Bord zur Verfügung hat oder den man für die feste Installation einer Bordheizung opfern will.

Feuer

Gefährlichster Feind Feuer

Ein Brand kann das Boot selbst zerstören, aber er ist auch die Voraussetzung für eine noch folgenschwerere Explosion an Bord

Viele Bootseigner glauben, Feuer an Bord ist eine Gefahr, die nur anderen Booten droht, aber nie ihrem eigenen. Feuergefahr besteht jedoch überall, wo ein Motor oder eine Kombüse an Bord sind – zusätzlich zu der üblichen Feuergefahr durch den Brand von Einrichtungsgegenständen. Je leistungsfähiger dabei die Motorenanlage und je größer die Brennstofftanks sind, desto gefährlicher wird das Feuer als Hauptfeind unseres Lebens an Bord.

Feuer an Bord kann tödlich für ein Boot sein, und meistens endet es schnell mit dem Totalverlust, wie die Bilder dieser Seite (A bis E) zeigen – sogar wenn fremde Hilfe in nächster Nähe ist. Es kommt also darauf an, das Feuer zu entdecken, bevor es brennt, und zu löschen, bevor es entflammt ist. Das klingt paradox, ist es aber nicht.

Unser Boot ist ja nur eine kleine schwimmende Plattform auf der weiten Wasserfläche. Hat das Feuer erst einmal diese Insel des Lebens in seiner Gewalt, dann lassen die Flammen kaum einen Platz an Deck übrig, wo man vor ihnen sicher ist.

Entsteht ein Brand durch eine Explosion, z. B. des Benzin-Gasgemisches

A

B

C

Abb. A: Die „Carnation" im Rennen. Abb. B: Kaum war das Feuer ausgebrochen, ergriff es schnell vom Boot Besitz. – Abb. C: Man erkennt gut, wie der Kunststoff nicht nur verkohlt, sondern schmilzt. – Abb. D: Auch ein begleitendes Marinefahrzeug kann den Totalverlust nicht verhindern. – Abb. E: Wenige Minuten später geht der Daycruiser unter.

in der Bilge oder durch eine nicht richtig angeschlossene Propan-Gasanlage, dann wird es ohnehin fast unmöglich sein, ein Feuer sowohl schnell als auch mit größter Aussicht auf Erfolg zu bekämpfen. Hier dient also dem Feuerschutz und der Vorsorge die ganze Aufmerksamkeit.

Bricht jedoch ein Feuer durch andere Ursachen, z. B. Überhitzung der Motorenanlage oder einen Kombüsenbrand aus, dann läßt sich größeres Unglück und vor allem eine mögliche Explosion meistens immer verhindern, wenn man sofort mit dem Löschen beginnen kann. Die richtigen Feuerlöschertypen an den besten, schnell zugänglichen Stellen aufgehängt, damit sie sofort eingesetzt werden können, und ihr geistesgegenwärtiger Gebrauch durch jedermann an Bord sind dann die anderen Punkte, auf die es ankommt.

Die Bilder dieser Seite zeigen den Daycruiser „Carnation", der beim englischen Hochsee-Motorbootrennen Cowes–Torquay–Cowes im Ärmelkanal (A) plötzlich in Flammen stand (B). Das Feuer entstand wahrscheinlich durch Überhitzung der Motorenanlagen und Nichtfunktionieren der Warnanlagen bzw. der automatischen Feuerlöscheinrichtung. Die zweiköpfige Besatzung hatte keine Möglichkeit mehr, den sich schnell ausbreitenden Brand zu bekämpfen. Sie ging (auch aus Angst vor der Explosion der Tanks) sofort in die Rettungsinsel.

Man erkennt in Abb. C, wie das Feuer schnell und vollständig Besitz von dieser kleinen schwimmenden Plattform des Lebens ergreift und der Kunststoffrumpf in diesem Inferno aus Flammen und Hitze richtig zu zerschmelzen scheint. Auch durch den sofortigen Einsatz der Feuerlöschanlagen eines begleitenden Marinefahrzeugs (D) ist es nicht möglich, den Brand von außen zu löschen. Nur wenige Minuten später ist der Bootsrumpf völlig zerstört (E), und das eben noch scheinbar sichere Boot, das mit seinen Zwillingsmotoren so schnell über die See schoß, versinkt mit den Resten seiner wertvollen Ausrüstung in der Tiefe des Meeres.

Vorsorge gegen Feuergefahr

Mangelnde Vorsicht und leichtsinnige Praxis sind die häufigsten Brandursachen

Auf den ersten Blick erscheint es paradox, sich auf einem Fahrzeug, das auf dem Wasser schwimmt und so viele natürliche „Löschmittel" in Griffweite und in unbegrenzter Menge zur Verfügung zu haben scheint, mit dem Problem des Feuerschutzes zu beschäftigen. Aber es gibt ja nicht nur offene Feuer, sondern auch Brände durch chemische oder physikalische Ursachen, bei denen das Löschwasser in der Umgebung des Bootes völlig wertlos ist. Feuer an Bord kann durch mehrfache Ursachen entstehen. Sie sind in Deutschland auch als „Brandklassen" bezeichnet und mit den Buchstaben A bis E benannt. Die gleichen Buchstaben erscheinen auch auf den (deutschen) Feuerlöschern, um zu kennzeichnen, für die Bekämpfung welcher Brände diese Feuerlöscher geeignet sind. Feuergefahr besteht also durch:

A: Brände fester Stoffe, die hauptsächlich organischer Natur sind und normalerweise unter Glutbildung verlaufen, z. B. Holz, Papier, Textilien, Gummi und andere feste Stoffe.

B: Brände von flüssigen Stoffen oder solchen, die durch die entstehende Hitze selbst verflüssigt werden. Hierzu gehören Benzin, Öle und Fette, Lacke, Farben und Harze, Wachs, Alkohol und Kunststoff.

C: Brände von Gasen, die an Bord vorwiegend in der Pantry in Form von Butan, Propan u. a. benutzt werden.

D: Brände von Metallen, die an Bord relativ selten auftreten und meistens nur Begleiterscheinungen der vorgenannten Brandursachen sind.

E: Brände an elektrischen Anlagen der Bordinstallation und des Bootsmotors, die meistens ebenfalls mit den vorgenannten Brandursachen einhergehen.

Hieraus ergeben sich die vorbeugenden Maßnahmen des Brandschutzes und die Auswahl der richtigen Feuerlösch-Materialien. Dabei beachte man jedoch: Auf den deutschen Feuerlöschern ist die o. g. *Brandklasse* angegeben, z. B. „B C E", für die der Löscher geeignet ist. Diese Buchstaben können mit den Bezeichnungen englischer und amerikanischer Feuerlöscher verwirren, bei denen der *Inhalt* durch ähnliche Buchstabenkürzel aufgebracht ist, z. B. „B C F" als Bezeichnung für „Bromchloridfluormethan", im Deutschen auch als „Halon" bezeichnet.

Die häufigsten Brandursachen an Bord sind: Lecks in den Brennstoff- und Gasleitungen; Entzünden des Benzin-Gas-Gemisches bei der Brennstoffübernahme durch Rauchen, Umgang mit Feuer oder Betätigung von elektrischen Schaltern u. a. In einigen Ländern begegnet man dieser Gefahr, indem man das am Einfüllstutzen austretende Gasgemisch sofort absaugt (Abb. A). Andere Ursachen sind leckende Verbindungen in den Brennstoff- und Gasleitungen mit Explosionsgefahr, schlechte Belüftung der Batterieräume, wo Knallgas entsteht, und der Motorenräume, wo sich das explosive Gas tief ablagern und praktisch auf das Entzünden warten kann, sowie die unsachgemäße Installation von Gasflaschen.

Die größte Gefahr liegt in der Eigenschaft sowohl von Propan-, Butan- und Camping-Gasen als auch von Benzingasen, schwerer als Luft zu sein und sich deshalb in der Bilge oder an anderen tiefen Punkten des Bootsrumpfes ansammeln zu können. Hier werden sie daher auch erst spät entdeckt.

So ergeben sich 10 Gebote der Feuerverhütung, die nicht nur der Schipper und Eigner kennen, sondern jede Person an Bord beherzigen sollte:

1. Halte alle Bilgen sauber und trockne alle Tropfwannen unter Motoren und Brennern aus, wenn sie feucht geworden sind.
2. Sorge für gute Belüftung aller Bootsräume auf See und im Hafen, sowohl wenn das Boot benutzt wird als auch, wenn es verlassen an seinem Liegeplatz festgemacht ist. (Entsprechende Vorschläge Seite 221). Achte darauf, daß die Lufteintritts- und Luftauslaßstutzen für die Wohn- und Motorenräume an Deck nicht aus Versehen zugehängt oder zugestellt werden. Lüfte das Boot sofort durch, wenn Du an Bord kommst, bevor Du den Motor startest, bevor Du zu kochen beginnst oder einen Lichtschalter betätigst.
3. Überwache sorgfältig die Gasflaschen, Petroleumbehälter und die Brennstofftanks in ihren Räumen, überfülle sie nicht und denke daran, daß Dieselkraftstoff sicherer als Benzin ist. Lege keine starren Verbindungen zwischen Brennstoffbehälter und Betriebsstellen und beobachte, ob diese Zuleitung durch Motorenvibration oder harte Bootsbewegungen im Seegang beschä-

digt oder gar zerstört sind. Benutze flexible Materialien zur Verbindung fester Rohrteile – je mehr, desto besser.
(Entsprechende Merkblätter für Flüssiggasanlagen auf Sportbooten haben der Germanische Lloyd, der Verband für Flüssiggas, der DMYV und der DSV herausgegeben.)

4. Überwache die elektrischen Leitungen und Geräte. Prüfe die Anschlußklemmen an der Batterie und ziehe locker gewordene Befestigungen sofort wieder fest. Sichere Kabel, die sich aus ihrer Befestigung gelöst haben, und repariere Isolationsschäden sofort. Erneuere Kabel mit brüchiger Isolierung und wechsle defekte Schalter aus.
5. Staue keine selbstentzündbaren Materialien wie Putzlappen mit Ölresten, Petroleum, Benzin, Farbverdünner oder andere chemische Flüssigkeiten in brennbaren Holzkisten oder Pappschachteln. Gebe sie nach ihrer Verwendung von Bord oder bewahre sie bis zur nächsten Benutzung in luftdicht verschlossenen (Blech-)Behältern aus unbrennbaren Materialien auf.
6. Lasse keinen Topf mit angesetzten Zweikomponentenfarben oder Kunststoffen mit angerührtem Härter und Beschleuniger unbeaufsichtigt stehen. Arbeite die angesetzten Mengen auf, bevor Du Pause machst oder aufhörst. Diese Materialien können sich selbst bis zur Entzündung erwärmen!
7. Beobachte Lampen, Öfen und Kocher, die mit Petroleum betrieben werden, noch bis einige Minuten nach dem Anzünden, weil sie zum Aufflammen neigen, sobald sie warm geworden sind.

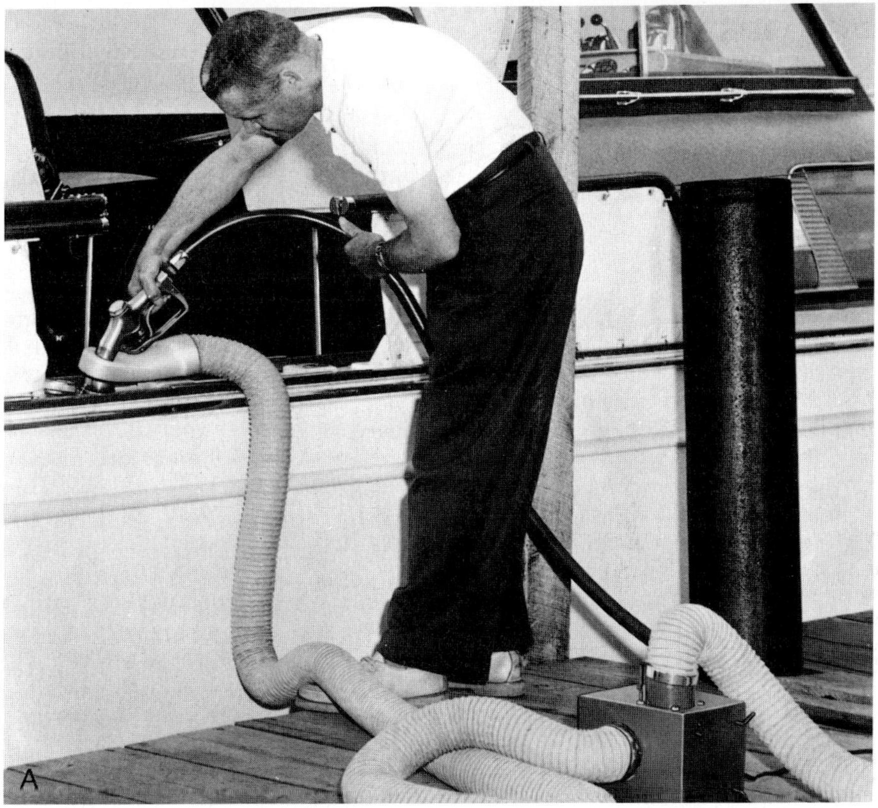
A

Heize nicht mit Petroleumöfen, die auf einem beweglichen Boot schnell umfallen können. (Die Benutzung von tragbaren Heizgeräten der ersten Gruppe, die auf Seite 224 genannt sind, ist daher aus Gründen des Feuerschutzes nicht empfehlenswert.)
8. Benutze keine, als Campingbedarf erhältlichen Gas-Heizsonnen. Sie können in dem begrenzten Raum einer Kajüte durch ihre Strahlungshitze nicht nur Lack und Textilien, sondern die Kunststoffaußenhaut und andere Einbauteile entzünden.
9. Achte darauf, daß während des Tankens und während des An- und Umschließens von Gasflaschen an Bord nicht geraucht wird. Verhindere die Benutzung von offenem Feuer in der Nähe des Maschinenraums. Betätige in dieser Zeit keine elektrischen Schalter, weil der Zündfunke dabei das entstehende Gas entflammen kann.
10. Stelle einen schießenden Motor schnell ab, besonders dann, wenn er in den Vergaser patscht. Dann besteht die Gefahr eines Vergaserbrandes. Suche umgehend die Ursache bei einem vertauschten Zündkabel oder einem hängenden Einlaßventil.

Hierbei sind die selbstverständlichen Einbauvorschriften für Brennstofftanks und die Sicherheitsauflagen für die Belüftung der Motorenräume noch nicht enthalten.

Die Taktik im Kampf gegen Feuer

Der Plan für die wirksamste Brandbekämpfung bestimmt den richtigen Platz der Feuerlöscher

Es gibt hauptsächlich drei Bereiche an Bord, in denen ein Brand entstehen kann. Sie sind daher nicht nur durch vorbeugende Maßnahmen besonders zu schützen, sondern man muß bei einem Brand die Löschmittel hier auch schnell und auf kürzestem Wege einsetzen. Hierzu gehören:

- Der Motor und seine Brennstofftanks;
- die Kombüse, ihre Energiequelle und deren Brennstoffversorgung und
- besonders feuergefährliche Einrichtungsgegenstände und Ausrüstungsmaterialien in den Wohn- und Stauräumen.

Alle drei Bereiche liegen bei einem Motorboot selten genau nebeneinander: Der Motor ist weitgehend am Heck bzw. unter dem Plichtfußboden eingebaut. Die Kombüse liegt im achteren Teil der Kajüte nahe ihrem Eingang, und feuergefährliche Ausrüstungsgegenstände sind meistens an der entgegengesetzten Bootsseite (in der Vorpiek) verstaut. Für die Anordnung der erforderlichen Feuerlöscher in der Nähe dieser möglichen Brandherde gibt es vier Gesichtspunkte:

- Man muß bei jedem Feuer in der Lage sein, den Feuerlöscher zu erreichen.
- Der Feuerlöscher muß in der Lage sein, mit seinem Löschstrahl bis zum Feuer zu gelangen.
- Der Feuerlöscher muß so ein- und angebaut sein, daß er niemals auf der „anderen Seite" des Feuers liegt.
- Man sollte in der Lage sein, das Feuer gleichzeitig von zwei Seiten aus bekämpfen zu können.

In der Praxis (Abb. A) bedeutet dies: Bei einem Brand in der Kombüse ist der dort befestigte Feuerlöscher (1) nur so lange nützlich, wie man ihn sofort bei Entstehen des Brandes in der Kombüse selbst in die Hand nehmen und einsetzen kann. Bemerkt man einen Kombüsenbrand in der Plicht, dann kann man ihn nur mit einem dort gehalterten Feuerlöscher (2) bekämpfen. Wer sich bei Entstehen dieses Brandes im Vorschiff aufhält oder dieses dabei erreichen kann, muß auch hier einen Löscher (3) vorfinden.
Man sollte daher immer mindestens zwei, besser drei kleine Handfeuerlöscher außerhalb der Tank- und Motorenräume verwenden, auch wenn z. B. der Germanische Lloyd für

Abb A: Feuerlöschanlage auf einem Motorkreuzer: 1–3: Aufgehängte Handfeuerlöscher für Kombüsen- und Kajütbrände. – 4: Gasschnüffler in Motoren- und Tankraum. – 5: Feuerlöscher, die ihren Inhalt über Löschleitungen (6) mit Sprühdüsen abgeben.

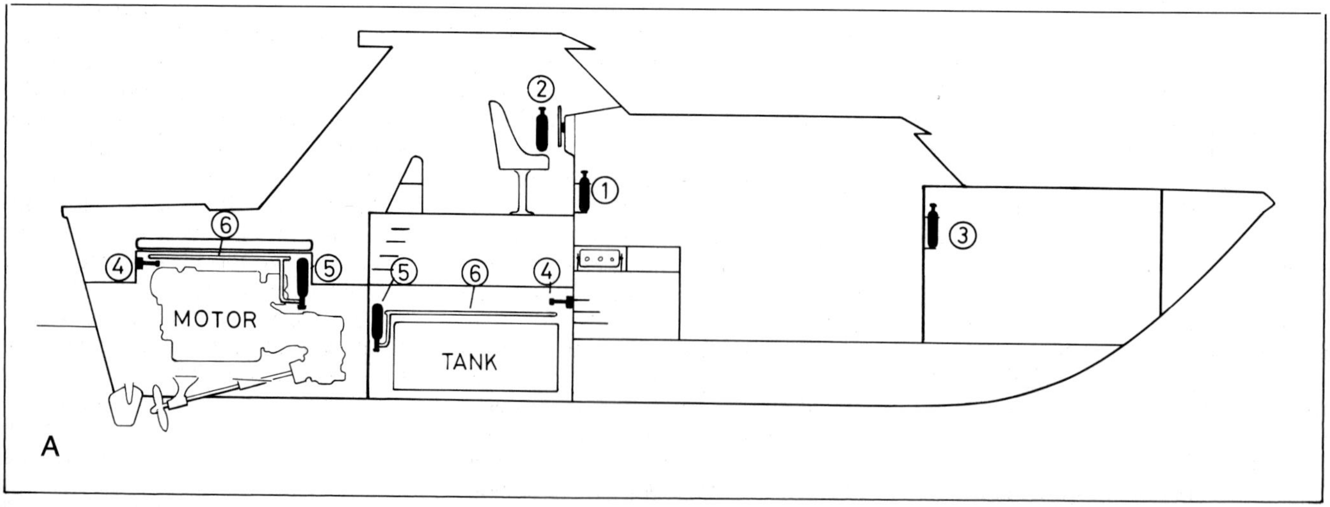

Boote bis 11 t Verdrängung nur einen Feuerlöscher mit einer Füllmenge von 2 kg oder für Motoren mit einer Leistung bis 50 PS einen Löscher mit 6 kg Gesamtfüllmenge vorsieht.
Zum Feuerschutz in der Kombüse empfehlen sich kleine Asbestdecken oder -Flecken, die man über dem Kocher oder hinter ihm auf die Bordwand bringt – dorthin, wohin die Flammen schlagen können, wenn der Kocher zuviel Brennstoff erhält, wenn er durchschlägt oder wo Flammen sonst brennbare Einrichtungsteile erreichen können. Neben diesen fest angebrachten Asbestflecken sind auch ständig in Griffweite des Smuts liegende kleine Asbestdecken wertvoll, die man gegebenenfalls über den entflammten Herd breiten und mit denen man ein Kleinfeuer ersticken kann. Als sog. „Feuerpatschen" an einem kurzen Stiel befestigt, lassen sie sich auch aus einer geringen, sicheren Entfernung bedienen. Erfahrungsgemäß arbeitet die Bordfrau in der Kombüse im Notfall lieber mit einem so einfachen Handgerät als mit dem Feuerlöscher, der mehr manuelle Tätigkeit, technisches Nachdenken und auch mehr Zeit bis zum Einsatz erfordert.
Ein Asbestflecken tut auch gute Dienste, wenn er dicht neben dem Vergaser gehaltert ist und bei Vergaserbränden schnell übergeworfen werden kann. Sie sind zwar selten, und ein nasser Lappen tut es auch – aber wer will erst einen Lappen anfeuchten, wenn die Flammen züngeln?
Motorboote sollten für ihre Motorenanlage immer mit einer Feuerlöschanlage ausgestattet sein, die automatisch arbeitet und alle zum eigenen Betrieb notwendigen Teile enthält, wenn der Feueralarm beim Erreichen eines bestimmten Wärmegrades im Motorenraum ausgelöst

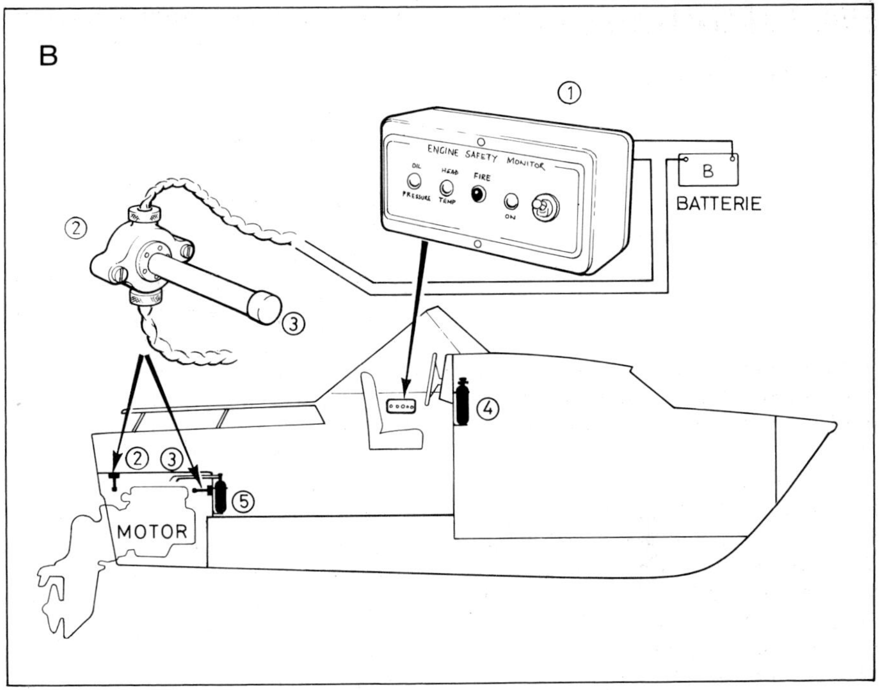

Abb. B: Automatische Feuerlöscheinrichtung mit Gasspürgerät.

und die Löschanlage in Betrieb gesetzt wird. Die Industrie liefert hierzu komplette Löschanlagen (Abb. B) an, die aus einem Kontrollgerät für hörbare und sichtbare Alarmanzeige (1) mit der Auslösetaste für die Feuerlöscher, einer Wärmefühler-Einheit im Motorenraum (2) und den entsprechenden Sprühdüsen (3) bestehen. Diese Anlage arbeitet unabhängig von den Handfeuerlöschern in der Kajüte (4), aber die eigentlichen Feuerlöscher sind außerhalb der Tank- und Motorenräume (5) untergebracht.
Zum Schutz gegen Feuer gehören auch die Warnanlagen bzw. Sicherheitseinrichtungen, insbesondere bei Benzinmotoren. Sie bestehen aus Gasschnüfflern im Motorenraum, die entweder ständig oder beim Einschalten der Anlage prüfen, ob sich gefährliches, hochexplosives Gasgemisch in der Bilge gesammelt hat. Die Anlagen beginnen dann mit der automatischen Be- und Entlüftung des Motorenraumes und geben den Anlasser erst frei, wenn der Motorenraum sicher und jede Explosionsgefahr beseitigt ist. Sie arbeiten im Prinzip wie die in Abb. B gezeigte automatische Löschanlage, d. h. sie bestehen aus einem Gasschnüffler (wie 2) und einem Ventilator (anstelle des Feuerlöschers, wie 5). In den meisten Booten sind diese Warn- und Zwangsbelüftungsanlagen serienmäßig eingebaut.

Feuerschutz im Motorraum

Von der richtigen Belüftung bis zu automatischer Löschanlage

Motoren- und Tankräume sollten gesondert belüftet werden. Die Luftzufuhr soll an der Decke des Raumes enden und so gebaut sein, daß kein massiver, gerichteter und gezielter Luftstrom auf den Motor strahlen kann. Die Ablüfter sollen ihre Luft aus dem tiefsten Bereich der Bilge holen, d. h. auch tiefliegende gefährliche Dämpfe erreichen und diese absaugen können (Abb. A). Lüfterköpfe und Rohrdurchmesser müssen so große Querschnitte haben, daß sie in zwei Minuten das gesamte Volumen des Motor- und Tankraumes fördern können. Tankräume mit Kraftstoffbehältern von mehr als 5 l Fassungsvermögen müssen in getrennten Räumen untergebracht sein, die öl- und gasdicht abgeschottet sind. Bei Heckmotoren für Z-Antriebe genügen im allgemeinen Luftschlitze, die an der Vorderwand Luft einlassen (Abb. B) und Ablüfter, die im Spiegel des Bootes enden. Das Schalldämpfungsmaterial muß feuerfest sein.

Abb. C zeigt den detaillierten Aufbau einer automatischen Halon-Feuerlöschanlage für den Motorenraum: 1. Handfeuerlöscher für die Bekämpfung eines Kajüt- oder Kombüsenbrandes. – 2. Eine Feuerwarnlampe, die beim Erreichen der kritischen Motorenraumwärme angeht. – 3. Prüfschalter für Warnanlage. – 4. Auslösetaste für die bordfeste Löschanlage. – 5. Zwei außerhalb des Motorenraumes angebrachte 6-kg-Halon-Löschflaschen. 6. Sprühdüsen der Löschleitungen. – 7. Wärmefühler.

Die Anzahl der Feuermelder und ihre Einbaustellen hängen von der Anordnung der Motoren ab. Erfahrungsgemäß bieten drei bis vier Melder je Motor einen wirksamen Schutz gegen alle möglichen Entstehungsquellen eines Feuers. Die Feuermelder sind feuchtigkeitsbeständig und robust. Sie bedürfen keiner Wartung. Sie schalten sich auch automatisch wieder ab, wenn ein Feuer erfolgreich bekämpft ist. Das wird natürlich nur bei „blindem Alarm" der Fall sein, aber die Anlage bleibt auch einsatzbereit, wenn sie einmal betätigt worden war.

Die gesamte Anlage besteht aus mehreren automatischen Feuerlöschern, den Löschmittelsprühleitungen, einem Betätigungsschalter am Fahrstand und den elektrischen Leitungen. Die Löscher selbst sind aufrecht hängende zylindrische Behälter, an deren unterem Ende sich ein

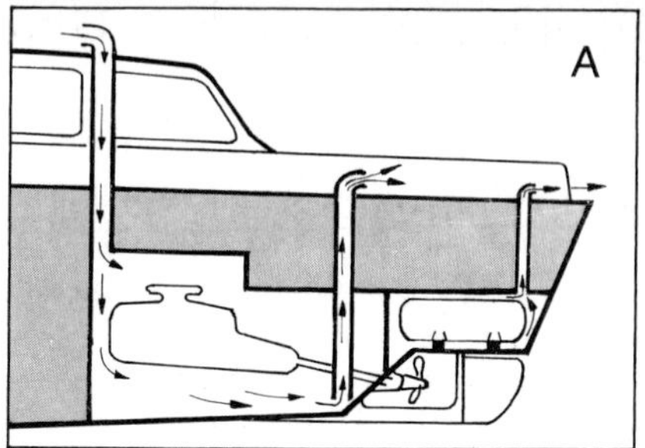

Anschluß für einfachen oder doppelten Löschmittelauslaß befindet. Gefüllt ist die Anlage mit Bromchlordifluormethan (BCF). In Deutschland wird auch Dichlorfluormethan (DCF genannt) als „Halon" bezeichnet.

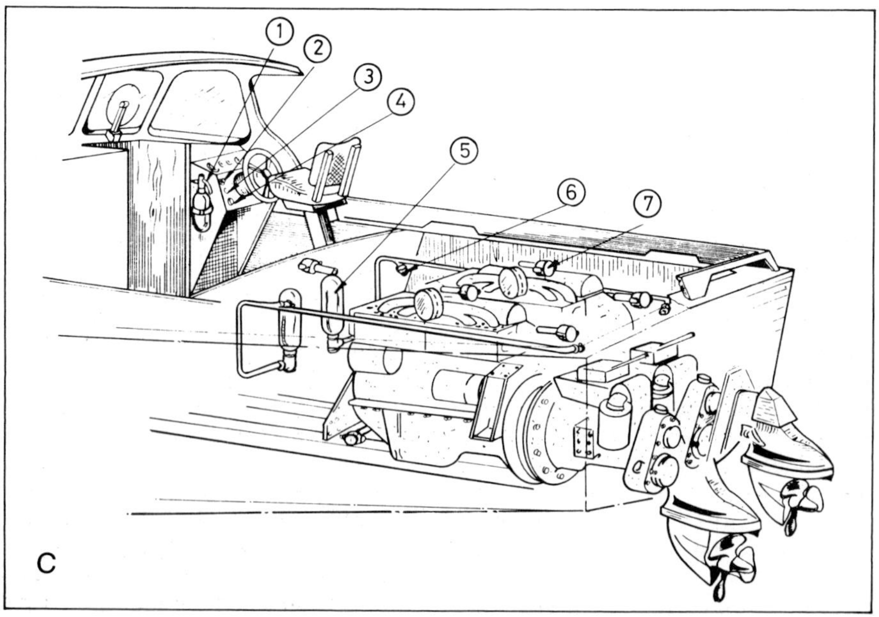

Auswahl der richtigen Feuerlöscher

Unterschiedliche Löscher für die Kajüte und den Motorraum

Seit der Einführung von Bromchlordifluormethan (BCF) bzw. Dichlorfluormethan (DCF) als neue chemische Feuerlöschmittel gibt es keinen „optimalen Allzwecklöscher" mehr, doch bieten sich zwei generelle Feuerlöschertypen an: Ein Allzwecklöscher für die Brandklassen A bis E (siehe Seite 228) und damit alle 5 möglichen Brandursachen, der mit Glutbrandpulver gefüllt ist. Sein gespritzter, ungiftiger Inhalt schmilzt, wenn er mit Feuer in Berührung kommt. Er erstickt das Feuer durch eine glasige Schmelze, die er über den Brandherd legt. Er leistet damit zwar die Hauptarbeit, aber nicht die ganze Arbeit allein; denn das Feuer wird nur erstickt, und zum Abkühlen des abgelöschten Materials muß man gegebenenfalls mit Seewasser nachlöschen.

Der Vorteil dieses Allzwecklöschers gegenüber den sog. „Halon"-Feuerlöschern neuer Generation ist, daß er auch brennende Feststoffe wie Holz, Papier, Textilien usw. löscht, die man mit Halon nicht wirkungsvoll bekämpfen kann.

Für Brände im Motoren- und Tankraum wurden früher hauptsächlich CO_2-Löscher fest eingebaut gefahren. Das austretende Kohlendioxyd verdrängt dabei die Luft im Brandraum und nimmt dem Feuer den zum Brennen nötigen Sauerstoff. Das Feuer erstickt schon, wenn nur 25% der normalen atmosphärischen Luft vom Kohlendioxyd verdrängt werden. Die Bedienung ist jedoch nicht einfach und für die Personen, die sich in der Nähe des Löschers aufhalten oder mit ihnen in geschlossenen Räumen umgehen, lebensgefährlich.

Da diese Frischluftprobleme in geschlossenen Räumen an Bord immer bestehen, sollte man CO_2-Löscher heute nicht mehr benutzen und statt dessen die „Halon"-Feuerlöscher vorziehen. „Halon"-Feuerlöscher sind praktisch die Nachfolger der CO_2-Löscher: Sie haben die dreifache Löschkraft und lassen dem Feuerwehrmann größere Überlebenschancen, wenn er mit ihnen im Motorenraum hantieren muß.

„Halon" ist ein Markenname für ein Feuerlöschmittel mit einer anderen chemischen Reaktion als CO_2-Löscher. Es arbeitet mit Bromchlordifluormethan (BCF) bzw. Dichlorfluormethan (DCF) und ist mit dem zuerst entwickelten „Freon" verwandt, einem Fluor-Kohlenwasserstoff-Kältemittel, das der Konzern Du Pont 1964 auf den Markt brachte und das seitdem in vielen Kühlschränken und Gefriertruhen verwendet wird. In der Luftfahrt wird „Halon" ausschließlich für die Füllung der Feuerlöscher verwandt, und seit 1973 ist es auch in Skandinavien ausschließlich zur Feuerbekämpfung in den Motorräumen von Booten vorgeschrieben. Gegenüber den Allzweck-Pulverlöschern hat „Halon" folgende Vorteile: Es bietet beim Löschangriff gute Sicht. Man kann gezielt vorgehen. Als Gas dringt „Halon" auch zu verdeckten Brandherden vor. Die Atmosphäre um die Brandstelle wird dabei immun gegen Feuer wie bei keinem anderen Löschmittel. „Halon" beschädigt keine hochempfindlichen Maschinen, elektrische Anlagen und Oberflächen. Es verdampft ohne Rückstände. Das Gas im Innern des Behälters klumpt nicht bei Erschütterungen, die an Bord häufig sind. Es verstopft keine Ventile oder Steigrohre. Der Behälter bleibt auch nach kurzer Betätigung dicht, und er bleibt brauchbar bis zum letzten Tropfen. Beim Löschen kann man „Halon" auch einmal unbeschadet ins Gesicht oder sogar in Wunden bekommen.

Ein Systemvergleich von „Halon" zu Kohlendioxyd-Löschern fällt noch vorteilhafter aus: BCF- bzw. DCF-Löscher haben die dreifache Löschkraft wie CO_2. Halon kann durch große Sprühweite aus größerer, sicherer Entfernung eingesetzt werden. Es genügen bereits drei bis fünf Volumenprozente, um ein Feuer zu löschen, das sind ca. 350 g/m^3.

Bei „Halon"-Löschern ist die Funktionsprüfung sehr vereinfacht: Optisch kann man erkennen, ob das Manometer einsatzklar auf das grüne Feld zeigt. Durch Kippen oder Schütteln kann man feststellen, ob Flüssiggas im Löscher ist und somit Funktionsfähigkeit im normalen Temperaturbereich (−20° bis +60° C) gegeben ist. Durch Wiegen kann man ebenfalls feststellen, ob die volle Füllmenge noch vorhanden und der Löscher betriebsbereit ist.

Die Hersteller der verschiedenen Halon-Feuerlöschertypen geben langjährige Garantien, z. B. 5 Jahre. Einige Modelle werden mit einem Löschkopf geliefert, der bei bestimmten Temperaturen (z. B. 80° C) automatisch zu löschen beginnt. Die Preise betragen (Stand 1978) z. B. 88,– DM für einen 750-g-Löscher bzw. 125,– für einen 3,5-kg-Löscher (Inhalt 2 kg Halon) einschließlich Manometer, Wandhalterung und Zubehör.

Erfahrungsgemäß sind Löscher mit wenig Inhalt an Bord Spielerei. So

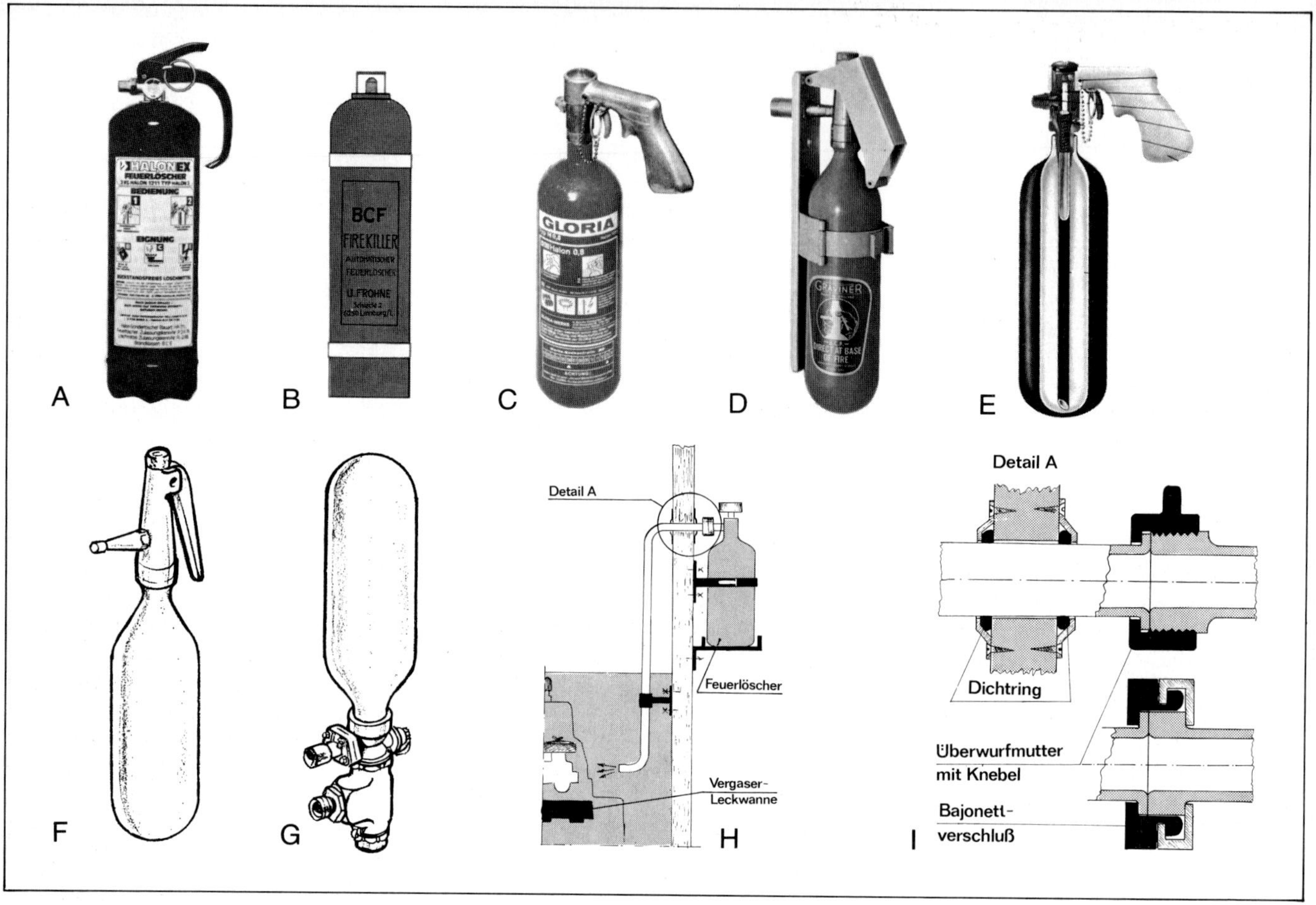

hat ein 1-kg-Pulverlöscher sein Pulver schon in ca. 7 Sekunden verschossen, und ein 2-kg-Löscher ist schon in ca. 10 Sekunden leer. Das reicht in der Aufregung erfahrungsgemäß gerade, um den Strahl richten und zielen zu lernen. Mit „Halon"-Löschern reicht man länger, aber auch bei ihnen ist es empfehlenswert, einen Löscher bei einer Brandübung (was ja nicht unbedingt an Bord sein muß) schon einmal in die Hand zu nehmen und mit ihm Zielen und Löschen zu lernen, damit man im Ernstfall weiß, was man erwarten kann. Anstelle von 1 bis 2 größeren Löschern ziehe ich an Bord 3 bis 4 kleinere Handfeuerlöscher in den Innenräumen zusätzlich zu der Löschanlage im Motorenraum mit einem Inhalt von mindestens 6 kg vor.

Die Abb. A–D zeigen vier handelsübliche „Halon"-Löscher für den Bordgebrauch. In Abb. E ist die Funktion eines Modelles dargestellt: Wenn man den Sicherungsstift (1) herauszieht, ist der Löscher einsatzbereit. Man richtet jetzt die Löschdüse auf den Brandherd. Durch Ziehen des Abzugshebels (2) am Pistolengriff (3) wird der Ventilstopfen (4) durch den Ventilbolzen (5) angehoben. Das Löschmittel kann jetzt durch das Steigrohr (6) zur Löschdüse (7) gelangen und das Feuer zu löschen beginnen. Beim Loslassen des Abzugshebels (2) kann der Löschstrahl jederzeit unterbrochen werden.

Jeder Handfeuerlöscher kann aufrecht (Abb. F) oder auf dem Kopf hängend (G) gehaltert werden. Für Motorenräume wird er außerhalb angebracht (Abb. H). Das mit ihm verbundene Löschrohr endet dann direkt über der Gefahrenstelle, bei Benzinmotoren z. B. der Vergaser-Leckwanne. Wie man eine Durchbrechung legt, zeigt Abb. I im einzelnen.

Feuerbekämpfung in Fahrt

Brände können nicht nur im Hafen entstehen. Man muß während der Löscharbeiten unterwegs auch wissen, wie und in welcher Richtung man Fahrt aus dem Boot nimmt

Bei Feuer an Bord kommt es nicht nur auf die sofortige Brandbekämpfung an. Sie hat meistens auch nur Aussicht auf Erfolg, wenn das Boot einen richtigen Kurs zum Wind steuert und die Luftzufuhr zum Brandherd umgehend gestoppt wird. Auch für die Feuerbekämpfung bei einem Boot, das noch Fahrt macht, gibt es 10 Gebote:

Die beste Feuerbekämpfung ist – ähnlich wie das beste „Mann-über-Bord-Manöver" – die Vorsorge, daß ein Brand gar nicht erst entstehen kann. Aber dafür gibt es leider keine Gewähr. Daher muß man in jedem Notfall wissen, welche Maßnahmen zur Brandbekämpfung einzuleiten sind und wie sie sich in der Praxis auswirken können.

1. Lege das Boot sofort auf einen Kurs zum Wind, auf dem die Flammen an Bord nicht weiter um sich greifen können. Das wird im allgemeinen ein Kurs quer zum Wind (mit Dwarswind) sein. Bei einem Brand im Motorenraum, der am Heck liegt (z. B. bei einem Boot mit Z-Antrieb) läuft man möglichst gegen den Wind.
2. Stoppe bei leichtem Wind das Boot und hebe den Fahrtwind auf. Manövriere stets so, daß die Flammen bei den Löscharbeiten nicht stören.
3. Halte alle Luken, Fenster und Türen, die zur Feuerbekämpfung nicht unbedingt geöffnet werden müssen, voll geschlossen, weil Durchzug und Luftzutritt das Feuer weiter anfachen und das Löschen erschweren können.
4. Lasse die Besatzungsmitglieder, die nicht aktiv an der Brandbekämpfung teilnehmen können, die Rettungsgeräte aus dem gefährdeten Bereich herausbringen und gegebenenfalls einsatzklar machen.
5. Ziele bei der Brandbekämpfung den Löschstrahl auf das, was brennt, und entleere den Feuerlöscher nicht einfach in Flammen und Rauch hinein. Schütze dich bei der Brandbekämpfung, wenn noch möglich, durch Naßmachen deiner Kleidung. Lasse dir zum Beispiel eine Pütz mit Wasser über den Körper gießen.
6. Öffne die Luken von brennenden Räumen vorsichtig und nur so weit, wie es zum Einbringen des Löschstrahles notwendig ist. Arbeite immer von der befestigten (Scharnierseite) des Luks und nie von der zu öffnenden Seite aus.
7. Öffne bei der Brandbekämpfung Türen und Schotten nur in geduckter Haltung. Flammen und Rauch schlagen oben heraus. Die Luft (auch zum Atmen hinter einem nassen Mundtuch) strömt unten nach.
8. Vergiß bei der Bekämpfung mit Wasser im Anschluß an eine erfolgreiche Pulverlöschung nicht, daß die Lenzpumpe betätigt werden muß, um das beim Löschen ins Boot gekommene Wasser wieder zu entfernen.
9. Versuche bei Schwelbränden der Innenausrüstung (Schaumstoffpolstern usw.) nicht, diese vollständig abzulöschen. Sie sind praktisch unlöschbar, und es hilft nur, sie nach dem Erstikken der Flammen schnell über Bord zu geben.
10. Wenn die Glasharz-Außenhaut oder andere Glasharz-Einbauteile Feuer gefangen haben, muß mit dem Ablöschen der brennenden Fläche das Kühlen des weichgewordenen Harzes einhergehen. Aufgeweichter Kunststoff fängt nicht nur sehr leicht neuerlich Feuer, er kann auch (im Bereich der Wasserlinie) aufbrechen, und hier wird dann in der Außenhaut eine gefährliche Leckstelle entstehen.

Zoll

Zollfrei leben

Erleichterungen im Bordleben bei Fahrten auf See- und Küstenrevieren mit seefähigen Motorbooten

Motorboote und Motoryachten haben nicht nur Pflichten, wenn sie am Schiffsverkehr auf den Seestraßen und der freien See teilnehmen. Hierbei können sie auch Rechte wie alle anderen deutschen Seeschiffe erhalten, und die hohen finanziellen Aufwendungen, die nun einmal mit dem Betrieb einer Motoryacht zur Erfüllung aller gesetzlichen Vorschriften und Sicherheitsbedingungen notwendig sind, werden durch Zollerleichterungen von den deutschen Behörden in gewissem Maße wieder rückvergütet.
Diese Erleichterungen bestehen zuerst in der Möglichkeit, „Transit" einzukaufen, d. h. abgabenfreien (unverzollten) Schiffsbedarf für die Verpflegung der Besatzung zu erwerben. Die entsprechenden Kostenersparnisse für den Eigner oder Schiffsführer sind um so größer, je mehr Fahrten er von seinem Liegeplatz in internationale oder ausländische Gewässer macht bzw. je größer die Zahl der Besatzungsmitglieder ist. Die Ersparnisse liegen bei gleicher Warenqualität bei etwa 30 bis 60% gegenüber den Einzelhandelspreisen an Land. Dieser spezielle Schiffsbedarf hat aber nicht nur Preisvorteile. Er ist auch entsprechend dosiert und verpackt, so daß er unter Bordbedingungen längere Zeit lagerfähig bleibt, und er wird darüber hinaus oft in stoßsicheren und handlichen Gebinden geliefert.
Die entsprechenden Bestimmungen für die Zollbehandlung von Motorbooten und Yachten sind im Zollgesetz (ZG), in der allgemeinen Zollordnung (AZO) und in der Dienstanweisung zum ZG und zur AZO in allen Einzelheiten festgelegt. Uns sollen hier nur die praktische Anwendung dieser Vorschriften sowie die Formalitäten zum Bezug von abgabenfreiem Schiffsbedarf, der Transit-Einkauf und seine „Gestellung" sowie andere Fragen im Zollverkehr mit Motoryachten interessieren.
Alles Wissenswerte ist im „Merkblatt über Zollbestimmungen für Eigner und Schiffsführer inländischer Wassersportfahrzeuge" enthalten, das man sich in der gültigen Ausgabe jährlich neu von seiner örtlichen Zollbehörde beschaffen sollte.

Als Wassersportfahrzeug im Sinne dieser Zollerleichterungen gelten alle in der Bundesrepublik Deutschland beheimateten Schiffe, die weder in der gewerblichen Schiffahrt eingesetzt noch Behördenfahrzeuge oder Kriegsschiffe sind. Ob hierbei ein Motorkreuzer oder eine Motoryacht als „seefähig" zu bezeichnen und somit geeignet ist, die deutschen Hoheitsgewässer für eine sichere Fahrt in internationale oder ausländische Gewässer zu verlassen, ist letztlich in das Ermessen jedes Eigners oder Führers eines Fahrzeuges gestellt.
Um abgabenfreien Schiffsbedarf zu beziehen, muß das Boot im Besitz eines „Bezugs- und Anschreibebuches für unverzollten Schiffsbedarf" sein, das als „Vordruck Nr. 0119" von derjenigen Zollstelle ausgegeben wird, die für den ständigen Liegeplatz des Bootes zuständig ist. Nehmen wir an, das Boot ist in Heiligenhafen beheimatet, dann schreibt man einen formlosen Brief mit ungefähr folgendem Inhalt:

> „An das Zollamt
> Am Yachthafen
> 2447 Heiligenhafen
>
> Sehr geehrte Herren, ich bin Eigner eines Motorkreuzers, dessen ständiger Liegeplatz in Heiligenhafen ist. Darf ich Sie höflichst um Übersendung eines Bezugs- und Anschreibebuches für unverzollten Schiffsbedarf (Vordruck Nr. 0119) bitten. Für die Detailangaben meines Bootes füge ich eine Ablichtung meines Bootsbriefes bei. Für telefonische Rückfragen stehe ich Ihnen gern zur Verfügung. Mit freundlichen Grüßen . . ."

Man erhält dann umgehend das numerierte, auf Bootstyp, Namen und Unterscheidungszeichen bzw. Registriernummer des Bootes bezogene Buch gegen eine Gebühr von 2 DM.
Jetzt darf abgabenfreier Schiffsbedarf in Mengen bezogen werden, die dem üblichen Reisebedarf entsprechen, jedoch nur, wenn das Boot eine Reise von mindestens 72 Stunden Dauer antritt und bei dieser Fahrt ein ausländischer Hafen unmittelbar angelaufen oder zumindest über das „Küstengebiet" hinaus gefahren wird.
Als angemessene Mengen pro Person und Fahrttag werden von den Zollbehörden angesehen:

> 40 Zigaretten oder 10 Zigarren oder 50 g Rauchtabak, ½ l Spirituosen; 1 l Wein; 60 g Röstkaffee oder 30 g Kaffeeauszüge; 20 g Tee oder 10 g Teeauszüge; Butter, Fleisch, Wurst, Bier, Backwaren, Käse, Gemüse usw. nach eigenem Ermessen.

Das „Küstengebiet“, das zu diesem Zwecke verlassen werden muß, ist nicht identisch mit dem „Hoheitsgebiet“. Es erstreckt sich über die Dreimeilenzone hinaus und in internationale Gewässer hinein. Entlang der deutschen Küste in der westlichen Ostsee liegt die seewärtige Grenze des Küstengebietes z. B. zwischen ca. 4 sm und 15 sm von der Küstenlinie entfernt. Die Positionen (nach Länge und Breite) sind für die Nord- und Ostseeküste in dem genannten Merkblatt enthalten. Die zollrechtlich geforderten Bedingungen sind erfüllt, wenn das Boot in dieser Zeit von 72 Stunden oder 3 Tagen das Küstengebiet einmal verlassen hat. Wie lange es außerhalb des Küstengebiets unterwegs war oder wie weit es dieses Küstengebiet verlassen hatte, ist dabei ohne Belang. Es genügt ein entsprechender Nachweis durch das Logbuch.

Preis- und Bestellisten für den Transit-Einkauf liegen in den meisten Yachthäfen bei den Hafenmeistern aus. Andernfalls erfrage man dort Die Anschriften dieser Lieferfirmen. Diese Schiffsausrüster haben im allgemeinen auch am Sonnabend vormittag geöffnet und sind durch automatische Anrufbeantworter oft rund um die Uhr dienstbereit. Die Bestellungen müssen schriftlich und mindestens 24 Stunden vor dem gewünschten Liefertermin erfolgen. Dabei kommt es auf folgende Angaben für den Transithändler an:

> Name des Bootes; Art des Wassersportfahrzeuges; Name des Schiffsführers; Fahrtziel; Reisedauer; Anzahl der Besatzungsmitglieder bzw. Teilnehmer; Heimatanschrift des Schiffsführers; Nummer des Bezugs- und Anschreibebuches; Ausstellungsort des Bezugs- und Anschreibebuches; Liegeplatz des Bootes; Zeitpunkt der Belieferung.

Der abgabenfreie Proviant wird in verschlossenen und versiegelten Packstücken an Bord geholt oder gebracht. Alle Pakete dürfen vor dem Ausklarieren noch nicht geöffnet werden. Sie müssen auf oder unter Deck unverletzt stehenbleiben, bis der Schiffsführer alle Waren vor dem Auslaufen der zur Überwachung der Ausfuhr zuständigen Zollstellen „gestellt“ hat. Dazu sucht er den diensthabenden Zollbeamten der Zollabfertigungsstelle an der Pier auf und legt zwei Duplikate der Rechnungen vor, die einbehalten werden. Gleichzeitig meldet er sich dabei für eine ca. 1 Stunde später liegende Uhrzeit ab. In der Zwischenzeit und nach Rückkehr des Schiffsführers an Bord setzt das Boot den Hilfsstander 3 (weiß-schwarz-weiß) als Zeichen für die Zollbehörde, daß sich Transitgut an Bord befindet. Anschließend kann Die Besatzung die Packstücke öffnen und den Proviant seefest verstauen.

Nach dem Ausklarieren darf mit dem Land oder mit anderen Schiffen keine Verbindung mehr aufgenommen werden. Ausnahmen sind nur erlaubt, wenn dieses zum Zwecke der Zollabfertigung nötig ist oder wenn man andere Pflichten gegenüber Behörden erfüllen soll. Muß dieses Verbot aus Gründen höherer Gewalt, bei dringender Gefahr oder zu

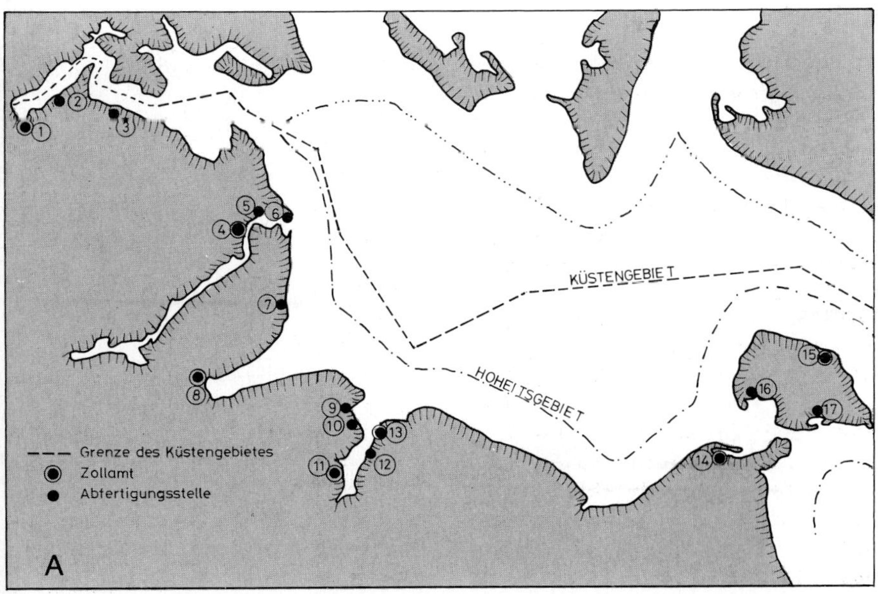

Die Abbildung zeigt die Grenze des Küstengebietes (gestrichelte Linie), die seewärts der seewärtigen Begrenzung der Hoheitsgewässer (punktierte Linie) der Bundesrepublik Deutschland liegt. Als Strich-Punkt-Linie ist auch die seewärtige Begrenzung des Küstenmeeres von Dänemark eingezeichnet. Die Ziffern geben die deutschen Zollabfertigungsstellen an: 1 Flensburg-Hafen – 2 Glücksburg – 3 Langballigau – 4 Kappeln – 5 Maasholm – 6 Schleimünde – 7 Damp – 8 Eckernförde – 9 Strande – 10 Schilksee – 11 Kiel-Wik – 12 Möltenort – 13 Laboe – 14 Heiligenhafen – 15 Puttgarden – 16 Orth – 17 Burgstaken.

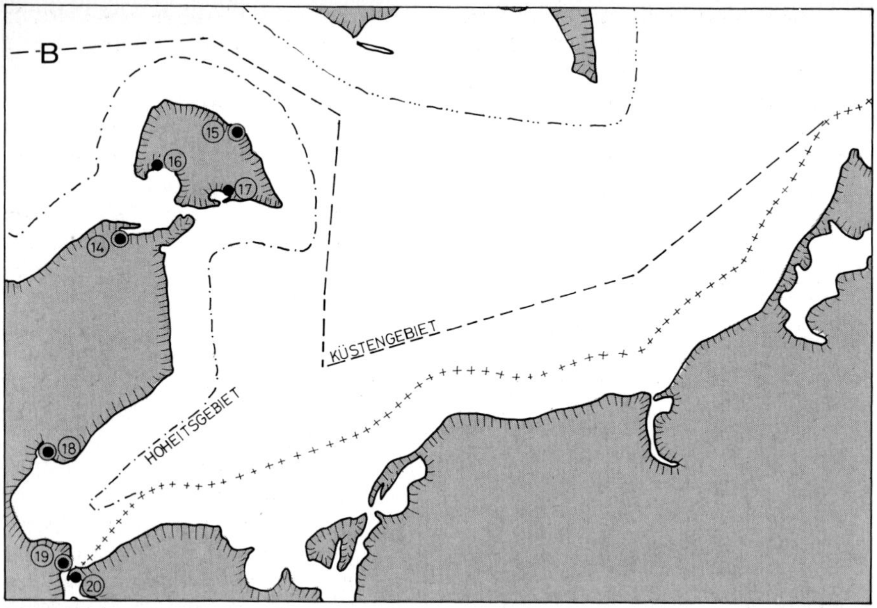

Die Abbildung zeigt die Grenzen des Küstengebietes (gestrichelte Linie) und der Hoheitsgewässer (punktierte Linie) der Bundesrepublik Deutschland. Die Linie kleiner Kreuze bezeichnet die seewärtige Grenze des Küstenmeeres der DDR, die für das Überlaufen durch Motorboote gesperrt ist. Die Ziffern geben die deutschen Zollabfertigungsstellen an: 14 Heiligenhafen – 15 Puttgarden – 16 Orth – 17 Burgstaken – 18 Neustadt – 19 Lübeck-Travemünde – 20 Lübeck-Priwall.

einer notwendigen Hilfeleistung überschritten werden, hat es der Schiffsführer der nächsten Zollstelle oder dem ersten angetroffenen Zollbeamten unverzüglich anzuzeigen und den Sachverhalt darzustellen.

Das sogenannte „Zollzeichen 3" wird im allgemeinen an der Backbordsaling gut sichtbar gezeigt. Es besteht in der Nacht aus einem weißen Zollicht, das mindestens 1 m, höchstens jedoch 2 m senkrecht unter dem nach der SeeStrO vorgeschriebenen Hecklicht geführt wird und den gleichen Sektor wie dieses bescheint. Es muß mindestens 1 sm weit sichtbar sein. Auf Motoryachten, deren Freibord am Heck meistens nicht mehr als 1 m beträgt, ordnet man am besten eine zweite Hecklaterne am Flaggenknopf der Nationale an. Diese dient dann bei Zollgut an Bord zum Zeigen des juristisch vorgeschriebenen Hecklichtes, während in der eigentlichen Hecklaterne das vorgeschriebene Zollicht brennt. Dieses Zollzeichen 3 muß nur bis zum Erreichen der Seezollgrenze gezeigt werden. Diese Seezollgrenze ist im allgemeinen die jeweilige Strandlinie. Bei Hafenbauten, die in die See vorspringen, wird sie als Gerade zwischen den Molenköpfen gebildet. Sie liegt also (von einigen Ausnahmen abgesehen) meistens in unmittelbarer Hafennähe. Der zur Ausfuhr abgefertigte abgabenfreie Schiffsbedarf kann jedoch bereits auf der seewärtigen Fahrt vor dem Passieren der Seezollgrenze angebrochen werden. Man kann also schon unmittelbar nach dem Ablegen die erste Bierdose öffnen oder einen Schluck aus der Rumbuddel nehmen.

Die „seewärtige Fahrt" bis zur Seezollgrenze mit Zollzeichen 3 kann oft sehr lange dauern: Wer auf dem Wege von der Elbe zur Ostsee bereits in Brunsbüttel zollfreien Schiffsbedarf übernommen hat und ihn dort der Zollabfertigungsstelle „gestellte", kann bereits während der Kanalfahrt Transit verbrauchen. Die Berechtigung zum Verbrauch wird auch durch einen anschließenden Landgang im Hafen von Holtenau nicht unterbrochen, wenn das Zollzeichen 3 ordnungsgemäß gesetzt bleibt und damit eine Überwachung durch Zollboote gewährleistet ist.

Die deutschen Zollboote sind am Tage durch die Bundesdienstflagge und eine rechteckige grüne Flagge gekennzeichnet. Bei Nacht führen sie 4 über den ganzen Horizont sichtbare grüne Lichter senkrecht übereinander. Als Aufforderung zum Anhalten geben Zollboote im Bereich der Seeschiffahrtsstraßen folgende Signale nach der SeeSchStrO:

Bei Tage die Signalflagge „Lima" (je 2 rechteckige schwarze und gelbe Felder) mit der internationalen Bedeutung „Bringen Sie Ihr Fahrzeug sofort zum Stehen" und/oder das entsprechende Schallsignal „kurz-lang-kurz-kurz" (Morsebuchstabe „L").

Bei Nacht das Licht- oder Schallsignal „kurz-lang-kurz-kurz" (Morsebuchstabe „L").

Diesen Haltesignalen muß eine Yacht Folge leisten, so lange sie im Zollgebiet fährt (d. h. die Seezollgrenze noch nicht überschritten hat) bzw. sich noch innerhalb des Hoheitsgebietes (der Dreimeilenzone) und damit im „Küstenmeer" der Bundesrepublik Deutschland befindet.

Ordnungsgemäße Schiffspapiere

Wie man sein Eigentum erhalten, es gegen Schäden sichern und den ordnungsgemäßen Umgang mit ihm auf dem Wasser nachweisen kann

Motorboote oder Motoryachten stellen nicht nur Vermögensgegenstände von beträchtlichem Wert dar, sie nehmen als Fahrzeuge auch am Schiffsverkehr auf den eng begrenzten Seeschiffahrtsstraßen und der freien See teil. Dabei können sie in ungünstigen Fällen nicht nur selbst Schaden erleiden, sondern auch anderen Booten oder Personen mit und ohne Verschulden des Skippers Schaden zufügen. Im Gegensatz zum Kraftfahrzeug auf der Straße gibt es für Motorboote weder vorgeschriebene Fahrzeugpapiere noch vom Gesetzgeber verlangte Zwangsversicherungen. Es ist jedem Skipper oder Eigner selbst überlassen, die folgenden Schiffspapiere zu erwerben oder zu führen.

- Der amtliche *Sportbootführerschein* ist für das Befahren der deutschen Küstengewässer vorgeschrieben. Er gilt auch als amtliches Befähigungszeugnis, wenn man mit seinem Motorboot in fremde Hoheitsgewässer einläuft oder in ausländischen Revieren schippert, falls dort von den Schiffahrtsbehörden ein Führerschein verlangt wird.
- Das *Verbandszertifikat* des DMYV, des ADAC, des DSV, ein *Yachtzertifikat* oder ein *Standerschein* sind zwar Bootspapiere, mit denen man sowohl in einem ausländischen Hafen einklarieren als auch Liegegebühren in einem Hafen oder einer Marina entrichten kann. Diese Papiere stellen jedoch keinen Eigentumsnachweis dar, und sie sind nur beschränkt für jeweils 2 Jahre gültig. Sie sind somit nur für kleinere Motorboote empfehlenswert.
- Seegehende Motoryachten und Motorkreuzer, die mehr als 50 m^3 Bruttoraumgehalt haben (erfahrungsgemäß ab etwa 10,5 m Länge über alles), müssen in das *Schiffsregister* eingetragen werden. Kleinere Motorkreuzer können sich freiwillig in das Schiffsregister beim zuständigen Amtsgericht in einer Küstenstadt eintragen lassen. Sie erhalten dann ein *Schiffszertifikat,* das auch im Ausland als gültiger Eigentumsnachweis ohne Beschränkung der Gültigkeitsdauer angesehen wird. Dieses Schiffszertifikat garantiert dem Eigner und seiner Yacht gegebenenfalls auch diplomatischen oder konsularischen Schutz durch die Vertretungen der Bundesrepublik Deutschland im Ausland.
- Voraussetzung für die Eintragung in das Schiffsregister ist eine offizielle Vermessung der Yacht durch das Bundesamt für Schiffsvermessung in Hamburg, das hierfür einen internationalen *Schiffsmeßbrief* ausstellt. Nach diesem Bootspapier wird gegebenenfalls auch die Berechnung von Hafen- und Kanalgebühren vorgenommen.
  Das Bundesamt für Schiffsvermessung als Bundesoberbehörde im Geschäftsbereich des Bundesministers für Verkehr, Bernhard-Nocht-Str. 78, 2000 Hamburg 4, Tel. (040) 3190375 oder 31901 gibt folgende Merkblätter heraus, die von Jachteignern angefordert werden können:
  Hinweisblatt 1 *„Registereintragung oder Flaggenausweis für Wassersportfahrzeuge“.*
  Hinweisblatt 2 *„Tonnagevermessung von seegehenden Motor- und Segelyachten“* und *Antrag auf Ausstellung eines Schiffsmeßbriefes.*
  Die Mindestgebühren für die Vermessung und die Ausfertigung des Schiffsmeßbriefes betrugen im März 1985 je nach Vermessungsverfahren 840,– bzw. 1000,– DM.
- Ein Mittelding zwischen dem inoffiziellen Yachtzertifikat und der Urkunde des Schiffszertifikats stellt der sogenannte *Flaggenausweis* dar, der für Wassersportfahrzeuge von weniger als 50 m^3 Bruttoraumgehalt sowohl durch das Bundesamt für Schiffsvermessung als auch den Deutschen Motoryacht-Verband oder dem Deutschen Segler-Verband beantragt werden kann. Dieser Flaggenausweis ist z. B. in Frankreich als Alternative zum Schiffszertifikat zwingend vorgeschrieben, um die betreffene Yacht als im Heimatland den Steuerbehörden bekannten Besitz nachzuweisen.
- Die *Genehmigungsurkunde der Deutschen Bundespost* für an Bord befindliche Funksende- und Empfangsanlagen gehört genauso zu den Schiffspapieren wie das
- *Allgemeine Sprechfunkzeugnis für den Seefunkdienst* bzw. das „Beschränkt gültige Sprechfunkzeugnis für Ultrakurzwellen“, wenn eine entsprechende Seefunkanlage an Bord ist.

- Prüfungszeugnisse des DHI für die Positionslaternen sind nur erforderlich, sofern bezahlte Hände an Bord sind. Da auch auf anderen Yachten nur solche Positionslaternen verwendet werden dürfen, deren Baumuster vom Deutschen Hydrographischen Institut (DHI) zugelassen sind und die ein entsprechendes Zeichen der Prüfstelle tragen (z. B. DHI/00/02/77), das zu den Kaufunterlagen der Laternen gehört, sollte man sie ebenfalls in die Bootspapiere aufnehmen.
  Alle diese Papiere sollte man in kleinen transparenten Plastiktaschen im Format DIN A 4 oder DIN A 5 aufbewahren und sie in einem entsprechenden Ordner gesammelt jederzeit griffbereit halten – zur Vorlage beim Einklarieren oder zur Mitnahme in einem Seenotfall. Weiter gehören zu den Schiffspapieren die
- *Pässe* oder *Personalausweise aller Besatzungsmitglieder. Eine weitere wichtige Urkunde ist das*
- *Logbuch,* das regelmäßig geführt und stets auf dem aktuellen Stand gehalten werden sollte. Es gibt Auskunft über den Zustand und die Ausrüstung des Bootes, die Zusammensetzung der Besatzung und den Verlauf einer Reise und kann als Urkunde auch bei Unfällen, Havarien und anderen besonderen Ereignissen als Beweismittel dienen. Ich habe ein besonderes *Logbuch für Motoryachten* entwickelt, in das ich meine eigenen langjährigen Erfahrungen eingebracht habe. Es enthält nur alle notwendigen Spalten, die man führen sollte, aber erlaubt auch die Eintragung von persönlichen Erlebnissen und Erfahrungen, das Einkleben von Fotos und anderer Erinnerungsstücke. Es hat das amtliche DIN A 5-Format, 160 Seiten, einen Kunstledereinband und wird zum Preis von 19,80 DM im Fachhandel verkauft.
- Eine Haftpflicht-Bestätigung, ähnlich der grünen Versicherungskarte für Kraftfahrzeuge, ist z. B. in Italien und Jugoslawien für ausländische Yachten vorgeschrieben. Man sollte sie als Nachweis seiner Versicherung auch in deutschen Gewässern mitführen, weil sie in einem möglichen Schadensfall nicht nur schnell vorgelegt werden kann, sondern auch die entsprechenden Daten, Handschriften, Telefonnummern sowie Mitteilung an die eigene Versicherung enthält.

Zur genauen Darstellung der jeweils gültigen Zollbestimmungen für Eigner und Schiffsführer deutscher Wassersportfahrzeuge hat die Oberfinanzdirektion Kiel (Z 6) ein zwölfseitiges Merkblatt herausgegeben, das von allen Zollämtern kostenlos abgegeben wird und gegebenenfalls auch über die auf Seite 253 genannten Hauptzollämter bezogen werden kann. Es enthält Abschnitte über den Bezug von abgabenfreiem Schiffsbedarf, die Zollabfertigung beim Aus- und Einklarieren, grenzpolizeiliche Kontrolle, Führen des Zollzeichens 3, eine Übersicht über die Begrenzung des Küstengebietes und ein Verzeichnis der Zolldienststellen, die Zollabfertigungen von Wassersportfahrzeugen vornehmen. Außerdem sind die Mengen abgabenfreier Reisemitbringsel benannt.

Einklarieren wird erleichtert

Das Gestellen des Bootes kann nach der Rückkehr von einer Auslandsreise entfallen

Wenn man vor dem Auslaufen abgabenfreien Schiffsbedarf gekauft und ordnungsgemäß ausklariert hatte, muß man auch beim Einlaufen nach Passieren der Seezollgrenze sein Boot mit den noch an Bord befindlichen Waren (üblicherweise) der nächsten Zollabfertigungsstelle „gestellen", das heißt, dem Zollbeamten melden und das Boot gegebenenfalls untersuchen lassen. Man kann jedoch auch von der Seezollgrenze ab das Zollzeichen 3 setzen und das Einklarieren dann von irgendeiner anderen, an seinem Heimatkurs liegenden Zollstelle vornehmen lassen. Wassersportfahrzeuge sind von dieser üblichen Schiffahrtsregelung jedoch unter folgenden Bedingungen ausgenommen:

1. Wenn sie nicht über das Küstengebiet hinausgefahren sind und nur Waren des freien Verkehrs oder den abgabenfreien Reisebedarf in den erlaubten Mengen an Bord haben oder
2. wenn der Eigner im Besitz einer zollamtlichen Anmeldebestätigung ist, mit der Wassersportfahrzeuge ohne Zollabfertigung an allen Landungsplätzen im Küstenbereich unter folgenden Bedingungen anlegen dürfen: Es sind außer Waren des freien Verkehrs nur abgabenfreie oder von der Gestellung befreite Betriebsstoffe, abgabenfreie Reisemitbringsel innerhalb der nachstehend genannten Mengen- und Wertgrenzen und abgabenfreies Reisegerät der an Bord befindlichen Personen auf dem Fahrzeug.

Diese Abgabefreiheit für Reisemitbringsel gilt nach dem Stand vom Sommer 1985 für

300 Zigaretten o. ä., 1,5 l Spirituosen; 3 l Wein; 75 g Parfüm; 150 g Tee, 750 g Kaffee; 2 kg Butter; 5 kg andere Molkereierzeugnisse; 3 kg Fleisch und Fleischwaren; 1 kg Geflügelfleisch; 3 l Bier und bierähnliche Getränke.

Die genauen Mengen und die Variationsmöglichkeiten in den einzelnen Warengruppen entnehme man den in allen Zolldienststellen erhältlichen Merkblättern mit dem neuesten Stand des entsprechenden Jahres.

Paßkontrolle kann erlassen werden

Familienbesatzungen dürfen ohne Paßkontrolle beliebig oft ein- und auslaufen

Auch die Paßkontrolle der Besatzungen von Motorbooten, die erforderlich ist, wenn man eine Auslandsreise antritt bzw. wenn man von ihr zurückkehrt und ein ausländischer Hafen angelaufen wurde oder auf andere Weise Landverbindung mit der ausländischen Küste aufgenommen war, kann auf entsprechenden Antrag erlassen werden. Ausnahmen bestehen jedoch an der holländisch-deutschen Grenze auf dem Rhein.
Hierzu wendet man sich an eines der Grenzschutzämter in Flensburg, Hamburg oder Bremen und beantragt eine „Grenzpolizeiliche Erlaubnis zum Betreten und Verlassen des Bundesgebietes an der deutschen Nord- und Ostseeküste ohne grenzpolizeiliche Kontrolle". Entsprechende Anträge nehmen auch die Zolldienststellen an der Küste und Wasserschutzpolizeiämter entgegen.
Auf einem gemeinsamen Dokument werden alle einzeln genannten Mitglieder einer Familienbesatzung aufgeführt, einschließlich der persönlichen Daten und der Paßnummer. Andere, nicht zur Familie gehörenden Besatzungsmitglieder können hier nicht aufgeführt werden. Laufen sie mit der Familiencrew ein und aus, dann müssen sie sich persönlich an- und abmelden. Auch hier ist die Erlaubnis auf ein Jahr befristet, und das Dokument muß zurückgegeben werden, wenn es durch Zeitablauf ungültig geworden ist.
Alle hier genannten Zoll- und Polizeibestimmungen gewähren dem Motorbootsportler im deutschen Küstengebiet beträchtliche Vergünstigungen. Es bedarf sicher keiner Erwähnung, daß diese nur so lange erhalten bleiben können, wie sich Motorbootfahrer fair an diese Regelungen halten. Ihre Beachtung sollte daher eine kollegiale Anstandspflicht für jedermann sein, der sie für sich und seine Crew in Anspruch nimmt.

Boote für den Hochsee-Rennsport

Die Schrittmacher in der Entwicklung des Motorbootsportes – wie die Rennwagen für den Straßenverkehr

Rennboote für Hochsee-Rennen sind – wie die Rennwagen im Automobilsport – nach wie vor die Schrittmacher in der Entwicklung von Bodenformen, bei der Verbesserung der Seefähigkeit, in der Erprobung neuer Bauweisen und in der Zunahme der Motorisierung. Auch wenn sie zahlenmäßig mit Sportbooten, Daycruisern, Motorkreuzern und Motoryachten nicht mithalten können, sind sie konstruktiv von sehr viel größerem Interesse.

Abb. A zeigt ein berühmtes Rennboot, das im Jahre 1968 das Rennen Cowes-Torquay-Cowes durch einen neuen konstruktiven Gedanken gegen sehr viel größere Rennboote mit stärkerer Motorisierung gewann: Es ist die von Don Shead konstruierte und von Tommy Sopwith gesteuerte „Telstar" von 7,60 m Länge, bei der die Propellerwelle und das Steuergestänge weit über das Heck hinaus nach achtern reichen. Dadurch bleiben die Antriebs- und Steuerelemente sehr viel länger mit dem Wasser in Verbindung, und sie können auch

D

E

Abb. D: Hochsee-Rennboote werden auch von Außenbordern angetrieben. Hier arbeiten 400 kW am Heckspiegel! – Abb. E: Die berühmte „Cigarette" benutzt insgesamt 700 kW.

dann noch wirksam arbeiten, wenn das Boot im Seegang in weiten Sätzen von einem Wellenkamm zum anderen springt. Abb. B (Seite 244) zeigt den Querschnitt durch das Mittelschiff und einen Blick auf das Vorschiff, vom Fahrersitz aus. Abb. C den entgegengesetzten Blick nach achtern und das geöffnete Motorenluk mit V-Antrieb: Beidseitig an der Innenseite der Plicht 2 Feuerlöscher, die der Beifahrer entweder mit Hand bedienen kann oder die sich bei zu großer Hitzeentwicklung automatisch anstellen. Neben dem durchsichtigen Schott zum Maschinenraum die beiden großen Brennstoffilter. An der Backbord- und Steuerbordseite an Deck die Einfüllstutzen bzw. die Tankentlüftung für die an beiden Seiten liegenden Tanks.

Hochsee-Rennboote benutzen jede handelsübliche Antriebsform, jedoch mit extremer Motorisierung: So stellte z. B. der Amerikaner Steve Sirois mit diesem 28-Fuß-Memco-Rumpf (Abb. D) beim amerikanischen Sam-Griffith-Memorial-Race über 216 Meilen mit einer Durchschnittsgeschwindigkeit von 62,18 mph (ca. 55 kn bzw. ca. 100 km/h) einen neuen Geschwindigkeitsweltrekord für Boote mit Außenbordmotoren auf. Er benutzte 4 Außenborder von je 140 PS (100 kW) nebeneinander. 400 kW – welche unvorstellbare Belastung für den Spiegel!

Zwei Z-Antriebe und Zwillingsmotoren von je 475 PS (je ca. 350 kW, insgesamt 700 kW) benutzte der Amerikaner Don Arronow in seiner 32 Fuß (9,75 m) langen „Cigarette" (Abb. E), als er in einem Hochseerennen entlang der amerikanischen Pazifikküste über 4½ Stunden lang eine Durchschnittsgeschwindigkeit von 67,1 mph, das sind ca. 58,3 kn bzw. 108 km/h, durchhielt.

Ein Kraftprotz, der mit 2 Tandem-Motoren in Zwillingsausführung Geschichte machte, ist die von Renato Levi konstruierte „G. Cinquanta" (Abb. F): Bei einer Lüa von 11,28 m und einer LWL von 9,65 m ist dieses Hochsee-Rennboot mit 4 Motoren von je 8 l Hubraum und 235 kW (320 PS) Leistung, insgesamt also mit 940 kW bzw. 1280 PS motorisiert. Die Breite in der Wasserlinie betrug am Spiegel 2,44 m; hier lag auch die größte Breite über alles von 3,18 m.

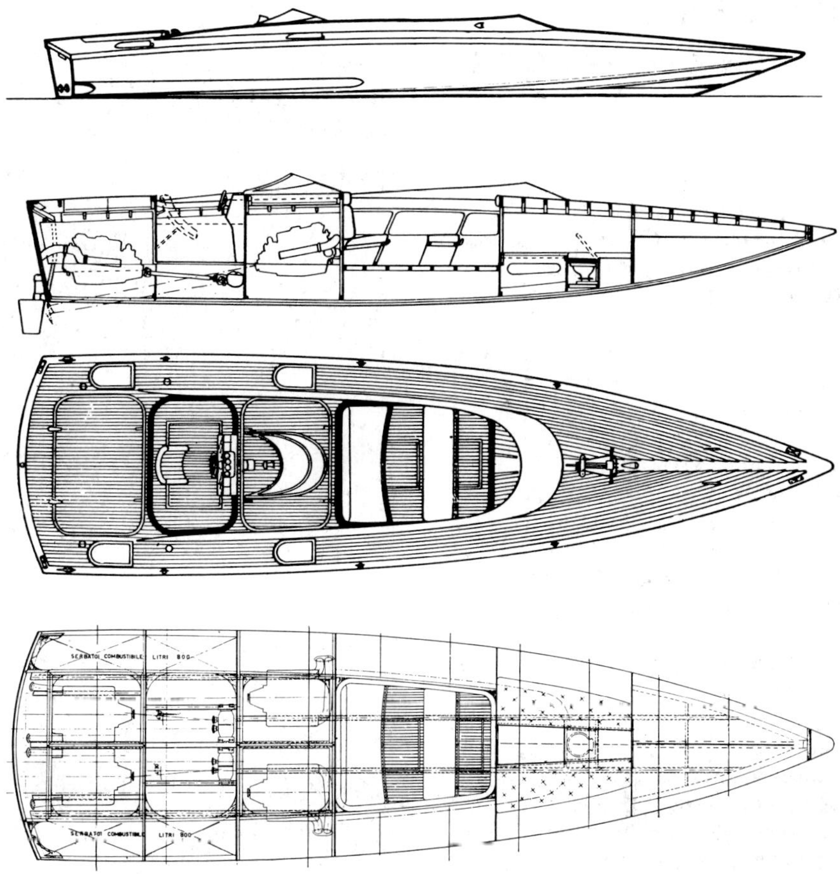

F

Abb. F: Die 11,28 m lange „G. Cinquanta" ist ein Kraftprotz mit zwei Tandemmotoren in Zwillingsausführung. Sie bringen es auf eine Motorleistung von 940 kW bzw. 1280 PS.

Der keilförmige Renner, dessen Form, Motoreninstallation und Deckslayout die Abb. F zeigt, erreichte eine Höchstgeschwindigkeit von 55 kn bzw. 102 km/h.

A

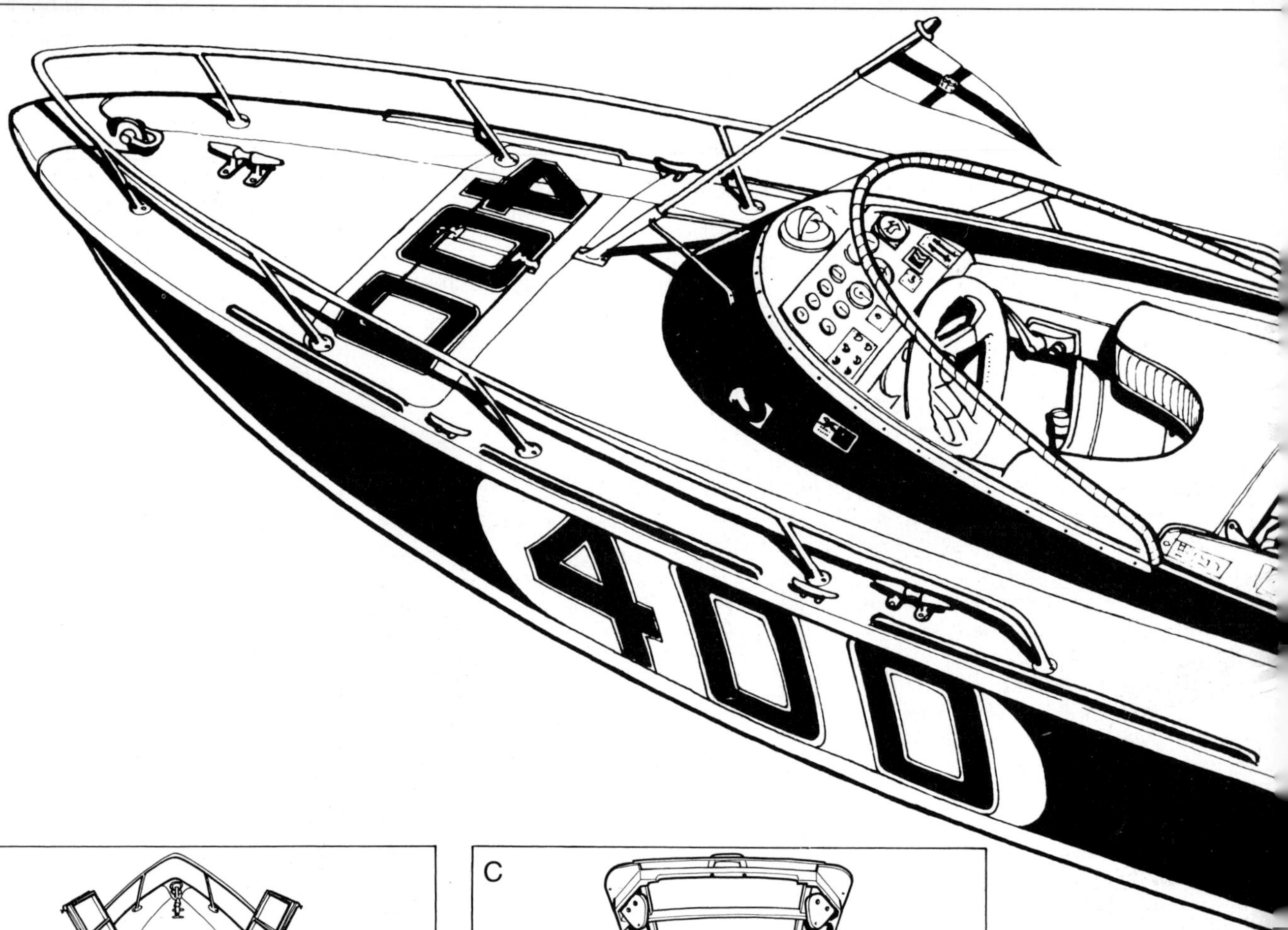

B

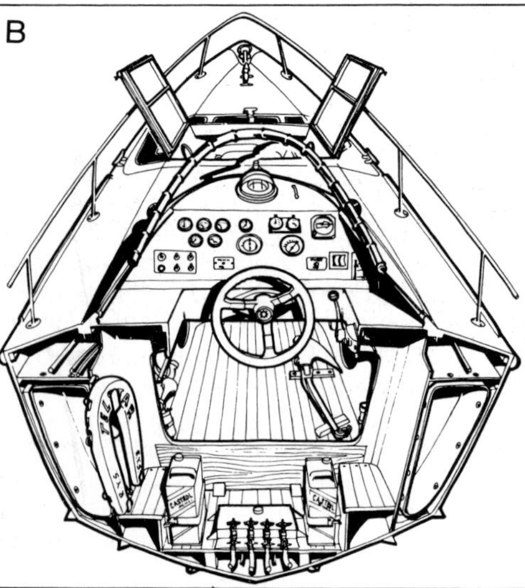

C

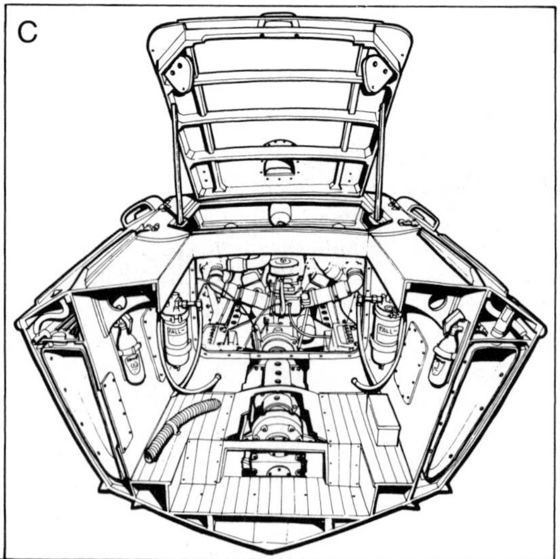

Abb. A: Die „Telstar" von 7,60 m Länge. Propellerwelle und Rudergestänge ragen weit über das Heck hinaus nach achtern. – Abb. B: Schnitt hinter dem Fahrersitz und Blick nach vorn: An Steuerbordseite Fahrhebel und Anker, an Backbordseite Rettungsring und Nebelhorn. Die Brennstofftanks liegen unter den Seitendecks und verlaufen über die gesamte Bootslänge von vorn nach achtern. Abb. C: Blick vom Fahrersitz nach achtern. Man erkennt Feuerlöscher und Brennstoffilter, die Tankentlüftung und die Zulüfter für den Motorenraum, der durch ein großes Plexiglasluk zu erreichen und durch eine Plexiglasscheibe zur Plicht zu kontrollieren ist.

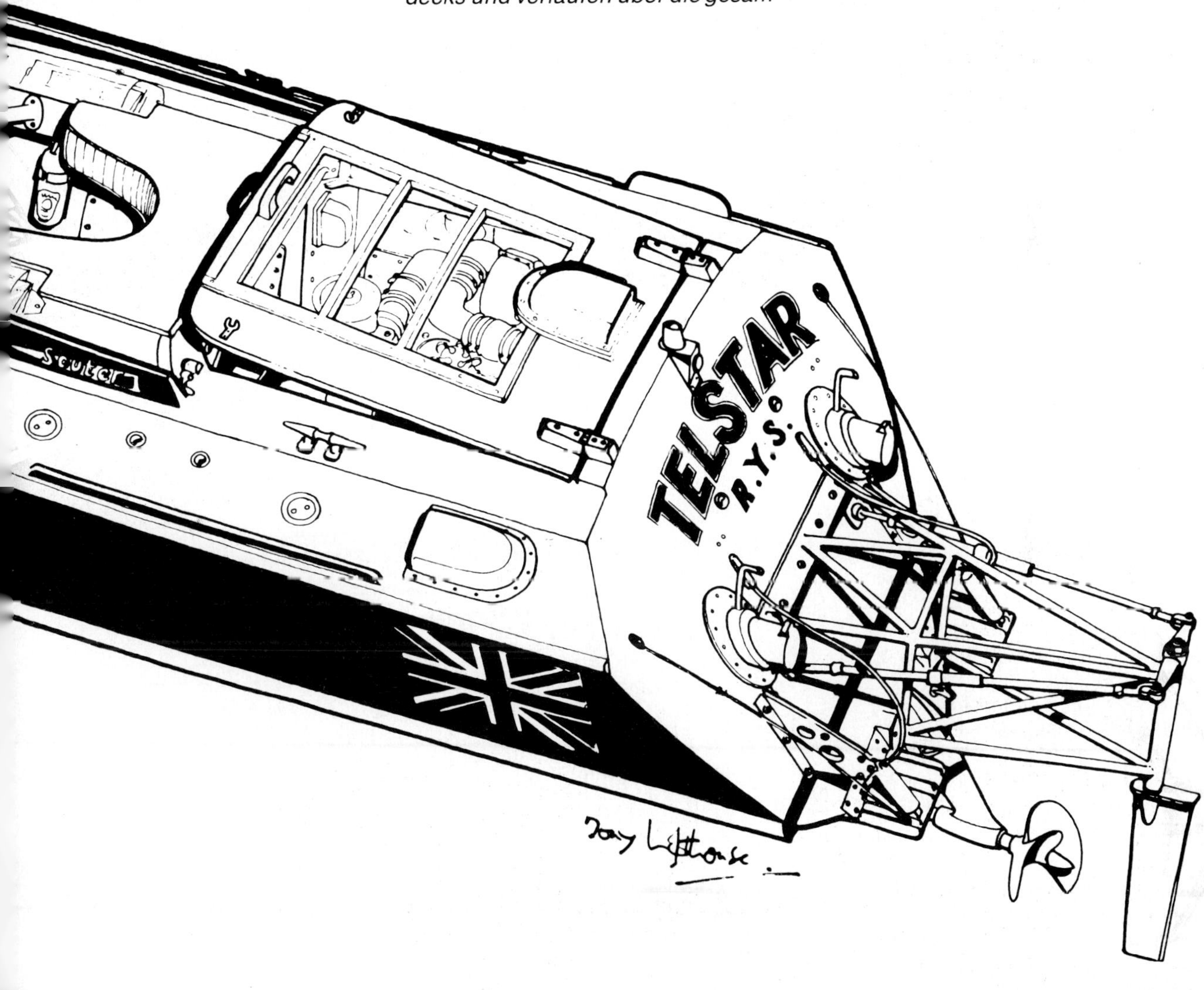

Rennsport Binnen

Was ein Motorbootfahrer über den Rennsport wissen sollte, auch wenn er selbst die Rennen der schnellen Flitzer nur als Zuschauer verfolgt

Private Bootseigner können sich den Aufwand, der für die aktive Teilnahme am Motorrennsport notwendig ist, kaum noch leisten. Auch die Industrie unterstützt nur Fahrer und Klassen, an denen das Publikumsinteresse groß ist. Darüber hinaus gibt es eine Vielzahl von Klassen und Gruppen, die ein wenig unübersichtlich aussehen. Da jedoch andererseits vom Rennsport Impulse für den Bau von Booten und Motoren überhaupt ausgehen und ein Motorbootfahrer natürlich bei Gesprächen wissen muß, was ein „Seeschlitten" und ein „Tunnelrumpf" ist und wie sich ein normaler „Katamaran" von einer „Picklefork" unterscheidet, hier einige der wichtigsten Informationen: Für den Motorboot-Rennsport ist der in Brüssel beheimatete internationale Motorbootsverband, die UIM (Union Internationale Motonautique) verantwortlich. Seine Entscheidungen über Rennregeln, Rennbootklassen, Meisterschaftsregatten usw. werden jedoch nur in Europa voll anerkannt. Die bedeutendsten

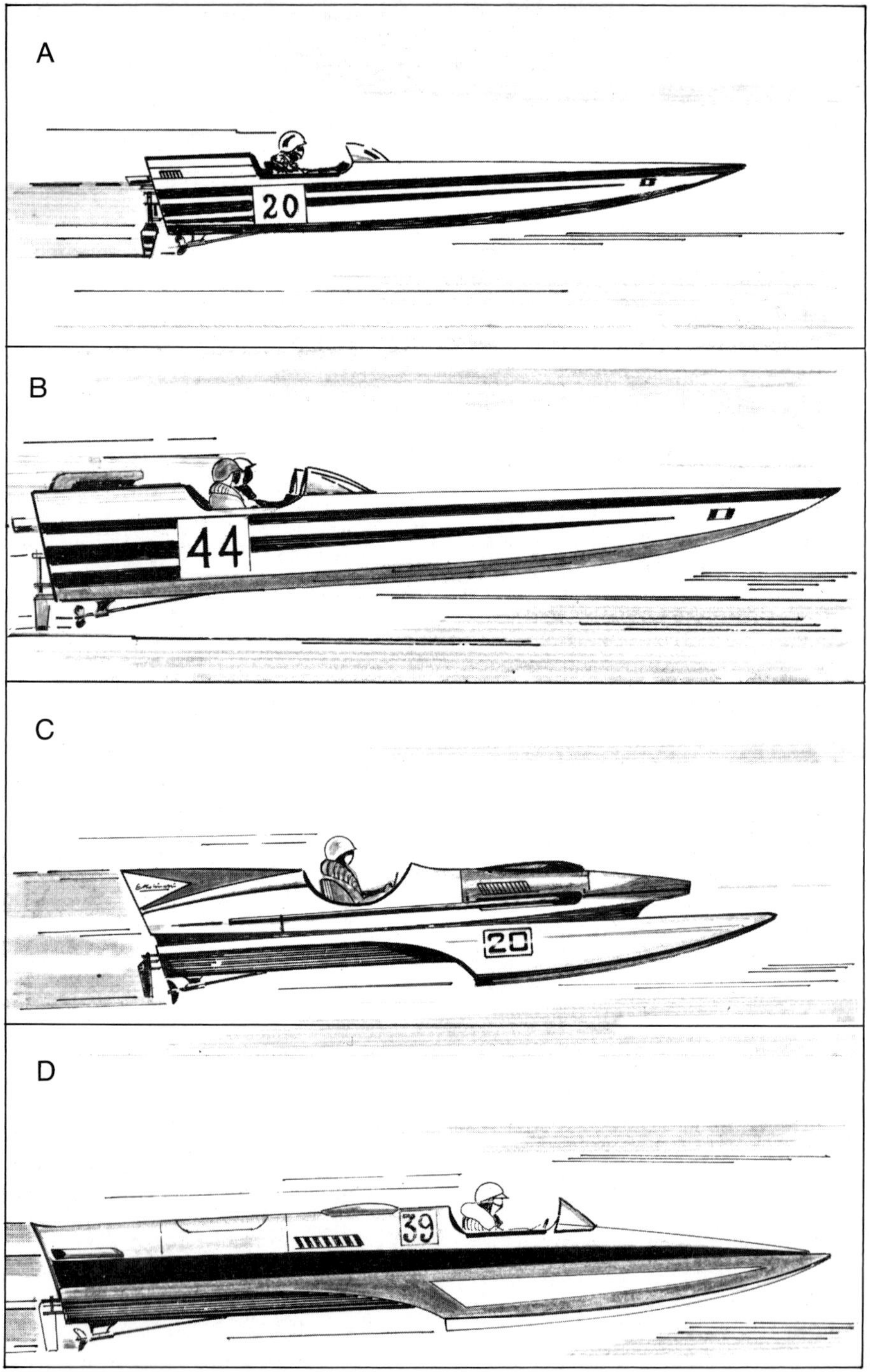

Abb. A: Sportboote mit Einbaumotoren: Klasse „S 2". – Abb. B: Klasse „S 00". – Abb. C: Rennboote mit Einbaumotoren: Klasse „R 1". – Abb. D: Klasse „R 00".

Landesverbände in den USA, Australien, Neuseeland und Südafrika halten sich noch mehr an ihre eigenen Regeln und veranstalten ihre Rennen nach abweichenden eigenen Bestimmungen.

Die auf Binnenrevieren und bei Rundstreckenrennen kleinerer Distanzen benutzten, im Vergleich zu den Hochseerennern kleineren und billigeren Rennboote unterscheiden sich deutlich von den seetüchtigen Konkurrenten: Die Rumpfform ist in allen Teilen freigestellt, wenn bestimmte Abmessungen nicht überschritten werden, und ebenfalls sind in einigen Klassen die Motorleistungen begrenzt. Man teilt die Bootsklassen in Sport- und Rennklassen ein, und da beide wiederum mit Einbau- und Außenbordmotoren betrieben werden können, gibt es vier große Bootsgruppen für den Motorrennsport binnen:

Sportboote mit Einbaumotoren sind durch den Buchstaben „S" gekennzeichnet. Die Ziffer hinter dem Buchstaben bezeichnet den Hubraum. So beginnt die Reihe mit der kleinsten Klasse „S 1" und der Bedeutung „Sportboote mit Einbaumotoren bis 1000 cm³ Hubraum". Abb. A zeigt ein Boot der Klasse „S 2" mit 2000 cm³ Hubraum; Abb. B ein Boot der Klasse „S 00", der größten Klasse, in der der Hubraum ab 7000 cm³ unbegrenzt ist.

Mit dem Buchstaben „S" werden auch die *Sportbootklassen mit Außenbordmotoren* bezeichnet, doch gibt den Hubraum hier ein zweiter Buchstabe an. Den Anfang macht die Klasse „SJ" mit einem Hubraum von

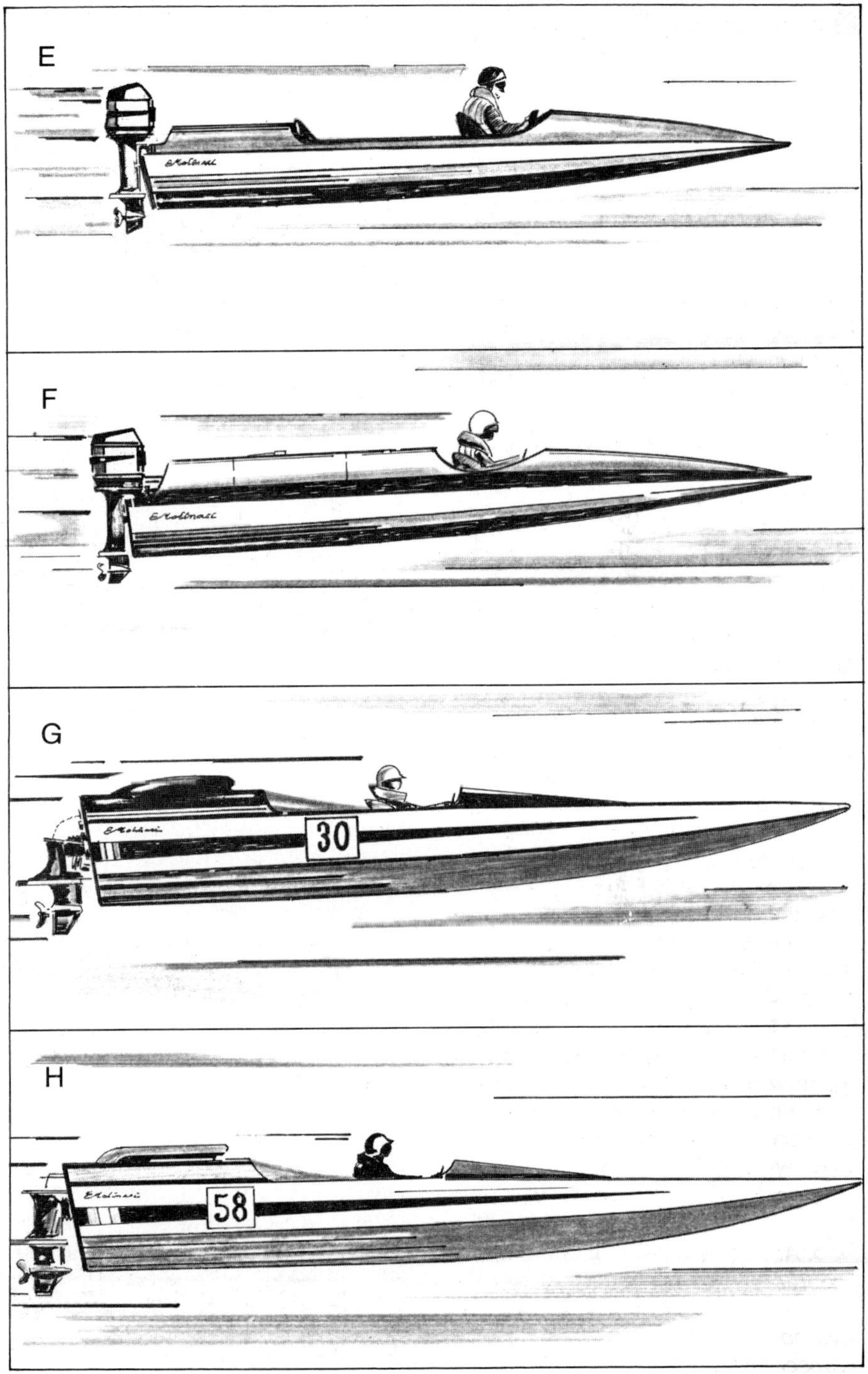

Abb. E: Rennboote mit Außenbordmotoren: Klasse „OE". – Abb. F: Klasse „ON". – Abb. G und H: Sportboote mit Einbaumotoren und Z-Antrieb in Katamaranform.

175 cm³, gefolgt von der Klasse „SA" mit Hubraum von 175 bis 250 cm³. In der weiteren alphabetischen Bezeichnung gibt es einige Auslassungen bis hin zur Klasse „SN" mit 1500 bis 2000 cm³ Hubraum, während die Klasse „SZ" mit Außenbordmotoren über 2000 cm³ diese Sportbootreihe beendet. Es ist den Eignern bzw. Fahrern überlassen, den Hubraum in nur einem Motor zu erbringen oder auf zwei Motoren zu verteilen.

Bei den Rennbooten ist Art und Form des Bootsrumpfes keinerlei Beschränkungen unterworfen. Die Einbaumotoren müssen weitgehend dem Serienstandard entsprechen. Es sind nur wenige Möglichkeiten gegeben, den Motor zu „frisieren". Bei den Außenbord-Rennbooten sind nicht nur der Gestaltung des Bootsrumpfes keine Grenzen gesetzt, auch der Motor kann – mit Ausnahme des Hubraums – in allen Teilen frei gestaltet werden. Zwar darf man auch hier nur serienmäßige Motorenteile benutzen, doch kann man generell den Motor nach eigenem Gutdünken aufbauen – mit zwei, vier oder sechs Zylindern, die man sowohl in V-Form als auch in Reihe anordnen kann.

Mit dem Buchstaben „R" werden *Rennbootklassen mit Einbaumotoren* bezeichnet. Hierbei beginnt die Reihe – analog zu Sportbooten mit Einbaumotoren – mit der Klasse „R 1", d. h. mit Motoren bis 1000 cm³ Hubraum (Abb. C) und führt über „R 2" mit 2000 cm³, „R 3" und „R 4" mit 4000 cm³ Hubraum weiter über „R 5" und „R 6" zur größten Klasse „R 00" mit Hubraum über 7000 cm³ (Abb. D). Bei diesen Rennbootklassen kann man zwischen drei hauptsächlichen Antriebstypen wählen: Einbaumotoren mit konventioneller starrer, durch den Bootsboden führenden Schwanzwelle, einem ständig eingetauchten Propeller und dem dahin-

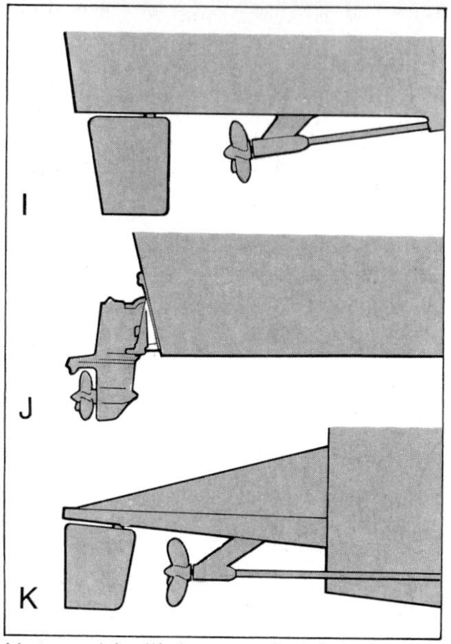

Unterschiedliche Antriebstypen. Abb. I: Konventionelle starre Schwanzwelle. – Abb. J: Z-Antrieb. – Abb. K: Starre Welle mit Oberflächenpropeller.

terliegenden Ruder (Abb. I), dem Z-Antrieb, der sich drehen läßt und die Anordnung eines Ruders überflüssig macht (Abb. J) und die Anordnung mit einem Oberflächenpropeller hinter dem Heck (Abb. K).

Die übliche Anlage eines Einbaumotors mit der direkt vom Motor zum Propeller durch den Bootsboden geführten Welle hat Nachteile: Die Schwanzwelle selbst, ihre Lagerböcke unter dem Bootsboden und das Ruder vergrößern die nachteilige benetzte Oberfläche, die bei allen Geschwindigkeiten gleich bleibt. Bei Zwillingsmotoren verdoppeln sich sogar diese unsympathischen Unterwasserteile, auf die man aber bei konventionellen Antrieben nicht verzichten kann.

Gegenüber dem Einbaumotor hat der Z-Antrieb den Vorteil, daß der Propeller an einem kurzen, profilierten Unterwasserteil arbeitet und in Fahrt weitgehend allein eingetaucht ist. Man steuert mit der Antriebseinheit selbst, so daß auch die Ruderanlage entfällt. Entsprechend den unterschiedlichen Bedingungen der See und bei den verschiedenen Fahrtzuständen kann der Z-Antrieb in seiner Neigung verändert und immer im optimalen Winkel angestellt werden.

Auch der Oberflächenpropeller arbeitet zwar mit direktem Antrieb vom Motor zum Propeller, aber sowohl die Schwanzwelle als auch ihre Lagerböcke verlieren den Kontakt zum Wasser, wenn sich das Boot bei hoher Gleitfahrt im Wasser anhebt, und es bleibt nur die untere Hälfte des Propellers eingetaucht. Ein für diese besondere Wirkungsweise geformter Propeller arbeitet mit dem gleichen Wirkungsgrad wie alle anderen Propellertypen. Gegenüber den konventionell wirkenden Propellern hat er jedoch einen wichtigen Vorteil: Wenn das Boot im Seegang und bei hoher Fahrt über die Wellen springt, bleibt der noch hinter dem Heck drehende Propeller sehr viel längere Zeit im Wasser als ein Propeller beim Z-Antrieb und beim Direktantrieb. Die Zeit, in der der Oberflächenpropeller Vortriebskraft liefern kann, ist also sehr viel länger. Die ganze Anlage wird beim abwechselnden Aus- und Eintauchen während des Springens auch weniger belastet, weil der Oberflächenpropeller ohnehin für halbgetauchten Zustand entworfen ist.

Bei den Rennbootklassen mit Einbaumotoren hat das Unterwasserschiff oft die Form eines Dreipunkters mit Stufe, die auch aus der Seitenansicht der Abb. C und D gut zu erkennen ist. Bei einem Doppelrumpfboot tritt nicht nur eine einfache Katamaranform auf, sondern vielfältige

Abwandlungen sind entwickelt worden (vom ursprünglichen „Seeschlitten" bis zu „Tunnelrümpfen") mit dem Bestreben, ein Luftpolster unter dem Bootsboden zu erzeugen und mit unterschiedlicher Gestaltung von Achterschiff und Heck mehr oder weniger Luft zwischen den seitlichen Kufen hindurch nach achtern abströmen zu lassen. Die Aufsicht über diese Doppelrumpfboote zeigt zwei typische Grundformen: den eigentlichen „Katamaran" und ein Boot, bei dem das Mitteldeck zwischen den beiden Kufen erst am Ende des ersten Drittels beginnt. Der Amerikaner nennt diese Bootsform in seiner anschaulichen Sprache „Picklefork", wörtlich als „Pökelgabel" für die kennzeichnenden Spitzen zu übersetzen.

Die *Rennboote mit Außenbordmotoren* werden durch den Buchstaben „O" gekennzeichnet. Die Hubraumbegrenzung ist die gleiche wie bei den Sportbooten mit Außenbordmotoren. Die kleinste Klasse „OJ" vereinigt Boote mit einem Hubraum von 175 cm³. Zur nächstgrößeren Klasse „OA" gehören Boote mit einem Hubraum von 175 bis 250 cm³. Die populärste Klasse ist „OE" von 700 bis 850 cm³ (Abb. E). Hier erreicht man schon Geschwindigkeiten von 150 km/h. Noch beliebter ist die Klasse „ON" von 1500 bis 2000 cm³ mit Außenbordmotoren von mehr als 180 kW (ca. 250 PS) und Höchstgeschwindigkeiten von 190 km/h (Abb. F).

Die Abb. E und F zeigen Rennboote in Katamaranform mit Außenbordmotoren. Die Abb. G und H Katamarane in den Sportbootklassen mit Einbaumotoren und Z-Antrieb zu einem Vergleich mit den in den Abb. A bis B gezeigten Einrumpf-Sportbooten mit Einbaumotor. Da die Position des Motors in Abhängigkeit vom Antrieb gegeben ist, wird der optimale Trimm nicht nur durch die Anordnung der Brennstofftanks, sondern auch durch den Fahrersitz und das Fahrergewicht erzielt.

Die Welt- und Europameisterschaften in den Rennbootklassen werden in mehreren Läufen auf verschiedenen Revieren ausgetragen. Die Punktwertung erfolgt nach dem in England entwickelten „System 400": Es beginnt mit 400 Punkten für den Sieger, und jedes folgende Boot erhält immer 10% weniger Punkte als sein Vorgänger:

Pl. 1	400 Punkte	Pl. 6	236 Punkte
Pl. 2	360 Punkte	...	...
Pl. 3	324 Punkte	Pl. 12	126 Punkte
Pl. 4	292 Punkte	Pl. 13	113 Punkte
Pl. 5	262 Punkte	Pl. 14	102 Punkte

Bei den Rennen sind die Abstände zwischen den Bahnmarken, die zu runden sind, relativ kurz; die Distanz zwischen ihnen beträgt ca. 2 bis 3 km. Es müssen jedoch (ähnlich wie beim Autorennen) eine Vielzahl von Runden gefahren werden, und es werden immer zwei Läufe gestartet, damit durch Havarie ausgeschiedene Fahrer wieder mitmischen können. Bei den oft mehrstündigen Rennen müssen die Boote gelegentlich zum Tanken an den Steg. Auch wenn die Bahnen theoretisch in „glattem Wasser" liegen und weder Wind noch Seegang die Wasseroberfläche unruhig machen können, finden auch diese Rennen in ausgesprochen „rauhem Wasser" statt, weil die von den Booten erzeugten Wellen von Kaimauern oder Ufern zurückgeworfen werden und auf dem ganzen Revier im Verlauf des Rennens ein zunehmend kräftiges Kabbelwasser entsteht.

Bei langen Distanzen sind Sport- und Rennboote länger und schlanker konzipiert, weil es dann nur auf das Durchhalten der Höchstfahrt ankommt. Bei Rennen um Tonnen, die in relativ kurzen Abständen hintereinander liegen, ist auch die Fähigkeit, eine enge Kurve mit hoher Geschwindigkeit zu steuern, oftmals siegentscheidend, so daß hier breitere, kürzere und Doppelrumpfboote vorwiegend anzutreffen sind.

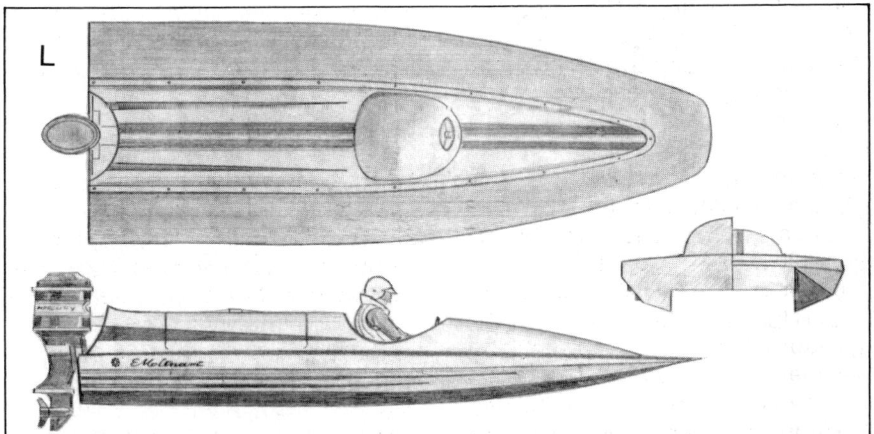

Abb. L: Die drei Ansichten eines Molinari-Katamarans für Außenbordmotoren. Bootsbreite, Kufenform und Stützleisten sorgen gleichermaßen für hohe Geschwindigkeit auf gerader Strecke und große Kurvenstabilität.

Zum Schluß: Ein Wort von Boot zu Boot

Gesunder Menschenverstand, sorgfältige Bootsführung und sportliche Fairneß sind es eigentlich nur, worauf alles ankommt

Ich war noch nicht so alt wie meine Kinder heute sind, da saßen wir aufgebrummt auf einer flachen Stelle unweit von unserem Heimathafen, der nur durch eine lange, schmale, mit vielen Spieren gespickte Rinne von See aus zu erreichen war. Geradezu selbstverständlich war es, daß der nächste Fischer, dem wir unseren Tampen zeigten, das Fahrwasser verließ und uns auf den Haken nahm. Nicht lange dauerte es, dann waren wir wieder frei und konnten mit eigener Kraft weiterschippern. Die übliche Buddel sollte von Bord zu Bord gereicht werden, aber der alte Fischer sah wohl, wie schwer uns der Verlust der nicht gerade billigen Flasche treffen würde. So winkte er ab und sagte in seinem breiten, gemütlichen Platt, das auch unsere Muttersprache zu Hause war: „Laßt man, Jungs – man trifft sich zweimal im Leben."

Dieses Fischerwort ist von da an zu meiner Maxime des Lebens auf dem Wasser geworden, und ich treibe mich schon mehrere Jahrzehnte beruflich und während meiner Freizeit auf dem Wasser herum. Man trifft sich zweimal im Leben – das bedeutet: Tue nicht anderen etwas, was du dir nicht selbst auch wünschen würdest. Sei hilfsbereit – denn im Notfall wünschst du, daß dir auch andere selbstlose Hilfe leisten. Gehe mit der Fahrt herunter, wenn du andere, schwächere Verkehrsteilnehmer auf dem Wasser triffst – du möchtest nicht selbst einmal als der Kleinere gefährlich in der hohen Hecksee eines anderen Bootes dümpeln.

Und wenn ich heute vor meinen Freunden stehe und ihnen zu erklären versuche, wie man sportlich fair und seemännisch sicher fährt, dann zitiere ich noch einen anderen Satz, den ich zuerst von meinem Kapitän hörte, bei dem ich als junger Nautiker zum ersten Mal die Verantwortung über ein großes Schiff, eine wertvolle Ladung und viele Menschen als Wachoffizier auf der Brücke hatte: „Die beste Seemannschaft ist zugleich die vorsichtigste."

Viele Motorbootfahrer sind – geben wir es ehrlich zu – zuerst einmal Fahrer von Kraftfahrzeugen auf dem Wasser. Sie weichen von der Straße auf Flüsse und Seen aus, weil hier mehr Platz zum Fahren und manchmal auch zum Rasen ist. Und sie benehmen sich auch hier manchmal wie Autofahrer: Da es auf dem Wasser keine Lichthupe gibt, um ein langsameres, vorausfahrendes Boot von der Fahrbahn zu scheuchen, nähern sie sich mit ihrem Vorschiff bis auf Tuchfühlung an das Heck des anderen Bootes – obwohl die Schiffahrtsvorschriften dies verbieten. Auch wenn kleinere Boote im Schwell ihrer Hecksee zu kentern drohen, laufen sie rücksichtslos an Seglern und Paddlern, Anglern und anderen Kleinbooten vorbei. Das ist auch ein Verstoß gegen die Schiffahrtsgesetze, aber wo kein Kläger ist, da ist auch kein Richter – und so bleiben sie meistens ungeschoren. Aber sie sorgen dadurch dafür, daß viele Paddler und Segler, Ruderer und Angler nicht freundlich über die Motorbootfahrer sprechen und daß sich schon hin und wieder einmal eine Faust erhebt, wenn ein besonders großer oder besonders schneller Vertreter an diesem Fußvolk des Wasserspiegels vorbeizischte.

Man trifft sich zweimal im Leben – auch ein Motorbootseigner kann einmal auf die Hilfe anderer Boote angewiesen sein, und er sollte sich dann als erfahrener Schipper eines sicheren Fahrzeuges in Erinnerung bringen können, wenn auch bei ihm – aus welchen Gründen auch immer – einmal etwas unklar gegangen ist. Ein sicherer, erfahrener und fairer Schipper wird man, wenn man die folgenden Elementarregeln beherzigt:

1. Lerne dein Boot so genau wie möglich kennen. Erprobe in jedem Wetter, was es leisten kann und wo die Grenzen seiner Leistungsfähigkeit liegen. Stelle fest, wie weit du es beladen kannst, mit wie vielen Personen, mit wie großer Ausrüstung. Der Hersteller gibt oft genau an, wie groß die Tragfähigkeit deines Bootes ist. Gehe nicht über diese Empfehlung hinaus.
2. Belade dein Boot richtig und gewährleiste, daß das Gewicht richtig verteilt ist. Auf einem kleinen Boot soll niemand an Bord stehen, unterwegs nicht den Platz wechseln, nicht auf dem Seitendeck hocken, die Beine außenbords hängen lassen und sich außerhalb der Plicht aufhalten.
3. Hinterlasse vor jeder Fahrt deinen ungefähren Fahrtenplan bei Freunden, die an Land bleiben, wenn du mit der ganzen Familie ausfährst, oder bei deinen Angehörigen zu Hause. Eine solche Nachricht sollte folgende genauen Informationen enthalten: Wohin willst du fahren? Welches sind die charakteristischen Kennzeichen deines Bootes? Welche Verständigungsmittel hast du an Bord? Wie viele und welche Personen begleiten dich? Zu welcher Zeit willst du dein Fahrtenziel erreicht haben oder wieder zurück im Heimathafen sein? Welche Ausweichziele hast du, wenn sich das Wetter verschlechtert oder was würdest du tun, wenn dein Boot Havarie hat?
4. Wenn das Wasser rauh oder das Wetter schlechter wird, sollten alle Personen an Bord Schwimmwesten tragen. Alle Kinder und Nichtschwimmer sollten auch bei glattem Wasser und kurzen Fahrten auf dem engeren Revier niemals ohne Schwimmwesten an Bord sein. Neben der Sicherheitsausrüstung, die der Gesetzgeber vorschreibt, sollten einige zusätzliche Hilfsmittel immer an Bord sein: Ein Päckchen oder Kasten für Erste Hilfe; Riemen oder Paddel, um das Boot bei Motorschaden zu bewegen; Lenzpumpe, Ösfaß oder Pütz, um eingedrungenes Wasser zu entfernen; Seenotfeuerwerk; Anker und Leine; Bootshaken; ein Transistorradio; Trinkwasser, Limonade oder andere Getränke; einen Kanister mit Reservebrennstoff.
5. Halte immer guten Ausguck! Die meisten Kollisionen entstehen, weil der Bootssteuerer nicht aufpaßt, er von den Ereignissen an Bord abgelenkt wird oder er sich auf andere Dinge konzentrieren muß, z. B. einen (stotternden) Motor. Benenne immer eine zweite Person, die ausschließlich für den Ausguck verantwortlich ist.
6. Laufe und manövriere immer mit angemessener und sicherer Fahrt. Beobachte die Hecksee, auch in weiterem Abstand vom Boot. Du bist verantwortlich für alle Beschädigungen, die deine Heckwelle anderen Booten zufügt und mußt auch Schäden ersetzen, die an Wasserbauwerken und schwimmenden Geräten der Schiffahrtsverwaltung oder der Fischerei entstehen. Also immer einen weiten Abstand von Schwimmern, Wasserskiläufern und Tauchern!
7. Beachte die Schiffahrtsvorschriften und frische in jedem Frühjahr die elementaren Kenntnisse wieder auf. Setze dich insbesondere nicht nach Alkoholgenuß an das Ruder deines Motorbootes.
8. Gehe nie auf Fahrt, wenn das Wetter schlechter wird. Verfolge die Wetterberichte und Wettervorhersagen, achte auf die Wind- und Sturmwarnsignale in den Häfen. Überprüfe vor jeder Ausfahrt, ob alle Teile deiner Sicherheitsausrüstung an Bord und in Ordnung sind. Lege niemals ab, wenn du nicht ausreichende Ersatzteile für alle Teile der Betriebseinrichtungen an Bord hast. Verstaue diese griffbereit und trocken.
9. Mache dich immer mit Notsignalen vertraut. Probe den Notfall mit deiner Besatzung und deinen Gästen so oft wie möglich. Sollte das Boot durch Unachtsamkeit einer Person umschlagen oder durch Fremdeinwirkung kentern, dann sorge dafür, daß die ganze Crew am Boot bleibt. Auch ein guter Schwimmer erreicht einen nahen Strand meistens nicht, weil er die Entfernung unter- und seine eigenen Kräfte überschätzt.

   Die Pflichten des Bootsführers für die Besatzung sind nicht beendet, auch wenn das Boot nicht mehr (aufrecht) schwimmt und die Crew im Wasser hängt.
10. Sei besonders vorsichtig in bezug auf eine Feuergefahr. Beachte genau alle Sicherheitsvorkehrungen bei der Brennstoffübernahme und achte darauf, daß auch die Besatzung ihnen nicht zuwider handelt. Überprüfe so oft wie möglich den Weg, den der Brennstoff vom Tank zum Motor zurücklegt und achte darauf, daß hier keine Leckstelle entsteht. Sorge für ständige gute Lüftung an Bord.

Yachtgebräuche

Führen von Flaggen und Stander, Gruß und Gegengruß unterwegs,

Im Sinne des Flaggenrechtsgesetzes vom 8. Februar 1951 ist jede seegehende Yacht (unabhängig von ihrer Größe) ein *Seeschiff*. Sie *muß* daher die Bundesflagge, auch Nationale genannt, führen, sofern der Eigner Deutscher ist und seinen Wohnsitz im Geltungsbereich des Grundgesetzes hat. Bei Yachten über 50 m^3 Rauminhalt ist ein besonderer *Ausweis* (Flaggenzeugnis) erforderlich.

Die schwarz-rot-goldene Nationalflagge soll ein Seitenverhältnis von 3:5 haben. Nicht seegehende kleinere und Yachten auf den Binnengewässern sind gesetzlich nicht zur Flaggenführung verpflichtet. Sie führen jedoch ebenfalls die Bundesflagge in der Erfüllung üblicher Schiffahrtsgebräuche.
Die Nationale wird im Hafen, vor Anker und in Fahrt am Flaggenstock mittschiffs am Heck geführt. Ist dies (zum Beispiel bei Booten mit Außenbordmotor) nicht möglich, dann wird der Flaggenstock nach Steuerbord versetzt. Er wird mit einer Neigung von ca. 40° nach achtern angebracht, damit die Flagge auch bei wenig Wind klar fällt und erkennbar ist. Motorkreuzer oder Motoryachten mit einem Signalmast dürfen die Bundesflagge auch an der Gaffel fahren. Auf freier See oder bei unsichtigem Wetter darf die Bundesflagge eingeholt werden. Bei Begegnungen mit Marinefahrzeugen und Zollkreuzern, beim Anlaufen und Verlassen von Häfen und beim Passieren von Signalstationen ist die Bundesflagge jedoch zu setzen.
Flaggen deutscher Länder oder andere deutsche Heimatflaggen dürfen nur neben der Bundesflagge gesetzt werden, und zwar nur am Flaggenstock am Vorsteven. Hier führen mastlose offene Motorboote und mastlose Kajütboote auch den Stander des Vereins, bei dem sie eingetragen sind. Motorkreuzer und Motoryachten mit einem Signalmast führen den Vereinsstander im Topp. Yachten mit einem Flaggenmast können in deutschen Gewässern die Verbandsflagge des DMYV, die Flagge der Kreuzerabteilung des DSV oder andere „Hausflaggen" unter der Steuerbordsaling setzen, wenn sie einen entsprechenden Flaggenschein des Verbandes besitzen. Bei Auslandsfahrten wird der Platz unter der Steuerbordsaling für die Gastlandflaggen frei gemacht; die entsprechende Erkennungsflagge wird dann an Backbordseite gesetzt.
Beim Einlaufen in fremde Hoheitsgewässer und in ausländische Häfen setzen Yachten die Flagge des Gastlandes unter der Steuerbordsaling. Sie weht dort auch an der Boje oder vor Anker. Es darf jeweils nur eine Gastlandflagge (die Flagge des besuchten Landes) gezeigt werden. Man beschaffe sich vor Antritt einer Reise die Nationalflaggen der Länder, die besucht werden sollen, in der entsprechenden Größe.
Nationalflagge, Gastlandflagge und Erkennungsflaggen werden nur von 08.00 morgens bis zum Sonnenuntergang geführt. Sie werden im Hafen von allen Schiffen gemeinsam gesetzt und niedergeholt. Hierbei richtet man sich nach Marineeinheiten oder nach der Flaggenparade am Yachtclub bzw. am Hafenamt. Sind mehrere Flaggen zu bedienen, dann wird die Nationale zuerst gesetzt und zuletzt niedergeholt. Ist eine Besatzung zur Zeit der abendlichen Flaggenparade nicht an Bord, dann holt sie die Flaggen bereits beim Von-Bord-Gehen ein.
Das „Dippen" der Flagge beim Begegnen von Schiffen und Yachten ist nicht mehr üblich. Dafür begrüßen sich die Besatzungen durch Handzeichen, wenn sie sich auf gleicher Höhe befinden. Dabei grüßt immer zuerst:

- ein Schiff in Fahrt ein stilliegendes Fahrzeug,
- ein einlaufendes Schiff die im Hafen liegenden Schiffe und Personen an Land,
- ein auslaufendes Schiff ein einlaufendes Schiff, die Schiffe im Hafen und Personen an Land und
- ein überholendes Schiff das überholte Fahrzeug.

Zum Zeichen der Trauer wird die Nationalflagge halbstocks gesetzt. Ist dies (bei einem Heckflaggenstock) nicht möglich, wird dort ein Trauerflor am Mastknopf angebracht.
Bei festlichen, auch persönlichen Anlässen kann mit den Flaggen des Internationalen Signalbuches eine Flaggengala veranstaltet werden. Geflaggt wird vom Bug über den Mast zum Heck mit abwechselnd zwei rechteckigen Buchstabenflaggen und einem dreieckigen Zahlenwimpel. Die Nationalflagge oder die Flagge des Landes, das geehrt werden soll, weht im Topp. Phantasie- und Werbewimpel dürfen bei der Flaggengala nicht benutzt werden.
Bei der Heimkehr von einer Auslandsfahrt setzt man die Gastlandflaggen der besuchten Länder untereinander an der Steuerbordsaling.

Wichtige Adressen

Verkehrsbehörden, Zollbehörden, Berufsverbände, Sportverbände

Der Bundesminister für Verkehr,
Abteilung Seeverkehr
Bernhard-Nocht-Str. 78
2000 Hamburg 4
Telefon (0 40) 3 19 01

Der Bundesminister für Verkehr,
Abteilung Binnenwasserstraßen
Sternstraße 100
5300 Bonn 1
Telefon (0 22 21) 7 21

Bundesamt für Schiffsvermessung
Millerntorplatz 1
2000 Hamburg 4
Telefon (0 40) 3 19 01

Deutsches Hydrographisches Institut
Bernhard-Nocht-Str. 78
2000 Hamburg 4
Telefon (0 40) 3 19 01

Seezeichen-Versuchsfeld
(Kostenlose Abgabe von Seezeichen-Merkblättern)
Weinbergstraße 11–13
5400 Koblenz 1
Telefon (02 61) 88 55

Seewetteramt
(Wetterauskünfte und Beratung)
Bernhard-Nocht-Str. 76
2000 Hamburg 4
Telefon (0 40) 31 12 39

Landes-Dienststellen der Wasserschutzpolizei

Wasserschutzpolizeiamt Niedersachsen
Am Welfenplatz 1
3000 Hannover
Telefon (05 11) 1 67 79 80

Wasserschutzpolizeiamt Bremen
Überseehafen, Hafenhaus
2800 Bremen
Telefon (04 21) 38 32 68

Wasserschutzpolizeiamt Hamburg
Beim Strohhause 31
2000 Hamburg 1
Telefon (0 40) 24 82 01

Wasserschutzpolizeidirektion
Düsternbrooker Weg 70–90, Haus C
2300 Kiel
Telefon (04 31) 59 61

Wasserschutzpolizeidirektion NW
Moerser Straße 219
4100 Duisburg 17
Telefon (0 21 36) 3 00 41

Wichtige Hauptzollämter (Landes-Zollbehörden)

Hauptzollamt Düsseldorf
Hubertusstraße 1
4000 Düsseldorf
Telefon (02 11) 39 38 12 und 39 30 03

Hauptzollamt Emden
Ringstraße 7
2970 Emden
Telefon (0 49 21) 2 03 71

Hauptzollamt Bremen-Freihafen
Hans-Bökler-Straße 56
2800 Bremen

Hauptzollamt Kiel
Victoriastraße 6
2300 Kiel 1
Telefon (04 31) 6 10 66

Hauptzollamt Hamburg-St. Annen
Teerhof 1
2000 Hamburg 1
Telefon (0 40) 33 97 62 30 und 33 97 61

Hauptzollamt Lübeck-West
An der Untertrave 55
2400 Lübeck
Telefon (04 51) 7 19 51

Berufsverbände

Deutscher Boots- und Schiffbauer-Verband
Jungiusstraße 13
2000 Hamburg 36
Telefon (0 40) 35 28 17

Bundes-Wirtschaftsvereinigung Sportschiffahrt
Rheinauhafen
5000 Köln 1

Germanischer Lloyd
Neuer Wall 86
2000 Hamburg 36
Telefon (0 40) 36 14 91

Deutsche Gesellschaft zur Rettung Schiffbrüchiger
Werderstraße 2
2800 Bremen 1
Telefon (04 21) 50 43 93

Sportverbände

Deutscher Motoryachtverband
2000 Hamburg 76
Telefon (0 40) 6 30 80 11

Deutscher Wasserski-Verband
Bogenstraße 18a
8400 Regensburg
Telefon (09 41) 9 13 14

Deutscher Segler-Verband
2000 Hamburg 76
Telefon (0 40) 6 30 60 51

Sachverzeichnis